旧邦维新

新民·新人研究30年文集

New People and New People Study 30 Years

主编／陈　亮
副主编／张　建　钟轩宇

中国发展出版社
CHINA DEVELOPMENT PRESS

图书在版编目（CIP）数据

旧邦维新：新民·新人研究30年文集 / 陈亮主编.
北京：中国发展出版社，2018. 11

ISBN978-7-5177-0814-8

Ⅰ. ①旧… Ⅱ. ①陈… Ⅲ. ①国民教育—中国—文集
Ⅳ. ①G522.3-53

中国版本图书馆CIP数据核字（2017）第296240号

书　　名：旧邦维新：新民·新人研究30年文集
著作责任者：陈　亮
出 版 发 行：中国发展出版社
（北京市西城区百万庄大街16号8层　100037）
标 准 书 号：ISBN 978-7-5177-0814-8
经　销　者：各地新华书店
印　刷　者：河北鑫兆源印刷有限公司
开　　本：710mm × 1000mm　1/16
印　　张：35.5
字　　数：660千字
版　　次：2018 年 11 月第 1 版
印　　次：2018 年 11 月第 1 次印刷
定　　价：118.00元

联 系 电 话：（010）68990535　68990692
购 书 热 线：（010）68990682　68990686
网 络 订 购：http：//zgfzcbs.tmall.com//
网 购 电 话：（010）68990639　88333349
本 社 网 址：http：//www.develpress.com.cn
电 子 邮 件：10561295@qq.com

PREFACE
序一

审美人生：人在丑与美之间

上海孙抱弘先生组织人主编的“新民·新人·好人研究丛书”贯穿了对人、国民素质特别是好人问题的关注，且有独特的见地。对孙先生的这个研究，我一直是心有期待的。前几日他送来了部分书稿，很欣喜亦很受鼓舞。孙先生提出要我写篇总序，也就应了下来。

在国内外，关于中国人的气质，中国人的生活，中国人的优与劣，近百年的研究持续不断，直至改革开放以来仍有诸多看法。微信的横空出世，给广大弱小的沉默者提供了一个意愿表达的空间，关于中国人的看法，可以漫无边际，可以浮想联翩，可以真亦假也可以假亦真，于这个虚拟却“存在”的时空里相当真实地表露个人“意愿”。因此，孙抱弘先生等学者关于中国人的研究依然是“正当时”。

我在这里使用丑与美作为视角，用以透析国人的气质；使用丑与美的视角意味着这里所指涉的是“少数”（主要是知识人）而非多数。美与丑始终存在于少数“个性”，而在这“少数”之外的多数是处于眼见不显的“平常”之中。进而，通过丑与美的审视，提示社会生活中的“少数”有知识之人重视并讲究审美和审美意识，在实际上呈现人的“自觉性”，承载并传播“人之为人”的美好和善良。

关于丑与美的观点，在“视角主义”下，有不同的认知及多重意义。就自然现象而言，丑美是一种事实，表征其“存在”，是一种“存在者”（萨特：《存在与虚无》），“是其所是”本身，不为人的视觉、不为主体特点所左右、所掌控，山山水水草草木木，自有其存在的美丑形态而不为人愿，为客体美或客体丑；道家丑美观所反映的似在此处，“天地有大美而不言，四时有明法而不议，万物有成理而不说”（《庄子·知北游》），天地自有其美而无以言之，天地大美是顺乎天地尊其“道”，美之极致。这是天地自有的客体美或客体丑，是行动主体 “人”得以进行审美审丑的天地条件。道家以其宏大的气势磅礴的自然观念赞誉天地大美，赋天地予灵捷，成为中国艺术和美学的基石。而从另一个侧面看，这种对应于行动主体人的客体美或客体丑，归根结底也是行动主体人的审美结果，是人的审美痕迹。这种审美痕迹长久不衰，山河壮美，树木巍然，永存在那里，是我们生长的地方，是祖国的辽阔。这个视角下，不论丑或美，不论奇异或怪诞，不仅仅是天地之赋予，而且是炎黄子孙的“创造”物。就心理现象而言，丑美是视觉感知的结果，丑和美是行动主体“人”的主体感受，一种视觉感知。然而，不是所有的视觉感知都形成美感或丑感，只有物像的“形”才有可能转换为美感或丑感，并且只有那些具有一定品味的“形”方可转换为美感或丑感。“形”表达物像的一种结构，由线条、彩色或明暗的相互关系组合而成，并且激发主体的情感跃起，或快活或不快活甚至反感，产生美感或丑感。

美与丑皆在审美范畴之内。美赐人以快乐感受，丑则让人感到不快甚至作呕。但是，丑在更本真从而更深刻的层面上表达“美感”；丑在美的背面表达自身，更精彩也更具活力。不同年龄人群有不同的美丑审视模型和美丑行为造型，有对美丑的不同“注视”和“灵感”，以及不同的视觉方向和敏感度。现代生活的多变和对生活审美的多元，具有叛逆和创建性格的新生人群常常因其异质的反常态的审美表现而不被“常人”所欣赏、所接纳。其实，这种“反常态”在现代社会是“正常”的，是“常态”，是改变“传统”不可避免的。在时尚界、艺术界，青少年尤其叛逆少年当中，丑丑美美常在瞬息之间，代表着生活的瞬间万变而非万古长存，代表着新生与恒定的对话与反叛。丑美相间，美是对丑的修饰，丑是对美的追问；人的一生，丑在先，先于美；丑在“娘胎”已栽下种子，脱胎问世第一声“哭”是对“胎世界”之封闭之暗无天日这种“丑”的喧呼和解脱，是向着“美”而来。之后的人生步伐，都大致是对丑的审视和美化。实际上是要讨论美或丑之于“好人”。“好人”是美的，也会是丑的，其间不可缺憾的是个人的知耻，这就是孔子在仁学理念中提出的人格之美丑论，“有耻且格”（《论语·为政》），“行己有耻”（《论语·子路》），君子之美在于知耻，在于对美丑的自知。审美同时又是审丑，人生步步迈在丑与美之间。人生的美和丑，主要是教化的结果，是习得，却不排除先天因素，不排除家庭存续下来的生理的、文化的“基因”。教化和遗传所给予个人的美与丑都在实际生活中成为个性美和个性丑，是相对的、心理的、多种多样的，由此构成人世间的似锦繁华。

“审美人生”为主题，是想表示人生充满美与丑；人们差不多都是美丑兼有而自觉选择积极的审美人生。

沙莲香

2018年夏于中国人民大学社会心理学研究所

PREFACE
序二

国民素质发展：在理想与现实之间

近现代以来，中国近代化与现代化的先驱们就极为关注民族性发展与国民素质的提升，并进行了一系列的理论探讨与实践实验。但是，百余年以来，由于研究者与实验者的政治立场、理想目标的差异，我们几乎无法对其进行系统性的梳理与整合性的再造。21世纪以来，站在历史的制高点上，以民族复兴的博大胸怀，回望先驱们当年的理论与实践，我们深感有责任为传承这一份沉甸甸的历史遗产而尽一份绵薄之力。尽管我们学识有限，我们还是推出了这一套“新民·新人·好人研究”丛书，以抛砖引玉。追溯百余年国民性再造的理论与实践，我们大致可粗线条地将其分为相交叉的三个阶段：一是新民阶段（1949年前）；二是新人阶段（1949～2000年）；三是好人阶段（2000年后）——这也正是我们丛书编撰出版的出发点。

新民阶段。这是一个多元、丰富而命运多舛的历史时期。自19世纪末、20世纪初，对“新民”的探索构成了这一时期的重要组成部分，“塑造国民”的教育实验也蔚为大观，只是由于异族的入侵和内战的烽火，这个实验终于止步于20世纪上半叶末，其理论与实践的大量信息与资料也被尘封于历史的故纸堆中。20世纪80年代开始，随着中国现代化进程的逐步展开，国民素质的欠账问题随之为人关注，在沙莲香教授等学者的引领下，中国民族性问题的研究被重启，“新民”的理论与实践又受到重视。不过，对于大量的“新民”理论与“国民塑造”实践的历史资料系统性整理和整合的研究还刚刚起步，本丛书的编著正是为了推动这一工作。在浩如烟海的历史资料中整理出有价值的信息，在国民塑造的众多个案中发掘出具有现代意义的经验与理论，并以当代的中国话语，以多学科、跨学科的立场和方法加以总结、提炼，则是本丛书的追求。

新人阶段。这是一个理想而浪漫的时期。在国际共产主义运动的大潮中，在民族存亡、政党兴衰的背景下，尽管规模大小不同，目标各有侧重，“新人运动”几乎遍及20世纪的社会主义阵营国家，但过度理想化的目标与现实状况的严重脱节，特别是对自然过程与人为过程根本区别的认识错误，以及激进的、简单化的实践运作和阶级斗争扩大化的长期影响，使“新人运动”完全走向了反面，以至在某些地方成为一种民族的自残，甚至在某些国家成了一个政党的“自杀”。如何坚持马克思的批判精神，坚持人的全面发展与人类自我解放的远大理想，特别是如何直面历史，对“新人运动”的教训做出本土化的总结与剖析，走出阴影，以我们自己的话语，准确定位中国社会主义初级阶段对于人的素质的要求，把握在中国现代化进程中，国民素质的历史性缺失及其提升取向；在人文性的引领下，实现理想与现实的均衡、价值与功利的均衡、神圣与世俗的均衡，生存（物质）、生活（伦理）与 存在（精神）的协调，走出“记忆的历史”的自我限制，以“历史的记忆”的科学态度反思“新人运动”，这是本丛书对这一段历史所持的立场。

好人阶段。这是一个探索中的发展愿景的实践时期。20世纪末，随着对乌托邦主义的告别，与之相伴相生的“新人运动”也与我们渐行渐远。然而，理想的一时空缺与物质主义的回归，社会达尔文主义的猖獗与无序的竞争、公私的混淆，事实上，在当下现实的社会文化时空中，要使人人都成为纯粹而理想的高尚的人，本身就是一种乌托邦的幻想，而中国现代化的建设，也不能容忍信奉“适者生存”、缺乏公共意识与现代伦理精神的自然人。中国的现代化进程，呼唤着处于“美与丑”之间、“高尚人与自然人”之间的中道的“人”，这是一种有人性的自觉意识的人。21世纪以来，全国各地半民间、半官方提倡、弘扬的“好人”应当就是这样的有人性自觉意识的人。这样的好人应当是有“我为人人，人人为我”的合作意识的人，是有独立人格的自我实现者，又是具有“共同体”意识、尊重他人者。鉴于近年来的“好人”活动、“好人”宣传尚处于一种自在状态之中，对于“好人”的概念界定、特别是“好人”培育的时空环境，社会文明化背景、心理文化基因及其生存过程等的探讨尚处于起步之中，本丛书将组织专稿专著加以深入展开。

总而言之，本丛书将在对“新民”“新人”之理论与实践的经验教训系统地总结反思之中，在美与丑、理想与现实、崇高与低俗之间，不断探索中道的“好人”培育及其生成的诸路径和过程的研究。人类社会在不断丰富演进，“好人”的内涵亦将不断丰富，由此本丛书作为一个开放的体系、发展的体系，欢迎有志于此的研究者在人类命运共同体的视野里不断充实、拓展之。

孙抱弘

2018年炎夏于千山万径书斋

CONTENTS

目录

第一部分

总论·回顾与启示

民族性发展：从“主义”回归问题

——百年“新民新人”的简要回顾与前瞻

孙抱弘　张　建

近代以来，民族存亡与富国强兵一直是中华民族的头等大事，而这头等大事又与“民族性改造”“新人培育”紧密关联，百余年来的民族发展史，可以说是一曲“新民新人”的长歌。历史不可改变，现实可以把握。站在21世纪的历史制高点上，我们只有超越“来自过去的历史记忆”才能展开鸟瞰式的“对过去历史的反思”，进而展望“民族性发展的未来”。

一、主要概念及研究立场

（一）“改造”与“发展”

说起民族性问题，人们常常联想到“国民性改造”。“改造”一词由此也就伴随着“新民新人”的理论与实践。笔者以为，“改造”“塑造”之类较偏重于物理性、刚性，强调按人为的设计来改变人、形塑人的含义，往往带有较强的主观性乃至随意性。百年“新民新人”的建设中，正是这种刚性加上主观性和激进性，给我们带来了困惑乃至灾难。为此，笔者提出“民族性发展”这一概念，“发展”较为关注顺势而为，这个“势”就是时代的发展之势，社会、文化的演进之势，国民素质的发展一定要真正地与时代社会的发展联系在一起，因为人为的强制、刚性的、主观的设计，以至激进的、浪漫的追求，都可能背势而为、逆势而动。当然，顺势而为，把握过程性、层次性、阶段性的发展也十分重要，不看过程、不分层次、不顾阶段，则都有可能失“势”，都有可能陷入误区。总之，顺势而为才能使民族性发展进入“柔”性的优化状态，使国民素质得到逐步的实在提升。

具体联系“新人新民”问题，涉及两种状态，这就是培养新人与改造旧人。在常态的情况下，人的转变与文化演进、社会发展以及自然环境的变迁同构互动，是一个渐进的过程。然而在非常态的情况下，比如民族存亡、主义成败乃至政党兴衰的背景中，无论是出于激进的思潮还是功利的考量，如果硬性地推行人的改造，即所谓的

"历史设计"，都可能引发一场民族自残的灾难性后果。类似的悲剧在不少国家和民族内部屡屡发生着，尽管提法不同，灾难的程度也有差异，但作为人类发展史上的重大教训，我们仍需要进一步总结反省。

（二）"主义"与问题

20世纪初，当抱有激进情绪或充满浪漫情怀的年轻人，大谈"主义"的时候，胡适先生颇有些不合时宜地提出：多研究些问题，少谈些"主义"。从此，这句话成为他反对青年参加革命的"罪证"，被批判了几十年。

其实，"主义"最简单的解读就是一种信仰、信念及其相应的思想理念。理想主义、乌托邦主义，从哲学上讲就是"应然"的东西——比如社会与制度等。这些"东西"当然绚烂美好颇为诱人，但是，如果以为这些美好的、理想的"主义"不分层次、不分阶段，靠一场"革命"就能马上实现，这种简单思维本身就成为了问题。这个问题或许就是胡适先生希望研究的问题之一。

再说问题，这是指现实，哲学上谓之"实然"。要走向"应然"、实现理想，首先面对的是现实，只有认清了现实中的问题，深入分析问题，才有可能解决问题，才可能一步步地靠近"应然"。显然，胡适先生希望人们多研究问题并没有错。

此类问题同样也表现在"新民"与"新人"的"主义"上。回顾历史，无论是"新民"还是"新人"，都有"应然"的追求，而中国的现代化，都面对着"实然"的问题——培养适应现代社会的具有现代意识与素质的合格公民。但是，众所周知，在中国近代史上，中国现代化的进程曾多次被打断。"新民新人"面对的问题发生了巨大变化，生死存亡成为"新民新人"面对的最大问题，这种"实然"迫使"新民新人"的"应然"目标也悄然发生变化乃至功利化的扭曲。今天我们讲从"主义"回归"问题"，就是要从中国现代化的"应然"角度，重新回归与思考"新民新人"的"实然"问题。还是这句话，历史不能改变，现实应当把握。当年的扭曲是历史的宿命，今天还要扭曲就是历史的反动。理想——应然不可放弃，问题——实然更要准确把握；"主义"不可空谈、玄谈，问题必须认清抓准。

这里，特别要讨论的是：重提胡适先生当年的见解，站在今天的认识水平加以理解与阐释。胡适先生这句话中的"主义"并非单指某种"主义"，而是泛指一切"主义"，一切空谈玄谈的"主义"。在那个年代一谈"主义"，由于特定时代的思维方法，往往易走极端，或浪漫激进，或消极颓废，以致影响到正视现实的问题。胡适先生这里讲的"问题"，应当把握时代背景来理解，至少可以分为常态问题和非常态问题。常态问题是指中国现代化进程中的发展问题，非常态问题则指中国现代化进程被"人为"打断后的存亡问题，比如民族存亡、"主义"成败。为了解决这类非常态问题，往往不得不用非常的手段与权宜的实用之计——这样，出于极端实用的立场，自觉或不自觉地激发以及鼓动民族主义、民粹主义以至集权主义的情绪和思想倾向——去达到目标，都是可能的政治策略与手段。但是，这些手段如果被引入对人的改造，特别是诱导青年的话就必定会产生灾难性的后果。所以当这些非常时期的问题过去之后，就应当回归主题——现代化进程，面对常态的发展问题，通过常态的可持续的途径来应对问题。以此鸟瞰百年“新民新人”的历史，有助于我们在一个较为客观和包容的立场上去理解和对待。

（三）历史与未来

研究历史是为了照亮未来，我们应站在历史与未来的“间隙”及时总结经验教训，以今天已经达到的科研水平与理论高度来观照历史，使“来自过去的历史记忆”成为我们今天对“过去的历史记忆”，因为只有面向未来反思历史，才能正本清源避免再次愚蠢地重蹈“历史的覆辙”。同时，我们也不做“事后诸葛亮”，对前人妄加指责。历史的局限性存在于共同体，先知先觉者与错误制造者都是共同体的成员，甚至可能集于共同体的某一人，吸取教训不犯同样的第二次错误，才是面向未来的大智慧。

在中国社会转型的历史关头，我们只有从本源上去整体性地鸟瞰“新民新人”的百年历史，从人性与社会发展、文化传承与教育担当之本的建构性演进中去分析把握经验教训，从而自觉地实现“新民新人”从无奈而权宜性“生存—功利”取向到智慧而永续性“伦理—人文”取向的飞跃，才有可能使全体国民确立现代共同体意识和合作理性能力，使“新民新人”沿着现代社会轨迹前行，并经过数代人的不懈努力实现从“臣民——国民——公民”的民族性的历史发展，让中华民族真正地站起来，携手共同实现中国梦。我们必须清醒地认识：依赖培养臣民、顺民的路径，不可能培养出新一代的现代公民。

二、民族性改造：百年“新民新人”的简要回顾与反思

19世纪下半叶，中国开始现代化的进程，富国强兵的国策与“新民新人”的国民教育目标，从此如影随形、相伴相生。中国长期专制文化的影响与民族科学教育水平的低下、经济的落后，更加上两次中日战争的爆发打断了中国现代化的进程，都在相当程度上影响着“新民新人”的取向，使之权宜性的生存对立—功利化的趋向日益强化，而现代性的伦理合作—人文取向则被搁置起来，民族性的发展一度陷入困境甚至倒退。

（一）“新民说”的理论与实践

1. 以梁启超为代表的“新民说”理论

（1）“新民”一词出自中国文化典籍《大学》，在社会变革的背景中，梁启超推出了“新民说”。一般认为，“新民说”围绕“国民改造”问题主要提出了以下观点。

①“淬厉”+“采补”：国民改造的思想。梁启超认为：“新民云者，非欲吾民尽弃其旧以从人也。新之义有二：一曰，淬厉其所本有而新之；二曰，采补其所本无而新之。二者缺一，时乃无功。”[1]“故吾所谓新民者，必非如心醉西风者流。蔑弃数千年之道德、学术、风俗、以求伍于他人，亦非墨守故纸者流，谓仅抱此数千年之道德、学术、风俗，遂足立于大地也。”由此可以看出，梁启超以“淬厉所固有、采补所本无”的指导思想对传统和经验的“一一勘之，一一鉴之，一一改之，一一补之”，从而塑造新国民。

②把新民德置于“新民”的核心。梁启超提出以道德革命为手段，实现改造国民性、塑造“新民”理想人格的新国民，以“新民”实现“新国”。同时，梁启超把“新民”人格具体概括为“公德”和“私德”两个方面。认为“公德”和“私德”皆“新民”所必备。若铸造新国民，“必以自培养其个人之私德为第一义”。[2]但不知有“公德”，也就没有“新民”，即“无私德则不能立”“无公德则不能团”。[3]

③新民德的特质及其培育。人群之中“人人独善其身谓之私德”“人人相善其群谓之公德”。就私德来说，要倡导“独立”“自由”的现代品格，推动近代中国人格样态由传统依附性向自主性转变，由保守性向开放性转变。[4]同时，提出“进取”“尚武”的精神品质，把其作为理想“新民”人格主体能力确立的核心要素。目的在于通过培养“进步”“进取”精神，推动国民性由保守性向进取性转变。通过尚武精神的培养，使每个“新民”具备三种“力量”：体力、心力和胆力。就公德来说。梁启超认为：“我国民所最缺者，是公德其一端也。”需要提倡公德，意在根除国民劣下之根性，唤醒国民的责任意识，培养新的国民精神。

作为“新民”的首创者，梁启超的见解深刻而具针对性，影响了几代人。

（2）鲁迅的“立人”思想。鲁迅基于西方历史和中国现实，主张把“立人”作为建立“人国”的前提，又把解放思想，张扬个性视为“立人”之“道术”——即改造国民性的基本途径，这就使鲁迅改造国民性的思想，闪耀着现代精神的光芒，具有鲜明的反封建性质和推动社会改革的实践性品格。[5]

（3）潘光旦的民族“位育”思想。潘光旦对中国民族性的认知深受明恩缚对中国人的特性认知的影响，把民族病态概括为体格柔韧化、科学头脑的缺乏、组织能力的薄弱、自私自利的畸形发达等四点。[6]而且认为这种强调中国民族病象的四个方面病态的根源在于先天能力不足导致，而非后天失调。对于解除上述病态、改进中华民族品质的手段来说，潘光旦从优生学的视角提出了民族位育的思想，也即通过人与环境之间的相互适应，寻求民族秩序的维持和民族进步的取得，即实现民族的“安所遂生”。由此可见，潘光旦的位育思想一方面强调发挥人在开辟环境、创造文化能力的主体能动性的价值，培养人文精神，另一方面也强调人要正确对待环境以及处理人与人、社会、环境的关系。

（4）晏阳初的“整个的人”。晏阳初提出，平民教育的目的是教人做人，做“整个的人”，也即有知识力、生产力、公德心。为造就这样的教育，须有三种教育：1. 文字教育——民智；2. 生计教育——民生；3. 公民教育——民德。[7]还围绕“平民教育的性质”，阐述了“平民教育”运动的使命是“作新民”。其主要内容包括三个方面：“一是养成有知识、有生产力、有公共心的整个人；二是养成社会健全的分子，发展社会的事业；三是养成建设国家的国民，增高国际的地位。”晏阳初作为“新民”理论与实践的集大成者，他的“新民”设想更具体而有操作性。

（5）储安平提高国民公共心智的全方位深入思考。被称为20世纪上半叶“国民改造问题”研究绝唱的专著《英人·法人·中国人》，是著名学者储安平先生的力作，也可以说是其以深厚的现代政治学养对当代中国民族性问题的审视，他揭示了国人公共意识与公共精神的严重缺失，并通过与英人、法人的比较，从家庭、学校、社会诸方面揭示了国人缺失现代素质的原因。这是对中国国民性现代发展的方向与路径有着深刻见解与实际指导意义的理论与实际相结合的研究成果，却生不逢时，埋没在历史的尘埃中，直到20世纪末才被像文物般重新发掘出来。

20世纪下半叶，“新民说”被贴上了旧民主主义理论的标签，从此淡出了中国大陆，直至改革开放以后，随着沙莲香教授的两卷本《中国民族性》问世，民族性问题、国民性改造等议题才又重返学术论坛。近年，沙莲香教授又出版了三卷本的《中国民族性》。随着国民素质问题凸显，中国现代化进程中“新民”的理论探讨进入了新的时期。

2. 以梁漱溟、晏阳初、张竞生为代表的“新民实践”

“新民”的实践往往与“乡村建设”联系在一起，尽管有时“乡村建设”的发起人并未将自己的教育及建设实验与“新民说”作太多的挂靠，但从其“乡村建设”的宗旨中，仍看到了明显的“新民”思想。

众所周知，20世纪30年代前后，最有代表性和影响的“乡村建设”的代表人物就是梁漱溟、晏阳初与张竞生。尽管背景、主张、实践路径不尽相同，但是在“新民”这一点上，都成绩斐然。

（1）梁漱溟的乡村建设实验：邹平模式。

从1931年初至1937年底，梁漱溟按照自己的乡村建设理论，在山东邹平进行了两个时期的一系列社会改良实验。

主要做法是：①以经济为先。梁漱溟认为，乡村建设事情可归为经济、政治、教育或文化三个方面，而且“必经济上进展一步，而后才有政治改进、教育改进的需要，亦才有作政治改进教育改进的可能”。[8]②创造新文化，救活旧农村。梁漱溟认为：“创造新文化要以乡村为根，要以中国的老道理为根。”[9]这里的文化内容就是针对农民身上存在的一些不良习惯。同时，“大约此陋习之革除，仍靠教育化导功夫为主，不过若无此法令为后盾，则教育亦难施其力”。[10]③兴办乡学、村学。梁漱溟主张以“理性代替武力”，将“教育居于最高领导地位”。[11]因为“村学的目标”定位于启发“农民的自觉”。同时，他还强调乡村教育的社会性和民众性。④团体组织。梁漱溟认为：“近百年来，西洋文化的战胜，胜于其组织能力，中国民族的失败，败于其散漫无力。”[12]因此，要消灭这种散漫习惯，就必须培养团体精神。

截至1937年，邹平14乡316村，共建立乡学、村学285处，其中乡学14处、村学271处。[13]由于邹平的乡村建设实验的广泛影响，其也成为全国乡村建设的中心之一和全国5个“县政改革”实验县之一。

（2）晏阳初的平民教育实验：定县模式。

晏阳初在定县进行的平民教育实验，开始于1926年的中华平民教育促进会（简称平教会）进行局部性的平民教育实验，到20世纪30年代，实验范围扩展为整个乡村生活的改造。

定县模式的主要实验思路与做法有：①中国的根本问题是“人”的问题。晏阳初等人通过调查认为，中国人的问题或缺点可以归纳为四个字：“愚”“贫”“弱”“私”。这是几千年积累而成的很复杂的病，这是一切问题的根本，只有解决这一“人”的问题，完成民族再造，中国问题才能彻底解决。[14]②通过“四大教育”完成“造人”工程。晏阳初提出以文艺教育攻愚，培养智识力；以生计教育攻穷，培养生产力；以卫生教育攻弱，培养强健力；以公民教育攻私，培养团结力。[15]③三大教育方式。晏阳初为发挥教育的整体性功能时，提出了在农村推行“四大教育”的“三大方式”，即学校式教育、家庭式教育和社会式教育。[16]

定县平民教育实验在“除文盲”方面，成绩尤为突出。据统计，从1930年到1934年，14～25岁82000人，文盲数从60680人减少到32550人，比例也从74%下降到39.7%；识字者从21320人增加到49450人，比例从26%增加到60.3%。[17]

（3）张竞生的乡村建设实验：饶平大榕铺模式。

20世纪30～40年代，张竞生在家乡广东饶平大榕铺进行乡村建设实验。其思路与做法是：①以复兴经济为中心点，着眼解决农民贫困生活、教育、卫生和治安问题。②修建公路，进行资源开发。张竞生认为，先抓修建公路，使山区农副产品外运增值，增加农民收入；再抓林业，建苗圃场和发动农民垦荒造林种果。③提倡农村教育。不仅创建了维新小学和启新中学，还创设了农业职业学校，以培养农村技术骨干，并以农校的科研成果为主在县城举办农产品展览会，推广现代农业科技和名优品种，使农科知识普及到农村去。

张竞生创办的农业职业学校，建立了教、科、劳兼顾的教学体制，把教学活动、科技活动和生产劳动密切结合起来。农场和苗圃的建设，也有力地推动了当地农村经济的迅速发展。[18]

总的来说，这些实验十分关注人与经济、社会、文化教育的共同发展和同步推进，从整体性上解决问题；同时也注重实验从实际出发，针对问题，系统解决。

然而仍是"生不逢时"，这些"新民"的实践，随着中国现代化进程的再次被打断，直接被日本侵略者的铁蹄送进了历史的博物馆。

（二）"新人"的理论与实践

说起"新人"，或褒或贬或"失语"，但很少有人将其与其提出的特定时代背景与传统的思想渊源加以联系，从而也就较难理解其深层次的生存性、实用主义的权宜性选择取向，也就难以促进其在当今全新的时代背景与丰富的思想资源中，理性而自觉地实现"新人"的现实的真正现代性转身；更具体地说，就是实现"新人"取向从民族危亡、"主义"成败背景下的生存现实与你死我活斗争需要的权宜之计，转向现代化、全球化持续发展背景下合作共赢的长久之计，以上观点决定了本节的阐释重心。

1."新人"理想

在从俄国传来的马克思列宁主义的影响之下，李大钊的"无产阶级新人"、陈独秀的"新青年"思想和毛泽东的"共产主义新人"等一系列的"新人"思想，也在各个时代对人的改造产生着影响。

（1）李大钊的"无产阶级新人"思想。五四运动以后，李大钊的国民性改造目标从原有的以个人主义为核心和"竞争、自利"为特征的资本主义"立宪国民"转向以集体主义为核心和"互助、牺牲"为特征的"无产阶级新人"的崭新目标模式。[19]李大钊的这种"无产阶级新人"思想，强调群众运动和革命改造形式的人的改造思想，由于当时被认为符合革命救国和未来共产主义建设的需要，逐渐成为影响现代中国发展的主导思想。

（2）陈独秀的"新青年"思想。陈独秀在《新青年》创刊号上发表"敬告青年”，提出“敏于自觉、勇于奋斗之青年”“新鲜活泼之青年”的观念。这一“新青年”的人格表现为以下六种：“自主的而非奴隶的、进步的而非保守的、进取的而非退隐的、世界的而非锁国的、实利的而非虚文的、科学的而非想象的。”为了培养这样的“新青年”，陈独秀提出了“现实主义、惟民主义、职业主义、兽性主义”的教育方针，并特别强调以兽性主义教育来改造国民性。[20]显然，野兽主义的主张中体现出民族存亡背景下强烈的生存竞争意识。

（3）毛泽东的“共产主义新人”思想。毛泽东的“共产主义新人”，是地位平等、道德高尚，德、智、体全面发展的“纯粹的人”和“社会多面手”。[21]毛泽东把大公无私、毫不利己、全心全意为人民服务以及坚定的无产阶级立场和共产主义信仰作为共产主义“新人”的行为规范和最高准则。他所树立的张思德、白求恩、雷锋就是共产主义“新人”的楷模。塑造“新人”除了改造社会结构等途径外，还包括群众运动、移风易俗和教育革命等三种方式。[22]此外，邓小平的“四有新人观”是在“四个现代化”语境下对毛泽东“新人”观的保留和发展，出于务实的立场，体现了相当程度的“实然”取向，并把重心落实在“新人”——培养新一代年轻人。

2. 实用取向的“新人”实践的反思

如前所述，“新人”的实践有乌托邦主义的一面，也有极其现实主义的一面，特别是在面对非常态的问题，如民族存亡、主义成败之时，理想也必须服从现实，乃至“应然”也要服务于“实然”。

在中国历史上，法家思想一直是希望富国强兵、抵御外敌的治国者的重要思想资源，并且总是或隐或显地折射到各种治理的方略中。20世纪以来，连国父孙中山在面对党内分裂、革命一次次的失败以及麻木不仁、一盘散沙似的民众的现实时，也只得提出：一个党、一个领袖、一种思想的治党治国思路，希望借此凝聚民心、党心去争取革命的胜利。

三、民族性发展：回归问题，明确重心

今天，民族性的发展，无论是“新民”还是“新人”，都应从权宜性的生存竞争性取向转变为永续性的伦理合作取向；也就是说，民族性的发展，从理想主义回归问题，首先要明确的问题是：在中国现代化进程中，国民最需要具备或最缺乏的是什么素养；其次是如何培育这些素养。国人一般都认为，由于长期的经济、政治与思想的限制与束缚，我们民族在现代化的进程中，最紧迫需要提升的是创新素质；而对于何谓现代的创新素质、如何提升的问题，似乎尚停留在探讨和极小范围的实验之中，为此，笔者愿在此稍作阐释，以求抛砖引玉。

（一）民族性发展重心：现代创新素质培育

何谓现代创新素质？最简单的说法就是：创新能力加上共同体意识与合作能力。一个具有独立人格和批判的科学精神，善于提出问题、分析问题，又能以灵活而严谨的思维方式解决问题；在思考问题时，不仅有独到见解，而且善于倾听他人意见，尊重他人、善于合作，并具人文关怀精神的人，就是具备了现代创新素质的人。大量的经验性个案与实证调查研究显示，从传统中走来，在改革浪潮与现代科技中生活的国人，较明显缺失的就是独立思考的创新精神与尊重他人的公共伦理素养，这已经在相当程度上阻碍着中国现代化的进程。对此，本人也有专文从多方面阐释论证，在此不再赘述。[23]

（二）提升现代创新素质与思维科学教育

面对新常态，面对迅速发展的新经济、高科技的风险社会，培育创新与合作能力，正日益成为国人的共识。然而，何以有效地培育创新与合作能力，特别是何以将传统意义上的以生存竞争、自我发展为核心理念的创新能力提升为以尊重他人互利双赢为核心理念的现代伦理合作型创新能力，并选择行之有效的培育途径，这是本文要进一步探讨的问题。

笔者曾根据自己的多年研究思考，并整合伦理学、社会学的研究成果，将人的素质大致分为以下层次：生存（物质）、生活（伦理）与存在（精神）三个层次，这三个不同层次的素质往往与社会发展的不同阶段相关联。[24]

创新素质作为人类自身发展的重要能力，也具有一种层次性特点，这种层次性总是与人类社会环境变革以及科学技术的发展联系在一起。当人们生活在科技落后、物质匮乏的传统社会中时，其创新素质基本驻足于生存竞争的层面，往往以“脑筋急转弯”之类的功利性创新为取向；当人类进入高科技信息时代的风险社会时，停留于生存竞争层面的创新素质已经远远不能应对高度分工的现代社会需要，人们的创新素质必须向伦理合作层面提升，从而一方面通过大量的合作去完成系统性的创新工程，比如核电工程、卫星工程乃至超大规模的探险救灾工作；另一方面，要将高科技、高风险的现代科学实验关进伦理的笼子，将诸如核能开发、遗传基因研究之类置于伦理规范的约束之中予以人文关怀的引领。所以，现代人的创新素质，不仅包括理念的与时俱进、思维方式的演进、独立人格的确立，还包含着尊重他人、善于合作乃至人类关怀的伦理素养。由此，创新素质的培育，应由生存竞争型逐渐自觉地提升为伦理合作型，或者说这也就是实现从传统向现代的转型。这里是以科技创新为例来说明问题，其实经济创新、政治创新也是如此。没有合作的竞争是无序的竞争，不能双赢的竞争只会两败俱伤，这可能已经是人类文明高速发展中的铁律。

认识了创新素质的层次性特点及其实现现代性提升的意义，那么选择行之有效的可操作性培育路径，就显得十分重要。放眼世界，以哥伦比亚大学教授马修・李普曼为代表的用思维科学教育开发人的思维创新与伦理合作素质的理论与实践成果，则给予我们以极为有益的启示。

近二三十年以来，在李普曼等学者的努力下，世界上不少国家对于思维教育的理论与相应的实践研究已经有了很明显的推进。特别要指出的是，现今世界上不少国家都在研究和开发思维能力的整体性推进方案。比如"教育大国"以色列早在20世纪70年代就制定了全国性的系统化思维教育实施方案，并在实践中不断修正完善，其成果世界瞩目；而亚洲的韩国"不耻下问"，在20世纪90年代便派人赴以色列学习，并成功地加以本土化的推广实施。

这些理论与实践无处不体现了培养人的独立人格、批判创新精神与对话交流，协商合作伦理精神的素质取向，这无疑也是一种自觉的、理性的现代教育创新意识。这些研究与经验值得我们认真借鉴。[25]

注释

[1] 王德峰. 梁启超文选[M]. 上海：上海远东出版社，1995：46

[2] 陈书良. 梁启超文集[M]. 北京：燕山出版社，1997：194

[3] 王德峰. 梁启超文选[M]. 上海：上海远东出版社，1995：48

[4] 李金和. 平民化自由人格：梁启超新民人格研究[M]. 北京：知识产权出版社，2010：94

[5] 张立芳. 从梁启超到鲁迅：关于国民素质改造问题[J]. 山东社会科学，1998（3）：56-59

[6] 潘光旦. 民族特性与民族卫生[A]. 潘光旦文集（第3卷）[M]. 北京：北京大学出版社，1995：178

[7] 宋恩荣. 晏阳初全集（第一卷）1919-1937[M]. 长沙：湖南教育出版社，1989：122-124

[8] 中国文化书院学术委员会. 梁漱溟全集（第五卷）[M]. 济南，山东人民出版社，1992：227-228

[9] 中国文化书院学术委员会. 梁漱溟全集（第一卷）[M]. 济南：山东人民出版社，1989：653

[10] 中国文化书院学术委员会. 梁漱溟全集（第五卷）[M]. 济南：山东人民出版社，1992：776

[11] 中国文化书院学术委员会. 梁漱溟全集（第二卷）[M]. 济南：山东人民出版社，1990：567
[12] 中国文化书院学术委员会. 梁漱溟全集（第五卷）[M]. 济南：山东人民出版社，1992：320
[13] 朱汉国. 梁漱溟乡村建设研究[M]. 太原：山西教育出版社，1996：144
[14] 宋恩荣. 晏阳初全集（第一卷）1919-1937[M]. 长沙：湖南教育出版社，1989：294
[15] 宋恩荣. 晏阳初全集（第一卷）1919-1937[M]. 长沙：湖南教育出版社，1989：247-248
[16] 宋恩荣. 晏阳初全集（第一卷）1919-1937[M]. 长沙：湖南教育出版社，1989：259-277
[17] 李济东. 晏阳初与定县平民教育[M]石家庄：河北教育出版社，1990：107
[18] 郑庭义，向安强，左晓丽. 张竞生乡村建设及其对新农村建设的启示[J]. 农业考古，2011（1）：366-377
[19] 袁洪亮. 李大钊国民性改造思想的时代性转变——从“立宪国民”到“无产阶级新人”[J]. 哲学研究，2010（11）：26-30
[20] 冯建军. 国民性改造的社会支持与教育使命[J]. 南京社会科学，2014（1）：123-132
[21] 赓夫. 论毛泽东的“新人观”[J]. 毛泽东思想研究，1991（1）：76-80
[22] 肖南龙. 毛泽东建国后的国民性改造思想与实践研究述评[J]. 求索，2002（2）：38-40
[23] 瞿钧，孙抱弘. 创新素质培育：从生存竞争型到伦理合作型——国际视野中“以思维科学教育提升青少年现代素质”的现状与启示[J]. 青年探索，2014（3）
[24] 孙抱弘. 从人到好人：公共生活与青少年品德养成[M]. 哈尔滨：黑龙江教育出版社，2013：128；邓伟志、孙抱弘. 风险社会：我们准备好了吗——对于转型期国民社会教育紧迫性的思考与应对[J]. 上海大学学报（社会科学版），2010（5）：16-26
[25] 瞿钧，孙抱弘. 创新素质培育：从生存竞争型到伦理合作型——国际视野中“以思维科学教育提升青少年现代素质”的现状与启示[J]. 青年探索，2014（3）

[作者单位] 第一作者：上海社会科学院国民精神与素质研究中心；第二作者：南通大学教育科学学院

[原　　刊]《上海思想界》2015年第12期

中国国民性问题析论

姜义华

冷落了多年的中国国民性问题，最近引起了中外许多学者和企业家、事业家的深切关注。鲁迅1925年所说的那段名言，“此后最要紧的是改革国民性，否则，无论是专制，是共和，是什么什么，招牌虽换，货色照旧，全不行的”[1]，重新赢得了人们肯定的评价。当然，大家的意见并不一致，有不少见解甚至截然相反，但是，有一点认识却是共同的，即这个问题再也不容回避了。本文打算就目前歧异较大的一些问题谈一点粗浅的看法，以就正于方家。

（一）

“国民”二字，界定的范围不同，有的以为是以劳动人民为主体的人民大众，有的以为是包括统治阶级与被统治阶级在内的全体国民；对“国民性”中的“性”字，解释也不一样，有的以为是共同的精神状态与心理素质，有的以为主要是指“劣根性”即精神状态中落后、消极的那些东西，也有的指一定时期占支配地位的统治阶级的思想意识及在它支配之下形成的心理特征、精神状态。所有这些分歧，集中起来，本质上还是国民性与阶级性的关系问题，人们试图用这样或那样的方式对国民性做出合乎阶级斗争观点的诠释。

径直否定国民性的存在，或强行将国民性说成某几个阶级共同的性格，看起来很彻底地坚持了阶级分析方法，其实，这样做恰恰是用简单化的公式推导取代了对无比复杂的活生生的社会现实的具体分析。他们共同的失误，就在于把人们的社会联系看成只有阶级联系这一项。

众所周知，人们相互之间以各种方式发生联系。国家、阶级、政党、集团、家庭、个人，彼此之间在经济生活、政治生活、文化生活过程中，相互联系，相互制约，形成无数张彼此重叠交叉的错综复杂的巨网。每一特定的社会，由于有其特定的地理环境、种族构成与人口状况，有其特定的经济生活、社会结构与政治制度，有其特殊的语言文字与历史文化教育传统，便不可避免地要形成反映社会这些总特征的特殊性格。人们的社会性，除去他们的阶级性、党派性、地域性乃至职业性等之外，必然地也要包含这种反映社会总特征的特殊性格。

马克思在《不列颠在印度的统治》中，曾对印度旧的亚洲式社会、旧式的半野蛮半文明的村社制度下人们的精神状态，做过极为深刻地说明。他写道："它们使人的头脑局限在极小的范围内，成为迷信的驯服工具，成为传统规则的奴隶，表现不出任何伟大和任何历史首创精神。"这样的社会与这样的制度，所造成的是"那种不开化的人的利己性"，"他们把自己的全部注意力集中的一块小得可怜的土地上，静静地看着整个帝国的崩溃、各种难以形容的残暴行为和大城市居民的被屠杀，就像观看自然现象那样无动于衷。这种失掉尊严的、停滞的、苟安的生活方式，在另一方面又产生了野性的、盲目的、放纵的力量。带着种姓划分和奴隶制度标记的村社"，它们使人屈服于环境，而不是把人提升为环境的主宰，它们把自动发展的社会状况变成了一成不变的由自然预定的命运，因而造成了野蛮的崇拜自然的迷信"[2]。在遭受大不列颠帝国殖民统治之前，生活在印度斯坦这片古老的国土之上的全体居民，只要是在村社的怀抱中吮吸着那旧的亚洲式社会的乳汁长大的，便免不了要在自己的身上深深打上这些特征的印记。这些特征，可以说，便是那个时代印度社会成员所独有的国民性。

种族主义者、民族沙文主义者和国家主义者摭拾或蓄意搜寻若干片断的、表面的现象，将它们归结为国民性，再用种族优劣、地理环境顺逆等因素来说明这些现象。面对这些伪科学，马克思主义者不能采取根本不承认国民性的存在这种简单化的态度，而必须用历史唯物主义对它做出科学的说明。

马克思在《关于费尔巴哈的提纲》中说："人的本质并不是单个人所固有的抽象物，在其现实性上，它是一切社会关系的总和。"[3]多少年来，人们对于这一句话做出了形形色色的解释，而最为流行的观点，就是把"一切社会关系的总和"等同于"一定的阶级关系和利益的承担者"，并由此把人的社会性归结为人的阶级性。其实，马克思和恩格斯在《德意志意识形态》中有一段话对《关于费尔巴哈的提纲》中这句话做了很具体的说明："历史的每一阶段都遇到有一定的物质结果、一定数量的生产力总和，人和自然以及人与人之间在历史上形成的关系，都遇到有前一代传给后一代的大量生产力、资金和环境，尽管一方面这些生产力、资金和环境为新的一代所改变，但另一方面，它们也预先规定新的一代的生活条件，使它得到一定的发展和具有特殊的性质。由此可见，这种观点表明：人创造环境，同样环境也创造人。每个个人和每一代当作现成的东西承受下来的生产力、资金和社会交往形式的总和，是哲学家们想象为实体和人的本质的东西的现实基础……"[4] 正是这一段论述，更清楚地展示了人的社会性所包含的多层次内容。但在过去，人们却往往只孤立地解释《关于费尔巴哈的提纲》中那一句话，而忽视这一段更为完整更为具体的说明。

如果说，人的阶级性主要反映了人们在一定生产关系中不同的地位给予他们各自的不同影响，那么，人的国民性便主要反映特定的环境对于生活于这一环境之中的全体社会成员所产生的共同制约作用。阶级性与国民性，分别代表了人的社会性中两个不同的层次。

人与人之间的社会关系，还包括两性关系，家庭与亲属关系，师友关系，民族关系，地域关系等。所有这些关系，与阶级关系既有联系，也有区别，给人的社会性以这样或那样不同的影响，研究这些问题，则属于人的社会性中另一些不同级别的层次。

即就人的阶级性而言，不同的阶级除去互相对立这一面之外，也还有互相依存、互相渗透的一面。“统治阶级的思想在每一时代都是占统治地位的思想。”[5]被统治阶级的思想不占支配地位，但是，它的发展状况又不能不反过来影响着统治阶级思想的演进。

不仅思想领域如此，阶级关系的其他方面也是如此。恩格斯在《德国的革命和反革命》中分析德国资产阶级与工人阶级时就指出：“主人是什么样，仆人也是什么样。人数众多、强大、集中而有觉悟的无产阶级的生存条件，是与人数众多、富裕、集中而强有力的资产阶级的生存条件同时发展的。”德国资产阶级的落后，带来了德国无产阶级的落后。德国普遍缺乏现代生活条件、缺乏现代工业生产方法的情况以及伴随着而来的普遍缺乏现代思想的现象，不仅使德国资产阶级具有浓厚的庸人气息，而且使德国无产阶级也不免这一气息的侵蚀，以至“在革命刚爆发时，很大一部分工人都要求立即恢复行会和中世纪的享有特权的手工业行会了”[8]。事实表明，阶级构成的特定状况，不仅会使各阶级具有不同的性格，而且会使互相对立的阶级产生相同的特征。而这相同的特征，正是国民性藉以构成的一个重要部分。以此，研究国民性，并非取消或削弱对阶级性的剖析，而是将对阶级性的认识推进一步，使之更为深化、更为全面。

随着自然、地理、民族构成状况、社会经济条件、社会政治结构、社会文化发展程度等因素的改变，特别是生产力发展水平、社会阶级构成、阶级斗争形势、社会权力结构等因素的改变，国民性与人的社会性中其他诸层次一样，不可避免地要发生变化。因此，坚持唯物史观就必须将国民性的改造与对客观环境的改造紧密地结合起来。

国民性中总不可避免地既包含着它保守性的一面，也包含着它变动性的一面。保守性表现了社会关系总和及其他各种历史条件自身的延续性、稳定性，而变动性则表现了它们的发展变化。不能简单地把前者或后者分为消极或积极，优良或恶劣。封建社会中，在分散的、落后的、以手工劳动为主要形式的自给自足自然经济基础上，农民阶级、地主阶级有着共同的心理特征：崇尚古风，因循守旧，讲求传统，崇拜权威，思想停滞，畏惧神灵等。这些心理，在那个时代，对于社会经济的繁荣、社会秩序的稳定曾经起过积极的作用，因为当时的生产方式需要如此方才能够延续，当时的全部社会生活非如此则不能稳定地正常运行。这些心理特征，后来成为历史发展中巨大的阻滞因素，并非因为它们生来便属于所谓劣根性。只有这样，才能正确认识国民性改造和前进的方向与动力。

由此可见，国民性作为人的社会性的一个重要部分，作为客观的存在，既是共产主义运动所要改造的对象，又是制约这一运动的现实前提。正视国民性，研究国民性，应是我们义不容辞的职责。

（二）

国民性问题，是在我国近代民族与近代国家形成过程中突现出来，引起志士仁人的关注的。鸦片战争以后，中国被列强强制着作为它们盘剥与奴役的对象，卷入了世界经济与国际政治冲突的旋涡。深重的民族危难与社会危机，使人们开始对自己的过去作全面的反省。

近代中国最先注意国民性问题的，是康有为、严复、梁启超等一批启蒙运动的代表人物。“中西事理，其最不同而断乎不可合者，莫大于中之人好古而忽今，西之人力今以胜古，中之人以一治一乱、一盛一衰为天行人事之自然，西之人以日进无疆、既盛而不可复衰、既治而不可复乱为学术文化之极则。”这是严复在《论世变之亟》中对中国与西方思维方式、心理状态的差别做出的著名概括。梁启超在《中国学术思想变迁之大势》中，以崇实际、主力行、贵人事、明政法、重阶级、重经验、喜保守、主勉强、畏天命、言排外、贵自强等，表述了中国传统心理与观念的主要特征。尤其值得注意的是康有为1898年6月上书光绪指出，中国往昔处于“一统之世”，占支配地位的观念一贯是静、隔、散、防弊，西方现今已处于“竞长之世”，占支配地位的观念则与中国截然相反，是动、通、聚、兴利。这虽然主要是从统治者统治方针来考察的，但是，一则民心被镇止，少知寡欲；一则民心发扬，争新竞智；一则层级繁多，堂阶尊严；一则通上下之情，通君主之分；一则民不相往来，不识不知；一则人人合会讲求，见闻广，心思扩。这里所涉及的正是两种不同的社会或两个不同的时代、国度的基本精神状态、观念形态。但是，整个说来，这一代人的研究还停留于现象的描述，为改造固有的国民性而提出的“开民智”“新民德”等，也就相应地显得不着边际，不能触及问题的根本。20世纪初，随着资产阶级革命运动的兴起，资产阶级民主派、小资产阶级民粹派、无政府主义派等，也都环绕着这些问题进行了讨论，但在主要框架上，未能超出康有为、严复、梁启超等人。

在辛亥革命失败后兴起的新的思想解放运动中，陈独秀、李大钊、鲁迅等为一方，梁漱溟、杜亚泉等为另一方，从相异的立场对中国传统思想、传统文化以及与之相应的国民性问题进行了远较前一时期深入地研究。

陈独秀1915年发表《东西民族根本思想之差异》，称“西洋民族以战争为本位，东洋民族以安息为本位”“西洋民族以个人为本位，东洋民族以家族为本位”“西洋民族以法治为本位，以实利为本位，东洋民族以感情为本位，以虚文为本位”，二者“若南北之不相并，水火之不相容”。文章强调指出，“西洋民族性，恶侮辱，宁斗死”，而“东洋民族性，恶斗死，宁忍辱”。东洋民族社会中种种卑劣不法惨酷衰微之象，皆根源于宗法社会。“宗法社会尊家长，重阶级，故教孝，宗法社会之政治，郊庙典礼，国之大经，国家组织，一如家族，尊元首，重阶级，故教忠。”结果，“一曰损坏个人独立自尊之人格，一曰窒碍个人意思之自由，一曰剥夺个人法律上平等之权利（如尊长卑幼同罪异罚之类）；一曰养成依赖性，戕贼个人之生产力”。[7]这是以社会生活与社会关系来说明国民性的一次很有价值的尝试。

李大钊1918年在《东西文明根本之异点》中，更进一步结合自然条件、人与自然的关系来说明国民性特征何以形成。他写道：“东西文明有根本不同之点，即东洋文明主静，西洋文明主动是也。溯诸人类生活史，而求其原因，殆可谓为基于自然之影响。”他认为，东洋文明在欧亚大陆上属南道文明，“南道得太阳之恩惠多，受自然之赐予厚，故其文明为与自然和解、与同类和解之文明”。南道之民族，“因自然之富，物产之丰，故其生计以农业为主，其民族为定住的，……惟其定住于一所也，故其家族繁衍”，并由此推衍而形成家族主义，日常生活以静为本位，以动为例外，在思想上持厌世主义，以为无论何物皆无竞争之价值，个性之存在不甚重要，并因此而事事一听之天命等，其短处在于厌世的人生观、惰性太重、专制主义盛行等。但李大钊不认为东洋文明全无是处，不同意以完全抛弃自我、走全盘西化之路为国民性改造之方向。“宇宙大化之进行，全赖有二种之世界观鼓驭而前，即静的与动的、保守与进步是也。东洋文明与西洋文明，实为世界进步之二大机轴，正如车之两轮、鸟之两翼，缺一不可。而此二大精神之自身，又必须时时调和、时时融会，以创造新生命，而演进于无疆。”为此，他主张，“东洋文明，宜竭力打破其静的世界观，以容纳西洋之动的世界观”，同时，西洋文明则应“斟酌抑止其物质的生活，以容纳东洋之精神的生活”，由此而实现东西文明真正之调和，创造出“第三新文明”[8]。

鲁迅主要不是从理论上，而是以文学形象刻画出中国“沉默的国民的魂灵”，写出在他眼里“所经过的中国的人生”[9]。他也把重点放在暴露国民性中弱点上，写出了脍炙人口的《阿Q正传》等不朽著作。他自述之所以这样做，“意思是在揭出病苦，引起疗救的注意”[10]。

在国民性如何形成，国民性中何者为优、何者为劣、何者应扬、何者应弃等问题上，陈独秀、李大钊、鲁迅所持意见大体相同。和他们意见相左甚或完全针锋相对是杜亚泉、梁漱溟等人。

杜亚泉1916年发表的《静的文明与动的文明》以为，西洋社会多民族纷争，自然环境宜于商业，于是，“西洋人之观念，以为社会之存在，乃互相竞争之结果，依对抗力而维持”；我国社会则多一家一姓兴亡之战，自然环境宜于农业，“吾国人之观念，则以为社会之存在，乃各自相安之结果”。由这两种观念上的歧异，遂使西洋社会注重人为，反自然，生活外向，胜利重于道德，无时不在战争之中，而我国则一切皆注重自然，文明为顺自然的，生活内向，安心守分，勤俭克己，除自然的个人外，别无假定的人格，道德高于胜利，以与世无争、与物无竞为道德之最高尚者，时时以避去战争为务。国民性的歧义，来源于观念的歧义，而观念的是非，又仅凭观念自身衡定，由此，杜亚泉得出结论：“西洋文明与吾国固有之文明，乃性质之异，而非程度之差；而吾国固有之文明，正足以救西洋文明之弊，济西洋文明之穷者。”[11]

梁漱溟1921年出版的《东西文化及其哲学》，更先验地用“意欲”为根据将世界诸文化分成三大系统：由意欲向前要求的精神产生西方文化，其特征是物质方面征服自然，学术方面崇尚科学方法，社会生活方面实行民主；由意欲自为调和持中的要求产生中国文化，其特征是与自然融洽，随遇而安，安分知足，寡欲摄生，对于权威的把持者容忍礼让，因而没有民主，根本不作深入的观察、剖析，因而没有科学，而走入玄学、直觉之路；由意欲反身向后的要求产生印度文化，根本特征是努力于解脱生活，以求得自我否定。这三种文化代表了三个不同的路向，无论走多久，也不会走到一道去。未来的中国，不应效法西方，也不应效法印度，而应致力于自身文化的复兴。这是一个主观性极为明显的解释系统。

梁漱溟精心构造这一系统，在当时批判和改造传统国民性的浪潮中，给了以孔子与宋明儒者所代表的传统思想、传统信念和传统地位以新的肯定。综观这一时期国民性问题的研究，无论在广度或深度上，都大大超越了康有为、严复那一代。人们对中国国民性的主要特征作了更富创见的整体性综合研究，并努力从更多的侧面与更深的掘进中寻究产生这些特征的根源，对于社会心理、观念结构的改造，倾注了巨大的注意力。最值得重视的是他们从特定的文化模式结构或特定的文化形态对它所作的整体性的综合考察。

文化形态或文化模式结构，斯宾塞《社会学原理》以为由家庭、礼仪、政治、宗教、职业、产业六大制度构成，汤姆斯《社会起源材料》以为由地理与自然环境、精神生活与教育、发明与技术、两性与婚姻、艺术与装饰、魔术宗教与神话、社会组织道德与国家七大部分构成。在他们之后，又有各种各样的说法。其实，文化形态是由语言与文字、物质生产与物质生活、精神生产与精神生活、各种层次的社会组织与社会关系这样一些子系统构成的大系统。它是历史发展的综合成果，是社会全体成员的整体性的产物，它一经形成，便必然要陶冶每一个社会成员，使他们的思想、观念、心理与生活实践自然地符合它的要求与准则，因而，它具有普遍性、整体性的品格。文化形态不仅表现在各种程式化了的制度与体系化了的理论之中，而且更广泛地直接地表现在人们的日常生活与日常思维之中，表现在人们日常未经深思熟虑的、没有系统化的、驱使人们对所遇事物立即做出反应的心理、精神、欲望、追求、情绪、理想、习惯、意向、气质、风度之中，因而，它具有直观性、丰富性、多样性、具体性的品格。正因为如此，对文化形态研究的程度直接关系着对国民性认识的程度。在“五四”的思想解放运动中，对国民性认识的深化，和对中国传统文化形态综合认识的深化是分不开的。

在这之后，国民性问题的研究还在继续。瞿秋白在多篇论文中指出，所谓东方文明、东方文化，无非是还停滞于宗法社会及封建制度之间的文化，而西方文明、西方文化，则是资本主义至帝国主义的文化，它们之间的差异，是时代发展阶段的不同。我国所谓孝梯礼教、养心绝欲、和平好让等特性，无非是宗法社会的表征。孙本文在《中华民族的特性及其与他民族的比较》中，将中国国民的特性概括为重人伦、法自然、主中庸、求实际、尚情谊、崇德化六项，逐一给予具体地说明。罗家伦的《新民族观》，冯友兰的《新事论》，费孝通的《乡土中国》，都在不同的方面有所进展。但是，整个说来，在这一段岁月中，对文化形态、文化模式结构的总体研究仍很不够，因此国民性的研究比之“五四”时代，未有全面的突破性的飞跃。这也正是人们今天在研究中国国民性与中国文化的主要特征时，常常自觉或不自觉地把自己的研究看作“五四”时代研究的继续与发展的一个重要原因。

三

我国国民性形成、发展和演变的过程，与中国文化系统形成、发展和演变的过程是同步的，前者可以说正是后者的升华与结晶。只有对中国文化特殊的形态、特殊的模式结构，对中国文化的整个系统作较为深入与全面地考察，方能对中国国民性的主要特征及其历史作用、历史地位获得比较客观而全面的认识。在国民性问题上，往昔不少人之所以易于执持一端，互相争讼不已，一个重要的原因就是离开了对中国文化系统的综合了解。

康有为、陈独秀、李大钊乃至杜亚泉所说的主静、静的文明、以安息为本位等，实际上是对我国所特有的传统农业生产方式以及在此基础上全部社会生活、社会心理、社会意识所特有的运动形态做出的朴素的概括。我国古代文明中，长期占居支配地位、起着主导作用的，是以黄河、长江、淮河、海河、珠江、松花江等水系为中心的农业文明。在我国北部与西部广袤的草原上，游牧经济也曾有一定的发展，并曾多次对农业区域进行过大规模的冲击，但是，就全局而言，中国农业文明确实是在异常开阔富饶的疆域之内，在能防止外来侵扰的四周有利地形的保护下，独立地酝酿与发展起来的。中国国民性的主要特征，应当说就是在中国农业文明数千年延续与更新的历程中逐渐累积而成的。

农业取资于土地。耕地搬不走，劳动者不像逐水草而居的游牧者那样飘忽无定，更不像可以择地就业的工人那样地自由。他们世世代代生于斯，长于斯，老于斯，死于斯，依靠精耕细作，在狭小的土地上投入巨量劳动，再加上家庭手工业的补充，农业与家庭手工业的紧密结合，谋得自给与温饱。这种程式化了的生产活动，近乎凝固化了的经济结构，使人们坚苦强韧、安土重迁、厚重笃实、质朴无华，为社会经济的繁荣，科学技术的发展，社会秩序的稳定，文化教育的兴盛，提供了必要的条件，同时，也规定了它们所能达到的最大限度。

欧洲中世纪自然经济也曾经占据支配地位。但是那里自然经济主要是以农奴制的封建庄园为基本构成单位，在庄园内部，不同的农奴之间有着较为明确的分工，特别是农业劳动与手工业劳动通常由不同的农奴承担。农奴劳动及其机械的分工，使生产力在一个相当长的时间内处于停滞不前的状态，经济的繁荣、科学技术的发达都远远比不上中国；然而，这种内在的二元化倾向，又使自然经济结构不很坚固，资本主义工商业较易于从中孕育与发展起来。印度顽强的村社制度，使社会分解为许多模样相同而互不联系的原子，彼此互相隔绝而各自处于孤立状态，结果，使生产力处于瘫痪状态，国家无法形成强有力的统一局面，没有希望社会进步的意向，没有推动社会进步的行动。中国自然经济结构与欧洲、印度都不相同。它的特色是以一家一户为组成单位，各家各户之间较少分工。每一户都将生活资料以及最必要的生产资料的生产，与人类自身的生产（即种族的繁衍）结合在一起，具有远比农奴制庄园经济宏大的社会生产力，但也反过来使这种经济结构特别紧密与坚固。农业和家庭手工业的直接结合所造成的巨大的物力与时间的节省，使这些农家有可能通过土地兼并演变为地主经济，并在此基础上形成大一统国家。它具有比印度农村公社巨大得多的活力，能够使中国文明在相当一段时间中走在世界的前列，但是，它远比欧洲庄园坚固的结构，又使中国很难冲破固有的格局，发展起资本主义工商业。

前人在说到中国国民性时，常常谈到的另一主要特征，是所谓一贯以家庭为本位，而不是以个人为本位，以家族伦理为中心的人际关系及有关的观念形态特别发达。这正反映了中国传统农业文明中家庭的特殊地位，反映了我国传统的农业手工业生产方式及其生产规律的特殊要求。

在我国传统农业手工业中，生产技术的传承与发展，对于天时、地利等自然条件的认识和利用，主要是凭藉长辈口传身教及自己实践过程中的摸索积累。具有较为丰富的生产经验的家长便由此而成为一家的权威，中国家庭的结构便成为以父子、婆媳为主轴的典型的父子型家庭（西方的家庭以夫妇为主轴，父母、子女都是配轴）。“不孝有三，无后为大”，婚姻的目的主要是为了子嗣，即传宗接代。男性劳动力在农业生产中的实际作用，使生育男子在人自身的再生产中居于头等重要地位。中国的家族宗法制在此基础上逐渐形成。在这样的家庭、家族、亲属及由此放大而形成的巨大社会网络之中，所需的是知识与经验的因袭、保存。而知识和经验，往往又只是同一方式世世代代反复重演，它们又直接保存于长者个人身上。后辈与先辈生活在同样的环境之中，走着相同的生活道路，每一个人所碰到的问题，也就不难从先辈那里获得现成的答案。尊天敬祖，论资排辈，家长与长者的权威，传统崇拜，以年龄代表智商，以古老代表真理，便都是这种家庭与社会结构在知识论方面造成的必然结果。

千百年来，人们日出而作，日落而息，春种夏播，秋收冬藏，一年一度，周而复始，只有季节的转换，没有时代的变更，这种简单再生产不断延续下定型化了的生活方式，使人们习惯于乐天知命，安分守己，全部思想感情和整个文化体系，都表现为喜一不喜多，喜同不喜和，喜静不喜动，喜稳不喜乱。大一统的格局于是应运而生。这个大一统的中心任务，就是确保人们全部生活的单一性。以高高在上的帝王为权力代表的官僚政治，最理想的境界便是无为而治。“为政不在多言”，不来干扰人们刻板的生活，便是清明的政治。这是政治上的大一统。思想上的大一统，是独尊一家，膜拜经典。人们在思想上、学术上，不求独出心裁，构建自具特色的学说与体系，而满足于记诵和阐述固定的几部经典，至多是在阐释经典时，于维护传统中略陈一点自己的意见，由此形成了以经、传、注、疏为正途的治学传统。这种大一统，不喜欢多样性、丰富性，不要矛盾的统一而要简单的、直接的同一，因为多样性、丰富性、矛盾性中包含着太多的未知数，潜藏着可能产生的威胁。“不为祸始，不为福先”，不要创造型、开拓型，而要因循型、保守型，便是这种大一统的必然结果。游牧族的侵扰曾经数度打破了惯常的均衡，但农业家庭手工业经济结构的坚固性、坚韧性，足可以在时间的流逝中消化入侵的异物，通过逆来顺受，以柔克刚，重新恢复大一统的既定格局。社会矛盾的积累与积聚，通过农民暴动、农民战争而得到暂时的消解。在暴动与战争期间，大一统局面被打破了，但这个打破，是为了迅速地重建。这样，在世界的东方，便屹立起了一个“礼义之邦”——梁漱溟所称赞的持中、调和，与自然融洽游乐，对权威把持者容忍礼让。

分散孤立的小农经济，农业与家庭手工业的紧密结合，决定了从中很难形成新的生产力。生产水平低下，消费欲望只能被压抑到低水平，所谓一箪食，一瓢饮，不改其乐；所谓惩忿窒欲，拘束身心，所谓寡欲摄生，知足常乐，所谓存天理，灭人欲，安贫乐道，都是为了从生产水平与消费欲望的冲突中求得精神的慰藉与解脱。“在农业民族那里共同的家庭经济也和共同的耕作一样是不可能的。”[12]在中国传统的农家经济中，尤其不可能形成共同的耕作与在利用自然力和其他许多生产力的基础上建立起来的共同家庭经济。为了在更大的范围内解决生产水平与消费需要的矛盾，人们便宁可走向普遍化的贫穷或贫穷的普遍化。孔子说：“吾闻有国有家者，不患寡而患不均，不患贫而患不安。盖均无贫，和无寡，安无倾。”这已成为一种异常广泛的社会心理。求富，就要讲求生产工具与生产方式、生活方式的变革，就会出现不均与不安，求均、求安，则将人们引向生产成果的再分配。尽管在穷困普遍化的情况下，人们必须重新开始争取生活与生产必需品的斗争，全部陈腐的东西都将死灰复燃，人们还是将它视为理想的平均世界。

中国传统文化和中国国民性的这些特质，在以儒家和道家思想为代表的中国传统思想中，得到了最为精致的表现。过去，人们常常满足于将传统思想定性为奴隶主阶级思想或封建思想，而不愿进一步探究：同样为奴隶主阶级思想、封建思想，我国与西方、印度等为什么却有许多非常明显的区别？为什么奴隶主阶级思想体系、意识形态在封建社会中能够占据支配性地位？既然它们仅仅是统治阶级的思想，凭借强制，是否就能渗透到社会各个阶级、阶层与社会生活的各个方面，成为普遍性的意识形态？中国以儒家、道家思想为核心并吸收了法家乃至后来佛家中许多重要思想而构成的传统思想，有着非常鲜明的民族特色，辜鸿铭民国初出版的《春秋大义》比较东西方意识形态时已指出，在西方，一则曰知识，再则曰知识，三则曰知识，在中国，则自始至终讲“君子之道”。与辜鸿铭生活在同一时代的德国著名的社会学家马克思·韦伯在他所撰写的《新教的伦理与资本主义的精神》《中国宗教》《印度宗教》《古代犹太教》等著作中，对于西方、中国、印度、古希伯来文化及其意识形态作了广泛的比较研究，提出了一个非常有名的论断：“儒家的理性主义是对世界的合理的适应，基督教的理性主义则是合理地宰割世界。”[13]与他们同时，或在他们之后，中外还有许多学者进行了类似的比较研究。张岱年1937年完成初稿、1943年印成讲义、1958年正式出版、不久前修订重印的《中国哲学大纲》，很明确地指出：“中国哲学，在根本态度上很不同于西洋哲学或印度哲学。”他将中国哲学之特点概括为六项：合知行、一天人，同真善、重人生不重知论、重了悟不重论证、既非依附科学亦不依附宗教[14]。这些概括，也可以说从不同侧面描绘了中国传统思想与西方、印度、古希伯来传统思想的区别。

儒家“格物、致知、诚意、正心、修身、齐家、治国、平天下”的“内圣外王”之道，包括以“仁”为中心的道德体系，以“礼”为中心的教化体系，“极高明而道中庸”的政治、经济、社会实践体系，既是两千多年统治阶级利益与意志的体现，也是对这种利益与意志的限制，而对于广大被统治阶级说来，则既是对他们利益与意志的剥夺，又是对这种剥夺程度与界线的划定。这个界限就是不能违背与破坏中国农业文明运行的客观要求，不能背离由传统的文化系统化育而成的国民性。逾越了这个界限，统治者便不可能照旧统治下去，被统治者便不可能照旧生活下去。《荀子·礼论》论礼的起源时说：“礼起于何也？曰：人生而有欲；欲而不得，则不能无求；求而无度量分界，则不能无争；争则乱，乱则穷。先王恶其乱也，故制礼义以分之，以养人之欲，给人之求。使欲必不穷乎物，物必不屈于欲，两者相持而长，是礼之所起也。”荀况这一说法，正反映了我国传统社会条件与传统文化条件的制约作用。孔子强调：“礼乎礼，夫礼者，所以制中也。”[15]子思说：“先王之制礼也，过之者俯而就之，不至焉者企而及之。”[16]其实，儒家思想，就其总体而言，都贯穿了这一精神。道家思想与儒家思想有很大差异。它主张“无为而治”，认为这样做，将会使“我无为而民自化，我好静而民自正，我无事而民自富，我无欲而民自朴”，而它的理想境界，则是“小国寡民，使有什佰之器而不用，使民重死而不远徙。虽有舟舆，无所乘之，虽有兵甲，无所陈之，使人复结绳而用之，甘其食，美其服，安其居，乐其俗，邻国相望，鸡犬之声相闻，民至老死不相往来”。这是对儒家未明确说出来的临界线很具体的描绘，其实正是对儒家思想不可或缺的矫正与补充。所有这些传统思想，集中表现了我国传统国民性的主要特征，它们一经形成，又反过来成为使我国传统的国民性逐渐凝固化的一个巨大的决定力量。

从中国国民性的形成、发展过程及其主要特征可以看出，中国的国民性在相当漫长的岁月中，它曾对社会的稳定与文明的延续、发展起了积极的作用。只是在社会生产力及全部社会结构、社会生活向前飞跃了的时候，它仍固守不变，才在许多方面转化成为消极因素。

四

中国国民性应当向什么方向改造？应当如何改造？一百多年来，环绕着这些问题，国内外都进行了异常激烈的争论。这一争论至今仍在延续中。

一派立论于农业文明与工商业文明二元化。他们以为，近代西方文明是典型的工商业文明，城市支配乡村的文明，资本主义文明，而中国传统的文明是农业文明，乡村文明，封建文明；历史的发展趋向是从农业文明走向工商业文明，从乡村文明走向城市文明，从封建文明走向资本主义文明，中国国民性的改造也就应当走西方化的道路。从康有为、陈独秀、李大钊等人倡导的以个人为本位、务使民心发扬、争新竞智等，直到现今海内外许多学者所说的以人关心其个人利益，关心其自我表现、自我发展、自我满足、自我独立为中心，重自然，重实验，重逻辑的科学发现，重向外探求，以通过改造自然为获得自由的必由之路，都是以西方近代国民精神为中国国民性改造的目标。胡适倡导的“全盘世界化”，陈序经所坚持的“全盘西化”是这一派最为极端的代表。

另一派立论于物质文化与精神文明二元化。他们以为，近代西方文明属于物质文明，而中国文明则属于精神文明，中国物质文明虽然不及西方发达，精神文明却高于西方。中国历史前进之路，不是放弃自己固有的精神文明去皈依西方的物质文明，而是用西方的物质文明来弥补自己的不足，使中国固有的精神文明得以持续并更加发扬。这一派在清末的主要代表是“中学为体，西学为用”鼓吹者，在五四运动前后的主要代表是梁启超等人，他们要用孔、老、墨三位大圣的精神去超拔大海对岸“愁着物质文明破产”的好几万万人；在现今的主要代表，则是活跃在中国港台一带的所谓“新儒家”。1958年，牟宗三、徐复观、张君劢、唐君毅联名在香港一家杂志上发表了《为中国文化敬告世界人士宣言》，副标题为《我们对中国学术研究及中国文化与世界文化前途之共同认识》，阐述了“新儒家”的主要观点。20多年来，他们撰写了卷帙浩繁的大批著作，举办各种讲座，来宣传和进一步充实他们的论点。他们认为，西方文明由于其发展的片面性，正面临着深刻的危机。这种文明，将世界看成外在于人的一种无情的存在，将人看成与世界相敌对的在不断奋斗挣扎中塑造自己生命的力量，结果，戡天役物，既打破了自然原有的均衡，也使人自身为市场价值所左右，丧失了人所应具的人性。他们说，中国传统文化，特别是以宋明“理学”为代表的儒学，服膺天人合一的理想，事事从有机的整体的观点考虑，特别重视人自身的情感与人内在价值，追求人在自己内部仁义之心性的扩充与完善，正可救西方文明之弊。他们认为，现代西方正从机械的自然观逐步转向有机的自然观，从强调生存竞争逐步转向倡导人与自然协调平衡，从不断追逐物质文明的发展转向注重内在的精神生活的建设，这都表明，中国传统文化，特别是儒家思想，非但不应否定，反而应该进一步发扬。他们运用大量现代科学与现代哲学的知识来论证自己的观点，是这一派中现代最有影响的代表。

还有一派，立论于东方文明与西方文明的二元化。他们认为，西方文明自有其“体”与“用”，东方文明也自有其“体”与“用”，二者代表了不同的路向，人为地加以杂交与凑合，无论是“中体西用”，还是“西体中用”，都不适宜。清末严复在《与外交报主人论教育书》中便已明确提出这一观点，他说："中学有中学之体用，西有学西学之体用，分之则两存，合之则两亡。"其后，梁漱溟《东西文化及其哲学》则使这一种观点进一步系统化、理论化，今天，海内外持类似观点者也不乏人。

以上几派观点，应当说，都包含有一定的真理性，同时，也都这样或那样地在若干方面失之偏颇。以后两派观点而论，它们都突出了历史与文化的继承性，强调国民性必须在原先优良传统的基础上加以发展，这无疑包含着合理的内核。但是，人们又很难同意他们的主要结论。东方文化与西方文化二元论，注意到了人类历史发展在形成世界性联系以前所具有的地域性特点，却又将这一特点绝对化了。由于早先各部族、民族活动范围的狭窄，彼此常常处于互相隔绝的原始状态，他们的历史与文化基本上处于地域性阶段，他们的国民性具有非常明显的地域性特征。近代以来，各民族活动范围愈来愈扩大，生产方式的日益完善与各民族之间交往及分工愈来愈迅速而有力地打破了各民族原有的闭关自守状态，历史已在愈来愈大的程度上成为全世界的历史，在这一情况下，将东方与西方截然分开，似乎二者可以各不相扰，便更不合理。至于将物质文明与精神文明二元化，问题也与此相类似。物质文明与精神文明的发展不平衡，是客观存在的事实。但是，西方物质文明的发展并非没有近代精神文明的发展与之相伴随，同样，东方精神文明的存在也少不了一把锄头一架犁作为基础，那也依然是物质文明。事实表明，精神文明与物质文明相统一，也是不容否认的客观事实。撇开中国传统的物质文明而孤立地表彰中国的精神文明，或者撇开传统精神文明的整体而孤立地颂扬儒家思想的某些论点、命题，或者撇开西方物质文明的整体，攻其若干局部，或者撇开西方物质文化，孤立地贬斥其一切精神文明……都是将物质文明与精神文明的发展既不平衡又相互统一这一客观事实抹煞了。

农业文明、乡村文明与城市文明、工商业文明二元化的观点，封建主义文明与资本主义文明二元化的观点，对国民性特点的形成和改造，确有不少非常深刻的认识，但它们过分强调共性，而忽视个性。欧洲资本主义文明脱胎于欧洲封建主义文明这一母体，它的工商业文明、城市统治乡村的文明，都包含着先前社会母体的某些基因。资本主义文明与封建主义文明有着质的差异，然而，前者对后者又有着继承关系。近代西方国民性与古代、中世纪西方国民性有明显的不同，但也有相通之处。西方历史、文化的发展道路与西方国民性改造方向具有西方的特殊性，不能将这些特殊的东西径直宣布为普遍性的东西。中国国民性改造的目标，自然无须也不可能同西方一样。无视这一点，强行走全盘西化之路，企图照搬西方模式，势必要在历史发展的实践过程中碰壁，受到历史的惩罚。

一个半世纪来，对于中国历史、中国文化系统前进之路所进行的艰苦探索，人们记忆犹新。为了使中国迅速从以生产家庭化为基础的中世纪封闭式农业文化体系中解脱出来，促进生产力的普遍发展，许多志士仁人曾经非常真诚地希望从西方找到现成的道路，他们也为将中国引入西方资本主义文明发展的轨道作了多方面的探索与努力。资本主义工商业，资产阶级代议制政体形式，资本主义下的社会心理，在中国都有了相当程度的发展。然而，它们从一产生起，就与西方资本主义的社会经济政治结构及文化心理结构有着明显的差异。人们归因于帝国主义与封建主义的压迫与阻挠。这诚然是一个重要的原因。但是，列强自身也曾千方百计地想用大炮与商品，把中国纳入资本主义世界市场，使中国完全殖民地化，结果却收效甚微。他们发现，最顽强的抵抗正来自中国家庭农业与家庭手工业紧密结合的小生产经济结构、社会结构以及与此相应的文化心理结构。中国封建统治者也曾试图兴办洋务，继清王朝之后的北洋军阀、国民党新军阀都曾热衷于发展官僚资本主义，他们都有过自己的黄金时代，有声有色，不可一世。但是，他们终于立足不住，最广泛的反抗来自广大的传统的极为坚固的小生产经济结构、社会结构、文化心理结构。可是，在中国走向新民主主义与社会主义的历程中，这些传统却并非不具异常的活力与积极的作用。比之西方，中国的历史条件在这个方面提供了很大的自由。实践证明，当中国的马克思主义者真正摆脱了西方所有现成模式的钳制，切实做到从现代世界与中国国情实际出发时，中国就能够通过建设具有本国鲜明特色的社会主义，推动生产力和整个社会的普遍发展，无需付出西方那样用血与火书写的使亿万民众沉沦于灾难及苦痛之中的代价，实现中国文明向现代化和向未来的腾飞。对中国传统的国民性应如何评价？用西方的模式去衡量，它处处显得消极、落后，然而，从建设中国式的社会主义来考察，它则既有消极、落后的一面，又有积极、可贵的因子。它最大的病根不是缺乏个人本位，而是小生产带来的眼光狭窄与小私有带来的卑怯保守，因之，既要敢于正视它的不足，对症下药地切实加以改造，又毫无理由自馁与自卑，甚至丧失民族的尊严与民族的自信。

今天的中国，可以说，仍然处于一个转变时代，一个过渡时代。中世纪、18世纪与20世纪同在。一些地方甚至“墙外刀耕火种，墙内入地上天”，墙内在制造现代化采掘机或人造卫星，墙外却仍保持着和一二千年前差不了多少的农业生产方式。由于传统的生产方式、传统的自然经济与小生产依然是不可忽视的客观存在，传统的文化系统、社会结构与国民性便有着顽强的生命力与再生能力。汽车与牛车同在一条路上蜂涌前进，哪怕是高速公路，汽车前进的速度也不能不受到牛车的牵制。在这过渡与转折的时代，即使是汽车的驾驶者，也不能不分外紧张，这自然增添了国民性改造的困难。也许可以说，唯其困难，方才更有希望。因为这些困难将使人们更加谨慎，更加耐心，更为认真地准确把握前进的方向。

注释

[1] 鲁迅：《两地书》之八，《鲁迅全集》第十一卷，第三一页

[2] 《马克思恩格斯选集》第二卷第六七—六八页

[3] 《马克思恩格斯选集》第一卷第十八页

[4][5]《德意志意识形态》第三三页，第四二页

[6] 《马克思思格斯选集》第一卷第五0五—五0六页。恩格斯一八八三年三月一日致伯恩斯坦的信说：德国小资产阶级的市侩庸俗习气“已经沾染了德国的一切阶级，成了德国人的遗传病”“它既经常笼罩着王位，也经常笼罩着鞋匠的小屋”。一八九0年六月五日致恩斯特的信又指出：“在德国，小市民阶层具有的胆怯、狭隘、束手无策、毫无首创能力这样一些畸形发展的特殊性格，……在我国的工人阶级最后打破这种狭窄的框框以前，它都作为一种普遍的德国典型，也给德国的所有其他社会阶级或多或少地打上它的烙印。”恩格斯的这些论断都很有说服力地证明了阶级性与国民性互相对立又互相渗透的辩证关系

[7] 《新青年》第一卷第四号

[8] 《李大钊文集》上卷，第五五七——五六O页

[9] 《俄文译本〈阿Q正传〉序及着者自叙传略》，《鲁迅全集》第七卷第八二页

[10] 《我怎么做起小说来》，《鲁迅全集》第四卷第五一二页

[11] 《东方杂志》第十三卷第十号

[12] 《德意志意识形态》，第二三页注①

[13] 马克思·韦伯：《中国宗教》，1958年英文版，第二四八页

[14] 张岱年：《中国哲学大纲》，中国社会科学出版社一九八二年版. 第五一九页

[15] 《礼记·仲尼燕居》

[16] 《礼记·植弓》

[原　　刊]《复旦学报（社会科学版）》1986年第1期

国民性改造的社会支持与教育使命

冯建军

“国民”即一国之民，是一个群位概念。国民性就是一国之民的共同特性，这种特性指向国民的群体人格。因此，“国民性”又称“国民性格”或“民族性格”，指一个国家的国民或一个民族的成员之群体人格，是特定历史阶段一国国民或民族成员所普遍具有的思想观念、社会心理与行为方式的共同特征。它赋予民族心理以质的规定性，因此，从本质上说，它是那个民族国家中的社会心理。[1]在这个意义上，“国民性”是一个中性词，既有积极的一面，也有消极的一面。19世纪末美国传教士亚瑟·亨·史密斯（Arthur. H. Smith）所写的《中国人的性格》（Chinese Characteristics）就全面列举了中国人的特点：注重面子和善于做戏；过度节约；勤劳刻苦，但漠视时间；漠视精确；思绪含混；坚韧，善于忍耐，却缺乏同情心；相互猜疑而缺乏诚信；极端迷信，谣言泛滥。其中，既有节约、勤劳、刻苦、坚忍、忍耐等积极的一面，也有好面子、漠视时间、猜疑、缺乏同情心等消极的一面。[2]但20世纪初，随着对国民性消极一面的放大，尤其伴随鲁迅先生对国民性的批判，不仅使“国民性”成为一个流行的词汇，而且也使其从一个中性词蜕变为一个意义消极的贬义词，与“国民劣根性”同义。这就有了20世纪初声势浩大的国民性批判运动与国民性改造思潮。笔者虽不认同国民性就是国民的劣根性，但也深知，即便是今天，国民性改造的任务仍很重要，如同英格尔斯所指出的：“如果在国民之中没有我们确认为现代的那种素质的普遍存在，无论是快速的经济成长还是有效的管理，都不可能发展；如果已经开始发展，也不会维持太久。”[3]

本文从20世纪初国民性改造运动入手，分析国民性改造没有能够完成的社会条件，指出当前社会转型为国民性改造提供了可能性，进而提出国民性改造的当代路径和教育的使命。

一、20世纪初的国民性改造思潮

19世纪末20世纪初的中华民族处于水深火热之中，在这样一个民族危亡的关键时期，维新派从甲午战争的失败和戊戌维新的破产中惊醒，开始把目光从原先重视器物、制度层面改革，转向思想文化层面，反思国民性的弱点，试图通过改造国民性，实现救亡图存的目的。20世纪初期的中国迎来了颇有声势的国民性批判和改造思潮。

最早检视国民性的中国人当属严复。严复发表于1895年3月4～9日天津《直报》上的著名论文《原强》，正式开启了中国国民性改造的近代征程。在这篇论文中，严复借助进化论的思想，对中西方的文化和人性进行了对比，指出中国“民智已下矣，民德已衰矣，民力已困矣”。在《原强》修订稿中，他提出了“新民”的标准：“一曰血气体力之强，二曰聪明智虑之强，三曰德行仁义之强。”拯救民族危亡，“收大权、练军实”只能“治标”，“鼓民力、开民智、新民德”则能治本。“果使民智日开，民力日奋，民德日和，则上虽不治其标，而标将自立。”（《原强》）因此，对中国的变革而言，则应当“鼓民力、开民智、新民德”。中国如果民品之劣、民智之卑，即便学习西方的技术和制度，也难有成效。从国民性变革着手，或许有望。“国性国格不同，而皆成于特别之教化。”国民性成于教化、教育。他批判旧教育为了猎取“富贵功名”而造成“民智”之低下，倡导西学，主张在学校中教授理论科学和科学方法论。在民德方面，1901年，梁启超提倡用西方自由、平等、博爱的启蒙思想代替中国传统的宗法等级制度，进而达到重塑国民人格的目的。严复国民性改造的思想，将中国的变法维新运动引向思想文化启蒙和人性的改造，将变法维新推向更深的层次。

梁启超是20世纪初对国民性反思较多的思想家之一。他在1898年戊戌变法失败后流亡日本时所著的《戊戌政变记》中，开始把国家的衰弱归因于国民。他说：“吾国之大患，由国家视其民为奴隶，积之既久，民之自视亦如奴隶焉。”在1899年的《独立论》中又声言：“不禁太息痛恨我中国奴隶根性之人何其多也。”1901年，梁启超在《清议报》发表《中国积弱溯源论》，提出中国积弱的根源在于全体国民的内在根性。梁启超痛恨的国民性是奴隶性，是一种臣民思想和意识，因此，根治国民的奴隶性，“自除心中之奴隶”，必须用独立自由之思想启蒙国民，培养新型的理想人格。他在1902年之后《新民丛报》上连载了他的10万余字的《新民说》，提出了“新民”的形象：国家意识、权责意识、政治意识、政治能力、冒险精神以及社会公德、自由理念、自治、自尊等。梁启超在《新民说》中非常强调改造国民的旧道德，重建现代伦理价值。他把道德区分为公德与私德：“人人独善其身者谓之私德，人人相善其群者谓之公德，二者皆人生所不可缺之具也。”[4]中国旧伦理偏于讲私德，忽视了私人对群体（社会、国家）的伦理关系，缺少社会公德。然公德是“人群之所以为群，国家之所以为国，赖此德焉以成立者也”。[5]它比私德更重要。因此，梁启超强调国民的社会公德，尤其强调树立国家意识和群体观念。国家意识、群体的观念，并非否定个人的私德和利益，相反，“团体自由者，个人自由之积也”。[6]也就是说，只有每个人的独立、自由，才有群体的独立、自由。所以，梁启超也强调新民“自由”“独立”“利己”的人格品质，但不忽视个人对国家、对社会的责任和义务，依然注重利国利群。这是与西方早期资本主义自由主义公民思想的根本差别，使梁启超的新民思想带有中国传统文化的烙印。

严复、梁启超等维新派是在一个没落的封建制度下批判国民性的，1911年辛亥革命推翻了清王朝的封建帝制，建立了民主共和制度。“要巩固共和，非先将国民脑子里所有反对共和的旧思想，一一洗刷干净不可”，“否则不但共和政治不能进行，就是这块共和招牌，也是挂不住的”。[7]所以，建设新的共和制度，首先需要批判的是与共和制度不相适应的国民性，确立新的国民性。陈独秀在《青年杂志》（1916年改为《新青年》）创刊号上发表《敬告青年》，呐喊“敏于自觉、勇于奋斗之青年”“新鲜活泼之青年”的出现。新青年具有六种人格：自主的而非奴隶的、进步的而非保守的、进取的而非退隐的、世界的而非锁国的、实利的而非虚文的、科学的而非想象的[8]。为了培养这样的“新青年”，陈独秀提出了“现实主义、惟民主义、职业主义、兽性主义”的教育方针，并特别强调以兽性主义教育来改造国民性。兽性主义的特征是“意志顽狠，善斗不屈”“体魄强健，力抗自然”“信赖本能，不依他为活”“顺性率真，不饰伪自文”。他要改变中国人过于文弱的状况，使之既“尚文”又“尚武”，成为文武双全的“新青年”。

对国民性批判最深刻的，非鲁迅莫属。鲁迅之所以弃医从文，是因为他认识到“凡是愚弱的国民，即使体格如何健壮，如何茁壮，也只能做毫无意义的示众的材料和看客，病死多少是不必以为不幸的。所以我们的第一要著，是在改变他们的精神”[9]。鲁迅塑造的“阿Q”形象，集中表现了国民的劣根性，这就是在皇权统治下形成的堕落、奴性、麻木，加以卑怯和贪婪与自私。鲁迅接受进化论和启蒙主义思想，通过文艺的手段，唤醒人们“敢于直面惨淡的人生，敢于正视淋漓的鲜血”（《记念刘和珍君》）。“寄意寒星荃不察，我以我血荐轩辕。”（《自题小像》）那些“埋头苦干的人”“拼命硬干的人”“为民请命的人”“舍身求法的人”是“中国的脊梁”（《中国人失掉自信力了吗》）。鲁迅写小说、杂文，不是单纯为了文艺，而是带着一种人生启蒙，是为了人生，而且改变人生。所以，毛泽东高度评价鲁迅为“现代中国的圣人，孔夫子只能是封建社会的圣人”。[10]鲁迅一生始终求得人的真正解放，实现在“立人”的基础上建立“人国”。

总之，19世纪末20世纪初的近代思想家，超越了技术和制度层面的学习和模仿，试图通过对国民性的改造摆脱民族危机，从根本上治理国家的落后，是一种巨大的认识进步。但我们应该看到，国民性的改造，尤其是通过教育塑造或培养国民性，需要一定的社会条件。是否具备相应的社会条件，决定了教育对国民性改造的可能与否。

二、国民性改造的社会条件

任何时期的国民性都是当时社会条件在人性上的反映。这就意味着，国民性的改造，不是想当然的事情，需要国民性形成的社会条件。20世纪初，近代启蒙思想家所批判的国民性的保守、狭隘、闭塞、缺乏理性、奴性、自私自利，缺乏国家的观念、民族意识和社会的公德等，从本质上说，是封建专制制度和小农自然经济以及封建礼教相互作用的产物。

就政治体制而言，传统的中国社会是皇权专制与封建宗法相互整合的共同体。封建社会，皇帝的权力凌驾于整个社会之上，成为整合分散的自然经济社会的重要力量；在另一方面，宗法社会的意识形态及其组织形式，全面渗透到社会各个阶层和领域之中，二者相互作用，构成了中国封建社会政治上的封闭、凝滞和专制。这种状况在辛亥革命后才渐渐出现变化，中国的封建皇权被成长起来的民族资产阶级推翻，代之以资产阶级的共和制。这种体制相对于传统的封建专制无疑是进步的，但是新生的革命政权并没有取得完全的胜利。外有帝国主义的入侵，内有封建专制的“复辟”闹剧以及革命政府自身并不完善的政治建设。在这种情况下，中国社会的殖民势力和封建残余势力依然强大，造成革命往往只停留在外部的变革，与共和政体相匹配的国民性没有形成。从严复到鲁迅，中国近代启蒙思想家普遍认为，正是封建统治者和封建专制制度扭曲了国民的人格，造成了严重的依赖性和可怕的消极性等种种国民性弱点。

就经济而言，小农自然经济是中国封建社会农业生产的基本模式，它以家庭为生产、生活的基本单位，农业和家庭手工业相结合，生产主要是为了满足自家基本生活的需要和交纳赋税，是一种自给自足的自然经济。在这种生产、生活模式下，人们足不出户就可以满足自身的基本生活需要，生活比较稳定，所以小农经济下的农民安土重迁、生活封闭，与外界的交流很少。统治者为了维护社会秩序的稳定，往往通过设立名目繁多的户籍制度将人们固着在土地上，不允许大规模的人口流动。如此，封建生产关系中的人在丧失了人身自由的同时也丧失了自由独立的人格。近代资本主义的萌芽以及帝国主义寻求市场和生产原料的需要，使中国自给自足的自然经济体系逐渐被打破。但是，资本主义生产关系在封建势力和帝国主义殖民势力的夹缝中并没有充分发展起来，直到新中国成立，中国社会的经济制度都没有完全摆脱封建的自然经济的框架。

就文化而言，中国传统文化在政治上表现为臣民文化。“在自然经济和封建宗法条件下，弥漫于传统中国的必然是个体消融于整体的封建臣民文化。在传统中国，以往数千年的社会伦理体系的出发点和归宿点是个人对家庭、国家、社会的绝对认同，是对人的独立性的剥夺、理性的削弱和自信的压抑，这就造成中国数千年来的臣民文化和伦理文化强调的是个人对君主、对家族长者、对宗族制度的隶属和依附关系，是礼制、官本位、伦理观等价值理念。”[11]封建社会的臣民文化以及由此决定的封建礼教是塑造中国人奴性的最重要手段，也是统治者强加在国民身上的精神枷锁。中国传统文化在社会生活上表现为家族本位。对此，孙中山指出：“中国人最崇拜的是家族主义和宗族主义，所以中国只有家族主义和宗族主义，没有国族主义。”[12]中国人以家族为圆心，难以扩展至国族，所以中国人的团结力，只能及于宗族而止，没有扩张到国族，致使国人缺乏民族、国家观念。

20世纪初启蒙思想家的国民性改造理想没有实现，一方面是因为“救亡压倒了启蒙”（李泽厚语），另一方面是因为缺乏新国民性成长的社会土壤。在一个封建专制的社会，不可能培养出自由、民主、独立的国民。

新中国成立后，实行人民民主专政，从根本上解除了压迫与被压迫的奴役关系，确立了人民当家作主的地位和国民之间人人平等的关系。1978年的改革开放，开启了中国社会转型的新历程，中国社会逐步出现了由传统社会向现代社会、由农业社会向工业社会、由人治社会向法治社会、由臣民社会向公民社会、由封闭社会向开放社会的转型。促动社会转型的根本因素是市场经济体制。

计划与市场，不仅是资源配置的两种方式，还反映了人的不同生存方式。计划经济体制遵循的是“一切行动听指挥”，采取僵硬的、划一的管理方式。市场经济是人与人之间等量的劳动交换关系，每一个人作为资源配置的主体，在市场中遵循着公共交换规则，确立了平等的交换关系。计划经济只承认国家的利益，市场经济承认利益主体的多元化；计划经济崇尚权力和指令，市场经济强调平等和协商；市场经济解放人，激发了人的主体性。计划经济体制下，形成的是一个“总体性社会”，只有国家，没有公民社会和个人；市场经济使“总体性社会”向国家（政府）、市场、公民社会的三元结构转变，越来越多的政治空间和社会空间被释放出来，国民有机会参与社会的管理，担负社会的责任，成为社会的公民。

伴随着经济体制的转型，政治体制也朝着更加民主的方向发展。党的十八大报告提出：“必须继续积极稳妥推进政治体制改革，发展更加广泛、更加充分、更加健全的人民民主。”要“更加注重健全民主制度、丰富民主形式，保证人民依法实行民主选举、民主决策、民主管理、民主监督；更加注重发挥法治在国家治理和社会管理中的重要作用，维护国家法制统一、尊严、权威，保证人民依法享有广泛权利和自由”。政治制度的民主化，需要公民摒弃奴性，以一种主人翁的姿态积极参与国家建设和社会公共生活。

市场经济是一种个体经济，它打破了传统文化中的专制、人治和等级文化，赋予一种民主的、理性的、法治的、平等竞争的关系，这成为市场经济所要求的以现代性为核心的新文化。当然，文化的形成是一个长期的过程。伴随着市场经济的发展和民主政治的建设，新的文化正在形成中，这种形成既有自发的历史沉淀，更有自觉的文化改造。这就需要能够创造新文化的新国民。

总的看来，改革开放30多年来，中国社会在经济领域、政治领域和思想文化领域发生的这场静悄悄的革命，从根本上改变了人在社会生活中的地位和生存方式，使人的发展由从“依附性人格”走向“独立性人格”。因此，在社会发展具备良好条件的情况下，我们就更需要自觉地改造国民性。

三、以公民性改造国民性

20世纪初，启蒙思想家批判的国民性主要指向两个方面：臣民意识和私民意识。所谓臣民意识是对个体而言的奴性意识，梁启超对此进行了深刻的揭露：“奴隶云者，既无自治之力，亦无独立之心。……依赖之外无思想，服从之外无性质，谄媚之外无笑语，奔走之外无事业，伺候之外无精神。呼之不敢不来，麾之不敢不去，命之生不敢不生，命之死亦不敢不死。”[13]所谓私民意识，即缺乏公共意识。国民作为国家的成员，理应具有国家的意识、公共的意识，但国民性中以家族为本位，使国民失去了对国家、对民族、对社会的关注，“于国家之盛衰兴败，如秦人视越人之肥瘠，漠然不少动于心”。[14]国民以自我为中心，对国家民族、社会群体、公共事务一概冷漠，无政治热情，无责任感，无义务观念，无群体意识、公德观念，成为一个自私自利的“私民”。

20世纪初期，严复、梁启超提出的国民性改造思想，就是一种早期的公民教育启蒙。梁启超提出的“新民”具有国家思想、权利思想、义务思想、政治能力、进取冒险精神，还包括公德、私德、自由、自尊、尚武、合群、生利、民气、毅力等品质，[15]这就是一种公民形象。公民的形象和公民性不是一成不变的。历史地看，古代的公民秉承共和主义思想，强调公民的公共性、公共生活和公共参与。现代的公民以资产阶级工业革命为开端，坚持自由主义，强调个体的人格独立和个人的权利、自由。

共和主义与自由主义构成了公民性两个极端。公民性的当代发展，无论是新共和主义、新自由主义，还是社群主义、多元文化主义等，都走出了自由主义个体性和共和主义公共性的单一向度，寻求公民个体性和公共性的弥合，既强调个体的独立性、权利和自由，又强调对他人的责任、对国家的忠诚和对社会的义务。[16]所以，改造国民性中的臣民意识和私民意识，我们需要从个体性和公共性两个方面建构公民性。据此，我们提出当代公民性的几个方面：

第一，交互主体与主体间性。公民与臣民相对，没有独立人格，称不上公民，只能是臣民。所以，独立人格是公民性的第一要素。判断一个人是不是公民，首先要看他有没有从臣民意识中摆脱出来，确立个人的主体意识，成为共同体中独立的个体。

独立是相对于依附而言的。公民首先要走出对他人的依附，成为一个独立的自我。但独立不是"孤立"，依附不等于"依赖"。人不依附别人，不等于不依赖别人。人处于社会关系之中，客观上，对国家、社会和他人必然具有一定的依赖性。这也是马克思说的，人的本质是社会关系的总和。人生活在社会关系中，同时又要在社会关系中保持一个独立的自我，即不屈服于别人的自我。

国家是公民之间按照契约和法律组建的协作共同体，国家中每个公民既独立，又休戚相关。因此，现代公民不是个人主体，而是交互主体。个人主体确立了我的地位，但有我无你；交互主体，不仅有我，而且有你，你我作为主体平等共在。个人主体在自我独立的情况下，把他人作为客体，成为我所占有的"臣民"。主体间性的人格，既保持了个人的独立，又使每个人作为平等的主体，和谐共存，实现了公民个体性和社会公共性的统一。所以，公民的独立人格，不是个体的主体人格，而是主体间的共生性人格。公民身份必须建立在主体间性的基础上，只有这样的人格特征，才能实现个体性与公共性、权利与责任的统一。

第二，自由与平等。公民是交互主体，这意味着公民首先是个人主体，其次作为主体有交互性。公民作为个人主体，则意味着免予他人的支配和控制，这就是公民的自由。公民自由是公民主体性的要求，也是公民身份获得的前提。古希腊城邦只有自由人，才能够成为公民。但有了自由，也不一定是公民。因为自由，尤其是积极自由的过分张扬，就会蜕变为新的专断和控制。正如伯林所意识到的："在'消极'自由观念的拥护者眼中，正是这种'积极'自由的概念——不是'免于……'的自由，而是'去做……'的自由——导致一种规定好了的生活，并常常成为残酷暴政的华丽伪装。"[17]自由是公民身份的必要条件，但不是其充分条件。

共同体中每个公民都有自由，自由必须是平等的。公民的主体间性，要求公民必须是共同体中具有自由身份的平等成员，"任何有关公民身份本质的探讨都不能忽视平等的原则"。[18]现代公民身份是不断扩大的平等主义。从希腊城邦到罗马共和国，公民范围逐步扩展，意味着公民平等性的递进。现代公民身份以卢梭的“人人生而平等”为依据，赋予每个人平等的公民身份和平等的权利。法国革命的《人权宣言》、美国革命的《独立宣言》都把平等作为立论的最终依据。《独立宣言》指出：“我们认为下面这些真理是不言而喻的：人人生而平等，造物主赋予他们若干不可剥夺的权利，其中包括生命权、自由权和追求幸福的权利。”《人权宣言》也指出“在权利方面，人们生来是而且始终是自由平等的”。

第三，公共性与公共责任。主体间性一是表达主体间的平等性，二是表达主体间的公共性。权利是公民主体性的反映，代表了公民的价值和尊严；公民主体的平等性，决定着公民具有平等的权利；但公民主体间的公共性或者共在性，决定了公民不能是自私自利的人，他必须具有公共意识和社会公德，参与公共生活，承担公共责任。公共责任的本质特征是维护公共性。维护有消极和积极两个层面：消极的层面是不损害国家的、社会的、集体的利益和其他公民的合法自由和权利；积极层面是主动参与公共生活，为国家、为人类做出自己的贡献。梁启超当年批判国民性中“爱国心之薄弱”“公共心之缺乏”“团结力之差”“公德之缺乏”，指的就是公民公共性的缺失。孙中山也怒斥国民只有家族的观念，缺少国族的观念。所以，他试图以国家的意识、民族精神来改造国民性。公民作为共同体成员，必须具有公共性。正是公民的公共性制约着个体性，才能使公民的个体性健康发展。

第四，民主与协商。民主，无论是作为一种政体，还是作为一种集体决策的方式，都与公民直接相关。作为一种政体，民主的含义是“人民的统治”或“人民做主”。作为一种集体决策的方式，民主就是凡涉及公共利益的重大事务，都需要集体共同决策。民主政体、民主决策和公民是统一的，公民是生活在民主政体中参与民主决策的人，是行使民主参与权利的人。

作为一种共同的决策方式，民主的决策需要的是协商。协商是因为差异的存在，为了避免差异冲突，保护个人的合法权益，或者是为了寻求共识，就需要一种公正、合理及和平解决利益冲突的方式，这就是协商。协商是要每个公民都参与公共决策，自由表达自己的意见，倾听别人的意见，最后通过一种民主的方式，达成一致的结果。

民主与协商不只是一种制度，还是一种生活方式或公民意识。或者说，即便是有一种民主与协商的制度，若没有民主与协商的意识，也不会有制度的自觉力量。作为一种生活方式或者公民意识，民主、协商与专制、独裁相反，意味着“开放”“平等”“公平”“尊重”“包容”“妥协”“宽容”等公民美德与品质。

四、公民教育：培育时代的公民性

公民性具有个体性和公共性两个维度，两个维度是相左的，但公民教育必须寻求二者的平衡，最终培养健全的公民性。据此，公民教育可以分为三个层次。

1. 培育个人主体性

公民区别于臣民，就在于公民是个人主体，具有主体性和独立的人格。所谓主体性，是公民作为独立的人，不受别人的奴役和支配，具有自主性、能动性和自我选择、自我判断的能力。康德对启蒙精神做过这样的概括："大胆运用自己的理智，敢于批评，善于怀疑，不崇拜权威，不轻信教条，独立自主地做出抉择并对自己的行为负责任。"[19]这就是公民独立人格的表现。

培养主体人格的公民教育，应该首先是主体性教育。主体性教育就是以一种主体教育的方式，培养学生的主体人格。所谓主体教育的方式，是把学生当作教育过程中的主体，这种教育过程不仅包括课堂教学中学生的自主参与和质疑问难，而且包括学校管理中学生的自主参与，后者对培养公民所需要的独立人格，意义更为重大。公民教育不同于传统的政治教化或政治灌输，而是具有自我意识、自主判断能力的公民。

权利是人格独立的象征与体现。公民的独立人格，是公民获得自由和权利的前提条件。没有人格的独立，受他人的奴役和支配，就不会有个人的自由和权利，也就不可能成为公民。现代公民以权利为核心，从18世纪的公民权利，到19世纪的政治权利，再到20世纪的社会权利以及当代社会提出的性权利、环境权利等，权利的范围不断地扩大。权利是主体地位的一种逻辑延伸和价值确认，是主体人格的外在化，也是主体性人格的外在保证。所以，培养独立人格的公民教育，也是公民权利的教育。传统中国社会，国民的奴性就表现在只有义务，没有权利。虽然公民需要权利与义务的统一，但与义务相比，权利是本源性的。没有权利，谈不上义务。权利是政体和法律赋予的，但公民需要具有权利意识。一方面要争取公民应有的权利，另一方面要保护个人的权利，谨防个人权利被侵犯。公民教育作为主体教育，内在地培养公民主体性和独立人格；同时，作为一种权利教育，外在地培养公民的权利意识，使之成为主张和合理运用权利的"权利公民"。

公民的独立人格，不仅表现为拥有权利，而且表现为一种自由的状态。自由也是一种权利，并且在洛克看来，自由是公民的基本权利。权利意味着自由，意味着不受他人不合理干涉或奴役的消极自由，也意味着一种按照自己意愿支配自己行为的积极自由。在这个意义上，培养公民独立人格的教育，必然是一种自由教育。自由有多种指向，既可以指向对自然规律的认识，也可以指向对社会的创造；既可以指向私人领域，也可以指向公共领域。公民教育中的自由，是个体面向公共领域的社会自由，而不是面向私人领域的个体自由。

2. 培育主体间性

培养独立人格的公民教育，是个体公民的教育，它捍卫了公民的权利和自由。这是公民对自我身份的要求。但公民教育不能只停留于此。止于此的公民教育，培养的虽不是奴才，但却是主子，他们目空一切，唯我独尊。公民不是“唯我的主子”，不能成为“孤立的自我”，而必须成为“社会中的我”“共同体中的我”，尽一份社会的责任与义务；人与人之间也不是霍布斯所说的“豺狼关系”，而是马丁·布伯所说的“我与你”的关系。

在德国社会学家贝迪南·滕尼斯看来，“共同体”与“社会”是人类结合的两种不同方式。“共同体本身应该被理解为一种生机勃勃的有机体，而社会应该被理解为一种机械的聚合和人工制品。”[20]之所以如此，因为共同体成员之间“默契一致”，他们有一种“相互之间的——共同的、有约束力的思想信念作为共同体自己的意志”[21]；而社会是基于一种“契约”，它是“两个不同的单独意志相交在一点上的合量”。[22]共同体基于血缘、情感和道德而联结，社会是基于契约和法律而联结。共同体是人类结合的原始形式，城邦是典型的共同体。城邦只有共同体的利益，而没有个体的利益，个人只有义务，没有权利。城邦社会是人类发展的“原始和谐”阶段。但随着市场经济的发展，个人独立意识的觉醒，尤其是现代公民的出现，人与人之间不再以共同体的形式结合，而是以社会的形式结合。

现代社会是人与人之间的一种分离式结合。这种人与人之间的结合，是为了个人自己的权利和利益迫不得已。在社会里，“人人为己，人人都处于同一切其他人的紧张状态之中”，“没有人会为别的人做点儿什么，贡献点什么，没有人会给别人赏赐什么，给予什么，除非是为了报偿和回赠”，而且“报偿和回赠与他给予的东西相比，至少要同等”。[23]这就意味着，社会中的每个人都保持着自我权利和利益的最大化，人与人之间的合作和对他人的义务，也是为了维护自己的利益，并且要求一种平等回报，这就是一种平等互利的交换关系。现代国家是“社会”，而不是“共同体”。

按照霍布斯的解释，国家是保护人人平等的权利而成立的一个协议体。个人为了自己的某些利益或者好处而放弃某些权利，这些让渡出来的权利需要掌管的人，掌管者被称为国家，个人与国家订立契约，国家通过其管理机构——政府来保护个人的权利。国家因为个人存在而存在，其目的是为了保护个人的权利不受侵犯。

认识到社会和国家的本质，就可以分析公民作为社会或国家的成员与其他成员间的关系。公民首先是作为主体的个人，但同时又要超越个人主义，是一种主体间的共生关系。“公民必须是一个相互的主体。”[24]主体性是公民的首要条件，但公民的主体性，不是个人主体性，而是主体间性。

公民要保持自我的独立，保持自己的权利和自由不受侵犯，但这种自由和权利不是某个公民的特权，而是所有公民平等的权利和自由，这就孕育了公民主体之间平等的关系。公民教育是一种平等的教育。只有确立社会关系中的平等意识、平等地位，才能使每个人都能成为社会的主体，成为社会的公民。

公民要有权利，权利是公民的第一要素。但正如滕尼斯所说，没有人会主动牺牲自己的利益而为你做点什么，个人权利的获得只能以对他人的回赠、奉献来换取，而且换取的比例要相等。所以，责任或义务是权利的伴生物。没有无权利的义务，也没有无义务的权利。公民享有权利，就必须对他人、对社会承担责任，而且权责一致。所以，公民教育不只是权利教育，也是一种责任教育，是权利优先基础上权责统一的教育。

社会不同于共同体，就在于社会是由利益各异的主体构成。个人要成为一个社会的成员，必然面临着各种矛盾与冲突。专制社会使用专制或奴役的办法解决冲突，民主社会只能通过公民间的协商解决。所以，公民教育是一种民主教育，它不仅要培养公民的民主意识、民主生活方式，而且要教会学生解决冲突的技能，培养其协商、对话的能力。

3. 培育公民的公共性

“主体间性连接了公民的两个方面：公民的主体性和公民的公共性。”[25]主体间性，既意味着公民个体之间的平等，又意味着公民个体间利益的共在与统一。公民身份不是个人的范畴，而是一种关系范畴。按照滕尼斯的认识，社会是公民个体间的利益联合体。虽然公民在社会联合中是“分离”的，但他们毕竟还具有共同的利益之联合，具有共在的现实基础。但现代公民的问题是，把个体性凌驾于公共性之上，无视公共性的存在，造成公共生活的缺失和公民对公共事务的冷漠，公共参与的积极性降低。所以，当代公民教育，不能只强调公民主体人格的培育，还必须强化公民的公共意识、公共精神。当代公民身份的发展，无论是新自由主义，还是社群主义，都在谋求个体性和公共性之间的平衡。[26]“新自由主义调和了个人性和社会性，它否认个人的图景，但又把个人权利当作个人自我实现的最根本的因素；它把个人视为互相促进和自我发展的，把社会生活视为合作而非竞争的。”社群主义也“从一开始就关心社会力量和个人之间、社群和自主性之间、个人权利和社会责任之间的平衡”。在一个自由主义主导的公民教育时代，更需要强调公民公共性的培养。

主体间性教育，超越了个人主体，它关照公民他人，培养公民间的平等意识、责任意识，但缺少对社会公共性的关照。培养公民的公共性，从教育的角度说，就是要使学生意识到我们生活中正在出现并扩大着人与人之间的共同利益、共同价值，并且正在形成着共同规则、共同伦理，这些都是一个现代公民所必须承认和遵守的；[28]

使他们了解当代人类发展中所具有的世界化、全球化、一体化的大趋势，不断地扩大公共生活的空间，扩大公共利益范围，从家庭、社区、族群到国家、地区联盟和全球。公民身份也从个体公民扩大到城市公民、国家公民、区域公民（如欧盟公民）乃至世界公民。

在民族国家主导的时代，公民的核心身份是国家公民。世界公民，不是“世界国家、世界政府”的公民，而是具有世界意识、国际视野的国家公民。国家只是人类社会发展的一个特殊阶段，按照马克思的理论，人类社会发展将会经过这样一个“国家社会”之后走向一个“无国家社会”的更高级发展阶段，这就是马克思所说的人类发展的第三个阶段“类社会”，也是可以预见的最高阶段。类社会不同于人类原初的城邦共同体，也不同于现代的“社会”，恰是滕尼斯所说的现代“共同体”，费孝通将其概括为“各美其美，美人之美，美美与共，天下大同”。类社会的公民，将成为完全的世界公民。在这样一个共同体中，公共性与个性并不矛盾。世界的大同，不是压制个性，而是充分发展个性，正如李大钊所说：“现在世界进化的轨道，都是沿着一条线走，这条线就是达到世界大同的通衢，就是人类共同精神连贯的脉络……这条线的渊源，就是个性解放。个性解放，断断不是单为求一个分裂就算了事。乃是为完成一切个性，脱离了旧枷锁，重新改造一个普通广大的新组织。一方面是个性解放，一方面是大同团结。个性解放的运动，同时伴着一个大同团结的运动。”[29]在人类可以预见的最高发展形态中，世界公民身份取代国家公民，成为类主体，公民的形态也实现了人之发展最高形态的统一，不仅实现了公民个体性和公共性的统一，也实现了公民性与人性的统一。公民发展的方向，就是不断地成为一个“人”，成为一个自由全面发展的人。公民教育的最终发展则要超越公民某种身份的局限，走向成“人”的教育。

注释

[1] 周晓红：《理解国民性：一种社会心理学的视角》，《天津社会科学》2012年第5期；袁洪亮：《“国民性”概念的辨析与界定》，《株洲师范高等专科学校学报》2002年第1期

[2] 伍国：《重思百年“国民性”论述》，《书屋》，2006年第7期

[3] 英克尔斯、史密斯：《从传统到现代人——六个发展中国家中的个人变化》，中国人民大学出版社1992年版，第454–455页

[4][5] 梁启超：《新民说·论公德》，《饮冰室合集·专集之四》，中华书局1989年版

[6] 梁启超：《新民说·论自由》，《饮冰室合集·专集之四》，中华书局1989

年版
[7] 任建树等编：《陈独秀著作选》（第1卷），上海人民出版社1993年版，第295–297页
[8] 陈独秀：《陈独秀文章选编》，生活·读书·新知三联书店1984年版，第73—74页
[9] 鲁迅：《鲁迅全集》（第1卷），人民文学出版社1982年版，第417页
[10] 毛泽东：《毛泽东选集》（第2卷），人民出版社1991年版，第43页
[11] 赵晖：《社会转型与公民教育》，人民教育出版社2007年版，第61页
[12] 孙中山：《孙中山全集》（第9卷），中华书局1986年版，第185页
[13] 梁启超：《中国积弱溯源论》，《饮冰室合集·专集之二》，中华书局1989年版
[14] 梁启超：《论中国国民之品格》，《饮冰室合集·专集之五》，中华书局1989年版
[15] 黄仁贤：《梁启超的新民说与近代公民教育理念的形成》，《教育评论》2003年第1期
[16] 冯建军：《西方公民教育思想的论证与弥合》，《教育科学研究》2013年第9期
[17] 以赛亚·伯林：《自由论》，译林出版社2003年版，第200页
[18] 德里克·希特：《何谓公民身份》，吉林出版集团有限责任公司2007年版，第84页
[19] 康德：《历史理性批判文集》，商务印书馆1991年版，第22页
[20][21][22][23] 贝迪南·腾尼斯：《共同体与社会》，商务印书馆1999年版，第52–54、71、102、95页
[24] 尼尔·史蒂文森：《文化与公民身份》，吉林出版集团有限责任公司2007年版，第53页
[25] 冯建军：《多元公民身份与公民教育》，《南京师大学报（社会科学版）》2012年第6期
[26][27] 徐友渔：《当代西方政治哲学中的若干新问题和新动向（上）》，《国外社会科学》2006年第6期
[28] 鲁洁：《当代德育基本理论探讨》，江苏教育出版社2010年版，第142页
[29] 李大钊：《李大钊文集》（下册），人民出版社1984年版，第597–598页

[作者单位]南京师范大学道德教育研究所

[原　　刊]《南京社会科学》2014年第1期

“历史叙事”与政治秩序建构中的“自由”困境

——论近代中国“国民性批判”及其现实意义

谢 亮

传统中国在向现代“民族国家”行进时，如何为共同体成员确立能遵守“自由”规范的现实和历史、文化基础是一个巨大难题。国人为克服此难题而屡经艰难却迭遭挫折的历史更折射出了“自由主义”在近代中国的实践困境。此境遇下的“国民性批判”即是中国“现代性”话语中的重要论题之一。此间，“国民性”的内涵虽常被政治改变，但“国民性批判”皆指向当如何实现共同体的抑或是个体的“自由”问题确属事实。“国民性批判”既是以“历史叙事”形式出场的广义政治行动，又是可在一定时间维度内检视国人如何思考“自由”问题的一幅智识图景。它不仅意在为促使共同体成员能遵守“自由”规范确立其相应现实和历史、文化基础，又使“自由”被确立为规范性政治目标，成为共同体成员经由现实政治斗争、妥协和决断形成的“先定承诺”。即它强调：政治行动主体当承认“自由”的第一性并维护“自由”作为一种政治生活规范的延续性，所以，“国民性批判”本身亦当遵循“自由”之“先定承诺”这一预设的范式。而且，“国民性批判”亦成为后继者讨论“自由”何以可能的前提之一。

尤其是，共同体成员应认识到，践行此规范能确保实现良善政治生活。此生活是值得追求的永恒未来。遵循“自由”规范既是对政治行动主体的基本政治伦理要求，又是审视其相应政治实践是否正当的先在标准。这似乎可使复杂政治简单化，但实际却未必。

鉴于学界过往的“国民性”问题研究[1]于“国民性”书写背后显现的“自由”困境较少观照，因此，本研究拟分析“国民性”书写作为一种“历史叙事”为何在建设“自由国家”的谋划中凸显了一种内在张力。如此，“国民性”即学界常论及的国民精神气质、品性、行为习惯、心理。

一、“国民性”书写中“自由”关切的凸显

依《汉语大词典》之解释，“国民”一词在传统用法中原多指一国或藩邦所属国人。在近代中国与“庶民”“臣民”“草民”“黔首”等旧语汇相比，“国民”“国民性”既是外引概念又是新的词汇，它的出现是时代政治、思想、文化等色谱演变的折射。它们与诸多旧语汇共同构成了“国民性批判”的话语谱系，并使此批判能凸显自身的“反当下”的历史叙事特质。于此，彰显“国民”、“国民性”与旧语汇间的意义的跳跃是“国民性批判”的语言策略机制。

事实上，至甲午战前，汉语中“国”与“民”常被分列而用。二者合用除多指称外国人外，亦较少指称中国人。其语义较中性，不具政治意蕴。但时势变化使这一切开始变化。有研究表明1830~1893年、1895~1900年间，“国”与“民”合用主要是指称外国百姓。其使用频率在1900~1915年间达致最高，后有降低，意义开始变化，1922年后则又渐次增加。[2]与此相伴生者则是以“国民”为中心的政治话语谱系日渐形成。例如，“国民”一词除与诸旧式语汇渐成强烈意义对照外，亦与“人民”的意义日渐通用。此时段内，“国民主义”“国民革命”“国民党”“国民政府”等新政治语汇亦渐次出现。

甲午战后，“Nation”的日文意译“国民”概念被引入。它日渐凸显其较浓郁的政治意蕴。如“戊戌维新”期间，康有为上呈多篇奏折中即用“国民”一词指称中国人。其中，康有为于1898年在《请开学校折》中使用“国民”一词，是近代中国最早以政论用语使用此词汇。在此折中，言于国势衰微之际当“鼓荡国民，振厉维新”，[3]声称“中国不亡，国民不奴，惟皇上是恃”。[4]不独康有为，梁启超强调“国民”是国家构成基础，这使“国民”被赋予了政治行动主体的现实身份，是最早正式界定“国民”概念的政治内涵。此类新认知作为一种新意义“挖掘”，虽是对“国”“民”关系旧史实的新思考，它也并不定然与旧史实相符，但这恰恰是中国人自此真正开始在“近代”境中思考“国民”与“国家”的内在联系。例如，1899年，梁启超指出“国”乃“民”之集合，强国“国民”当参与本国事务治理，谋本国之利，定本国之法，抵御本国之患。若此，“其民不可得而辱，其国不可得而亡，是之谓国民”，即“国民者，以国为人民公产之称也”。[5]1903年，邹容在《革命军》中为“国民”赋予更完全的平等、健全人格之意义，即“国民”是“享有自由和参政之公权的人”。[6]

经由从“语言”到“实践”的转换，此类话语是否定然是对孟德斯鸠或休谟等抑或是日本语境中的“国民性”话语的再次翻译，但为“国民”赋予新意义就既关涉

如何为实现“个体自由”或“共同体自由”奠定相应规范，又使自由“国民”应具备道德自觉的内涵得以凸显。它是“鼓民力、开民智、新民德”的实际体现。它关乎国家前途并指向当如何以“自由国民”为基础建设“自由国家”的“新政治秩序”之建构。所以，梁启超即言惟有“新民”才是建构新制度、新国家的真实基础。他强调行“新法”数十年而成效不彰的原因，即是“于新民之道未有留意焉者也”。[7]

为“国民”赋予“新意义”是以“立人”为基础建设新国家，它涉及对民族深层文化心理结构的反思和拷问。它最终会指向对国人的道德思想、价值观念和行为方式的再审视。因此，当实现“自由”之要求凸显时，“国民性批判”的“反当下”既是在反思共同体过往的已成知识规范的习俗、心理，又是在审视旧政治制度／秩序为何是实现“自由”之阻碍。另需指出，自此始，日渐广泛使用的“国民”概念亦是“西风东渐”的外在反映，即“欧美国民之风潮，颠荡而及我中土。中土国民之出现，今日为其时期矣”。[8]而且，时人将“国民”与“奴隶”相对照，强调一国之人并不当然为自由国民。他们指出：“千年专制使民为佣役和奴隶，从始弃人权终至地割国危并使民几至无所附属，及甲午大败反思，英俊之士才惟叹兴民权是为急务。”[9]

经此转换，国民原本的地域、生活方式差异渐成文化、性格、智、德、力，甚至成为政治品性的差异。这既是改造“国民性”思潮的先导，又是广义政治行动的开始。例如，在1833年，时人还以为：“国民之犹水之有分派，木之有分枝。虽远近异势，疏密异形，要其水源则一。”[10]再如，魏源亦将“国民”用来指称外国人，即“国民经营希利，算悉锱铢，亦多怀普济之意。崇奉世主耶稣之教，舍身捐财，以招教师，颁文劝世”。[11]但19世纪60年代后，冯桂芬开始在《校邠庐抗议》中指出，在“人才尽用”“地利皆尽”“名实相符”“君民互通”方面中土皆不如西洋。这表明，以冯氏为代表的国人已初涉中西洋民风之比较。至19世纪80年代，钟天纬论及民族性格差异时，直言国人生性好静而西洋人好动。至19世纪90年代，严复以为相较于西洋，中土的民力、民智、民德是已茶、已卑、已薄。

尤其是，“国民”不仅多被用来指称中国人，其政治标准形象亦渐被定格成奴隶之“部民”。“改造国民性”遂被发展成为政治行动目标，“新国民”亦被赋予当追求实现“自由”的政治责任。仅此而论，塑造“新国民性”使历史在“新旧”转换中表现为一种突兀的断裂感。例如，梁启超曾言“部民”之国是大患所在。为此，“必先铸部民使成国民，然后国民之幸福乃可得言也”。[12]“戊戌维新”失败后，康有为遍游欧亚11国，概叹欧洲百年成效最著者是“有国民学、物质学二者”，批评“中国数年来亦知发明国民之义矣，但以一国之强盛论焉”。[14]在此类描述中，多数国人是“部民”。如梁启超虽以为暴虐专制、战乱频发和民生困苦是国人养成“部民”品性之根因，但他更强调此品性是：贪鄙、偏狭、凉薄、虚伪、谄阿、暴戾、偷苟。[15]

进而，诸时贤开始强调以“部民”现有之智、德难以担当建设“自由”新国家的重任。改造“国民性”意在使“部民”能转化为独立自由国民并以此奠定建设“自由”“富强”国家的基础。若此，以“自由”为念将“部民”型塑为“国民”方能建设新国家的行动理念亦在历史叙述中被强化为先定承诺。“自由”作为一种政治规范被确立，尽管此规范常以富强之术出现，也体现了诸多“国民性”书写者对“自由”的隔膜。而且，它应是共同成员在实践中经由斗争、妥协和决断形成的一种最终的政治行动结果。它决定了当如何辨识和确认思想与政治行动间的复杂关系。从辛亥直至民国时期，尤在新文化运动和五四运动前后，各政治势力——如《清议报》《新民丛报》《东方杂志》《江苏》《民报》《河南》《新青年》《向导周报》等，皆就“国民性”问题密集发声，“国民性批判”终成广义的政治运动。例如，陈独秀、李大钊等在《新青年》《甲寅》《每周评论》上著文论述国民性。其中，陈独秀言旧“国民性”是“亡国灭种之病根”，呼吁进行“国民性质行为之改善”。[15]鲁迅笔下的阿Q形象是“国民性”批判的经典案例。蔡元培力求推行新教育，以探寻养成国民“完全人格”之道。

思考“国民性”论题，甚至是作为一种潜意识的心理结构，是此期许多人审视中国问题的出发点。例如，林语堂言：“今日谈国事所最令人作呕者，即无人肯承认今日中国人是根本败类的民族，无人肯承认吾民族精神有根本改造之必要。”[10]钱玄同以为最重要工作是“针砭民族卑怯的瘫痪，消除民族淫猥的淋毒，切开民族昏愦的痈疽，阉割民族自大的风狂”。[17]这类论述皆强调政治活动与人的精神世界间的因果联系，以为欲改善政治生活，改造国民性甚至是起根本作用的因素。例如，陈独秀认为，强敌和独夫虽皆能使国家处存亡之秋，但“所以使之亡者，乃是国民之行为性质”，“欲图根本之救亡，所需乎国民性质行为之改善”。[18]杨昌济痛言“有不良之国民，所有不良之政府”。[19]

二、脆弱的“先定承诺”：“部民”转为自由“国民”何以可能及其分裂

“国民性批判”中，时人最可能达致的共识是：唯有“部民”转化为自由“国民”方可建设自由国家之共同体。尽管在此语境中，“自由”的原初意蕴虽无旧史实对应而易被目视为是非历史的，但因关联于“国民性批判”，同时，也确实作为全新“历史”的开端。

去除“部民”在漫长历史演进中形成的品性，绝非仅是其转换为“国民”，甚或是“人民”即可。型塑自由国民需经过艰难的民智开启和政治训练方有可能完成。它

甚至需以热血奋斗，才可能将“自由”之承诺作为一种共识融入到建设新国家的历史进程中。由此，“国民性批判”最终与一种政治秩序谋划相关联。“自由”观念的引介者亦成了相应秩序的主张者和建构者。所以，此共识确属脆弱。尤其是，随着“国民革命”和“阶级革命”之话语的引入，这亦更凸显践履“自由”之先定承诺的脆弱性。

一方面，实现自由与民主政治建设虽为问题之一体两面，但皆依赖于提升民智、民德、民性。如严复虽抨击君主专制并将民主视为是“乃治制之极盛”，[20]但鉴于“部民”之智、德尚不足，即“时未至，其俗未成，其民不足以自治也”，认为中国政治演进“然则及今而弃吾君臣可乎”“彼西洋之善国且不能，而况中国乎”[21]因为“民主之制，乃民智最深民德最优时事”。[22]他认为民众教化虽有无限可能，但不可期望过于急切。他强调改造“国民性”当为首务。他指出议会政治在欧洲得以推行无弊是因民已习而用之。他认为在中国遂急欲仿行议会政治，“此无论吾民之智不足以与之也”，于国事无益，是“徒多盈廷之莽言”。[23]若此，即便强推也未必是行真议会政治。至民国时，类似严复的思想仍在持续。如张君劢等认为国人的“考生心理”——根因于其“部民”心理状态及与之伴生的低下政治品格——是导致民国政治衰败和政党政治不入轨道的关键原因。他认为西人在“工人心理”支配下“工人之于工厂主”。其组建团体，或发表政见，皆为公利或出自本心而不必揣摩上意，其领袖在政治实践中虽纷争但服务公利是义务所在而非为功名所趋，进而，政治可入正轨。与之相反，受“考试心理”支配，国人参与政治如“考生之于主试者”，以排斥他人为务，贵异不贵同。因衡量权操于一人，参与政治或发表意见，“揣摩尤工者，则尤得前列焉”。[24]人属同党亦可因私利而旦夕分裂，政治遂难入正途；另一方面，“国民性”书写本关涉思想启蒙。对人性自由与解放的渴望是它流贯其间的主题。但时势转圜却使它作为策略最终与型塑集体性特质的“国民”的谋划相关。启蒙者、批判者也成了高高在上的教育者和具体政治秩序的实际建构者。他们与启蒙对象间的关系发生了不应有的颠倒。“国民性”讨论中颇具迷惑性且常是倒果为因的观点——国民首先是国家之民——日渐盛行。这导致把“自由国家”富强之责任落实在国民肩上。由此，“国民性批判”不是回到个体自由的历史状态中，反而是试图用新的“自由”共识——对“自由”的中国式理解——改造“部民”。梁启超于此即言：“国民者个人之集合体也。人人有高尚之德操，合之即国民完粹之品格。有四万万之伟大民族，又乌见今日之轻侮我者，不反而尊敬我畏慑我耶？”[25]于是，一种悖论或当就此产生：首先，“部民”欲被转换成自由、勇敢之“国民”，他们当如何可以无缝隙地接纳和认同外引之“自由”观念？难道真如胡适所谓只需经民主政治之“幼稚园训练”即可？依经验事实而论，自由、勇敢国民的成长本关联于“事关死亡和痛苦”的政治领域。所以，当各类“国民性”话语传布于社会并发展成广义的政治行动，根本不是在凝聚社会共识，而只是在传播一种自命为共识的派性“意见”。

同时，方法分歧更彰显了此政治秩序谋划者间的“共识”在事实上的脆弱。例如，严复和胡适于“国民”与实现国家自由的关系就做出了迥异的阐释。

其中，严复“将自由与社会责任联系……并不就个体来谈自由，而是把自由放在与己密切相关的架构中来思索其意义”。[26]面对“异族之侵横”，于个体与群体的关系，严复更强调个体当为国家富强做出贡献，要为民族自由牺牲个体自由。在此，个体自由很大程度上是因其作为达到富强和实现民族自由的手段而受到推崇。胡适强调真正纯粹的为我。他以为：个体若要有益于社会，当首先把自己锻造成器，即使“有的时候我真觉得全世界都像海上撞沉了船，最要紧的还是救出自己”。[27]他称易卜生主义是最健全的个人主义。[28]为此，胡适强调“孟轲说‘穷则独善其身，这便是易卜生所说‘救出自己’的意思。这种‘为我主义’其实是最有价值的利人主义”。[29]总之，胡适强调无个体自由就无健全之国家和社会。这犹如酒少了酒曲，面包少了发酵。他认为民主政治“根本都只是要使得那种承认个人价值的生活方式有实现的可能”。[30]

亦需指出，方法分歧不仅彰显了时人在“国民性批判”问题上共识的脆弱性，而且，政治目标取向差异更加速使得他们间的政治分裂外化。

例如，辛亥革命前后，革命派与改良派在“国民性”命题上由同趋异的论争即是典型。其中，在1905年前，他们都强调愚弱、奴隶的国民是自由国家建设之障碍。如梁启超在《清议报》和《新民丛报》上连续发表诸如《呵旁观者文》《中国积弱溯源论》《十种德性相反相成义》《过渡时代论》《新民论》等文，抨击国人之奴性并分析其根源，阐述“新民”之主张，形成较系统的“新民”理论。邹容等亦发表《说国民》《中国之改造》《论中国的前途及国民应尽之责任》《国民新灵魂》《国魂篇》等文，讨论当如何根除国民奴性，锻造“新国魂”。他们就是要探讨“各国国民所独具之性质”。[31] 1905年后，梁启超等鉴于改造愚弱国民非一时可成而主张开明专制，革命派则基于政治需要不仅甚少论及国民劣根性却转而肯定国人有共和立宪所需之国民品格。此类分歧决定了两派必将形成改造与坚持国民性的不同路径。此类纷争更折射出“国民性批判”本就关涉多元政治秩序之谋划何以可能的问题。

随着“国民革命”向“阶级革命”转换，“国民”概念向更具政治内涵的“人民”概念转换，一些自由知识分子建构“国民性”话语面临更大挑战。当孙中山等革命派，抑或是其他自由派知识人仍纠缠于国民劣根性问题时，以毛泽东为代表的共产党人却基于革命动员需要，在《中国社会各阶级的分析》《湖南农民运动考察报告》经典文献中按阶级对所有国民进行归类。在此，“国民性”讨论已从文化、精神气质论题转向了更富集体性特质的阶级之政治品性论题，“自由”之先定承诺亦被丰富了“阶级自由”的内涵。

即使在同一阵营，他们讨论“国民性”论题显现的断裂感或反复感亦是客观存在。以孙中山为例，他在辛亥革命前基于“革命”所需对“国民性”颇多肯定，但在对“革命”何以失败的反思中他又开始抨击国人的奴性、保守、封闭，转而强调“心理建设”，其《孙文学说》亦旨在改造“国人社会心理”。再如，“阶级革命”未真正兴起之前，与《中国社会各阶级的分析》《湖南农民运动考察报告》文献中反映的观点不同，早期共产党人如陈独秀、李大钊著文论述“国民性”论题，仍多是从文化、精神气质角度以抨击国人之奴性为要。但受“阶级”话语影响，即便如陈独秀者亦转而一度强调“国民性”问题并不定然实际存在。阿Q形象则被钱杏邨认为是病态国民性的代表，只是正确地描述了辛亥时期底层人的精神气质和心理状况，但已俨然不是在“大革命”之幕开启后走上革命道路的农民了。阶级论者以为阿Q只是落后农民的典型。1949年后的较长时段内，“除鲁迅的国民性问题受到关注之外，近现代的国民性问题则被视为禁区”。[32]存在前此巨大断裂的根因是：在迥异政治形势下，各政治势力都强调自己是行动国民的代表。例如，在北伐前，对即将召开“国民会议”，共产党愿“国民党领袖们努力号召全国人民的团体，促成此国民会议，并努力使他们主张的国民会议预备会急速在北京召集”，要求以“国民会议”取代“各省军民长官会议”。[33]

综上而论，此种脆弱共识表明，各政治势力间的“国民性批判”论争会因对“自由”的不同理解而隐含着暴力斗争并最终走向分裂。因为它既不允许在多元的个体间作“部民”“国民”“人民”之区分，也反对不愿改造之“部民”在不满此种强制性的情况下选择一种可能的自我消极保护。这也就消解了“自由”的丰富涵义。若此，即便是在“自由”先定承诺观照下建构的各类“国民性”话语其传布于社会并发展成为一广义政治行动，或当根本不是全体成员经由民主辩论达致的共识而只是一种派性“意见”。它折射出“国民性批判与改造”中深度政治分裂与内在强制的并存。

三、“国民性”书写中隐含的“强制”

“部民”向“国民”“人民”演变定然要赤裸地面对各类政治冲突，寻常“部民”或唯有回到其熟悉的历史中而非外引“自由”话语中寻求支持。于此，唯当“自由”之先定承诺当真能引导并约束正在发生的甚或是关涉生命消亡的政治冲突时，“自由”生活的创设或讨论才不是苍白无力的，不是无节制的强势话语高压。进而，“部民”改变自身品性才会不完全是取决于某种外在“强力”和人为制造的“机遇”。若此，“自由”作为政治规范才会成为解决政治分歧的“共同基础”，并为处于冲突困境中的“部民”搭建“说服平台”。在具体操作上，它唯有将此种转换间的政治冲突回归其相应历史，并在“自由”规定的范畴内基于民主和非暴力原则进行辩论、斗争和妥协，从而使冲突之克服能发展成为有其自身历史根据的政治实践。

借助于“历史叙事”重新书写“国民”意义，并将践履“自由”之先定承诺作为解决“国民性批判”中潜在政治冲突的基础，但这并不是说它已解决了政治冲突中的所有价值问题，进而，只需把“自由”建构为检视所有政治行为的先验标准。因为，历史演进远非如此简单，尤其是，深涉其间者并不皆能先验地预见“国民性批判”中的纷争或潜在冲突。事实上，即便观点类似或接近者，其相共识亦有缝隙。例如，为促进“部民”向自由“国民”转换，严复注重以“自由主义”为念而非是惟以激进“革命”去“开民智”。与其类似者，亦皆强调实现政治进化非是笼统地造成而是依赖于点滴改进，[34]但即便如此，胡适却又认为幼稚之“民主”制却最适宜于训练“一个缺乏政治经验的民族”。[34]

或许正因“部民”向“国民”转换之艰难，自清末民初起，严复、梁启超乃至孙中山等，至其后的20世纪30年代又有如蒋廷黼、丁文江等都曾以为，以“强人政治”“开明专制”“训政”，乃至以“新式独裁”为过渡或当有助于促进“部民”向“国民”转换。但是，如胡适者却警告新式独裁定是残民以逞的旧式专制的翻版。其理由是：民主政治是常识的政治，开明专制是践行精英政治。若此，他以为唯有小心翼翼地对“部民”进行三五十年的宪政历练，方可能有“发愤实行一种开明专制的机会”。[36]他强调近十年“新式独裁”是“研究院的政治”，若幼稚“民主”制尚可勉强一试，后者则不可轻易一试。[37]此种论争表明：方法分歧依然凸显了“国民”意义书写中既隐含政治分裂又内存道德强制。

因为，以“自由”观照“国民性批判”，并将其发展成为解决政治冲突的标准或依据，必会形成有关“国民性”的百家争鸣式的解释或话语建构，更何况“自由”之涵义本就复杂颇具争议。这反而可能导致既定共识的崩解，或至少应是耗时不菲的艰难过程。而且，此百家争鸣作为常态或非常态，皆使“自由”作为规范处于多种语境的竞争中。在“国民性批判”中，要使“部民”共同体发展成自由“国民”共同体，乃至是“人民”共同体，仅有百家争鸣肯定不够；解决政治冲突，它确实又可能需要能“定于一”并超越各派政治利益的“自由”之先定承诺作为外在标准。但是，共同体内部日渐显现的政治多元性却使每个群体都有自己的“历史叙事”。而且，各政治势力每建构一种“国民性”话语虽丰富了“自由”的内涵，并能回应此多元性，但却又损害了先定承诺“定于一”的能力。

若此，分裂的“国民性批判”话语亦未必定然就可在“自由”之外确定真正的或旧式的、或理想的国民性标准。相应政治行动亦会随之分裂。同时，繁荣生长的各类“国民性批判”话语亦可能自动地成为新的强制性的，并毁灭或意欲毁灭“自由”之先定承诺的历史叙事。因为，为促进“部民”向“国民”转换，国民党在《确定训政时期党、政府、人民行使政权治权之分际及方略案》中明确规定，人民当以拥护国民党、行三民主义、接受四权使用训练和完成地方自治后，方可享国民权利。[38]在此，国民（人民）唯有服从唯一合法政党——国民党。“民”成为了虚置符号，“成为由失去了‘个性’的人群所组成的千人一面的集合体”。[39]

此党天下的“党民”与家天下的“部民”并无二致。再如，随着“国民革命”向“阶级革命”转换，“国民性”讨论从文化、精神气质命题转向阶级之政治品性论题，其“自由”之先定承诺亦被丰富了“阶级自由”的内涵。此内涵强调政治行动主体似乎天然地具备同质性的政治品格。

在此，“自由”之先定承诺——其内涵常纷争不定——作为审视“国民性”历史叙事或解决“国民性改造”问题的标准的重要性已超越“国民性”自身的实际史实讨论。因为，共同体成员不可能周而复始地重返他们本就纷繁复杂的原初历史状态中去辨识、讨论自身的“国民性”。故而，在一定时候或特定时候各政治势力就必须依照自己建构的“自由”之先定承诺作为标准，及时地乃至是强制性地结束无谓争论，从而建构一种能处理好“群”“己”“国”三者关系的理想“国民性”。例如，梁启超以“利群”为念型塑新民；孙中山等强调先知先觉之国民革命“保姆”要将后知后觉的“土豆式”生存状态的国民凝结成“士敏土式”生存状态的国民，争国权而后实现民权；在阶级革命话语中，在革命者的启蒙和教育下，组织起来的能自觉捍卫阶级利益、自由并更具阶级内涵的“兵民”已是胜利之本。

正因“群”“己”“国”三者关系紧密，即便如胡适等强调个体当为我，在某种意义上，他们仍把“国”“群”之“自由”放在了“国民性”讨论中的优先位置——在特定时期尤为明显。就发生学之意义而论，“国民性”讨论本是由“群”“国族”之不自由而激发。这正如严复鉴于异族之侵横的现实紧迫性强调争国族自由优于争个体自由。为此，他认为国人唯有群策群力，履行对于国家的义务。加之，自康有为等开始，其提出的“保国”“保种”“保教”命题有显见的急迫性，而且，在思想文化极易“意识形态化”的时代，即便有时贤难能可贵地主张，分清真假“自由”和“民主”是当务之急，强调唯此方可真正型塑新国民并使“自由”之先定承诺有其实现之基石。但是，在“自由”之内涵本就充满争议的情势下，各政治势力以各自理解的‘自由’观念和‘民主’方法观照“国民性批判”仍是在及时地乃至是强制性地结束无谓争论而建构一种理想的“国民性”。此举着眼于政治冲突之解决，仍是基于现实政治需要而非定然有其历史根据。以新月派中的重要人物潘光旦先生的相应主张为例，为恰当处理“国”“群”与“己”之关系，他型塑“理想国民的自由的教育是‘为己’而不是‘为人’的教育，即每一个人为了完成自我而教育自我”。[40]若此，“自由教育”造就自由国民，非仅是专才或技术家或仅是传统家族的一员，亦非如俄国之阶级战亦非如仅尊奉信条的中世纪的宗教信徒或当代意识形态之政治组织成员，亦非极权主义或过度盛行国家主义的国家的国民惟知“爱国”而不知其余。[42]但此种谋划又如何面临他类的国民话语的竞争呢?

基于此，时人无法就一必然关涉的问题即通过“国民性批判”型塑理想国民成就民主宪政之基，达成共识而不得不试图依赖各自界定的“自由”之先定承诺强制结束纷争。这种“强制”亦使践履“自由”之先定承诺在事实上处于困境中。

四、“国民性”书写背后的“自由困境”

时人为谋划相应政治秩序都意图通过“国民性批判”型塑理想国民。

一方面，此政治行动外引无本国历史根据的“自由”观念作为先定承诺的正当性何在?在“反当下”历史叙事语境中，“自由”与“国民性批判”相关联，使后者实际成为一种“原罪”再现，即：历史形成的“国民性”是当下追求“自由”的巨大障碍。在“国民性批判”中，时人常将“国民”“奴隶”对举，并拷问为何同是“民”却有国民与奴隶之分?他们虽有依照朴素的自然法为根据而强调“天使吾为民”，但却以为“吾能尽其为民者”即为真国民，非此即为真奴隶。因为，他们以“自由”“权利”“平等”“独立”之标准审视奴隶之部民与自由国民，即前者常无权利、责任意识，甘于被压制，尚尊卑和好依傍，后者捍卫权利，担责任，尚自由，求平等，追求独立。[42]

另一方面，正视或尊重历史形成的“国民性”的行为本身又岂非不是践履“自由”之先定承诺?因为，“部民”对外引之“自由”观念既无恰当认知，更无社会契约论要求的“同意”。而且，承认出生（在某共同体内）在道德意义上本是一无法证成的因素，就此而言，“国民性批判就更应真正践行自由主义的承诺。但此政治行动内含的强制性却无法彰显以“同意”为基去奠定实现“自由”之伦理基础。国人除却自身“部民”品性虽本应以“民主宪政”为制度保障，但是，“自由”之先定承诺并非定能自动地内化为“国民性批判”的检阅标准并确保能促进宪政的定然形成。

例如，时人虽常省思“部民”为何不自知自身之奴隶品性，但更关键的问题是：原本纷繁复杂的国民性问题为何被千篇一律化并在广义的政治动员中发展成一种新强势话语的建构?尤其是，“国民性批判”甚至要追溯至更外在的“先定承诺”与“观察”。如周宁先生指出：近代中国的国民性批判深受西方自启蒙运动以来的有关中国国民性话语的影响。此种话语是多文本构成，有自身主题、思维方式、价值评判体系及修辞传统。它“作为一种知识霸权支配着中国现代化运动中的国民性批判”。[43]时人或诸政治人物于此亦未必定能自觉。或许，他们更未意识到：当“国民性批判”话语被糅合进“西风东渐”和“建设现代民族国家”的语境中，它作为以历史叙事形式出场的广义的政治行为，即难免自觉或不自觉地是在以“自我他者化”的思维方式审视中国历史并规划它的未来。

同时，他们对“国民性”的讲述总是与建设新国家、新自由共同体和对“人民”未来生活的憧憬相关联。他们都强调型塑自由国民或勇敢自主的国民（人民）是在为此奠定备受世界尊重和敬畏的政治基础。如梁启超言：“国民者个人之集合体也。人人有高尚之德操，合之即国民完粹之品格。有四万万之伟大民族，又乌见今日之轻侮我者，不反而尊敬我畏我耶？”[44]在此，“国民性批判”中应有的渴望实现个体“真自由”的要求被遮蔽了。

更需指出，在诸参与者、推动者看来，“国民性批判”作为一新历史叙事不仅是新国家（nation-state）据此生成的历史基点之一，亦能被共同体内各政治力量分享。例如，1905年前后，官方文书中使用的“国民”一词即开始强调此种内涵。他们以为：“盖立宪政体，向无种族之别，拟请明诏海内，自今后无论满人、汉人，皆一律称为国民，不得仍存满汉名目，先化畛域之名，自足渐消相斫之祸。”[45]据此而论，在经验事实的意义上，若承认“立宪”必定是实现“自由”的制度保障，如此界定“国民”概念内涵表明，时人以为若无一种可企望的普遍认可的历史叙事，共同体在建设新国家的问题上就会缺乏共识，会导致共同体的政治分裂。在此，“立宪”是一可恒久远的政治理想。人们期望“自由”之先定承诺能作为一种统治原则或共同体的政治生活规范。这种历史叙事是“先定承诺”在此境遇中可能得到认同和热爱（而非同意）的源头活水。但此种认同和热爱若无“部民”基于道德自律的“同意”，“国民性批判”内在的强制性就会使“自由”走向反面。这正如伯林以为卢梭、费希特、康德等人是把个体自主的道德自律视为是自由之基。所以，他强调“自由便是服从自己给自己下的指令。这就是卢梭的道德自由概念，而且它也是康德的自由概念”。[46]事实上，在“国民性批判”中，各政治势力原本都希望能以各自界定的“自由”之先定承诺为基础去对共同体进行政治整合，但其“国民性批判”历史叙事及其建构的“自由”之先定承诺却都缺乏相应历史境遇中的史实基础。这使他们都在自己的概念体系所认知的“小传统”中去挖掘“自由”的内涵，于是，共同体内部就会因“观念”分歧而易陷入最根本的“文化内战”。于此“国民性批判”中隐含巨大政治纷争就是情势所然。进而，“自由”名号不过即成各政治势力，据此证明自己政治行动合法性的工具。

“自由”原本真实的含义已无法成为能约束“国民性批判”的政治规范。“国民性批判”强调“部民”无力承担建设“自由”国家之重任。它既反思旧中国，又关涉如何建设“新中国”及实现民主宪政的谋划。例如，严复强调国人能识字者不过是十不得一，若此，建设新国家之重任，“则一切全在气运中流转，能者当事，仅能迎其机而导之身”。[47]

同理可证：“国民性批判”中的各类历史叙事虽未必能，也不可能解决“自由”新国家建设谋划中的所有政治问题，但它却使其推动者或曰鼓动者在不知不觉中似乎成了现代新中国的缔造者，成为革命或新政的推动者，或至少是理论的提供者。

例如，当追问愚弱怯懦“国人”如何担当建设“自由”国家之重任，及当如何处理“国权”与“民权”之关系？在20世纪30年代“中国政治出路”讨论中，有人强调国民当为实现“集团的自由平等”亦可牺牲个体自由平等。因为，若“在集权政治之下努力迈进，那么，中国将称强于世界，而中国人也可有雪耻去辱的一天”。[48]“《再生》派”中如张君劢主张“修正的民主政治”亦强调：“自心能之发展言之，不能不让个人居于第一位，自民族之发展言之，不能不让国家居于第一位。”[49]或许是因时势艰难，时人对践履“自由”之先定承诺的如此“骑墙”，恰如柳宗元的诗歌所云“春风无限潇湘意，欲采蘋花不自由”。

进而，对“国民性”的谨慎思考又使另一些时贤主张当先行实践点滴改良的“好人政治”。这虽似在期许“精英政治”，但更隐含了对实践“德性政治”的向往。例如，胡适告诫国人对政治生活改进当“只存一个‘得尺进尺，得寸进寸’的希望”。[50]他期望的“好人”就是“私德纯洁的有智识者”。他举证12个大人物中，除3个政治家外则皆是知识精英。[51]类似者，如丁文江等以生物化论观念为支撑，强调有德行之知识精英，如大自然哺育之超人，应参与政治实践。他指出，多数国人孱弱愚笨和富有奴隶根性，唯少数优秀者，“不肯束手待毙，天下事不怕没有办法的。……最可怕的是有知识有道德的人不肯向政治去努力！”[52]

前此各类叙事于不经意间亦将“国民性”的不同画像呈现于世人之前，但是，优秀之“国民”与愚众能惺惺相惜和心心相通吗？而且，前此叙事本锻造于实际政治斗争，是政治行动者在试图建构一种新政治文化。为达此目的，它要求“国民”重新认知共同体的历史、传统。若此，此间的各类推动者和参与者面对国民性改造的“共同事业”，即是在“自由”名号之观照下去根据现实政治需要书写“部民”“国民”“人民”的历史。进而，谁在书写，谁可以书写，为什么要去书写，在事实上就成了一种政治斗争。尽管此种书写本就显现了一种历史的反讽。因为，“国民性批判”论述的各类历史如何彰显自身的真实性成为了可欲而不可能之事。所以，“国民性”的历史叙事最终呈现为一种分歧性书写，“自由”难以实现。实际书写者也因此在政治上分道扬镳。尽管“国民性批判”仍会被冠以神圣光环，但它已难阻止书写者之间的分裂及政治斗争，其中，强力者更依据自己的“国民性”改造计划去规划新中国之建设。

五、“国民性”的演进简述及其现实意义折射

型塑“新人”并使他们遵守新“自由”规范——更强调“人民性”和“阶级性”，为抗击“帝国主义”尤需捍卫“国家”自由——是巩固“新社会”的关键基础。“国民性批判”在新时代获得了新存在形式，被赋予了新内涵。其间，“教育人民”，使“人民”不断提升自身的知识、文化和道德素质以适应建设新社会之要求仍是新政治秩序建构中的基本目标。广大群众和领导干部，“极少数”不断变化的“阶级异己”皆需自觉去除和改造自身仍存的“旧国民性”，才能适应新社会之要求。其中，各类“雷锋”式的“新人”当是他们应自觉效仿的模范。这要求所有人当能自觉正确地认识“新社会”“旧社会”“新人”“旧人”的演进历史。在新时代，“自由”已是社会主义核心价值观的重要内容，它与“民主”“法治”等皆是民众走社会主义道路的政治规范。这也要求民众在践行此核心价值观时，应自觉体认新社会建设的巨大成就，不断提升自身文化、精神气质和道德修养才能紧跟时代。在此过程中，一种以“社会主义”为核心的新历史叙事亦渐次形成，并成为新政治秩序中的绝对主导力量。民众身份亦经由了从“革命群众”—“人民群众”—“公民”的变化。

据史而论，前述话语仍是以历史叙事形式出场的广义的政治行动。它仍存下述叙事逻辑，即它仍先在的假定主要是以普罗群众为核心构成的“人民”，在知识能力和道德素质方面，与建设新国家之要求有很大距离。加之，在新时代，形势的瞬息万变，鉴此，普罗群众就当不断克服其自身的前此局限，并将此行为自觉地内化为一种文化心理认知结构。

即：无论“自由”内涵被如何界定，民众践行“自由”之价值观都需严肃处理“群”“己”“国”之关系，三者间是否定然绝无任何冲突？在此政治实践中，所有参与者之间是否皆能实现无缝隙式的惺惺相惜和心心相通？更何况，社会主义核心价值观中，“自由”与其他核心价观的内涵本就仍需不断丰富。若此，当民众自身精神气质和政治品格总是在不断变化时，他们又何以适从？

六、结语

“国民性”书写是一种以历史叙事形式出场的广义政治行为。它意在改变“部

民”品性，型塑“新国民”。为此，“自由”之先定承诺作为一审视标准被嵌人到相应历史叙事中，连续的历史由此呈现为显著的断裂。尽管外引“自由”概念的内涵本就充满争议，亦非定然有中国旧史实对应，但是，“国民性”书写的推动者和参与者，仍冀望通过型塑“自由”国民为实现良善政治生活奠定基础。其中，一些自由知识分子尤其强调“国民性批判”的政治目标应是型塑自由“国民”，而不是把“国民”重新变成固定指向某种外在集体性目标的一种新时代的“部民”。

然而，此政治行动践履“自由”之“先定承诺”的共识极为脆弱。它隐含的强制性亦为出现下述事实提供了关键理由。即：为避免因误读“自由”而导致国民自我放任自流，并放逐一些自由知识分子在“国民性”书写中最初的“自由”假定。原本是共同事业的“国民性”书写，因书写者间的政见不合而发生分裂。但即便如此，此种历史叙事使“国民性批判”的各类书写者都找到了实现各自政治目标的合理性和手段。他们都可根据自己的偏好去建构一种新“国民性”的历史连续性，并无需追问它是否接近史实。此类谋划展现的恰恰是各政治势力是如何在文化政治视野内去把握建构一种政治秩序的叙事技艺。此技艺与践履“自由”之“先定承诺”间的张力，决定了百年中国至今此类谋划一直就存在的政治紧张。当下有关“国民素质问题及其现实影响”的诸多争论作为广义的政治话语，显现的内在张力是此历史镜像的再次折射。

注释

[1] 晚清至民国是“国民性”话语形成的关键时期，但是，若仅就已是历史现象的“国民性历史话语”问题的研究而论，近年学界对该论题的研究可描述如下。即：以治文学史和治中国近现代史者是研究此论题的得力者，而且，阶级论观念启蒙话语、现代化理论或后殖民主义理论是他们研究该题的主要理论支撑。在具体研究中，他们要么拭图重新复原“国民性”话语的历史现场，要么分析“国民性”话语的具体史实，要么追溯“国民性”话语形成的历史过程及历史动因。前述各领域研究中较具影响的人及著作主要有：陈高原的《论近代中国改造国民性的社会思潮》，孙强的《国民性话语：一个民族主义的视角》和《国民性研究的理论反思：兼论话语研究的意义》，黄兴涛、杨念群的《西方视野里的中国人形象》，郑师渠的《辛亥革命后关于国民性问题的探讨》，俞祖华的《国民性改造思潮的最初发轫：龚自珍个性解放思想述评》，崔志海的《中国近代改造国民性思想的先声：论戊戌维新派对传统民族文化心理的反思》，刘禾的《国民性神话》，竹潜民的《中国国民性的“密码”和“源点”初探：兼与汪卫东先生商榷》，周宁的《被别人表述：国民性批判的西方话语谱系》，陈春香的《清末国民性批判中的日本影响》等

[2] 金观涛：《观念史研究：中国现代重要政治术语的形成》之附录二“国民”，第509-512页，法律出版社，2009版

[3][4] 康有为：《请开学校折》，《戊戌变法》，第2册，第217页，第7页。引自金观涛、刘青峰：《观念史研究：中国现代重要政治术语的形成》之附录二“国民”，第510页

[5] 梁启超：《论近世国民竞争之大势及中国前途》，《饮冰室合集》第1册，第56页，中华书局，1989版

[6] 邹容：《邹容文集》，第67页，周永林编，重庆人民出版社，1983版

[7] 梁启超：《新民说》，《饮冰室合集》第6册，第2页，中华书局，1989版

[8] 伤心人：《论中国国民创生于今日》，《清议报》第67册，第1页，1900年12月22日

[9] 编者：《叙例》，《国民报》第1期，1901年5月10日

[10] 爱汉者：《序》，《东西洋考每月统纪传》，第3页，1833年8月1日

[11] 魏源：《弥利坚国即育奈士迭国总记》（1843）《海国图志》卷60，外大西洋（下），第1667页，岳麓书社，2011版

[12] 梁启超：《政治学大家伯伦知理之学说》，《梁启超全集》第1066页，天津古籍出版社，2003版

[13] 康有为：《康有为政论文集》，第565页，中华书局，1998版

[14] 梁启超：《新民说·叙论》，《梁启超文选》（上），第102-114页，中国广播电视出版社，1992版

[15] 陈独秀：《我之爱国主义》，《陈独秀文章选编》，第93页，三联书店，1984版

[16] 林语堂：《有所不为》，《林语堂文集》，第38页，群言出版社，2010版

[17] 钱玄同：《钱玄同文集》第2卷，第128页，中国人民大学出版社，1999版

[18] 陈独秀：《我之爱国主义》，第93页

[19] 杨昌济：《告学生》，《国民》，第1卷第1号，1919年1月1日

[20] 严复：《〈法意〉按语·三十九》，《严复集》，第4册，第957页，中华书局，1986版

[21] 严复：《辟韩》，《严复集》，第1册，第35页，中华书局，1986版

[22] 严复：《〈原富〉按语·七二》，《严复集》，第4册，第897页，中华书局，1986版

[23] 严复：《主客平议》，《严复集》，第4册，第884页，中华书局，1986版

[24] 张君劢：《政治活动果足以救中国耶》，《改造》，第3卷第6号，1920年12月

15日
[25] 梁启超：《论中国国民之品格》，《饮冰室文集》，第5册，第5. 511页，中华书局，1989版
[26] 黄克武：《自由的所以然：严复对约翰弥尔自由思想的认识与批判》，第214. 202页，上海书店出版社，2000版
[27][29] 胡适：《易卜生主义》，《胡适全集》，第1卷，第431~435页，第613页，安徽教育出版社，2003版
[28] 胡适：《介绍我自己的思想》，《胡适全集》，第4卷，第662页，安徽教育出版社，2003版
[30] 格里德：《胡适与中国的文艺复兴》，第359页，江苏人民出版社，1996版
[31] 《论中国之国民性》，《东方杂志》，第5卷，第6期，1908年7月1日
[32] 孙强：《国民性研究的理论反思：兼论话语研究的意义》，《文艺争鸣》，2013年第3期
[33] 《中国共产党对于时局之主张》，《向导周报》（第92期），1924年11月19日
[34] 胡适：《新思潮的意义》，《新青年》，第7卷第1号，1919年12月1日
[35] 胡适：《答丁在君先生论民主与独裁》，《独立评论》，第133号，1934年12月30日
[36] 胡适：《再论建国与专制》，《胡适全集》，第21卷，第702页，安徽教育出版社，2003版
[37] 胡适：《一年来关于民主与独裁的讨论》，《胡适全集》，第22卷，第204页，安徽教育出版社，2003版
[38] 详见《确定训政时期党、政府、人民行使政权治权之分际及方略案》，李松林主编：《中国国民党党史辞典》，安徽人民出版社，1998版
[39] 陈先初：《从宪政维度看孙中山民权主义的价值取向》，《天津社会科学》，2005年第5期
[40] 详见《中国现代思想史资料简编》，第260页，浙江人民出版社，1982版
[41] 《中国现代思想史资料简编》，第260页
[42] 《说国民》，《国民报》，第2期，1901年6月10日
[43] 周宁：《被别人表述：国民性批判的西方话语谱系》，《文艺理论与批评》，2003年第5期
[44] 梁启超：《论中国国民之品格》（1903），《饮冰室文集》，第5册，第5页，中华书局，1989版
[45] 《暂署黑龙江巡抚程德全奏陈预备立宪之方及施行宪政之序办法八条折》（光

绪三十三年八月十一日，1907），引自《清末筹备立宪档案史料》（上册），第257页，中华书局，1979版

[46] 以赛亚·伯林：《自由及其背叛》，第63页，译林出版社，2005版

[47] 胡伟希等：《十字街头与塔》，第59页，上海人民出版社，1991版

[48] 张克林：《中国生存论》，第342页，1936版

[49]《我们要怎么样的制度》，《再生》，第2卷，第36页，第9期，1934年6月1日

[50] 胡适：《这一周》，《胡适作品集》，第9集，第119页，台湾远流出版公司，1986版

[51] 胡适：《谁是中国今日的12个大人物？》，《努力周报》，第29号，1922年11月20日

[52] 丁文江：《少数人的责任》，《努力周报》，第67号，1923年8月12日

[作者单位]兰州交通大学马克思主义学院

[原　　刊]《政治学研究》2015年第3期

国民性研究的理论反思

——兼论话语研究的意义

孙　强

中国近现代的历史变迁中，晚清至“五四”是一段特殊的历史时期。欧洲的殖民扩张打开了中国的大门，随着天下主义思维图式的衰落，代之以“世界历史”的景观，“中央之国”被拖入了不平等的世界历史格局。从中心到边缘的历史性转换中，中国开始了它的“现代”之旅，“国民性”是被镶嵌在这一段历史中的重要问题。有关国民性话题的热烈讨论渗透着改变历史处境的强烈愿望，而这种愿望与一种从西方启蒙知识的立场观察中国社会的方式有着密切的关联。对这一历史话语的研究与认识，主要有两种解释方式：第一种受阶级论观念的支配和影响，认为国民性是一个超阶级的唯心主义的范畴。讨论中争议最多的是如何处理国民性和阶级性之间的关系。对国民性的历史实践，既肯定国民性作为反封建的思想武器，曾经起到积极的作用，又认为它有明显的局限性和片面性，国民性提法的局限性主要在于没有看到群众的力量。第二种从启蒙或现代化的立场出发，认为改造国民性话语的意义在于启发人的自觉，推动中国从传统走向现代。另一种与后殖民理论的出现和介入有关，认为国民性理论及其话语是西方种族主义的产物，中国的民族主义者屈从于这种殖民主义话语，这是一种被迫接受的话语或知识。这一看法将欧洲历史中有关中国国民性的话语与种族主义挂钩，后殖民批评对“起源”的怀疑发现了中国国民性话语与种族主义殖民主义话语之间的某种历史性联系，却因此消解了中国国民性话语的历史价值。后殖民主义批评家对鲁迅的批评尤其如此。

一

早在20世纪20年代，由于阶级性的兴起，新文化运动的倡导者和年轻的革命者都对国民性范畴开始提出质疑。受阶级观念的影响，陈独秀认为“国民”实际上并不存在。最突出的是革命文学论争中，钱杏邨认为鲁迅的《阿Q正传》确实代表了病态的国民性，解剖了辛亥革命时期农村和都市里民众的思想，作为时代的记载，是值得赞扬的。但是，他强调十年来中国的农民早已不像那时农村民众幼稚了，认为中国农民已经拥有充分的革命性，走上了政治革命的道路。钱杏邨的出发点是社会历史观。因此，从20世纪20年代到40年代，关于鲁迅的《阿Q正传》，一方面认为他是国民性的典型，也有许多论者从阶级论的立场出发，认为他是落后农民的典型。新中国成立之后，除鲁迅的国民性问题受到关注之外，近现代的国民性问题则被视为禁区。

从新中国成立后到20世纪80年代中期，对国民性问题的研究主要集中在鲁迅的国民性问题上。尽管经历了此消彼长起伏的发展过程，各个时期研究的角度见解也有所不同，但是基本的理论出发点是一致的——马克思主义的阶级论。首先是对“国民”“国民性”概念的探讨。大致有三种观点，一种观点认为“国民”一词含有阶级的内容，指不包括统治阶级在内的人民大众，“国民性”则指人民大众的一种精神状态或心理状态。另一种观点认为“国民”指全体中国人，国民概念包括各阶级的人，既包括压迫者，也包括被压迫者，“国民性”即“民族性”。第三种观点则持完全否定的意见，认为一个国家内部，尽管有比较多的人有某种性格，但是不能说成是国民性，因为在阶级社会中，即使同一阶级的人也不一定有一种思想。也有论者对民族性和阶级性做了辨证的分析，认为在阶级社会里，人们的身上既有阶级的烙印又有民族的特征，二者是互相渗透的，国民性概念并不违背马克思主义的阶级论。

关于鲁迅改造国民性思想的研究，“十七年”间，认为鲁迅的思想发展是从革命民主主义到马克思主义，国民性问题是鲁迅早期探索中国革命道路时期提出来的，产生的原因是基于爱国主义和个人经历，目的在于揭示病痛，引起疗救的注意。“十七年”的鲁迅改造国民性思想的研究，虽然也肯定了改造国民性思想的积极意义，但主要是作为前期思想的局限性来认识的，国民性的局限性在于没有看到群众的力量，这种局限性主要是当时客观的历史条件造成的。20世纪70年代末以来，对国民性问题的认识，依然采用阶级论的方法和立场。但论述的重点有所变化，注意从鲁迅思想主体转变的历程来看待国民性问题，认为国民性是鲁迅思想发展的一个组成部分，随着鲁迅在阶级斗争实践和思想方面的因素的增长，国民性思想逐渐地减弱了，直到掌握无产阶级的真理，取而代之的是无产阶级的阶级论。

阶级论对国民性问题的解释，其中的不足是显而易见的，他们总是从语义学的角度和抽象的理论出发，把丰富复杂的国民性问题放在一个固定的理论模式中分析，认为国民性是一个具有局限性的范畴。正如何其芳指出的：“理论应该去说明生活中存在的复杂现象，这样来丰富自己，而不应该把生活中存在的复杂现象加以简单化，这样勉强地适合一些现成的概念和看法。”[1]国民性问题研究，由于主要强调阶级论的合理性和历史必然性，忽略了国民性范畴的理论意义以及具体实践的历史价值。

20世纪80年代受启蒙思潮的影响，刘再复等人认为“五四”新文化运动对国民性弱点的反思和对人的重新思考，是在文化的层面上展开的，带有“形而上”的特点。文化运动的目的在于启蒙人的自觉意识，重塑与现代社会相适应的新的国民灵魂。[2]启蒙的历史叙述认为历史的终点是个人的自觉，近代历史是一个批判理性不断成长的目的性过程，国民性话语被视为一个从救国到救人的历史过程。同时，他们认为由于当时民族灾难过于深重，民族“救亡”的实际要求太迫切，因此，先驱者们便纷纷地转入实际的革命实践活动，把精力放在救国的实际行动上。知识分子的这种抉择，正是一种民族责任感的高度表现，但由于他们转入实际行动，“五四”新文化运动中，对民族弱点的思考也就匆匆结束，对人及历史文化的形而上的思考也无法深入。刘再复等人论述与评价的逻辑显然来自李泽厚的启蒙与救亡的双重变奏。和启蒙叙述相呼应，近代历史研究中一个重要的主题是现代化，现代化理论出现于二次大战后的美国社会学界，主要是一种基于制度信念表达的理论，它负有维护自由世界制度理念的责任。汉语学界比较早的建构关于中国的现代化论的当属金耀基。[3]20世纪80年代中期以后，现代化成为历史研究的崭新范式，国民性话语研究也就变成了对人的现代化过程的论述，国民性话语被视为是历史的必然要求。所谓人的现代化就是要求人在道德价值观念、社会心理、行为方式等方面实现从传统到现代的转变。[4]

无论是启蒙或现代化，对解释近现代历史发挥了相当的效力，但是，这些范畴的运用也存在着一定的局限甚至困境。李泽厚为救亡压倒启蒙感到惋惜，同时，他又不得不承认“尽管新文化运动的自我意识并非政治，而是文化，它的目的是国民性的改造，是旧传统的摧毁，它把社会进步的基础放在意识形态的思想改造上，放在民主启蒙工作上。但从一开头，其中便明确包含着或暗中潜埋着政治的因素和要素。如上引陈独秀的话，这个‘最后觉悟之觉悟’仍然是指向国家、社会和群体的改造和进步。即是说，启蒙的目标，文化的改造，传统的扔弃，仍是为了国家、民族，仍是为了改变中国的政局和社会的面貌。它仍然既没有脱离中国士大夫‘以天下为己任’的固有传统，也没有脱离中国近代的反抗外侮、追求富强的救亡主线”。[5]在“五四”的思想世界中，无疑存在个体精神与民族意识之间的对立与冲突，但汪晖认为无论从新文化运动最初的前提和冲突本身的特征看，并没有构成“实质性的对抗”。“中国社会的兴盛与灭亡实际上正是启蒙思想家的最基本的思想动力和归宿，无论他们提出什么样的思想命题，无论这个命题在逻辑上与这个原动力如何冲突，民族思想都是一个不言而喻的存在，一种绝对的意识形态力量”，“从基本的方面说，中国启蒙思想始终是中国民族主义主旋律的‘副部主题’，它无力构成所谓‘双重变奏’中的一个平等和独立的主题”。[6]因此，把国民性问题看作单纯的启蒙，并不能真正说明国民性话语的动力，以及在中国历史实践中所具有的特质，而不同历史阶段国民性探讨的动机目的及其意义，也应该做具体的分析。对现代化理论的借用，则把现代化看作一个不证自明的前提。哈贝马斯认为现代化理论比韦伯的现代概念更加抽象，这主要表现在两个方面，首先，它把现代性从现代欧洲的起源中分离出来，并把现代性描述成一种普遍意义上的社会发展模式，就时空而言，这种模式是中性的；此外，它隔断了现代性与西方理性主义历史语境之间的内在联系，因此，我们不能再把现代化过程看作是理性化过程和理性结构的历史客观化。[7]现代化理论就产生的背景而言，是冷战的产物，是基于西方制度信仰的普遍化表达，西方中心意识是显而易见的。另外，如果说中国近代历史是一个现代化的过程，那么这一历史过程又具有什么样的特征呢，其动力来自何方，它和西方的现代化有何不同。总之，启蒙或现代化研究中对“现代”的信仰掩盖或忽视了对历史过程特殊性和复杂性的认识。所以，无论是启蒙或现代化的叙述，都需要重新思考。进一步讲，国民性话语的历史实践包含了丰富的历史经验和内涵，是一个理性与历史，传统与现代，东方与西方，权力与知识共同交织参与的过程。

二

如果说启蒙和现代化的国民性研究是一种化约历史的做法，把国民性看作一个不容怀疑的范畴，对历史合理性的论证成为研究的主要任务。后殖民主义则关注历史现场，认为国民性理论是欧洲中心和种族主义的产物，西方的中国论旨在为欧洲建立种族与文化优势，为西方征服东方提供进化论的理论依据。这种做法在一定条件下剥夺了被征服者的发言权，使其他的与之不同的世界观丧失了存在的合法性，根本得不到阐述的机会。中国的国民性实践是被迫接受的结果。[8]后殖民理论引发了人们对国民性理论作为知识范畴产生过程的关注，为思考国民性问题提供了新的视角，也提出了许多值得进一步思考的问题。刘禾从后殖民批评和跨语际实践理论出发，把中国的历史实践看作是对西方话语的借用和模仿，但对两种话语的历史内涵和复杂关系却没有进一步做深入具体的分析。她所操持的理论反而限制了她对历史的真正理解，她的结论也成了某个理论的牺牲品。国民性到底是一种什么理论，它来自何处，是不是所有的西方关于中国的论述完全是种族主义和殖民主义的产物，非西方的国民性话语实践的意义又是什么呢?

对国民性问题提出批评的理论依据主要是萨义德的东方主义，萨义德认为欧洲有关东方的陈述是一种“对东方进行描述、教授、殖民、统治等方式来处理东方的一种机制”，是“西方用以控制重建和君临东方的一种方式”。萨义德把西方对东方世界所持的态度和方式，以否定的含义称之为东方主义，批判了以殖民主义为背景的西方知识界的态度，批判了他们的东方主义话语。国民性理论是不是东方主义和殖民主义的产物呢？显而易见，国民性理论的诞生与东方主义并无关系，不能把它和种族主义、殖民主义直接等同起来，它是启蒙运动的产物。启蒙运动中孟德斯鸠、伏尔泰以及休谟等人都曾热衷于讨论民族性，启蒙思想家认为应该更理性地治理国家，让所有人都幸福。他们用其他民族的优越性来抗衡欧洲的基督教传统，认为欧洲的优越性是科学和理性，而不再是宗教；同时，尽管不同的文明之间存在着众多的特点，或不同的进步程度，但是，人类历史发展的假说使他们相信世界是统一的，超越民族多样性的普遍主义使他们相信人类的本质是统一的，文化的多样性不会阻碍统一性，通过各种不同的实践和长时间的积累可以最终实现。历史理性和超越时空的文明概念成为进化论者的信念，从伏尔泰到黑格尔，他们都热衷历史哲学的建构。“历史哲学不再是政治哲学的附属物，而成为整个政治哲学的主干内容，处于启蒙思想的中心位置。”[10]因此，对民族性与统一性的关注成了启蒙思想的特征之一，国民性是和启蒙思想的普遍主义密切相关的概念。和理性主义的普遍主义不同，浪漫主义反对世界主义，提出了民族文化的理念，赫尔德认为文学艺术是一个民族最全面最深刻的表达方式，从中可以体现出民族的灵魂。对民族灵魂的强调，后来形成了德国的文化民族主义，认为各个民族之间应该是互相补充的关系而不是对立关系。在启蒙思想和浪漫主义之间，形成了普世主义和本土主义的对立，关于国民性也有了两种不同的表述方式：一般精神和民族精神。因此，国民性理论本身并不是殖民主义、东方主义的产物，而是启蒙思想和浪漫主义的产物。

由于启蒙思想已经形成了一些普遍的文化标志，自18世纪晚期以来，国民性研究成为欧洲自己追求进步的重要手段。他们认为一个民族成员的教养是该民族走向现代进程中最为关键的因素，所谓的教养则指所有希望进取的民族应该公认的一些价值观。在论述国民性的英国作家中，重要的有两位，塞缪·斯迈尔（1812—1904）极力倡导维多利亚时代的伦理道德，他列举了理想的民族性，如讲求实际、忍耐、勤劳、进取、勇敢、独立等，主要著作有《自助论》（1859）、《性格论》（1871）、《节俭论》（1875）、《责任论》（1880）等，在世界各地广泛流传；另一位是巴克尔（1821–1862），其著名的《英格兰文化史导论》以富于争论性的实证方法，促使不少时人以科学方法考察文化史和国民性。他们分别总结出了理想的国民性的构成及获得的方法。除此之外，还有许多的著作剖析了各种各样的民族性，探索历史事件或其他因素是否影响了国民性的形成和培养理想国民性的途径，他们甚至相信，完全可以预测国民性的形成。[11]其实，国民性理论的独特之处不是它本身，而是历史实践中所发挥的功能。欧洲在进步论的历史叙述中把国民性看作是进步的方式之一。但是，当他们对欧洲以外民族的国民性进行评价的时候，表现的态度和方式是一个值得关注的问题。他们对自己和别人采用了完全不同的态度，西方中心意识使得对外部世界的认识往往充满了偏见和歧视。后殖民理论在这个问题上发挥了它的批判功能，然而，对非西方世界而言，国民性的实践应做何解释呢，能否说是对西方的模仿和借用呢?萨义德在《东方学》中主要涉及中东地区，并且在讨论的题旨上仅限于对东方主义的批判。在《文化与帝国主义》中，他依然采用了东方主义的分析路线，从使用的资料看更加广泛，包含了欧洲人关于非洲、印度远东部分地区、澳大利亚和加勒比地区的著作，对现代西方宗主国与它在海外领地的关系做出了更具普遍性的描述。从《东方学》到《文化与帝国主义》，萨义德的论述从单一化的批评呈现为更具张力的复杂模式，萨义德提出了一个以前并没有论及的问题——历史上对帝国主义的反抗。殖民地的反抗不仅表现为武装斗争，政治上以民族独立为目标，还体现为文化抵抗运动和对民族属性的诉求。关于中国国民性的自我实践，不能简单地把它看作是对殖民主义话语的借用和模仿，相反，它主要是对民族属性的自觉追求和文化抵抗活动，具体方式表现为从西方启蒙知识立场观察中国社会。萨义德也对欧洲内部的反殖民倾向给予关注，他认为至少从18世纪中叶起，在欧洲就有关于拥有殖民地利弊的讨论，包括狄德罗和孟德斯鸠在内的多数法国启蒙主义者反对奴隶制和殖民主义，持同样观点的还有约翰逊、考波、伏尔泰、卢梭等。在他看来，“在关于欧洲人对非欧洲人的统治的本体论层次地位这样深刻的问题上，甚至是自相矛盾的，换言之，反殖民主义的自由主义者进行人道主义的论证，认为不应过分严厉地管理或拥有奴隶，多数启蒙主义哲学家，则从未怀疑过西方或白种人的优越性”。[12]在此，他区别了反殖民和反帝国主义，也就是说，他们可能反殖民，但并不反帝国主义及其本身，仍然是欧洲中心主义的。因此对欧洲中国国民性的论述，我们也应该区分启蒙主义的论述和殖民主义的论述。

三

华勒斯坦等人关于重建社会科学的报告，以及学科、知识和权力之间关系的思考证明，今天赖以存在的社会科学的基础和规范都是被历史地构造起来的。学科知识不是纯粹的知识论的事情，而是一种社会实践。中国现代性的特殊性在于处于一个东方与西方、传统与现代、理想与现实的交汇处。国民性话语实践是一场充满了矛盾与张力的历史活动，国民性话语的丰富与复杂表征了这一活动的歧解与冲突。一方面，对传统和现实的认识成为实践的核心，另一方面，面对西方的政治权力与话语霸权，创造重生、保守复古与抵抗辩护多元竞争，甚至陷入权力话语的圈套而迷失自我，与文学的关系则是人所共知的。所以，只有在历史的岩层中我们才能看到“国民性”是如何被历史地叙述的，只有从多维的角度才能认识它的构成及其意义。

针对以往理论上的局限，尤其受后殖民主义、东方主义的影响，国民性现在成为很难加以讨论的问题，萨义德的东方主义主要讨论了西方的知识怎样构造东方，却从未真正叙述第三世界文化主体实践中提出的国民性问题，这两者之间是什么关系，值得反问和思考。笔者认为采用话语分析的方法，于国民性问题的历史研究不失为一种可行且有效的方法。话语是福柯在《知识考古学》及其他一系列著作中提出和使用的一种思考权力、知识和语言之间关系的方法。对福柯来说，话语首先是对特定文化对象的定义，是对某个主题的陈述，并且只有通过这样的概念和术语，这一对象才可以被研究和讨论，比如他研究的主要对象是疯癫、犯罪、性。福柯认为话语的关键不仅是所说和所写的集合，而是特定的文化决定了如何思维，在怎样的条件下产生了这些陈述，话语并不再现或临摹文化现象，而是引发和建构他们。因而话语分析要研究的与其说是话语，不如说是话语依据的规则，依存的条件，进一步讲，话语分析是研究知识构成和知识存在形态的方法。同时，福柯认为各种陈述在一种文化中有规律的产生，但并不意味着他们组成了一个符合逻辑和协调一致的系统，福柯抛弃了传统的作为事实的线形的年代学的历史观念，强调断裂和不协调性。他认为话语是以不连续性为特征的，并且不依据可预言的时间轨迹演变。

显然，国民性也可以被看作是一种话语。国民性作为话语的意义在于“国民性”是一个文化现象，国民性已经超出了标准化的概念范畴，它的含混性和流变性，使它不断产生新的内涵并适应文化的变化和历史的情境。国民性作为话语也意味着一系列关于“国民性”陈述的知识，以及构成这些知识的文化机制。把国民性视为话语并不是对国民性话语的历史意义的阐释，而是要追问如何和为什么如此陈述，进一步讲，是要探讨这些陈述形成的话语规则和文化机制。

国民性不仅指那些围绕着“中国”及“中国人”形成的形形色色的论述，国民性更是近代以来“中国人”用来思考自己的政治和文化困境的工具性概念，在这个意义上，它主要指民族性。作为近现代中国人一种基本的思考问题的方法，他们认为通过对“国民性”的认识和把握、批评和辩护，可以达到对民族主体（包括国家及其相应的文化系统）和个人主体的重建、改造、捍卫。所以，有那么多的政治家、作家以及一般的知识分子都热衷于对“国民性”的讨论，甚至引发争论。

关于国民性的陈述及其思考并非是客观存在的反映，而是一种文化建构的产物。进一步讲，关于国民性的陈述建立在一定文化系统之中，有关国民特性的论述只能存在于历史话语之中指涉现实，所以，把国民性话语分析的重点应放在这些论述形成的文化逻辑上。具体的说，并不是去寻求某种逻辑的统一性及历史关系，而是根据话语实践的特点尝试采用策略性的方法，根据有关叙述形成的知识前提和论述的逻辑本身作为认识的基本方面。把国民性看作是文化建构的产物，并不意味它仅仅是一个文化现象，其实这种文化现象与历史的语境之间有着极为深刻的关联。福柯热衷于讨论话语机制的重要作用，如果我们思考一下医学话语，就会意识到构成这些知识和语言的形式，是与生产这些话语的实际场所，如诊所、医院、手术室以及所有的医学环境的外部标志诸如白色的外套、听诊器、护士服无法分离。对于国民性话语而言，它深深地镶嵌在近现代政治与社会历史的运动之中，历史语境的刺激与作用已经渗透进入了关于文化的思考，并可能左右这些文化活动，在这个意义上，文化是历史语境的表征。

运用话语分析的方法可以对近现代国民性话语实践做出比较合理的解释。启蒙或现代化以普遍主义的知识体系为历史前提，然而对普遍性的追求却表现为对“民族性”的批判，并且这种批判充满了张力与矛盾，这在世界上其他国家和地区是比较少见的。因此，不能不承认国民性实践的历史前提是从西方传播并接受的文明论，民族主义则为国民性实践提供了历史内涵。此外，国民性概念从知识的范畴上讲确实来源于欧洲，对国民性的具体论述也有某些相似之处，但这并不能说明中国的国民性论述是东方主义的表现。中国国民性的话语实践以民族自觉为前提，这是民族主义的特点，也是启蒙主义的特点。国民性范畴以及话语实践是在历史与文化的并生与重叠中诞生和进行的。正如萨义德所言：“由于现代帝国主义所促动的全球化过程，这些人、这样的声音早已成为事实，忽视或低估东方人或西方人历史的重叠之处，忽视或低估殖民者或被殖民者通过附和或对立的地理、叙述或历史，在文化领域中并存或争斗的互相的依赖性，就等于忽视了过去一个世纪世界的核心问题。”[13]对于中国近代的历史而言，否认西方文明的影响将是不可能的，西方文明作为一个参照，一直是国民性建构的历史性力量。通过西方文明这面镜子，中国形成了关于自己的认识和知识。中国的国民性实践也包含了很多不同的形态，比如陈季同、辜鸿铭、国粹派以及东方文化派的话语实践，他们“文化保守”的立场又是是如何产生和形成的呢，是值得注意的问题。总之，从话语的立场看待国民性范畴及其历史实践，也是重新认识近现代文学与思想的一个过程，可以使我们从那些充满了本质化的关于“中国”的论述中解放出来，达到对历史与未来的认识。

注释

[1] 转引自陈漱渝主编：《说不尽的阿Q》，中国文联出版公司，1997年，第496页

[2] 参见刘再复，林岗：《传统与中国人》，安徽文艺出版社，1996年

[3] 参见金耀基：《从传统到现代》，中国人民大学出版社，1998年

[4] 参见袁洪亮：《人的现代化——中国近代国民性改造思想研究》，人民出版社，2005年

[5] 李泽厚：《中国现代思想史论》，东方出版社，1987年，第11-12页

[6] 汪晖：《无地彷徨——五四及其回声》，浙江文艺出版社，1994年，第26-28页

[7] 哈贝马斯：《现代性的哲学话语》，译林出版社，2004年，第2页

[8] 刘禾：《跨语际实践——文学、民族文化与被译介的现代性（中国，1900-1937）》，三联书店，2002年，第76页

[9] 萨义德：《东方学》，三联书店，1999年，第4页

[10] 吉尔·德拉诺瓦：《民族与民族主义》，三联书店，2005年，第166页

[11] 参见鲍绍霖：《欧洲日本中国的国民性研究：西学东渐的三部曲》，《近代史研究》1992年2期

[12][13] 萨义德：《文化与帝国主义》，三联书店，2003年，第343页，第15页

[作者单位]西北师范大学文学院

[原　　刊]《文艺争鸣》2010年3月

清末民初“新国民”思潮发展评析

车冬梅

19世纪上半期，西方文化伴随着坚船利炮涌入中国，中国传统文化的某些层面开始出现裂痕，学者们痛定思痛从不同的层面上认识西方文明，反思中国的传统文化、中国人的民族特性和现实命运。随着认识的深入，他们将目光放在中国与西方的民族差距上。由此，作为精神文明深层结构的国民性问题进入学者们研究反省的视野，清末民初终于形成一股颇有影响的改造国民性社会思潮——“新国民”思潮。它大体可以分为三个层次。

一、梁启超、严复与“新国民”思潮

梁启超、严复等人以鼓民力、开民智、兴民德为改造国民性的总方针，通过反省民族文化心理与吸收西方启蒙思想，努力为中国塑造具有明确的自由、自尊、自爱、义务与权利等意识的新型国民。

（一）新型国民的品性

梁启超、严复等人认为，中国国民的劣根性对中国社会的发展是强大的阻力，民之嗜欲重而虑患轻，“则所生之子女，饮食粗弊，居住秽恶，教养失宜，生长于疾病愁苦之中，其身必弱，其智必昏，他日长成，亦必有嗜欲而无远虑”，于是代复一代，谬种流传。[1]（P87）只有国民的文明程度增进，政府才可以有贤明的政治，真是“苟有新民，[2]（P207）所以，何患无新制度，无新政府，无新国家”。学者们对能使中国富强民主的新型国民的品性，展开了全面又深刻的论述。

严复认为一种群体要生存并且强大，必须具备血气体力之强、聪明智虑之强和德行仁义之强。他意图通过权利、自由等西方观念启迪国民，教育国民，使国民民力增强，民智开化，民德升高。梁启超也认为国民必须具有自由、自尊、自治的独立人格，方能成为新制度、新政府、新国家所需的新型国民。因为自由是欧美诸国民所以立国之本原也，是天下之公理，人生之要具，而且身为奴隶一词的对应，它能号召人们争取自由的权利，使国民彻底地消除心中的奴隶性。而自尊是个人与国家昂然屹立的重要条件。一旦国民具有自尊意识，就会生出自爱、自立、自牧、自治的德性，成为能支配自己并明确自己使命与责任的人，之后方能万众一心建立平等自由独立的国家。

在具备了自由、自尊等意识的基础上，梁启超还特别强调新型国民必须具有义务与权利思想。他认为中国国民“有权利而不识有之之为尊荣，失权利而不知失之之为苦痛”，根本不知道民权是政治的基础，任政府自腐自败却不参与，实际上同样是在为害国家，所以国民必须知道“权利思想者，非徒我对于我应尽之义务而已，实亦一私人对于一公群应尽之义务”，[3]（P31）然后国民才能以“一身对于一群，常肯绌身而就群；以小群对于大群，常肯绌小群而就大群。夫然后合内部固有之群，以敌外部来侵之群”，[2]（P157–158）建立团结坚强的国家。所以国家思想的定义应为：“一曰对于一身而知有国家，二曰对于朝廷而知有国家，三曰对于外族而知有国家，四曰对于世界而知有国家。”[2]（P218–220）因为只有国民对国家产生责任心，且由国家观念推演出民族观念与竞争意识，才能使国民认清自己在国家发展中的权利与义务，才能切实地参加到本国、本族与他国、他族的竞争之中，使本国、本族日益强大起来。

（二）塑造新型国民途径的探索

严复等人认为塑造新型国民必须鼓民力、开民智、兴民德。国民必须先有体力之强，再具备相当的科学文化知识，并从思想上成为具有国民道德的人。

健康的国民是国家繁荣富强的基础，提高新型国民的身体素质十分重要。严复为了改造“东亚病夫”的羸弱体质和萎靡不振的精神状态，为了使国民具有“壮佼长大”的强健体魄和“骁猛坚毅”的勇敢精神，向全社会呼吁重视体育、卫生，要求改变重文轻武的风尚，提倡尚武风气。国民的身体素质增强之后，还要提高国民的科学文化素质与国民思想道德素质。尤其当“人民既愤独夫民贼愚民专制之政，而未能组织新政体以代之”的政治上之过渡时代；“士子既鄙考据词章庸恶陋劣之学，而未能开辟新学界以代之”的学问上之过渡时代；“社会既厌三纲压抑虚文缛节之俗，而未能研究新道德以代之”的理想风俗上之过渡时代，[3]（P168）更要反思“吾国曷为能至今存？”“吾国今后何道以自存耶？”要能知吾国民之所长而思发挥之，能知吾国民之所短而思补救之，[4]（P137）使中国新型国民“通上下之情”“通中外之故”，运用各族人民的智慧，兼具中西方文化的优点，培养自尊、自主、自立的精神，培养道德责任感与公德意识，以使个体的主动性、创造性尽情地发挥。

总的来说，严复的“三民说”，是他针对民力已乏、民智已卑、民德已薄的中国国民性，将反省民族文化心理与反封建主义结合起来，强调增强个体的主体意识，培育个体的德、智、力，树立自由民主观念，改进思维方法，从而实现提高国民的整体素质的学说。而梁启超的“新民说”也反映出他注重提高国民素质，将西方的民族、国家观念融入到自由、平等、民主、权利、义务思想之中，注重对国民性进行改造，以便真正解决中国的自由、民主、独立、富强的问题。可以说，他们的“新国民”思想都是要将处于封建专制束缚之下的臣民改造成现代资产阶级的国民，这也正体现了正在产生和成长的中国民族资产阶级作为一个新兴阶级所具有的进取精神与现代意识。而且作为“新国民”的首倡，学者们所倡导的种种新观念、新思想，使国民的思想和精神风貌为之一新，有力地促进了国民现代意识的觉醒，实现了国民人格的现代转型，启动了中国由一个人格依附的臣民社会向个性自由的公民社会的转型，从而推动了中国现代化的进程。

二、孙中山与“新国民”思潮

孙中山从革命与建设共和国的需要出发，反省落后消极的国民心理，强调国民心理建设的重要，认为“吾心信其可行，则移山填海之难，终有成功之日；吾心信其不可行，则反掌折枝之易，亦无收效之期也。心之为用大矣哉！”[5]（P158-159）将国民心理建设看成是建设中华民国的根本途径，对改造中国国民性及国民是否可以迅速转化为资产阶级国民这些问题进行了深层次考虑。

（一）建设国民心理的重要性

孙中山认为：“革命行动而欠缺人民心力，无异无源之水，无根之木。”所以要使革命取得最终胜利就必须“以人民之心力为吾党之力量，要用人民之心力以奋斗”。[6]（P430-431）而且“国者，人之积也。人者，心之器也。国家政治者，一人群心理之现象也。是以建国之基，当发端于心理”，[5]（P214）国民的心理建设是国家建立与巩固的必要条件，“使吾民能人人始终负责，则共和目的，无不可达。若吾民不知负责，无论政府官吏如何善良，真正之共和必不能实现也”[7]（P349-350），“是故政治之隆污，系乎人心之振靡”。[5]（P158）孙中山的这种逻辑，将人心与国家政治联系起来，一方面阐明“水可载舟，也可覆舟”的道理，另一方面也让人民认识到自己是国家的主体，肩负振兴中国的责任，这两个方面既体现了孙中山思想中有中国传统民本思想的遗传；又反映出孙中山受到西方民主主义思潮的影响。

孙中山指出：中国几千年来，“文明进步，比各国都是先的”。但在这个时代，中国是世界上顶弱顶贫的国家，世界强国没有一个能看得起中国人的，列强对于中国都有瓜分的念头。为什么会变成这个地步呢？就是中国近来几百年，我们国民睡着了，不知道世界他国的进步，我们这几百年来文明就是退步，政治就是堕落，[8]（P236-237）因此要建设国家，就必须让全体国民醒悟，共同担负起建设重任。

孙中山对于国民心理的建设，目的是要培育出适合共和国发展的，能将中国建设成为政治修明、国泰民安，将三民主义贯彻到底的共和国的新型国民。

（二）重塑共和国国民的途径

孙中山认为“主义之坚定与人心之固结”可以改造国民心理、重塑国民道德。所谓“主义之坚定”指的是国民必须将三民主义贯彻入心，而“人心之固结”指的是国民与党人齐心协力将旧有思想全部消除，合力建设民国。[9]（P452）为此，孙中山首先指出国民必须具有反专制思想。因为在专制制度之下，“所谓国家者，亦不过君主一人一姓之私产，非我国民所有也。故人民无国家思想，且无国民资格”，而当君主专制推翻后，应当将从前的奴隶性质尽数抛却，再向脑中输入新意识，以建新观念、新思想，那么中国前途自有莫大的希望。[10]（P537）国民就可以有其国，治其国，享其国，成为独立、自由之国民，树立独立不挠之精神，担当责任之观念，促进国家的发展。孙中山又指出在反专制思想的基础上，国民必须破“知易行难”说，立“知难行易”说。他认为国民心中对“知之非艰，行之惟艰”古说的绝对信奉，使国民的变法观念充满顾虑之念和畏难之心，“必先求知而后行，而知永不能得，则行永无其期也”，而且即使知道，“又以行之尤为难，则虽知之而仍不敢行之。如是不知固不欲行，而知之又不敢行，则天下事无可为者矣。此中国积弱衰败之原因也”。[5]（P198-199）因此只有国民确立了“知难行易”说，才会勇敢无畏，志向高远，以建设国家、为大家谋幸福为己任，国家才能国民的努力下，向着繁荣富强迈进。

另外，孙中山认为必须运用政治的力量塑造共和国国民，因为政治“是促人群进化之唯一工具”，[9]（P562）所以它的力量足以改造人心，改造社会。如果人人都参预政治，则民志可申，中国的发展就会非常迅速。孙中山又指出通过党人的努力使国民了解共和的意义，“如果国民觉悟，而觉悟之党员负责，则造成中国为世界第一庄严灿烂之真共和，原易于反掌”。他强调，党员们要到各乡村去联络农民，到各乡村去宣传，把三民主义传到一般农民都觉悟，这样农民就会来做革命的基础，而且士农工商也会与政府联络起来共同行动，最终获得民国革命与建设的彻底成功。

孙中山的“新国民”是以国民性的反思与建设为主，是对国民思想文化深层的启蒙，是“新国民”思潮中重要的一部分。而且中华民国的建立，标志着现代意义上民族国家的成立，孙中山的“新国民”思想更有寻求全民族振兴之旨，对确立现代民族国家发展的方向有一定的意义。值得注意的是，孙中山在国民心理的反思与重建这个问题的构思中突出了党和政治的作用，对当代中国现代化建设、中国特色社会主义精神文明建设留下了可资借鉴的历史经验。

三、新文化运动时期的“新国民”思潮

五四新文化运动时期，陈独秀、李大钊、鲁迅等人为解放国民的主体意识，以伦理思想的变革为手段，要求国民摆脱陈腐的观念，树立自主意识、进取精神、世界观念、科学精神，成为精神解放的20世纪新型国民。

（一）旧国民性之矛盾

李大钊在《矛盾生活与二重负担》中指出：“日本市村赞次郎氏尝谓吾国民生性有五大矛盾：（一）保守而不厌变化，（二）从顺而有时反抗，（三）一般文弱而个人有所不屈，（四）极好主我而又能雷同，（五）贵实行而溺于形式。”而他认为国民的这些缺点明显只是专制政治的结果。在“东西文明接触之初，未能调融一致，则其相摩相荡、相攻相守之际”，国民性中的弊端才会显现，是旧国民性欲去，而新国民性未成的混乱时期。而要改变这种状况，就必须“固新文明新生活之地位，以与旧文明、旧生活分对等之势力，而深养其锋，以迫旧文明、旧生活与新文明新生活相妥协、相调和”，[11]（P253–254）使新旧合一，减轻国民精神上新旧文明的双重负担。为此，李大钊、陈独秀、鲁迅等人一边揭示旧国民性的不良面，一边用新文明唤醒国民。

他们在文中指出，“今之中国，人心散乱，感情智识，两无可言。惟其无情，故视公共之安危，不关己身之喜戚，是谓之无爱国心。惟其无智，既不知彼，复不知此，是谓之无自觉心”。[12]（P113）而且“一般国民雅不欲与闻政治，群以为政治乃从事政治生活者之事业，所以国民缺乏政治知识，政治能力”。[12]（P331）这是国民仍未将自己视为国家的主人，且未清楚自己参预政事的权利与义务，从而使中国政治被军阀官僚包办，日渐昏弱消亡。这也说明了中国人向来就没有争到过人的价格，至多不过是奴隶，只希望有一个一定的主子，定下什么奴隶规则来。[13]（P38–39）而且国民抵抗“此恶潮流势力之薄弱，相习成风，廉耻道丧，正义消亡，乃以铸成今日卑劣无耻退葸苟安诡易圆滑之国民性”，此种国民性正是亡国灭种之病根。[12]（P153）加之盘踞在国民精神中的墨幕层张，垢污深积的根深蒂固之伦理、道德、文学、艺术诸端，更使国民畏缩不前。为使中华民国成为“西洋式之新国家”“西洋式之新社会”，就必须解决深层思想问题，因为专制的三纲五常等旧伦理如果存在，“纵一时舍旧谋新，而根本思想，未尝变更，不旋踵而仍复旧观者，此自然必然之事也”。因此，他们反对专制思想，丢弃三纲五常的儒家伦理，以共和主义教育国民，使国民“发挥人权平等

之精神”，[14]（P42）使国民的思想更自由，个性更好地被解放，成为生存于20世纪的最优秀的国民群体。

（二）20世纪新型国民

他们认为新型国民当以自由、博爱、平等为持身接物之信条；应在政治上要求普通选举；在经济上要求分配平均；在教育上、文学上也要求一个人人均等的机会等。陈独秀的《敬告青年》就是新文化运动时期学者们对新型国民的最具代表性的要求。陈在文中阐明：要想中国社会日益隆盛，则需新鲜活泼，能自觉奋斗的青年，也就是“自觉其新鲜活泼之价值与责任，而自视不可卑”者与“奋其智能，力排陈腐朽败者以去，视之若仇敌，若洪水猛兽，而不可与为邻，而不为其菌毒所传染”者。而此种青年，必须具备六种思想：第一是“自主的而非奴隶的”思想，如此国民可脱离奴隶之羁绊，具有自主自由之人格，对一切操行、权利、信仰，都可用自己独立的智能加以判断，即“我有手足，自谋温饱；我有口舌，自陈好恶；我有心思，自崇所信；绝不认他人之越俎，亦不应主我而奴他人”；第二是“进步的而非保守的”思想，即要求国民应具有变化固有之伦理、法律，学术以及礼俗的思想；第三是“进取的而非退隐的”思想，意在要求国民应具有竞争与敢于同恶势力作斗争之思想；第四是“世界的而非锁国的”思想，即要求国民应具有世界知识，不能将眼光囿于中国的思想；第五是“实利的而非虚文的”思想，即要求国民应吸收约翰·穆勒的“实利主义”与孔德的“实验哲学”，以促国民改变无利于个人或社会现实生活的俗事；第六是“科学的而非想象的”思想，让科学带领国民离开愚昧的时代，并建立理性而摒弃无常识之思维与无理由之信仰。[14]（P10–16）而且学者们还要求青年以自觉意识，“冲决过去历史之网罗，破坏陈腐学说之囹圄”，“进而纵现在青春之我，扑杀过去青春之我，促今日青春之我，禅让明日青春之我”，[11]（P204）“弃罪恶之我，迎光明之我；弃陈腐之我，迎活泼之我；弃白首之我，迎青年之我；弃专制之我，迎立宪之我；俾再造之我适于再造中国之新体制，再造之中国适于再造世界之新潮流”。[11]（P175）纵观新文化运动的先锋们以自由、平等、博爱的精神呼唤国民摆脱陈腐的观念，树立自主意识、进取精神与世界观念、科学态度，成为具有生命力的，适应新世界发展的20世纪的新型国民，可以看到他们对自由的希翼与对人格独立自主、权利平等的渴求，反映出他们对“人”本身的侧重。这不仅体现了新世纪的精神解放，也使“新国民”思潮纵深发展了，具有划时代的意义。

综上所述，自梁启超、严复到孙中山直至陈独秀、李大钊等人，“新国民”思潮经历了三个不同文化群体的开拓与完善，从注重国民整体素质的提高到在此基础上的对国民心理建设的重视，对国民思想文化深层的启蒙，再到以解放国民主体意识为主的“人”的主题，是一个明显的逐层深化的过程。他们都是在为行将衰亡的民族解决严峻的问题：如果近代中国想要抵抗资本主义坚船利炮的物质攻击，必须立即实行政治革新与经济变革来迎接中国的现代化。而改造国民性是实现此目标的一个最迫切的前提。所以，他们的“新国民”思想不仅初步培养了国民的权利意识、主体意识、科学意识，而且促进了现代意义的民族主义的产生。更值一提的是他们宣扬爱国主义与批判旧国民性、重塑新型国民的方式均以反封建、反传统为基础，正与反封建、反传统思想文化运动的兴起相得益彰，引起了学者们对中西文化的比较与反思。因此，要求文化革新的，由政治制度到学术思想、社会伦理、风俗习惯要求彻底和全面思想解放的，以进化、竞争、自由、民主、科学、平等、个性等近代西方资本主义的价值观作基准的“新国民”思潮贯穿于戊戌维新文化、辛亥新文化、五四新文化运动之中，不失为一种对文化底蕴的变革要求。

但是由于历史客观因素的限制，与学者们主观意识的偏颇，“新国民”思潮具有某些局限性。例如学者们企图通过揭示疤痕来唤醒国民，对国民劣根性的揭露不遗余力，即使他们在某种程度承认中华民族的优点，也只是从整体文明出发，进行抽象的描述，有时甚至掩盖事实，这极不利于树立民族自信心，也不利于国民素质的提高；而且他们所设计的塑造新型国民的途径与方法，大部分硬搬西方，有一些并不切合中国的实际，再加上那极强的目的性，反而不利于新型国民的塑造。因此，我们要从“新国民”思潮中吸取正反两方面的经验，不断增强中华民族凝聚力的源泉与动力，培养民族振兴的灵魂。

注释

[1] 严复.严复集（第一册）[M].北京：中华书局，1986

[2] 梁启超.梁启超选集[M].上海：上海人民出版社，1984

[3] 梁启超.饮冰室全集（第一册）[M].北京：中华书局，1916

[4] 梁启超.饮冰室全集（第八册）[M].北京：中华书局，1916

[5] 孙中山.孙中山全集（第六卷）[M].北京：中华书局，1985

[6] 孙中山.孙中山全集（第八卷）[M].北京：中华书局，1986

[7] 孙中山.孙中山全集（第三卷）[M].北京：中华书局，1984

[10] 安徽省地方志编纂委员会编.安徽省志·气象志[M].合肥：安徽人民出版社，1989

[11] 周世澄.淮军平捻记[A].中国史学会编.捻军.丛刊（第1册）[C].北京：神州国光社，1953

[12] 许国英.清鉴易知录[M].北京：古籍出版社，1987

[13] 柴萼.梵天芦丛书（卷二二）[M].上海：中华书局，民国十五年
[14] 方宗诚.柏堂集前编（卷五）[C].清光绪十一年刊
[15] 汪宗沂.续修庐州府志（卷三四）[C].清光绪十一年刊
[16] 吴汝纶.桐城吴先生全书·文集（卷二）[C].民国年刊
[17] 刘体智.异辞录（卷二）[M].北京：中华书局，1988

[作者单位]西北大学中国思想文化研究所
[原　　刊]《西安电子科技大学学报（社会科学版）》第14卷第3期

反思“国民性”：儒家政治哲学与“国民性”论题的产生

韩明港

“国民性”论题是一个贯穿了百年文学史、思想史的重要命题，对这一命题的思考、反省也一直是学界重要的致思方向。但是在众多的相关探讨中，“国民性”论题的生成与中国儒家政治哲学的关系还没有被深入而有效地清理，对二者深层次关联的理解与辨析，却真切地影响着对“国民性”及相关问题的思考，无论是思考深度还是判断的有效性。

一、“国民性”问题的浮现与延续

戊戌变法前后，对国家积弱积贫之原因的分析开始集中到“国民性”上。1895年春，严复在天津《直报》上发表《原强》一文，认为“国之贫富强弱治乱者，其民智、民力、民德三者之征验也”，直接把国家“贫”“弱”“乱”的现状归因于民智、民力、民德之低下，“民智已下矣，民德已衰矣，民力已困矣”，要救国图强，则必须“鼓民力、开民智、新民德”[1]。“原强”这一标题明确地标示着严复的撰文指向：分析国家贫富、强弱、治乱之原因，寻求国富、国强、国治的路径。

1902年，梁启超的《新民说》系统地提出了“新民”——也就是“国民性改造”——的思想，提倡公德品质，尚武精神，权利与自由，民族主义和国家等思想，试图“探求我国民腐败堕落之根源”[2]，寻求立国之道，进而得出“欲维新吾国，当先维新吾民”“新民为今日中国第一急务”的结论，并且，梁启超毫不隐晦地说是源自“大学新民主义”①。梁启超的论说影响极大，郭沫若在“五四”之后回忆说：“20年前的青少年——换句话说：就是当时的有产阶级的弟子——无论是赞成或反对可以说没有一个没有受过他的思想或文字的洗礼的。”[3]

1902年，鲁迅东渡日本。据许寿裳回忆，鲁迅在日本弘文学院时经常思考三个

① 梁启超《本报告白》，新民丛报，1902年1号。

相关联的问题："怎样才是理想的人性？中国国民性中最缺乏的是什么？它的病根何在？"[4]后来鲁迅明确提出"立人"的解决办法："根柢在人……其首在立人，人立而凡事举。"只要"国人之自觉至，个性张，沙聚之邦，由是转为人国。人国既建，乃始雄厉无前，屹然独见于天下"。鲁迅认为，当由"刚健不挠，抱诚守真""不取媚于群，以随顺旧俗"的"摩罗"诗人"发为雄声，以起其国人之新生"。"诗人""握拨一弹"，国民"心弦立应"，"灵府朗然"，"得是力，乃以发生，乃以曼衍，乃以上征，乃至于人所能至之极点"。以此"先觉之声"，"破中国之萧条"，终"国民精神发扬"，"大其国于天下"。同时鲁迅反对不察"根柢"，误以为"黄金黑铁""托言众治"可以强国的观点和做法，认为这些皆是"现象之末"脱离了事情的根本，甚至为害尤烈，因为"角逐列国事务，其首在立人，人立而后凡事举"。"若其道术，乃必尊个性而张精神"，"掊物质而张灵明，任个性而排众数"。精神张，自觉至，内曜外华，是第一位的。因此，鲁迅呼唤"强力意志"和"摩罗诗人"，"震吾人之耳鼓"，"启人生之閟机"，使"内曜"明华，"人各有己"，人皆获此"自性"，必"自觉勇猛发扬精进"，"知人类曼衍之大故，暨人生价值之所存……而张其上征渴仰之思想，使怀大希以奋进，与时劫同其无穷"[5]。鲁迅通往"雄厉无前"的国人的思路也是从"新民"开始的，在鲁迅的设想中，"人立"则"事举"，人为真人，国为人国，自然"雄厉无前"，人生价值得立，国家根本得固。

清末民初，国民性问题的思考远不止严复、梁启超、鲁迅，而是一时思潮，孙中山、陈独秀、毛泽东等政治、思想界主将，周作人、沈从文、老舍等文学界大家，蔡元培、张伯苓、晏阳初等教育界志士都进行过严肃的思考和真诚的实践。这一思潮不但影响了中国现代文学界、思想界，甚至直到当代，仍能听到其响亮的回音[6-11]。

二、"国民性"论题与"国家想象"

"国民性"论题产生于深陷内忧外患的中国，恰逢三千年未有之变局，民族的存亡续绝之关键。问题思考的重心和终极，是如何走出民族危亡的困境，建立一个强大的现代民族国家，"欲其国安富尊荣"[12]，这就是梁启超在《新中国未来记》中所说的"中华大帝国"和鲁迅所说的"屹然独见于天下"的"人国"。虽然对"国"的具体理解或有差异，但是建"国"的目标指向却无不同。所以说"国民性"论题的产生，立足点是政治的，是国族的，虽然后来"国民性"批判更多地具有了社会批判和文化批判的味道，但其中寻求中国富强昌盛的底色却是显见的。这一论题在本质上，是对强国路径的思考，是对弱国的批判和对强国的企望，故而，"国民性"论题首先是一个政治问题，一个国族问题，是政治哲学而非单纯的文化思潮。而梁启超、孙中山、陈独秀、毛泽东无不持有政治理想和国族责任，严复、鲁迅、老舍、沈从文、蔡元培、张伯苓、晏阳初等政治、文化、文学、教育主张，也浸润着深深的民族忧思。

从政治哲学的角度理解“国民性”论题，将其看作对于强国的想象和通达强国之路设计，会给我们更为开阔的视野和思路。

鸦片战争，第一次把中外摆在了弱小与强大、落后与先进的对峙格局之下。对于“列强”的想象，最初是基于“炮舰”的，于是才会有“洋务运动”，兴洋务被想象成强国之路——炮舰，是对英式强国的想象，是基于“鸦片战争”的直接体认；甲午战后，日本的胜利大大触动了中国人的思想，自古为“中国”学生辈的“撮尔小国”居然战胜强大的中华帝国，给国人极其强烈的震撼。于是认为船炮不是根本，关键在于政体。似乎政体维新是日本强大的根源，至此国人的目光开始聚焦于“明治维新”——维新政治，源于对于日式强国的想象。戊戌变法失败后，以“国民性改造”为核心的强国之路逐渐明确而且广被接纳，原因是多方面的，直接原因有：想象“强国之路”的主体多是身处庙堂之外的“草根”一族，如去职后的梁启超和作为普通一民的鲁迅，与身处庙堂、手握重权的朝廷重臣所拥有的资源和所持的视角自然不同；[2] 中外交流增加，尤其是出洋留学人员的激增可以让人获得远距离审视本国的机会以及对中外国民的直观比对和异域生活的切实体验；[3]国外尤其是日本社会相关问题讨论的话语情境。

但更值得注意的是中国传统儒家政治哲学的思维方法对人们理解“国家”“强国”和对强国之路设计的影响，这也正是理解“国民性”论题品格的关键。事实上，正是儒家政治哲学的思维方式直接促动了国民性问题的产生。这种影响不一定表现为当时的论者在表面上征用了多少儒家话语，而是看他的思维方法、思想进路、方案设计与儒家哲学思维方式的深层关系，并且，一定要注意的是这种关联，也不应因当时的思考者可能有意避免使用儒家话语甚至声明反对儒家思想而被忽略。

三、“国民性”论题与儒家政治哲学

“大学之道，在明明德，在亲民①，在止于至善……物有本末，事有终始。知所先后，则近道矣。古之欲明明德于天下者，先治其国。欲治其国者，先齐其家。欲齐其家者，先修其身。欲修其身者，先正其心。欲正其心者，先诚其意。欲诚其意者，先致其知。致知在格物。物格而后知至，知至而后意诚，意诚而后心正，心正而后身修，身修而后家齐，家齐而后国治，国治而后天下平。自天子以至于庶人，一是皆以

① “亲民”即“新民”，“亲”“新”通假。

修身为本。其本乱而末治者否矣。其所厚者薄，而其所薄者厚，未之有也。此谓知本，此谓知之至也。”[14]3–4一篇《大学》道出了儒家政治哲学的精义。

要“治平天下”，必从“修身”入手，定治国之大本，本乱则国不治。修身重在格物致知、正心诚意，而这里的“知”，更多的是天人之理，社会伦常，是儒家的“礼”，而非我们今天所说的科学知识。先修己身，而后齐家、治国、平天下。治平天下的方法也非经济、法制，而是“明明德”，是道德、文化的教化。这是就是儒家的政治哲学，由“修身”而至“天下平”。儒家思想首先是政治哲学。儒者所面对的是礼崩乐坏、天下失序的社会状态，其责任是秩序重建，其目的是重回西周盛世，其理想是“天下大同”。通达儒家“理想国”的途径是由“修身”为始，至“平天下”而终；其方法“明德”“新民”。儒家的政治哲学显然是遵照“个人”而“国家”的路径，试图建立以个人德行为基础的君子之国。其治理策略是以“道德教化”和“新民”为旨，其本质是建立在“新民”基础上的“国民性改造”理论。人性是这一国家理想的基础，决定了“修身”理论是否可能。在儒家理论中，不论人性是孟子所说的“善”还是荀子所说的“恶”，通过学习、教化，或张其“本心”或“改恶迁善”都可成君子之德，为贤为圣，所谓“涂之人可以为禹”，所以“修身”的可行性是没有疑问的。“兴于诗，立于礼。成于乐”[14]104–105，而人为“君子”；“学而优则仕”，而官为“君子”；“天子以至庶人一是皆以修身为本”，而王为“君子”。于是民为良民，官为贤臣，王为圣君，天下熙熙。

还要注意，在儒家的“理想国”中，人与人之间的联结不是利益的，而是情感的、伦理的联结。儒家把“孝”规定为人性的基础和区别于动物的本质，视为人之为人的天然“自性”，进而由“父慈子孝”推演出“君明臣忠”“官仁民敬”，并把父母子女之间的“慈”“孝”，泛化为“老吾老以及人之老，幼吾幼以及人之幼”的社会法则，把兄弟之间的情谊“悌”泛化为“四海之内皆兄弟”的人世友爱[15]。“百行孝当先”，“孝”不但是人性之基础、伦理之基础更是国家之基础。可见，儒家政治哲学中的“国家”是以“人性”为始基，以“修齐治平”为路径，以“亲情”为纽带建立起来的“家国同构”的伦理实体。国家秩序由修身成德，具有仁义礼智“四端”和忠孝礼义信悌廉耻品格的民、官、君来共同维系。

这种以人性为基、修身为术、教化为法、伦常为纲的立国方案，必然重人性改造、道德教育，伦常建设。而一旦国家与社会秩序失范，自然由重修人性、重整伦常入手，以道德批判、精神导引、文化批评、教育振兴为法来力挽危局。所以“致君尧舜上，再使风俗淳”①是士人的最高理想，是“不关风化体，纵好也徒然”②文苑的

① 杜甫诗《奉赠韦丞丈二十二韵》。

② 高明《琵琶记》开场词。

深深感叹。

但是，纲常立国的背后依然是利益法则。国家，本质上是利益的生产、交换、分配机制。在阶级社会里表现为阶级利益维护与冲突。事实上，任何一种社会制度都与社会利益的生产与分配密切相关。中国是一个农业国家，社会财富有限。由于农业文明这种生产方式无法使社会财富迅速增加，是典型的低生产、高需求的经济形态，所以有限社会利益的合理分配是社会的首要问题。社会失范多由利益分配失衡造成，要重建社会秩序，就要重设合理的社会生产和分配格局。儒家哲学，一方面提倡生产，认为这是“王道”之始：“不违农时，谷不可胜食也。数罟不入洿池，鱼鳖不可胜食也。斧斤以时入山林，材木不可胜用也。谷与鱼鳖不可胜食，材木不可胜用，是使民养生丧死无憾也。养生丧死无憾，王道之始也。”[14]203-204，另一方面更重视财富的分配，因为“不患寡而患不均，不患贫而患不安。盖均无贫，和无寡安无倾”[14]110。儒家不言利如孟子所说“王何必曰利？亦有仁义而已矣”[14]201。但儒家的“义”正是对“利”的约束，所以言“义”，本质上还是说“利”，只是不是以“利”来鼓动社会，而是否定“利”以压制社会的利益欲求，代之以“道”“德”“义”，以伦理法度为先，建立伦理秩序的价值优先性，再以此来建立整个的社会秩序，进而以“义”为法则进行利益分配。这和法家哲学讲究“刑”（罚）“德”（赏）“二柄”和今天的宪政哲学大异其趣。同时，为广播这种思想与维系这种秩序，教化必不可少，“谨庠序之教，申之以孝悌之义，颁白者不负戴于道路矣”[14]204。推而广之“明明德于天下”也是治国、威远的基本策略，“夫如是，故远人不服，则修文德以来之。既来之则安之”[14]170。“远人不服”不是大动干戈，而是“修文德以来之”。儒家重教育，孔子为教育家绝非偶然。

文明只有在稳定的社会秩序中才能维系，秩序是国家的第一要义，所谓“争则乱，乱则离”。儒家构想的以“义”制“利”的社会生产、分配法则，以“立人”（修身）为基础的“立国”方案则是这种秩序的保证，同时也是皇权的理论基础。反过来这种伦理秩序，也需要王权作为最高权威予以支撑。传统社会在理论上由儒家学说论证，在经济上有农业文明支撑，在政治上与帝王专制互为表里，故而得以维系两千年不溃。

儒家政治哲学在两千年的传承、阐释、重塑中深深融入了中国文化，由“人”而“国”的立国思维模式成为中国人政治思维习惯，也成为一种集体无意识。当我们遇到家、国难题时，会不自觉地沿着这一古老的思维路径达到“新民”的解决方案。这就是“国民性”改造及以此为基点的教育改造和文化革新。

四、“国家想象”中的“国民性”误会

中国政治历来是外儒而内法，或先兵、法，而后儒化。儒家的政治哲学没有强大的政治力量支撑，无法立身，这就是为什么不是儒学而是法学盛行于战国，最后秦用法家灭六国一统天下的原因。而国家建立之后又非儒学无以稳定秩序，这就是为何王朝建立之后总是以儒学作为正统意识形态。但现代中国所面临的局面与历史上的王朝困境根本不同。中国要摆脱列强的威胁，就必须使自己成为现代强国。

什么是现代强国，什么是真正的强国之路？

对强国的想象先以“炮舰”开始，而后继之以“政体”。炮舰之梦碎于甲午，政体之变止于戊戌。洋务不成，立宪不成，共和艰难，根源何在？于是在古老的思维牵引下，在中外国民气质的对比中，“国民性”论题浮出水面。现代列强的强大，被归为“国民性”的差异；中国之颓败，归为“国民性”的不振。“振民力”“开民智”“新民德”成为时代的主题。

但是我们应当看到，这一条路径与两千年来儒家由“立人”而“兴国”的治国思路并无二致，并且也沿袭了儒家树民德、兴教育、新文化（革风俗）的理路。当政治界、教育界、文化界真诚地投入到“国民性”改造的热潮之中时，并没有意识到自己是走在两千年前孔子设计的老路上。

现代资本主义列强的强大，在于生产方式。国家强大与否首先决定于其对国内外之资源的动员及组织能力①。资本主义的生产方式是现代大工业生产：动力以矿物燃料及电力为主；材料以金属、橡胶等人工生成物为主；工具为大型机械；组织方式为企业内的现代管理和社会的市场化运作。显然，这与中国农业文明以人力、畜力为主的动力；竹、木、石、棉、革等为主的原料；手工生产、自然经济为组织方式的生产相较，有着无法比拟的优势，国力强弱不言而喻。而资本主义政体，或立宪或共和正是这一生产方式和经济形式的产物。马克思说得好：“手推磨产生的是封建主的社会，蒸汽磨产生的是工业资本家社会。”[16]更重要的是现代国家的组织不是依照伦理法则，而是遵从利益原则。从外观看，见到的是宪政政体，而宪政政治本身，却是社会利益协调的工具。社会的生产方式、利益关系是这种政体的内在支撑。这才是中国近代的立宪政治不能成功的原因：中国近代没有英法的社会利益结构，也没有日本政治上层变革求强的决心。

从长远来看，任何没有切实利益格局支撑的社会法则终会变异乃至解体。因为一切制度，从根本上说，无非是利益原则，是利益生产、交换、分配法则的外现。中国

① 这一观点借鉴了黄仁宇“数目字管理”理论，可参见：黄仁宇《万历十五年》《资本主义与二十一世纪》，北京：生活·读书·新知三联书店，1997年版。

的儒家政治法则，本质上也是一套利益法则，不过是一套与农业文明、王权政治相适应的，以伦理法则为先，义先利后的社会利益生产、分配制度。

中国的贫弱，不在于“国民性”。国民性情、思维、品格究其根本决定于文明形态，虽然也受遗传、地域、气候等的影响。从文化改造和精神启蒙入手，未必能改变国民秉性。启蒙者的血，都未能震动平民的心①，更不可能存在所谓的“握拨一弹，心弦立应”式的心灵感应。生活首先是俗常的，是物质的，也就是利益的，尤其是在中国大多数国民求温饱尚不得的时代。

近现代“国民性”改造的思路，虽然目标是建立现代民族国家，但其路线却是与农业文明相适配的传统的伦理国家的设计。儒家政治哲学的思维方式深刻地影响、误导着人们应对危局的思考，“国民性”论题的产生与“国民性改造”方案的提出，正是儒家政治哲学的光影返照。虽然社会以极大的热情投入到了对“国民性”问题的思考和“国民性改造”的运动之中，然而实则是建立在对“现代国家”和“现实民生”的双重误解之上的：国家——即便传统的中国式伦理国家——本质上是利益结合体，而不是道德、情感的结合体；民生问题，首先是物质问题而不是道德、精神问题。道德更新、精神启蒙，无法真正通向现代强国的建立。国家、民生的现实性、物质性、利益性决定了“苟有新民，何患无新制度，无新政府，无新国家”和“国人之自觉至，个性张，沙聚之邦，由是转为人国”的理想，只是一种文人的浪漫，也表明儒家政治哲学的伦理、精神表象对知识者的误导。“国民性”论者所期望的结果与其所设计的路线无疑南辕北辙。发达国家的国民性特征，与其说是秉性的不同，不如说是不同文明形态下思维、行为、情感习惯的不同[17]。希望通过“国民性改造”的路径通达国族复兴的设计，引发更多的是对国民的道德期望和道德苛责，是文人的道德自许和精神自恋，却未必能通向国家富强和民族复兴。

注释

[1] 严复.《原强》[M]//严复集（第1册）. 北京：中华书局，1986：11

[2] 梁启超.《新民议》[M]//梁启超全集（第2册）. 北京：北京出版社，1997：620.

[3] 郭沫若.《少年时代》[M]//郭沫若全集（第11卷）. 北京：人民文学出版社，1992：121

[4] 许寿裳.《我所认识的鲁迅》[M]//鲁迅回忆录（上）. 北京：北京出版社，1999：487

[5] 鲁迅.《文化偏至论》[M]//摩罗诗力说（鲁迅全集第1卷）. 北京：人民文学出版社，2005：45-120.

① 见鲁迅作品《药》。

[6] 袁洪亮.《人的现代化：中国近代国民性改造思想研究》[M]. 北京：人民出版社，2005
[7] 黄金麟.《历史、身体、国家》[M]. 北京：新星出版社，2006
[8] 张锡勤.《论中国近代的"国民性改造"》[J]. 哲学研究，2007（6）：30-35
[9] 李掖平.《国民性格的改造与重建——20世纪文学主题综论》[J]. 理论学刊，2005（6）：112-115
[10] 余江舟.《中国近代国民性改造思潮评析》[J]. 齐齐哈尔大学学报（哲学社会科学版），2005（1）：37-39
[11] 伍国.《重思百年"国民性"论述》[J]. 书屋，2006（7）：4-11
[12] 梁启超.《新民说》[M]//梁启超全集（第2册）. 北京：北京出版社，1997：655
[13] 陈春香.《清末国民性批判思潮中的日本影响》[J]. 北京师范大学学报（社会科学版），2007（6）：32-39
[14] 朱熹.《四书章句集注》[M]. 北京：中华书局，1983
[15] 李泽厚.《中国古代思想史论》[M]. 合肥：安徽文艺出版社，1994：11-55
[16] 马克思，恩格斯.《马克思恩格斯选集》[M]. 北京：人民出版社，1995：142
[17] 刘晓南.《"国民性"：一个假想敌》[J]. 文艺理论与批评. 2008（6）：90-95

[作者单位]四川大学文学与新闻学院

[原　　刊]《重庆大学学报（社会科学版）》2010年第4期

塑“圣贤”与养“新人”：中国近代文化转型中的人学思想

张　军　　岑大利

从鸦片战争开始，中西文化冲突大规模地展开。如何对待新来的西方文化以及由此而来的如何对待本国的固有文化、如何对待二者之间的关系等问题，自此成为寻求救国方案的仁人志士们所无从回避且必须加以解决的时代课题。伴随着洋务运动、戊戌变法、辛亥革命、五四运动等政治进程，西学中源、中体西用、中西会通、国粹主义、全盘西化等多种文化观相继成为当时影响甚大的理论学说。在当时中与西、古与今的争论之中，相较于保守的“中学其本，西学其末”和五四彻底的反传统，以康有为、梁启超、严复、谭嗣同等为代表的近代启蒙思想家们的理论主张就显得更富有兼容性。这种兼容是近代文化形态的一种过渡，也是这些思想家们在对新学的向往与对旧学的留恋的情感支配下，在理论取舍上的折衷综合。这一点在他们的人学思想上表现得非常突出。他们认识到，没有对人的改造，社会的改造也会流于空谈。如何确立为社会所景仰的人格，如何培养新人，成为他们启蒙思想的主调。他们一方面致力于中国传统思想的重铸与改造，一方面又竭力吸收西方的理论营养，从而形成了新旧杂糅且自成体系的人学观。

一、人学思想的指向标——圣贤人格的近代裂变

人学是对生成着的人的观念把握，但这种把握本身也加进了人们对历史的批判性审视和对未来的理想憧憬。人生活于历史境遇之中，是一种历史性存在，所以只有借助于历史人才能走向未来。这也就是为什么在近代中国，古今之辩对于维新思想家们构建自己的人学思想有着那么重要的意义。所以，虽说近代是西学东渐的时代，但有一点我们在考察维新思想家们的人学思想时应该首先注意到：在19世纪末以前，他们对西学的反应，大多仍发生在中国传统思想的框架内。这个框架不是别的，乃是他们一向身处其中的文化传统和精神世界。然而，时异境迁，现实中所面临的种种困境与挑战，又迫使他们对以往的儒家传统观念或做出调整或给出新的解释。在他们的人学

思想中，对圣贤人格的改塑与重构就极其鲜明地反应了这一倾向。

圣人，作为中国文化的象征，世世代代受到人们的崇奉。圣贤人格自然就是一个社会、一个民族文化中人们最为推崇的“人”的范型。它典型地体现了该社会及其文化的基本特征和价值理念。章士钊曾云：“中国人之思想，动欲为圣贤、为王者、为天吏、作君、作师，不肯自降其身，仅求为社会之一分子，尽我一分子之义。”[1]（第565页）中国人“动欲为圣贤”的文化心态，是与先秦以降对圣贤人格崇拜的传统相关的。时至近代；这种圣贤人格在维新派思想家那里已经明显的被型塑和重构了。这种具有近代气象的圣贤人格，其特征大体有如下三点。

第一，通时达变。早期改良派王韬云：“即使孔子而生乎今日，其断不拘乎古者而不为变通，有可知也。”[2]梁启超云：“不能创法，非圣人也，不能随时，非圣人也。”[3]（第4页）我们知道，孔子自称是“信古”的，《论语·述而》云其“述而不作，信而好古”。古比今好，理想在远古，这样的复古主义历史观，尔后为孟、荀所继承，且历朝历代相传。在近代，面对激荡的时局，是着眼于今还是依然遵循“尧舜之道、孔孟之书”，将希望放在远古，这成为了当时古今之辩的焦点所在。王韬是注重于今的，他一刻也没有忘记改塑作为中国文化象征的孔圣人的形象。他认为即使“孔子而处于今日，亦不得不一变”，变得“惟求不悖于古以宜乎今”。在进化论尚未风靡神州大陆之时，早期改良派及维新派主张变革的理论依据大多是中国古代哲学的变易观。他们引用《易经》“穷则变，变则通”的命题，肯定人类社会历史是经常发生变化的，而圣人是这方面的先行者，故孔子是“不拘乎古而为变通”的。薛福成也认为，如果“审乎古今之势”的话，唯一的变法就是驾驭变化的规律，向圣人看齐。“世变无穷，则圣人御变之道，亦与之无穷”，今天中国的社会处于急剧变化的时代，唯一的出路就是“变古以就今”，“以救其弊”。[4]

第二，亟亟乎功利。义与利的关系如何，是中国人学思想史上长期争论的重要问题。义理之辩是关于道德规范、政治原则与物质需求、经济利益关系的争论。儒家创始人孔子关于义和利关系的态度是十分明确的。他说：“君子喻于义，小人喻于利。”[5]孔子认为，个人利益必须符合道德规范，“见利思义，见危授命，久要不忘平生之言，亦可以为成人矣”。[5]孔子“见利思义”“以义统利”和“义然后利”的义利观被战国时期的荀子和汉儒董仲舒所继承。他们各执一端，则舍西学洋文不可，舍格致亦不可。……即吾圣阐发孔子的义利观，而有所改造。荀子说：“义与利者，人之所两有也，虽尧舜不能去民之欲利，然而能使其欲利不克其好义也。”[6]“先义后利者荣，先利后义者辱”，因此，应该“以义制利”。[6]董仲舒则将义与利截然对立起来，认为“不能义者，利败之也”。[7]他提出的“正其谊不谋其利，明其道不计其功”[8]的观点，影响甚为久远。宋代以后，某些理学家继承董仲舒的观点，提出

"存天理，灭人欲"的伦理观。而反理学的思想家，如李贽、陈亮等人则继承了荀子的义利观，认为"穿衣吃饭，即是人伦物理"，[9]"圣人不欲富贵，未之有也"，[10]"盖正谊便谋利，明道便计功"，[11]较明显地表露出功利主义色彩。近代毕竟不同于古代。近代社会经济基础的基本性质已经发生了重大变化，社会内部的经济关系也发生了若干变革，生活于其间的思想家必然会对这种变革在价值观念上引起的变化作出理论上的说明。义理之辩正反应了这种变化。谭嗣同在当时就严厉驳斥了"圣贤不计利害"论，云："今日又有一种议论，谓圣贤不当计利害"，若从个人角度还可说得通，但是事关全国"四百兆生灵之身家性命"而不言"利害"，那么自古以来"无此忍心之圣贤"。孔圣人是"动之以利害"的，亚圣孟子"又何尝不计利害"？对圣人而言，"小民之一利一害"，"无日不往来于圣贤寝兴寤寐之中"。[12]（第163页）陈炽的表述更为直接，其云："夫天下滔滔大抵皆中人耳，惟有利而后能知义，亦惟有义而后可以获利。圣人立身行义，舍生取义，而治国平天下之经，不讳言利，且日亟亟谋所以利之者，圣人之仁也，圣人之义也，盖为天下之中人计也。"[13]薛福成亦云："然欲自强，必先理财"，"圣人正不讳言利"。[14]很明显，谭嗣同、薛福成与陈炽都赋予了圣人以功利主义的品性，这是符合时代进步的要求的。

第三，必通西学。这点在严复的著述中是极其突出的。蔡元培曾云："五十年来，介绍西洋哲学的，要推侯官严复为第一。"[15]（第353页）就介绍和倡言西学而言，严复在他同时代的一辈人中当属翘楚。他的天演哲学一方面有所取舍地介绍西方的进化论学说，另一方面又把这种进化论同中国朴素唯物主义观结合起来，为中国人提供了一个在近代科学基础上的进化论世界观。因此，严复眼中的"圣人"是必通西学的圣人："盖欲救中国之亡，则虽尧、舜、周、孔生今，舍班孟坚所谓通知外国事者，其道莫由，而欲通知外国人事，则舍西学洋文不可，舍格致亦不可。……即吾圣人之精意微言，亦必既通西学之后，以归反求观，而后有以窥其精微，而服其为不可易也。"[16]（第46–49页）为了证实他心中的圣人是"必通西学"的，严复以康熙皇帝究习西学的事例来作说明。康熙学过欧几里德和阿基米德的《初等几何学》《应用几何学》，并亲自编了一本几何学讲义，主持中国历史上第一次大规模的地理大测量，编制成洋洋大观的《皇舆全览图》。我们知道，作为封建正统的儒家文化，在思想上有三大崇拜：天命崇拜、祖先崇拜、圣贤崇拜。当列祖列宗有着辉煌的业绩时，祖先崇拜就归入到圣贤崇拜当中。康熙庙号为"圣祖"，即是这种文化心态的体现。严复举其为例，就是旨在说明为了救亡图存，当直"追祖宗之活精神"，学习作为"救亡之道""自强之谋"的西学。他主张从"体"到"用"地学习西方，用西学代替中学。他深刻比较了二者在道德观念上的差别，认为这是天赋人权论与纲常名教的不同。他认为，"人道所为皆背苦而趋乐"，苦乐是决定善恶的标准，"乐者为善，苦者为恶”；求乐为善的前提是“自由”，包括“言论自由”，同时，个人的自由又“必以他人之自由为界”；个人获利求乐也应以不损害他人为准则，“两利为利，独利必不利”，于是，在公私、群己关系上，个人的获利求乐与别人的获利求乐相统一才是善。很明显，他的主张是源于卢梭的社会契约论。“夫自由一言，真中国历古圣贤之所深畏，而从未尝立以为教者也。”[16]（第35页）他将中学与西学二者之间的不同，直接归结为资产阶级自由平等与封建的纲常名教的对立。这是非常深刻的。

与严复相比，康有为没有留洋的经历。不过，这却不妨碍他也将孔子这一完美的圣贤做出改塑，他认为：孔子是讲进化论和主张民主的。长期以来，儒家的学者将孔子说成是信而好古的古代文化保存者，于是言必称三代，世愈远而治愈甚。康有为则一反陈调，认为孔子深明“古今进化之教”。孔子的志愿是要引向人类走到大同之世，但其生当乱世，只能先求实现小康的升平世，再渐入大同的太平世。康有为把“三世说”的倡导者的桂冠挂在孔圣人头上，把一个精心铸就的资产阶级化的孔子推到幕前，以便为革新中国社会现实而呐喊。他还把孔子改塑为争取民主的斗士。在《孔子改制考》一书中，资产阶级的民权、议院、选举、平等、民主等一系列政治思想，他一古脑儿加于孔子身上。康有为采取“托古改制”的手法，使孔子成为资产阶级民主派的化身。

通过以上的论述，我们可以看到，近代圣贤理想人格的再塑，尽管还使用着圣贤的旧概念，然其内容已经是崭新的了。其实这种情况，在新旧文化剧烈冲突与交替的时代里，是屡见不鲜的。文化的裂变与更新，往往是采用旧躯壳里蜕变出新的这一方式的。梁启超云：“以为生于中国，当先救于中国。欲救中国，不可不因中国人之历史习惯而利导之——非择一举国人所同戴而诚服者，则不足以结合其感情。”[17]（第67页）这也充分说明，在近代，人学思想的基本问题始终是和当时中国的政治风云紧密相关的，甚至可以说是时代风云的晴雨表。

二、新世界的前提——“新民”的人格范型

近代思想家们在建构自己的人学思想时，是有着非常强烈的现实关怀的，“指出中国的出路”一直是他们绘制中国未来发展蓝图的基线。虽然说，他们在应对传统顽固势力阻挠与打击时，出于现实与自身的考虑，还不敢或不愿过于激进，故而费尽心思对传统圣贤进行改塑，从而在“破”的一面还有所顾虑与不忍的话，那么随着他们的思想日趋成熟，他们在“立”的方面即如何培养“新人”方面开始抛弃顾忌，直切入题，提出了一系列的新观念。严复提出“力智德”的主张，梁启超提出“新民说”等，皆有气象。

戊戌变法时期，严复根据斯宾塞的理论，首先在《原强》一文中提出“鼓民力、开民智、新民德”的国民人格范型。其后，他又在《辟韩》一文中，抨击的矛头直指封建专制主义，指责国民的奴性人格，“才未逮，力未长，德未和”，“我中国之民，且卑且贱，皆奴产子也”。严复认为，秦以后的统治者，不培养也不相信人的潜能的开掘，其所作所为都是在压制民众的能力，“其十八九皆所以坏民之才，散民之力，漓民之德也”。[16]（第18–19页）并指出，中国之所以虚弱，是在于“力智德”的潜能未曾被开掘，缺乏西方那种使个人能力得以释放并融于群体中的活力。不可否认，严复已看到人的德、智、体的全面发展及个体潜能的发挥与国家民族前途的内在联系。尽管严复的著作中未出现“新人”“新民”的概念，但字里行间却洋溢着对一代新人的憧憬。鼓民力，是指增强人的体质力量，就是要有强健的身体。至于开民智，就是学习西学，用西方的文化开启人的智慧，提高人的智力，“是故欲开民智，非讲西学不可”。他把八股教育的害处归结为“锢智慧，坏心术，滋游手”，以为这是中国走向衰弱的根由。以近代科学作为开启人的智慧的钥匙，从而为“民生之优”，也即理想人格的实现提供了一个新的途径，这是中学所无法具有的功能。关于“新民德”，严复认为，“尤为三者之难”。在其心目中，自由平等是“新民德”的核心，“夫人而自由，固不必以为恶，即欲为善，亦须自由”。[16]（第123页）严复所说的自由是独立人格的象征与体现，他认为每一个个体无论在行为规范上或精神素质上，都应摆脱奴性的人格意识，是一个独立自主的个体。总之，“新民德”的宗旨就是以独立人格易依附人格，这一思想具有近代理想主义的特征，是非常可贵的。

戊戌变法后，梁启超接受了严复“三民”思想的影响，得出了“欲维新吾国，当先维新吾民”[18]的结论。自1902～1906年，他在《新民丛报》连续发表了19篇论文，都以《新民说》为标题。《新民说》开宗明义说道：“国也者，积民而成”，“欲其国之安富尊荣，则新民之道不可不讲”。“苟有新民，何患无新制度，无新政府，无新国家？非尔者，则虽今日变一法，明日易一人，东涂西抹，学步效颦，吾未见其能济也。”在他看来，要改革国家政治，实行“新法”，必须从更新国民的人格入手。正是把“民”看作“国”之有机构成，视“政府之与人民犹寒暑表之与空气”的关系，梁启超才忧心如焚地提出新国必先新民之言，把新民提到治国安邦的首要地位，关系到国富民强的大问题。他说：“今日欲兴民权，必以广民智为第一义。”民众有一分之智，即有一分之权；有六七分之智，即有六七分之权。那么，该如何“新民”呢？他提出了独特的见解：“新民云者，非欲吾民尽弃其旧以从人也。新之义有二：一曰淬厉其所本有而新之；二曰采补其所本无而新之。二者缺一，时乃无功。”[19]（第5页）他以为欲新民，并非是搞民族虚无主义，而是要批判继承本国优秀传统文化中的有用成分，不能“尽弃其旧”。他坦言，“新民”说渊源于

《大学》，但“采补”中国所缺乏的资产阶级民主主义的内容“而新之”。他一方面从西方文化那里，主要是从卢梭那里汲取了的天赋人权论，提倡自由自主的独立人格；另一方面，他又继承了中国传统哲学中有关发挥人的主观能动性的思想：“《大学》曰：作新民，能去其旧染之污者谓之自新，能去社会旧染之污者谓之新民。若是者，非悔未由。悔也者，进步之原动力也。”[20]（第26页）

旧染之污在人格上的最主要的表现是“心奴”，这是造就一代新人的最大障碍。他列举了“心奴隶之种类”的四种表现：诵法孔子，“为古人之奴隶”；俯仰随人，“为世俗之奴隶”；听从命运安排，“为境遇之奴隶”；心为形役，“为情欲之奴隶”。[21]（第47-50页）梁启超之所以提出“除心奴”，是因为他强调人的自我精神的绝对自由，这种自由是人格独立的基础。在梁启超的思想中，理想的“新民”不仅有独立的自主的人格，而且还要有爱国主义的精神和富于冒险进取的精神。他认为，中国人的一大缺点即是偏于讲私德而不讲公德，持“束身寡过主义”，洁身自好而不关心国家兴亡，因而他十分强调“新民”必须具有“利群”的公德：“知有公德，而新道德出焉矣，而新民出焉矣。”[21]（第15页）人在生存竞争中形成了各种各样的社会群体，而国家是最大的社会群体，因而“利群”的公德在梁启超那里就是爱国思想。他还认为：“国者积民而成，舍民之外更无国，故国必恃人力以保之。”[22]（第51页）“民”是国的基础，“民”具有什么样的人格极为重要；有独立自由人格而又有利群爱国公德之“新民”才能保证国家独立自主权，不受外国帝国主义的侵略。接受了进化论的梁启超，以为整个世界处于不断的进步当中，那么作为“新民”也应有富于进取冒险的人生境界。因为人之所以不同于禽兽，就在于人有“进取之念”“冒险之气”，是人之所以为人的根据。“保守”“偷安”的人，失去了人的特有的积极进取的能动性，使自己降到动物的行列中去。梁启超提出的“新民”说，是一种崭新的人的价值观，是资本主义文化的产物。

总之，戊戌变法时期，严复提出将“鼓民力、开民智、兴民德”的思想，作为教育培养一代新人的基本支点。戊戌变法后，梁启超继承了严复的上述思想，从各个方面详加论证并有所发展，其“新民”说是比较系统的关于人学思想近代化的学说。

三、余论

近代中国是一个特殊的历史社会形态，是从传统社会跨向另一个新式社会的过渡时期。它被纳入了资本主义世界体系但又形成不了资本主义社会，但又确实一步一步有限地推向近代化。在这个过程中，它必须推陈出新，即推封建主义之陈，行民主主义之新。我们可以将这一过程概括为近代化过程或新陈代谢过程。说近代化有较大的回旋余地，既不排斥那时向资本主义靠拢的现实，又较能体现当时中国人前进中的感情、心声和脚步；说新陈代谢，也就是说近代中国处于一刻不停的变迁之中。然而背负着几千年历史与文化传统的中国社会的变迁是艰难的。这种艰难自然是来自这个社会的人。近代思想家们的人学思想之所以能够如此丰富，如此深刻，皆是由此而来。有鉴于此，我们认为，近代处于社会转型与文化转型的人学思想是有着如下几个特征的。

首先，中国近代人学思想是在十九世纪中国社会面临严重的民族危机和社会危机的历史条件下产生的，它适应了中国近代社会政治和经济状况急剧变化的要求，因此带有明显的历史进步性和爱国性质，这应当是值得肯定的。

其次，它不可避免的带有时代的局限性。它脱胎于中国传统人学，因而除继承了中国传统道德的某些精华外，也难免带有封建礼教的严重阴影。他们费煞心思改塑圣贤，就是明显地表明：他们虽然对儒家传统伦理思想和道德原则进行了深入的思考，但由于种种原因，他们对儒家传统文化中优秀的人学思想遗产和过时的落后的道德观念、道德意识还不能加以辨别区分。用“圣人”这个旧瓶装时代的“新酒”就是他们对这个问题的态度。

再次，近代思想家们的人学思想是受西方近代人学思想的哺育而成长起来的，他们对西方学说思想的变形与改造，对当时中国的思想界确有振聋发聩的启蒙作用。但是我们也要看到，他们对西方学说思想中先进因素与若干劣点未能进行深入思考并加以区别。近代的思想家们，除了严复精通外文，其他的思想家大多只能从中文译著中或与外人的交往中片断地了解西方近代人学思想，因而对西学的理解并不完全准确。而西方学说思想中哪些适应中国近代社会状况，可以与传统人学思想相结合，哪些是陈腐落后的，应该加以剔除，这个问题他们并没有解决好。从这个意义上来说，他们的人学思想大多是中西人学思想资料的混合体。

最后，必须指出：近代思想家们的人学思想虽然说从圣贤理想人格的改塑到“新人”“新民”学说的延续性，在一定程度上还带有主观随意性。在他们的学说中，我们可以一再地看到，他们在改塑圣人时诚惶诚恐，颇显踌躇之态。对孔子等传统圣贤或曲意迎合或为就己说而牵强解释，而在塑造新民的见解论证中，又顿显万丈豪情，笔下纵横捭阖，酣畅淋漓；他们在论证自己的人学思想时，前后逻辑矛盾，或保守或打破一切，甚至个别思想家在构建了充满斗争气息的新的人学思想后，却失去了前进的勇气，重新投回到暮气沉沉的传统儒学的怀抱等。这一切都表明，近代思想家们人学思想尽管有着重大的启蒙意义，但还是处于一种过渡状态，有非常强烈的时代局限性。

注释

[1] 陈独秀.《独秀文存》[M].合肥：安徽人民出版社，1987

[2] 王韬.《园文录外编》[M].上海：上海书店出版社，2002

[3] 梁启超.《饮冰室合集：文集之一》[M].北京：中华书局，1989

[4] 薛福成.《筹洋刍议·变法》[M].上海：上海人民出版社，1987

[5] 唐满先译注.《论语》[M].南昌：江西人民出版社，1982

[6] [战国]《荀子新注》[M].北京：中华书局，1979

[7] [汉]董仲书.《春秋繁露》[M].北京：中华书局，1975

[8] [汉]班固.《汉书·董仲舒传》[M].北京：中华书局，1962

[9] [明]李贽.《焚书·答邓石阳》[M].北京：中华书局，1975

[10] [明]李贽.《李氏文集：卷十九·明灯道古录》[M].明刻本

[11] 颜元.《颜元集》[M].北京：中华书局，1987

[12] 谭嗣同.《谭嗣同全集》[M].北京：中华书局，1981

[13] 陈炽.《续富国策》卷四[M].北京：中华书局，1975

[14] 薛福成.《出使日记续刻》[M].长沙：岳麓书社，1985

[15] 蔡元培.《蔡元培全集》第4卷[M].北京：中华书局，1986

[16] 严复.《严复集》第一册[M].北京：中华书局，1986

[17] 梁启超.《饮冰室合集》文集之六[M].北京：中华书局，1989

[18] 梁启超.《新民丛报章程》[N].新民丛报，1902-2-8

[19] 梁启超.《饮冰室合集》专集之四[M].北京：中华书局，1989

[20] 梁启超.《饮冰室合集》专集之二[M].北京：中华书局，1989

[22] 梁启超.《饮冰室合集》文集之九[M].北京：中华书局，1989

[作者单位]第一作者：中共中央党校文史部；第二作者：中共中央党校文史部

[原　　刊]《长江论坛》2006.5期总第80期

“新民”“新青年”与中国人的现代化

叶南客

从制度现代化到文化现代化，20世纪是中国社会变迁最为巨大的时期，也是现代中国人成长中迈出最大一步的重要时期。20世纪的100年是中国人走出封建大步迈向现代化的100年，也是中国人从觉醒到站立再到为实现富强和全面发展而奋发努力的100年。这一个世纪又可分为两个大的阶段，前50年从世纪初的变法新政到辛亥革命推翻封建王朝是中国制度现代化进程中取得突破性进展的时代，1919年的新文化运动以及1921年中国共产党成立后领导的新民主主义革命，在将制度现代化引向深入的同时又揭开了中国文化现代化的新篇章。

19世纪末维新运动失败到20世纪初义和团被镇压，中国面临着更为严重的政治危机和民族危机，内忧外患的压力使难以自保的晚清统治者终于看到：近数十年来“积弊相仍，因循粉饰”的统治方式已濒临破产，即使为了保住权位也必须有所变通，因此在1901年1月不得不宣布“改弦更张”，实行新政。“新政”的主要内容包括政治、法律、军事、经济和教育上的体制改革，如精简机构、废止苛刑、编练新军、发展工商业、废科举而设学堂、倡留学等，新政的实施程度十分有限，但却给步履艰难的中国现代化进程带来了新的契机，第一次给中国的现代化事业提供了合法性基础，直接引发了近代中国历史上第一次波澜壮阔的思想解放运动，而思想的解放又成为继戊戌维新思潮之后新一轮政治动员的前提。

从1911年的辛亥革命到1949年新中国成立，20世纪前期的社会发展主题可以说就是从旧民主主义革命到新民主主义革命的转换和探索成功。正如江泽民同志在党的十五大报告中所说，孙中山是一个世纪以来第一个“站在时代前列的伟大人物”，作为倡导共和民权的旗手，“他首先喊出‘振兴中华’的口号，开创了完全意义上的近代民族民主革命，辛亥革命虽然未能改变旧中国的社会性质和人民的悲惨境遇，但为中国的进步打开了闸门，使反动统治秩序再也无法稳定下来”。

1905年1月，孙中山在为同盟会机关报《民报》撰写的“发刊词”中，首次概括性地提出了民族、民权、民生的“三民主义”，这是他所领导的旧民主主义革命的主导纲领，也是20世纪初解决中国社会问题，促进现代化发展的最为完整的理论，孙中山的“三民主义”不仅试图解决国际国内各方面的关系问题，也全面考虑到人对物、人对人以及人的自身发展等问题，在他的“建国方略之一”中便提出了国民坚实建设的问题。“夫国者，人之积也，人者，心之器也，国家政治者，一人群心理之现象也，是以建国之基，当发端与心理。”两年后他又强调：“吾党欲收革命之成功，必有赖干思想之变化，兵法攻心，语曰革心，皆此之故。”孙中山高度重视现代人格和心理变革在社会进步中的作用，他自身人格更是体现了“独众自强”“愈挫愈奋”的可贵精神，早年他发动10次武装起义全部失败，但他毫不气馁：晚年，封建军阀篡夺了革命果实，孙中山也并不灰心，先讨袁后护法，为民主制度一直奋斗到生命的最后一刻。

以1915年陈独秀等人创办《青年杂志》为标志，中国的资产阶级知识分子在20世纪初掀起了一场前所未有的文化启蒙运动，为中国国民第一次大量、全方位较为系统地灌输了现代人格意识和西方民主、文明的观念。1911年辛亥革命促成了民主精神在中国的空前高涨，使共和的观念在人们心中扎下了根，然而一年之后的专制政治复辟和传统文化回潮又将一代国民推向了幻灭的困境。一批先进的知识分子认识到，辛亥革命之所以未获成功、共和之所以有名无实，其原因就在于中国大多数国民的思想仍然被专制和愚昧牢牢地束缚着，缺乏民主和科学的觉悟。于是，从1915年到1920年左右，以陈独秀、李大钊等人为首的一批激进民主派人物以“科学”“民主”为武器，向根深蒂固的封建文化发动了猛烈的冲击，掀起了中国现代史上影响最为深远的新文化运动。这些新文化的闯将们积极倡导西方资产阶级的新思想、新文化、新道德、新理念，坚决批判旧的制度、思想、道德和文化，并响亮地喊出了“打倒孔家店”的口号。启蒙运动将现代化推进到了文化观念革新的层次，正像陈独秀所体会到的“自西洋文明输入吾国，最初促吾人之觉悟者为学术，相形见细，举国所知矣；其次为政治，年来政象所证明，已有不克守缺抱残之势，继今以往，国人怀疑莫决者，当为伦理问题，吾敢断言曰，伦理的觉悟，为吾人最后之觉悟”。这便是说学习西方文化，仅止于学习他们的科学技术和政治制度是不够的，只有学习了西方近代的文化和价值观，才算是学习彻底了。这的确是对中国早期现代化历程的精辟分析，其中的经验教训至今仍值得人们深思。20世纪20年代之后，中国文化变革最值得记载的大事便是马克思主义在中国的传播和影响日益增大。共产主义思想在中国的播种发芽，不仅是造就了一代又一代的共产党人，而且正是共产党人以较之前人更为彻底的革命精神，对陈腐传统和专制统治“横扫千军如卷席’，开创了一个崭新的社会主义文明时代，中国人的发展和文化现代化从此进入到一个更高更新的阶段。

“新民”学说中对中国人的现代化的构想

尽管从太平天国运动到维新变法时期，人们越来越关注人的自身变革和素质提高问题，但无人能说得清中国的变革究竟会塑出什么样的新人形象，或者需要什么样的新人格予以配合，这一困惑人们数十年的问题直到20世纪初，终于由才华出众的变革先驱梁启超率先开始解答，他从1902年开始进行的“新民”研究和论述，可以说是20世纪初中国最早也是最为系统的人的现代化理论，要研究中国人的现代化实践及其心路历程，不能不追溯到梁启超的新民学说。

从1902年到1906年，梁启超以《新民说》为总标题在“新民论丛”上连续发表了19篇论文，精心铸就了其有独立人格品性的自由“新民”形象。他所引用的“新民”概念是借鉴于儒家经典《大学》，但已和现代意义上的“新人”十分相近。《大学》中的新民意指儒家经世的核心在于道德修养，及其对人的革新。而梁启超在《新民说》中提出的一套新的人格理想和社会价值观，其中固然不可避免地仍有某些儒家思想成分，但梁对“新民”的阐释其革新之意更为突出；他心目中的理想国民形象，是在原有维新思想的基础上进一步吸收西方，日本近代思想的结果，他强调国民自尊、自治与日本启蒙思想家的观点也颇相近，在梁启超看来，革新的一面是如此重要，以致需要用“新的公民”这一新的概念来表达“新民”一词的含义。他为现代国民设计的新德性，诸如自由、民权、义务、自治、自尊、进步、进取、合群、冒险、尚武等思想，已与现代西方的社会学、心理学者开列的现代人特征有不少吻合之处，可见其理论富有着较大的创新性和超前意义。梁启超的新民思想是中国人自觉地、有理性地探索现代人发展目标、方式的最早成果，对当时的中国知识界产生了很大影响，从资产阶级的革新派人士孙中山、胡适到无产阶级革命的先驱陈独秀等人也受其影响。胡适曾说过：《新民说》的最大贡献在于指出中国民族缺乏西洋民族的许多美德，“《新民说》诸篇给我开辟了一个新世界，使我彻底相信中国之外还有很高的民族，很高的文化”。毛泽东等人早年所发起建立的革命组织取名为“新民学会”，便可见新民影响之深入。

“新民”学说充分表达了20世纪初中国进步的知识分子对提高中国国民的整体素质、重塑中国国民性的良好愿望，其具体内容集中在这样几个方面：第一，自由发展、实践民权的新公民形象。受近代西方人权学说影响，梁启超也明确提出自由、民权是人的自然权利和现代人发展的基本条件，人人是“天下之公理，人生之要具”，人权是“天生物而赋之以自捍自保之良能”。因此他进一步提出了现代人发展的一个脍炙人口的口号：“勿为古人之奴隶，勿为世俗之奴隶。勿为境遇之奴隶，勿为情欲之奴隶。”第二，敢破敢立、积极进取的革新者形象。梁启超曾说过，翻开世界历史，哪一个独立富强的国家不曾经过一场破坏，不仅要破坏腐败的旧政治制度，旧的宗教、学说、思想、风俗、名物也一一破坏，有破才能有立，也才能有进步，“欧洲民族所以优强于中国者，原因非一，而其富于进取冒险之精神，殆其尤要也”。因此新民们必须学习西方人勇于进取、敢冒天下之大不韪，方能建设一个充满活力的新社会。第三，自我觉悟、自尊自治、富有公德的现代人形象。戊戌变法前梁启超还曾幻想要开民智，必须先开绅智、开官智，经过维新失败的痛定思痛，他把希望更多的放在了民众身上，强调不依赖官府，而依靠人民的自新、自我觉悟、自尊自治来造就新中国，如其所感“苟有新民，何患无新制度、无新政府、无新国家”。当然，这里的新民必须是经过“道德革命”，兼具公德、私德而“合群”的新公民。从此可见，梁启超的新民思想中已具有了明确的现代自主意识以及正确处理个人与集体、与社会关系的理性主义色彩。

文化运动中的“新青年”精神

如果说“新民”思想还主要是停留在学术理念层面，那么1915～1919年的新文化运动则是一场更深入、更广泛的现代思想启蒙，并且从实践层面全面推进了大众生活方式的变革创新，对中国国民性的现代性产生了深远的影响。新文化运动是以“新青年”的发刊为旗帜，以“五四”运动为最高潮，它的最重要的功绩便是树立起以“新青年”为象征的坚决反对封建专制，重估一切价值，尊重科学，追求民主的现代意识。五四新文化运动中提出了中国人的个性独立与解放，构成了近代中国新人格发展的第一高峰，在这一时期，关于人的变革、发展的观点得到最广泛、也最具革新性的讨论，是继“新民”学术后中国人的现代化理论的又一次拓展和延伸。

新文化运动时期是中国文化现代化和人的现代化的新起点，它以新人格塑造和重建价值体系为主题，以民俗更新、婚姻家庭革新、白话文运动、美术音乐和科技法制创新等方面的革命为载体，开始了对现代人生活方式、生活态度的重新规划，从此，“新青年精神”如同一个幽灵徘徊在每个国民的心头。“五四”时期，陈独秀、李大钊、鲁迅、吴虞和胡适等人掀起的谋求人格独立的文化革命，是不同于封建时代以依附为特征的崭新的理想人格。陈独秀于1915年9月将“自主的而非奴隶的、进步的而非保守的、进取的而非退隐的、世界的而非锁国的、实利的而非虚文的，科学的而非想象的”口号，写在《青年杂志》的发刊辞中，作为敬告现代青年的六大希望，在新时代即将到来之时向中国青年人提出这一系列新发展目标，可谓言简意赅而又切中了传统文化和国民性格的积弊。中国社会要生发出创造性转化的传统的生机，中国人要走向现代化，个性的声张、成长是一个不能回避的过程。1916年1月陈独秀又在

《青年杂志》上发表《一九一六年》一文，其题名寓除旧布新之意，他几乎重述了梁启超“新民说”的中心思想，但比梁说得更沉痛、更动情。他同样把人的革新放在第一位，“盖吾人自有史以迄一九一五年，于政治、于社会、于道德、于学术，所造之罪孽，所蒙之羞辱，虽倾江河不可院浣也。当此除旧布新之际，理应从头忏悔，改过自新。……吾人首当一新其心血，以新人格；以新国家；以新社会；以新家庭；以新民族”。与此同时，新文化运动的又一先驱李大钊也发出了需要新人、创造新人的共鸣；“由来新文明之诞生，必有新文艺为之先声，而新文艺之勃兴，尤必赖有一二哲人，犯当世之不韪，发挥其理想，振其自我之权威，为自我觉醒之绝叫”。李大钊还热切期待一代新人“奋发国民之勇气”，“以蕲人性之解放向上”，“进前而勿顾后，背黑暗而向光明，为世界进文明，为人类创幸福，以青春之我，创建青春之家庭，青春之国家，青春之民族，青春之地球，青春之宇宙，资以乐其无涯之生”。

从以上激荡人心的文字中，我们可以想见20世纪初的先哲们是多么希望将“新青年”的魂魄赋予每一个国民，新青年的精神实质就在于它张扬一种反传统僵化以及专制，渴求自由创造、变革进取的青春活力。“五四”以后，中国的先进学人不仅热切希望尽快引进“德先生”“赛先生”等西洋文明因素，更开始对中国人国民性格的反省和批判，其中最值得一提的是鲁迅。他从“五四”时期直到20世纪30年代，在众多的小说、诗歌、杂文中，既批判了中国人的奴性，又对阻碍现代化进程的夷夏观念、天朝心态作了深刻反思。鲁迅的思想一直影响到20世纪30年代对中西文化的比较和取舍的讨论。鲁迅在《随感录二十八》中把中国人天朝心态的国民性格剖画得十分清楚，他认为中国人是“合群的自大”“爱国的自大”，“他们自己毫无特别才能，可以夸示于人，所以把这国拿来做影子；他们把国里的习惯制度抬得很高、赞美的了不得；他们的国粹，既然这样有荣光，自然也有荣光了！……多有这合群的爱国的自大的国民，真是可哀、真是不幸！”因而，鲁迅明确提出只有剪除这类弊病，中国人才会有实质性的新的成长。

毛泽东思想——从“新民”到“新人”

新文化运动不仅是20世纪中国规模最大、影响最深的思想解放和文化启蒙时期，也是中国文化大开放中传统文化与新兴文化对峙并对话、西洋文明与中国文明交错并交融历史关头。这一时期可以说是中国文化史上又一个思潮庞杂、百家争鸣的发展高潮，几乎所有西方以及日本、俄国的主流或非主流文化都在中国大陆登陆传播，除了十月革命一声炮响送来了马列主义之外，美国的实用主义、英国的社会进化论、蒲鲁东和巴枯宁的无政府主义、柯尔的“基尔特主义”、伯恩斯坦与考茨基的“社会民主主义”，以及“互助主义”“泛劳动主义”“新村主义”和“工读互助主义”等，都在中国找到了市场或其代言人，因而这时期的知识青年既激情满怀又平添了几许迷惘。但随着中国共产党的成立和队伍的壮大，马克思主义在中国日益深入人心，并逐渐成为占据“支配”地位的新文化因素，正如埃德加·斯诺1937年在《西行漫记》中所载：“在过去十多年中，在中国人关于他们国家的社会、政治、经济、文化问题的想法上，俄国肯定地而且明显地起着支配性的影响，特别是在知识青年中间，它是唯一的支配性受外来影响……在这十年到过中国、并对他们所生活的社会有所了解的人，很少会否认，马克思主义、俄国革命、苏联的成就对中国人民发生精神影响大概比所有基督教资产阶级的影响加起来还要深刻。”作为马克恩主义和中国革命实践相结合的产物，毛泽东思想也是在20世纪前半段从产生走向成熟，并成为中国新民主主义革命的主导思想。毛泽东对一直关注着中国人的解放和发展，他早年受梁启超等人学术影响，自发地开展过“新民”的试验，在接受了马克思主义之后，他又结合中国新民主义革命的实际，创造性地提出了“社会主义新人”的理论。我们要追踪20世纪中国人的现代化轨迹和时代精神，必须要探讨这位20世纪第二个“站在时代前列的伟大人物”的新人观。

毛泽东的新人观有一个发展的过程，早期思想集中体现在他和蔡和森等人所创立的“新民学会”及其一系列“新民”理想中，这理想也就是学会的方针“认识世界，改造世界”。不和当年的许多先进知识分子一样，都是将国民的思想改造和道德改造视为救国的第一要务，由毛本人起草的第一号《新民学会会务报告》中开篇便申明：“新民学会是一个生活团体，会是一种新环境，在会员是一种新生活，我们几十个人，在这种新环境里共同或单独营造一种比以前不同的新生活。”这种新生活的核心内容就是围绕“如何使个人及全人类的生活向上”的问题，具体说，就是砺砺品行、提高学问、明确志向、从事劳动、增进娱乐等，一切都是为了完善和提高人格和精神境界。要提高精神境界就必须改造落后的思想，实现“伦理的觉悟”，因而早在1917年毛泽东便提出：中国土地广大，社会复杂且历史悠久，这给开通民智带来困难。因此，应当先有人改造哲学、伦理学，从根本上变换全国人的思想，此谓“欲动天下者，当动天下之心”。可见早年的毛泽东和陈独秀等人的思路基本相同，他们都把人民视为政治改造的要素，即没有国民的自觉自动，“天下之心”民德的普遍提高，民主共和使只是一块招牌。因此，新文化的启蒙就是为了国民发生“伦理的觉悟”，思想的变换、道德心的改造。启蒙者是知识分子，被启蒙者是国民、民众。青年毛泽东在实现世界观根本转变前夕所设想的“新村”和“新民”，有其局限性和空想成分，但他对美好的社会和人格理想的苦苦追寻、诚挚地躬行实践，并不是没有价值的，这是现代中国的先进分子接受共产主义思想之前共同的重要的心理起点。同时，培养求真、求善、求美的新精神，以及在这个基础上形成别具一格的人与人、人与自我的关系、人与自然的关系，是毛泽东一生探索并为之奋斗的人生理想和社会理想。青年时代对平等互助、道德高尚、人格解放的新社会、新生活的追求，是毛泽东接受和信奉马克思主义的一个不可忽视的主观心理因素。

社会主义的新人观随着毛泽东思想的发展而趋向成熟，20世纪30年代后期中国新人的形象终于从19世纪的空想变得越来越具体而合乎理性，人格发展也从单调趋于丰满完整。我们注意到，马克思主义创始人在《共产党宣》中提出的“人的全面发展”的目标在毛泽东思想中得到了愈加明确的体现。在1939年“抗大”生产运动初步总结大会上，毛译东作了《自己为自己的劳动是不可限量》的报告，提出“你们是农、工、商、学、兵团结在一个人身上，文武配合，智识与劳动结合，可算是“‘天下第一’”。造就这种“天下第一”全面发展的新人格主张，一直到毛泽东的晚年都没有改变，这从他在60岁时接见全国青年团代表的谈话中可以得到印证，在这次谈话中他也多次说到对下一代青年成长的要求是“要使青年身体好、学习好、工作好”，这既是毛泽东的期待也是他的祝愿。这也正是马克思主义者所希望的那种全面发展的新人形象的具体体现。

在新民主主义革命时期，中国“新人”的现代性成长已超越了19世纪和20世纪初激进知识分子所设想的“开民智”或“新民德”的理论境界，而化成为是由共产党所领导的绝大多数民众所参与的解放自我、改造自我的实践行动。从“五四”运动之后到新中国成立的近30年时间，中国人的现代化成就集中体现在两大方面，一是在共产党的领导下，推翻了封建主义和殖民主义两座大山，解除了全体国民的精神枷锁，彻底解决了民族生存危机，为全民族的振兴和可持续发展辅平了道路；二是在确立工农联盟的政体基础和劳动人民当家作主的思想基础之上，在中国历史上第一次真正实现了工农大众在社会发展中的主体地位和主人翁作用。应该肯定，人民大众主体地位的获得和主体作用的发挥，是中国人全面发展的前提和基础，更是人的现代化必不可少的社会条件。

[作者单位]江苏省社会科学院

[原　　刊]《粤海风》1998年4月

20世纪90年代以来中国近代国民性改造思潮研究述评

闫润鱼　陆央云

戊戌维新运动和五四新文化运动，是中国近代史上影响最大的两次思想启蒙运动，这两次运动虽然前后相隔20年，却有一个共同的思想特征，那就是不遗余力地揭露和批判所谓的国民劣根性，掀起声势浩大的国民性改造思潮。关于国民性改造的思想或行为一直就是中国近代史研究的重要对象。不过，笔者这里无力也无意将国民性问题的著述纳入视野，而仅以专门就中国近代国民性思潮展开讨论的文字作为检视对象。在这个范围内，20世纪90年代以来总体论述的专著主要有俞祖华的《深沉的民族反省——中国近代改造国民性思潮研究》（山东人民出版社，1996年）、袁洪亮的《人的现代化——中国近代国民性改造思想研究》（人民出版社，2005年）等。以鲁迅这位国民性改造思潮中最具代表性的人物为考察对象的有闫玉刚的《改造国民性——走近鲁迅》（中国社会出版社，2005年）等。论文方面，直接冠以“国民性”字眼就某个时期、某个人物或某个角度展开研究的不下百篇。这些研究，尽管对何谓“国民性”的阐释众说纷纭，却基本上都是在认同所谓“国民性”指的就是中国“民性”“积习”中需要进行“改造”的“劣根性”这一前提下进行的。改造的对象大体指奴性、冷漠、自私、虚伪、为我、固执、妒忌、空谈、无公德、缺少是非感、无国家思想、无冒险精神、无尚武精神、不求效率、崇尚虚浮等。限于篇幅，本文有意略过研究者们围绕“国民性”概念进行的讨论以及对国民性改造内容的罗列，而将主要篇幅用于对如下问题的梳理。

一、关于改造国民性思潮兴起的历史机制

从较为宽泛的意义上讲，一部中国近代史就是一部对国民性进行检讨与改造的历史。但作为一股在社会上特别是在思想界产生过广泛而深远影响的文化思潮，则有其独特的发生轨迹和缘由。对此，学术界从多种角度给出了不同的阐释。

关于改造国民性思潮的缘起，学界普遍关注到救亡图存的现实压力之于提倡者的影响。如郑云山在探讨辛亥前夕的国民性问题时就讲到，精英分子在反思近代中国的屈辱史和各种运动、变法的失败后，最终将国家的积弱归因于国民素质的低下，亦即“从历史的反思转向对国民性的探讨”。[1]再如郭汉民和袁洪亮在探究近代国民性改造思潮兴起的历史背景时也强调：“持续紧张的民族危机是国民性改造思潮兴起并不断发展的最深层次社会原因，它促使先进的知识分子由力主物质局面的现代化而逐渐摸索到国民性改造的‘救命稻草’。”[2]陈高原虽然罗列出国民性改造思潮产生与发展的多重根源，如历史的经验教训、时局的严重压迫、传统的思维惯性、外国的影响与刺激等，但“概括来说”，“其根本的动因在于历史的影响和时代的要求”。[3]

随着学术多元化的发展，学者们观察该思潮形成的历史机制的角度也呈现出多元化的特点。鲍绍霖是较早从文化角度探讨改造国民性思潮的研究者。他认为，18世纪晚期的英国人首先对各个民族的文化开始了大量的研究，形成了大量的关于民族性和国民性的著作，这些思想经由日本逐渐传到了中国，并促成了近代中国的改造国民性思潮。换言之，人的近代化经过了欧、日、中三部曲，中国的改造国民性思潮只是其中的一个阶段。也正是在这个意义上，鲍绍霖强调，中国人对国民性的考察并不像当时大多数学者所认为的是从五四时期开始的，事实上，“其根源可上溯到辛亥前的革命派，上溯到梁启超，上溯到明治时代的日本乃至欧洲”。[4]

与鲍绍霖从文化角度解释改造国民性思潮缘起的路径不同，闫润鱼的《由“重民”向“改造国民性”思潮演化的政治学分析》则另辟蹊径，即从政治学的视野分析改造国民性思潮形成的历史机制。文章认为“民”是资产阶级所构想的民主（共和）政治中必须倚重的力量，也正是这个原因使“民”成为接受“改造”的对象。因为在民主政治下，国家的兴亡与民族的优劣有着直接的关联，而当下的中国国民，却远不是民主政治所期望的那种“参与型”国民。国民性中暴露出的劣根性，使人不能不对“当家作主”多几分担忧。在作者看来，改造国民性思潮的兴起“从一个侧面记录了‘民’进入政治系统的历史轨迹，反映了君权的逐步衰退和国民在社会转型中所扮演角色的转换”。[5]

美国华人学者刘禾从殖民批判的角度阐释了她对“国民性”话语的理解，并在学界引发了一场较为热烈的讨论。“国民性”在刘禾那里并非什么本质的存在，而是西方殖民主义者为了控制东方所建构的殖民话语。她指出：“19世纪的欧洲种族主义国家理论中，国民性的概念一度极为盛行。这个理论的特点是，它把种族和民族国家的范畴作为理解人类差异的首要准则（其影响一直持续到冷战后的今天），以帮助欧洲建立其种族和文化优势，为西方征服东方提供了进化论的理论依据，这种做法在一定条件下剥夺了那些被征服者的发言权，使其他的与之不同的世界观丧失存在的合法性，或根本得不到阐述的机会。”[6]（P76）近代中国改造国民性思潮的萌发正是这一殖民话语在中国成功推行或被启蒙者接受并不断传播的结果。在刘禾看来，推动改造国民性思潮的启蒙者显然落入了西方殖民主义话语的陷阱，将殖民主义话语奉为了解救国家民族危亡的真理。对于刘禾的这一殖民话语论断，学术界提出不少异议。例如，王学钧就批评刘禾的论述犯了“指谓错置”的错误，即它直接将西方殖民主义“建构”的“国民性神话”指称为中国新文化的国民性话语，这是不符合实际的。王学钧认为，在中国的国民性话语中充满了中国内涵和时代特征，它汇聚了中国儒家文化中早已存在的诸如“民性”“移风易俗”“变化气质”等与国民性含义接近的观念，而改造国民性的目的则旨在唤起民众追求科学与民主的热诚，建设中国的“新文明”。[7]有的批评者虽然承认刘禾质疑国民性理论的意义，但也批评其“看到的只是国民性话语背后西方中心论的话语霸权，却并未顾及国民性话语作为历史范畴，曾是19、20世纪弱小民族反抗压迫、争取独立和自由的民族国家理论的重要内涵及其历史作用”。[8]

不同于刘禾的殖民话语论断，孙强的《国民性话语：一个民族主义的视角》则尝试着从民族主义的视角对国民性话语形成的历史机制做出说明。作者在表示认同“后殖民批评的介入确实给国民性问题的历史研究提供了新的视角和方法”的同时，也直截了当地指出，无论是启蒙主义、现代化理论，还是后殖民批判都无法使国民性话语的历史特征得到有效的解释。基于对“现代民族国家的形成是一个‘民族—国家—国民’三位一体的综合”的判断，作者着力强调了国民性话语与民族国家间的同构关系，认为“国民性成了民族国家形成过程中一个必然的要求和选择”，国民性问题是“内在于民族主义的一个问题”。[9]

与改造国民性思潮形成的历史机制问题密切相关的是关于国民性思潮形成的时间问题。研究者在这个问题上的分歧往往可以从他们选择的不同研究对象或视角窥见一二。像郑师渠的《辛亥革命后关于国民性问题的探讨》[10]、俞祖华的《国民性改造思潮的最初发轫——龚自珍个性解放思想述评》[11]以及郭汉民等的《近代国民性改造思想的萌芽——论地主阶级改革派的人心风俗思想》[12]等文，命名本身就反映出作者在国民性思潮形成问题上的持论。郑师渠从社会关注的程度出发，认为国民性问题虽然肇端于19世纪末20世纪初的严复和梁启超，但是那时应者寥寥，直到辛亥革命后才受到社会的普遍关注和热烈讨论，形成思潮。俞祖华从思想发端的角度出发，认为改造国民性思潮中的众多思想在开明地主阶级的思想中就已得到过阐发，因此，改造国民性思潮的起点理应追溯到龚、魏时期。与这种看法相似，郭汉民、袁洪亮也认为，龚自珍、魏源等地主阶级改革派改良人心风俗的思想，包含了人的现代化思想的诸多萌芽，是近代改造国民性思想的最初萌芽。不同的是，他们同时强调了这种思想“还不具备国民性改造的近代意义”，理由是其“在人的改造的目的、手段以及具体方法上都远没有挣脱封建思想的牢笼，它实质上依然局限在传统思想的藩篱中”。再如郑云山也持大体相同的观点：“揭示自己民族中某些优缺点，早已有之；但对比中西民族间不同的国民性，把中国的国民性作为一个专门问题以引起人们注目和探讨，却始于甲午战败之际。拉开序幕的是严复和谭嗣同。”[12]

二、关于改造国民性思潮的终极关怀

无论怎样解读中国近代改造国民性思潮兴起的历史机制，一个事实是毋庸置疑的，那就是它发生在内忧外患的历史情境中。这样的历史环境意味着，作为改造对象的个体“国民”很难成为一个独立探讨的话题，它往往要与整个民族和国家的命运联系起来。由是，改造国民性思潮的终极追求究竟是“国民”本身还是国家或兼而有之等问题也就成了研究者探讨的话题。大体而言，如果对改造国民性思潮作整体性处理，往往会得出旨在挽救民族国家的结论；若作阶段性划分，则对后一阶段即五四时期的国民性批判，一般会承认其追求个体完善与发展的价值趋向。

通过对国民性改造的逻辑进程的考察，一般会认为，该思潮是鸦片战争后中国人从不同的层面认识时代变迁和国运转折并思考救亡之道的结果。比如周建超的《论辛亥革命前的改造国民性社会思潮》就阐述了这样的观点：在经历了器物层面、制度层面的实践之后，改良派登上了历史舞台，并把救亡的着力点放在了人的改造上。既然“改造国民性思潮产生的原动力是拯救国家和民族危亡”，那么，“救国”而非“立人”才是改造国民性思潮的逻辑起点。在作者看来，国民性问题进入人们的视野并不是因为人们对“人”的终极价值的关怀，而是源于对“人”作为“立国之本，救国之本”的体认。[13]

从改造国民性思潮所追求的理想人性出发，俞祖华认为启蒙思想家们反对封建礼教、封建制度摧残人性，呼吁改变中国人不合理的人生，在某种程度上体现了对人的自然性、感性、个体性、欲望的重视和强调。在这个意义上，他把改造国民性思潮定性为“一次非社会、反理性（主要指传统道德）的思想解放”，而不是传统的道德教化。不过，作者也强调指出，近代思想家多把民族危机的形成归结为人心之积患、国民性的弱点、国民素质的缺陷，正是基于这样的认识，在社会有机体说的影响下，启蒙思想家们才“把改造人心、改造国民性作为振兴国家，挽救民族危机的根本途径”。因此，从目的与手段的角度讲，作者认为“启蒙思想家是把反思和改造国民性作为挽救民族危机的主要手段而加以提倡的”。改造国民性思潮的最终指向是国家民族的生存而非个性的解放。[14]（P55. 8、9、10）

与这种“手段”论的说法相似，陈高原更直接地将改造国民性比作近代中国建立资本主义制度的钥匙。他认为该思潮的产生与发展过程始终围绕着建立资本主义制度这一近代中国的历史主题，“只不过是鉴于政治改良与革命运动受挫，或出于发动革命与巩固新政权的需要，而企求从国民精神、国民心理的改造方面寻找解决这一历史主题的新钥匙而已”。[3]

有的学者则是通过对梁启超、陈独秀、鲁迅三位思想颇具典型意义的先哲由“立人”而“立国”的理论设计的阐述，揭示改造国民性思潮由“立人”而“立国”的思想逻辑。比如张宝明的一项个案研究就指出，“在启蒙者那里，在‘立人’与‘立国’之间，前者只是手段，后者才是目的”。“梁、陈的默契突出表现在立国先有‘新人’的思想逻辑上，着眼于‘新人’，归宿于立国，这正是他们的全部。”鲁迅虽然显示出了非凡的“立人”底牌，但他的立人着眼于“人”是国家的“根柢”，强调人的重要性和社会功能，与梁启超、陈独秀是在一个意义上运作的。[15]

袁洪亮在讨论这个问题时做了阶段性区分，他认为20世纪前后的“新民”非为个人的“新民”，而是民族、国家的“新民”。“新民”的目的在于挽救危机、富强国家，“新民”的价值正体现于它是挽救民族危机的手段。这个时期，人的生命、价值、尊严等个性内容始终是被忽略的，有时甚至是被刻意压制的。“所以，这一时期的‘新民’思想更多地体现为一种民族主义性质，并没有从根本上涉及国民性改造的个人主义的近代本质。”辛亥革命前后至五四运动爆发前，则是改造国民性思潮的“立人”阶段。这一时期的国民性改造思想在个人与国家、民族的关系上，“实现了手段与目的的根本转换”，人自身，即人的生命、尊严、价值、需求成为资产阶级思想家关注的重心，他们呼吁凸显自我，在价值观上要求以资本主义的个人本位主义取代封建的家族本位主义，在道德观念上以独立、自由、平等的资产阶级近代规范取代三纲五常的封建道德规范，“在中国历史上首次确立了以人为出发点和最终价值尺度的国民性改造的思想基点”。[16]（P51）

与袁洪亮将改造国民性思潮实际上区分为“立国”与“立人”两个阶段的讨论一样，汤奇学和陈宝云也没有将改造国民性思潮一概而论，他们也将辛亥革命和新文化运动分作两个时期并经比较来揭示不同阶段的价值追求，认为辛亥革命时期，“他们倡导改造国民性直接目标是为改革打基础，达自强之目的。在国家、民族与个人的关系上，他们把国家、社会放在了第一位。章太炎和梁启超的政治取向虽不同，但将国民性改造服务于政治变革，谋求国家独立则是一致”。而新文化运动时期，在国家、民族与个人的关系上，陈独秀、胡适等人“一反传统把个人利益放在了第一位”。简而言之，辛亥革命时期，是从救亡这个时代主题中派生出改造国民性这一历史副题，注重培养“国民意识”，即现代国民的素质；而在新文化运动时期，陈、胡等人则将救亡与启蒙视为一体，认为启蒙更是关系“国家民族根本存亡的政治根本问题”，注重培养个人本位意识，即现代人的素质。[17]

比较五四与辛亥两个阶段的改造国民性思潮，的确不难发现它们在“立人”与“立国”价值追求上的差异。但是，若仅以五四为考察对象，研究者则通常会在对“立人”做总体性把握的同时，指出其所受“立国”目标的影响。如崔玉婷在评述“五四”新文化运动时期的改造国民性思潮时就讲到，这个时期的改造国民性方向是“以个人主义为新的价值取向，以独立自主的人格为新道德的目标”。但是，她也发现，在处理个人与群体的关系上，那些主张以个人本位为道德原则的五四启蒙者“几乎没有一个人主张绝对的个人主义”。因此，她认为“五四”改造国民性的目标是兼顾社会责任的个人主义。[18]

三、关于改造国民性思潮中的文化态度

尽管“冲击/回应”说在20世纪八九十年代曾遭到人们的诟病，但改造国民性思潮作为一个文化现象却依然可以说是对西方文化“冲击”的一种“反应”。如何对待中西两种文化或如何为它们在国民性改造中定位，事实上制约着启蒙思想家改造国民性的具体主张、态度和言说。因此，启蒙思想家们对待中西文化的态度也就成为研究者深化相关讨论的重要议题。

开明地主阶级是否可以被列入改造国民性思潮的启蒙思想家之列，是一个存在着众多争议的问题，但这并不影响研究者对其文化态度考察的兴趣，原因是在他们的思想中可以找到改造国民性的思想影子。袁洪亮认为，王韬、薛福成、冯桂芬、张之洞等地主阶级改革派和早期资产阶级维新派对国民性的关注，并不是出于对传统文化价值的怀疑，而是源于对传统文化堕落的忧虑。“他们用于改造国民性的思想武器，还是纲常礼教的封建传统的道德观念，这一点，一直到早期的资产阶级维新派都没有动摇。”所以，在袁洪亮看来，“与其说他们开启了近代国民性改造思想的先声，不如说他们是为巩固中国固有的国民性的民族性特征做出了最后的努力”。[16]（P257）

以康有为、梁启超、严复等人为代表的资产阶级维新派，是戊戌变法前后改造国民性思潮的主力军。与其在改造国民性思潮中发挥的巨大推动作用相吻合，他们的文化态度也受到了较多的关注。研究者普遍认为，资产阶级维新派的文化态度是兼采中西，如果说有分歧的话，通常体现在中西文化相比之下究竟哪个占据根本位置。在袁洪亮那里，资产阶级维新派与地主阶级改革派和早期资产阶级维新派一样，属于文化保守主义者，因为他们同样注意到了民族性内容是国民性近代转换的不可或缺的基石，因此始终坚持在传统的道德、价值观念的基础上实现国民性的近代转换。所不

同的是，资产阶级维新派在中西对比中看到了中西文化的差异或者说是差距，因此希望借助西方近代资本主义的某些道德、价值观念以促进国民性的近代转化。在袁洪亮的讨论中，传统文化在资产阶级维新派的思想中所占的比重明显大于西方文化，他认为，正是因为资产阶级维新派“根深蒂固的传统文化情结使他们对国民性的时代性转化缺乏实质性的认识”，“不可能正确处理国民性中民族性内容与时代性内容的相互关系，无法坚持近代国民性改造的正确方向”。[16]（P258–264）

俞祖华也看到了资产阶级维新派在文化态度上的中西同体性。他认为，严复、梁启超等启蒙思想家一方面深受西方文化的影响，在理想人性的追求上要求个性的解放，另一方面由于深受传统文化入世精神的影响，亦较重视群体意识。资产阶级维新派强调兼顾个体与群体、独立与服从、权利与责任，从而“形成了有别于西方启蒙主义的中西结合的特色”。[14]（P61）

与这种不偏不倚之说略有不同，汤奇学、陈宝云虽然承认梁启超的文化态度是中西结合的，因为他塑造新国民既借鉴了西方近代思想，也发扬了本国固有的文化传统。但却强调，在道德方面，梁启超更推崇的是传统。他们指出：“在他所塑造的现代国民素质中，对个人私利服从群体公利等儒家传统伦理价值观的强调，正体现了他的‘新民’仍囿于传统结构内部调整的特点。这里有避免盲目西化之考虑，但也可窥见其未脱‘中体西用’之窠臼。而他及同时代的思想家们如严复、章太炎等后期向传统文化的回归，更说明了他们对传统道德文化的固守。”[17]

如果说上述观点偏向对维新派做出固守传统的阐释的话，与此相对的就是重在追崇西学之说。这方面，崔志海的观点比较有代表性。他在分析维新派改造国民性的思想渊源时指出“新民”有两个源头，一是传统的儒家思想，二是西方进化论和社会有机体论。但这并不意味着他们对待中西文化的态度是不偏不倚的。因为，从维新派对于中西传统民族文化心理比较的文字表述上，“人们自然不难领会他们的倾向性以及中西方两种民族文化心理之间的优劣。况且，维新派的反思也不全停留在一般的中西对比上，而且还运用了批判的武器”。[19]

对于五四时期致力于国民性批判的启蒙思想家的文化态度，人们的评论争议不大。一致认为他们的基本态度是以西方文化价值为准来反对中国的传统文化。但尽管如此，依然有程度或角度上的差异。汤奇学、陈宝云认为，陈独秀、胡适等新文化运动时期的思想家们对中西文化的比较以及对中国封建礼教与传统伦理道德的批判，比严复、梁启超等人来得更直接、更激烈，也更深刻。“他们运用中西比较的方法，揭示中西民族心态与文明之差异，从更高层次上批判国民劣根性之源，并在比较与批判中揭示‘新民之道’”，希图“强调‘西化’以塑造出理想的现代人”。[17]而袁洪亮则直接给陈独秀、胡适、陈序经等启蒙思想家冠以西化派知识分子的名号，认为这些人走向了与文化保守主义者相反的另一个极端。他们“过分看重中西国民性的时代落差，忽视乃至有意抹杀了国民性的民族性特征”。在国民性改造上，西化派有着“完全以反映近代化的时代性内容彻底取代封建的传统文化”的极端性，“在实践中走向了民族虚无主义的深渊”。[16]（P268、271）研究中，也有人注意到，陈独秀等人对传统文化的脱离并不像他们所宣扬的那样彻底。比如俞祖华就认为，五四启蒙思想家虽然充分表达了他们的个体主义人生理想、明确主张以西方个人主义取代传统中国的封建集体主义，但他们同样没有完全摆脱中国传统文化的影响，“在宣传独立、平等、自由的人权的同时，也注意启发人们的社会责任感”。[14]（P60、62）

从以上的梳理中，我们似乎已经得出这样的结论：无论是严复、梁启超，还是陈独秀、胡适，都没有真正彻底地倒向某一种文化，放弃另一种文化，无论他们口头上怎样表达他们对这两种文化的喜好和立场，在无意识的感情流露中似乎总有着一种暧昧不清的意味。那么，人们究竟该如何解读诸如“批判”与“宣扬”这样的字眼所表达的实际态度和情感呢？杨联芬对鲁迅国民性话语的分析可以说提供了理解启蒙思想家们文化态度的一个新视角。作者认为：“国民性理论其实是一种’权宜’的理论，它为种族竞争提供了类似’理论’的依据。”它是在晚清时不情愿而又无奈地接受中国文化“老”“旧”判断的过程中被接受的。对鲁迅国民性改造思想的话语体系中的西方话语，不能简单视为是对西方殖民主义文化观念的妥协，“鲁迅对史密斯等西方（包括日本）中国国民性理论的推崇，也不是理论意义的赞同，而是出于刺激国人的动机”，“试图以‘绝对’‘偏激’的姿态，催促民族自省精神诞生”。[20]

四、关于改造国民性思潮中的主要流派

国民性是启蒙思想家共同关注的话题，但由于人们所处的时代或政治、文化态度的不同，在思潮内部也就有了不同的流派区分。加之研究者切入视角的不同，致使改造国民性思潮中的流派问题也成为研究的重要内容。

对于辛亥革命前改造国民性思潮中的流派，论者多据其政治立场划分为资产阶级改良派（或立宪派）和革命派，对辛亥革命以后的派别，一般认为比较复杂。比如陈高原的《论近代中国改造国民性的社会思潮》认为，这两派对国民性改造的认识有一个由同到异的过程：1905年以前以同为主，共同强调国民程度对国家政治变革的制约作用；而1905年以后，由于政治立场的不同和政治分野的冲突激化，两派在对国民程度的估价和对提高国民程度途径的认识这两个问题上产生了严重的分歧，并以1907年改良派的论战失败而告终。辛亥革命以后，特别是五四新文化运动中，思潮的波及面更大。陈高原将这一时期热烈讨论国民性问题的派别分为以孙中山为代表的政治思

想家，以陈独秀为代表的激进派政论家，以鲁迅为代表的进步文人，以蔡元培为代表的新教育家以及以伧父、钱智修为代表的《东方杂志》派改良主义者。[3]再如米华的《近代国民性改造思想之外在矛盾及其终结》也将辛亥革命前的改造国民性思潮流派主要划分为革命派和立宪派。他认为面对戊戌变法和义和团运动的相继失败后国民低落的情绪，革命派和立宪派不约而同地拾起国民性改造的思想武器，以凝聚散去的民气，唤醒国民的主体意识。到1905年前，两派在国民性改造问题的探索上观点基本相同，都认为“国民的文明进化程度直接影响国家政治的善恶”，所以“不遗余力地揭露和批判国民劣根性”，“宣传国民意识与批判国民性同步进行”。而1905年以后，随着革命派势力的大增，革命派同立宪派展开了激烈的论战，在国民性改造问题上也出现了严重的分歧，革命派不再如以前那样热衷谈论国民劣根性，相反却强调国民素质并不低劣，已经具备了建立民主政体的国民品格。“由于对国民性认识的不同，因而在先造新民还是先造新国家的问题上，两派主张相距甚远。”而到1907年以后，“国民性改造主张在国人心中完全失去了市场，让位于资产阶级革命要求”。[21]

有的研究者是依据国民性思潮的演进逻辑划分流派的，如周建超的《论辛亥革命前的改造国民性社会思潮》就将辛亥革命前的改造国民性思潮视为洋务派、改良派和革命派对中国国民性思索的交替演化、层层推进的过程。他认为，洋务派“变法自强”“通商贾之气”等观念“是对传统的‘华优夷劣’思想的一个猛烈冲击，而对整个民族理性地认识自我具有革命性的意义，预示着一个更加深刻和持久的民族自我反省时代的到来”。改良派在洋务运动失败的基础上，在政治变革的过程中发现了改造民族精神这一剂民族自强的良方，故竭尽全力地倡导新民，“使越来越多的人痛切地认识到：对于几千年来逐步形成的各种价值观念、行为方式、风俗习惯，简言之我们这古老民族的国民性，有加以深刻反思、去除弱点的必要”。章太炎、邹容等革命派则高举“革命”大旗，无情地批判国民劣根性，呼唤人的解放；继之，孙中山在改造国民性问题上表现了更多的理性思维，提出了心理建设的理论。革命派与改良派相互交汇，“把辛亥革命前改造国民性思潮推向一个高峰”。[13]

划分流派的另一种取向是依据国民性的救治之方或争论的核心问题进行，例如，郑师渠就以“国民性是否可以加以改造”这样的论题为核心，将辛亥革命前的国民性改造流派区分为主张国民性不能改造的康、梁等人和主张国民性可以改造的其他多数人这样两派。继而又根据辛亥革命后各派的救治之方的不同划分了思潮中的复性派和改造派。复性派的特点是主张恢复所谓“中国固有的国民性”，其下又分为两个派别，一是以康有为为首的孔教派，主张尊孔读经，复古倒退；另一派以梁启超和伧父为代表，他们虽然不赞成尊孔读经，但是“主张维持以封建纲常名教为基础的国民性的质的稳定性”。改造派实际上是新文化运动的倡导者，包括李大钊、陈独秀、鲁迅等人，他们主张引进科学与民主等西方原则和精神，从根本上改造国民性，陶冶新国民。但是，改造派内部在国民性改造的具体措施上也存在着差异，陈独秀等新文化运动的主将们主张“批判改造论”，而以蔡元培、吴敬恒为代表的一部分人则主张“教育救治论”。[10]

与这种思路相似，郭汉民、袁洪亮也发现，随着新文化运动的深入开展，倡导者内部也“因改造方式的分歧发生分化……胡适仍然坚持其自由主义的改造立场；鲁迅兄弟则以文学形式解剖、批判中国陈旧的魂灵”。[2]俞祖华在讨论社会结构变革和主体心理结构改造时，根据对这两种改造的侧重点的不同，将以严复、鲁迅为代表的启蒙主义者和以孙中山为代表的革命民主主义者分成两脉。认为前者更加重视国民心理的变革，后者则更注意社会结构的改造。但是，俞祖华并没有将这种划分绝对化，他认为，在经历一定时期后，实行家们往往会注意到启蒙的主题，启蒙主义者也重视社会改造的问题。李大钊则最先表述了社会结构变革和观念变革同步进行的识见。[14]（P75–77）

也有研究者对“国民性实践的多重性”给予特别关注，如孙强以《被迫接受、抵制与消解——关于国民性的多重实践》为题撰写的论文就体现了这种学术关怀。他认为：“在整个的国民性话语实践中，面对欧洲中心的种族主义强势话语，我们也能发现对此的反驳、抵制和消解。”从国民性话题包含的多重实践和复杂的成分入手，他进而归纳出三种国民性话语的实践形态，一是“被迫接受的启蒙论式的国民性实践”，指的是在外来势力的压力下被迫接受了西方的国民性话语，并以此来促成臣民向国民的转变，发展中国的民族国家的国民性话语。二是华夏中心主义和革命派“对欧洲中心主义国民性论述”“表现出抵制的姿态”。在作者看来，立足于华夏中心主义立场的人们，无论是文化精英还是草民大众，“对中国人的‘国民性’从不怀疑，且充满了自豪感和优越感”。激进的革命派有不同于启蒙式的国民性表述。在他们那里，“对国民精神、人格个性的肯定和张扬”是其理论基础之一，“国民的性质和程度足以享受共和政府”。因此华夏中心主义和革命派都试图反驳和抵制西方的偏见。三是对西方偏见的消解，比如康白情通过对气质的分类与阐述，说明各个民族的气质难以分出优劣，从而消解了史密斯关于中国人气质的荒谬神话。[22]

此外，不少学者还根据在改造国民性思潮中提倡者所持的文化态度的不同，将其分为保守派、西化派等。

五、评价与展望

改造国民性思潮是中国近代化进程的重要组成部分。学界对该思潮的研究已累积起不少成果。总体上看，早期的研究大部分是描述性的，侧重于对思潮发生、发展的过程及其内容的梳理和描述。随着学术研究的日趋多元化，越来越多的研究者不仅拓宽了视角，还将目光深入到思潮的深层，如该思潮发生、发展的原因及内在思路、思潮中的文化取向以及个人、社会与国家间的关系等。

但是，不足总是与成就同在。从现有的研究成果来看，论文多，著作少，呈现出极不平衡的状态。在众多个案研究中，专著类个案研究的目光不约而同地集中于鲁迅，而论文类的个案研究除鲁迅外多关注严复、梁启超、陈独秀等，相对忽略了其他一些同样有较大影响的思想家。此外，研究还呈现出比较散漫而无体系的特征，运用或创设较为有效的理论分析框架的情况并不多见，也没有抽象出一个可供集中探讨的话题，这些无疑制约了该研究的深入进行。据此，笔者试就今后一段时间内该研究的取向作一个粗略的展望。

第一，一些重要概念或观念将成为专门考察的对象。诸如国家、社会、个人以及国家与国民之关系等，究竟是如何生成或演变的？其中的制约因素有哪些？这些概念又在多大程度上赋予国民性改造思潮以独特的色彩？并进而影响到之后中国政治社会文化的发展？这些近乎“语词”分析或“观念”解析的研究对于揭示“社会”与“思潮”之间的互动关系、深化对相关问题的看法都不失为一种有意义的探索。

第二，个案研究的对象将进一步拓宽。在过去相当长的时间里，个案研究多以鲁迅、严复、梁启超和陈独秀等人为对象。近些年来，情况有了明显的变化，进入研究者视野的既有像李大钊、毛泽东、孙中山等政治人物的国民性改造思想，也有像王国维、林语堂、老舍等国学大师、文学大师在这方面的看法。相信研究对象的多元化将是今后一段时期内个案研究的特点。

第三，比较研究仍有较大空间。在既有的研究中，有些成果涉及对不同流派、不同思想家或不同时期的国民性改造思想的比较研究，但随着研究对象的日趋多元、专题的愈加细化，比较研究改造国民性思潮是中国近代化进程的重要组成部分还会增大。此外，一些外国人对中国国民性也作过大量研究，有的还对中国启蒙思想家产生过直接影响，这批人与中国启蒙思想家之间的比较也是一个有价值的研究视角。

第四，一些集中表达国民性改造欲求的报纸杂志，如《新民丛报》《民报》《新青年》等，应成为专门研究的对象。藉此研究，不仅可以获得某个时期、某些思想流派在国民性改造问题上的较为全面的论述，也可以增进对思潮之于社会、社会之于思潮的双向影响的了解。

第五，笔者深切期望研究者能创设出某些有效的理论分析框架来，以增加研究的系统性。

改造国民性思潮以一种自揭伤疤的勇气回应了西方硬实力和软实力的双重冲

击。无论这一思潮的价值关照在于“立国”还是“立人”，它客观上开启了中国人近代意义上的自我反省历史。但是，国人的自我反省和解放远没有也不应该随着改造国民性思潮的消退而结束。面对日益深化的全球化和利益多元化，中国将何以应对？中国人又将何以应对？改造国民性思潮也许不能给我们答案，却能给予我们启示。从这个意义上讲，对改造国民性思潮的研究之于21世纪的中国仍具有重要意义。

注释

[1] 郑云山.辛亥前夕的国民性问题探讨[J].近代史研究，1992，（1）

[2] 郭汉民，袁洪亮.近代中国国民性改造思潮简论[J].广东社会科学，2000，（6）

[3] 陈高原.论近代中国改造国民性的社会思潮[J].近代史研究，1992，（1）

[4] 鲍绍霖.国民性研究：东西文化相互影响三部曲[J].清华大学学报，1991，（1）

[5] 闫润鱼.由“重民”向“改造国民性”思潮演化的政治学分析[J].教学与研究，2004，（5）

[6] 刘禾.跨语际实践——文学、民族文化与被译介的现代性[M].北京：生活·读书·新知三联书店，2002

[7] 王学钧.刘禾“国民性神话”论的指谓错置[J].南京工业大学学报，2004，（1）

[8] 汪卫东，张鑫.国民性：作为被“拿来”的历史性观念——答竹潜民先生兼与刘禾女士商榷[J].鲁迅研究月刊，2003，（1）

[9] 孙强.国民性话语：一个民族主义的视角[J].贵州民族研究，2007，（1）

[10] 郑师渠.辛亥革命后关于国民性问题的探讨[J].天津社会科学，1988，（6）

[11] 俞祖华.国民性改造思潮的最初发轫——龚自珍个性解放思想述评[J].中州学刊，2002，（5）

[12] 郭汉民，袁洪亮.近代国民性改造思想的萌芽——论地主阶级改革派的人心风俗思想[J].湖南师范大学社会科学学报，2001，（1）

[13] 周建超.论辛亥革命前的改造国民性社会思潮[J].社会科学研究，1997，（5）

[14] 俞祖华.深沉的民族反省——中国近代改造国民性思潮研究[M].济南：山东人民出版社，1996

[15] 张宝明.国民性：沉郁的世纪关怀——从梁启超、陈独秀、鲁迅的思想个案出发[J].郑州大学学报（社会科学版），2000，（2）

[16] 袁洪亮.人的现代化——中国近代国民性改造思想研究[M].北京：人民出版社，2005

[17] 汤奇学，陈宝云.“救国”与“救人”——辛亥革命时期与新文化运动时期改造国民性思想之比较[J].安徽大学学报，2003，（4）

[18] 崔玉婷."五四"新文化运动时期改造国民性思潮述评[J].聊城大学学报（社会科学版），2006，（1）
[19] 崔志海.中国近代改造国民性思想的先声——论戊戌维新派对传统民族文化心理的反思[J].史学月刊，1994，（4）
[20] 杨联芬.晚清与五四文学的国民性焦虑（三）——鲁迅国民性话语的矛盾与超越[J].鲁迅研究月刊，2003，（12）
[21] 米华.近代国民性改造思想之外在矛盾及其终结[J].求索，2007，（9）
[22] 孙强.被迫接受、抵制与消解——关于国民性的多重实践[J].宝鸡文理学院学报，2006，（3）

[作者单位]第一作者：中国人民大学；第二作者：中国人民大学国际关系学院硕士研究生
[原　　刊]《教学与研究》2009年第3期

新民理论与近代理想人格

关健瑛

培养理想人格，是中国哲学的特色之一。中国古代讲求培养理想人格，是集中体现封建伦常道德的圣贤或大儒，是人伦之师，万世楷模。近代则要求有一种全新的理想人格。严复的“鼓民力、开民智、新民德”的三民说，提出培养新的理想人格的基本内容和措施。梁启超继承了严复的思想主张，提出“新民”说。他所说的“新民”，实际上就是资产阶级的、新的理想人格。

一、问题的提出：“新民为今日中国第一急务”

鸦片战争的隆隆炮声击碎了中国天朝大国的沉沉睡梦。从此，中国开始了近代化的历程。围绕着救亡图存这个时代主题，使的中国人开始了寻找救国救民真理的漫漫长路。从魏源的“师夷之长技以制夷”，睁开眼睛看西方的第一次觉醒，经过洋务派中体西用的纲领和早期维新派要求学习西方、变法自强的呼吁，到戊戌维新时期，学习西方、变法维新已成为时代的呼声。然而，百日维新犹如昙花一现，维新志士的鲜血又一次证明了中国近代化历程的步履维艰。症结究竟何在？敏感的梁启超意识到，戊戌维新终以流血破产而告终结的背后隐藏着一个更深层的问题：社会的近代化与人的近代化的关系。

中国随着西方资本主义文明的滚滚洪流走出中世纪，迈入近代的门槛。列强的洋枪洋炮击碎了古老中国千年的闭关锁国梦，却击不破虽醒犹睡的人们对过去的眷恋和对传统的皈依。国人的被动心态为日后几十年近代化历程埋下了步履维艰的种子。因此，中国的现代化迫切需要中国民众从传统中解放出来，获得近代工业化主体的基本素质。究竟是近代的人造就了近代工业文明，还是在近代工业文明的基础上产生了具有近代素质的人，这个问题似乎并没有什么实际意义。但事实上，中国与西方确实走了相反的道路。如果说新教伦理培育了西方具有资本主义精神气质的人，从而造就了近代资本主义工业文明的话，那么梁启超时代的中国则需用近代工业文明去呼唤具有近代特征的近代化主体。前者是一个正向发展过程，后者则是一个逆向培育过程。

梁启超的新民理论正是在进行这一逆向培育工作。在《新民说》中，梁启超反复强调："聚群氓不能成一离娄，聚群聋不能成一师旷，聚群怯不能成一乌获。"[1]社会作为一个有机体，是积民而成。梁启超说："国之有民，犹身之有四肢、五脏、筋脉血轮也。未有四肢已断、五脏已瘵、筋脉已伤、血轮已涸，而身犹能存者。则亦未有其民愚陋怯弱涣散混浊，而国犹能立者。"[2]人民作为国家的基本单位，其素质的各个方面皆关系到国家的兴衰。梁启超将世界的民族分为五大类，即黑色、红色、棕色、黄色和白色民族，其中最有势力的是白色人种，白种人中最有势力的是条顿民族和英美两国。梁启超认为，英美两国之所以优于其他民族，在当今弱肉强食、优胜劣败的竞争中立于不败之地，就在于其国民素质优于其他民族。梁启超指出："在民族主义立国之今日，民弱者国弱，民强者国强，殆始影之随形，响之应声。"[3]因此，"新民为今日中国之第一急务"。

二、近代理想人格的内涵

生存竞争的时代要求中国人以全新的姿态面对这个世界。这种全新的姿态即梁启超在《新民说》中所倡导的近代理想人格。近代理想人格首先是"国民之资格"[4]。到梁启超的时代，中国人固有的"视其国为天下"的观念已成为中国向前发展的桎梏。工业和交通的发展已经打破了各民族狭隘的视野，日益将整个世界联结成为一个整体。这就要求中国人以一种国民意识去适应世界发展的潮流。当时中国人缺乏的恰恰就是这一点。梁启超认为，中国人"有可以为一个人之资格，有可以为一家人之资格，有可以为一乡一族人之资格，有可以为天下人之资格，而独无可以为一国国民之资格"。[5]他指出，在当时列强并立，弱肉强食，优胜劣败的竞争时代，"苟缺此资格，则决无以自立于天壤"[6]。

梁启超强调"国民之资格"旨在唤起当时中国人的国民意识。这种国民意识既不是以一个人、一家人、一乡一族人为单位的狭隘观念，也不是要求以"天下人"的中心观念自居，而是要求将中国作为一个在资格上与其他国家平等的单位去对待。只有这样，中国才能自强自立在世界上。

梁启超分析了这种"国民之资格"的具体内涵。他说："凡一国之能立于世界，必有其国民独具之特质。上自道德法律，下自风俗习惯、文学美术，皆有一种独立之精神。"[7]这种精神就是"民族主义之根抵源泉"[4]。梁启超认为，所谓民族主义就是各地同种族、同言语、同宗教、同习俗的人们相视如同胞、力图独立自治、组织完备政府、谋取公共权益、抵御他族侵略。他认为，自16世纪以来，欧洲所以发达，世界所以进步，民族主义实为一种原动力。当时中国"欲抵挡列强之民族帝国主义，以挽浩劫而拯生灵，惟有我行我民族主义之一策”[9]。在19世纪末，民族主义已经发展为民族帝国主义，实行对外扩张。[10]

被梁启超称为“民族主义之根抵源泉”的独立精神就是近代的理想人格，即“新民”。梁启超认为：“新民之义有二。一曰淬厉其本有而新之，二曰采补其本无而新之。”[11]在他看来，“新民”所具备的品格不应该是简单的儒教加西方的模式。无论是“淬厉其本有”还是“采补其本无”，其目的都是为了“新之”。对于一个刚刚走出传统世界的人来说，这无疑需要巨大的勇气和深远的见识。梁启超的可贵之处恰恰就在这里：对于传统，既不固步自封，又不妄自菲薄；对于西方，既不一味排拒，又不盲目接纳。

但对于传统和西方，梁启超并没有将二者摆平，调和主义与他格格不入。事实上，梁启超在很大程度上还是归依了西方。价值的取向往往是不以个人的感情好恶来取舍的，传统和西方这两股力量一直都在梁启超的内心深处厮杀。

近代理想人格具有全新的内涵。梁启超赋予这种理想人格以新思想、新观念。在《新民说》中，梁启超论述了自由思想、国家思想、权利思想、义务思想。他认为，这些思想观念实为中国人所最缺乏、最薄弱的。

关于国家思想，梁启超认为有四种含义：即对于一身而知有国家，对于朝廷而知有国家，对于外族而知有国家，对于世界而知有国家。他指出，中国人普遍缺乏一种国家意识，目光短浅者，只关心一身一家的荣辱。夸夸其谈者，空谈哲理却不切实用，无论是为虎作伥、匍匐在别人脚下的洋奴哲学还是任人摆布、甘为当狗的卑躬屈膝，于国家都毫无裨益，国家却日见衰亡。

关于权利思想，梁启超认为，人之所以贵于万物、区别于禽兽，就在于人不只有“形而下”之生存，更有“形而上”之生存。所谓“形而上”之生存不一而足，但权利是最重要的。人如果丧失了作为人的权利，也就丧失了所以万天的资格，与禽兽处于同样的地位。梁启超认为，在地球上所有的民族中，除印度、非洲、南洋的黑色土著居民以外，“其权利思想之薄，未有吾国人若者也”。

不但权利思想薄弱，中国人的义务思想也非常薄弱。梁启超认为，中国几千年来总有人拥有一种无义务之权利。其实，权利与义务是相辅相承的，“无无权利之义务，无无义务之权利”。[13]他将中西方人的义务思想进行对比。他说，国民的两个最基本的义务是纳税和服兵役，这二者是中国人所最畏惧的。“欧西人民对国家之义务，不辞其重，而必要索相当权利以为之偿；中国人民对国家之权利不患其轻，而惟欲逃应尽之义务以求自逸。”[14]

梁启超认为这种理想人格必须具备一种新的品格，包括自尊、进取冒险、毅力、尚武、政治能力等。梁启超指出，这些品格都是国家恃以成立、文明赖以维持、社会赖以进步的根本，在当时的社会环境中更是每个中国人所必需的品格。而现实的情况是中国人缺乏这种品格。中国是一个不武之民族，“以文弱闻于天下，柔濡之病，深入膏育”。[15]中国人缺乏自尊精神，在当时中国，自尊一词“几成垢病之名词”[16]；中国“国民性之缺点，不下十百，其最可痛者，则未有若毅力焉者也”[17]；中国自黄帝以来，数千年而至今不能组织一合理、秩序的政府，“一言以蔽之，无政治能力而已”[17]。相比之下，西方人具有很强的政治能力，具有极强的自尊、进取冒险、尚武观念。梁启超不但指出了这一点，更重要的是将它归结为中西强弱的原因之所在。这样，梁启超就不仅仅停留在现象上，而是从寻找中国源动力的高度，来论证救亡图存、振兴中华的关键在于培育具有新品格、新观念的“新民”。

新民理论的一个突出特点就是梁启超以高屋建瓴的气势，凭学贯中西的学识，纵论中外古今，有破有立，破除阻碍建立新的理想人格的痼疾，树立与近代化相协调、相适应的资产阶级新民形象，处理好权利与义务、独立与合群、自由与服从、利己与爱他等关系，在当时中国树立资产阶级的观念和品格。

三、梁启超的初衷及其误区

中国近代思想家，特别是维新派的启蒙思想家们的一个重要特点就是注重人的改造。在这一点上，梁启超表现得尤为突出。他认为，在当时中国，“不欲强吾国则已，欲强吾国，不可不博考各国民族所以自立之道，汇择其长者而取之，以补我之所未及”。发达的国家自立之道究竟是什么呢?

这是困扰中国人几十年的问题。无论是龚魏、洋务派、早期维新派都曾探讨过这个问题。从西方资本主义的坚船利炮到学术、政治、民主自由思想，都曾是先进的中国人苦苦思索、追求的目标，然而淮橘为枳，中国在外国列强的侵略下一再受辱，戊戌维新志士们的鲜血更是不啻给梁启超当头一棒。梁启超感到，政治、学术、技艺等方面确是我国之所短，但仅有政治、学术、技艺并不能使中国走上富强之路。他认为，“民德、民智、民力实为政治、学术、技艺之大原”[20]，欲强中国，必须从此开始。否则，就如同见到别人的树木枝繁叶茂，而想把它们嫁接到自己已经腐朽的枯干上，想借他河之水来滋润已经干涸的源头一样愚蠢，是舍此而取彼、弃本而逐末的浅见。

梁启超等启蒙思想家确实涉及到人的改造与社会的改造之关系这一重要问题。与革命派不同，梁启超等人强调的是人的改造，它是社会改造的前提和基础。只有人的改造，即国民素质的普遍提高，民德、民智、民力的充分发展，近代意识、近代观念的极大增强，才有可能成功地进行社会的改造。

这种看法无疑是深刻的。人的改造确实是一项长期而艰巨的历史任务。梁启超看到了这一点并企图以新民理论这个药方来救治中国积弱的沉疴病疾，其改良主义色彩是显而易见的。他把中国的贫弱衰败归结于中国人民素质的普遍低劣。他认为，西方国家特别是美英两国所以强盛，就在于其国人民的民德、民智、民力三方面皆优，而中国低劣的民族素质必然会造就出腐败的政府，这如同种瓜得瓜、种豆得豆一样是不可避免的。因此，“新民”是当务之急，改造中国的前提就是“新民”。他说：“苟有新民，何患无新制度、无新政府、无新国家。”[21]

从理论渊源上看，梁启超的新民说深受斯宾塞社会有机体学说的影响。他用社会有机体思想来阐释国与民的关系，形象地将它们比喻成身体和四肢、五脏、筋脉、血轮的关系。由此他旨在说明社会变革作为一件历史性任务，是一项庞大的系统工程，其各个要素是相互牵制、相互影响的。在影响社会变革的诸种作用因素中，人是最根本的。所以当务之急是提高国民的各方面素质。

从上述可见，梁启超以其新民理论揭示了现代化进程的深刻内涵，即人自身素质的改造。但是，同那一时代其他一些先进分子一样，他在寻求救亡图存、变革中国的动力时也陷入了片面性的误区。阶级和时代的局限使他们把目光过分地投向“心力”。在他们看来，只有心力才能激发民众的爱国激情，增强民众的自信心、自强心，激励人们主观能动性发挥；社会的变革、国家的富强、人民的幸福都有赖于心力的增长。梁启超又把这种神妙“心力”等同为一种含蕴着自由思想、国家思想、权利与义务思想以及具备进取冒险、政治能力、自尊、毅力、尚武等品格的近代理想人格。

从来都没有一种包罗万象的真理，真理和谬误也只有一步之遥。新民理论作为那个时代的产物，是耶非耶已昭然若揭。但它给我们的启迪不应只是这些。梁启超思想的触角已越过阶级和时代的藩篱，向我们昭示这样一个问题：社会变革与健全人格培育的关系，永远是一个常新的主题。

注释

[1][2]《新民说·叙论》

[3]《就优胜劣败之理以证新民之结果而论及取法之所宜》

[4][5][6][7][8][11][19][20]《释新民主义》

[9][10][21]《论新民为今日中国第一急务》

[12]《论权利思想》

[13][14] 《论义务思想》

[15]《论尚武》

[16]《论自尊》
[17]《论毅力》
[18]《论政治能力》

[作者单位]黑龙江大学哲学系硕士研究生
[原　　刊]《求是学刊》1991年第2期

新民之道与人的现代化

周　武

在近代中国，“新民说”倡始于严复，而后梁启超以“新民师”自任而复着力张扬之，写成《新民说》刊诸《新民丛报》。“新民说”遂成为一种体制略备的理论，风靡学界而倾动群伦，影响及于鲁迅、胡适、郭沫若和青年毛泽东。就其旨归而言，“新民说”属于现代启蒙思潮的范畴，其理论核心在于塑臣民为国，传统的中国人为现代的中国人。具体说来，就是用启蒙理性来根治由几千年人文史积淀而成的国民“劣下之根性”，培养国民的独立意识与权利自觉，重建国民的伦理结构和文化心理结构，造就一代具有崭新的人生理想、价值观念、伦理精神与行为方式的国民。这种理论酝酿于戊戌维新时期，形成于20世纪初年，不独体现了世纪之交中国知识分子群体的激情与沉思以及中国社会思潮变迁的动向和思维焦点的转换，而且直接成为五四时期改造国民性思潮的先导。即使在走出中世纪、迈向现代化的今天，梁启超《新民说》所提供的某些思考仍不无借鉴价值。

一、“欲维新吾国，当先维新吾国民”

当代西方现代化理论家英格尔斯在《走向现代化》一书中说，一个国家，只有当她的人民是现代人，她的国民从心理和行为上都转变为现代的人格，她的现代政治、经济和文化管理机构中的工作人员都获得了某种与现代化发展相适应的现代性，这样的国家可真正称之为现代化的国家。如果一个国家的人民缺乏一种能赋予现代制度的现代心理基础，如果执行和运用这些现代制度的人，自身还没有从心理、思想、态度和行为方式上都经历一个向现代化的转变，失败和畸形发展的悲剧结局是不可避免的。梁启超似乎比英格尔斯更早地感知到这个逻辑。1902年2月，他在其主编的《新民丛报》创刊号上明确地提出了“欲维新吾国，当先维新吾国民”的主张，把“新民”视作变革中国社会现实的“第一急务”，创造性地建构起人的现代化理论。尽管梁启超的《新民说》与英格尔斯的理论相比，无论是精致程度，还是研究方法和从事理论创造的情境，都不可同日而语。但他们所得出的结论却惊人的相似。英格尔斯从研究发展中国家的现代化阵痛和难产的痛切教训出发，得出了现代化不仅包含人的现代化而且必须以人的现代化为前提的结论，梁启超则在反省政体转型失败的根由过程中，逐渐从政体转型的热衷转向了倡导人的现代化，致力于改变中国固有的“社会精神气质”。他清醒地看到：国民是国家的主体，有什么样的国民，便有什么样的国家和制度。“政府之良否，恒与国民良否为比例”，“国家之强弱，一视其国民之志趣品格以为差”。国家的进步，政府的良善，“其主动者在多数之国民，而驱役一二代表人物以为助动者，则其事罔不成。……故吾所思所梦所祷祀者，不在轰轰烈烈独秀之英雄，而在芸芸平等之英雄”。[1]中国之积弱积贫，根本原因在于国民公德缺乏，智慧未开。如果不设法开民智、新民德、鼓民力，那么“以今日中国如此之人心风俗，即使日日购船炮，日日筑铁路，日日开矿务，日日习洋操，亦不过披绮绣于粪墙，镂龙虫于朽木，非直无成，丑又甚焉！”[2]没有国民的现代自觉，没有新的价值取向和信仰系统的确立，亦即没有人的现代化，即汲汲于政体转型，变“独治”为“群治”，推行议院制度，乃是“取乱之道”。基于这样痛切的感受和严峻的思考，梁启超认为，用滞留于中古的国民来推进中国社会的现代化是不可能的，要“挽浩劫而拯生灵”，非“新造吾国民”不可！非“必使吾四万万人之民德民智民力皆可与彼（西方列强）相埒”不可！非必使国民经历一种心理、人格、态度和行为上向现代性的转换不可！亦即非实现民族文化心理结构的创造性转换不可！梁启超“尽情地输入”西方现代学术文化以“陶铸国人之精神，冶炼国人之灵魂”，原因盖在于此。他在20世纪初年大张“新民”之帜，原因亦在于此。

从中世纪到现代化的社会转型过程中，思想文化上的启蒙是个不可绕过的环节。欧洲文艺复兴以及继之而起的18世纪法国启蒙运动，直接促成了政与教的分离，使欧洲人从神的桎梏下解放出来，确立起以自我为价值主体的人生观和宇宙观，从而为欧洲社会政治、经济的现代化提供了必不可少的精神准备。日本在现代化的过程中，先是幕府时代的“兰学”，后是明治时代越海而来的西学启蒙，构成日本迈向现代化的精神媒介。中国是个特殊的存在，自周秦以来形成的以儒学为轴心的文化传统，不仅支配着士大夫的认知、思维和社会行为，而且浸透到民众的理想和民间风俗之中，与民间社会生活浑然一体，无往而不在，成为庶民百姓的价值信仰中心，甚至影响到整个民族的生存选择和实践精神。因此，破除传统之蒙、激扬理性，是比救亡和政治变革更为艰巨的时代课题。从这个意义上说，梁启超旨在重塑国民灵魂的《新民说》，在追求理性和个性解放的中国启蒙运动史上具有无可争辩的价值，因为他代表了那个时代最自觉的启蒙意识。

在“五四”以前向西方寻求真理的先驱者中，梁启超是最富有启蒙热情的人物。早在戊戌时代，他就倾力于“开绅智”和“开官智”。戊戌政变后，他更以“誓起民权移旧俗，更研哲理牖新知”自励自任。在“阐哲理指为非圣，倡民权谓曰畔道”的社会里，梁启超毅然以“觉天下”为己任，“挑战四万万群盲”，扫荡“积千年旧脑之习惯”，这与鲁迅“顶着黑暗的闸门”、以狂人的呐喊击醒阿Q沉睡的魂灵，表达的是同样的胸襟与意境。

二、“破身奴”与“除心奴”

改造传统必须以认识传统为前提，同样，改造国民性，重塑国民的魂灵也必须以认识国民性为逻辑起点。

国民性是由传统的文化系统化育而成的。在中国传统小农文明数千年延续与更新的历程中，不仅形成了以血缘关系为基本纽带的家族社会及“家族结构式的国家”，而且创造出一种以控制人情人欲为特点、以礼治为价值取向的传统文化。与西方宗教文化不同，礼治文化强调人的尊贵性，拒斥彼岸世界，径直进入人间此岸的经验世界，具有与西方宗教神性截然不同的“人文性”。但这种“人文性”并不意味着对个体价值、人格尊严和主体自由的确认与张扬，因为礼治文化乃是一种以“人的依赖关系”为基础，以服从为核心，以宗法等级制为结构特征的伦理本位文化。其根本的价值取向是社会的稳定与和谐，而不是社会的发展，是从整体的需要出发，扼杀个性，取消独立人格和尊严，而不是个性解放，不是肯定、鼓励和帮助每个个体充分发挥他的聪明与才智。这与启蒙时代以高扬个性解放为核心的人文精神有着本质的区别。这种价值取向导致人身依附关系的畸形发达与个人独立本性的失落及权利意识的淡薄，成为中国走出中世纪的重要障碍。要建立现代民族国家，推进社会的现代化，并在中外对抗中实现中华民族的伟大复兴，就必须彻底改造以“人的依赖关系”为基础的“人文性”，变传统的依附人格为独立自主的人格，因为归根到底，现代化是“现代人”的心理和人格的外化。

同时代的许多思想家一样，梁启超一直关注着在西方冲击下中华民族的命运。正对民族命运的沉痛关怀，使他逐渐转向对中华民族的生存状态进行深层反思和严肃剖析。在他看来，中西之间的差距决不仅仅是器物层面和政治制度层面的差距，在器物和制度之外还存在着另一种更为根本的差距，那就是君主立宪国家有国民而无奴隶，专制的中国有奴隶而无国民。国民与奴隶之最大不同在于：国民享有应得的民主权利，奴隶却毫无民主权利可言。梁启超在《新民说·论权利思想》一节中指出，人不徒有“形而下”的生存，更有“形而上”的生存。在“形而上”的生存中，条件不只一端，但权利是最为重要的。权利属于政治范畴，人无权利不生，放弃权利无异于自杀。从这个意义上说，人实际上是一种“政治的存在”。使人成为享有权利的

“政治的存在”，正与中国传统把人视为一种只有义务而没有权利的“道德的存在”相对待。这种对权利的认识与自觉，在中国是划时代的，因为在中国数千年的历史中从来就不曾有过这样一种权利观念。权利正是民主政治的核心观念之一。现代人权运动的主要目标，就是争取作为独立自主的个人所应有的种种权利，如言论自由，出版自由，集会结社自由，生存权利，选举权利等，并制定法律切实保障这些权利。不仅如此，它与现代民族国家的生存和发展休戚相关，“国家譬犹树也，权利思想譬犹根也。其根既拔，虽复干植崔嵬，华叶蓊郁，而必归于槁亡，遇疾风横雨则摧落更速焉。即不尔，而旱暵之所以暴炙，其萎黄凋敝，亦须时耳。国民无权利思想者以之当外患，则槁木遇风雨之类也；即外患不来，遇旱暵之类”。[3]

然而，中国人最缺少的正是这种权利思想，“吾见夫全地球千五兆生灵中，除印度非洲南洋之黑蛮外，其权利思想之薄弱，未有若吾国人也”。这种判断无疑是切中肯綮的。被称为“最后一个儒家”的梁漱溟也有类似的感慨，他说：“权利、自由这类观念，不但是中国人心目中从来所没有的，并且是至今看了不得其解的……即翻译介绍自由主义之严复先生，竟亦说‘小己自由尚非急务’的话。且不唯维新派如此，即在中国革命唯一先导的孙中山先生的意见，亦竟相同。他还嫌中国人自由太多，而要打破个人自由，结成坚固团体。”[4]严复、孙中山尚且如此，更遑论一般的庶民百姓里人的权利与人格的自主独立、人的自由是相辅相成的。有了权利思想，人们才会自觉地追求自由，捍卫自己应得之权利，没有权利思想，自然也就不会有独立自主的人格和人的自由。在梁启超看来，人们失却了治国事、定国法等之权利，也就沦为奴隶。中国“数千年之民贼既攘国家为己之产业，挚国民为己之奴隶，曾无所于怍，反得援大义以文饰之，以助其凶焰。遂使一国之民不得不转而自居于奴隶，性奴隶之性，行奴隶之行，虽欲爱国而有所不敢，有所不能焉。”[5]奴隶性并不是天生的，而是“民赋政体”的产物，但当它积久而成为一种自在的生存状态时，又是“民贼政体”赖以存在的基础。因此，梁启超把中国最大病源归之于奴隶性，认为“中国数千年之腐败，其祸极于今日，推其大原，皆必自奴隶性来；不除此性，中国万不能立于世界万国之间[6]”。要真正革新中国社会，避免亡国的厄运，首先必须根治国民的“奴隶性”，而奴隶性又可分为“身奴”和“心奴”两种，于是而有“破身奴”与“除心奴”之说。

所谓“身奴”，也就是被迫屈从于外在权威；所谓“心奴”，指我奴隶于我，亦即盲目依傍、服从外在权威。两相比较，心奴（精神上的奴隶）比身奴（身体受奴役）更可耻。因为“心奴”非由他力之所得加，“其解脱也，亦非由他力之所得助”。它构成达到个性自由的内在障碍。正因为如此，梁启超把“除心奴”放在比“破身奴”更突出的地位“若有求真自由者，其必自除心中之奴隶始”。[7]只有破除心中之奴隶，让理性自由活动，一切以“公理”为权衡标准，真理才能源源不断地涌现出来，一切有价值的学术文化才能获得自由的发展。因此，破心奴在当时包含着明显的反对孔教独尊的意蕴。总的来说，梁启超反对奴性，强调精神自由与理性的权威，其目的仍在于使国民养成独立自主的人格。

许多论者对梁启超把中国社会的病源归之于奴性颇有微辞。其实，梁启超指出国民的奴性，并不是为了嘲笑奴性，而是为了根治奴性，期盼用科学和理性之光“扫拨以往数千年奴性之营垒”，培养国民的权利意识和自由意识，使国民“具备一国民之资格”，适应中国现代化的需要。他在《新民议·叙论》中说：“余为《新民说》，欲以探求我国民腐败堕落之根原，而以他国所以发达进步者比较之，使国民知受病所在，以自警厉、自策进，……今徒痛恨于我国之腐败堕落，而所以救而治之者，其道何由？此正吾国民今日最切要之问题也。”直面真实，是需要胆识和勇气的，对于挚爱自己国家和民族的人来说，在逆溯历史中审视民族自身的病疾，不啻是一场灵魂的拷问。然而理性的力量在于直面真实，因之而有思想的升华。作为一个“精神的斗士”，梁启超用犀利的思想剖刀解剖自己民族的性格或国民性，并找出它的病根，然后再加以疗救，这种工作的意义是绝对不能抹煞的，虽然其中不免包含着时代和阶级的局限。

三、“新民德”、现代价值的伦理重建

从伦理学的角度来说，道德是与社会生活相关的行为规范体系，它起源于社会生活、人际交往的实际需要，又受制于社会生活的内容与性质。当社会生活发生变化的时候，道德的性质与内容也应该相应地跟着改变。一个时代应该有一个时代的道德，新时代的生活稳定与人际秩序的和谐是无法依靠旧时代的道德规范来保障的。

中国传统小农社会是家族本位的社会，同时也是“伦理本位社会”。在泛道德主义影响下的传统小农社会，道德成了一种“万古如斯”“天经地义”的先验存在，一切都服役于道德或成为表达道德的工具，如文学领域里的“文以载道”，政治领域的“德治主义”，经济领域的“谋道不谋食”，道德几乎涵摄社会生活的各个层面。这种泛道德主义缺乏健全的发展，而且将个体牢牢地固定在宗法等级的关系网络中，严重束缚个性。仅就这一点来说，梁启超提出“新民德”，从伦理的角度重建现代价值，就具有不可低估的理论价值和意义。

（一）道德进化论与道德革命论。在梁启超看来，道德的起源在于利群，其功能主要在于固群、善群和进群。他说：“道德之立，所以利群也。故因其群之文野之差等，而其所适宜之道德，亦往往不同。而要之，以能固其群、善其群、进其群者为

归。”[8]群是由独立自主的个体组合而成的，是由野蛮而文明不断地进化着的，因此任何一种道都不可能一成不变，这实际上是对那种把纲常伦理视为先验存在的观念的否定，也是“天不变道亦不变”的伦理观的根本反叛。他以道德进化论为理论基础，进而认为两千多年前之孔孟不可能制定适合今日之道德，提出了“道德革命”这一惊世骇俗的口号。所谓“道德革命”，就是改造传统的家族本位伦理，弃绝“让而不争”“束身寡过”的“弱者道德”，建构一种与传统道德有本质不同的、一种“争”的道德，一种自主的道德，一种以个性自由为核的道德。

（二）倡导“公德”。梁启超把道德区分为“公德”与“私德”两种。他说：“道之本体一而已，但其发表于外，则公私之名立焉。人人独善其身者谓之私德，人人相善其群者谓之公德，二者皆人生所不可缺之具也。无私德则不能立，合无量数卑污虚伪残忍愚懦之人，无以为国也。无公德则不能团，虽有无量数束身自好廉谨良愿之人，乃以为国也。”但在中国的旧伦理中，私德居十之九，而公德不及其一。孔孟所论之道德，全关乎私德。它注重的不是“一私人对于一团体之事”，而是“一私人对于一私人之事”，也就是说他们只注重私人之所以自处和私人对他人之间的应有关系，而忽视了私人对群体（社会、国家）的伦理关系。因此，梁启超特别强调国民的“公德心”，认为“公德”是人类生存和发展的方向，一个国家国民公德之高下，“乃国之存亡所由系也”。自今人视之，梁启超对公私二德的认识固然算不得高明，但在近代中国，批判束身寡过主义，激励国民树立爱群、爱国、爱真理的观念，以独立自尊的人格来尽“报群报国”的道德责任，无疑是具有进步意义的。他倡导“公德”即合群之德，也不意味着对个人自由、独立的漠视。他说“合群者，合多数之独而成群也。”“团体自由者，人自由之积也。”没有个体的独立、自由，就不会有群体的独立、自由。独立与合群自由与社会规范体系应该是统一的。

（三）调和利己与利他。梁启超依据达尔文的“生存竞争”学说，肯定人都是利己的：“彼芸芸万类，平等竞存于天演界中，其能利己者必优而胜，其不能利己者必劣而败，此实有生之公例矣。”在他看来，利己心与爱他心是统一的。人类皆有两种爱己心：一是本来之爱己心，一是变相之爱己心。变相之爱己心者，也就是爱他心。因为人不能离开群体而单独生存，“故善能利己者，必先利其群，而后己之利亦从而进焉。……故真能爱己者，不得不推此心以爱家爱国，不得不推此心以爱家人爱国人，于是乎爱他之义生焉。凡所以爱他者，亦为我而已”。[9]梁启超从“利己”推导出“利他”“利群”，又以“爱己之心”推导出“爱他之义”。这种以“利己”为内核的伦理观念，是对“存天理，灭人欲”的道德说教的否定，因而具有解放个性的特殊意义。而当他把“利己”理解为“保国护种之义”时，又明显带有启蒙的意识。在我们这样一个原非“利己”的国度里，提倡与“利他”，“利群”相统一的“真利己”，对于冲破礼制性仁学的网络也有一定的好处。

在梁启超的《新民说》中，“新民德”和“道德革命”的口号，占有重要的位置，也是最引人注目的部分之一。梁启超自觉以西方近代伦理为价值参照系统，重新审现传统家族本位伦理，“淬厉其本有而新之，重补其本无而新之”，用以击破以尊卑、等级、顺从为基本特征的传统伦理结构，确立以自由、平等、独立、合群为主要价值内容的伦理结构，因而具有“伦理革命”的性质。他所提出的“合群之独立”“有制裁之自由”“爱他之利己”“公德”与“私德”等伦理范畴，尽管在学理上不无折衷、调和的色彩，但它在一定程度上体现了近代的伦理精神，从而成为中国近代伦理观念更新过程中的一个重要环节。

四、民族大我的共存危机与“伦理革命”的夭折

人的变革是社会最内在最本质最深刻的变革，“新民说”的精义，从根本上说是变臣民为国民，改造千百年来人文历史积淀而成的“劣下之根性”，重建民族文化的心理结构。重视人的现代化与人的主体性建设，强调人的自由意志和权利自觉，突出国民精神、民族气质的改造，应该说是与中国社会现代化的要求相适应的，在唤醒国民，破除奴性，提高民族自信力的过程中，具有不可磨灭的启蒙意义。虽然，人的现代化在梁启超那里从来就不是目的本身，而是作为政体转型及社会现代化一个不可忽视的环节，也就是说，梁启超仅仅把人的现代化看作是实现社会现代化的必不可少的文化心理基础，从改造人开始，而后推及于社会各领域的改造，这与西方启蒙运动有着本质的区别。但是，梁启超建构的人的现代化理论，却把中国现代启蒙运动推向更自觉的阶段，把中国社会思想由以政体转型为核心的社会改造思想推进到以改造国民性为内核的社会变革的新阶段。

就中国人的自我认识而言，近代中国大体经历了梁启超所说的三个阶段“先从器物上感觉不足”，于是而有持续近四十年的洋务运动再“从制度上感觉不足”，于是有以政体转型为核心内容的戊戌维新和辛亥革命，最后才“从文化根本上感觉不足”，是而有以“个性解放”为主体的新文化运动。从“器物上感觉不足”到“制度上感觉不足”再到“文化根本上感觉不足”，从“言技”到“言政”再到“言教”，自我认识经历了一个由浅及深，由皮相到本质的曲折而又艰辛的历程。其中每一次认识上的深化与飞跃，都有来自社会生态和心态的阻力，都需要巨大的理论勇气和胆识，甚至需要付出血的代价。梁启超在没有自由、权利的社会里呼唤自由与权利，在“搬动一张桌子也要流血”的时代里发起一场“伦理革命”，以根治国民的奴性，推进中国社会的变革，其巨大的历史意义是谁也抹煞不掉的。过去人们谈到国民性，就

很自然地把它与“五四新文化”运动联系起来，并具体地挂到鲁迅的名下。而对梁启超的《新民说》则往往贬多褒少。其实，大可不必厚彼而薄此。鲁迅对国民性的反思与批判。固然是最深刻而且最沉痛的。梁启超的《新民说》没有鲁迅那样鞭辟入里，但比鲁迅更早地倡导改造国民性，而且对包括鲁迅在内的五四一代启蒙者曾有过积极的影响，这种承续不仅体现了《新民说》的历史影响，而且体现了《新民说》独特的历史地位和价值。

然而，作为一场“伦理革命”，“新民”的使命却远没有能够完成。之所以如此，除了这场革命的发动者本身缺乏理论上的自觉和彻底性外，在很大程度上受制于民族大我的生存危机。那已不是采菊东篱、从容论道的世纪，而是一个为国家民族解除忧患，为改造社会政治寻找方案的急迫时代。[10]燃眉之急的近代中国紧张而又激烈的民族矛盾和阶级斗争，迫使“心优天下”的知识分子群体不得不把注意力和力量集中投放到急迫的社会政治问题的研讨和实践中去，投放到更直接的救亡图存中去。在这个时代，救亡比启蒙更牵动人心，因而启蒙的呼声往往被淹没于救亡的时代大潮中。尽管梁启超把《新民说》作为一种救亡的手段来倡导，但民族大我的生存危机决定了他无法从容地进行“新民”的实践，更无法从容地寻找理论与实践的最佳结合部，以准确而深刻地把握时代跳动的脉搏，因而新民学说也就无法得到广泛深入的现实展开。

独立和现代化是中国近代历史发展的主旋律。没有独立，就不可能有真正的现代化，反之亦然。独立与现代化之间除了相辅相成、互相促成这一面，还存在着矛盾与冲突的另一面，这层关系比较集中地体现在几乎贯穿近代历史始终的民族主义和民主主义的纠缠、对峙与冲撞中。民主主义要求取代君主专制主义，重建现代价值体系，民族主义则植根于传统小农社会土壤而攀附在民族感情的大树上，它在有效地阻击外来侵略的同时，又维护了本土的落后意识，它在诱发中国现代化运动的同时，又制约着现代化运动的深入展开。二者同是现代的产物，但二者又并不完全相同。这二者的矛盾同样体现于梁启超的“新民说”的建构过程中，并构成新民说”的内在矛盾，导致了其理论与实践的实用追求。这便在终极意义上决定了“新民说”及后来的新文化运动的悲剧命运。

注释

[1]《过渡时代论》，《饮冰室文集》之六

[2][5]《中国积弱溯源论》，《饮冰室文集》之五

[3]《新民说·论权利思想》，饮冰室专集》之四

[4] 梁漱溟：《中国文化要义》，第51页

[6] 丁文江、赵丰田编：《梁启超年谱长编》第2册，第253页
[7]《新民说·论自由》，《饮冰室专集》之四
[8]《新民说·论公德》，《饮冰室专集》之四
[9]《十种德性相反相成义》，《饮冰室文集》之三十九
[10] 陈旭麓：《五四以来政派及其思想·序》，第1页

[作者单位]上海社科院历史所
[原　　刊]《探索与争鸣》1992年第6期

如何改造中国人的国民性？

——兼论近代中国教育现代性遗存的问题

马和民

一、近代中国的人生问题与意义危机

自1840年始，近代中国除了到处弥漫着“抵御外侮”“救国救民”和“革命”这一时代的民族与国家主义主旋律，还面对着与每个人息息相关的问题：如何做一个中国人？做一个什么样的中国人？在传统中国曾经是很清楚的问题（“学做圣贤”与“修身齐家治国平天下”），到了近代中国则是一片混乱。

1. 变化着的生活秩序

遭遇了“大变局”的近代中国人，面对的是一个混乱无序的现实世界。近代中国的社会大变局导致民众一向借以安身立命的世界观、人生观、秩序观和生活方式面临瓦解的困境，同时又面对着日常生活中的各种新变化。

1905年废科举而兴学堂。清末一位举人刘大鹏在日记中述说了废科举后的忧愁与幻灭感：“下诏停止科考，士心涣散，有子弟者皆不作读书想，别图他业，以使子弟为之，世变至此，殊可畏惧。”“甫晓起来心若死灰，看得眼前一切，均属空虚，无一可以垂之永久。”“谋生无路，奈之何哉？”[1]

辛亥革命革除了象征满清统治的长辫子被割掉，人们的生活方式随之发生巨变。学生装、西装开始流行，“天足”开始取代小脚。西方饮食（西菜、汽水、啤酒等）自近代传入，源自西方的物质文明在晚清开始逐渐流行。

人生礼俗发生变化。例如，请教士给新生儿行“洗礼”，一些青年人争取婚姻自主，行“文明结婚”“教堂婚礼”，葬礼中开始用“黑纱白花”代替“披麻戴孝”等，表现出“移风易俗”的新气象。新社交礼仪渐趋流行。辛亥革命后废止官场跪拜礼，废止“大人”“老爷”之称呼，官员以官职相称，民间以“先生”“君”相称。民间交际逐渐通行“握手礼”，拜见尊长行“鞠躬礼”。“男女大防”在社交场合逐渐淡化，开始自由交往。这些新礼俗、新礼仪在民国初年尽管还局限于大城市，但是这种以人格、身份平等为基础的社交礼仪，标志着旧秩序的渐趋消解。

2. 对西方新文明的崇拜

近代中国一切皆新。“新”字构成了一连串新词汇的组合，籍此来界定新文明。“近代中国四处流传着各种有关新世界、新文明、新种族的传说，说他们有望远镜和牧师、军舰和大教堂、火车和公园、图书馆和博物馆、照相机和报纸。这些传说要比马可·波罗带回欧洲的关于震旦的故事，比哥伦布带回的关于印第安人的故事，或许更为神奇；传说中还有吃牛肉、全身散发着奶酪味道、胸毛长长的男人，以及长着蓝眼睛、袒胸露臂的女人；然后也流传着关于共和国、议会、宪法，自由平等和民有、民治、民享的政权；最后，还流传着关于穷凶极恶的毁灭性武器，它们远非中国的任何武器所能匹敌。”[2]

自19世纪末至20世纪20年代，这种对新文明的崇拜至少可以归纳为三类新特征：第一是“新秩序”，用“新的”横扫了一切旧的。从晚清“维新运动”到“新政”，从“新民说”到“新文化”“新文学”“新学”等；第二是“新时代”，“时代”与“新时代”这两个新概念的流行，界定了“现代性”的一种精神风貌；第三是“新文明”，20世纪初来自日文的“文明”“文化”被引入中国（尽管两词古已有之），并开始和“东方”“西方”结合成五四时期最常见的词汇，用来表达“两分的”“对立的”“东与西”的文明范畴。“这里暗中假定了‘西方文明’标志着一种社会进化论的高级阶段，标志着一种不断进步的文明。”[3]这正是近代中国人崇拜西洋文明、西方文化的思想性标志。

3. 安身立命的意义危机

社会大动荡既引发了秩序瓦解的社会危机，也导致了信仰无着、人生无从安立的意义危机。意义危机首先发轫于传统道德价值的迷失，即传统道德伦理价值动摇了。到五四时期，当一些狂热者要求对所有价值，“特别是儒家的道德传统，重加评估之时，迷失状态达到了极致”。[4]紧接着出现了“存在迷失”。对生存状态的焦虑和对生命存在的悲观意识，尤其弥漫在以王国维为代表的一些学者的思想中，很多读书人投身佛学研究，是想解决生命存在的意义问题。更深层的是“形上的迷失”，即科学虽然为中国人开出了一条新路，虽然能回答许多“什么”（what）和“如何”（how）的问题，可是对“究竟因”（ultimate why）却无法不缄默。因此，科学因其本质之故，无法取代传统中广涵一切的世界观。[5]显然，这场危机的实质是传统的世界观、人生观、价值观、道德观受到了冲击，人们赖以安身立命的精神支柱开始动摇，价值取向变得无所适从，这是对人生意义迷茫造成的。

4. “迷乱之人心”与自杀行为

五四前后的中国到处是“迷乱之人心”。道德生活与社会生活呈现为一种混乱无序的现象：有人利用社会转型之机，投机钻营、不知廉耻、不顾他人死活地赚取不义之财；有人茫然失措，形成思想紧张和行为失常；有人甚至对人生和社会彻底失望，以致“自杀”或“出家”在民国前后成了一个突出的、令人瞩目的社会现象。[6]

上海《民国日报》“本埠新闻”栏报道，1919年自杀的人数21人，1920年47人，1921年66人。北京《晨报》“社会咫闻”栏报道，1921年4～12月自杀者为103人。这些自杀者中形成社会舆论热点的，有愤世嫉俗以自杀唤醒国人的陈天华，有殉清殉道的梁济（巨川）及后来的王国维，有悲观厌世的北大学生林德杨等人。[7]

对这些社会失范现象，当时的人们做出过解释。例如，熊十力在辛亥革命失败后曾说：“念党人争权夺利，革命终无善果。又目击万里朱殷，时或独自登高，苍茫望天，泪盈盈而下。”[8]梁漱溟在解释很多人为什么走上出世之路时说：“十年来这样态度的人日有增加，滔滔皆是。大约连年变乱和生计太促，人不能乐其生，是最有力的外缘，而数百年来固有人生思想久已空乏，何堪近年复为西洋潮流之所残破，旧基骤失，新基不立，惶惑烦闷，实为其主因。”[9]陈独秀在分析厌世自杀的精神原因时指出：“以前的信仰都失了威权”“青年的理想受到社会的压迫”“佛教‘空观说’的危害”等因素，故而尤其倡导揭示“人生真相”的新教育方针。[10]

5. 崇拜美国新生活的风气渐成

“五四”前后，社会和青年学生中出现了一股以美国为主要对象的崇洋风气。学习英语成为时尚。在大学联考中，英语的比重最大，学校的大部分课程使用英语原文教材。在20世纪20年代的国内大学，有90%的教材是用英语编撰的（不包括教会学校）。北京大学有英文演讲社，《北京大学学生日刊》经常有英文作文比赛的报道，社会上自然也以英文水平为判断教师的标准。1919年11月10日，一位赴美留学的黄森生在致书尚在北京大学求学的友人信中说：“新舞台、新思想、新生活，恐怕除了美国以外再难他求了。”他说：“美国是我唯一的亲友，唯一的兄弟园，唯一的自由的、博大的、大同的国家，凡学术技艺，不问国界都可以供他人研究。”

6. 老走运的孔圣人不再走运

中国长期以来傲视邻国，向有自大心理，如此崇洋风气，刺激了大国之民的自尊心，反弹的力量十分强烈，以传统权威抗衡崇洋风气的莫过于抬出孔子。这便是陈独秀所谓的“孔圣人为什么老走运”的道理。1912年孔教会在上海成立，翌年创办了《孔教会杂志》，提倡孔教为国教。1913～1915年间，许多省份都有孔教会与帝制运动的团体。袁世凯去世后，康有为向新任总统黎元洪、总理段祺瑞上书，要求以宪法确定孔教为国教。他说：“如果不读孔子的经典，人们就不懂得立身处世”“无孔教，即无中国”“今将欲救四万万之民，大振中国，惟有举辛亥以来之新法，今尽灭之，而还其旧”。有人甚至指斥崇洋风气：“直与猩红热、梅毒等输入无疑！”1918年9月30日，新文化运动的策源地北京大学贴出了一张“校长布告”：“10月1日即旧历8月27日为孔子诞期，本校照章放假一日，此布。”北京大学日刊也循此例停刊一天。尽管有这样的反弹，五四新文化运动最终仍实现了“打倒孔家店”与“孔子已死”的传统瓦解工程。

近代中国自此进入了一个蔑视传统、解构权威、瓦解秩序、崇尚西学、重建人生、寻求意义的无序时代；同时一场更为广泛而剧烈的社会运动在改造中国和改造国民性的呐喊声中急剧展开。

二、改造中国与改造国民性并行的道路选择

晚清政府留给国人的是一个“国破家亡”的残局，李鸿章所谓“三千年未有之大变局”即渊源于此。在这种社会大变局中，近代中国人遭遇到旷世未遇的“中国问题”：近代化道路如何选择？究竟是先有了开明的政府或说君主再来提携国民素质，还是先有了高素质的国民反过来限制专制的君主或政府？但是，在理论上这是一个难产的答案，在现实中，近代先贤做出了既要教育改造也要社会革命的双重回答。

1. 近代中国的出路选择

1905年，西学第一大家严复与威震四海的大革命家孙中山在英国伦敦会晤，就中国出路问题，严复对孙中山的回答是：“以中国民品之劣，民智之卑，即有改革，害之除以甲者将见于乙，泯于丙者将发之于丁。为今之计，惟急从教育上着手，庶几逐渐更新乎！”对此孙中山的回应是：“埃河之清，人寿几何！君为思想家，鄙人乃实行家也。”两者对中国出路的选择取向显然充满区别。

其实，这次对话不止是两人之间的私人谈话，它反映了中国近代思想史上一次划时代的观念碰撞。它所反映的事实是中国大地在一度充满了各种声音：洋务运动、变法维新、实业救国、军事救国、科学救国、教育救国等之后，我们的第一选择究竟是什么？为此，1905~1907年，主张“新民或改良”的《新民丛报》（以梁启超为代表）与主张“革命”的《民报》（以汪兆铭、朱执信为代表）围绕“革命共和还是君主立宪”等问题，展开了一场激烈的，被近代史家称为“改良与革命”的持久论战。

从历史现实看，先贤们最终既选择了革命，也选择了教育改造。辛亥革命及此后一浪高过一浪的革命运动，直至中国共产党解放全中国，可以说是时代主旋律。毛泽东因此指出辛亥革命是一次“在比较更完全的意义上开始的资产阶级民主革命”，并且评价孙中山是“站在正面指导时代潮流的伟大历史人物”，“他全心全意地为改造中国而耗费了毕生的精力”。辛亥革命在政治上启蒙了五四运动，五四运动则在思想上弥补了辛亥革命。

毛泽东在《论人民民主专政》中，对于近代中国人为使国家强盛而进行的艰苦

奋斗过程做出了概括："自从1840年鸦片战争失败那时起，先进的中国人，经过千辛万苦，向西方国家寻求真理。洪秀全、康有为、严复和孙中山，代表了在中国共产党出世以前向西方寻求真理的一派人物。那时，求进步的中国人，只要是西方的新道理，什么书也看。向日本、英国、美国、法国、德国派遣留学生之多，达到了惊人的程度。国内废科举、兴学校，好象雨后春笋，努力学西方……要救国，只有维新，要维新，只有学外国。那时的外国只有西方资本主义国家是进步的，它们成功地建设了资产阶级的现代国家。日本向西方学习有成效，中国人也想向日本人学。"[19]当然，毛泽东接着说帝国主义的侵略打破了中国人学西方的迷梦，中国人为了救国强国，虽然投入了大量资源学西方资本主义国家那套，但实际上是行不通的。毛泽东的这一概括，正确地说明了近代中国人为解决近代"中国问题"所付出的艰辛与努力。可见，教育改造是与"革命"这一主旋律并行前进的近代画面。如何改造国民性的问题以及中国现代教育的发轫，也正是在这样迷乱的场景中孕育发展的。

2. 国民性改造的启动及其内容

自遭遇"三千年未有之大变局"之后，近代中国的先进人物就开始了对国家命运和传统文化的批判性反思。这种全方位的文化反思到了辛亥革命前后的二三十年中，聚焦到了一个问题：对"国民性"的批判、反思、建构与改造。

号称"新民第一人"的梁启超首先是从反思传统以来的中国人缺失"国民资格"开始的："吾国夙巍然屹立于大东，环列皆小蛮夷，与他方大国，未交一通，故我民常视其国为天下。耳目所接触，脑筋所濡染，圣哲所训示，祖宗所遗传，皆可以使之为一乡一族人之资格，有可以为一家人之资格，有可以为天下人之资格，而独无可以为一国民之资格。"[20]从"家天下"到"国家"、从"乡族"到"国民"，家国关系自此有了全新的含义，国家意识和国民意识渐次演变为新时代的新意识。

翻开20世纪早期的报刊杂志，无论是《清议报》《新民丛报》《国民报》《国民日报》《中国白话报》，或者是街头小报如《大陆》《湖北学生界》《扬子江》等，"国民"的使用频率都几乎都是最高的。1903年，《江苏》杂志上一篇题为《国民新灵魂》的文章更是一个极好佐证。作者"壮游"强烈诉求"五种国民魂"："一曰山海魂，二曰军人魂，三曰游侠魂，四曰社会魂，五曰魔鬼魂。"因为"吾国民具此五魂，而后可以革命，可以流血，可以破坏，可以建设，可以殖民，可以共产，可以结党，可以暗杀恐怖，可以光复汉土驱除异族，生则立憬于世界，死则含笑以见我神圣祖宗黄帝于地下，告厥如成功焉"。[21]

在辛亥革命前后，"革命"业已成为国民性改造的宗旨。《国民歌》《军国民歌》《女国民歌》一时充斥大街小巷，报刊杂志，成为20世纪前后中华民族崛起的渴望，令人热血沸腾、慷慨激昂。这样一种对国民的大声疾呼，带来的是一大批革命志士前赴后继的革命事业。革命成为其时最具号召力的思想动力。革命不仅体现于救国运动，更见于日常生活，举凡“思想革命”“文化革命”“伦理革命”“文字革命”“家庭革命”“婚姻革命”等，还有如胡适的“反对‘处女迷信’”“‘无后’宣言”“《李超传》（1919）”，陈独秀对“旧婚姻制度的批判”，梁漱溟的“慎重婚姻观”以及此时期影响极大的“科玄论战”等，成为近代社会转型期人们的思想渊薮与行动的直接动力。

20世纪初，“革命”已经成为时代精神。1903年仅18岁的邹容，署名“革命军中马前卒邹容”发表《革命军》一书，上海的《苏报》为之介绍宣传，章太炎为之作序。全书2万字，颂扬革命是“天演之公例”“世界之公理”，抨击封建专制主义，号召推翻卖国的清政府，模拟美国独立革命，建立“中华共和国”，被《苏报》刊文誉为“今日国民教育之一教科书”。《革命军》振聋发聩，喊出了时代最强音，所以印刷20多次，发行了100多万册，居当时所有革命书刊发行之首。1912年，孙中山南京临时政府因此追认邹容为“大将军”。

但是，辛亥革命之后还有过袁世凯、张勋的两次复辟，这便是孙中山先生所说“革命尚未成功，同志尚需努力”的原因。与此同时，复辟的事实还表明了另一个更为重要的现象：国家的前途和命运并不仅仅依赖于革命是否成功，还需要更为广泛的国民基础和群众基础。陈独秀注意到了“立宪政治而不出于多数国民之自觉”是不会成功的。[22]正是基于这种认识，陈独秀、李大钊等人掀起了以“改造国民性”为主旨的新文化运动。国民性改造就此进入了更为深入与广泛的观念变革历程。

三、国民性改造与新人观的设计

五四前后，革命面临低潮、人生与信仰世界充满迷茫，什么样的人能够担当起改造中国的历史重任？这一问题便自然进入了先进中国人的头脑中。他们对“国民性”的反思、批判与改造主要表现为以下特点：与评判中国传统文化尤其是“孔教”密切相关；与对国民性的反思及批判密切相关；与倡导“新人学说”紧密相关。以下笔者主要选取三位代表人物：陈独秀、毛泽东与鲁迅的“新人观”进行分析。

1. 陈独秀的“新青年”

尽管早在20世纪初，就有梁启超发出“新民”为中国第一急务的呼声，倡导重塑中国人形象，重建中国人生之道，但是这种呼声很快被淹没于革命的浪潮中而未及深化。当革命处于低潮时期，“五四运动时期的总司令”（毛泽东语）陈独秀推出的“新青年”，为迷茫中的近代中国人提供了现代人“理想人格”的系统阐述，也为人们提供了社会改造与兴盛的新希望。

陈独秀在《青年杂志》创刊号上发表《敬告青年》一文，呐喊着“自觉奋斗”“新鲜活泼之青年”的出现。这样的新青年具有六种人格：自主的而非奴隶的、进步的而非保守的、进取的而非退隐的、世界的而非锁国的、实利的而非虚文的、科学的而非想象的。[23]这种新青年的实质就是“生命、活力、创造”（刘长林，2001）。陈独秀的“新青年”论很快得到了李大钊的响应。李大钊在《晨钟报》创刊号《晨钟之使命——青春中华之创造》及之后的《青春》等文中，将青年的使命定位于“青春中华”或“少年中国”之创造。

为了培养这样的“新青年”，陈独秀在《今日之教育方针》（1915年10月15日）一文中提出了“现实主义、唯民主义、职业主义、兽性主义”的教育方针。这样的教育方针尤其突显了“个人解放”的价值，而且是“尚文”又“尚武”的，目的是培养文武双全的“新青年”。由此可见，陈独秀是带着“文化运动与社会运动”的双重使命创办《新青年》，所以他的文学成了社会革命的工具，他的教育思想也成了社会革命的手段。陈独秀的“新青年”具有明显的斗争使命，他的教育思想中尽管不乏“个人解放”或“个性自由”的价值追求，但“社会改造”或“国家改造”的时代意识仍占据主导地位。

2. 毛泽东的“新人说”

毛泽东对于“理想人格”的诉求贯穿于他的一生，毛泽东的教育思想对现代中国教育产生了巨大影响。毛泽东一贯反对压抑人的个性自由发展，但他也同样强调个人对社会和集体必须承担的责任与义务。在五四前后，毛泽东所提倡的“新人”无疑是受到了陈独秀的强烈影响，这可以从毛泽东与斯诺1936年的那次谈话中得到佐证。[24]毛泽东在《体育之研究》（1917）中关于“德智体”三育思想的初步阐发，以及“文明其精神”，“野蛮其身体”之身心发达、互补并立、相辅相成的观点，乃是陈独秀“教育方针”的进一步发挥和深化。他那“人之心力与体力合行一事，事未有难成者”的理论观点，正适合于“养成健全的人格，煎涤不良的习惯，为革新社会的准备”之理想。[25]显然，毛泽东此期的教育思想是要培养文武双全、人格健全、改造社会的“新人”。

3. 鲁迅先生的改革国民性

鲁迅先生被毛泽东评价为“中国文化革命的主将、伟大的文学家、伟大的思想家和伟大的革命家”。[26]具有“最硬骨头”的鲁迅始终把“人”的问题置于根本位置（汪晖语）。鲁迅先生的“弃医从文”，为近现代中国人的“思想解放”“个性解放”提供了一种主体性充分张扬的现代示范。鲁迅先生之所以抱定文学这一“引导国民精神的前途的灯光”不放，原因就在于他自己深有感触和体悟的认识：“凡是愚弱的国民，即使体格如何健壮，如何茁壮，也只能做毫无意义的示众的材料和看客，病死多少是不必以为不幸的。所以我们的第一要著，是在改变他们的精神，而善于改变的精神的是，我那时以为当然要推文艺，于是想提倡文艺运动。”[29]

鲁迅先生说：“最要紧的是改革国民性，否则，无论是专制，是共和，是什么什么，招牌虽换，货色照旧，全不行的。”[30]可见，鲁迅的改造国民性根本上是在精神上下功夫，心灵的觉悟占据了全局。直到1933年在谈起“我怎么做小说来”时，他仍然带有那股一意孤行的韧劲：“说到为什么做小说罢，我仍抱着十多年前的‘启蒙主义’，以为必须是‘为人生’，而且要改良这人生。”[31]

所以，毛泽东在1937年说：“鲁迅在中国的价值，据我看要算是中国的第一等圣人。孔夫子是封建社会的圣人，鲁迅是现代中国的圣人。”鲁迅精神因此在现代中国便有了三个特点：政治远见、斗争精神和牺牲精神。[32]鲁迅精神也就此成为指引近现代中国人思想、精神、人格和行为等方面进入“现代性”的思想象征。概言之，近代中国人在经历了多次思想解放运动，特别是新文化运动后，终于找到了符合现代精神的“理想人格”。

四、如何改造中国人的国民性

新文化运动的先驱者认为，国民性改造归根结底是革除旧的价值观和道德观，建立与现代社会相适应的价值观和道德观，这就必须依靠新教育、新社会教化手段来达成。这种新的价值观和道德观的根本点就在于“个体解放”“个性自由”，所以必须重视个人价值，树立独立人格。为此目的，他们提出了三个响亮的口号：个性主义（或自由主义）、科学主义与民主主义。

1. 国民性改造与个性主义

近代启蒙的根本点是人性的觉醒、个性的解放和人格的独立。“个性主义”便构成了新文化运动的的思想核心。19世纪末中国开始的启蒙运动（戊戌启蒙）并没有抓住这个主题。那时，在民族危机的刺激下，兴起的是一场以救亡图存为目的，以政治制度改革为主旨的政治启蒙，而对个性解放并不十分关注。

因此，尽管“天赋人权”“新民”的口号源于20世纪的第一个十年，但是却被淹没在政治论战、武装革命的潮流中。只是到了新文化运动时期，才把“唤醒国民之自觉”作为根本任务。所谓“国民之自觉”，就是陈独秀所指出的促使大多数国民“完成其自主自由之人格之谓也”。陈独秀倡导的“独立之人格”，是要以“个人本位主义易家族本位主义”。[33]到胡适在“自由主义”和“容忍与自由”两文中倡导“自由人格”，以及他与人合译的《娜拉》中“还要争取做一个‘人’的出走的娜拉”，[34]都表达了追求独立人格的新价值观。无疑，个性主义与自由主义在五四时期是充满了强大的号召力的。这种对“个性解放”的强烈呼喊，我们还可以从“打倒孔家店”的口号、妇女解放的潮流、“我怎样想就怎样写”的白话文运动以及各种文学作品中得到充分感受。

作为一个文学家、思想家与革命家的鲁迅，尽管以一个“先觉者”的现代人，在反传统的过程中深刻地体验着“独战的‘悲哀’”（鲁迅语）。但是，鲁迅先生那种“不和众嚣，独具我见”的意志，号召“个人的自大”“独异”“向庸众宣战”“前赴后继的战斗的‘中国的脊梁’”（鲁迅语），则不仅充分表达了他对个体独立自主的重视和对愚昧专制的反叛，而且为近现代中国人提供了一种独特的社会化示范以及现代精神的指导力量。

“我是我自己的，他们谁也没有干涉我的权利。”这是鲁迅先生《伤逝》小说中出自恋爱中的少女口中的句子，“这样一个短句，在20世纪20年代的中国，它却赢得中国人如此的激动”（汪晖语）。在鲁迅自己所描述的小说中，它也具有无比的威力。鲁迅描述道：“这几句话很震动我的灵魂，此后许多天还在耳边发响，而且说不出的狂喜，知道中国女性，并不如厌世家所说的那样的无法可施，在不远的将来，便要看见辉煌的曙光的。”[35]

在一个被宗法制度所覆盖的社会里，独立人格、个人自由、法律平等、人生权利等是被禁锢、剥夺与压制的。所以，一旦个人的能量被释放，“个性主义”自然就成为倡导与培植现代人的强大思想动力。正是在这样的进程中，个体、个人、自我、人格、自由等新概念便成了这个时代新的道德基础和价值源泉。

2. 国民性改造与科学主义、民主主义

科学与民主不是五四新文化运动时才提出的，只是到了五四新文化运动，科学与民主才成为社会的主流思潮。陈独秀在《青年杂志》创刊号上高举起“科学（赛先生）与民主（德先生）”两面大旗，唱出了时代的最强音。1923年的“科玄大论战”是一次在近代中国思想史与教育史上影响深远的关于科学与人生观关系的大讨论。这实际上是在传统价值系统和人生观念动摇甚至崩溃的情况下，中国近代思想家希望按照现代科学的价值观，从理论上重构现代人生观的比较深入和系统的大辩论。

“科学万能论”自此日益浮出水面。科学逐渐凌驾于“人”之上，取得了至高无上的地位。正如胡适所评论的：“这30年来，有一个名词在国内做到了无上尊严的地位——那个名词就是‘科学’……我们至少可以说，自从中国讲变法维新以来，没有一个自命为新人物的人敢公然毁谤‘科学’的。”[36]

在五四新文化运动期间，以“自由、平等、博爱”为口号的民主主义与科学主义并步发展。在整个东西方文化大论战过程中，尽管还有20世纪20年代的“东方文化派”，1935年由王新命、何炳松等十教授在上海《文化建设》月刊上联名发表《中国本位的文化建设宣言》，以及梁漱溟为代表的现代新儒家的不断辩护，但是，时代潮流还在不断地把传统文化推向对立面。

3. 对西方的信仰危机与马克思主义的传播中国的近现代化进程恰好发生在欧洲动乱时期

先进的中国人在向西方寻求真理的过程中，却发现了西方文化固有的弊端，从而失去了对西方文化的敬仰。可以说，近代中国人“西方问题”的产生，不仅因为西方大国失之于正义的维护与条约的遵守，不仅因为当中国处于日本人蹂躏时西方人所持的冷漠，当近代中国人看到了欧洲人是如何对待欧洲人自己时，他们也发现了西方文化自身的严重问题。在第一次世界大战结束后，当梁启超、张君劢等思想家到欧洲游历一遍之后，指出欧洲文明并不像“五四”时期中国知识分子想象的那么完美。他们的说法对今天极大多数仍然觉得西方文明优越论的国人不止是一个清醒剂。辜鸿铭是近代中国比较全面地向西方介绍中国传统文化的学者，早年留学英国得硕士学位，遍游欧洲，他就认为以欧美政学变中国，实质上是乱中国。

对西方的信仰危机催生了近代中国人开始寻求马克思主义的真理。陈独秀、李大钊、杨贤江这些早期马克思主义者，对马克思主义在中国的传播发挥了意义深远的作用。“十月革命一声炮响，给我们送来了马克思列宁主义”，“只是在这时，中国人从思想到生活，才出现了一个崭新的时期”。[37]于是，在学西方学了几十年毫无结果的情况下，中国人转而“以俄为师”。

五、国民性改造的遗留难题

曾经自视为唯一的文明和唯一的生活方式（林语堂语）的中国人，在面对19世纪中叶以来西方的坚船利炮、精美器械、科学进步之后，开始了艰难又痛苦的思考：如何改造国家、如何改造国民？当西方文化逐渐渗透于古老文明中时，中西两种文化、观念和思想的冲突也就成为必然。所有这些冲突都体现为一个事实：传统性的不断瓦解与现代性的逐渐产生，并在思想层面凝聚为一个主题：中国如何步入世界化的进程？国民性改造便是这一思想主题的核心问题之一。

中国的“近代化变局”（包括国民性改造的问题），无论是“外源性”的刺激，或者“内源性”的激发，实则上都是被动应对的产物。这就首先需要在观念层面发动，由此呈现出的是一幅波澜壮阔的文化与思想论战画面。范围宽泛的论战所涉及的领域是全方位的：“体”与“用”、洋务与守旧、维新与洋务、革命与立宪、东西文化论战、革命与改良、社会性质之争等；在相对狭义的教育领域，则涉及教育目的、学校与科举、中学与西学、旧学与新学、文言与白话以及多种类型的学制之争等。它们之间环环相扣，从未间断。这些论战的结果，往往演变为近代中国的军事、政治、经济、文化、教育等领域实际的革命、变革或改良。如此，一幅充满渴望与激情、躁动与困惑、希望与追求、幻想与理想的波澜壮阔的历史场景呈现在我们面前。

近代中国的民族危机及社会发展的客观需要，不仅决定了中国人对西方文化和传统文化的内容选择，并且决定了如何将它纳入改造国民性的内容中。以输入的西学为例，在近代中国最有影响的莫过于“适者生存说”，这种理论以“生存竞争说”来解释人类社会，在传入中国后，却起到了极大的积极作用，它增强了中国人的民族意识，并为社会改革提供了理论根据。此外是“自由学说”，在西方是指基于个人财产基础上个人享有的自由权力，经过近代中国人改造则转变为主要是讲国家的独立自主，民族的自由解放。其主因就是中国深重的民族危机的客观事实所决定。因而在近代中国，个人自由权力的观念一直很淡薄。尽管“五四时期”的个人自由主义意识很强，但最终也很快被淹没在新的反帝反封建的政治斗争和军事斗争中。“科学民主学说”提倡科学与民主的基本目标有两个方面：其一是着眼于富国强兵及社会改造，其二是为了配合新国民的培养，必须通过使中国人树立科学与民主的态度，才能形成新国民的文化与心理素质。

然而，尽管近代中国业已完成了国民性改造的思想发动、观念变革和理论准备，却由于抗日救亡运动的爆发、国内革命战争及建国后历次社会主义运动，国民性改造的任务并没有得以实质性的完成。这种情况也直接反映在中国“教育现代性”发生、发展的过程中所形成的明显的断裂。

近代中国，教育问题的突显首先附属于“图强”目标的追求，因而对科举制的批判与新式教育的倡导几乎是同步的。伴随着“学习西方”的思想变革，科举制的废弃，新式教育渐次形成。但是，近代中国“教育现代性”的诉求缘于被动应对，同样经历了“病急乱投医”的纷乱采撷，从而形成多种多样的教育思想。舒新城先生将1862年至20世纪初中国教育思想的演变概括为“模仿期”，而将辛亥革命后十多年至民国时期的教育思想称为“自觉期”。[38]陆有铨先生则将这两者分别称为“西化”与“现代化”的追求期。结果，近代中国至少流行着超过18种之多的教育思想。无论是“模仿”或“自觉”，或者被动“西化”与主动“现代化”；无论是停留于观念层面或者已经体现为教育实践，这些教育思想的实质可以简化为两类：百年强国梦与现代国民性的追求。

而从近代中国的历史事实来看，在这两者关系中，“百年强国梦”的追求又常常盖过了“现代国民性”的诉求。或者说，教育的任务服从于革命的需要。这可以从孙中山先生前后两次演讲中找到佐证。孙中山在“民国教育家之任务”讲演（1912年）中说：“学问为立国根本，东西各国之文明，皆由学问购来”，“今日破坏已完，建设伊始”，要变破坏之学问为建设之学问。此后的求学方针，是“为全国人民负责，非为一己攘利权”，“使我国之道德日高一日”，从而我国之价值也日高一日，价值日高，则有神圣不可侵犯之地位，瓜分之说，自消灭于无形了。到了1919年，孙中山先生在上海青年会演说中则指出：“改造中国之第一步只有革命”，革命成功虽然已经八年，但政治腐败依然，造成“官僚、武人、政客政治之局面”，甚至比清政府还要贪婪与专制，因此立国的要素首先不是“教育、实业和民主自治”，而是革命。[39]

总之，近代中国“教育现代性”的发生是与两条思想主线紧密相关的：第一是“百年强国梦”的追求，第二是“现代国民性”的诉求。但是，这一进程是一个纷乱的诉求过程。尽管“救国”的重任常常盖过了“救民”的责任，近代中国的“教育现代性”仍然在双重困境中艰难发展，并成为现代中国许多教育思想、观念以及教育改革的渊薮。同时，近代教育思想的复杂变局也给我们另一个结论：在尚未找到马克思主义教育思想之前，近代中国的教育思想本身是杂乱无序的，这也同时表明，学校教育作为改造国民性的主阵地，至少在近代中国是处于混乱与失范状态的。概言之，近代中国的国民性改造并没有走完的历程，仍需要当代中国人和中国教育改革继续探索前行!

注释

[1] 刘大鹏：《退想斋日记》，山西人民出版社1990年版，第146-147页

[2] 林语堂：《中国人》，学林出版社1994年版，第338页

[3] [美]李欧梵：《上海摩登》，北京大学出版社2001年版，第54页

[4] 周策纵：The May Fourth Movement: Intellectual Revolutionin Modern China（Cambridge, Mass, Harvard University Press, 1960），p. 59

[5][10] 刘长林：《中国人生哲学的重建》，华东师大出版社2001年版，第4、64-68页

[6] 对自杀问题的议论，也能佐证此类现象。例如，陈独秀1920年初发表了《自杀论——思想变动与青年自杀》，李大钊此期写有《厌世心与自杀心》《新自杀季节》《青年厌世自杀问题》等文，罗志希著有《是青年自杀还是社会杀青年》。法国社会学家涂尔干的《自杀论》，也在此时首次翻译成中文。

[7] 齐卫平：《五四时期中国社会转型与自杀现象》，载自《中国人大复印报刊资料・中国现代史》1998年第9期

[8] 原文见《十力语要》卷四，第59页，1947年湖北印本，转引自（刘长林，2001）

[9] 《梁漱溟全集》第1卷，“东西文化及其哲学”，第533页

[11] 寿勉成：《我国大学之教材问题》，《教育杂志》17卷3号（1925-03）

[12] 《北京大学学生周刊》第9号（1920-02-27）

[13] 康有为：《拟中华民国宪法草案发凡》，《不忍》杂志第3期（1913-04）
[14] 康有为：《中国还魂论》，《不忍》杂志第8期（1913-11）
[15] 伧父：《迷乱之现代人心》，《东方杂志》15卷14号（1918）
[16] 案例二与案例三，均见沈寂先生为《中国人生哲学重建》所作“序三”。（刘长林，2001）
[17] 转引自张宝明：《自由神话的终结》，上海三联书店2002年版，第33页
[18] 转引自范忠程：《毛泽东与辛亥革命》，《中共党史研究》2001年第6期
[19][19]《毛泽东选集》（一卷本），人民出版社1967年版，第1358-1359、1359页
[20] 梁启超：《新民说，解新民之义》
[21]《江苏》第5期，1903年8月
[22] 陈独秀：《吾人最后之觉悟》，《独秀文存》第1卷，第54页
[23]《陈独秀文章选编》（上），三联书店1984年版，第734页
[24] 毛泽东说：“《新青年》是有名的新文化运动杂志，由陈独秀主编。我在师范学校学习的时候，就开始读这个杂志了。我非常钦佩胡适和陈独秀的文章。他们代替了被我抛弃的梁启超和康有为，一时成了我的楷模。”，见周溯源编《毛泽东评点古今人物》（下），红旗出版社1998年版，第535-534页
[25] 毛泽东：《体育之研究》，《新青年》1917年4月1日
[26] 毛泽东：《新民主主义论》，《毛泽东选集》第二卷第698页
[27] 汪晖：《汪晖自选集》广西师范大学出版社1997年版，第202页
[28][29][31]《鲁迅全集》第1卷，人民文学出版社1982年版，第240、417、417页
[30]《鲁迅全集》第11卷，人民文学出版社1982年版，第31页
[32] 毛泽东1937年10月19日在延安陕北公学纪念鲁迅逝世周年大会上的演讲，见《毛泽东选集》第二卷第43页
[33] 陈独秀：《东西民族根本思想之差异》，陈菘编：《五四前后东西文化问题论战文选》，中国社会科学出版社1985年版，第14页
[34] 参见（刘长林，2001），第291-295页
[35] 鲁迅：《伤逝》，转引自（汪晖，1997），第36-37页
[36]《科学与人生观》序，《胡适文集》卷3，第152页
[38] 舒新城编：《近代中国教育思想史》，中华书局1928年版，第21-112页
[39] 舒新城编：《中国近代教育史资料》（下册），人民教育出版社1961年版

[作者单位]华东师范大学基础教育改革与发展研究所

[原　　刊]《南京社会科学》2014年第10期

公民教育30年：研究与评述

薛传会

公民教育是当代中国教育领域最重要的主题之一。受20世纪社会历史背景的影响，公民教育在中国的发展既缓慢又曲折。新中国成立后，公民教育的理论和实践经过30年的沉寂，改革开放以后逐步复兴。目前，实施公民教育发展所需要的背景性因素已经发生深刻变化，完整的公民教育体系正呼之欲出。本文对最近30年间（1982～2012）公民教育研究进行系统梳理，以“公民教育”为主题、结合以“公民”为篇名，通过精确匹配，在中国期刊全文数据库（CNKI）收集期刊论文1767篇，再逐篇以研究相关度、规范性等为标准，进行筛选，最终选定1019篇论文作为研究样本，分析公民教育研究的现状、特点，反思公民教育研究的不足，以期为下一阶段公民教育的研究指明方向，为下一阶段的公民教育实践奠定基础。

一、30年公民教育研究的阶段划分

总体特征阶段划分是学术研究的一个重要问题，其本身也是研究的一个方面。我国公民教育专题研究论文数量每一次大的增长，都与党和国家政策的推动、重大政治事件以及意识形态领域走向开明直接相关[1]。考虑到公民教育的研究受现实政治影响的实际情况，结合文献本身，参照已有研究者的做法，同时出于研究的方便，本文将公民与公民教育的研究分为四个阶段，即1982～1995年为第一阶段，1996～2001年为第二阶段，2002～2007年为第三阶段，2008年至今为第四阶段（图1）。通过对四个阶段样本的分析，可以得出公民与公民教育的研究处于不断发展之中的明显特征。

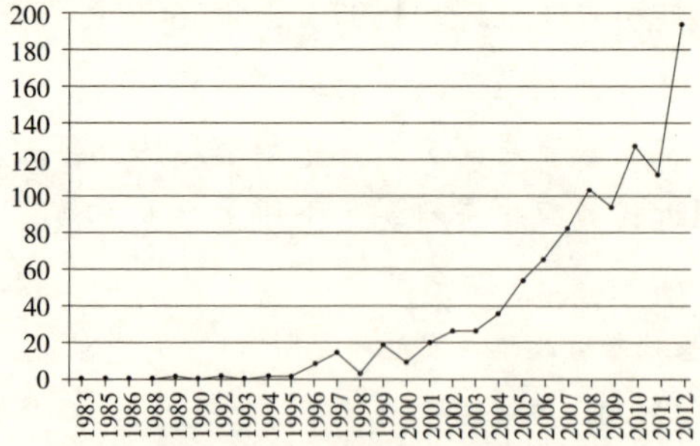

图1　30年间公民教育研究论文分布线

（一）研究复苏时期（1982～1995）

公民与公民教育的研究起步于20世纪80年代初期。这期间最早的一篇论文是1983年发表的《公民教育教学展望》，为介绍国外公民教育的译文，此后相关的研究论文零星出现。这一期间总共有论文15篇，除最早的1篇外，还有7篇也是译介国外公民与公民教育的论文。译介国外公民教育的论文占这一阶段论文的一半以上，体现了这一阶段鲜明的特点。

除此以外，还有3篇论文值得关注，郭乃弘1985年发表的《“九七”转变期的香港青年公民意识》，试图解决在迈向非殖民地化的香港地区需要怎样的公民意识问题，揭开了香港公民教育研究的序幕；唐琮瑶1993年发表的《论公民》，系作者专著《公民论》的主体论文之一，初步奠定了公民与公民教育的理论基础；而陈光宇1988年发表的《开设“公民”课的体会》，则是最早实践探索的经验记录。

（二）小幅增长时期（1996～2001）

1996年公民教育研究进入第二个阶段，除1998年研究论文相对较少外，其余每年发表的论文数量都大致相当于前一个阶段即研究复苏时期的论文总和，这一阶段共发表论文80篇。有两个因素促进了这一现象的出现，一是1997年香港回归，一是1995年2月教育部颁布《中学德育大纲》。

1997年香港回归祖国，香港居民的国家认同、公民身份问题凸显，这期间发表的关于香港公民教育问题的文章达13篇，由香港回归所引发的公民身份问题成为公民教育研究的热点，并成为学术界关注公民教育研究与实践的一个重要突破口。

随着1995年2月教育部颁布《中学德育大纲》，公民素质教育的问题日益引起关注，学校公民教育的论文日渐增多，也有研究者突破学校公民教育的界限，以更广的视野研究公民教育的理论问题，如公民教育的培养目标、意义、动力、心理基础、实施途径等，出现了比较活跃的研究氛围。

（三）快速发展时期（2002～2007）

2001年10月，中共中央颁布了《公民道德建设实施纲要》，直接产生了两个方面的影响，将公民教育研究引入第三个阶段。一是从进程和速度上推动了公民教育研究的发展，2002～2007年，6年间共发表公民教育研究论文293篇，平均每年近50篇，从数量上显示了公民教育研究的第二次增长。二是把公民教育的研究导向“道德教育”范畴，从“道德教育”的视角推进了公民教育的专题研究。在293篇研究论文中，以道德教育、思想政治教育、德育作为次级主题再进行精确匹配搜索，相关研究论文分别达到51、43和27篇，关注点分别为公民教育与道德教育、思想政治教育、德育的关系以及传统德育的转型、思想政治教育的转型等，体现了这一阶段的特点。

除了道德教育的研究取向外，有一些新的内容也展现了公民教育研究的一些新趋势：一是有些研究者对公民、公民教育内涵的研究予以进一步深化，开始有研究者关注公民资格、公民认同等更深层次的理论问题；二是从对某外国公民教育的理论与实践的译介，向国外公民教育思想流派译介的研究转变，有的学者已经开始具有国际化和全球化视野；三是公民教育的历史背景、理论依据、现实需求等也开始成为研究者关注的热点，现代化、民主政治、和谐社会等问题开始出现在研究者的论文中间；四是与前一阶段研究者多关注中小学生公民教育相比，有研究者开始关注大学生的公民教育问题，也有研究者关注了成人的公民教育问题，公民教育对象的范围开始扩大；五是有研究者关注公民教育的学科教学、课程研究以及学校的公共生活，但数量不多，总体上处于探索阶段。

（四）繁荣发展时期（2008～2012）

2007年10月，中共十七大报告提出，要“加强公民意识教育，树立社会主义民主法治、自由平等、公平正义理念，培养社会主义合格公民”，这为新时期公民教育的目标和任务指明了方向，将公民教育的实践和公民教育的研究推向了第四个阶段，并取得了飞速的发展。5年间公民教育专题研究论文数量出现跨越式增长，论文总数达631篇，平均每年126篇以上，2012年更是达到了194篇。中共十七大报告只是一个契机，隐藏在其后的深层次因素则是“深化政治体制改革”的背景。中共十七大报告提出“坚定不移发展社会主义民主政治”，继中共十六大将党内民主视为“党的生命”之后，将人民民主视为“社会主义的生命”，表明了中国共产党对民主的重视和推进民主政治的决心，“公民意识”一词的出现正是对推进民主政治的反映。

从忌讳民主、自由等概念到明确提出要通过公民教育，使国民树立民主法治、自由平等、公平正义理念，这样的转变不仅体现了政治发展的成果，也明确地展示了我国政治发展的基本价值和取向。公民教育也因此成为学术界的热点研究领域，各种传媒关于公民教育的呼吁和讨论也日渐加强。正是在这样的背景下，公民教育的研究出现了繁荣的景象。

这一阶段，研究者开始从更全面的视角来研究公民教育，且探讨问题更为深入具体，朝着精细化方向发展，并且形成了新的研究热点：一是公民教育成为多学科研究的命题，政治学、社会学、法学、伦理学、心理学都成为公民教育研究的学科视角；二是研究者开始关注公民教育的体系构建，不仅关注学校教育，而且开始关注家庭教育、社会教育、社区教育；三是公民、公民教育的基本概念、基本内涵、公民教育性质的研究等得到深化，公民意识、公民资格、公民身份，尤其是公民认同成为新的研究热点；四是公民教育的理论逻辑得到深化，民族国家理论、民主国家理论为公民教育奠定了坚实的理论基础；五是公民教育的对象继续扩大，农村地区和农民的公民教育，特别是少数民族地区和少数民族公民教育成为新的增长点；六是公民教育的全球化与普适性引起关注，全球公民教育、多元文化公民教育、多元公民身份研究成为热点；七是公民教育的本土化、特殊性得到重视，公民教育的文化传统、价值选择也成为热点；八是公民教育的途径得到深化，参与式教育、公共生活教成为热点。

二、30年公民教育研究的学术路径和研究领域

通过对四个阶段研究文献的全面分析，结合各个阶段的研究热点，可以得出公民教育研究的三条清晰路径：一是译介国外学者关于公民教育的理论资源和经验成果；二是梳理和反思我国近现代公民与公民教育的思想和理论；三是形成当代中国公民教育研究的特定领域。

（一）对国外公民教育的译介

“公民”一词最早用于古希腊，并为古罗马所沿用，最终发展成为西方文明中的一个标志性概念[2]（P168）。译介国外学者关于公民教育的理论资源和经验成果自然成为研究的重要内容，其中又分为三个方面：一是译介国外关于公民、公民教育的著作；二是介绍和评价国外学者关于公民、公民教育的思想和理论；三是介绍和评价国外公民教育的实践经验[3]。

除了第一阶段译介国外公民教育的论文占一半以上外，其余三个阶段译介国外学者关于公民教育的理论资源与经验成果的论文都很多，在全部1019篇文章中，再以各国国名作为主题次级标准，共检索到相关研究论文350多篇，涉及30多家，其中研究美国、英国、日本、澳大利亚等11个国家公民教育的论文较多（图2）。美国是主要国家，论文数达到168篇。当然，不仅是数量的逐年增加，对美国等国外公民教育的理论研究也不断深入，有一个从现象层面的引介，到抽象本质的概括、评价、总结的过程，研究内容非常丰富。以美国学校公民教育为例，已从当初总体上对我国的启示和借鉴意义，深入到公民教育国家课程体系建设、社会参与机制、政策分析、途径和模式、效果与评价等各个方面。

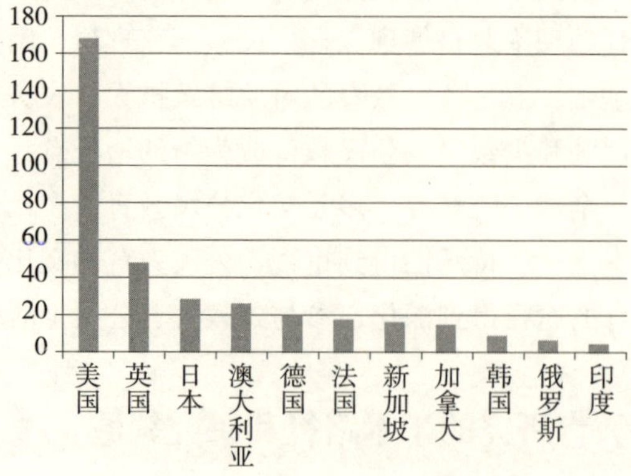

图2　30年间关于各国公民教育研究论文分布

（二）对我国近现代公民教育的研究

对我国近现代公民与公民教育的梳理和反思，也包括三个方面：一是对近现代人物思想的介绍，包括严复、梁启超、蔡元培、杨贤江、晏阳初等主要人物，如关于严复的《新民说》与公民教育的研究[4]，关于蔡元培公民道德教育的思想介评[5]，关于晏阳初公民教育思想形成与发展的研究等[6]；二是对近现代公民教育的总体性介绍和评价，包括对清末时期、新文化运动前后、辛亥革命前后、民国以及整个近代时期公民教育进行的研究和评价，如关于清末公民教育思想的研究[7]，关于辛亥革命与公民教育的发展研究等[8]；三是对公民教育学科、教材的研究和介绍，如关于清末民初公民科设置的研究[9]，关于民国教科书《模范公民（训练册）》的研究等[10]。公民教育不是我国的本土概念，公民教育的理论从近代才开始传入我国，所以关于近现代公民与公民教育梳理与反思的论文，总体上不多，但作为从本土视角进行的研究路径，仍具有重要的理论与实践意义。

（三）当代公民教育研究的领域

在沿着“吸洋”“思古”两条路径展开研究的同时，研究者更多地把目光聚焦于第三条路径，即从中国现代化的实践中汲取理论营养，不断形成和拓展公民教育研究的热点，并逐渐形成稳定的研究领域。以公民教育研究的第四个阶段为例（2008～2012），研究主题分布比较广泛，主要包括：理论研究，包括公民教育的定义、内涵、特征以及公民教育的思想流派等，有251篇，占39.8%；背景研究，指分析公民教育的必然性、必要性、可行性的研究，有72篇，占11.4%；历史研究，指回顾中外公民教育历史发展进程的研究，有44篇，占7%；比较研究，指介绍和比较国外公民教育的理论、政策和经验以及全球化背景下公民教育发展趋势的研究，有121篇，占19.2%；实践研究，包括公民教育的内容、课程、方法、途径的研究等，有127篇，占20.1%；会议综述，指对公民教育研究的综述和学术会议的观点述评，有16篇，占2.5%（图3）。

图3　第四阶段公民教育研究领域分布

从研究领域可见，我国公民教育基础理论性质的研究仍然偏多，理论研究、背景研究、历史研究加在一起，超过了一半以上，而比较研究中也有一部分是理论研究。这样，真正的实践研究整体偏少，我国公民教育的研究总体上仍处于理论分析和比较借鉴阶段。当然，由于有些文章可能同时涉及多个领域的问题，上述分类可能不是十分精确，但不影响对公民教育研究状况的总体把握。

三、30年公民教育研究的专业队伍与交流合作

随着民主政治的不断深入，公民教育研究逐渐成为哲学社会科学研究中的重要领域之一，不少科研院所相继设立了专门的公民教育研究机构，并逐渐形成一批稳固的有突出成果的专业研究队伍。以研究机构为平台并发表有影响力的成果的研究团队主要有国内第一个公民教育研究中心——郑州大学公民教育研究中心、北京师范大学公民与道德教育研究中心、南京师范大学道德教育研究所、东北师范大学国际与比较教育研究所、中山大学公民与社会发展研究中心等。

在不同的研究阶段，分别涌现出一批关注公民教育的研究者。在这批关注并深入研究公民教育问题的研究队伍中既有以研究机构为平台的研究团队，也有散落于各个学科的执着探索者。在第一阶段成果比较突出的是张伟平，发表了多篇论文。在第二阶段，刘国华、黄甫全等学者发表了多篇文章，比较活跃。在第三阶段，唐克军、高峰、袁利平、褚松燕、李萍、檀传宝、万明钢、王文岚、朱小蔓、胡艳蓓、饶从

满、付轶男等都发表了多篇论文，唐克军、高峰分别发表了9篇，袁利平发表了8篇，成果非常突出。到公民教育研究的第四阶段，上一阶段活跃的大多数研究者继续发挥研究的主力军作用，如唐克军又发表了10篇论文；同时出现了一批新的研究者，如冯建军、叶飞、刘丹、马文琴、苏守波、王建梁、王东虓等，不仅发表了多篇论文，而且拓展了政治学、社会学等不同的学科研究视域，成为公民教育研究中活跃的新生力量。

进入21世纪以后，公民教育领域的学术交流与合作也逐步展开，郑州大学公民教育研究中心发起、组织多次学术研究交流活动。2004年10月，由郑州大学公民教育研究中心承办的“第一届公民教育理论与实践国际研讨会”在郑州大学召开。自2006年起，在该中心推动下，“两岸四地公民教育研讨会”已分别在香港会议展览中心、台湾元智大学、河南工程学院连续举办三届，有力地推动了两岸四地在公民教育领域的学术研究和实践合作。由华东师范大学和杭州师范大学等联合主办的“2009社会科学与公民教育国际研讨会”于10月29～30日在杭州师范大学召开。2010年11月19～20日，北京师范大学教育学部与伦敦大学教育学院在英国成功举办“全球化世界中的公民教育”国际研讨会。

在与国内外学者展开学术交流的同时，公民教育实践层面的合作也逐渐展开。2005年12月，由中国社会科学院、北京大学、北京师范大学等学术机构的学者以及近百名优秀中小学教师历时3年编写完成《新公民读本》，成为1949年新中国成立以来第一套针对中小学生的完整意义上的公民教育读本。从2005年7月开始，教育部与美国公民教育中心开展了中美“公民教育实践活动”项目合作，北京、上海、江苏和云南等4省市的部分学校参加了这个项目，取得了较好的成效。

四、30年公民教育研究的反思和前瞻

公民教育30年的研究，随着时代的变化不断发展，研究者们循着不同的路径对公民教育进行了多视角、多层次的研究，取得了一些丰硕的研究成果。但同时也要看到，由于公民教育前期学术内涵积累薄弱，导致现有的研究更多呈现零散性特点而缺乏系统性，从而暴露出一定的局限性。

（一）理论研究偏多，但理论深度不够

就30年的公民教育研究文献来看，一方面，研究论文逐年增多，尤其是近几年增长特别迅速。从前面的统计来看，相关成果中理论研究居多，这说明公民教育受到重视，并且成为理论研究的热点。但另一方面，公民教育的研究也呈现出一定程度的泛

化倾向，集中表现就是理论研究的深度不够，1000多篇文章中，有高水平的成果，但比例不高，大部分论文仍停留于对公民教育的表层认识上，重复研究的较多，随着不同阶段热点的出现，相关研究有一哄而上的现象，如对国外公民教育的译介、公民意识研究、公民教育与德育的关系、大学生公民教育等，有研究热点，但主题和观点雷同的多，真正的争鸣较少，没有形成话语体系。

30年来，一些基本的理论问题还没解决，公民、公民教育、公民身份、公民资格、公民认同的概念还没有取得广泛的认同，研究者使用概念的内涵外延本就不同，公民教育与德育、思想政治教育、道德教育的理论关系和实践仍需要不断地研究反思，公民教育的内容更是观点纷呈，所说各异。不同学者的争鸣本是研究的常态，但如果既不能形成共识，又不能形成争鸣，则说明研究本身存在着缺失。

（二）研究主题广泛，但缺乏细致深入

30年来公民教育的研究主题不断扩大，相当广泛，但就大部分主题来说，目前还缺乏深入细致地研究。如公民教育的家庭、学校和社会教育三个途径之中，对家庭教育、社会教育的研究偏少，尤其是关于家庭教育的研究几乎没有；再以学校公民教育为例，对大学的研究多，中小学的研究少，与中小学阶段公民教育的地位很不相称，对中小学阶段公民教育效果不理想具有一定的影响；即使是对大学公民教育的研究，也以泛泛而谈的居多，真正涉及课程体系、教学评估等实质性内容的少，没有形成理论体系；再如公民教育的理论逻辑，公民教育的模式、体系、方法，公民教育的全球化与本土化研究，公民认同教育，少数民族公民教育等，都是开辟了研究领域，都没有细致深入地研究，但正从这个意义上来说，公民教育的前景十分广阔，尚需要研究者不断地探索。

另外，公民教育是舶来品，其概念本身的定义往往只是在特定的具体环境下所赋予的。如何将国外引进的公民教育与本土相关的概念进行有效地嫁接，对当代中国的公民教育仍然是一个巨大的挑战。

（三）实践研究不够，理论与实践脱节

公民教育本是实践活动，但现在更多地成为理论研究的舞台，实践研究被严重忽视。除了关于公民教育的基本理论研究外，目前在学校公民教育专题研究中，有关学校公民教育实践的研究也很少。事实上，学校公民教育的实践活动近年来也有不少。理论研究与实践研究是学校公民教育研究不可或缺的两翼。理论研究与实践研究脱节，一方面会导致学校公民教育走向空洞的说教，另一方面，实践缺乏有效理论的指导，也难以解决公民教育目前存在的各种问题。如公民教育实践模式的探讨大都停留

于课外活动、学校管理和社会实践上，课程教学作为公民教育不可否认的基本渠道，如何真正发挥作用，引导学生有效参与的探讨较少；公民生活实践模式的探讨较为零散，且主要停留在经验层面，缺乏有效的理论整合和比较研究；学校公民教育实践模式的探讨主要还是思辨分析，缺乏实证研究，尤其缺乏实验研究等。

研究的反思是为了看到研究中存在的问题，为公民教育的研究带来进一步的发展契机。无疑，如今更多的研究者投入公民教育，将以更加敏锐的视角、更加理性的态度和更大的热情，在理论研究和实践研究方面产出更多新的生长点。

注释

[1] 胡春娜，周雁翎.我国学校公民教育研究的现状和存在的问题[J].教育理论与实践，2011，（12）

[2] 檀传宝，等.公民教育引论：国际经验、历史变迁与中国公民教育的选择[M].北京：人民教育出版社，2011

[3] 李芳.改革开放以来中国公民教育问题研究路径综述[J].理论学刊，2006，（3）

[4] 黄仁贤.严复的“新民德”学说与近代公民道德教育[J].教育评论，2002，（5）

[5] 施莉.蔡元培公民道德教育思想介评[J].宁波大学学报（教育科学版），2008，（2）

[6] 蒋舟，张冬利.晏阳初公民教育思想的形成与发展[J].华中师范大学研究生学报，2008，（2）

[7] 刘保刚.清末公民教育思想探析[J].中州学刊，2005，（6）

[8] 郭小香.辛亥革命与中国公民教育的发展[J].教育学术月刊，2012，（1）

[9] 孙凤华.从修身科到公民科：清末民初我国学校公民教育[J].华南师范大学学报，2008，（5）

[10]陶金玲.民国教科书《模范公民（训练册）》分析[J].教育评论，2012，（6）

[作者单位]南京师范大学教育科学学院

[原　　刊]《学术论坛》2015年第4期

第二部分

专论·从梁启超的《新民说》谈起

政治美德与国民共同体
——梁启超自由民族主义思想研究

许纪霖

20世纪是自由主义高奏凯歌的世纪，也是民族主义大行其道的世纪。民族主义，无论在世界上还是在中国，都是一个颇有争议的意识形态。它是一把双刃剑，既有可能与自由主义相结合，像在美国和法国革命中那样，赋予自由主义和民主主义以民族国家的形式；也有可能与各种专制的威权主义或反西方的保守主义相联系，成为其政治合法性的借口。民族主义作为现代性的内在要求，不是一个要与不要的问题，关键在于，如何将之与自由主义的政治理念相结合。

民族主义与自由主义的结合，不仅需要历史的实证，也需要学理上的依据。自由主义与民族主义，一个以个人自由为本位，另一个以群体的归属为指向，如何整合为同一个意识形态呢？自由民族主义的出现，部分地回应了这一难题。以赛亚·伯林（Isaiah Berlin）是20世纪最重要的自由主义思想家之一，他坚信，现代社会是一个价值多元的世界，为了保证这样一个多元世界的存在，个人的选择自由很重要，同时也需要不同的民族文化价值和平共存。因而，伯林在坚持消极自由的同时，又十分重视个人的民族归属感和文化认同的价值[1]。他与牛津大学的同事、著名法学家约瑟夫·拉兹（Joseph Raz）一起，成为自由民族主义的代表人物。而伯林的学生、以色列学者耶尔·塔米尔（Yael Tamir）出版的《自由民族主义》一书，对自由民族主义理论作了系统的探讨[2]。

那么，在现代中国思想史上，有没有出现过类似自由民族主义的思想呢？我的研究将表明，梁启超的民族主义思想，是一个颇值得注意的个案，从晚清开始，他就致力于融合民族主义与自由主义。虽然梁启超不曾以自由民族主义自我命名，但在既肯定个人的自由意义，又寻找民族的集体认同这一点上，与伯林等人有着共同的价值取向。

20世纪初，梁启超的一部《新民说》，以其“笔锋常带情感”的魔力，倾动神州南北，将民族主义的思想播种到无数青年知识分子的心灵，他不愧为中国民族主义思想家之第一人。梁启超一生多变，就民族主义思想而言更是如此。其民族主义思想，以《新民说》为轴心，大约分为四个阶段：前《新民说》时期、《新民说》时期、后《新民说》时期和民国时期。其中，最重要的是三个转变：第一个转变，是从天下主义转向民族主义，发生在前《新民说》时期；第二个转变，是从国民主义转向国家主义，发生在后《新民说》时期；第三个转变，是从政治民族主义转向文化民族主义，发生在民国建立和“五四”时期。而在思想史上发生最大影响，最能体现梁启超自由民族主义思想精华的，乃是《新民说》中所代表的国民共同体论述。

一、从天下到国家

列文森说：“近代中国思想史的大部分时期，是一个使‘天下’成为‘国家’的过程。”[3]中国的“天下”观有两个层面：一个是天下大同的乌托邦理想；另一个是以中国为地理中心的华夏中心主义。晚清以后，在西方列强的侵略打开中国人的世界视野之后，特别是1895年《马关条约》的签订，使得天下主义中的华夏主义世界地理观轰然倒塌，代之而起的是现代国际关系中的民族主义。但天下大同的乌托邦理想，作为儒家社会政治的终极价值，依然存在。在前《新民说》时期，大约在1896～1902年，梁启超开始萌生近代民族主义意识。但这时候，他的民族主义思想还是康有为的公羊三世说的一部分。他以“群”这一概念来表述社会的各种共同体，“群”分为各种层次，有“国群”和“天下群”之分[4]，前者指的是民族主义，后者指的是天下大同的儒家乌托邦世界。正如张灏所分析的，在梁启超那里，“群”不仅是一种民族国家的制度和观念，而且在其背后也有一套相应的宇宙论和社会观。“群者，天下之公理也。”合群不仅是人类社会的客观法则，也是天地万物的自然规律[5]。显然，这种以“群”为客观法则的公理观，与传统中国以“仁”为道德原则的天理观是冲突的，前者视自然竞争为当然，而后者所追求的却是一个和谐、中庸的天下大同理想。不过，在《新民说》之前，这两种矛盾的世界观在梁启超思想中并列存在。它们之所以相安无事，乃是被分别置于公羊三世说的时间序列里，在据乱之世，需要富于竞争力的“国群”，到了太平之世，就会出现一个和睦大同的“天下群”。

1898年梁启超流亡日本之后，在日本广泛流传的社会达尔文主义的影响下，他对天下大同理想的可行性渐渐产生了怀疑。次年，他在《清议报》发表《答客难》。

> 世界主义，属于理想；国家主义，属于事实。世界主义，属于未来；国家主义，属于现在。今中国岌岌不可终日，非我辈谈将来、道理想之时矣。故吾前此以清谈误国之罪，所不敢辞也。[6]

在日益急迫的亡国危机之下，梁启超对缥缈的大同理想越来越疏远。1902年发表的《新民说》，是他从天下主义走向国家主义的一个标志。在《新民说》中，他明确表示：天下大同的世界主义理想，只是“心界之美”，而非“历史之美”。因为竞争为文明之母，竞争停止了，文明也就不再进步。世界主义的理想虽然道德崇高，但在现实世界缺乏可行性。因为大同理想即使实现了，也会因为人性上的原因复归竞争，而到这个时候，由于没有国家，反而使得竞争回到低级的野蛮水平。“故定案以国家为最上之团体，而不以世界为最上之团体，盖有由也。”[7]

从天下主义走向国家主义的另外一个未曾言明的心理因素也值得注意。列文森在《梁启超与中国近代思想》一书中敏锐地指出，在梁启超民族主义思想中，最核心的关怀是如何保持中国与西方的平等，“问题不在于中国与西方文明程度如何，而在于中国同西方国家的地位如何”[8]。在传统的“天下”框架中，中国在夷狄面前代表着更高一级的文明，但这样的文化自信在鸦片战争之后备受挫折。当梁启超来到日本后，读了福泽谕吉的《文明论之概略》，他的历史观受到了很大的颠覆。福泽谕吉将全球文明的发展分为野蛮、半开化和开化三个阶段，西方代表着文明的最高阶段，而亚洲仍旧处于半文明阶段，向西方文明学习是亚洲的唯一出路。梁启超几乎全盘接受了福泽谕吉的观点[9]，这一文明三阶段论与他原先所信仰的公羊三世说完全接轨，所不同的是，理想世界的终点发生了变化：从远古的中国三代置换为西方文明。他所感叹的是，中国在这世界文明进化中，处于一个相当尴尬的落后地位[10]。在文明的维度上，中国与昔日的“蛮夷”之间的关系被颠覆了。

那么，如何重新建立起与西方平等的地位以获得民族的自身尊严？显然，唯一的出路就是建立一个像西方那样的现代文明国家。在这样的政治关系而非文化关系中，中国才有可能捍卫自己在西方面前的平等地位。反观中国，梁启超发现，中国人却“知有天下而不知有国家”，“知有一己而不知有国家”[11]。正如张佛泉在《梁启超国家观念之形成》一文中指出的，在不断的亡国灭种的危机面前，梁启超产生了一种强烈的“无国”感[12]。这种“无国”感，指的不是“五四”以后人们说的那种“无国”，即失落了民族国家的文化个性，而是缺乏像西方国家那样的政治共性，那种具有国际竞争力和内部凝聚力的现代国家。在晚清，中国文化还是比较完整的，尚未遭遇整体性的认同危机。在梁启超看来，民族主义的核心不是在于寻找中国文化的独特性——比较起西方来说，那是不言而喻的；问题只是在于，如何从异中求同——成为西方那样的普世性的政治国家。

在近代欧洲，民族主义有两种产生途径：一种是法国大革命式的政治民族主义，通过对人民主权合法性的肯定，使全体公民对国家这一政治共同体产生集体的认同，建立一个以公共意志为内容、宪政为形式的世俗化的公民宗教。另一种是德国浪漫主义式的文化民族主义，将国家看成是一个有最高意志的有机体，通过对民族历史文化的想象和重构，反对启蒙运动的划一化，强调文化的多样性，以建立一个以本族的语言和历史为核心的民族文化共同体。这两种民族主义思潮，晚清在日本都有过重大影响。梁启超对西学的了解，基本上来自日本学者的转述和介绍。他对卢梭为代表的法国人民主权论思想的了解，来自中江兆民，对德国国家有机体论的认识，主要是通过日本学者翻译的伯伦知理（B.J.Caspar）的著作[13]。梁启超对国家的理解，可谓兼容并蓄，同时内含了法国的人民主权说和德国的国家有机体说，但在卢梭与伯伦知理之间，《新民说》时期的梁启超，更多地偏向前者。这是因为晚清时期的中国与近代德国不一样，尽管同样遭到外国侵略，但不缺乏民族的象征符号，所匮乏的是现代的民族国家意识和政治形式。因此，梁启超所致力于建构的，更多地是一种法国式的政治民族主义，确切地说，是一种以国民共同体为核心的民族主义。

二、国民信仰为纽带的政治伦理共同体

按照张佛泉的详细考订，对于nationalism这一概念，梁启超先后和同时用过三个译名：国家主义、国民主义和民族主义。张佛泉特别指出："最值得注意者，即此三个译名，竟渐渐取得其个别含义，而其微妙处，不仅为nationalism一字所不能表达，且已不能以适当名词再译回中文。"在梁启超的用语中，国家主义渐渐地含有"国家至上""一切以国家为重"的意味，特别是1903年以后；国民主义则主要强调国民之自立自主精神；而民族主义一词的重心落在联合国内各个民族，一致对付外来之帝国主义，而梁启超最注重的是国家主义和国民主义[14]。

国民主义与国家主义，虽然都是梁启超民族主义思想中的组成部分，但在各个时期，他的着重点是不同的。简单地说，在《新民说》时期更侧重国民主义，后《新民说》时期转向了国家主义。二者虽然都是nationalism的题中应有之义，但由于各自的重心不同而具有内在紧张性。梁启超不仅没有意识到二者的内在张力，反而经常混杂使用，它们相互纠缠，未曾分化。这是晚清到"五四"时期中国早期思想家所拥有的共同特征：西学对于他们而言，是一个混沌的整体，各种在西方语境中相互冲突的思潮，被引进中国之后被整合为一个广义的、自恰的与和谐的意识形态。我们接下来将看到，西方的自由主义、共和主义、社群主义和国家主义是如何在梁启超的民族主义思想中交织、渗透在一起的。

现在，我们来研究《新民说》时期梁启超的国民主义。如前所述，梁启超的民族主义思想，最重要的来源之一是伯伦知理。按照伯伦知理的国家有机体论，国家乃是一个有生命的生物体，有其独立的意志和精神，它与自由主义的国家观不同，国家不是实现个人权利的工具，其自身就是一个目的。伯伦知理认为，近代的"国家"

与“国民”乃是一个角币之两面，互为表里。“国民”这个词在德文中叫Volk，英文中无对应词，只能翻译为nation，梁启超将它翻译为国民。与此相对应的德文词叫Nation，英译为people，梁启超翻译为族民或部民。梁启超说：“群族而居，自成风俗者，谓之部民，有国家思想能自布政治者，谓之国民。”[15]国民与族民（部民），是两个很不相同的概念，族民是一个文化学和历史学的名词，以血统、语言、习俗等自然因素为依归；国民则是一个政治学的名词，与现代国家密切相关，是政治建构的产物。仅仅有民族或族民这些自然要素，还不足以构成一个现代国家，必须有一种建国的自觉，这样族民才能转化为国民，民族才能转化为国家。特别要指出的是，这里的国民，并非公民（citizen），它不像后者那样是一个具有独立身份的个体，而常常指国民的总体而言，是一个集合概念[16]。在这一点上，伯伦知理与卢梭是相当接近的，因此，梁启超的思想中可以同时兼容二者。

由于伯伦知理的国家有机体将国民与国家看作互为表里的同一性对象，就有可能从其理论中得出两个完全相反的结论，一个是引入卢梭的人民主权论，从而强调国民的自主性；另一个是侧重国家的自在目的，从而成为黑格尔式的国家至上论。梁启超最早走的是第一条路，他将卢梭与伯伦知理学说结合起来，从国民的自主性出发铸造中国的民族主义。1899年他在《论近世国民竞争之大势及中国前途》一文中，区别了现代的国民与传统的国家。

> 国家者，以国为一家私产之称也。……国民者，以国为人民公产之称也。国者积民而成，舍民之外，则无有国。以一国之民，治一国之事，定一国之法，谋一国之利，捍一国之患，其民不可得而侮，其国不可得而亡，是之谓国民。[17]

同年，他在《爱国论》中将国民置于卢梭的人民主权论的基础上：“国者何？积民而成也。国政者何？民自治其事也。爱国者何？民自爱其身也，故民权兴则国权立，民权灭则国权亡。”[18]

既然现代国家的建立和强盛建立在国民的自主、自由和能力的基础上，那么，梁启超民族主义的重心从一开始就定位在国民身上，从国民到新民，于是便有了著名的《新民说》。国民既是特定政治共同体的成员，又是民族国家的主权整体；国民的塑造既是国家的塑造，也是民主的塑造。正如张灏指出的那样，梁启超的民族主义涉及三个方面的问题：政治的整合、政治的参与和政治的合法化，因此，他的“民族国家思想涉及国民思想，民族主义与民主化密不可分”[19]。关于这一点，在《新民说》中可以明显地看到，梁启超的民族主义与现代的自由民主理念不仅不相冲突，而且因为国民的独立自由是国家独立自由的前提：“团体自由者，个人自由之积也”[20]，他的民族主义既是自由主义的，肯定人的基本权利和法律自由；也是共和主义的，强调国民拥有参与政治的权利，通过契约形成公意；更是康德主义的，将现代国民视作对传统奴隶的否定，强调其个人道德和意志上的自主性[21]。英国式不受强制的法律自由、法国式参与的政治自由和德国式的内心自由，这些在以赛亚·伯林看来具有内在张力的消极自由和积极自由，在梁启超那里全然不构成任何冲突，反而形成了他对现代国民自由的一个全息的理解图景。

《新民说》的中心理念是以“利群”二字为纲，建立一个“合群”的中国[22]。“群”在梁启超的思想中是一个具有多层次的国民自治群体所形成的公共关系：“吾试先举吾身而自治焉，试合身与身为一小群而自治焉，更合群与群为一大群而自治焉，更合大群与大群为一更大之群而自治焉，则一完全高尚之自由国、平等国、独立国、自主国出焉矣。”[13]

梁启超的民族国家理想不仅建立在国民自主的基础上，而且还建立在社会的、地方的自治基础上，只有社会形成了各种自下而上的自治的群体，一个自由的、平等的和独立的民族国家才有可能出现。在晚清，由于国家与社会都刚刚从传统的共同体里面分离出来，因此，二者并没有相互分化，而形成了现代“群”的不同层次。正如汪晖所指出的那样，梁启超思想中的“群”既是现代的民族国家，又是高度自治的民间社会[24]。社会与国家之间不仅不是对抗的，反而形成了一个积极互动的公共“群”的网络。

从上述引文可以看出，“群”的建构是从“自身”出发，从身边的小群渐渐扩展到大群乃至国家，虽然有着强烈的儒家“修身齐家治国平天下”的“路径依赖”，但结合梁启超对公德与私德的讨论，我们发现，“群”所建构的不再是儒家式以“自身”为中心的私人关系而是以“自身”（国民自主）为基础、以“群”为中心的公共网络。梁启超指出，中国的旧伦理与西方新伦理的区别在于，旧伦理讲的是君臣父子兄弟夫妇朋友，“则一私人对于一私人之事也”；而新伦理讲家族社会国家，“则一私人对于一团体之事也”[25]。梁启超是敏锐的，一语道破了中国为何无法建立“群”的问题所在：中国的传统伦理只有处理特殊私人关系的私德，而缺乏超越私人关系的普世性的公共伦理观念，尤其是民族国家观念。他大声呼唤国民的公德，试图建立一种国民的公共信仰，以国家为共同的认同对象，以此形成民族国家的凝聚力。

梁启超的国民共同体，究竟是一个政治共同体，还是道德共同体[26]？这一问题的实质在于：作为现代的民族国家，它是应该像自由主义所理解的那样仅仅是一个实现世俗政治目的如富强、民主、自由的“程序共和国”呢，还是像社群主义所希望的犹如古希腊城邦那样的具有集体道德目标的“公民共和国”？国民所认同的是一个世俗的政治族群呢，还是拥有公共善的道德共同体？在梁启超的“群”的共同体中，国家对于国民来说，不是工具性的存在，它本身就是一个具有自我目的的“群”。国民作为共同体的成员，不仅拥有法律的、政治的和意志上的自由，而且也有对共同体尽其忠诚的义务，这就是公德。

然而，公德何以产生？梁启超认为，公德的形成有赖于个人的私德：“一私人而无所私有之德性，则群此百千万亿之私人，而必不能成公有之德性”[27]，但他进一步指出，仅仅只有道德教化还不足以培养对共同体的信仰。他相信，对于建立“群治”即民族国家政治秩序而言，由宗教而形成信仰是必不可少的。梁启超发现，中国的佛教由于其教义具有兼善、入世、平等、自主、知性和超越等特征，对于建立现代的民族国家信仰是极有帮助的[28]。从这里可以看出，梁启超所要建立的民族国家共同体，是以世俗化的国民信仰为纽带的，人们之间不仅是利益的关系，也有情感的关系，通过政治参与，对“群”尽个人的义务，对国家共同体尽其忠诚。这种现代的公德与传统的儒家道德观不同，是非道德的政治美德。不涉及何为善的价值问题，只是体现为政治性的公共美德：尚武、进取、自尊、忠诚、坚毅和合群。

在这个意义上，梁启超可以说是中国的马基雅维利。他将政治与道德分离，又把它们结合起来。他在政治的模具中重铸美德，以政治美德为核心，希望建立一种法国式的国民信仰。梁启超所设想的共同体区别于传统儒家的以仁为中心的道德理想国，也同社群主义的具有公共善的城邦世界不同。它既是一个政治共同体，又是一个道德共同体。确切地说，是一个以政治美德为中心、国民信仰为纽带的政治伦理共同体。这表明，梁启超的自由民族主义，虽然广采百家，但从其核心理念而言，更接近西方共和主义的“公民共和国”理想，而与现代自由主义的“程序共和国”有所隔阂。

三、个人与群体

在国民共同体中，个人与群体的关系如何？在梁启超的论述中，是以国家为本位，还是以个人为本位？关于这一点，迄今为止是存在意见分歧的[29]。然而，这一问题的理论前提，假设了一种化约主义和主体论的立场，那么，在梁启超的思想中，是否有这样的理论预设呢？他是如何理解和阐释个人与群体、公民与国家的关系的呢？

个人主义的出现是一个现代性的事件，是传统社会中社群主义瓦解的历史产物。按照奥克肖特（Michael Oakeshott）的研究，人类共同体中的政治道德有三种模式：社群主义、个人主义和集体主义。前现代社会是一个社群主义的社会，每个人的身份、权利和义务取决于在共同体中的位置，社群与个人之间存在着一种互为主体的互动。个人主义和集体主义都是现代才出现的历史现象，它们都是以欧洲思想中特有的本位论为后设条件的。在中世纪，上帝是世间万物的本位，经过文艺复兴、宗教改革和启蒙运动，个体渐渐替代上帝成为世界的主人，占据了本位，于是就有了个人主义。而集体主义不过是对个人本位的反弹，是反个体的集体本位主义，它与传统的社群主义中和谐的群己关系是很不同的[30]。在欧洲，个人主义是从社群主义中蜕变而来，在早期依然带有社群主义的历史痕迹。罗伯特·贝拉在其名著《心灵习性》（Habitsof Heart）中说，欧洲早期的个人主义受古典共和主义和基督教传统的很大影响，将个人自主性置于道德与宗教责任的背景之下。它们与霍布斯、洛克开始的后来发展为功利主义的本体论的个人主义是很不同的[31]。简单地说，早期的个人主义是一种非个人本位的个人主义，受到了传统社群主义的浸染；而从霍布斯、洛克那里发展来的个人本位的个人主义，如今在现代社会占据主流地位，用麦克弗森（Macpherson）的话说，那是一种“占有性的个人主义”[32]。

就像欧洲早期的情况那样，晚清的启蒙思想家们，无论是严复还是梁启超，他们所接受和传播的都不是这种个人本体论的个人主义，而是受到社群主义影响的个人主义。这样的个人主义并不构成民族国家的对立面，相反地，近代中国的个人主义与近代的民族主义几乎是同时诞生的，二者之间在一开始并不存在后来所具有的那种冲突和紧张关系，它们是早期中国现代化的同一个过程[33]。刘禾在分析现代中国的个人主义话语时指出：个人必须首先从他所在的家族、宗族或其他传统关系中“解放”出来，以便使国家获得对个人的直接、无中介的所有权。在现代中国历史上，个人主义话语恰好扮演着这样一个“解放者”的角色[34]。

在晚清，个人的解放与民族国家的建构有着十分密切的内在关系，问题不在于是国家本位还是个人本位，而在于所谓的“群己界限”，群体与个人在同一个共同体结构中究竟如何和谐互动。张灏引述西方学者的观点说，西方国民观念中包含一个两重性的自我：个人自我和社会的自我，他既是一个独立的个体，又是一个社会人。张灏认为，西方国民观念中的这一紧张性在梁启超思想中并不存在，因为“集体主义是梁国民思想表现出来的一个重要特征，新民的社会的自我几乎完全掩盖了个人自我”[35]。张灏的前半个判断是正确的：在梁启超的国民观念中，并不存在西方那种个人与社会的紧张性，但后半个判断认为这是因为社会自我压倒了个人自我的缘故，似乎有重新讨论的必要。无论是《新民说》时期，还是在这之前，到处可以看到类似这样的论述：“吾以为不患中国不为独立之国，特患中国今无独立之民。故今日欲言独立，当先言个人之独立，乃能言全体之独立。”[36]

可见，梁启超从一开始就是将个人置于与国家的互动关系中论述，或者倒过来说也一样。究竟是个人重要，还是群体（国家）重要，二者何为本位，这一问题对于梁启超来说并不存在。之所以如此，我们可以从他所接受的西方思想和中国思想传统两方面进行分析。

如前所述，伯伦知理的国家有机体论给梁启超的民族主义思想以重大的影响。按照国家有机体论，国家的强弱兴衰，取决于国民的素质。关于这一点，与给予严复以重大影响的斯宾塞的社会有机体论是完全一致的。无论是国家还是社会的有机体论，由于其对群体和个人持有一种有机联系的互动看法，所以，从一个角度看可以说它们很重视群体，从另一角度看又可以说它们是个人主义。正如一位西方学者所指出的那样，这种认为个人决定群体性质的观点是一种“方法论上的个人主义”[37]。梁启超也好，严复也好，他们之所以特别重视新民，重视培养国民的道德、智性和体魄上的素质，乃因为渊源于此。

在晚清，社群社会的文化传统依然对梁启超、严复这代人理解现代社会中的群己关系具有重要的影响。关于中国文化的群己观，梁漱溟在《中国文化要义》中早就指出，中国文化既不是个人本位，也非群体本位，而是把重点放在人际关系上，是伦理本位或关系本位[38]。中国哲学并不存在欧洲那样的根深蒂固的本体论和本位论传统。中国在天与人、自然与社会、个人与群体等关系上，不像西方那样首先确定何为主体，何为客体，化约为某种本位意识。史华慈（Benjamin Schwartg）颇有洞见地指出，在中国思想传统中，不存在西方那样的化约主义（reductionism）[39]。虽然法家和墨家比较偏向集体，道家比较偏向个人，但作为中国文化传统主流的儒家文化，可以说是“择中而处，即居于集体与个体的两极之间”[40]。无论是天人还是群己，在中国文化传统中，都处于积极的互动与和谐之中。中国的纲常关系，如君臣、父子、夫妇关系，也不是西方式的主客体关系，而只能放在互为义务的互动关系中阐释。在儒家文化传统中，人是一个关系的存在，社会是由各种以个人为中心的特殊主义的网络组成的。余英时在其名篇《从价值系统看中国文化的现代意义》中谈道，“儒家一方面强调‘为仁由己’，即个人的价值自觉，另一方面又强调人伦秩序。”[41]也就是说，个人是很重要的，但这一“个人”并非是西方个人主义的权利主体，而是一个具有价值自觉的道德主体，而这一主体对于群体而言又是非“主体性”的，他的道德价值必须在人伦秩序之中才得以实现。狄百瑞（DeBary）把儒家的这种个人意识看做是有别于西方个人主义（Individualism）的一种特殊的“人格主义”（personalism），“它肯定的是在社会、文化过程中得到塑造与成型的强烈的道德良知，其极致便是在天人合一之中达至自我实现感”[42]。

儒家的这些关于个人与群体的思想传统无疑给予梁启超很大的影响。梁启超虽然反省了中国文化中只有个人与个人之间的私人关系，而缺乏个人与团体的公共关系，但他在建构新型的群己关系时，依然继承了中国思想中的社群主义传统。你可以说他是集体主义者，但他并不把国家放在目的论的本位意义上，他重视的始终是不压抑个体自主性的群体。你也可以说他是个人主义者，但他又从来不是一个以个人为本位的个人主义者。梁启超的个人主义，用他自己的话说，可以叫做“尽性主义”。

> 国民树立的根本义，在发展个性。《中庸》里头有句话说得最好：“唯天下至诚唯能尽其性。”我们就借来起一个名叫作“尽性主义”。这尽性主义，是要把各人的天赋良能，发挥到十分圆满。[43]

这一“尽性主义”，显然是从儒家的“人格主义”发展而来，但个中的内容已经不限于道德之性，而是发康德意义上的人之个性，具有自然人性和道德人性的广泛内涵。

总而言之，梁启超总是把个人和群体放在一个互动的脉络里加以讨论。1900年他撰文《十种德性相反相成义》，在他看来，像独立与合群、自由与制裁（法制）、利己与爱他等，并不是相互冲突的，而是互补的，“万物并育而不相害，道并行而不相悖”。在现代“合群”的国民共同体中，群己之间并不是目的和手段这样的工具理性关系，而是处于互动的辩证和谐。他所希望的是“有合群之独立”“有制裁之自由”和“有爱他之利己”的中国式合一境界[44]。深受中国传统影响的梁启超，就是在这样的互动辩证关系中理解个人与群体、国民与国家的关系，而伯伦知理的国家有机体论又进一步强化了这样的互动观念。

现代中国思想没有霍布斯、洛克那种本体论意义上的完全原子化的个人主义，个人的价值总是在群体的网络中获得其意义。即使到“五四”以后，比较彻底的个人主义者如胡适、鲁迅等，也是如此，强调个人的“小我”如何融入历史的“大我”（胡适），或个人如何融入民族的解放事业（鲁迅）。同样，现代中国思想也没有德国那种极端的民族本位、国家至上的国家主义，这是因为中国知识分子对群己关系抱有独特的儒家社群主义立场，也同从严复、梁启超开始，第一代启蒙思想家所接受和传播的是有机体论的国家/社会观有关。

国家与个人的关系，还与对公与私的理解有关。在西方，公与私是一个非常明确的概念，公代表与国家或政府有关的事务，私代表个人的事务，相互之间有明确的法律界限。但中国传统的公私观念，是一个道德评价性的概念，其法律界限是相当模糊的。正如费孝通所说，在中国人伦关系的“差异格局”中，公和私是相对而言的，取决于个人所代表的相对利益。比如为家族争利益，对于国家来说他是私，但对于家族自身来说，又代表着公。所以，中国人可以为家而牺牲国[45]。虽然在社会关系中，公私相当模糊，但在儒家的道德观念中，公与私就像理与欲一样，代表着两种相反的价值，君子修身的最重要目的，就是要克服私欲，实现大公。不过，在明末清初的思想家李贽、顾炎武、黄宗羲那里，公与私被赋予了新的意义，他们肯定私的合理性，公是私的集合，他们试图找到一条非道德化的“合天下之私以成天下之公”[46]的世俗途径[47]。晚清的启蒙思想家梁启超、严复等所继承的，正是明末这一思想传统。根据黄克武的研究，梁启超等所说的公，具有两个涵义：一是道德性概念，代表着抽象的正义，二是社会政治概念，指称具体的民族国家。延续明末的“合公为私”思想，公与私被赋予了世俗的合理性，作为“私”的个人的权利、自由和利益，不再是作为“公”的民族国家的对立面，相反，前者是后者的必要前提。这样，国家作为“合私为公”的天下公器，其对于个人来说就不是外在的、对立的，而是互补的、内在和谐的[48]。

四、转向文化民族主义

1903年访问美国以后，梁启超的思想发生了重大转变。他通过对美国民主和唐人街华人社会的考察，发现共和主义需要国民的政治素质和从政能力，但这些在中国缺乏条件，在民族危机之下，“我中国今日所最缺的而最急需者，在有机之统一与有力之秩序，而自由平等自其此耳”[49]。而这统一与有力之秩序的缔造者，就是一个强有力的国家。于是，他转而成为一个开明专制的鼓吹者，而在其背后，他所追求的是国家理性[50]。所谓的国家理性，就是国家是一个合目的存在，主权不在卢梭意义上的国民，也不在专制统治者，而是国家本身。在这之前，卢梭的人民主权论和伯伦知理的国家目的论在他思想中是平衡且和谐的，但如今他认为卢梭的思想已经过时了，伯伦知理则是新世纪的思想之母[51]。国民原来有两个涵义即自主的公民和国家的一分子，现在梁启超对国民的理解只是后者，并且特别强调以“诚”为中心，国民中所内含的自主的民主内容淡化了，而作为与国家同构的整体目的强化了。这样，梁启超的自由民族主义发生了失衡：其以国民信仰为中心的民族国家共同体不再是卢梭式的民主共同体，而是德国式的以国民忠诚为前提的威权共同体。

放弃卢梭，全盘接受伯伦知理，这就意味着，梁启超原先的以国民信仰为中心的民族国家共同体必须改变其认同方式，要么忠诚国家权威，要么认同民族文化传统。在清末，梁启超将国家理性作为最高的价值目标，但国家作为一个有机体仅仅是躯体而已，它的精神灵魂在哪里？德国浪漫主义的国家有机体观需要民族精神作为其认同的国魂。梁启超亦是如此。1912年梁启超发表了很值得注意的《国性篇》，他在文中认为国有国性，就像人有人性一样。国性是抽象的，但通过国语（民族本土语言）、国教（民族道德宗教）和国俗（民族文化习俗）表现出来。他指出：“国性可助长而不可创造也，可改良而不可蔑弃也。”然而，“吾数千年传来国性之基础，岌岌乎若将摇落焉，此吾所为栗然惧也”[52]。这篇文章透露出，民国以后梁启超在民族主义立场上发生了两个重要的变化：第一是从原来的政治民族主义开始转向文化民族主义，第二，从文明的普世主义开始转向文化多元主义。这两个重要的转变从《国性篇》开始，到1918年访问欧洲撰写《欧游心影录》方最后定型。

访问欧洲是梁启超个人思想中一个重要的转折点。发生在欧洲文明内部的惨绝人寰的世界大战令他对本来坚信不移的竞争进化论世界观发生了动摇，因而，对国家主义的至上原则也产生了怀疑。既然人类的竞争不可避免，那么，在国家利益之上，是否还需要一个更高的世界主义制约国家？在这个时候，中国的天下世界观再次回来了。不过，这一次是以现代的公理世界观的形式出现的，而且，再次被置于一个类似公羊三世说的时间序列中安排国家主义和世界主义。

> 我们须知世界大同为期尚早，国家一时断不能消灭。……[但]我们的爱国，一面不能知有国家不知有个人，一面不能知有国家不知有世界。我们是要托庇在这国家底下，将国内各个人的天赋能力尽量发挥，向世界人类全体文明大大的有所贡献。[53]

在梁启超看来，国家不再是人类最高的团体，它的意义只是工具性的，只是“人类全体进化的一种手段”[54]。人类全体的利益和文明被赋予最高的目的和意义。民族国家作为一种阶段性的共同体，虽然依然需要，但必须受到人类文明的公理制约。这是梁启超从第一次世界大战惨剧中得出的重大历史教训之一。

不仅民族主义的至上地位被调整了，而且民族主义的建构路径也得以修正，从政治民族主义变为文化民族主义。之所以如此，乃是因为“五四”时期的梁启超对西方文明产生了相当大的怀疑，转而重新将民族主义的认同寄托在中国文化的传统基础上。如前所述，晚清梁启超的政治民族主义是以西方的普世文明为基础的，竞争的进化论和民主政治不仅是欧美特殊的道路，也是人类必经的普世文明。梁启超、严复这代晚清知识分子虽然以国家富强为目标，但在这一目标背后，仍然有着对更高的普世文明的追求。李强在批评史华慈的严复研究时指出：“如果我们将严复的思想作为一个整体来考察，就会发现一条贯穿始终的普遍主义的或道德主义的线索，而这条线索正是与传统文化中对超验价值的追求一脉相承的。更为有趣的是，恰恰是达尔文主义中所包含的普遍主义因素，使严复为传统的普遍主义披上了现代的外衣，从而将传统思想中的乌托邦变成‘科学的’、以进化论为基础的社会理想。”[55]也就是说，在严复、梁启超看来，物竞天择的进化论规律中，具有超越意志的天所选择的不仅是强者，也是文明。适者作为一个强者，最重要的是遵从天道。西方文明之所以是中国的楷模，不是因为其强，而是因为它代表着比中国更高级的普世文明。中国的救亡表面上是求富强，但其实质是求文明。正如墨子刻（Thomas Metzger）所分析的那样，他们在西方那里发现了实现中国儒家理想的最好的手段[56]。

然而，欧洲文明内部的世界大战，使得梁启超对西方为代表的普世文明产生了深刻的怀疑，他相信西方文明仅仅是一种有缺陷的特殊文明，即科学为主导的物质文明而已。这种特殊的文明缺乏精神文明的平衡，而中国文化传统中恰恰具有丰富的道德精神资源。这样，他提出了一个超越两种文明的新文明方案。

> 我们国家，有个绝大责任横在前途。什么责任呢？是拿西洋的文明，来扩充我的文明，又拿我的文明去补助西洋的文明，叫他化合起来成一种新文明。[57]

中国文明也好，西洋文明也好，如今在梁启超看来，都只是一种地方性的知识、特殊性的文明。在这一点上，他成为了一个文化多元主义者。但中国思想中普遍价值追求的天下理想，使得他不会仅仅停留在文化特殊主义的立场，他试图将这两种文明传统加以调适，整合为一个新的普世化文明：即西洋的物质文明加上中国的精神文明。这一看法后来在科学与玄学论战中，通过张君劢之口表达了出来。

这样一种以物质/精神、道德/制度二元论为预设的新文明，使得梁启超的民族主义到“五四”时期发生了重大的变化：民族主义的认同重心从国民共同体和国家主义共同体，转移到了民族文化的共同体。中国特殊的历史语言文化，成为新的民族国家的凝聚力。这一变化也深刻地反映了“五四”与晚清时期的重大区别：作为刚刚融入全球化的晚清时期，中国民族主义的核心问题是如何异中求同，如何成为像西方那样的现代政治国家；而到了“五四”时期，中国已经初步镶嵌到了全球化的进程之中，而在这一过程之中，本土文化如何保存、民族认同如何获得自己可靠的基础，如何同中求异，成为新一代自由民族主义者要解决的新的问题。然而，到了“五四”时期，由于《新青年》一代启蒙知识分子的崛起，梁启超对社会的影响已经大不如以前，他的知识和精力已经无法支撑他一直站在思想的前沿。在这样的时刻，梁启超的学生和朋友张君劢接过了他的旗帜，继续探索那条自由民族主义的道路。

总而言之，在晚清，梁启超面对的是竞争性的世界，他所要解决的问题是：如何从天下转到国家？如何从奴隶转到国民？对他而言，中国的民族特性不言而喻，问题在于，如何转向一个西方那样的普世化国家。晚清的梁启超不是要寻找民族的独特性和本原性，而是要使中国融入世界，让中国在全球竞争中成为一个普世性的国家。梁启超虽然不是一个严格意义上的自由主义者，但在他的思想中，特别是《新民说》中，有许多与自由主义相接近的观念，比如关于个人的权利、个人道德自主性、人性中的幽暗意识、市民社会观念等[58]。梁启超将这些自由主义的基本理念放在民族国家共同体的叙事脉络中加以论述，形成了中国自由民族主义的最初形态。不过，梁启超所代表的自由民族主义印有中国儒家深刻的特征，从他对个人、社群和国家的相互关系的处理和对公德与私德的理解而言，可以说是一种现代儒家式的自由民族主义。在全球自由主义和民族主义的思潮中，现代中国所留下的这一传统，显然有其独特的思想价值。

注释

[1] 参见伯林《民族主义：往昔的被忽视与今日的威力》，载伯林《反潮流：观念史论文集》，冯克利译，译林出版社2002年版

[2] 参见Yael Tamir，Liberal Nationalism，Princeton University，1993

[3] 列文森：《儒教中国及其现代命运》，郑大华等译，中国社会科学出版社2000年版，第87页

[4] 梁启超：《〈说群〉序》，载《梁启超全集》第1册，北京出版社1999年版，第93页

[5] 同上书，第93～94页

[6] 梁启超：《自由书·答客难》，载《梁启超全集》第1册，第357页

[7] 梁启超：《新民说·论国家思想》，载《梁启超全集》第2册，第663～664页

[8] 列文森：《梁启超与中国近代思想》，刘伟等译，四川人民出版社1986年版，第5页

[9] 关于梁启超与福泽谕吉的关系，参见郑匡民《梁启超启蒙思想的东学背景》第2章，上海书店出版社2003年版

[10] 参见梁启超《自由书》，载《梁启超全集》第1册，第340页

[11] 梁启超：《新民说·论国家思想》，载《梁启超全集》第2册，第665页

[12] 张佛泉：《梁启超国家观念之形成》，《政治学报》（台湾）1971年第1期

[13] 关于梁启超如何通过日本学者了解伯伦知理和卢梭，参见郑匡民《梁启超启蒙思想的东学背景》第4. 6章

[14] 张佛泉：《梁启超国家观念之形成》，《政治学报》（台湾）1971年第1期

[15] 梁启超：《新民说·论国家思想》，载《梁启超全集》第2册，第663页

[16] 关于国民与部民的翻译以及区别，参见张佛泉《梁启超国家观念之形成》，《政治学报》（台湾）1971年第1期

[17] 梁启超：《论近世国民竞争之大势及中国前途》，载《梁启超全集》第1册，第309页

[18] 梁启超：《爱国论》，载《梁启超全集》第1册，第273页

[19] 张灏：《梁启超与中国思想的过渡》，崔志海、葛夫平译，江苏人民出版社1993年版，第69、117页

[20] 梁启超：《新民说·论自由》，载《梁启超全集》第2册，第679页

[21] 梁启超：《新民说·论权利》《新民说·论自由》，载《梁启超全集》第2册，第671～681页

[22] 梁启超：《新民说·论公德》《新民说·论合群》，载《梁启超全集》第2册，第662. 694页

[23] 梁启超：《新民说·论自治》，载《梁启超全集》第2册，第683页

[24] 关于梁启超思想中“群”所具有的自治的民间社会性质问题，汪晖在其新作《现代中国思想的兴起》第9章“道德实践的向度与公理的内在化”中有详细的讨论（三联书店2004年版）

[25] 梁启超：《新民说·论公德》，载《梁启超全集》第2册，第661页

[26] 关于这一点，张灏与汪晖的看法是不同的。在张灏看来，梁启超的“群”的思想主要涉及的是政治整合、政治参与和政治合法性，这样的共同体把国家的道德目标变为集体成就和增强活力的政治目标，是一个世俗的政治共同体（参见张灏《梁启超与中国思想的过渡》，第69、211页）。但汪晖强调，由于梁启超始终把国家看成是一个共同体成员的自治成果，他的自治观及其道德涵义又主要以区域性的社群为模式，因此，他所理解的国家并不是一套单纯的政治结构，而是一个建立在其成员共同认可的道德一致性基础上的共同体（参见汪晖《现代中国思想的兴起》第9章“道德实践的向度与公理的内在化”）。

[27] 梁启超：《新民说·论私德》，载《梁启超全集》第2册，第714页

[28] 梁启超：《论佛教与群治之关系》，载《梁启超全集》第2册，第906～910页

[29] 关于梁启超《新民说》时期的个人与群体的关系，过去主流的看法，以张灏、黄宗智为代表，他们延续了史华慈对严复研究的思想传统，认为像梁启超、严复这些晚清启蒙思想家，虽然介绍了许多自由主义的观点，但从最终关怀和目的论上来说，还是一个集体主义者，以国家的独立和富强为目标（参见张灏《梁启超与中国思想的过渡》、Philip C.C.Huang，Liang Ch’I-ch’ao and Modern Chinese Libeialism，University of Washington Press，1972）。但1990年代以来对梁启超的研究，提出了不同的观点，最具代表性的是黄克武提出的。他通过对《新民说》的详细分析后指出，梁启超是将个人与国家放在一个相互协调的关系中加以论述和处理，最后的重心还是落实在尊重个人的自由（参见黄克武《一个被放弃的选择：梁启超调适思想之研究》，台湾，中央研究院近代史研究所专刊，1994年）。

[30] 参见奥克肖特《哈佛演讲录：近代欧洲的道德与政治》，顾枚译，上海文艺出版社2003年版

[31] 贝拉：《心灵习性》（中译本名为：《美国透视：个人主义的困境》），张来举译，社会科学文献出版社1992年版，第180页

[32] 参见C.B. Macpherson，The Political Theory of Possessive Individualism：HobbestoLocke，Oxford University Press，1962

[33]参见汪晖《个人观念的起源与中国的现代认同》，载《汪晖自选集》，广西师范大学出版社1997年版

[34] 刘禾：《跨语际实践：文学、民族文化与被译介的现代性》，宋伟杰等译，三联书店2002年版，第128页

[35] 张灏：《梁启超与中国思想的过渡》，第154～155页

[36] 梁启超：《十种德性相反相成义》，载《梁启超全集》第1册，第428页

[37] 参见Steven lukes，Individualism，London：Haper&Row Publishers，1979，转引自李强《严复与中国近代思想的转型：兼评史华慈〈寻求富强：严复与西方〉》，《中国书评》（香港），1996年第9期

[38] 梁漱溟：《中国文化要义》第5章，《梁漱溟全集》第3卷，山东人民出版社1990年版，第79～95页

[39] 参见史华慈《论中国思想中不存在化约主义》，张宝慧译，《开放时代》2001年5月号

[40] 余英时：《群己之间：中国现代思想史上的两个循环》载余英时《现代儒学论》，上海人民出版社1998年版，第237页

[41] 余英时：《从价值系统看中国文化的现代意义》，载余英时《中国思想传统的现代诠释》，江苏人民出版社1989年版，第30页。狄百瑞：《个人主义与人格》

[42] 狄百瑞《亚洲价值与人权：从儒学社群主义立论》，陈立胜译，台北，正中书局，2003年，第25页

[43] 梁启超：《欧游心影录》，载《梁启超全集》第5册，第2980页

[44] 梁启超：《十种德性相反相成义》，载《梁启超全集》第1册，第428～432页

[45] 费孝通：《乡土中国》，三联书店1985年版，第21～28页

[46] 顾炎武：《日知录》卷三

[47] 参见余英时《现代儒学的回顾与展望》，载余英时《现代儒学论》，第20～28页；沟口雄三《中国式近代的渊源》，载沟口雄三《中国前近代思想之曲折与展开》，陈耀文译，上海人民出版社1997年版，第1～42页

[48] 参见黄克武《从追求正道到认同国族：明末至清末中国公私观念的重整》，载黄克武、张哲嘉主编《公与私：近代中国个体与群体之重建》，台湾，中央研

究院近代史研究所，2000年
[49] 梁启超：《政治学大家伯伦知理之学说》，载《梁启超全集》第2册，第1066页
[50] 参见梁启超《开明专制论》，载《梁启超全集》第3册，第1470～1486页
[51] 梁启超：《政治学大家伯伦知理之学说》，载《梁启超全集》第2册，第1065.1076页
[52] 梁启超：《国性篇》，载《梁启超全集》第5册，第2554～2556页
[53] 梁启超：《欧游心影录》，载《梁启超全集》第5册，第2978页
[54] 同上书，第2986页
[55] 李强：《严复与中国近代思想的转型：兼评史华慈〈寻求富强：严复与西方〉》，《中国书评》（香港）1996年第9期
[56] 参见墨子刻《摆脱困境：新儒学与中国政治文化的演讲》，颜世安等译，江苏人民出版社1990年版
[57] 梁启超：《欧游心影录》，载《梁启超全集》第5册，第2986页
[58]参见黄克武《一个被放弃的选择：梁启超调适思想之研究》第8章，台湾，中央研究院近代史研究所专刊，1994年

[作者单位]华东师范大学中国现代思想文化研究所

[原　　刊]《天津社会科学》2005年第1期

一个世纪话题

——评梁启超的《新民说》

黄　珅

对于国民素质的思考，已成了困扰中国整整百年的一个世纪话题。其中梁启超的新民《新民说》，无疑是一部里程碑式的著作。尽管出发点和表现方式有所不同，但后人的论述，始终不摆脱梁启超的影响，特别是他关于“公德”“合群”“国家思想”的论述，几乎成了20世纪国民教育的指导思想。

“新民”一词出自《尚书·康浩》，《大学》引用此语，作为“明明德”的一部分。中国古人不长于抽象的哲学思维，但好谈伦理道德，对于个人修养的发挥，几无余蕴。但旧伦理所重的，只是个人与个人的关系，其道德修养，以束身寡过为中心，只能称作“私德”。这是由中国的社会现实决定的。政治上的压制，教育中的偏颇，造成国家观念、民族观念、对群体责任观念的淡薄，也就是说，当时国民缺乏公德。即使那些有“清、慎、勤”之誉的人，也往往不知公德为何物，仅仅满足于洁身自好，不知“洁身”只是人起码的品质，除此之外，还有更重要的责任。在《阅微草堂笔记》中，有这么一则寓言：某官死后到了阴间，阎王要办他的罪，那鬼魂连声叫冤：“我没有罪，我做官十分清廉。”阎王责道：“如果在大堂上放个木偶，连水都不喝，不是更廉洁吗？仅仅只是廉洁，什么事也不干，这就是你的罪过。”那些以洁身寡过自满的人，全然不知自己已犯下执弃公德的大罪。更有一班人，将一个“我”字横梗胸臆，唯计一己私利，无视国家公害，为了自己的饭碗，明知官场腐败当改而决不肯改，为了子孙的前途，明知科举无用当变而决不肯变。对忧国之士挥泪洒血，同心合力，维新变革，以拯时艰的行动，还百般诋毁，以济其私。“无公德则不能团。”虽有无数束身自好之人，仍无以为国，更何况还有那么多嗜利无耻之徒。特别是当列国相争异常激烈之时，如果国人都懦怯愚昧，各争其私，必定使群体涣散，一旦强敌人侵，国家危亡，指旧可待。顾炎武曾说：“民不能无私也，圣人之制治也，在合天下之私以为公。”[1]当此国难当头之际，“惟有合群以救之，惟有激耻以振之，惟有厉愤气以张之”，“移其营私之心，以营一大公；移其保家之心，以保一大国”。[2]梁启超更是大声疾呼：不知有公德，是中国政治不进、国运日替的根本原因，“知有公德，而新道德出焉，而新民出焉”。[3]他的《新民说》，就是一部“公德说”。

梁启超明确地说：新民之所以为今日中国第一急务，除了国内变法的需要，更是为了能国际竞争中立于不败之地。“凡一国之能立于世界，必有其国民独具之特质，上自道德法律，下至风俗习惯、文学美术，皆有一种独立之精神，祖父传之，子孙继之，然后群乃结，国乃成，斯乃民族主义之根抵源泉也。”[4]人与人之间不可能没有争斗，民族与民族之间不可能没有冲突。要维护民族生存，保障民众利益，就得依靠国家的力量。“不有民，何有国不有国，何有民。民与国，一而二，二而一者也。”[5]天下当然不存在没有国民的国家，但只有具有国家思想的人，才能真正称作国民。然而，由于中国在历史上一直处于优越的地位，以世界中心自居，虽然异族为患，历来不绝，几度入主，被祸尤烈，但地覆天翻，华夏岿然，故只知有天下而不知有国家。在现实生活中，又唯贵是尊，唯富是求，唯势是从，唯利是图，只知有个人而不知有国家。至于历代统治者，都以国为一家一姓的私产，“国”在其念上只是“家”的同义词。一国的土地财富，乃至百姓的生命，都只是为满足统治者的淫欲而存在，供其挥霍利用而已。因为“国”只是私产，故即使天地流血，生民涂炭，统治者也毫不在乎，更无需负任何责任。因为“国”与民毫无关系，故不知国民的意义，民众既被剥夺了治国立法的权力，也就漠视了保国图强的责任。既无国家思想，就无所谓亡与不亡，既无国民观念，也就无所谓耻与不耻。即使灾难迫在眉睫，依然浑浑噩噩，苟且偷生。梁启超等维新派认为，当时中国已处在国际竞争漩涡的中心，“今日欲抵挡列强之民族帝国主义，以挽浩劫而拯生灵，惟有行我民族主义之一策。而欲实行民族主义于中国，舍新民末由”。[6]当今世界，国家是国民必须依靠和保卫的最高组织形式，爱国便是最大的公德。全国士民，都应鼓其忠愤之气，激其炽热之情，以国衰民弱为己耻，以保国保种为己任。在《新民丛报》第一号所刊章程中，梁启超谈该报宗旨：“本报取《大学》新民之议，以为欲维新吾国，当先维新吾民。中国所以不振，由于国民公德缺乏，智慧不开，故本报专对此病而药之……但今日世界所趋重在国家主义之教育，故于政治亦不得不详，惟所论务在养吾人国家思想。”

在旧中国，个人的独立地位始终得不到承认，人的一言一行、一举一动，都得受“礼”的约束，甚至人的情欲也必须受天理的制约，所谓情与理的统一，就是说个人的情感必须体现伦理原则，而不仅仅是个人的东西，故多听天由命，随遇而安、忍气吞声、委曲求全的乡愿。康有为受西方人道主义思想的影响，在《大同书》中将人、人性、人欲，作为社会文明发展的起点，将人的利益作为判别道德、政教及一切是非的标准，从而肯定了自然人性，维护了人的价值。他认为一切新技艺、新思想、新文化，都因有益于人类、能满足人的欲望，而值得赞美和提倡，从而从人道主义的角度，证明维新变法的合理和必要。就反对封建伦理纲常、肯定人的情欲而言，谭嗣同要比康有为激进得多。他认为“天理即在人欲之中”，特别是他对封建帝王的斥责，对妇女解放的呼吁，在当时均可石破天惊之声。梁启超十分重视情感和自由意志的力量，认为天下最神圣的莫过于情感，将个人情感看作是人类一切行为的原动力。

对人的价值的追求，必然会引伸出权利思想。唯有拥有权利的人，方能保持尊严，甚至可以说，方有做人的资格。人之大患，莫甚于不自助而望人助我，不自利而欲人利我。如果抛弃自身的权利，将希望寄托在他人身上，委诸不可知的命运，到了这种地步，人和动物又有什么区别？谈到权利，便离不开责任，当人获得了权利，也就同时承担起责任。伊尹说：“予天民之先觉者也，余将以斯道觉斯民也，非余觉之而谁也？”孟子说：“夫天未欲治平天下也，如欲治平天下，当今之世，舍我其谁也？”便是将权利和责任置于一肩的表白。这实际上也就是梁启超反复强调的以群体（民族、国家）利益为核心的权利思想。为了争取权利，必然会出现斗争，为了维护权利，必然会反抗外来压迫。群体的权利、国家的权利、民族的的权利，建立在无数个人权利的基础之上，这就是个人对民族、对国家、对群体的责任。只要人人自强，人人有维新图强之权，人人怀天下兴亡之责，那么国家和民族的前途，也就有了保障。故抛弃权利，不仅抛弃了自身应有的价值，同时也抛弃了民族生存的基础。这是对自己、对群体都极端不负责任，是道德的没落、希望的毁灭，精神上的自杀。梁启超对旁观者尤其憎恶鄙视，就因为这些人放弃权利、忘却责任，甘于堕落，血性全无。可悲的是，这种不负责任、不惜自裁的人，在中国实在太多了。所谓“不在其位，不谋其政”这句士人的格言，“各人自扫门前雪，那管他人瓦上霜”这句民间的俗语，便是国人毫无权利思想和责任观念的供状。更可憎者，自己一事不办，对旁人办理，却又冷言冷语，讥讽打击，使勇者气短，怯者沮丧，“譬之孤舟遇风于大洋，彼辈骂风、骂波、骂大洋、骂孤舟，乃至遍骂同舟之人，若问此船当以何术可达彼岸乎，彼等瞠然无对也”。[7]即使一些心忧国难、篙目时事的名士，也唯以国事为谈资诗料而已，听其言论，则日日痛哭，读其词章，则字字孤泪，至于如何救亡图强，则委心袖手，毫无作为，“无可奈何”是其口诀，“束手待毙”是其真传，就沮丧国人志气和热情，和前者没什么不同。而唯有及时偷乐之心，全无顾恤后世之想的人，又比比皆是，一遇强敌，必然先是退让，继而害怕，最后气怜，无骨无血，无气无神。当异族入侵之际，迁延观望者有之，含垢忍辱者有之，奴颜卑膝者有之，独少嗅目切齿、攘臂扼腕、中夜起舞、击揖中流之士。古希腊神话中掌管法律和正义的女神忒弥斯（Tehmsi），一手执天平，一手执剑，在中国，为了维护正义、维护权利，能手执利剑、承担责任的，又有几人？以此制敌，何敌能克？以此治国，何事能成？

梁启超进而探讨了国人之所以缺乏权利思想的社会根原。他认为人的权利思想，本是上天赋予的良知良能，只是由于专制政府大大挫伤了国民性，直接造成国家和民族的不振。要使国民勇于承担责任，首先得承认他们应有的权利，一个没有任何权利的人，无论在主观上还是客观上，都很难承担责任。新民的关键在于使国民真正树起国家主人的意识，将其切身利益和国家利益、民族利益结合起来，没有民权和民生作保障的民族主义，是不会有活力的。平时对百姓只知剥削、鞭挞、侮辱、杀戮，将天下廉耻之心，羞恶之心，是非之心、全都铲除殆净，一旦敌船集于海疆，敌军兵临城下，而想动员百姓力量，岂非为时太晚？那些从来只将百姓当作奴隶、当作工具的帝王将相，到政权岌岌可危之时，却责怪国民缺乏权利思想，岂不可笑？

自由是权利的表征。“不自由，毋宁死！”严复说“以自由为体，以民主为用”是西方国民争驰并进、国家日新月异的关键所在。民权还只是一种政治上的表现形式，自由才是最本质的东西。中国“有自由之俗，而无自由之德”，[8]即由于官吏玩忽职守，百姓涣散不齐，使得中国民众能享受一些本需约束的行为上的自由，但真正的自由，即意志自由，却一直被严加管制，统治者一面以严刑峻法压制人的言行，一面又用名教礼节钳制人的思想。“我是播散自由的五瘟使，我是点明独立的北辰星。”在《新罗马传奇》中，梁启超借一个意大利革命党人之手，抒写了争取自由的心声。一个真正自由的人，是能够完全掌握自己命运的人。人决不能失去自我，沦为马戏团里的猴子，在鞭子、糖果、口哨、手势的逼迫、利诱、指使、暗示下，或跳或舞或喜或怒。谭嗣同大声疾呼，要人从外界形形色色的奴役中彻底摆脱出来，梁启超将他的“冲决一切罗网”说，和西方牛顿“打破偶像”的名言相提并论。人被逼为奴隶尚不足畏，只要能够觉悟，敢于斗争，终有挣断铁链的一天。最可悲的是甘愿为奴隶，自视为奴隶，自己奴役自己。庄子说：“哀莫大于心死，而身死次之。”梁启超改为：“辱莫大于心奴，而身奴斯为末矣。”故“若有求真自由者乎，其必除心中之奴隶始”。[9]具体些说，即不为古人的奴隶、不为世俗的奴隶、不为境遇的奴隶、不为情欲的奴隶。

人无自由，不能自主：人无自尊者，不能自持。人无自由，则沦为奴隶；人无自尊，则甘奴隶。无自由者，如缚手足；无自尊者，无异心死。非自由之人，不可言独立。非自尊之人，不可能独立。人失去自由，则悲伤思变；而无自尊者，却恬不知耻。故提倡自尊，实有更加深刻的意义。自尊不仅是尊个人，也是对人道的尊重。一个自尊的人，必须能自爱、自治、自立、自任。人必自尊，然后能得他人的尊重，而维护国家的尊严，又必自国民自尊开始。但当时不少人，却安于束缚，习于呵喝，垢之不闻，唾之不怒，役之不惭，捶之不痛。有能富之者，则色喜神摇，围绕奔走，无所不至；有能贵之者，则磕头请安，吮痈舔痔，在无不辞。更痛心的是，时人既眩于西方的富强，又慑于西方的威胁，原先尚有侈然自大之，在接连几次战败之后，已唯知渐悚，妄自菲薄。上自君相，下及吏民，都伺外国人的颜色，仰外国人的鼻息，趋承奔走，唯恐落后。不知自尊乃致强之原，自卑乃取亡之道，只求托庇于列国的扶助，又以什么作为立国之具、治世之道？故梁启超对国民不知自尊尤其忧惧，提出：人不自尊，不仅害己，而且误国。

就思想意识而言，国人无自由、无自尊，集中表现在好依傍上，过去由依傍古人而成为古人的奴隶，如今又依傍洋人而成为洋人的奴隶。反依傍，是梁启超对中国旧思想的总批判，也是今后新文化健康发展必须遵循的原则。中国人好依傍，是与其迷信权威连在一起的，由此产生了依赖性和保守性，压制了个性和创造性。传统之所以能影响现代人，因为它是历史的积淀，是一种权威；风气之所以难以抗拒，因为它已在社会上广为流行，也是一种权威。“夫进化之与竞争相缘者也，竞争绝则进化亦将与之俱绝。中国政治所以不进化，曰惟共主一统故；中国学术所以不进化，曰惟宗师一统故。”故“儒学一统者，非中国学界之幸，而实中国学界之大不幸也”。[10]孔子固然是有功于中国文化的伟大人物，尊重孔子，应该尊重他当时的创造性，而不是由历史造成的权威性。如果举国上下，遵一人之言，守一家之说，服一王之制，其弊必甚。反依傍的目的，本在打破政治专制和文化上的一元论，若不与反权威结合起来，决无成效。反权威是反依傍的前提，反依傍是反权威的深入。在当时要使学术界出现生机，要使新的更有生命力、更有价值的学说能够及时引进、普及，首先得从破除儒教的权威、摆脱对儒学的依傍开始，而若能将这种已经公认的神圣、绝对、永恒的教义，证明其实际上与其他学派同样普通、相对、局限，那么其权威性也就不破自破了。梁启超十分推重阎若璩的《尚书古文疏证》和胡渭的《易图明辨》，将它们与达尔文的《物种起源》和施特劳斯的《耶稣传》相比，就因为这两部书，当思想禁锢正紧之时，以异乎寻常的胆识，将已被儒家权威学说肯定的东西，作为一个问题，提出来重新研究，从而大破依傍之风，开近代思想解放的先声。“后此今古六经对待研究，成为问题，六经诸子对待研究，成为问题，其最初之动机，实发于此。”[11]

梁启超认为：二千年来依傍权威的陋习，“皆由思想束缚于一点，不能自开生面，如群猨得一果，跳掷以相攫，如群妪得一钱，诟骂以相夺，其情状抑何可怜哉！”[12]传统的崇拜自然、听天由命的宇宙观，屈从现实、不喜竞争的人生观，在客观上帮助了专制政体，窒息思想，断送活力。而要发展个性、增添活力，只有从思想解放入手，故梁启超等维新志士都以“抉破罗网，造出新思想自任”。反依傍、反权威的原则，促使他提出了思想“既解放便须彻底，不彻底依然不算解放”的主张。[13]“我有耳目，我物我格。我有心思，我理我穷。高高顶立，深深海底行。”[14]历史证明，凡是伟大的、有所作为的人物，必然是思想解放的人，充分自我肯定的人，能够摧陷廓清、除旧布新的人。“苟此理錾然有当于吾心乎，虽外境界如何拂我，我必取之；苟此理怒然不谦于吾心乎，虽外境界如何煽我，我必弃之。以故虽复亚里士多德之所传说，耶稣基督之所垂训，乃至合古今中外贤哲所同称道，为一世之人所信据之理，苟反之于吾心而有所未安，则弃之如敝屣可也；出吾之所自信，以与古今中外贤哲挑战决斗可也；我之所倚赖者，惟有一我而已。隐嘻，是岂所谓中立而不倚、强哉矫者耶！”这就是一个强调思想必须彻底解放的维新志士的自白。

中国社会长期是一个以小农经济为主的农业社会，“安居乐业”是绝大多数人追求的生活目标，在这似乎十分合理的要求中，充分体现人的保守性。千百年来，由于受儒家“温良恭俭让”“危邦不入，乱邦不居”“多言多败，多事多患”，及道家“不敢为天下先”“知足不辱，知止不殆”“未尝先人，而常后人”这些思想的影响，国人多“守节无为”的狷者，少“进取于善道”的狂者；信不可知之命，弃大无畏之力；懦弱柔媚的坤道盛行，自强不息的乾道衰微；以和光同尘、随波逐流为群居之道，以锋芒毕露、显才扬己为处世大戒。长期的封建专制，更将此推向极端，主静而戒动，扶柔而摧刚。“谬种流传，遂成道理。以填密安静为美德，以好大喜功为恶词，容容者有功，哓哓者必缺。在官者以持禄保位为第一义，缀学者以束身自好为第一流。”[17]由此缺乏那种开拓千古、推倒一时的心胸，那种磊落大气、独往独来的气概，那种处变不惊、临事不惧的气度，那种视死如归、一往无前的斗志，那种逆水行舟、上下求索的毅力，那种九死不悔、万劫不复的热诚，那种登临绝顶、一览群山小的进取心，那种孑然一身、远航万里的冒险精神。但是，人类社会原是一个不断相搏、充满竞争的世界，《尚书》中就有“兼弱攻昧，取乱侮亡”之语。天道无知，唯佑强者，弱则兼之，昧则攻之，乱则取之，有亡形则侮之。不搏不跃，不激不行。一个国家、一个民族，如果没有无私无畏、不折不挠、进血洒泪、履险涉难的的精神，不能道天下所不敢道，为天下所不敢为，就不可能成为世界民族之林的强者。特别是在风云突变之际，非大刀阔斧之举，不能收革路蓝缕之功；非雷霆万钧之力，不能造鸿鹄万里之势。“百年命与力相持”，这是梁启超的自励，也是对整个民族的呼吁，他极力提倡的进取冒险、勇敢毅力、竞争意识、尚武精神，无一不是“力”的体现，他希望国民能借助这些伟力，驰骋于民族竞争之途，以洗雪旧耻，开创新风。

如果说，在戊戌变法中，康有为力主变科举、废八股，是为了破除旧制度对人才的束缚，那么在变法失败后，梁启超倡导“新民”，则旨在培养一种合乎时代需要的新道德。当世人高谈维新之时，由于不懂得道德与人事密切相关，故诸事皆敢言新，唯独不敢谈新道德。但当此新旧交替的过渡时代，旧道德已不足以成为振兴民族的精神力量，“苟不及今急急斟酌古今中外，发明一种新道德而提倡之，吾恐今后智育愈盛，而德育愈衰，泰西物质文明尽输人中国，而四万万人且相率而为禽兽也”。[17]故梁启超毅然“与一世流俗人挑战决斗”，以倡“道德革命”之论。“新民说”是一种道德论，和儒家非功利的“仁义”说全然不同，这是一种富有时代精神、充满竞争意识的道德论，其核心是道德只有对国家和民族（而不仅仅是个人）有用，才是美德。“新民说”之新，还在它强调并提出了一种适应新时代的新的价值观念。追求价值就是美德，获得价值就是才能，屏弃旧的价值需要勇气，培养新的价值有赖智慧。梁启超特别强调国民的权利思想，就因为抛弃了权利，不仅抛弃了应得的价值利益，而且抛弃了追求价值的权利。正是对价值一往无前的追求，导致了他对进取冒险精神的赞美；正是对现实价值的追求和肯定，导致了他完全不同传统的经济思想和赢利观。虽然进取冒险、勇敢毅力本身并没有道德的属性，但在梁启超的笔下，都被赋予道德的内容，他的论述，充满了感情的色彩、英雄主义的色彩。这是一种以“合群救国”为中心的新的人格理想，是建立在力本论基础上的、以德育为主、兼及智育和体育的新的道德规范。在“新民说”中，善已不是陈旧的、静止的、毫无生机的伦理，而是充满活力的、合乎需要的、有目的性的活动，是一种信仰、一种欲望、一种追求。

毫无疑问，《新民论》的核心和精髓在“公德论”。然而，“无私德则不能立”。天下固然有私德醇美而公德不全的人，但决不会有私德浊下而公德完善的人。修身齐家，未必能收治国平天下之效，但对不能修身齐家的人，决不能寄以治国平天下的厚望。特别是由于专制政体的陶铸、近代霸者的摧锄、生计憔悴的逼迫、学术匡救的无力，当时中国，私德已堕落到不堪面对的地步。由于私德不立，新思想、新学说的引进，反使一些人挟之以谋其私、以行其恶。其所借用的名义，何尝不是为国谋事，真正的意识，则全在如何实现和满足自己的私欲。结果造成满街都是志士，于“酒色财气不碍菩萨路”之外，还将阴险反覆奸诈势利，看作英雄本色、成功者的标志。致使有清二百年来的民德，从“犹知行恶之为可耻”，沦为“以行恶为无可耻”，直到“以行恶为荣”。[18]对此，梁启超痛心疾首，告诫当时提倡新说的人，注意立身行事，切莫将权利、自由这些神圣的名词，留作被后人垢病的口实，同时又主张公德、私德的一贯，回到修身齐家治国平天下的老路上。

《论公德》和《论私德》是《新民说》中两篇纲领性的文章，虽然前后相隔不到两年，但论述的侧重点已明显不同。尽管一些人认为，正是在此期间，梁启超的思想开始倒退，但就这两篇文章而言，绝不是什么倒退，而是他的认识已经深化。如果说，梁启超原先还想通过“新民德”来拯救社会，那么后来他已认识到，“新民德”不能脱离社会的现状。在论中国民德升降的原因时，他将这看作是在国势、政体、战争、学术、生计多方面影响下的综合结果。在《新民说》最后一篇《论政治能力》中，梁启超明确提出生计问题是最根本的问题：“政治道德学术一切之进步，悉与生计之进步成比例，皆此之由。吾中国数千年生计界之历史何如，吾中国今日生计界之现状何如，观于此，则其政治能力缺乏之根源，从可想矣，正乃孟子所谓救死惟恐不赡者也。故其于最狭义之小我之外，不遑念及大我，于最狭义的现在之外，不遑念及将来，亦奚足怪。”世人的褊狭之性、凉薄之性、暴弃之性、偷苟之性，在很大程度上是由生活逼迫造成的。梁启超批评当时某些人，动辄指责国民生性卑劣、欲念低下，缺乏远大的志向、高尚的志趣、文明的举止，却不想一想，中国国民生活在怎样的社会环境之中？为何产生这样的生活态度和生活方式？

国家本是国民的公产，专制统治者纱民之臂，夺为己有，故最怕民众觉悟并行动起来，夺回属于自己的权利。夺权绝不是一件易事，非气盛、智多、力强、合群、能动不可。为使其私产固若磐石，历代民贼，均以弱民为务，挫其气，窒其智，消其力，散其群，制其动，可谓费尽心机，无所不至。在《拟讨专制政体檄》一文中，他明确表示：当代中国人失去爱国心，缺乏尚武精神，全由专制政体造成，“专制政体与爱国心不两立”，“与尚武精神不并容”。他的《中国积弱溯源论》，对封建专制统治者的愚民、柔民、弱民、贼民之术，作了深刻的揭露和批判。如果政府对民众役之如奴隶，防之如盗贼，民众也必然在思想上、感情上、行为上和政府处于敌对地位。当形劫势禁之时，只得无可奈何地屈从，一旦形变势去，脱去羁络，便会不惜损害乃至牺牲公家的利益（千百年来公私不分这个既成事实，已使他们误将公家当政府，与统治者等同起来）。“故夫中国群治不进，由人民不顾公益使然也；人民不顾公益，由自居于奴隶盗贼使然也；其自居于奴隶盗贼，由霸者私天下为一姓之产而奴隶盗贼吾民使然也。”[19]既然专制统治者的一切经营、一切措施、一切政事、一切法令，都为保护其一姓私产而设，都以坏民之才、散民之力、漓民之德为鹄，那么在这种制度下“新民”，只能是一句空话。

国民的国家思想、权利思想、责任心、进取心，都只有在民主的空气中方能滋生、培养，因此要真正做到“新民”，首先必须推翻封建专制王朝。谭嗣同虽然积极参与变法的各项活动，但他认识到变法并不能解决中国的根本问题，向往法国大革命那种“杀尽天下君王，使流血满地球，以泄万民之愤”的壮举，认为中国也只有到这种地步，方有复兴之望。

但在维新运动领导者中，真正具有革命家的气魄和胆识，唯谭嗣同一人。维新派有个致命的弱点，即思想和行动不能同步。更确切些说，是行动总落在思想的后面。早期的改良派均主张“渐变”，使百姓“渐渍于无形，转移于不觉”。梁启超说康有为“其思想恒穷于极大极远，其行事恒践乎极小极近”。[20]维新派都将“新民”、将教育，看作循序渐进的改良过程中必不可缺和关键的一环，断言“以今日民智未开之中国，而欲效泰西君民共主之美俗，是大乱之道也”。[21]担心革命的结果，会消耗民财，伤残民命，国力疲弱，更甚于前。深信如果不能培养民德，开发民智，增强民力，无论何种制度，均无济于事，所以首要的不是改变制度，而是更新国民性，不是进行以铁以血的破坏，而是从事以脑以舌的改良。“自理论上言，则有新民固何患无新政府；而自事实上言，则必有新政府而后可得新民也。”[22]历史和现实都证明，改造社会必须先于改造国民性。维新党人的看法，从理论上讲是倒果为因，在事实上则为隔靴搔痒。

注释

[1] 《郡县论》五

[2] 康有为：《保国会序》

[3][17]《新民说·论公德》

[4] 《新民说·释新民之义》

[5] 哀时客：《爱国论》一

[6] 《新民说·论新民为今日中国第一急务》

[7] 《呵旁观者文》。

[8] 《十种德性相反相成之义》

[9][14]《新民说·论自山》

[10]《中国学术思想变迁之大势》

[11]《清代学术概论》

[12]《论保教非所以尊孔论》

[13]《欧游心影录》

[15]《近世文明初祖二大家之学说》

[16]《论中国积弱以由于防弊》

[18]《新民说·论私德》

[19]《新民说·论进步》

[20]《南梅先生传》

[21] 严复：《中俄交谊论》

[22] 坛生：《近时二大学说之评论》

[作者单位]华东师范大学古籍研究所

[原　　刊]《华东师范大学学报（哲学社会科学版）》1998年第2期

论梁启超的“新民说”

朱义禄

戊戌变法失败后，梁启超在总结经验教训时，得出一个结论：“欲维新吾国，当先维新吾民。”[1] 1902～1906年，他在《新民丛报》上发表了20篇论文，以《新民说》为总标题，精心铸就了具有独立人格品性的自由“新民”。在“新国”必先“新民”主张下，宣传了一整套得时代风气之先的资产阶级的社会意识和精神面貌。发表《新民说》的前后，他的《国民十大元气论》《十种德性相反相成义》《中国积弱溯源论》《论中国国民之品格》等著作，都是围绕国民性这一与“新民说”相关的主题而展开的。

一

《新民说》的大部分篇章，写于梁启超思想最为激进的时候。一生以思想善变著称的梁启超，在东渡日本后，思想面貌与知识结构，较戊戌变法前有了一个飞跃。这一陡变，他有个自述：“自东居以来，广搜日本书而读之，若行山阴道上，应接不暇，脑质为之改易，思想言论，与前者若出两人。”[2]以1902年而言，他介绍西方学的，有《亚里士多德的政治学说》《天演学初祖达尔文学说及其传略》《进化论革命者颉德之学说》《乐利主义者泰斗边沁之学说》《论泰西学术思想变迁之大势》《近世欧洲四大政治学说》《近世文明初祖二大家之学说》等。往上推，1901年有《霍布士学案》《斯片挪莎学案》；往下看，1903年有《近世第一大哲康德之学说》《政治学大家伯伦知理之学说》。这里只举哲学与政治有关的，还有名人传记、文艺作品、历史与地理的不列举了。从亚里士多德到培根、斯宾诺莎、康德；从达尔文、孟德斯鸿到边沁；从希腊、马其顿到意大利、俄罗斯，人物之多，地域之广，真令人有“应接不暇”之感。在西学影响下，梁启超的思想日趋激进。1902年，他在《释革》中鼓吹，“革也者，天演界中不可逃避之公例”，“为今日救中国独一无二之法门”。他公开倡言：“必取数千年横暴混浊政体，破碎而齑粉之。”[3]矛头直指清廷，认为粉碎专制政体，才是社会走向进步的正途。这时的梁启超，高唱“破坏”的调子，以

“破坏”为“建设”的先决条件，为社会进步的必经环节；“实则人群中一切事事物物，大而宗教、学术、思想、人心、风俗，小而文艺、技术、名物，何一不经过破坏之阶级经上于进步之途也！”[4]下面论及的“除心奴”，就是梁启超这种“破坏”论调的反映。

二

梁启超的“新民”，有双重的意蕴。第一，是指对民众做启蒙工作，克服从封建社会里带来的奴性，即“维新吾民”；第二，是指具有自由自尊意识的独立人格，是一种新型国民，“为将来一国之主人翁”。[5]“新民”是指经过启蒙工作，把民众培养成具有资产阶级意识的新型国民。梁启超以为，数十年变革未能奏效，原因是未曾关注于“新民之道”：“夫吾国言新法数十年而效不睹者何也？则于新民之道未曾留意焉者也。”[6]他觉得，要改革国家的政治面貌，必须从更新国民人格入手。政府与国民，如同寒暑表与空气的关系一样。国民文明程度的高低，决定了国家的面貌。文明程度高，虽偶有“暴君污吏”其国民也“自能补救之而整顿之”；文明程度低下，没有“新民”，虽今日变一法，明日易一人，还是“学步效颦”，无济于事。在如何“新民”上，梁启超有独特的见解：

> 新民云者，非欲吾民尽弃其旧以从人也。新之义有二：一曰淬厉其所本有而新之；二曰采补其所本无而新之。二者缺一，时乃无功。[7]

梁的见解同严复的主张有较大的区别。严复的“鼓民力，开民智，新民德”，有着全盘模仿西方的倾向，而梁启超的“新民”则强调继承本国传统文化中有用成分，认为不能“尽弃其旧”。梁启超在《自由书·说悔》中明言，自己的“新民”主张是源于《大学》的。[8]

不过梁启超没有受程朱理学对“新民”所作的、局限于理欲之辨与传统心性修养的影响，而“采补”的是中国“本无”的资产阶级民主主义的内容而“新之”。就“新民”的旨趣而言，一方面从西方文化那里，汲取了卢梭的天赋人权论；另一方面，则继承了中国传统哲学中，有关发挥人的主观能动性的思想。对卢梭，梁启超是推崇备加的。他以为卢梭的《民约论》及其民主革命思想，是“最适于今日之中国者”，热烈祈求“尚其东来”。这是因为，卢梭所宣扬的天赋人权论，能使地球上“国国自主，人人独立”。[9]于后者，梁启超撷取的是清初哲学家李颙的“悔过自新”说。梁启超说：“《大学》曰：作新民，能去旧染之污者之自新，能去社会旧染之污者谓之新民。若是者，非悔未由。悔也者，进步之原动力也。”[10]“悔”便是人们认识过失而自觉努力去自新的动力。这一见解与从李颙的"悔过自新"说那里衍化出来的。李颙曾被时人视为与黄宗羲、孙奇逢并列的清初三大儒之一。他在评论程朱、陆王与陈白沙、湛甘泉等人的宗旨时说："虽各家宗旨不同，要之总不出'悔过自新'四字，总是开人以悔过自新的门路。"（《二曲集》卷一《悔过自新说》）经过这样的"采补"与"淬厉"的"新民"，梁启超作了多方的阐述。简要地说，"新民"是没有奴性、自由独立的、富于爱国利群、具有进取精神的一代新人。

"旧染之污"在人格上主要表现是"心奴"，这是造就"新民"的最大障碍。因外力造成的奴隶状态并不可怕，可怕是自甘为奴的人格意识。"辱莫大于心奴……若有欲求真自由者乎，其必自除心中之奴隶始。"[11]前者可以通过民变、反抗等手段来解脱，而后者则为内在的自觉，如作茧自缚一样，很难挣脱。梁启超列举了"心奴"的四种表现：诵法孔子，"为古人之奴隶"；俯仰随人，"为世俗之奴隶"；听从命运，"为境遇之奴隶"；心为形役，"为情欲之奴隶"。其中与人格相关的，主要是"为古人之奴隶"。古代的圣贤，功垂千秋，为后人敬仰，但不能作为偶像来崇拜，因为圣贤无法规范千百年后人们的心智，这是梁启超反对"为古人之奴隶"的理由。梁启超主张："古人自古人，我自我。"[12]此"自我"，即精神上的自由，不盲目崇拜包括古圣贤在内的他人。他把"除心奴"的见解，与介绍笛卡尔、培根的学说相联系，盛赞笛卡尔、培根在破除奴性、打破偶像上的功劳。梁启超进而提倡一种精神，"即常有一种自由独立、不傍门户、不拾唾余人之气概而已"。[13]

梁启超不仅反对人们为古先圣贤的依附，而且还针对甘愿做洋奴的劣根性作了批判。即使在介绍西学时，他还给人们敲警钟："呜呼！有闻培根、笛卡尔之风而光者乎！第一，勿为中国旧学之奴隶；第二，勿为西人新学之奴隶。我有耳目，我物我格；我有心思，我理我穷。"[14]强调习西学，应该知晓其本质，作独立的思考。培根有打破"种族偶像""洞穴偶像""剧场偶像"与"市场偶像"的主张，笛卡尔力倡怀疑精神，都是独立人格在学风上的体现。[15]西学是要学的，但崇洋媚外的奴性是要不得的。

三

"除心奴"是破，"倡新民"是立。"新民"是独立自由的，这一品性来自卢梭：

> "不自由毋宁死"斯语也，实十八九两世纪中，欧美诸国民所以立国之本原也。自由之义，适用于今日之中国乎？曰：自由者，天下之公理，人生之要具，无往而不适用也。[16]

天生人而赋之以权利，且赋之以扩充此权利之智识，保护此权利之能力。故听民之自由焉，自治焉，则群治必蒸蒸日上，继焉失其人性，而人道几乎息矣。[17]

自由是天所赋予人的权利。是普天之下适用的“公理”，是欧美各国“立国之本原”。这一道理，同样适用于当今的中国。失去了此种天赋人权，“人道”就不存在了。梁启超的“人”，是独立自由的“我”。“我”有自己的“心思”，“我”会独立思考地去格物穷理。提倡独立自由，在政治上是反封建专制统治，在人格上就是去掉依附的奴性。梁启超说：“要之，言自由者无他，不过使之得全其为人之资格而已。质而论之，即不受三纲之压制，不受古人之束缚而已。”[18]中国几千年来封建专制统治与圣贤人格崇拜，已经使人们麻木不仁，养成一种甘心受奴役、好依傍他人的劣根性。梁启超以为，这是最可怕的，“不除此性，中国万不能立于世界之间”。[19]

“新民”不仅具有自由独立的人格，而且还有合“群”之品性。一方面，“群”以独立自由的个体为基础；另一方面，依据进化论的道理，独立自由的个体，为了在物竞天择的环境，得以更好地生存下去，就得合“群”而居。这里便发生群体与个体的关系问题。梁启超认为，个体利益是“小我”，群体利益是“大我”。“小我”应该服从“大我”，利“群”才能利“己”。但是中国人的最大缺点，就是偏于讲私德而不讲公德，洁身自好而不关心国家的兴亡。为此他强调，“新民”必须”具有利“群”的公德：“知有公德，而新道德出焉矣，而新民出焉矣。”[20]利“群”的公德在梁启超看来就是爱国主义：“凡结集一群者，必当先明其对外之界说，即与吾群竞争之公敌，何者是也。今志士汲汲言群者，非以爱国乎？”[21]

民众是国家的基础，有什么样的民众，就有什么样的国家：“其民强者谓之强国，其民弱者谓之弱国。”[22]有独立自由人格而又有爱国公德的“新民”，才能保证国家的独立自主权，不受他国的侵略。由“新民”而提倡爱国主义，故梁启超的“新民”，具有反抗帝国主义侵略的积极意义。

富于冒险进取精神，是梁启超“新民”的又一品性。从中国历史上看，固不乏象张骞、玄奘、徐霞客这类敢于涉险的人物。徐霞客是出于探索真理而出行，被时人称之为“千古奇人”外，与西方的探险家有相同地方。张骞是出于帝王的政治要求，玄奘去西天取经，是纯粹出于宗教需要。安分守己、知足常乐，是中国人的性格的重要特点。在宋明理学雄踞意识形态的宝座后，更是高悬安贫乐道为人格理想的范型之一。受进化论影响的梁启超，认为整个世界是在不断地进步之中的，“新民”应该富于进取的精神，以适应世界日新月异的变化。要进取，就得有冒险精神，在挑战性的环境中勇往直前。梁启超说：“欧洲民族所以优强于中国者，原因非一，而其富于进取冒险之精神，殆其尤要者也。”[23]如哥伦布之发现新大陆、麦哲伦之环绕地球的航行、彼得之变革俄国政治、华盛顿之领导美国独立战争等，都是显例。单单是中西史实的比较，还是一种事实的罗列。不满足于此的梁启超，进一步从人与禽兽的区别这一哲理高度上去分析。他说："保守今日，故进取之念消，偷安今日，故冒险之气亡。若此者，是弃其所以为人者，而自济于群动也。"[24]按传统的价值观，人之异于禽兽，是由于人具有道德意识。如董仲舒所断言的，人之"超然异于群生"，是因为有"父子兄弟之亲""君臣上下之义""省老长幼之施"（《汉书·董仲舒传》）。这样的价值观，往上可追溯到孟、荀那里，往下不止为理学家所一致推崇，且启蒙学者如黄宗羲、王夫之等人也未能免俗。至20世纪40年代，梁漱溟还在《中国文化要义》一书中，对传统的价值观，作了详尽的论证。梁启超以为，人不同于禽兽，在于人有动物所无的"进取之念""冒险之气"，这是人之所以为人的根据。一味"保守""偷安"的人，是失却了人的进取能动性，把自己降低到动物的行列中去了。

富有进取冒险精神，为人的本质特征所在，是一种不同于传统的、崭新的价值观。它是奠基于商品经济基础上的，是资本主义文化的产物。

自给自足的自然经济，使人们习惯于狭小的天地里，带来保守苟安的品性；商品经济面对广大的市场，人们很难把握自己生产商品的命运，对外部世界的了解，积极开拓市场，就必定促使人产生进取冒险的精神。外在的客观世界，不会自动的、轻易的满足人们的需求，奋斗、拼搏、冒险，就是商品经济生活的人们的应有品性。梁启超强调"新民"必备冒险精神，反映了与商品经济相联系，正在走着上坡路的20世纪初中国资产阶级的新的人生理想，体现了他们积极进取、开拓新世界的勃勃雄心。价值观是一定的经济形态、政治制度凝结于人们意识中较为持久的信念。"新民"是同这一价值观相呼应的、具有近代气息的理想人格，是对传统圣贤人格的有力否定。

四

近代中国和古代，有个很大的不同，那就是很多思想家提出了培养新人的问题。在古代，人们总认为古人比今人好。孔孟以尧、舜、禹等先王为理想人格，而一般士人则以孔孟为古圣贤先贤。新人的观念，是近代才开始有的，并蔚为社会思潮的，如洪仁玕的"新人"、严复开发民众"力智德"的主张，梁启超的"新民"等。在太平天国与清廷的战火纷飞的日子里，洪仁玕要人们用"慧眼"去"认识新天新地新人新世界"。世界是一个运行不息、不断更新的过程，依据这一"世之转革"的道理，人也要不断地改过自新，"力求自新，转以新民"。[25]从刀光血影中蹦出的"新人"，尽管含义比较笼统，但毕竟开了与传统圣贤人格决裂的先河。严复的民众"力智德"潜能开发之论，从思想推进的逻辑上说，自是洪仁玕"新人"顺理成章的发展。梁启超继承了严复的思想，从各个方面详加论证并有进一步的发挥，其"新民"

说是比较系统的关于理想人格近代化的学说。[26]

恩格斯在论述私有制废除后的未来社会时，有一个科学的设想：如同18世纪的农民和手工场工人，被大工业“改变了自己的整个生活方式完全成为另一种人”一样，用整个社会的力量来经营生产和由此引起的生产新发展，也需要一种全新的人，并将创造出这种新人。生产方式的变更，新的社会制度的确立，都会提出造就一代新人的客观要求来。就人的发展需求而言，“人不像其他的存在物”，人必须塑造自己，并因此需要一个指明方向的榜样或理想以供参照。社会的变动愈剧烈，理想人格的变化也就愈大，更何况人自身也有着不断提高自己的内在需求。

近代中国，是一个剧烈变革的社会，对新人的设计是一个时代的现实需求。在本世纪初，梁启超之提出“新民”说，是同中国社会正处于资产阶级革命风暴前夕相关，也同他思想处于最激进时刻有关。梁启超的“新民新”说，对资产阶级革命派有着较为深远的影响。革命派鉴于民众的奴性对中华民族救亡运动的负面作用，便树起了“无圣主义”“革天”的旗帜，认为推翻清廷首先要去除民众意识中的奴性，使每个国民成为独立自由人格的承担者。梁启超的“新民”说，在辛亥革命准备期间，造成了“脱奴隶就国民”“革命必先去奴隶之根性”的社会思潮。再看得远一点，新文化运动的缔造者们，把独立自由的人格，当作是新文明诞生的标志，都可以视为梁启超“新民”说的延伸。陈独秀在《青年杂志》的发刊词《敬告青年》中，所陈的救世六义中第一义，就是铸就自由的人格：“解放云者，脱夫奴隶之绊羁，以完其自主自由人格之谓也。”与此相呼应的，是胡适“造出自己的独立人格”的思想，李大钊要人们“振其自我的权威”的主张。在近代中国新人的缔造浪潮中，梁启超的“新民”说，是起着承先启后的关键作用的。

不可否认，“新民”说唯心主义倾向是很浓郁的，因为它脱离了社会实践去讲“新民”的造就。“新民”所具有的独立自主、利群爱国、进取冒险等人格境界，应该来源于变革社会的实践活动的，但梁启超却归之为“人心”“心力”“人世间一切之境界，无非人心之自造”“是故报大仇、雪大耻、革大难、定大计、任大事，智士所不能谋，鬼神所不能通者，莫不成于至人之心力”。[29]人们只有通过参加变革社会的种种实践，才能真正克服旧的习染，使自己成为符合社会需要的一代新人。梁启超却径直诉之于人的“心力”，唯意志论的色彩是极明显的。尽管梁启超“新民”说存在着这一不足，但它的积极作用是远远超过了消极因素的。“凡一国之能立于世界，必有其国民独具之特质。上自道德法律，下至风俗习惯、文学美术，皆有一种独立之精神，祖父传之，子孙继之，然后群乃结，国乃成。斯实民族主义之根抵、源泉也。”[30]在结束时还引述这段话，是因为笔者从中体会到梁启超的拳拳爱国之心与炽热的民族主义情绪。

注释

[1] 梁启超：《新民丛报章程》，载《新民丛报》1902年2月8日第1号

[2] 梁启超：《夏威夷游记》，《饮冰室合集·专集之二十二》第186页

[3] 梁启超：《新民说》第88页，辽宁人民出版社，1987年版

[4][5][6][7] 梁启超：《新民说》第84. 87页

[8]《大学》中有"大学之道，在明明德，在亲民，在止于至善"的话，二程认为"亲，当作新"，朱熹同意二程的释解，又加上自己的意见："新者，革其旧者之谓也。"（《大学章句》）由于程朱理学自宋代以后，成为占统治地位的官方哲学。故《大学》中的"亲民"，率多被认定为"新民"。至于对"新民"所作的解释，又是见仁见智的。

[9][10] 梁启超：《自由书》，《饮冰室合集·专集之二》第26页，第75页

[11][12][16][17] 梁启超：《新民说》第64页，第55页

[13][14] 梁启超：《近世文明初祖之两大家之学说》，（《饮冰室合集·文集之十三》第12页

[15] 培根的"偶像"亦译作为"幻像""假相"，是指阻碍人们正确认识世界、获得真理认识的主体心理障碍。梁启超这一思想为李大钊所继承与发挥，详见李大钊的《培根之偶像说》。

[18][19] 丁文江、赵丰田编：《梁启超年谱长编》第236页，第235页，上海人民出版社1983年版

[20] 梁启超：《十种德性相反相成义》，《饮冰室合集·文集之六》第44页

[21][22][23][24] 《新民说》第55页，第106页，第53页，第32页

[25] 洪仁玕：《咨政新编》

[26] 戊戌变法期间，严复依据达尔文的进化论、斯宾塞的社会有机体论及德、智、体三育一体的教育思想，大力主张"鼓民力，开民匆，新民德"，认为这是国家富强的基础。梁启超深受严复这一思想的影响，并进一步发展为"新民说"。如梁启超认为，要抵御列强，消除外患，"必其使吾四万万人之民德、民智、民力，皆可与彼相埒"，要做到这一点，"舍新民未由"（梁启超：《新民说》第7页）。

[27]《马恩选集》第1卷，第122-123页

[28] 兰德曼：《哲学人类学》第7页，上海译文出版社1988年版

[29][30] 梁启超：《新民说》第157-58页，第8页

[作者单位]同济大学社会科学系

[原　　刊]《同济大学学报（社会科学版）》1998年12月第4期

梁启超与《新民说》

周建超

辛亥革命前，特别是20世纪最初几年，以梁启超为代表的资产阶级启蒙学家，以敏锐的洞察力在总结戊戌变法失败的原因及对比中西文化巨大差异的基础上，对传统文化深层结构进行反思，提出了改造国民性的时代课题。梁启超起初在《清议报》上发表《呵旁观者文》《中国积若溯源论》《十种德性相反相成义》《过渡时代论》等文，抨击中国人奴性、旁观等“劣根性”，提出新时代新国民应有的“德性”。接着，从1902年开始梁启超在《新民丛报》上连载了他的10万余字专著《新民说》，全面剖析了几千年封建文化积淀在中国人心灵深处的国民性的种种弊端及其根源，阐述了“新民”的必要性与重要性以及理想模式和实现途径，形成了第一个系统的改造国民性——新民理论。因此，深入研究梁启超的新民思想，对于我们进一步认识梁氏的整个思想及近代中国改造国民性思潮都有着重要意义。

一、《新民说》的缘起

早在戊戌变法前，梁启超就竭力指责洋务派“知有兵事而不知有民权，知有外交而不知有内治，知有朝廷而不知有国民，知有洋务而不知有国务。……为吾政教内俗，无不优于他国，所不及者唯枪耳、炮耳、机械耳。吾但学此，西洋务之能事毕矣”。[1]这是洋务运动失败的根本原因。因此，梁启超认为光有“变事”不能变革现实社会，即所谓“补直碑漏，弥缝蚁穴；漂摇一至，同归死亡”，[2]关键要“变法”，从“体”上变革中国文化的结构，改革不合理的政治体制乃至整个社会管理体制。从这一思维逻辑出发，梁启超满怀信心地登上了维新变法的征途。但是这场政治改良运动由于缺乏坚固的社会基础而仅存103天便悲壮地失败了。这一历史悲剧说明，制度文化的变革，是文化结构中最敏感的部分，因为制度变革的实质是对社会现成秩序的否定，它必然要触犯一部分统治者的既得利益。没有足够的经济基础、社会动员及良好机遇，它往往归于失败。

1898年戊戌变法失败后，梁启超只身流亡日本，由于政治活动的暂时中断，使梁有充裕的时间发挥他的思想才华，并且在居住日本期间，可以自由地表达他的思想。同时，梁启超在日本很快学会阅读日文，开始接触日本出版的大量的西方资产阶级思想家有关政治、经济、历史、社会及思想文化方面的著作，其范围之广是他在国内从事变法活动时所未见到的。先前他所接触到的西学，主要“偏重于兵学艺学，而政治资生等本原之学，几无一书焉”。而日本“所译所著有用之书，不下数千种”，并且“皆开民智强国基之急务也”。[3]这使梁启超大开眼界，“自居东以来，广搜日本书而读之，若行山阴道上，应接不暇。脑质为之改易，思想言论与前者若出两人”。[4]闭西学知识结构的变化和丰富内容，使梁启超有可能在更广阔的范围内去比照中西文化的先进与落后。如果说在戊戌变法时期，为了实现改良派改革社会的政治理想，梁启超还主要是从国家制度、政治思想方面来比较资本主义文化和封建文化之间的差距，那么此时的他则着重从文化的深层结构来探讨中国落后的原因。梁启超指出：“凡一国强弱兴废，全系国民之智识与能力。而智识、能力之进退增减，全系手国民之思想。思想之高下通塞，全系国民之习惯与所信仰。然则欲国家之独立，不可不谋增进国民之思想，不可不于其所习惯、所信仰者，为之除其旧而布其新。”[5]这里所谓“习惯”“信仰”，就是文化的心理结构，是塑造“国民性”的重要因素。同时，梁启超把不断涌现的新观念、新思想以“新民”为题从1902年起接连在《新民丛报》上连载，系统地提出了自己的道德和政治思想，最后汇集成册，名曰《新民说》。

梁启超在20世纪初之所以能提出新民学说，一个重要的原因是他在日本期间接受了西方资产阶级的国家学说和天赋人权理论。国家学说和天赋人权理论认为国家起源于人民的自由意愿，是为保护自己的“天赋权利”不受外力侵犯，共同缔结契约而组成的一个整体。在国家中，人民的权利神圣不可侵犯，政府是权利的执行人，是人民的仆从，必须借助人民的力量，按照人民的意志活动。这一国家学说思想在卢梭的《社会契约论》中得到全面展开。梁启超避难日本后，一开始便接触到了这一名著，深深感到卢梭的国家学说是引导中国走向富强的“药方”，是“最适于今日之中国者”[6]。为此，1901年他特撰《卢梭学案》一文，全面阐释了卢梭的国家起源论、主权在民说和平等、自由等内容的国家学说，认为中国积弱积贫固然是封建专制政体造成的，但与中国民众长期不觉悟、全然不知自己的权利、责任而甘愿受人奴役的国民性有密切的关系，如果人人能觉悟过来，充分认识自己在国家中的主体地位，那么中国的独立和强盛就为期不远了。同时，根据卢梭的“天赋人权”理论，梁启超指出，既然人是生来自由平等的，这是天赋的权利，那么当人民的自由为强力所剥夺时，人民便有革命的权利。这就是说：“保持己之自由权，是人生的一大责任也，凡号称为人，则不可不尽此责任。”[7]但中国自秦汉以来的数千年中，人民并不知自己应有的权利，相反受压于君主官吏，长期处于无权、不自由的奴隶地位，这就造成中国人根深蒂固的受治服从、麻木不仁的奴隶性，这种奴隶性使人既无自治之力，亦无独立自由之心，只有依赖、盲从、谄媚的性情，结果在国人中形成一种安于现状被压迫受屈辱地位的顺民性格和对国事漠不关心的消极惰性，没有权利、义务观念，亦无社会责任感。因此，梁启超认为“不除此性，中国万不能立于世界万国之间”[8]。正是受“人民为国家主体”和“天赋人权”理论为核心的近代西方资产阶级启蒙思想的启迪，梁启超开始撰述和宣传他的新民理论。

同时，严复所介绍的西方资产阶级的进化论和社会有机体论也构成了梁启超新民思想的理论基础之一。这种学说认为，物竞天择、优胜劣败不只是生物界的规律，而且也是人类社会发展的普遍规律。人类社会从一开始便处于种与种争、群与群争的状态之中，只有那些适应生存竞争的智者强者得以生存和发展，因此民族要生存，就必须不断提高自身的素质。再者，如同生物有机体的性质、强弱取决于细胞的属性一样，一个国家、民族的强弱盛衰取决于社会全体成员基本素质的高下优劣。依据这一理论，梁启超断言，中国人全体之“腐败恶劣”是中国“积弱之最大根源”，是中国“病源之源”。[9]他论证说：“政府何自成？官吏何自出？斯岂非来自民间者？……正所谓种瓜得瓜、种豆得豆。”[10]因此，中国在近代的落伍和受欺凌，从根本上讲是国民素质低下造成的，而不是清政府统治所致，中国人民不应“科罪于当局”，而应自责、自省、自觉作一个新民。“苟有新民，何患无新制度、无新政府、无新国家。”[11]这样看来，梁启超创办《新民丛报》，撰写《新民说》，从根本上讲，就是要造新民，强民智，培育新国民。这是从世界各民族竞争的大趋势而想出的救国良策。

当然，由于时代和阶级的局限，梁启超对帝国主义和封建主义以及封建专制制度是造成中华民族陷入苦难、危亡的深渊和国民素质低下的根源没有清醒的认识，却把国民的诸种弱点缺陷看作是因，而把专制制度、专制政府及其罪恶看作是果。由于因果倒置，梁启超一再要求人民把矛头指向自身，把人民的自新看作是改造国民性的重要途径，这势必削弱人民对半殖民地半封建制度革命的精神，客观上无疑起了保护清政府反动统治的作用。但梁启超依据学来的理论，高度重视国民素质的提高和人的现代化，这对推动历史前进产生了积极影响。

另外，从梁启超论述有关新民思想的大量文献来看，我们可以发现：注重从道德修养来塑造国民精神面貌是梁启超设计理想人格的目标模式之一，而这一目标模式与藉道德人心治理国家和社会的中国传统儒家思想的思维模式是一脉相承的。这意味着梁启超在启发国民通过反省进行自我改造时运用了儒家修身齐家治国平天下的传统教义作为其新民学说的理论依据。如他所说的“新民”一词，即直接取自于儒家经典

《大学》中所言“大学之道，在明明德，在新民，在止于至善”这一思想，认为要从国民精神面貌的塑造，从个人道德修炼上寻求解决社会问题的方案。后来，梁启超在《新民丛报》的办报宗旨中，更明确地表白其受《大学》的影响：“本报取大学新民之义，以为欲新吾国，当先维新吾民。”[12]需要指出的是，梁启超在致力新民的过程中，实际上充当了封建制度乃至封建文化叛逆者的角色，因此，其新民思想本质上不同于封建社会的整肃人心，但他吸收了前人在塑造理想人格上的合理成分，以塑造出近代新的历史条件下的新国民、新国魂。

二、新民的目标模式

既要“新民”，就要确立一个理想的目标模式。这既是改造国民性过程中必须首先解决的方向性问题，又是决定“新民”成败的关键问题。对此，梁启超十分明确。他说，所谓“新民”就是“淬厉其所本有而新之”，“采补其所本无而新之”。[13]前者的意思就是对那些能够体现民族风貌的传统文化中的精华进行更新、改造，赋予其新的内容，以适应新时代的需要和应付外来文化的挑战；后者的意思就是以西方文化做为参照系，找出中国传统国民性中的缺陷、薄弱之处，然后一一勘之、鉴之、改之、补之。根据这一思路，梁启超一方面以资产阶级民主思想和国民资格为标准，对缺乏国家思想、社会公德、权利观念、自由思想和自治能力等几千年封建文化积淀在中国国民心灵深处的劣根性进行了无情鞭挞，另一方面又以深沉的爱国责任感努力造就一代具有新的道德观念、精神风貌和理想人格的新国民。

1. 树立国民远大理想、培养国民顽强毅力。梁启超认为，人类在征服自然的过程中，由于受主客观条件的限制，任何一项伟大事业的完成都不可能是轻而易举的，必须有赖于远大的理想和信念。而理想确定之后，毅力则是成功与否的关键。他说：“志不足恃，气不足恃，才不足恃，惟毅力者足恃。”[14]而且理想越大，事业越大，其成功越难，阻力越大，费时越长，毅力越重要。人们的才气差别往往不是事业成败的决定因素，有无毅力则带有根本意义。从一个民族讲，有坚韧不拔、艰苦奋斗的创业精神者，其气盛，其雄姿勃发，反之则假日愉乐、萎靡不振。因此，梁启超把培养毅力作为改造国民性和重振民族精神的重要一环。

2. 克服惰性，养成国民积极进取的精神。梁启超认为冒险进取是社会发展的动力，人类文明的保证。“人有之则生，无之则死；国有之则存，无之则亡。”[15]欧美之所以在近代突飞猛进，中国之所以在明清之后一天天落伍，其根源在有无冒险进取精神。欧美的哥伦布、麦哲伦、华盛顿、拿破仑、克伦威尔、林肯、富兰克林，都是敢于冒险，执意进取，才取得了事业的成功。进取冒险精神为什么有如此巨大的威力呢？原因是，一曰生于希望；二曰生于热诚；三曰生于智慧；四曰生于胆力。四者交相辉映，相互促进，遂产生无穷之动力，助事业之成功。然而，在梁氏看来，中国传统文化中并非从来就不具有进取冒险和自强不息的精神，导致国民不仅失去并以鄙视的目光来看待这种精神，对进取冒险，“不日好大喜功，则曰忘身及亲”，一是受了老子“无为而治”的“谰言”影响，二是因“诵法孔子者”，往往“遗其大体，其偏言”[16]所致，即抛弃孔子“狂”“为”“乾”的一面，而取其“捐”“勿”“坤”的一面。因此，按照“淬厉其所本有”的原则，梁启超大声疾呼，要求继承和发扬传统文化中那些原有的进取冒险精神，以更新国民的精神风貌。

3. 克服重文轻武之习，弘扬尚武精神。梁启超认为，中国自古就有“见义不为谓之无勇，战阵无勇斥为非孝”的“尚气任侠”的尚武精神，但因久居大一统局面，国民“则习为礼乐揖让”而养成一种重文轻武之见。[17]因此，面对鸦片战争以来中国受到列强欺压的惨状以及世界上流行的“强权政治”“铁血主义”，梁启超大力提倡国民弘扬尚武精神，主张国民要强心力、壮胆力、增体魄，重振雄风。他急切指出：“合四万万人而不能得一完备之体格，呜呼其人皆为病夫，其国安得不为病国也！以此而出与狞猛枭鸷之异族遇，是犹侏儒以斗巨无霸，彼虽不持一械，一挥手而我已倾跌矣。呜呼，生存竞争，优胜劣败，吾望吾同胞练其筋骨，习于勇力，无奄然颓惫以坐废也。”[18]这里，梁启超把尚武与增强国民体质结合在一起，以铸炼刚健奋进的国民精神，这种主张在当时无疑是具有远见的。

4. 根除“奴隶性”，培养国民具有独立自由思想。在“新民”说中，梁启超认为中国要成为新的近代国家，必须培养具有独立自由人格的新型国民。然而，中国长期的封建专制统治，使人们麻木不仁，养成了一种“奴隶性”，甘心受奴役、受束缚箝制，他说：“中国数千年之腐败，其祸极于今日，推其大原，皆必自奴隶性来。”[19]因此，要真正革新中国社会，避免亡国的厄运，首先必须根治国民的“奴隶性”，用独立自由之思想启蒙教育国民，从而培养新型的理想人格。

当然，梁启超所谓的独立自由，从哲学范畴来说，归结为人的自我精神的自由。他说：“一身自由云者，我之自由也。虽然，人莫不有两我焉：其一，与众生对待之我，昂昂七尺立于人间者是也；其二，则与七尺对待之我，莹莹一点存于灵台者是也。”[20]就是说“我之自由”有两层含义：一是与客观世界相对待的“我”的自由；二是与自身的肉体相对待的自我精神的“我”的自由。关于前者，梁启超主要强调了我与人、己与群的关系；关于后者，梁启超主要是从认识论角度提出了“除心奴”的思想。

新启超认为“奴隶性”可分为“身奴”和“心奴”两种。[21]所谓“身奴”，指的是人之奴隶于我，也就是被迫屈从于外在压力；所谓“心奴”，指的是我奴隶于我，亦即盲目依赖、服从外在权威。两相比较，梁启超指出："辱莫大于心奴，而身奴为末矣。"[22]为此，他列举了种种"心之奴隶"；诵法孔子，"为古人之奴隶"；俯仰随人，"为世俗之奴隶"；所任命道，"为境遇之奴隶"；心为形役，"为情欲之奴隶"。如此种种"心之奴隶"是"我"获得自由的大敌，所以"若有欲求真正自由者乎，其必自除心中之奴隶始"[23]。梁启超深信，只要破除"心奴"，让理性自由活动，真理就会源源不绝地涌现出来，一切有价值的文化学术才能获得自由发展。

梁启超还用西方人具有的权利观念来观照中国国民的奴性，认为人的权利思想与人格的自主独立、人的自由是相辅相成的。有了权利思想，人们才会自觉地追求自由，捍卫自己应得之权利；没有权利思想，自然也就不会有独立自主的人格和人的自由。因此，人失去了治国事、定国法等之权利，也就沦为奴隶。所以，梁启超期盼用科学和理性之光扫除以往数千年奴性之营垒，培养国民的权利意识、自由意识以及独立的人格，使国民具备一国民之资格，适应中国现代化的需要。

5. 新民德，重建现代伦理价值。改造国民的旧道德观念，造就一代具有新的道德观念、精神风貌和理想人格的新人，也是梁启超"新民"思想的重要内容之一。他在创办《新民丛报》时就明确指出："中国所以不振，由于国民公德缺乏，智慧不开，故本报专对此病而药治之，务采中西道德以为德育之方针。"[24]后来在《新民说》中，他又专门写了《论公德》和《论私德》两节，从伦理学上讨论了"我"与人、己与群的关系，鼓励人们无所畏惧地向旧道德宣战，进行道德革命，以建立新国民新道德。

梁启超把道德区分为公德与私德："人人独善其身者谓之私德，人人相善其群者谓之公德，二者皆人生所不可缺之具也。"[25]他认为，公德即合群之德，中国旧伦理偏于讲私德，而忽视了私人对群体（社会、国家）的伦理关系，或者是"束身寡过之义"，不关心国家兴亡，或者是把个人对于国家应尽的道德责任看作是君臣间"私人感恩效力之事。"[26]因此，梁启超认为要树立国家、群体观念。但是，他同时又认为："团体自由者，个人自由之积也。"[28]只有各个人独立、自由，才有群体的独立、自由，因而不能把独立与合理、自由与社会制裁（法律、道德规范）截然对立起来。他说："欲求国之自尊，必先自国民人人自尊始。"[28]认为人民缺乏自尊心，就不可能有强盛独立的国家。

如何更新国民的公私道德观念呢？梁启超认为必须调和利群与利己关系。在他看来，"利己者人之性也"[29]，但人又有社会属性，不能离开群体而孤立存在，"故善能利己者，必先利其群，而后己之利亦从而进焉。……故能真爱己者，不得不推此心以爱家爱国，不得不推此心以爱家爱国人，于是乎爱他之义生焉。凡所以爱他者，亦为我而已"。[30]梁启超从"利己"出发，推导出"利他""利群"，又以"爱己之心”引出“爱他之义”，这种以“利己”为内核的伦理价值观，是对“存天理、灭人欲”的旧道德的彻底否定，因而具有个性解放的特殊意义。然而，在中华民族危机空前严重的时代，梁启超又特别注重利群利国，并把利群利国看作是道德的根本精神和评判新民的重要标志，严厉遣责了“独善其身主义”，大力提倡公德，认为“知有公德而新道德出焉矣，而新民出焉矣”[31]总之，梁启超在倡导建立一种新民的道德观念时，自觉地以西方近代伦理价值为参照系统，重新审视传统道德观念，用以击破以尊卑、等级、顺从为基本特征的传统伦理结构，确立以自由、平等、独立、利群为主要价值内容的伦理结构，因而又具有“伦理革命”的意义。

三、新民的逻辑起点和途径

提出具体的目标还只是“新民”的前提，困难和重要得多的是用什么办法来达到这些目标。它的逻辑起点在哪儿？实现途径又是什么？对此，梁启超通过对西方近代社会变革的观察，得出了这样的结论：“有新学术，然后有新道德、新政治、新技艺、新器物。有是数者，然后有新国、新世界。”因此，中国的革新“必自学始”。[32]这就是说，要新民新国首先必须开展一场意在解放思想的“文化革命”。基于此，梁启超最早提出了“诗界革命”“小说界革命”道德革命”“史界革命”的口号，并积极参与了哲学变革、教育改革和批儒批孔的斗争。同时，他又认为：“凡欲造成一种新国民者，不可不将其国古来误谬之理想，摧陷廓清，以变其脑质。而欲达此目，恒须借他社会之事物理论，输入而调和之。如南北极之寒热流，相剂而成新海潮，如雪界之冷气与地平之热气，相摩而成新空气。故交换智识，实惟人生第一要件。”也即必须借助他山之石，引进、借鉴西方文化，达到建设新文化、改造国民性的目的。

梁启超不仅根据自己对中西文化比照理解，提出了改造国民性、塑新民新国魂的切入点，而且他还根据中国的实际情况，探索了一套自视为重要并为之竭诚尽力的新民途径和方法。一是用教育培养新民。梁启超认为，一个国家或社会是“积民而成”[33]，其好坏取决于民；政府的优劣也一样，有良好的国民才能有良好的政府。因此，只有先用宣传教育，以新的教育精神培养出“备有人格，享有人权，能自动而非木偶，能自主而非傀儡，能自治而非土蛮，能自立而非附庸，为本国之民而非他国之民，为现今之民而非陈古之民，为世界之民而非阪谷之民”[34]的现代国民，才能出现好的国家和政府。当然，梁启超在宣传“新民”的过程中，只强调国民素质对国家、社会和政府的制约，而否认问题的另一面，即社会经济对新民的制约。因此，在封建、半封建经济基础上，以宣传教育来塑造民族新的国民性是难以做到的。二是用报刊启蒙新民。梁启超指出：“报馆者，国家之耳也，喉舌也，人群之镜也，文坛之王也，将来之灯也，现在之粮也。”[35]因此，在改造国民性的呼声中，梁启超非常重视报刊宣传的作用。他认为报刊除了“对于政府而为其监督者”外，还能“对于国民而为其响导者”。[36]即一方面可以通过报刊宣传揭露帝国主义侵略中国的事实，以唤醒国人；另一方面也可以揭露封建专制的腐朽统治和愚民政策，以破除迷信、解放思想，荡涤安分、柔顺、服从等奴隶习性，重铸新国民；同时也可介绍西方资产阶级政治思想、人权理论，为从封建迷雾中解脱出来的人们提供一个新的价值标准。总之，梁启超以报刊新民的宣传方式从一个更为广阔的社会层面向民众发起了近代政治思想意识的宣传启蒙。三是变革旧史学，创立“新史学”新民。梁启超十分重视历史学，认为在世界所有的学问当中，只有史学“最博大而最切要者也”；只有史学是“国民之明镜也，爱国心之源泉也”。[37]因此，民众要增强爱国心、民族要增强凝聚力，必须大力发展和普及史学。但中国传统史学，陈陈相因，缺少生机，存在“知有朝廷不知有国家”“知有个人而不知有群体”“知有陈迹而不知有今务”“知有事实而不知有理想”四大问题，[38]不少史书难懂、难选择、无启发、少感情，不能起到开启民智，教育国民，服务国家的功用。因此，为达到新民之目的，梁启超提出了“史界革命”的口号，并执切希望通过“革命”后的“新史学”能够适应近代社会发展变革的需求，加快人的现代化的进程。四是以“新小说”塑造新民。早在戊戌变法前著《变法通议》时，梁启超已很看重小说的教育作用。《论幼学》一篇，就把“说部书”与“识字书”“文法书”等并列，作为蒙学教材必不可少的一部分。在梁启超看来，小说“上之可以借阐圣教，下之可以杂述史事，近之可以激发国耻，远之可以旁及彝情，乃至官途丑态，试场恶趣，鸦片顽癖，缠足虐刑，皆可穷极异形”。[39]因此，在倡导新民的过程中，梁启超自然选择了小说这一适合广大群众欣赏水平和欣赏习惯的文学体裁，借以向民众灌输新思想。他说：“欲新一国之民，不可不先新一国之小说。故欲新道德，必先新小说；欲新宗教，必新小说；欲新政治，必新小说；欲新风俗，必新小说；欲新学艺，必新小说；乃至欲新人心，欲新人格，必新小说。”“故今日欲改良群治，必自小说界革命始；欲新民，必自新小说始。”[40]这充分表明梁启超对于新小说于改造社会、改造国民性的重视。为使小说真正发挥新民作用，梁启超亲自创办《新小说》杂志，并撰写《新中国未来记》小说，拉开了“小说界革命”的帷幕。

四、结论

梁启超的新民学说是近代中国改造国民性思潮的第一排涌浪，它代表了中国近代知识分子在经历社会变革阵痛后，深感全民素质低下而向往一种变臣民为国民、变传统的依附人格为现代的独立自由人格，改造千百年来人文历史积淀而成的奴性，造就一代具有崭新人生理想、价值观念、行为方式的国民的宏伟理想，体现了世纪之交中国知识分子群体的激情与沉思以及中国社会思潮变迁的动向和思维焦点的转换，从而在中国近代思想史上奠定了它应有的地位，深深影响了包括鲁迅在内的“五四”一代启蒙学者。《新民说》的社会思想意义远远超过了它的学术价值，即使在走出近代，迈向现代化的今天，它所提出的某些思考仍不无借鉴价值。

当然，由于时代、阶级、经济的制约，梁启超在论述新民思想的过程中，对于中国国民性的优劣缺乏全面、辩证的认识，存在着注重揭露劣根性而忽略优良面的偏向。虽然他倡导“淬厉其所本有而新之”，但对何谓“本所有”者，论述显得粗略、泛泛而谈，不具体深入，这反过来又制约了对国民劣根的全面理解。同时，梁启超在强调新民的重要性时，往往把国民性中存在的弱点都归结于封建的纲常伦理、家族制度以及政府政策、历代宣传等，忽视了各个时代社会经济对国民性的决定性影响，因而也就不能真正找到新民的正确道路。事实上，国民素质的提高取决于一个国家政治、经济、文化的整体发展水平。从根本上讲，只有发展社会生产力，变革其所产生的现实的社会关系，才能根本改变人的状况，从而自觉地推动中国的社会现代化进程。

注释

[1] 梁启超：《李鸿章》（1902年新民丛报社印本）

[2] 梁启超：《变法通议·论变法不知有本原之害》（1596年），《时务报》第3册

[3][4][19][24] 丁文江、赵丰田编：《梁启超年谱长编》，上海人民出版社1983年版，第176.288、235.272页

[5] 梁启超：《论支那宗教改革》（1899年），《饮冰室合集·文集之三》

[6] 梁启超：《自由书·破坏主义》（1901年），《饮冰室合集·文集之二》

[7] 梁启超：《卢梭学案》（1901年），《饮冰室合集·文集之六》

[8] 梁启超：《致康有为书》（1900年4月29日）

[9] 梁启超：《中国积弱溯源论》（1901年），《饮冰室合集·文集之五》

[10][11] 梁启超：《新民说·论新民为今日中国第一急务》，《饮冰室合集·专集之四》

[12] 《新民丛报》第1号《本报告白》（1902年）

[13] 梁启超：《新民说·释新民主义》，《饮冰室合集·专集之四》

[14] 梁启超：《新民说·论毅力》。（同上）

[15][16] 梁启超：《新民说·论进取冒险》。（同上）

[17][18] 梁启超：《新民说·论尚武》。（同上）
[20][21][22][23][27] 梁启超：《新民说·论自由》。（同上）
[25][13] 梁启超：《新民说·论公德》。（同上）
[26] 梁启超：《新民说·论国家思想》。（同上）
[28] 梁启超：《新民说·论自尊》。（同上）
[29] 梁启超：《论立法权·论立法权之所属》（1902年），《饮冰室合集·文集之四》
[30] 梁启超：《十种德性相反相成义》（1901年），《饮冰室合集·文集之五》
[32] 梁启超：《近世文明初祖二大家之学说》（1902年），《饮冰室合集·文集之十三》
[33] 梁启超：《新民说·叙论》
[34] 梁启超：《论教育当定宗旨》（1902年），《饮冰室合集·文集之十》
[35][36] 梁启超：《清议报10册祝辞并论报馆之责任及本馆之经历》（1901年），《饮冰室合集·文集之六》
[37][38] 梁启超：《新史学·中国之旧史学》（1902年），《饮冰室合集·文集之九》
[39] 梁启超：《论幼学》（1897年），《饮冰室合集·文集之一》
[40] 梁启超：《论小说与群治之关系》（1902年），《饮冰室合集·文集之十》

[作者单位]扬州大学师范学院政法系
[原　　刊]《江苏社会科学》1997年第4期

梁启超“立人”思想简论

方红梅

在近代以来探索民族振兴之途中，梁启超凭思想的内窥力，将眼光深入到物质技术和政治制度背后的历史主体——人的精神世界，从而发出“欲维新吾国，当先维新吾民”的急切呼声。他把“人”的素质提到立国之“本”的高度，其学术思想中始终浸濡着对人的关切。不过，在不同的历史时期，在不同的人生阶段，这份关切呈现为不同的特色。简单说来，梁启超立人思想的发展和演化，可以在逻辑上表述为两个层次：为救国而新民和为立人而立人。

一、为救国而新民：梁启超文化启蒙思想的初始层

在《五十年中国进化概论》一文中，梁启超从变革的主流话语迭次更替的角度，将近代中国的演进表述为一个从器物到制度再到文化的由浅入深、由本及末的梯次变迁过程。虽然他所说的文化觉醒是以五四新文化运动为标志，但历史事实是，“梁启超在戊戌变法失败到日本后，就已经是一个‘借思想文化以解决问题’的坚定信仰者”[1]，就已经转向这一救国思路：确认精神、思想和文化在社会发展和制度变革中的首要性。后来的五四正是在梁启超所开辟的方向上以更激进的态度深化这一使命的。

梁启超日日濡染于日本明治维新后的知识新潮中，“脑质为之改易，思想言论与前者若出两人”[2](p.1217)。他在政治和文化学术思想上都大有改变，走出了康有为的笼罩，主要表现在以下几个方面。

其一，主张从国民全体下功夫才能真救国。梁启超清醒地认识到上层领导集团根本没有能力使制度焕发生机并进行危机时代所必需的自我改造，全体民众的素质才是变革可以凭借的主体性潜能和内在而持久的动力。于是，他以创新国民为切入点，放眼于对国民性本身的系统揭示与分析，进而改造国民的传统心理。

其二，强调文化和社会优先于政治。梁启超对此前中国的种种变革行为都作了痛心疾首的反思，指出，外在形式上的机制的变革，如果没有作为文化主体的人的思

想、信念、需求与之相适应，则“宛如镜光云影”，空过于人民之头上。所以，他要决破罗网，以富有活力的国民精神教育，从根柢处对积久而成的文化痼疾“摧陷廓清”。

其三，对自由的尊崇。通过日本而对西方流行的各种学说的广泛吸纳，梁启超很快认同了近代西方文化的核心价值观念——自由，并视自由为社会富有生机还是陷入停滞的一大根由。尽管梁氏对自由的政治学阐释与人本主义的理解常是交融互涵的，我们仍可看出：自由观念在梁氏那里，与其说是一种政治哲学意识，不如说更是一种生存意向和人格向往。他所理解的自由，不是古典式的“逍遥游”，而是以近代的自主、独立精神为内核的自由观。正是“轩轩独立、求其在我”的独立不倚的气概和“我有耳目，我物我格；我有心思，我理我穷”[2]（p.1035）的自由理性精神，使梁启超以极大的热忱为国人建构自律性的人格至境。

很明显，以上三方面都归向一点，即人的价值信念和欲求的重新确立问题。精神决定论是梁启超解决中国问题的一个基本的结构性倾向，思想的变迁被视为其他变迁的泉源，所有的政治、经济和社会问题都被集中到“人”这个中心。他明确提出：新民为今日中国第一急务。于是，在20世纪开端之际，梁启超即拉开了20世纪以文化的现代革新和作为文化世界主体性存在的“人”的现代新化为核心内容的思想启蒙的序幕。他深入思想和价值观领域广泛吸纳强劲的异质文明，并以其特有的生动活泼、浅近顺畅且饱含感情的文笔将之打进国民的心坎，从而成为20世纪初“最有声望的作者，他的文名甚至使康有为也黯然失色”[3]（p.100）。使梁氏人生焕发如此光芒的动力，乃是出自他对人格提升和心智更新的由内向外的辐射性功能所进行的“无限可能性”预设：“苟有新民，何患无新制度？无新政府？无新国家？”[2]（p.655）

要造就具有新的内在需求的历史主体，要实现整个人性的根本改造，就不得不借重哲学的尤其是文艺的力量。马尔库塞说过：“艺术不能改变世界，但是，它能够致力于变革男人和女人的意识和冲动，而这些男人和女人是能够改变世界的。”[4]（p.212）梁启超也认为，“文学、哲学、美术等高尚事业”，“乃导进人格独一无二之法门”[2]（p.1072）。改良文艺是梁启超找到的新民佳径，于是，作为“开山的启蒙大师”的梁启超，就自然而然地同时成为“三界革命”论文学思想的陶铸者。

可以说，是梁启超首先掀起了近现代文化新民、文学树人的热潮，是他启动了改造国民性的现代工程，是他引出了20世纪知识分子关于国民、文化与社会、国家之间关系的积极探索。不过，作为新的思想启蒙时代的起航者，又处于民族危机格外严重之际，梁启超这时期的新民思想既不同于新文化运动主将的思想又区别于他本人后期的立人观，而呈现为早期特色。

首先，梁启超所理解的社会主体是以“民”而非“人”为单位。“民”是一个整体性概念，与国家、民族、群体相衔接。救亡的迫切性，使梁启超关注主体的眼光首先落在作为国民的国民性、民族性这些集体人格和共同心理，而非作为个体的个性生命上。与此相关，梁启超强调文学的舆论宣传作用和唤醒大众的普及意向。

其次，梁启超的新民思想是在对域外先进文明尤其是西方文明的向往中激活的，要求以西方近代国民形象为标准，来反思自我民族的劣根性，重塑中国国民。所以，他主张除去腐朽与陈旧，弘扬以启蒙精神为核心内容的西方文明，以此激发民众参与改变现状的热情。

最后，梁启超新民思想的勃发，源于强国的现实要求，其原动力、内驱力和最终目标乃是拯救国家和民族危亡。“新民”而“新政”的思想逻辑使“人”仅获得一种手段性关注，而没能成为终极关怀的对象。

尽管文学新民是为革新政制服务，尽管人仅被赋予工具性价值，但政治救国的目标毕竟被推远了一步，成了“遥控”和“悬设”，人和文学则成为被近距离关注的中心对象，这使得以一腔救国热血活跃于政治舞台的梁启超，展开了对文化、文学和人性、人格及其关系的初步思考，为他后来走向个体内在生命深处去理解人本身作了导引。

二、为立人而立人：梁启超文化启蒙思想的深化层

学界对梁启超“百年树人”的文化启蒙思想的研究往往局限于其早年的新民理论。最终服务于政治的社会变革的“新民”说和“三界革命”文艺观以其特有的时代光芒和轰动效应吸引了研究者的目光，而遮掩了梁氏后期或许更为冷静、深刻的人文思考，以至于多年来，学术界惯于仅从政治视角、“民本”视角去界定梁启超的人文理想，将之与胡适、鲁迅等人“人本”视角的人文关切相对比，并以简单化了的历史进步观断定作为前驱先导的梁启超一定落后于他的后来者——“五四”一代。于是，政治功利主义和集体主义就成为对梁启超人学、文学和美学思想的定性。

虽然梁启超的新人思想和文化启蒙意向是由救国愿望引起的，且被用作手段和策略，而以救国为最终归宿，但是这一立人意愿一旦被引这世界走一趟住几十年，干什么呢？独一无二的目的就是抢面包吃，“果真这样，人生还有一毫意味，人类还有一毫价值吗？”[2]（pp.2972–2974）

西方人因向外强探力索而遗落了生命意趣。自戊戌以来，梁启超就一直为建立西方那样的民主政治而奋力拼搏，而历史却提供了“自由民主制度的令人吃惊的失败例子：国内立宪的中华民国的闹剧和国外第一次世界大战的灾难”。[5]（p.415）此二者大大拓展了梁启超树人观的理论视野与思想深度，加深了他对整个人类和生命个体的终

极关怀。

梁启超立人思想的后期发展，还大大得力于生命哲学的域外启发。生命哲学作为一股非理性主义哲学思潮，源自对西方近代强大的理性主义传统和科技物质文明的反拨。它认为理性、科学的普遍性、机械性、抽象性压抑了人的感情、个性和体验，故而限制理性对生命的僭越，提倡把握存在的直觉方法，重视开拓内心世界，强调真我人格、意志自由，颂扬活泼奔流的生命力。梁启超认为生命哲学为充满"世纪末"悲叹的西洋人打开了一条活路，他高度评价詹姆斯的"人格唯心论"与柏格森的"直觉创化论"，说二人的学说"把从前机械的唯物的人生观，拨开几重云雾"，"给人类一服丈夫再造散"，让人们看到"新文明再造"的曙光。[2]（pp.2976–2977）

高扬个体生命意义和价值的生命哲学对梁启超的立人观和美学思想产生了思维导向性影响。20世纪20年代的梁启超基本上是沿着生命哲学的思想路数而开展文化建设的。他以人文主义对抗实用主义和功利主义，伸个性张情感，重体验扬精神，限制科学和理智的范围。同时，从生命哲学与传统文化之间的强大"亲和力"中，梁启超看到了中国文化的前景，他大力宣扬儒家人生哲学的人文价值和世界意义，并从审美的角度发掘实现生命价值和人生意义的途径。

总之，首先是辛亥革命和"一战"加以刺激，接着是生命哲学为之孕生出精神的新力量，梁启超的思想由此起了极大变化。他的立人观和美学思想在文学新民论的基础上实现了理论转换和自我超越，呈现出不同于早期的特色。

首先，梁启超启蒙话语的新"民"主题上升到以"人"（作为人类一员的个人，而不仅仅是作为国家一员的国民）为单位的生命主题层面。梁启超从提倡新"民"到"民""人"并立，他说平民教育"不外两种，（1）从私的生活方面说，要教育他们学做现代的人。（2）从公的生活方面说，要教育他们学做共和国的国民。两种是不能偏废的"。[2]（p.3401）后来，他把两方面并入一项："教育是教人学做人——学做现代人"[2]（p.3995），担当起国民角色、关心国家前途、有治世理想，正是一个现代人成其为人的题中应有之义。所以，后期梁启超即便强调国民责任和政治常识，也不是仅仅着眼于政治本身的价值和意义，而是把它们作为人文境界中的应有质素，"从这个意义上说，它甚至接近于将我们通常认为梁氏从立人到立国的思路'倒果为因'了"[6]（p.35）。

其次，不同于旨在运用他国文明于我国的文学新民论，梁启超后期立人思想更注重从传统文化中吸纳理论资源。梁氏认为，"物质主义的西方"虽在社会——政治领域的现代化进程中领先一步，而"崇尚精神的东方"则在精神——道德领域更具有超历史进程的普世性价值。"救知识饥荒，在西方找材料；救精神饥荒，在东方找材料。"[2]（p.4160）梁启超肯定，中国文化的价值在于其独特的人生文化："中国哲学以研究人类为出发点，最主要的是人之所以为人之道：怎样才算一个人？人与人相互有什么关系？”[2](p.4954)因此，梁启超返归传统文化去寻求人学理论的支撑。他延续了中国传统美学的人生论倾向，思考审美与生存的关系，主张把人类计较利害的观念变为“艺术的、情感的”，把生活情趣化、诗意化。

最后，不同于早期为外在需要所驱动，从服务于政治的工具性意义上来关注人，此时的梁启超更加自觉地从终极眷注的意义上立人。“人”不仅是出发点，更是目标和归宿；立人通往的不仅是强国强民，更是心灵的安顿、精神家园的建构。

以生命自身为目的的人本学原则使梁启超愈来愈反对政治话语在学术和生活中的霸权地位。他在北京大学为哲学社作讲演时，批评胡适的《中国哲学史》把哲学勃兴原因仅归为“长期战争，人民痛苦”。梁氏认为政治腐败、社会黑暗并不能完全说明哲学发生的最根本原因，哲学更是先哲自己“受用的学问”，即并不与政治状况必然挂钩的宇宙观和人生观方面的问题。他说：应时救弊，自然不失为学说发生之一种动机，但若说舍此外别无动机，那就把学术的门庭看得太狭隘了。为活动而活动，为真理而求真理，却是人类固有的良能；哲学这件东西，格外带有“超时间”的意味。[2](p.3987)

“为活动而活动，为真理而求真理”，这一以某事自身为目的而非手段的观点已根本不同于为“政治”而“文化”、为“救亡”而“启蒙”、为立国而立人的思路。在梁启超对自己早年的政治功利性的批判性反思和对当时学界政治性话语的霸权地位的解构中，这样一个虽未明言的观点已呼之欲出：为启蒙而启蒙，为立人而立人。

淡出政坛的梁启超，其立人思想的关键性深化，便是对为政治救国而文化立人的单一思路的否定。正是基于为立人而立人的认识深度，梁氏不再强调人和文学是维新救国的工具，而突显其情感特征和诗性景致。他说，“情感”和“趣味”才是“生活的原动力”，是人的最本源、最真实、最具体的存在状态，只有“趣味”和“情感”灌注的世界才是与人之生命内在统一的世界。至此，为外在现实所驱动而以政治救国为价值目标来开启人生航程的梁启超，开始走向自我内在生命深处，从而获得对生命的更完整的感受。他对人的思索也从社会价值转向情感需求，最终把人的理想状态归结为“美”。

据以上分析，我们可以得出如下结论：人和人生及其与美的关系始终是梁启超思考的中心问题。不过，梁氏的文化立人思想有两条进路，一是以人为手段、以美为策略、为救亡而新民的线性递进过程，二是相对独立于政治、在人之所以为人的普遍性意义上进行的、以美为归宿的立人。而且，随着人生历程的展开，前一思路相对弱化，后一思路逐渐凸显。如果政治和激进不是评判人生的唯一标准，也可以说，后期梁启超未必是落后的，或许反是达到了醇化的生命进境。在此境，梁启超不仅从政治视角新“民”，而且更多地关注作为文化和生命意义上的“人”。

三、梁启超“立人”思想与鲁迅“立人”思想的比较

整个20世纪的中国，激进的思潮占据主位。多年来研究目光聚焦于鲁迅对早年梁启超的超越，而无视梁启超的自我超越。人们往往简单地从梁启超早年的新民理论中抽绎出“群”性特征，将之与鲁迅“立人”口号中“个”的思想对举，以此论证两人文化树人理论的异质性和代际嬗变，而忽略梁氏思想本身的复杂性及其发展演化。

其实，综观梁氏和鲁迅的一生，我们便会发现，他们都在一定程度上超越了“政治”而抵达了“文化”，超越了“国”界而抵达了“人类”，超越了“民”而抵达了“人”，超越了“群”而抵达了“个”。弃医从文后的鲁迅和欧游归来后的梁启超都是以文人学者的身份，从文化视域对中国社会深刻体认，注重精神现象，进行由外向内的追索。他们以一种充满现代感的思维方式，从文化和生命本体的视角去关注人，充分强调了人的价值和个体生命自由。同时，他们都是在世界文明大势的宏阔背景下，在科技理性与人文精神对峙这一世界性的历史语境中，站在人类主义的高度，来设计理想人性的。他们的立人思想一方面针对中国传统，一方面又针对西方科技文明滋生的“现代病”，并不完全局限于民族的价值取向，而指向整个世界。不过，虽然在梁氏和鲁迅那里，立国动机被无限延置，立人已被视为具有自身本体性和自身目的性的存在，但是，民族的复兴一直是他们心中的希望，他们的立人也就不可能完全摆脱群体启蒙的色彩。鲁迅的“立人”，恰恰是以使中国“生存两间，角逐列国”[①]为目的的，他后来批的是“国民性”，再造的是“国民精神”。相比而言，后期梁启超追寻人生灵趣的趣味主义立人观倒似乎离“救国”更远。

当然，即便是同在“为立人而立人”的层面，由于情怀、气质的不同，信念和人生经历等的不同，梁启超和鲁迅的文化启蒙思想依然颇存别异，只是这别异并不就示意着鲁迅诸方面都一定比梁氏更高明。

首先，文化倾向不同。有别于后期梁启超对传统文化的归依和认同，鲁迅对传统文化几乎是整体性否定。如前所述，晚年梁启超热心于东方文化，并以著述、办学、讲演等方式加以宣传，强调其世界性意义和永恒价值。他钟情于陆王心学和孔孟原始儒学，视佛学价值甚高，常结合儒学、佛学和柏格森生命哲学来阐述自己的人生哲学，其思想成为现代新儒家的观念先导，对新传统主义的复活启发良多。

鲁迅也是在受到矫治西方物质文明内在缺陷的非理性主义思潮影响下而提出

① 鲁迅“立人”思想的首次明确提出是在发表于1907年的《文化偏至论》中。他说：“是故将生存两间，角逐列国是务，其首在立人，人立而后凡事举。”

“立人”口号的，所以他强调“掊物质而张灵明”。但是，1910年以后，鲁迅却极少再凌空蹈虚地提及“立人”这一概念，“立”之前得先“破”，他转而从负面揭示入手，以一生的主要精力批判国民劣根性，并对形成它的文化传统进行摧枯拉朽式的打击。尼采、拜伦等人“摩罗”精神的影响，强化了鲁迅反叛的个性底色。他凭着“撒旦”式的反抗精神，以烈火之勇，专事有毒的讽与刺。他说：“我总还想对于根深蒂固的所谓旧文明，施行袭击，令其动摇。”[7]（p..32）鲁迅甚至感染了革命派的激进风格，慷慨激昂，忧愤深广，急切悲怆，尖锐犀利。他从历史的纵深处发掘民族文化的痼疾，犹如“用鹰隼之眼打量深渊”，对病态人格和病态文化进行无情的剖析和批判，以狂飙式的力量撞击和扫荡一切积垢。

其次，欲立之“人”不同。如果说梁启超欲建构的理想人生以“趣”为内核，那么，鲁迅标举的则是“独”的人格。梁氏之“趣”是为了润泽“唯物”化的枯寂人生，鲁迅之“独”则是“对庸众宣战”。梁氏趣味人生观是战后西方对自身文明的反思催生的，鲁迅“立人”口号则是在1907～1908年间，受到日本化了的尼采、拜伦的浪漫激进形象的鼓荡而响亮提出的。梁氏把人心安放在“责任心”与“趣味心”、感性与理性、个性与社会性完整和谐的基础上，鲁迅则力图把人导向雄桀不群的境界。在鲁迅看来，“与其抑英哲以就凡庸，曷若置众人而希英哲”[7]（p.52），他之立人就是要“任个人而排众数”，他认可的“真的人”不是尼采式的“超人”，就是“非正常”的“狂人”。鲁迅追求的是致生命于深邃的独异式生存，梁启超追求的则是展示生命之舒放、活泼、趣灵的审美化生存。

值得我们注意的是：一开始以个性主义切入“立人”的文化启蒙领域的鲁迅，在后期却受到“文化—政治”模式的更多羁绊，他以“急症”等不得慢郎中的心情喊出“改革最快的还是火与剑”，把文艺价值与政治功用相纠缠，说“文学是最不中用的”，“一首诗吓不走孙传芳，一炮就把孙传芳轰走了”[7]（p.39），并追随神化劳工的倾向，从启蒙民众变为歌颂民众甚至被民众启蒙。而以政治功利性的文化启蒙开端的梁启超，晚年却从政坛抽身而出，对生命本身的关注，使他更能在政治改造之外、在人性内部来进行更具独立意义的人文启蒙。与五四一代由文化立人到政治救国的蜕变恰恰相反，梁氏把树人思想最终发展到审美之域——生命的理想境界。

需要我们深思的是：是否“血债必须用同物偿还”[7]（p.14）的“以恶抗恶”就能从根本上消除现世恶？邪恶是否仅仅是社会环境造成的？是否传统文化思想、伦理秩序、政治道德等被撞击扫荡、被改变一新，就能消除以人性内在缺陷为根源的日常恶？是否晚年鲁迅思想更富有政治性、战斗性、阶级性就更伟大了？静心而思，我们不得不承认，鲁迅式的激进和战斗并不能被拔高为对于任何时代都具有超乎一切的意义。伟岸，并不就如神般完美，鲁迅也存有弱点，故而有蒋泥之问：“假使鲁迅多活

30年，他会选择什么？”[8]更有刘小枫之问：“如果站在绞刑架下的不是陀斯妥耶夫斯基，而是鲁迅，会怎样呢？”[9]问中的不言之意是，“文革”中的鲁迅很可能如胡风般“左”，而经受流放、临刑之后的鲁迅则不太可能如陀斯妥耶夫斯基一般“软骨头”似的“诚和爱”。

总之，鲁迅是特定时代冲锋的战士，发扬、踔厉、勇猛，但或许，在更多的情况下，烂漫和乐观的梁启超那沿趣健进、天天快活、在极平淡中显出灿烂的人生境界更具灵魂安顿意义。鲁迅深而冷，梁氏泛而热。鲁迅激切、刚烈、深邃、冷峻、执拗、敏感、孤独，梁氏从容、平淡、大度、通舒、乐观、平易。梁氏之宣示立人观，犹如大众一员现身说法，亲切朴实，更多平民化色彩；鲁迅则是自居于“知者”的立场，力抗大群之肤浅凡庸。鲁迅关注的是独立的人的觉醒，梁氏关注的是个体人内在的生命情趣。与其神化鲁迅而贬低梁启超，不如说他们各有千秋。对于“乱世”，鲁迅的价值可能要大些，对于“治世”，梁启超则更好[8]。

注释

[1] 汝信，王德胜.美学的历史：20世纪中国美学学术进程[M].合肥：安徽教育出版社，2000

[2] 梁启超.梁启超全集[C].北京：北京出版社，1999

[3] （美）张灏.梁启超与中国思想的过渡[M].南京：江苏人民出版社，1995

[4] （美）马尔库塞.审美之维[M].桂林：广西师范大学出版社，2001

[5] （美）费正清.剑桥中华民国史（上卷）[M].北京：中国社会科学出版社，1998

[6] 张光芒.启蒙论[M].上海：三联书店，2002

[7] 鲁迅.鲁迅全集[C].北京：人民文学出版社，1981

[8] 蒋泥.人何以“立”[J].文艺争鸣，2002，（3）

[9] 刘小枫.拯救与逍遥[M].上海：三联书店，2001

[作者单位]中南民族大学文学院

[原　　刊]《华中科技大学学报（社会科学版）》2005年第6期

梁启超《新民说》论纲

张锡勤

《新民说》是梁启超的名著，也是20世纪初中国先进分子作跨世纪思考时所提出的一种有过重大影响的方案之一。一个世纪过去，当我们再一次作跨世纪思考的时候，重新评判《新民说》的价值与得失，从中无疑会得出一番有益的启示。

一

中国近代社会变革启动之后，变革者们不仅对如何变革存在分歧，而且对国的变革与富强能否速成也存在不同的认识。

速成论在中国近现代思想领域曾长期存在。在戊戌维新期间，作为领袖人物的康有为便是一位天真的乐观主义者。从后来者居上的观念出发，他认为，欧西历时三百年而臻富强，日本效法西方，三十年得以成功，“以中国之广土众民，近采日本，三年而宏规成，五年而条理备，八年而成效举，十年而霸图定矣[1]”。后来，孙中山也曾认为，通过实行三民主义，中国可以在短期内赶上西方发达国家。再后，提出的“十五年超英赶美”的纲领口号，以及由此而发动的“大跃进”。康有为、孙中山、毛泽东，是邓小平之前中国现代化史上最具代表性、影响最大的三大人物。他们的言论说明，速成论在中国现代化上的影响曾经是不小的。

与康有为相比，梁启超对这一问题的认识，总的说来是比较清醒的。在戊戌时期，梁曾提出过一个著名的论断“兴民权”乃是振兴中华之关键。但是，紧接着，他又提出了一个“权生于智”说来作补充。他认为，“权之与智，相倚者也”“有一分之智，即有一分之权，有六七分之智，即有六七分之权，有十分之智，即有十分之权”。因此，“今日欲伸民权，必以广民智为第一义”[2]。无疑，民智的增进是长期的，不可能一蹴而就。而且，开民智又当以“开绅智”“开官智”为前提、起点，更难以速成。所以，他并不赞成当时盛行的设议院的主张，为“民智已成乃可设议院”[3]，故当时变法的下手处乃是“变科举”与“设学堂”。此后，梁启超的思想也曾有过变化。1900年夏，当八国联军进逼北京时，他曾期望西方侵略者废黜慈禧，扶持光绪。为此，他曾这样向西方列强进言："使我皇上若有全权，必能造成一好政府无疑。而我中国人民之性质，最喜服从政府，得此好政府，则不及十年，而中国之人心国势皆必焕然改观。"[4]这时他也认为，只要光绪掌权，中国可十年改观。但是，西方列强为了维护其在华利益，他们并未扶持光绪，依然选择慈禧为代理人。通过观察，梁启超深感《辛丑条约》后所形成的中国政局一时是难以改变的，于是他又放弃了一度萌生的速成论。1902年初，他再次明确表示："导中国进步，当以渐也。"[5]接着发表的《新民说》，便是对中国变革所以必须"渐"作的一个说明，也是对他前几年"兴民权必以开民智为第一义"思想的进一步阐发。

二

1901年12月，《清议报》因火灾而停刊。梁启超却没有恢复他十分得意的《清议报》，而是于1902年2月另办《新民丛报》，并从创刊号始连载《新民说》。从这时起，他又使用了一个新的笔名"中国之新民"。梁所以另办《新民丛报》，发表《新民说》，自号"中国之新民"，把"新民"当作一个时期的宣传重点，都是出于这一动机"欲维新吾国，当先维新吾民"[6]。这一结论的提出虽在1902年2月，但这一思想的形成则始于《中国积弱溯源论》（以下简称《溯源论》）。梁氏的这两部论著乃是上下篇、姊妹篇，是一脉相承的有机一体。要了解《新民说》，不可不先了解《溯源论》。

《溯源论》撰于义和团运动刚失败之后。由于梁氏戴着一副有色眼镜观察这场人民的反帝爱国运动，他只看到它落后的一面。而且，他完全混淆了封建顽固派的反动性与人民落后性的区别，并认为前者渊源于后者，是后者的代表，而后者乃是前者的社会基础。总之，通过义和团运动，他对所谓中国"国民腐败"的问题看得更重了。正是有感于此，他写了洋洋二万余言的这篇长文。

顾名思义，《溯源论》是为了探索中国积弱的病源。梁启超认为，要想拯救、改造中国，必先对中国的病源有正确认识。"不审夫所以致弱之原因"，则"不得其所以救之之道"。[7]正确诊断中国的病源，乃是改造中国的第一步。这篇长文共四节，从四个方面分析了中国的致弱之源。其一，"积弱之源于理想者"，即源于中国人长期来形成的种种错误观念，其中最突出的是"爱国心薄弱"；其二，"积弱之源于风俗者"，即源于中国人长期来形成的种种不良的"人心风俗"、道德品格，其中突出者是"奴性""愚昧""为我""好伪""怯懦""无动"等六种"恶风"；其三，"积弱之源于政术者"，即源于长期来封建专制制度，以及君主为防范臣民而采取的种种统治术；其四，“积弱之源于近事者”，即源于二百余年来清朝统治政策的诸多失误，特别是近三十年来西太后的反动统治。他的总括性结论是中国“所以积弱之故，其总因之重大者在国民全体，其分因之重大者在那拉一人，其远因在数千年之上，其近因在二百年以来，而其最近因又在那拉柄政三十年之间”[8]。

梁启超的这一结论虽说是面面俱到，但重点是明确的，这就是全体民众的诸般弱点、劣点乃是中国积弱“总因之重大者”。虽然，他也说，“造成今日之国民者”是“昔日之政术”与政府，但他更强调的是“官吏由民间而生，犹果实从根干而出。树之甘者其果恒甘，树之苦者其果恒苦。使我国民而为良国民也，则任其中签掣一人为官吏，其数必赢于良我国民而为劣国民也，则任于其中慎择一人为官吏，其数必倚于劣”。[9]在“政府造人民”与“人民造政府”之间，他强调的是后者。所以他又说：“国之亡也，非当局诸人遂能亡之也，国民亡之而已。”[10]

《新民说》正是接着《溯源论》写下来的。既然中国人身上的种种弱点、缺点是导致中国衰微的总因，因此，中国欲图振兴，就必须首先从改造国民性、提高全民素质，亦即“新民”入手。“新民为今日中国第一急务”，“舍此一事，别无善图”。[11]可以这样说，《溯源论》乃是序论，而《新民说》则是本论。《溯源论》是梁氏对积弱中国病源的诊断书，而《新民说》则是他依据这一诊断开出的药方。从《溯源论》到《新民说》，方才构成梁氏完整的“新民”学说。

三

《新民说》虽是梁启超的名著，但在理论上并非独创，它所依据的乃是严复所介绍的英国近代哲学家、社会学家斯宾塞的社会有机体论。

所谓社会有机体论，简言之即是以生物学来解释社会，将社会简单视同生物机体。依据斯宾塞的理论，严复认为“一群一国之成之立也，其间体用功能，实无异于生物之一体”。[12]既然生物机体的性质取决于细胞的性质，那么，社会群体的面目则是由社会成员的面目所决定的。严复强调，凡“天下之物”，其“聚之形法性情”，“未有不本单之形法性情”者[13]。就是说，整体、群体的性质、特征，是由分子、个体的性质、特征所决定的。就一国而言，其“贫富强弱治乱”，完全取决于该国民众德、智、体三方面的基本素质。“三者诚盛，则富强之效不为而成三者诚衰，则虽以命世之才刻意治标，终亦隳废。”[14]西方所以富强，是因为其民德智体三者皆优，中国所以贫弱，则是因为民众德智体三者皆劣。中国欲求在激烈的生存竞争中图存振兴，就应立即着手“鼓民力，开民智，新民德”，这才是治本之策，舍此而图它，只是治标而已，终将无成。

康有为固然是梁启超的启蒙老师，但严复对梁的影响也是不容忽视的。当梁走出广州的万木草堂，活跃于沪、京、湘之时，与严复有密切联系。他对严复的学识极为赞佩，在一些基本理论问题上，他受严复的影响更大，依据社会有机体论（特别是严的个人见解），梁启超在《新民说》中突出强调了群与一、整体与个体，即“拓都”（Aggregate）与“么匿”（unit）的关系，把后者对前者的决定作用更加绝对化。他引严译《群学肄言》的话说：“凡群者皆一之积也，所以为群之德，自其一之德而已定。”“拓都之性情形制，么匿为之，么匿之所本无者，不能从拓都而成有；么匿之所同具者，不能以拓都而忽亡。”[15]

由此，他引出了国家、政府与人民的关系：“政府何自成？官吏何自出？斯岂非来自民间耶！……聚群盲不能成一离娄，聚群聋不能成一师旷，聚群怯不能成一乌获。以若是之民，得若是之政府官吏，正所谓种瓜得瓜、种豆得豆，其又奚尤？”[16]他认为，由于国由民积，故国之面目完全取决于民。清朝政府恶劣，是由于中国人“愚陋、怯弱、涣散、混浊”素质低下。欲建好政府，当先造好国民，提高全民的基本素质。他的结论是“苟有新民，何患无新制度、无新政府、无新国家非尔者，则虽今日变一法、明日易一人，东涂西抹，学步效颦，吾未见其能济也”。[17]一旦人人成为新民，即可由个体的自强而达到中华民族群体的强盛，中国的变革也就完成。总之，提高全民的素质，实现人的现代化，造就一代新人，乃是改造、振兴中国的根本途径。这是《新民说》的基本结论。

四

梁启超的新民，既有道德要求又有政治要求。从道德上说，是要造就一代具有新的道德观念、精神风貌和理想人格的新人。他认为，在人民德智体三项基本素质中，德最重要。民德之高下，“乃国之存亡所由系也”；而且，在三者中“智之与力之成就甚易，惟德最难”。[18]因此，他将新民德置于新民的中心地位，将道德建设视为人的现代化的中心环节。

梁启超认为，新民德的首要任务是翦除中国人“劣下之根性”。为此，他在《溯源论》《新民说》和其他论著中，对中国人德性方面的劣点一一作了揭示。他认为，这些劣点的突出表现是爱国心薄弱，而其根源则是长期、普遍存在于中国人中的奴隶性。他指出，奴隶性使人无政治热情，无责任、义务感，对国家民族、社会群体的公共事务一概冷漠，造成一种可怕的消极性。它又使人自轻自贱，丧失独立自主精神，造成严重的依附性。同时，它还使人养成谄媚、巧伪、骄下诸恶德。有见于奴隶性乃是当时道德建设的严重障碍，梁对它作了全面而严厉的清算。把旧道德的本质和恶果归结为奴性，这是深刻的。所以，梁虽在文字上很少触及三纲，但实际上准确抓住了三纲的本质、要害。

清算旧道德是为了建立新道德。梁启超认为，新的道德应当有助于人们正确处理好群己、公私、人我关系，有利于中华民族群体的巩固、振兴。因此，他将“利群”视为新道德的根本精神。在《新民说》等著作中，他对这些关系作了深入阐述。他认为，利己乃是人的天性。但是他又指出，人乃是社会动物，任何人都不能离开社会群体而孤立生存，个人利益总是同群体利益紧密联系在一起的。“盖无群无国，则吾性命财产无所论，智慧能力无所附，而此身将不可以一日立于天地。”[19]因此，人们又应爱群、为公、利他，提倡“合群之德”。当个人利益与群体利益发生冲突时，应“不惜牺牲其私益之一部分，以拥护公益”。[20]这种利群观念的核心是爱国主义，而其下手处则是培养、提倡当时中国人所缺乏的公德。不过，梁又是站在利己主义的立场来说明和处理群己、公私、人我关系的。他曾一再解释，人们所以要利群，是因为“非利群则不能利己”[21]；所以要爱他，是因为“苟不爱他，则我之利遂不可得”[22]；所以要为公，是因为“公益不进”我之私利必受损。利己乃是出发点和最终归宿。

显然，梁启超所提倡的乃是当时西方盛行的合理利己主义，他称之为“知有爱他之利己”。需要说明的是，梁提倡这种合理利己主义，始终含有从个人长远、根本利益出发来激发利群精神的意图，因此，利群乃是《新民说》的宣传重点。在《新民说》中，梁反复强调了个人对群体、社会、国家不容推诱的责任，人人都应关注国家命运、社会公益。并尖锐批判了种种极端的个人主义，严厉谴责了长期存在于中国人中的“自了”主义、“独善其身主义”，以及“不在其位不谋其政”“不与闻公事以为高”等思想。这些对培养人们的群体意识，树立人们的社会责任感，激发人们的爱国主义精神，都曾产生了重要的积极影响。

为了造成新民，培育一代新人，《新民说》还曾以极富感情色彩的文字，对新时代、新世纪所需要的理想人格和新的人生观作了比较全面的阐述，他曾一再提倡自由、自尊、自信、自治、自立、进取、冒险、坚毅、尚武等精神。这些曾给青年知识分子以巨大的感染、激励，产生了持续甚久的影响。

五

从政治上说新民是要使中国民众由奴隶、臣民变而为新型的“国民”。就是说，新民不仅是人们思想观念的变化，尚有政治地位的变化。

“国民”的概念是19世纪末随着“兴民权”口号的提出而在中国出现的。鉴于长期来“中国人不知有国民”，1899年梁启超曾首次给国民下了这样的定义：“国民者，以国为民公产之称也。……以一国之民，治一国之事，定一国之法，谋一国之利，捍一国之患，其民不可得而侮，其国不可得而亡，是之谓国民。”[23]而在《新民说》中，他又给国民作了如下定义：“有国家思想，能自布政治者，谓之国民。”[24]显然，这两个定义的侧重点是不同的。前一定义主要是说明国民与奴隶、臣民的区别，这一区别即在于国民是国家的主人，他们既有其权利，又有其义务。而后一定义则是指出国民所应具的资格、条件，它是要让人们懂得，奴隶、臣民要变为国民，必须经历一个转化、提高的过程。梁启超认为，这乃中国实现民主政治的前提，对此是高度重视的。

《新民说》所论述的，主要是如何培养国民资格的问题。它认为这一培养当从政治观念、政治能力两方面下手。

中国人应培养国民应具的新型的政治观念。为此，它大力揭露、批判奴隶性，热情讴歌、提倡自由。但基于爱国心薄弱为中国致弱的“最大根源”“病源之源”的认识，它更为提倡“国家思想”。梁启超认为，中国人欲成为国家主人、成为国民，首先必须养成国家思想。他要求中国人“对于一身而知有国家”，“对于朝廷而知有国家”，“对于外族而知有国家”，“对于世界而知有国家”[25]。以上四者，所宣传的主要是当时世界颇为风行的民族主义、国家主义，特别是他所一再提倡的爱国主义。除国家思想外，健全的权利和义务观念也是极为重要的。梁启超指出，由于封建专制制度长期的压制，中国人已“愈制而愈驯”，权利观念则“愈冲而愈淡”，人民已安于无权的奴隶地位。因此，今日欲培养国民意识，当务之急是树立中国人的权利思想。但是，“人人生而有应得之权利，即人人生而有应尽之义务，二者其量适相均”[26]，因此在培养权利思想的同时还必须树立义务观念，正确处理好二者的关系。

不过，在梁看来，更重要的还是政治能力的培养。他认为，政治能力的重要内容是自治力。这是因为“己不能治，则必有他力焉起而代治”，而“真能自治者，他人欲干涉焉而不可得”[27]；只有能自治，才能摆脱被治的地位。他指出，自治乃是西方民主政治的基础，因此，中国是否能实行民主政治，主要取决于中国人的自治力，是至关重要的。梁启超感叹道：“欲进无思想者为有思想者，其事犹易，欲进无能力者为有能力者，其事实难。”[28]因此，培养中国人实行民主政治的能力，乃是当时中国所面临的更为艰巨的任务。但遗憾的是，对此《新民说》并未能提出具体、切实的方案措施。不过，《新民说》对国民资格的论述，使当时对国民问题的讨论由空泛而具体，这对推动人们对中国民主政治的进程作深层次的思考，还是有贡献的。

六

“新民”一语始见于《尚书·康诰》，又是《大学》的“三纲领”之一。从这一点来说，它是一个古老的口号。但古籍中的新民，只是道德修养的要求（朱熹注云，新谓“去其旧染之污”），与近代的造就一代新人，相去甚远。造就一代新人，乃是近代意义的口号，它的提出基本上是与中国的现代化历程同步的。早在太平天国时，受过西方文明薰染的洪仁玕便提出了建立“新天新地新人新世界”[29]的理想。他的新人是与新世界连在一起的，已朦胧含有近代色彩。不过，他的新人主要指移风易俗，依然不全面。戊戌时，严复提出“鼓民力，开民智，新民德”的口号，要求中国人实现德智体三强，第一次明确提出造就一代新人。梁启超的《新民说》虽然晚于严的三强说，但是，他以20节、10多万字的篇幅，对此作了全面阐述和具体规划，使它形成一套系统理论，其贡献功不可没。自《新民说》出，提高中华民族基本素质的重大任务受到中国思想界的普遍关注，改造“国民性”的问题成为思想领域的热门话题，它的影响也是巨大的。

社会的发展本质上是人的发展。在中国现代化征程步履维艰、人们思想矛盾混乱之际，梁启超没有把中国的现代化仅仅局限于物质和制度层面，而是突出了人的重塑、完善，即人的现代化，这对当时中国人更全面地理解、把握中国整体的现代化，无疑是有益的。所谓新民，就是提高中国的全民素质，造就一代具有新的价值观念、理想追求，新的精神风貌，新的生活方式和社会能力的新人。梁启超认为，这才是中国得以振兴，赶上20世纪新潮流的根本保障。就是说，现代化的社会要靠现代化的人去创造。处于蒙昧状态，安于旧秩序，全无现代意识、不合现代要求的人，是不可能有变革社会的要求，更谈不上实现社会变革的。这样的人，也不可能有自身解放的要求并实现自身解放。不论是破坏旧世界还是创造新世界，都要靠觉醒中的一代新人。因此，中国的社会变革、振兴和现代化，最终都有赖于人的现代化。

梁启超所关注的始终是国家的富强、民族的振兴。但从国群之强基于个体之强的理论出发，他又强调，国家富强和民族振兴只有通过提高个体素质，调动个体积极性，激发个体活力来实现。他所以一再反复清算奴性，正是由于处于奴隶地位，对一切都消极、冷漠、麻木、依附的人，是无助于国家民族振兴的。他所设计、向往的新民，处处都是与奴隶、奴性相对立的。从这一点说，《新民说》又表现了对人的关注，它对激发社会成员的个体能动性、责任感也起了积极作用。总之，以上这些对促进人们对中国的变革、振兴作更深层次的思考，都是有启发的。

梁启超的新民，重点是人的观念变革。他始终认为，社会变革并不是一场单纯的政治斗争，它当以思想启蒙为基础、先导。只有人民普遍觉醒，社会变革方能出于多数人的自觉，形成不可抗拒的潮流。因此，它对文化革新、文化重建是高度重视的。他的《新民说》对此有不少论述。虽然，在《新民说》之前，中国“文化革命”的帷幕业已拉开，但它受到思想界的普遍关注，这同《新民说》有直接关系。它对近代道德革命的影响尤大。

概言之，《新民说》的最大影响是使人们更加重视现代化、民主化的基础建设，它曾对部分革命党人产生过积极影响。在20世纪初，革命派力主推翻清朝统治，大方向是正确的。但确有不少革命党人对中国社会变革和民主政治进程缺乏足够认识，对革命的理解过于简单。他们以为革命仅是军事斗争，靠少数革命党人武装起事，即可迅速成功。《新民说》的种种论述对于纠正这一偏向，促使革命党人更全面深入地思考中国革命的问题是有益的。它对革命派的影响，可以邹容为例。邹容在《革命军》中曾多处摘录了《新民说》《溯源论》的文字，可见他认真读过这两部论著。《革命军》关于注重革命教育、“制造无量无名之华盛顿拿破仑的思想，以及提倡“独立不羁”“冒险进取”“爱群敬已”“个人自治”等思想，都明显受了《新民说》的影响。

七

《新民说》既有其理论价值和贡献，也存在明显的谬误，其客观影响是复杂的。

如前所说，《新民说》的理论依据是斯宾塞的社会有机体论。这一社会学理论强调社会成员素质的重要性，对于当时中国人重视人自身的现代化曾产生了积极影响。但是，它把复杂的社会有机体简单视同生物有机体，否认人类社会有其特殊的本质和规律，而用生物规律取代社会规律和说明社会，是非科学的。以此为指导来诊断中国的致弱之源和“救亡之道”就难以得出科学结论。结果，《新民说》势必离开社会基本矛盾的辩证运动来规划中国的社会变革和振兴，离开社会变革、特别是社会经济结构变革来实现“新民”。

因为以社会有机体论为指导，硬以生物规律解释说明社会，梁的新民理论一直充满矛盾，难以摆脱循环论证，最终势必倒果为因。

用梁的话说，究竟是“政府造人民”还是“人民造政府”这对他始终是一大矛盾。因此，从《溯源论》到《新民说》，他时时陷入循环论证的泥淖。新民学说是从中国人素质低下说开的。对此，一个不容回避的问题是中国人所以素质低下，究竟是因为中国人天生是劣等民族，还是另有深刻原因，具有强烈民族主义意识和爱国心的梁启超从不承认前者。他曾几次指出，长期的封建专制制度和清朝反动统治是造成中国人素质低下的原因一些分析是很深刻的。那么，据此分析，逻辑结论势必是推翻封建制度和清朝统治。但受改良主义立场和社会有机体论的影响，他对此总是一再打住，不作深论，而孤立谈人的素质，而以此为因，而将“恶劣政府”视之为果。

从《溯源论》到《新民说》，中心是论中国的致弱之源和“救亡之道”。梁启超是在年那特定历史环境下谈这些问题的。那正是《辛丑条约》签订，中国半殖民地半封建制最终确立的年代，是中国历史上少有的屈辱和黑暗的年代。那个年代的现实告诉人们，落后的封建自然经济，建立于其上的封建专制制度，以及自鸦片战争以来帝国主义的侵略压迫，才是那时中国衰微的根源，也是那时中国人素质低下的根源。因此，救中国之道是不言自明的。但是，梁却强调“人民造政府”，要求人们不要“科罪当局”，而应把矛头指向自身。在《新民说》陆续发表的过程中，1903年一位革命党便指出，《新民说》的基本结论“不免有倒果为因之弊”[30]，这一分析是正确的。

梁启超所以倒果为因，是力图证明，一旦新民，新制度、新国家便自然到来。这种自然到来说，不仅否定、取消了必不可免的斗争，而且势必使人轻忽社会变革，特别是社会经济结构的变革。而影响所及，他对新民自身所作的规划，也存在明显的问题。其一，在那中国处于奴隶地位的年代，人的现代化不仅是人的重塑，首先是人的解放，它离不开斗争。可是，《新民说》却有意回避斗争，把新民说成是一个毋需斗争的自然而然的过程，这无疑是不切实际的。其二，同样重要的是，受唯心主义意识决定论的影响，梁启超论新民，是同中国的社会经济结构变革脱钩的，同时又是同社会实践脱钩的。这就注定了他的新民不会有多大成效。回避、忽视社会经济结构的变革，实际上等于说可以在旧的经济基础、即封建自然经济的基础上实现人的现代化，历史事实证明此路不通。

注释

[1] 《进呈日本明治变政考序》

[2] 《论湖南应办之事》

[3] 《古议院考》

[4] 《论今日各国待中国之善法》

[5][6]《新民丛报》第一期，《本报告白》

[7][8][9][10]《中国积弱溯源论》

[11][16][17]《新民说·论新民为今日中国第一急务》

[12][13]《原强》

[14] 《与梁启超书》一

[15][18]《新民说·论私德》

[19] 《新民说 · 论公德》
[20] 《新民说 · 论合群》
[21][24][25] 《新民说 · 论国家思想》
[22] 《乐利主义泰斗边沁之学说》
[23] 《论近世国民竞争之大势及中国前途》
[26] 《新民说 · 论义务思想》
[27] 《新民说 · 论自治》
[28] 《新民说 · 论政治能力》
[29] 《英杰归真》
[30] 飞生：《近时二大学说之评论》，《浙江潮》第8、9期

[作者单位]黑龙江大学哲学系
[原　　刊]《求实学刊》1996年第5期

“新民”学说及其命运
——论梁启超的《新民说》

徐允明

有一部书，因缘时会，在20世纪初风靡知识界，在许多人的心里掀起汹涌的波涛，并影响了一些人的生活道路；它发挥了一条独特的救国路线，这条路线，几次被现实摒弃于大门之外，但是又总是顽强地从侧门钻进来；它充满了矛盾，却耐人寻味，包括其矛盾也耐人寻味……这本书就是梁启超的《新民说》。

一、思想史上的大事件

1902年2月8日，也即夏历壬寅年元旦，梁启超独力经营的《新民丛报》在日本横滨创刊，并开始刊登《新民说》[1]。该刊影响很大。梁氏两个月之后写信报告康有为：“销场之旺，真不可思议。”[2]当时每册印行5000份，是个很惊人的数目，而且“每一册出，内地翻刻本辄十数”[3]。当年冬，黄遵宪致书梁启超说：“此半年中，中国四五十家之报，无一非助公之舌战，拾公之牙慧者乃至……大吏之奏折，试官之题目，亦剿袭而用之。”[4]《新民丛报》的影响也可以看作《新民说》的影响——它是该刊的灵魂，在该刊的初期尤其是这样。鲁迅是1902年4月到日本的，他是梁启超的热心读者，从那时候起，“改造国民性”成为他重要的思考内容。十几年后，湖南出现了一个重要的新文化团体，名字就叫“新民学会”。约有半个世纪之久，“新民”常被用作人名、地名、商标。“新民”之说并非创自梁氏，但其影响之大，则是从《新民说》开始的。

“《康诰》曰：‘作新民’”，这里的“新”是形容词。《大学》又说：“大学之道，在明明德，在亲民，在止于至善”，程颐注释“‘亲’当作‘新’”[5]，这个“新”就是动词了。不过这种说法未引起足够的注意。《新民说》的“新民”实则起源于此，不过更直接的来源是严复提出的“新民德”，就是要搞“道德革命”，改造国民。

戊戌变法时期，梁氏以政论家和社会活动家名重一时，他追随康有为谋求政治变革。此时为什么要讲“新民”呢？

鸦片战争以来，为了救中国，几代知识分子进行了多方面的探索。最初提出“师夷长技以制夷”，表达了学习西方、制驭西方的愿望。此后有人强调“技”，就是“自强以练兵为要，练兵以制器为先”，乃至“中体西用”论。也有人从另外角度考虑问题：（西方）“治乱之源，富强之本，不尽在船坚炮利”，“育才于学堂，议政于议院，君民一体，上下同心”才是“本”“源”“体”，主张学这个，以便赶上和超过西方[4]。甲午一战，前一条路线事实上是失败了，后一条路线通过康和梁，得到发挥。他们热衷于政治的变革，希望靠皇帝的诏书，在短期内“变”出一个强大的中国这个期限，他们定在一二十年之内。

严复提出了另外的一条路线。他说救国事业“不在大端而在细事”，“欲救当前之弊，其事存乎风俗人心之间”[7]。中国落后，是因为国民素质差，甚至可以说是人种低下。在这种情况下，要是简单搬运西方政制，或者“淮桔为枳”，或者“人存政举，人亡政息”，没有用，甚至只有“速其死而已”[8]。最要紧的是“进种”——改良人种[9]，也就是鼓民力、开民智、新民德。“进种”有成，“善政”自然就立起来了。康和梁很敬重严复的学问，但不采纳他的路线。

仿佛为了验证严复的预言，戊戌变法失败了，局面比变法前还糟。康和梁亡命海外，仍然以“尊皇”“保皇”为务。但是随着时间的推移，梁启超“反思”起来了。他说：国家大事的成败其实取决于“多数之国民”，“故吾所思所梦所祷祀者，不在轰轰烈烈独秀之英雄，而在芸芸平等之英雄”。[10]与过去专靠皇帝、专责奸臣的想法不同了。在《中国积弱溯源论》《新民说》中又作了进一步的发挥，其结论是，“必使吾四万万人之民德民智民力，皆可与彼（列强）相埒”[11]。

这些说法科学性如何？姑且不论。显而易见的是，用民德民智民力的状况解释民族的历史命运，比起用偶然事件、偶然因素和皇帝、政府的作为来解释，是更有说服力的；而这正是严复们倡导的观点。

在戊戌变法以前，“先进的中国人”如康和梁已经知道欧洲“天赋人权”和进化论等学说。但是当他们指望靠皇帝的权力“惟所转移，所向披靡”[12]，改变中国命运的时候，他们以及追随他们的“新学”界，在历史观上还停留在欧洲18世纪以前的水平上。在那时，“人们常常说（特别是18世纪），任何一个民族的国家制度是这个民族的道德风习所约束的”；“另一方面，同样常常有人说，某一民族的道德风习是为它的国家制度所约束的”[13]。而且，“十八世纪以来之学者，以国民为社会，以国宋为积人而成，如集阿屯以成物质”[14]。这种观点，也颇有势力。以至于恩格斯宣布：“显赫的国家的政治行为是历史上决定性的东西这种观念，已经像历史记载本身一样古老了。”[15]在19世纪的中国，除严复之外，人们还都抱若这种“古老”的观念。

此时，梁启超经过一番曲折，接受并发挥起严复的观点。他的见解不一定有严复的深刻。但是他的文笔通俗晓畅，又是集中论列（严复的观点散见于一些论文和译品的按语中），因此《新民说》的影响反在严复之上。《新民说》问世后，许多人就抛弃了那种“古老”观念。可以说，《新民说》把中国知识界带进了哲学上的十九世纪。

二、关于民族性格的种种

对民族性格的认识，在不同民族的交往中才能产生。对中国国民性——民族性格的评价首先来自外国人这是很正常的事。18世纪，欧洲人根据传教士的介绍，再加上想象，把中国理想化了。伏尔泰说中国“治理得最好”，比西方更“合乎理性”，布尼茨说中国比欧洲“伦理更完善、立身处世之道更进步”，歌德说中国的“一切都比我们显得更为明理，纯洁和道德”[16]。19世纪，西方用炮舰打开了中国的大门，他们对中国看法也不同了。1897年，梁启超著文说：“西人侮我甚矣”，他们说中国人“野悍”“愚诈”“虚伪”等[17]。美国传教士林乐知更说中国人有“骄傲”“愚蠢”“欺诳”“暴虐”“贪私”“因循”“游惰”等恶德[18]。

一个民族是否有区别于其他民族的性格？答案是肯定的。恩格斯曾说：“英国工人阶级保存着英国民族性格的最优秀的品质，在英国，一个进步一经取得，照例永远不会失去。”在这里，恩格斯首先注意到的是“英国民族性格”，然后才是谁保存了这个特点的问题，换言之，不因为有了阶级的分野，民族性格就消失了。恩格斯认为：“民族性格会使一个国家的阶级斗争具有独特的面貌：法国是这样一个国家，在那里历史上的阶级斗争，比起其他各国来每一次都达到更加彻底的结局，因而阶级斗争借以进行、阶级斗争的结果借以表现出来的变换不已的政治形式，在那里也表现得最为鲜明。”[20]马克思论及不同的民族会使同一理论带有不同的色彩：“法国的唯物主义和英国的唯物主义的区别是与这两个民族的区别相适应的，法国人赋予英国唯物主义以机智，使它有血有肉，能言善辩。他们给它以过去所没有的优雅风度。他们使它文明化了。”[21]他说太平天国“带有这个民族的一切傲慢的偏见、蠢笨的行动、饱学的愚昧和迂腐的蛮气”。[22]1866年，他在给恩格斯的信中斥责了那种否定民族性格乃至“民族本身”的观点。[23]

虽说如此，要判定一个民族的性格——它与别的民族区别何在，却又不那么容易。不可能有统计学上的证明。因此，谈论这个问题往往随论者的感受、观点有异。18、19世纪，波兰曾三次被瓜分。康有为说它“国民性懦”[24]。可是，它在19世纪又曾三次举行武装起义，表现出英勇的一面。日本有个“中国通”根据中国人好吃竹笋，断言中国“淫欲炽盛”，受到鲁迅的哂笑[25]。

人类的物质需求大体相同，谋生手段在相应的历史阶段也大体相同，所以不同民族的性格中是有相似之处的。因此，各种美德和恶德，不同民族差不多都会有，只是在程度上有不同罢了。民族性格有差异，又是有限度的、相对的。各个民族的性格往往不是单一的，因此，在谈论民族性格时，常常会碰到“二律背反”的情况，例如，若说中国民族性格是“刚”是“柔”，或“好动”和“好静”、保守和趋时……都各有例证。谈论民族性格，是要慎重的。

梁启超原来对“西报”的侮蔑愤愤不平。他试图从“血管中之微生物”和“脑之角度”证明中国人不同于“黑色红色棕色之种人”，也不同于印度、土耳其人，而与白人相近[26]。1899年，又著文论证中国人“富于自治力”“有冒险独立之性质”“长于学问，思想发达”——别人有的我们无不具有，因此“中国必不亡”[27]。这些文字，有明显的对外宣传的考虑（后一文则为日本报纸撰写的），很难说他的真实想法是否如此，但是，除了所谓“血管之微生物”“脑之角度”之类，他也说得有根有据。《中国积弱溯源论》就是说的“反题”了。他说中国民族性“一曰奴性”“二曰愚昧”“三曰为我”“四曰好伪”“五曰怯懦”“六曰无动”。“西人侮我”，不过如此。梁启超同样说得有根有据。

《新民说》与上述两种文字都不同。为了论证“新民”的必要，他不惮于揭露中国人的弱点，甚至说中国人是些瞎子、聋子、懦夫，……他提到的恶德，有“傲慢、放荡、迂愚、嗜利、寡情”等。又说“吾观我祖国民性之缺点，不下十百”。但是，他雄健的笔锋没有着意这些地方（这与《中国积弱溯源论》有别），有的甚至是一掠而过。

该书前5节是绪论，以后15节大都是每节论述一种在他看来西人有之而致强、中国人无之而致弱的道德。论述方法很单调，一般用如下格式：“欧洲民族所以优强于中国者，原因非一，而富于冒险进取精神，殆其尤要也。”例子。然后论证：“危乎殆哉，吾中国人之无冒险进取精神，自昔已然，而今且每下愈况也！”但是这一部分通常比较薄弱。如《长论冒险进取》这一节，论“中国人之没有冒险进取精利”部分，只有500字，而且只是泛论，没有例子。相反，在列举大量例子论证欧洲人此种“性质”时，却插进勾践、李广、王阳明、曾国藩等人的“冒险进取”的事迹。这样自相矛盾的现象，书中时常出现。梁氏是文章家，在他笔下，没有做不好的文章。这样明显的矛盾是怎么产生的呢？

显然，作者无意写一本中国人的丑行大全。对民族性的弱点也作了尖锐的揭露，这些文字也给读者留下深刻的印象，而这对于论证“新民”的重要性来说，是必要的。但是作者不以暴露为目标，他想“发明”一种新道德，这种新道德一方面有赖于从西方“采补”，一方面有赖于从中国传统道德“淬厉”。这样，他在讲“采补”“新民”的重要时，必须作“暴露”文章，但是，当他想到还需要“淬历”时，就必须给旧道德以相当的肯定，“暴露”就不能尽兴。这样文字上就不能不产生矛盾了。

因此，这本书每节标题所提出的道德，如“国家思想”“冒险进取”“（争）自由”“自尊”“毅力”等，都是他要“发明”的道德，不意味首说中国人压根儿没有这种道德，而只是说还须“淬历”“采补”罢了。《新民说》的价值不在判定中国人有哪些恶行。但是，它产生大影响的一首是“暴露”部分。

三、民族性格从何而来；“文明批评”和“社会批评”

在社会学领域滥用生物学的比拟，是19世纪上期的风尚，到19世纪下期，种族主义更成为时髦的学说。斯宾塞是种族主义者之一。他反对孔德的下述观点：“五洲文野之族，虽形制各殊，而要为一宗之天演，特浅深耳”，而认为“群之为制，其为变与种别正同，乃支析分派之衡异，而非层累高下之纵殊也”。[28]就是说，“群制”的性质是由人种决定的，“低等种族”永远也赶不上“高等种族”。严复最佩服达尔文和斯宾塞——在《原强》开头就说明他的议论是以这两位英国学者为依据的——所以无怪乎他议论有明显的种族主义色彩。梁启超同样如此——他此时的观点很多方面与严复相同。他说现在五色人种“最有势力”，因而也最优秀的是白人，白人中最优秀的是条顿人，条顿人中最优秀的是盎格鲁撒逊人。黑人、棕人、红人是下劣的，朝鲜人、安南人“生计最穷迫不堪”，也下劣。他没有正面说中国人种下劣，只是问白人所具有的“勇猛果敢活泼宏伟之气，比诸印度人何如？比诸中国人何如？”[29]自然是说中国人种劣于白人。既然人种有优劣，根据“达尔文之理”，优者欺凌劣者、强者欺凌弱者，是十分自然、十分合理的：“民族帝国主义者，其国民之实力，充于内而不得不溢于外，于是汲汲焉求扩张权力于他地……彼俄人之于满洲，德人之于山东，英人之于扬子流域，法人之于两广，日人之于福建，亦皆此新主义潮流迫之不得不然也。”[30]这些言论与西方“民族帝国主义者”没有什么不同。

但是，不论是严复，还是梁启超，讲种族主义的目的，不是要论证中国人活该被淘汰（不应该计较他们说的某些过头话），他们认为人种是可以改良的。梁启超说：“使黄人能自新以优胜于白人，则其他日之结果亦然”[31]——也可以去“经略”白人的土地。他要做的事情就是这个“自新”，也即改良中国人种。相信人种有优劣，也承认中国人种低劣，这与斯宾塞相同，但是又认为低劣可以变成优秀，斯宾塞设置的障碍就这么轻轻地被逾越了。所以，《新民说》并没有从人种学上论证中国民族性格的原因和“自新”的依据——事实上也无法论证。

他们也注意到西方的地理决定论。严复说，西方地势“支离破碎”，易于培养竞争观念，“民之智勇”通过“磨砻而后日进”，中国国土“浑整绵亘”，“利为合而不利为分”，所以得不到“互相砥砺”之效[32]，这就形成了东西方思想观念、民族性格的差异。梁启超则“集译东西诸大家学说言地理与文明之关系者”，作《地理与文明之关系》，主要以黑格尔《历史哲学》为纲，说“地理与文明之关系，有更重大于人种者矣”，例如欧洲人的一些好的品性，皆为海洋所赐；而中国是大陆国家，“大一统而竞争绝”，由此产生一系列差异。梁启超又指出，除此之外，中国“群治不进”还有“环蛮族”这么一个历史环境，周围一直都是些“小蛮夷”，“其文明程度无一不下我数等，一与相遇，如汤沃雪，纵横四顾，常觉上天下地，唯我独尊之概，始而自信，继而自大，终而自画，至于自画，则进步之途绝矣”[33]。

普列汉诺夫根据马克思主义，论证了地理环境是人类产生、进化以及不同人种和不同民族所以互相区别的最初原因。这无疑比把上述原因归结为人种的不同属性要高明得多——后一种理论至多只能提供如下的知识：鸦片之所以催眠，是因为有催眠的属性；某一人种之所以落后，是因为有落后的属性。而按照前一种理论，则可以找到认识人种不同属性的途径[34]。普列汉诺夫并不认为地理环境始终是人类发展的决定性原因。他说“一旦产生了一定的社会关系”，一旦产生了“社会人”，“往后的发展就按自己本身的内部规律进行”，“人对地理环境的依赖从直接的变成间接的了。地理环境经过社会环境影响于人”[35]。自然，这不意味着地理环境的作用完全消失了，但他更强调的是“社会环境”。他同时又强调历史环境的重要性：“每个特定的社会从其邻接的社会方面所受到的影响的总和是永远也不等于另一个社会在同一时期所受到的影响的总和。因此，任何社会都生活于自己的特殊的历史环境中，这个历史环境也许——而实际上亦时常有过——和其他民族的历史环境很相类似，可是永远也不会并且永远也不可能和它完全一样。这给社会的发展的过程加上异常有力的多样性因素。”这样，是更有利于解释不同民族性格上的差异的。

没有疑问，认识到这些，是向真理接近了，并且有助于人们从种族主义的宿命论中解脱出来。但这对改变中国的命运，其实也没有多少实际的好处。地理环境、历史环境不管有多么重要，但它们是客观的、历史的存在，是无法选择、无法改变的。严复说：“现在交通便利，地理环境的差异缩小了，中国大有希望[37]。”梁启超也说：“近来学术昌明，人智日新，乃使亚细亚全洲铁路遍布，电线如织”，亚洲、中国也已进入“文明盆争之舞台”，今非昔比[38]。尽管如此，指望靠交通发达相对改变地理、历史环境，进而改变民族习性和民族命运，毕竟是茫远的。严复、梁启超都没有在这些地方多事留连。

值得注意的是，严复、梁启超在这些地方表现出多元论的倾向。既谈种族主义，又谈“环境决定论”（它们是互相排斥的）。谈种族主义，目的在于激发“进种”的热情；但又不相信黄人（中国人）真的“下劣”——所以有“进种”之可能，谈“环境决定论”又轻易断言目前环境已得到改变——中国有希望。梁启超有时甚至认为环境其实也没有什么太了不起的作用，他在列举两千年来中国人对外族侵略者表现出的无能和奴才相时说：“若此者，其所以受病，非全由地理学说之影响，地理学说虽万变，而奴隶根性终不可变。”[39]诚然，即便承认“地理学说”是“最后之因”，要用以说明社会上的诸多具体现象，也是很困难的。但是，梁氏的这些言论说明，他们的兴趣不在于弄清某些深奥的理论问题，不在于茫远的地理、历史问题，而在于眼前的现实问题——中国问题。在理论上的“不求甚解”是与解决中国问题的迫切要求相适应的。而一接触到中国问题，他的真实用意就显露出来了：“中国群制之不进，由人民之不顾公益使然也；人民之不顾公益，由自居于奴隶盗贼使然也，其自居于奴隶盗贼，由霸者私天下为一姓之产，而奴隶盗贼居吾民使然也。”他把中国“群制不进”、中国人的“奴隶性”看作是“专制久而民情漓”和“学说隘而思想窒”造成的。既然如此，要改造中国，“必取数千年横暴之政体，破坏而西粉之，……然后能一新耳目，以行进步之实也”[40]。这是当时最激越的反叛之声。

梁启超又指出，由于专制制度“腐败柔媚之学说”，中国民风日下，到处充满了奴才意识：“闻他人之议瓜分我也，则嗷然以啼，闻他人之议保全我也，则然辗以笑……”[41]“不见乎联军入北京，而顺民之旗，户户高悬，德政之伞，署衔千百，呜呼痛哉！”[42]他提出破除“奴隶根性”、破除“心中之奴隶”，要“强立不反”，争取像美国独立战争和匈牙利、法国、意大利争取民族独立一样，“起而脱其绊”[43]。他是近代最早提出破除“奴隶根性的”，并且从传统文化和社会现象中揭露奴才意识。他当时发生巨大影响的主要是这一类文字。郭沫若回忆说，他读中学时，读了梁启超，很感兴奋，觉得“差不多所有的旧思想、旧风习都好像狂风中的败叶，完全失掉了它的精采”。[44]这些文字，也是鲁迅“文明批评”与“社会批评”的先导之一，并且，也可以看作新文化运动时期“伦理革命”的先声。

四、先“新民”还是先“破坏”

当梁启超论证“新民”的必要性时，认为政府、官吏的好坏，是由民族性格决定的——道德风习决定政治，当他分析民族性格的成因时，又说它是专制政治造成的——政治决定道德风习。他说“柔媚腐败之学说”造成奴才意识，但是按照他所说的“种瓜得瓜，种豆得豆”的道理，同样可以说是奴才意识造成了“腐败柔媚之学说”。梁启超遇到了18世纪以来许多欧洲学者遇到的“二律背反”。这就产生了一个问题：是先“新民”呢？还是先“新政府”呢？从一方面看，没有“新民”就不会有“新政府”，可是从另一方面看，没有“新政府”就不会有“新民”。梁启超陷入矛盾之中。而由于斯宾塞，就更加无法自拔了。

斯宾塞说，“拓都”（团体）的性质是由“么匿”（个体）决定的，比如砌墙，好砖头才能砌出好墙，盐是咸的，是因为每个盐分子都咸，社会的性质同样决定于它的分子———个人，社会是由个人组成的。严复曾译介过他的学说，梁启超在《新民说》中则是照抄和发挥这种学说[45]，认为要改造中国，必须先改造中国的“么匿”——“阿屯”，也即个人，要把“阿屯”（分子）们一个个改造成乌获、离娄、师旷。那么由谁去改造？政府、官吏？但政府、官吏来自同样的“阿屯”，靠不住。梁启超想到“破坏”，但是，破坏者也是同样的“阿屯”，他们的破坏也不会尽如人意。所以，要“破坏”，必须先“建设”，把“阿屯”们改造好，这就是“破坏前之建设”。又遇到“二律背反”。

斯宾塞的学说本来就不是中国人的福音。严复通过他描绘的生存斗争残酷画卷，达到了一个目的：激发中国人的危机感，过此以往，他的学说对中国人就没有多大帮助了。他为人类社会的美妙、和谐而陶醉，社会上自然而然地形成分工，就象人体有消化、呼吸、排泄系统一样，互相为用、互相配合。也有各种冲突，但它就象英国的两党制一样，各有益处。生存斗争把一切“不适者”淘汰净尽，给“适者”以发展的机会，使人类日臻完善。对那些被灭绝和击败的人，完全不必多愁善感——没有他们的牺牲，就不会有繁荣、进步。所以扶助弱者的行为看上去是行善，其实是“不仁之尤”的。不要想、也不必要改造社会。要知道每一政令、每一习俗都所来有自，都是极长的因果链上的一环，都是合理的。如果一定要改造，反而会得到意想不到的坏结果。对人类的未来，完全用不若操心：“盖人生之至乐，既不可以术而强致，而他日者，又将不速而自来也。”[46]……这是一个在“生存斗争”中地位稳固、志得意满的绅士的申情。他的《群学肄言》一书，“凡二十万言，千端万绪，而极其究竟，亦日群治之难言耳已”。[47]他是在劝诱人们一切听其自然。

关于“么匿”和“拓都”的理论，是他考察社会的方法：“欲考其合，先考其分。”具体一点，又从德智体三个方面考察。但这也不是为了改造社会，尤其不是为了让落后的民族、种族转弱为强。他认为，对这样的“群”说来，“徒日讨而告之以嘉言，无益也；治其术智，俾之多闻，愈无益也”，只能是：“在使民常莫遣其自作之孽，而常能享其自求之福。”他还断言，对于一个“群”来说，“使本弱也，而忽强；本贫也，而忽富；本撞野也，而忽文明，必无是也”。[49]严复由他的学说附会出“鼓民力”“开民智”“新民德”，反映出一个不幸的事实，中国爱国者的救国热忱，与其贫乏的理论太不相称了。

凭想象，“拓都”的性质当然决定于“么匿”的性质。但是人类社会不是砖头与砖头的简单堆积，维系它的有一条强有力的纽带——社会关系。在不同的社会关系之村，一堵“墙”可能还不如单块“砖”坚固，也可能它的坚强超过单块的砖头。斯宾塞的理论貌似精细，其实不够科学。严复倡导、梁启超发挥的“开民智”“鼓民力”“新民德”一半建筑在爱国热情上，一半建筑在斯宾塞的理论上。

反对者抓住了某些矛盾之处。《浙江潮》上有一篇文章提出：“自事实言，则必有新政府而后可得新民也。”[50]革命派就是按照这样的逻辑制定了明确的纲领：推翻腐朽的清政府——其他事都好办。他们如愿以偿，清政府被推翻了，但是不久就发现：“去一满洲之专制，转生出无数强盗之专制，其为毒之烈，较前尤甚，于是而民愈不聊生矣！”[51]事实上，《浙江潮》那篇驳梁启超的文字，也不得不承认：“自理论上言，则必有新民固何患无新政府也。”他们没能驳倒梁启超。“二律背反”的正题和反题，双方只是各执一同罢了。

马克思主义早已在理论上对这类“二律背反”做出了解答。它是站在前所未有的高度、从全新的途径考虑问题的：人们要生活，必须从事生产；“生产力的特定的阶段，必然地引起在社会生产过程中人们一定的结合，即一定的生产关系，亦即整个社会的一定的结构。而既然有了社会的结构，就不难了解，它的性质将一般地反映于人们全部心理之上，反映于他们的一切习惯、风俗、感觉、观点、意图和理想上，习惯、风俗、观点和理想必然地适应于人们的生活样式，适应于他们获得食料的方式……社会的心理永远顺从它的经济的目的”[52]。没有疑问，政治、立法和道德风习是互相作用的，但它们谁也不是“最后之因”，它们都是“社会关系”——生产关系的结果，而一定的生产关系又建筑在一定的生产力之上。所以，如果改变了生产关系，政治、立法和道德风习就得到改造，而这最终又依赖生产力的改变。

这样说来，问题似乎很简单了？不然。

问题在于：人们不能随心所欲地改造生产关系，因为生产力不是可以随心所欲加以改变的。

问题还在于：生产力的发展并不像通常理解的那样，只有几种简单的形态，而由于地理环境、历史环境的不同，而显示出“异常有力的多样性因素”。而这正是马克思、恩格斯可以谈论“民族性格”“民族特点”的原因所在。

对“民族性格”的探索是有助于认识某一民族社会关系的状况，也就是说有助于认识“国情”的。严复、梁启超为那个“二律背反”所困惑，常常陷入一筹莫展的窘境，但是他们对中国的“政教学术”“人心风俗”进行了多方面的剖析，由于他们及其后继者（包括鲁迅）的努力，使人们对中国“国情”有了较深入的了解。和他们相比，林则徐、魏源直至康有为，这些前驱者看到的中国就太表面化了。

五、退回旧道德的大纛下

开始，他设想的“新民”之道——“道德革命”是兼顾中西的：“一曰淬厉其所本有而新之，二曰采补其所本无而新之”，对旧道德不是尽行吐弃，而要有所损益，对西方道德也不是简单移植，而是有所选择。他说：“吾恐今后智育愈胜，则德愈衰，泰西物质文明尽输入中国而四万万人且相率而为禽兽也。”他的道德革命，一方面是为了吸收西方的东西，以适应“世界竞争之大势”，一方面是为了在竞争场中保持民族独立性——既想学习西方，又不想“全盘西化”。

戊戌变法前，“康有为、梁启超、谭嗣同辈……冥思枯索，欲以构成一种‘不中不西即中即西’之新学派”[53]，就是出于同样的考虑。当时他们冥思苦索的最大成就是《大同书》。这部书大量吸收了西方思想，但它把西方思想包容在“孔教”的外壳内，进而把它说成是中国人的创造，因此要由中国人——也即康有为当“教主”，制定地球的礼乐制度，以拯救天下苍生，不言而喻，中国会由此“获益”。康有为还设想，中国先要自强（当时认为这需要一二十年时间），然后“一战而霸”，世界大同的帷幕就拉开了。不消说，这种学说是无法变成现实的，但它明确显示出一种愿望：学习西方，但不想简单“移植”，而是要利用传统，有所创造，以便赶上、超过西方[54]。梁启超此时的“愿望”一如乃师，但是他把目标缩小到一个较具体的领域——道德领域，就比乃师显得实际些了。不过，他在探索过程中，常常身不由己地离开本旨。

当他考虑到新民的必要性时，把中国国民品性与白人、条顿人、盎格鲁撒逊人比较，不免有些气馁，甚至觉得中国一无是处：“五脏已瘵，筋脉已伤，血轮已涸。”[55]中国人也不能叫人：“一国之大，而仅有四万万禽兽居焉。”[56]于是觉得必须狠狠破坏，并且时时讲“革义”。事实上，当他向“横暴之政体”“腐败柔媚之学说”宣战时，是颇有革命气概的。他曾“深信中国之万不能不革命”[57]。

可是，转念一想，又觉得中国道德不无可取之处：“凡一国之能立于世界，必有其国民独具之特质，上自道德法律，下至风俗习惯文学美术，皆有一种独立之精神，祖父传之，子孙继之，然后群乃结，国乃成，斯实民族主义之根据源泉也。我同胞能数千年立国于亚洲大陆，必其所具特质，有宏大高尚完美厘然异于群族者。”这时候，他又觉得保守未必遂为恶德。英国人不是最保守吗？但它却是最发达的。于是又努力从传统文化中发掘好的东西。所以他的文章常常开头是说中国人缺少西方的某种品性，但是讲着讲着就变成：中国不缺这玩意儿。

保守和破坏，时时在他胸中“交战”。

1903年初他去美国待了10个月。这期间，他注意到“新党”的不纯。这是由吴稚晖告密的丑行被披露引起的。他就此议论道：“中国之亡，不亡于顽固，而亡于新党”，“近月来，惩新党棼乱腐败之状，乃益不敢复倡革义矣”。[58]他在美国，也没忘记考察华人的品性。他发现华人有许多好的东西，但是华人社会太“凌乱”了，因为自由过度。而且，美国托拉斯的出现，使他觉得“天下大势，竟滔滔日返于专制”，西方的“国家社会主义”“以极专制之组织，行极平等之精神，于中国历史上性质，颇有奇异之契合也……若中国有人，则办此事真较易于欧美”。[59]这给了他一种希望：中国是否可以不经过“破坏”、不经过自由主义，而利用专制传统，直接实行“国家社会主义”——赶上西方呢？于是他就反过来批评“瞎闹派”的破坏了。他说西方“最高尚醇美利群进俗之学说”，一传入中国，就变糟了，如自由、平等、竞争、权利诸论，在中国都变成“谋私利”“破秩序”“蔑制度”“散内团”之具。因此他又主张道德复古了：“然则今日所恃以维持吾社会于一线者何在乎？亦曰：吾祖宗遗传固有之旧道德而已。”[60]他自己把“道德革命”取消了。梁启超自评：“当其论此事也，每云此事先办，然后他事可办，及其论彼事也，又云必彼事先办，然后余事可办。比而观之，固已矛盾。”[61]这个毛病在《新民说》中得到充分的表现，他在政治、伦理、历史和比较文化学领域畅游一番，又退回原地。

不过，他毕竟是那个时代最发达的头脑之一，不管“论此事”“论彼事”，都能发人之所未发，“振动已冻之脑官”。所以不管他的见解怎样变化，都能对人有所“振动”，有所启发。甚至有人说：“左之右之，唯公言是听。”[62]当《辛丑条约》签订，悲观气氛笼罩全国的时候，梁氏号召“破坏”“自新”，给人们带来了希望。“破坏”“自新”之成为时尚，梁氏是起了很大作用的。而当“破坏”成为“时尚”之后，梁氏又大泼其冷水，同样耐人寻味。当时人们常常把希望寄托在“民气”上，梁启超专门写了一节《论民气》，指出“民气”有所待——要靠“民力”“民智”“民德”始能济事。滥用民气，实际上是滥用人民的“日力与才力”。这种意见，在民气论者自然听不进去，其实是很中肯的批评。中国历史上，亦不缺乏“民气”，问题往往是，在“民气”鼓起来之后，又难以为继。梁的意见，完全为鲁迅所接受。五卅运动时，鲁迅说：“可惜中国历来就独多民气论者，到现在还如此。如果常此不改，‘再而衰，三而竭’，将起会连辩诬的精力也没有了。所以在不得已而空手鼓舞民气时，尤必须同时设法增长国民的实力。”[63]梁启超指出的问题：“文明学说”传入中国，往往变成谋私、放纵的借口，直到五四时期，还常常引起“新党”包括鲁迅的忧虑。[64]

尽管如此，《新民说》在理论上的不幸是显而易见的：它以“破坏”始，以保守终，以“道德革命”始，以道德守旧终。

“新民”“道德革命”是历史的产儿、革新潮流的产儿。它是与赶上西方这一强烈愿望相适应的。同样，维护民族传统的愿望也是历史决定的。民族传统是人们争取民族独立的精神支柱，完全抛弃传统事实上也做不到。所以梁启超的基本构想——一面“采补”所需，一面“淬厉”固有，是无可厚非的。问题在于，这个损益、取舍的过程，是否可以事先在纸面上作出详细规划、然后按图纸作业？看来这是不可能的。思想潮流的进程总是要冲破预先划定的界限，在实践中决定自己的取舍，人们能做的事情，只不过是有所倡导有所排斥罢了。梁启超对这些有所觉察，但是当他觉察到这一点时，退缩了。

《新民说》没能写下圆满的“。”，却留下了发人深省的“！”和“？”，而它在思想史上的意义，或者正在这儿吧？

注释

[1] 初创刊时，差不多每期都登1~3节，当年登完14节，次年初梁氏游欧期间又登3节，第18节《论私德》以后3节为欧游后作品，1903~1906年登完。

[2] 《梁启超年潜长编》第二七二页

[3] 《清代学术概论》之二十五

[4] 《长编》第三0六页

[5] 《四书集注·大学》

[6] 郑观应《盛世危言·自序》

[7] 《论中国之阻力与离心力》《原强》

[8] 《天演论·导言八》按语

[9] 《严复集》第一册第八十八页

[10] 《过渡时代论》，《饮冰室合集·文集》第三册

[11] 《新民说》第二节，《饮冰室合集·专集》第三册

[12] 康有为《上清帝第四书》

[13] 普列汉诺夫《论一元论历史观之发展》第十页

[14] 《政治学大家伯伦知理之学说》。《饮冰室合集·文集》第五册

[15] 《马恩选集》第三卷第一九九页

[16] 转引自沈福伟《中西文化交流史》第十章

[17] 《论中国之将强》，《文集》第二册

[18] 《中东战纪本末》卷八

[19] 《马恩选集》第三卷第四0三页

[20] 《马恩选集》第一卷第六0一页

[21]《马恩选集》第二卷第一六五页
[22]《马恩选集》第二卷第二十一页
[23]《马恩选集》第四卷第三六0页
[24]《进呈波兰分灭记序》
[25]《华盖集续编·马上支日记》
[26]《论中国之将强》，《文集》第二册
[27]《论中国人种之将来》，《文集》第二册
[28]《群学肄言》二五五～二五六页
[29]《新民说》第四、第十八一
[30]《新民说》第二节
[31]《新民说》第四节
[32]《上皇帝万言书》
[33]《新民说》第十一节
[34] 现在人类学家倾向于认为人类在某个时候有一个共同的祖先、共同的发源地，这对种族主义是不利的。
[35]《论一元论历史观之发展》第一九五页
[36] 同上书第一五八～一五九页
[37]《原富》下册第五0八页按语
[38]《新民说》第十一节
[39]《新民说》第六节。按：这句话有语病，“地理学说之影响”当作“地理环境之影响”。
[40]《新民说》第十一节
[41]《新民说》第十二节
[42]《新民说》第六节
[43]《新民说》第九节
[44] 郭沫若说他是看了《清议报》而有上述想法的（《少年时代》一九八二年人文版第一二页），但是他提到的《意大利建国之杰（传）》其实发表于《新民丛报》。
[45]《新民说》讲物质与“阿屯”（分子）关系的部分，蹈袭痕迹很明显。
[46]《群学肄言》第三一三页
[47] 同上书高凤谦序
[48] 同上书第二八九页
[49] 同上书第三一二页

[50] 飞生：《近时二大学说之评论》，《浙江湖》第八、九期
[51] 孙中山：《心理建设》
[52] 《论一元论历史观之发展》第一四五～一四六页
[53] 《清代学术概论》第二十九节
[54] 关于《大同书》，笔者另有专文论述
[55] 《新民说》第一节
[56] 同上书第八节
[57] 光绪二十九年三月十八日《与勉兄书》；《长编》第三二0页
[58] 光绪二十九年六月二十七日《致蒋观云先生书》，《长编》第三二八页
[59] 《新大陆游记》（湖南人民出版社）第四七～四八页
[60] 《新民说》第十八节
[61] 《与严幼陵先生书》，《文集》第一册
[62] 详见黄遵宪光绪三十一年一月十八日《与饮冰室主人书》，《长编》第三五0页
[63] 《华盖集·忽然想到[十]》鲁迅文中说，这是看到《顺天时报》言论得到的启发，其实这是梁启超的观点。
[64] 如《热风·随感录五十八一人心很古》批评某些新派人士曲解“自由”。

[原　　刊]《北京社会科学》1987年第3期

论梁启超“新民”思想的民族主义特征

袁洪亮

一、中国国民的民族性特征

甲午战败，尤其是戊戌维新后，流亡海外的梁启超，所到之处皆被西方国民朝气蓬勃的气象吸引。在西方社会有机体理论的启示下，他认识到具备现代国民素质的国民才是西方发达的最根本原因。不同于洋务运动客体层面局部西方化的做法，梁启超的新民思想试图从文明主体近代转换中寻求文明发展的更有效路径。从人的角度探究中国日益深重的民族危机的路径决定了他只能得出中国国民素质低下、不合时代需要的结论。梁启超把中国国民的民族性直斥为劣根性而加以批判。一方面，中国国民的民族劣根性呈现出“天下最可耻之事”[1] (P418) 的奴性特征。奴性意味着独立性缺失，“倚赖之外无思想，服从之外无性质，谄媚之外无笑语，奔走之外无事业，伺候之外无精神。呼之不敢不来，麾之不敢不去，命之生不敢不生，命之死亦无敢不死”。[1] (P416) 以奴隶自处的人是愚昧无知的，四万万人中，“其能知政学之本源，考人群之条理，而求所以富强吾国进化吾种之道者，殆不满百数十人也”。无知者必“好伪”。在今日中国，“无论何人，无论何事，无论何地，无论何时，而皆以伪之一字行之”，“伪而好之”，国家因此“成一虚伪泡幻之国而已”。[1] (P417) “好伪”者必致“无耻”。自上至下，满国皆为无耻之人，“官惟无耻，故不学军旅而敢于掌兵，不谙会计而敢于理财，不习法律而敢于司李”；士惟无耻，“八股之韵，谓极宇宙之文；守高头讲章，谓穷天下之奥”；商惟无耻，“不讲制造，不务转运，攘窃于室内，授利于渔人”。[1] (P419) 另一方面，奴隶性已成为国民常态。奴隶性在中国社会各阶层普遍存在，不仅乡曲小民对于文武百官自居于奴隶，小官吏对于大官吏、下级对于上级，无一不自视为奴隶，“举国之大，竟无一人不被人视为奴隶者，亦无一人不自居于奴隶者”。[1] (P415) 国民奴隶性已到了相当严重的程度，人们“虽日日为奴而不觉其苦”，不仅“自居奴隶而已，见他人之不奴隶者反从而非笑之”。[1] (P273) 普遍而深重的奴隶性使中国国民“生如无生，人而非人”，使民族“自沦”，是民族危机的重要根源，“中国数千年之腐败，其祸极于今日，推其大原，皆必自奴隶性而来，不除此性，中国万不能立于世界万国之间”。[1](P416) 国民奴性已然成为一种浸入国民灵魂深处的亡国根性，而不为中国人自知。

二、作为国民性改造目标的“新民”的民族性特征

什么样的国民才符合时代要求？中国国民需要怎样的转变才能成为强国富民的根基和保证？梁启超以大量精力探索这一救国新路，并以其超人的智慧构建了一个涵盖价值观、道德伦理规范、社会心理、习俗行为方式等多层面的系统和富有时代性的崭新国民形象：“新民。”值得注意的是，“新民”虽然以反映工业文明要求的西方近代国民形象为标准，但并非机械照搬，而是在西方近代资产阶级道德的大方向下、于中国传统规范的资源中寻求可能的结合点，把中华民族符合时代需要的民族性内容与西方反映工业文明发展需要的时代性内涵结合起来，构造一种既具有时代性又符合中国国情的新国民素质结构。“新民云者，非欲吾民尽弃其旧以从人也。新之义有二：一曰，淬厉其所本有而新之；二曰，采补其所本无而新之。二者缺一，时乃无功。”[2](P657)在明确中国国民素质的重构必须借鉴和吸纳西方资产阶级道德标准的国民性改造大前提之下，梁启超反复强调要对中国民族性传统进行“淬厉”，有选择地提炼传统道德中具有超越价值的部分，赋予其时代的内涵，使之成为“新民”道德的重要组成。这正如他所说的那样，“故吾所谓新民者，必非如心醉西风者流，蔑弃吾数千年之道德、学术、风俗，以求伍于他人”。[2](P658)梁启超融合中西却凸显民族性的塑造新民的特点，非常典型地体现在1901年6月16日至7月6日《清议报》登载的《十种德性相反相成议》之中。他阐述了“独立与合群”“自由与制裁”“自信与虚心”“利己与爱他”等“其形质相反，其精神相成”“凡人类所当具有，缺一不可者”的“十种德性”，煞费苦心地在反映工业文明要求的西方近代国民性道德标准与中国传统民族性内容之间寻求现实的契合点。但是，作为一个在传统文化氛围中成长起来的颇有造诣的国学大师，再加上对工业文明的实质缺乏真正的理解，使得他在融合中西的努力中总是不由自主地倾斜于中国传统的民族性成分。

首先，论自由而强调服从。梁启超看到自由是“欧美诸国民所以立国之本原也”，[2](P675)强调自由是现代社会的普遍法则，“自由者，天下之公理，人生之要具，无往而不适用者也”。自由对于中国现代国民同样不可或缺，是救治中国人奴隶根性的良药，“今日欲救精神界之中国，舍自由美德外，其道无有”。梁启超号召国民勇于争取和坚持自由，因为真的自由“非他人所能夺予，乃我自得之而自享之者也”。[2](P677)但是，更多的时候梁启超喋喋不休的是自由的对立面：限制、服从，“真自由者，必能服从”。[2](P678)“然则服从者实自由之母，真爱自由者，固未有不

真能服从者也。”[2]（P1083）梁启超看似在宣传自由，实际上字里行间体现出的却是在强调服从。“譬之一身，任口之自由也，不择物而食焉，大病浸起，而口所固有之自由亦失矣；任手之自由也，持梃而杀人焉，大罚浸至，而手所固有之自由亦失矣。故夫一饮一食、一举一动，而皆若节制之师者，正百体所以各永保其自由之道也，此犹其与他人他体相交涉者。”[2]（P679）梁启超实际上强调的是个体对国家的价值认同和民族责任，他在《新民说》“论自由”一节中根据自由主义在西方的发展把自由理解为政治自由、宗教自由、民族自由、经济自由等六个问题。在六个问题中，他认为只有人民参政和建立民族国家问题与中国相关。很明显，梁启超对自由采取的是羞羞答答、遮遮掩掩的态度，其思想深处割舍不下的是浓厚的国家中心主义情怀。

其次，讲独立而倡合群。作为西方近代国民基本道德准则之一的独立，在梁启超看来，是反映工业文明的高贵品质，“人之所以异于禽兽者以此，文明人所以异于野蛮者以此”。[1]（P428）西方国家鼓励、促进人人自强和自立，国民素质得到提升，才带来了高度发达的物质文明和精神文明。与此相反，中国国民自卑、自弃，心甘情愿地居于奴隶地位，“而今吾中国四万万皆仰庇于他人之人，是名虽四万万，实则无一人也”。[1]（P268）而“此根性不破，虽有国不得谓之有人，虽有人不得谓之有国”。[1]（P269）梁启超倡导国民“道德上之独立”，以扫除“奴性之壁垒”。但是，个体独立仅仅是梁启超的逻辑起点，更多的时候，梁启超津津乐道的却是“群”，“群”才是历史进化的主体，“盖人类进化云者，一群之进也，非一人之进也”。合群是独立的前提，“知有合群之独立，则独立而不轧轹”。[1]（P432）尤其在当下世界民族激烈竞争的时代，善群的民族才能独立于世界，“处竞争之世，惟群之大且固者，则优胜而独适于生存”。“以物竞天择之公理衡之，则其合群之力愈坚而大者，愈能占优胜权于世界上，此稍学哲理者所能知也。”[1]（P429）“群”因此成为区分善恶的标准，“有益于群者为善，无益于群者为恶”。[1]（P429）所以，“梁关心的不是个人的权利，而是群体的集体权利”。[3]（P138–139）事实上，梁启超以宣扬个体的独立为逻辑的起点，而其逻辑的指向却是国家，国家的独立才是他追求的目标。国民个性独立，合而成群，国家才能独立，摆脱“奴种之沉沦”，“拒列强之干涉”，“故今日救治之策，惟有提倡独立，人人各断绝倚赖，……庶可以扫拔以往数千年奴性之壁垒，可以脱离此后四百兆奴种之沉沦”。[1]（P428）

最后，表面重国民义务而实质强调国家权利。梁启超主张利用近代西方权利观念消除中国国民的奴性。具备权利思想，人们才会自觉捍卫自己应得之权利；为了获得自由权利，人们必须抛弃奴性，勿为古人之奴隶、世俗之奴隶、境遇之奴隶、情欲之奴隶，挣脱“身奴”与“心奴”的锁链，争取自己应有的自由、权利。但是，梁启超把权利区分为个人权利与国家权利，两者从整体上来说是一致的，是局部与整体的关系。“一部分之权利，合之即为全体之权利。一私人之权利思想，积之即为一国之权利思想，故欲养成此思想，必自个人始。”[2]（P673）梁启超阐明了权利的相对性，实际上体现了个体与国家的相对关系，对个人而言是权利的，对国家而言，就是义务；对于国家而言的权利，对于个人而言，就是义务。梁启超虽然注意到权利与义务的对等性和统一性，“义务和权利，对待者也，人人生而有应得之权利，即人人生而有应尽之义务，二者其量适相均”。“苟世界渐趋于文明，则断无无权利之义务，亦断无无义务之权利。”[2]（P706）但是，更多时候他于有意无意之间强调的显然是国民对国家的义务，“民不纳税，则政费何所出？”“民不服兵役，则国防何由立？”[2]（P708）换而言之，群体、国家的权利才是他强调的重心，“权利思想者，非徒我对于应尽之义务而已，实亦一私人对于一公群应尽之义务也”。[2]（P708）

三、“新民”思想的民族主义逻辑

不仅在梁启超塑造的“新民”素质结构的建构模式中，其实在其整个“新民”思想中始终潜伏的是一种根深蒂固的民族主义逻辑。梁启超的“新民”思想本身是作为挽救民族危机的一种新选择被阐述的，国民的改造和近代转换究其实不过是国家复兴的工具和方式而已，新民思想必然带有相当浓厚的民族主义目的。另一方面，梁启超试图移植作为西方工业文明发展成果的西方近代文化价值观念和道德伦理规范取代中国人头脑中的反映农业文明要求的群体本位价值观和等级制行为道德规范。但是，梁启超好像没有意识到，西方人的解放和发展是伴随着其工业文明渐次发生、成长的过程逐步推进的，梁启超所羡慕的西方近代国民的崭新形象，其实是其工业文明发展到一定程度才呈现出来的结果。停留在农业文明时代的中国，根本上缺失西方人的近代素质的深层支撑要素：技术推动的工业生产方式及其日益多元化的社会结构等，移植来的西方近代文化要素很难在农业文明的中国社会找到生存土壤。作为无奈的选择，梁启超只能转而在中国传统文化观念中寻求激励国民、挽救民族危亡的思想素材，究其新民的内容而言，无不以西方文化观念为逻辑起点，而逻辑指向却总是中国传统民族性内涵。梁启超试图经由传统国民素质结构的现代转换来解救日渐紧迫的民族危机，事实上根本无法在两者之间寻求到一种可操作的平衡点，这种内在的紧张和矛盾尤其突出体现在他艰难协调作为世界发展趋势的国民个性解放的时代性要求和作为解决中国问题的大前提的民族解放的相互关系上。

英国工业革命后，工业文明兴起，工业化生产模式、市场经济制度的资源配置方式、生产的技术推动的路径反映在文明主体—人的变化上，就是以人的主体性确立为核心的人的解放和发展。个人本位主义价值观和独立、自由、平等的近代道德伦理规范成为现代人的必然要求，展现为启蒙运动以来西方人的解放的主要内容。梁启超对人类文明的这样一个发展趋势似乎有所认识，他的新民思想体现在价值观和道德规范的层面，是以西方个人本位、个性中心为方向的，这可以从他对个人本位主义价值观的赞扬和积极引介上表现出来。梁启超强调个体的价值，凸现自我发展的意义，认为经由个体的发达促进社会的进步是文明发展的基本路径。“就社会国家论，必须如此，然后人人各用其所长，自动的创造进化，合起来便成了强固的国家，进步的社会。”现代国民发展自己的主要方式“在发展个性”，发展个性要能“利己”“为我”，“彼芸芸万类，平等竞存于天演界中，其能利己者必优而胜，其不能利己者必劣而败，此实有生之公例矣”。[1]（P430）“这便是个人自立的第一义，也是国家生存的第一义。”[4]而自主、自治则是利己的前提，人人“各尽其所当为之事，各得其所应有之利”，则“公莫大焉，如此则天下平矣”。[1]（P486）自主者须能自治，能自治者，“不待劝勉，不待逼迫，而能自置于规矩绳墨之间”。[2]（P681）国民只有能自治，才能摆脱被治的地位，国民自治而强，国家自然脱弱而立，“无自治不能自强”。[2]（P683）欧洲文艺复兴时期对人的自然属性、主体性旗帜鲜明地大肆宣扬是与其工业文明的快速发展相伴而生、相互鼓动的，但是梁启超阐述新民思想时的中国却正面临着民族生死存亡的危机。作为挽救民族危机的根本路径，梁启超的新民注定要改换人的主题。由于中国缺失西方式的人的解放的工业文明一系列内在要素的支撑，事实上也只能以民族至上、国家解放取代个人本位、个性中心主义作为塑造近代中国国民的价值主题。所以，梁启超鼓吹新民，以肯定个性价值为逻辑起点，但是最后落脚点总是在民族、国家。逻辑的内在紧张体现在他的言论中，他更多的是对群体主义价值观进行不由自主的高调张扬。

梁启超把有利于群体的行为称之为“公德”，“知有公德，而新道德出焉矣，而新民出焉矣”。公德者何？在于“利群”，“公德之大目的，既在利群，而万千条理，即由是生焉”。梁启超批判中国人最大的缺陷就在于缺少合群的公德。

“中国所以不振，由于国民公德缺乏。”[2]（P662）“私德居十之九，而公德不及其一焉。”梁启超强调国民必须坚持“先利其群”的原则，“以一身对于一群常肯挺身而就群；从小群对于大群，常肯小群而就大群”，[2]（P1078）把培养人民合群、利群观念的公德意识作为最迫切的任务。群的最高体现是国，在个体与国家的关系上，国家高高在上，成为代表最高主权而有其独立人格之存在，“政府与人民皆构造国家之要具也，……盖政府人民之上别有所谓人格之国家者，以团之统之，国家握独一最高之主权，而政府人民皆生息于其下者也”。梁启超把国家与国民的关系拟人化为中国人熟识的父母与子女的道德关系，极言国家对于个体的先决性和重要性。“国家之于国民也，其恩与父母同。盖无群无国，则吾性命财产无所托，智慧能力无所附，而此身将不可以一日立于天地。故报群报国之义务，有血气者所同具也。苟放弃此责任者，无论其私德上为善人为恶人，而皆为群与国之蟊贼。”[2]（P661）利群的最高标准就是爱国，而爱国的现实表现就是拯救民族危亡，所以，民族主义顺理成章地成为梁启超新民思想的逻辑终点，梁启超揭示出其国民性改造的民族主义指向。在民族激烈竞争的世界，爱国精神之有无，民族主义的张扬与否，是国民首要的道德责任，“使国民皆以爱国为第一之义务，而强盛之国乃立，十九世纪末世界之政治是也”。[2]（P557）近代欧洲的发达，“皆由民族主义所磅礴冲击而成”，他积极倡导民族主义的时代精神，“民族主义者，世界最光明正大公平之主义也”。[2]（P675）中国“今日欲抵挡列强之民族帝国主义，以挽浩劫而拯生灵，惟有行我民族主义之一策”。[2]（P657）

总之，梁启超试图在反映人类发展趋向的西方近代人本主义价值观和能够解决中国现实民族危机的理论之间寻求平衡，但民族生存危机的紧迫性和中国农业文明的现实状态使得他的选择最终落在民族主义的方向上。

四、“新民”思想的民族主义实质

梁启超的“新民”思想是在19世纪末20世纪初民族危机不断强化的时代背景下，作为救国的一种路径被阐发出来的。受西方近代社会有机体论的影响，梁启超注意到了在民族竞争的时代大背景下高素质国民对于国家整体富强的决定性作用，但是，他没有也不可能认识到文艺复兴以来西方国民个体崛起背后的经济结构和社会结构变动等真正决定性因素的存在和意义。民族危亡的紧迫性使得他的“新民”国民性改造只能局限在拯救民族危机的工具性层面上，究其实质是一种近代爱国主义的发蒙，呈现出明显的民族主义性质。

首先，国民性改造的根本动机在于救国，挽救日渐深重的民族危机。梁启超把民族危机的根源归结为世界范围内日趋激烈的国民素质之间的竞争，“处各国以民族主义立国之今日，民弱者国弱，民强者国强”。[2]（P659）“国之盛衰强弱，常视人民之动作为衡。”[5]按照这种逻辑，中国的问题是民弱国危，那么出路就在于新民救国，“居今日而谋保国昌种之策，非注重新民，改良社会，荡涤其昏敝之性习，以养成其完备之资格”。[6]很明显，新民思想的逻辑起点和终点都是民族主义的，自然带有浓厚的民族主义色彩。其次，新民思想的主要内容是民族主义性质的爱国主义教育。在新民素质“力、智、德”三结构中，梁启超阐述最多的新民德的实质是一种近代爱国主义教育。爱国心之薄弱，“实为中国积弱之最大根源”。中国人并非不爱国，但是传统的爱国就是忠君，真正的爱国则是爱民族。爱民族则必先倡“合群”，“群”成为道德的首要标准。“有益于群者为善，无益于群者为恶，此理放诸四海而准，俟诸百世而不惑者也。”利群成为道德的首选目标，“要之以能固其群、善其群、进其群者为归”。[2]（P662）倡导合群实为呼吁国民的爱国心，培养国民的国家思想。在《新民丛报》的发刊词中，梁启超所指甚明，“中国所以不振，由于国民公德缺乏，智慧不开，故本报专对此病而药之”。美国学者本杰明·史华兹在评价严复对西方近代道德伦理规范的引介时指出：“人们可以假定这些观念（自由、平等、民主）最终会被严复认为是有价值观念的，也可以假定严复具有人类幸福的基本想象力，然而，在严复的关注中，占突出地位的仍是对国家存亡的极大忧虑。如果假定普遍性的最终希望比这个眼前目标在决定严复的思想方面更重要，将是一个可悲的误解。”[7]（P61）其实这种评价对于同一时期的梁启超也是完全适用的。

总之，20世纪前后，梁启超的“新民”思想绝非为个性解放、个体主体性提升的人的现代化主题去改造国民性，而仅仅视改造国民性为实现民族解放的手段，人的解放始终蜷伏在民族解放的大前提下。所以，梁启超“新民”思想的实质是民族主义性质的，个体主体性确立等人的现代化实质内容并非梁启超思考的重点。

注释

[1] 梁启超全集（第1册）[M].北京：北京出版社，1999

[2] 梁启超全集（第2册）[M].北京：北京出版社，1999

[3] 张灏.《梁启超与中国思想的过渡》（1890-1907）[M].南京：江苏人民出版社，1997

[4] 《新青年》第9卷第1号，1921-05-01

[5] 梁启超.《论今日国民之动作》[J].东方杂志，第3卷第1期

[6] 梁启超.《论社会改革》[J].东方杂志，第3卷第8期

[7] 本杰明·史华兹.《寻求富强：严复与西方》[M].南京：江苏人民出版社，1996

[作者单位]中山大学马克思主义研究院

[原　　刊]《学术研究》2010年第10期

梁启超的“私德”论及其儒学特质

陈　来

研究中国近代思想史的学者曾提出，梁启超在历史上的主要业绩，是他在戊戌（1898年）之后到1903年之间在《清议报》《新民丛报》上所写的思想启蒙的文章。[1]这是从推动近代思潮和改革运动方面来讲的。其实，如果不就社会思潮的启蒙而言，梁启超学术的贡献在后来，特别是1920年以后，更有建树，但这不是本文的关注之点。本文关注的是，从1902年初开始写作《新民说》，到1905年底《德育鉴》完成，这一时期梁启超关于“民德”思想的提出、发展、转变、完成，显示了他对“公德—私德互补论”认识的深刻性。这一点使他不仅超越了同时代的思想者，也是五四时代新学者所不及的。这从一个方面说明，评价梁启超不能只着眼历史贡献，还应注重其思想贡献；而要全面、深入地了解梁启超的思想贡献，必须破除“启蒙的一元论”思维，才有可能。如果改变“启蒙一元论”的观察角度，那么，我们就自然会看到，梁启超的思想贡献决不是止于1903年，他的思想特点是不断变化发展，在不断变化发展中增益着思想的深刻性和洞察力。

《新民说》共20节，梁启超于1902年开始写作，随写随发表在《新民丛报》半月刊上，至1906年结束。[2]研究梁启超的已有论著，从列文森开始，无不宣扬其《新民说》前期所写的“论公德”，作为梁启超道德伦理思想走向近代和批评传统道德思想的证明，这是合理的。然而，研究者少有顾及其《新民说》中后写的“论私德”及其意义，只有张灏曾在其著作最后一章讨论过“新民和私德”。[3]这表明在一般学者看来，梁启超论公德的思想才最有意义，事实上在当时社会中造成巨大影响的也确实是其论公德的思想。《论私德》是梁启超在1903年秋美洲之行归来、总体思想发生转变后所写的。因此，从《新民说》最后完成的总体来看，梁启超对公德和私德同样重视和肯定，《新民说》中的“私德说”，与“公德说”共同体现了他的道德思想，而且补充了“公德说”的基础。本文将从这一点入手，力图揭示梁启超的思想贡献以及道德思想从传统到现代转化的合理途径。《新民说》甚长，为了使分析具有说服力，我们不得不较完整地引述其中的多处段落，尽管这些段落的文字可能较长，对读者的耐性有所考验。

一、新民论

梁启超在《新民说》开始，便以“论新民为今日中国第一急务”开其宗、明其义。

> 吾今欲极言新民为当务之急，其立论之根柢有二：一曰关于内治者；一曰关于外交者。
>
> 所谓关于内治者何也？天下之论政术者多矣，动曰：某甲误国，某乙殃民，某之事件政府之失机，某之制度官吏之溺职……若是者，吾固不敢谓为非然也。虽然，政府何自成？官吏何自出？斯岂非来自民间者耶？某甲、某乙者，非国民之一体耶？久矣夫，聚群盲不能成一离娄，聚群聋不能成一师旷，聚群怯不能成一乌获。以若是之民，得若是之政府官吏，正所谓种瓜得瓜，种豆得豆，其又奚尤？西哲常言：政府之与人民，犹寒暑表之与空气也。室中之气候与针里之水银，其度必相均，而丝毫不容假借。国民之文明程度低者，虽得明主贤相以代治之，及其人亡则其政息焉。[14]

这是援用西方哲人的一种看法，以为政府的德行和官员的德行，来自于一般民众的德行，因而一般民众德行若无进步，则政府和官员的德行也不可能进步。而梁启超在这里之所以一反传统的精英道德说，主张官员德行来自民众，乃在于他对改变当时普通国人对政治的普遍麻木态度感到极为迫切，故强调改变“民德”的重要性，从而提出“新民为今日中国第一急务”的呼吁。

他在第3节“释新民之义”指出：

> 新民云者，非欲吾民尽弃其旧以从人也。新之义有二：一曰淬厉其所本有而新之，二曰采补其所本无而新之。二者缺一，时乃无功。先哲之立教也，不外因材而笃与变化气质之两途，斯即吾淬厉所固有采补所本无之说也。一人如是，众民亦然。（第7页）
>
> 凡一国之能立于世界，必有其国民独具之特质。上自道德法律，下至风俗习惯、文学美术，皆有一种独立之精神，祖父传之，子孙继之，然后群乃结，国乃成。斯实民族主义之根柢、源泉也。我同胞能数千年立国于亚洲大陆，必其所具特质有宏大、高尚、完美，厘然异于群族者，吾人当保存之而勿失坠也……世或以“守旧”二字为一极可厌之名词，其然岂其然哉？吾所患不在

守旧，而患无真能守旧者。真能守旧者何？即吾所谓淬厉其固有而已。（第8页）

我们知道，近代的“新民”呼吁在梁启超之前已经发起，如严复《原强》所提倡的“鼓民力”“开民智”“新民德”，[5]唐才常所主张“新其政必新其民”等，[6]但都没有后来梁启超的《新民说》系统、雄辩而且影响巨大。梁启超承继了严复等的思想，在《新民丛报》开办伊始，便公开其宗旨：“本报取《大学》新民之义，以欲维新吾国，当先维新吾民。”[7]《大学》本有新民之说，严复、梁启超所说的新民则是指近代意义上的国民道德的改造与更新。但这种改造与更新，对梁启超来说，并不是抛弃传统道德，他明确指出，“新民”之“新”字包含有二义：一个意义，锻炼激发本有的德性而使其日新之、自新之；另一个意义，学习采纳本来所没有的新道德而使其纳新、开新、更新之，两者不可缺一。可见，他从一开始就明确申明“新民说”并不是要人完全抛弃传统。他指出，中国古代先哲的修养方法一向包括两方面，也就是淬厉其所固有的道德，采纳原本没有而更新的道德。在他看来，广义地说，“所固有”者不只是道德，而且可以是民族的风俗、文学等民族的共同文化，可以是整个民族的特性和精神。由此他认为，中国民族的特性和民族文化的精神是中国民族数千年来立国于亚洲大陆的所以然，是中国民族主义的根源，因此，整体上此一民族文化保守是必须的。

然而，梁启超又着重指出，仅保守其所本有的道德文化是决不够的。

仅淬厉固有而遂足乎？曰：不然。今之世非昔之世，今之人非昔之人。昔者，吾中国有部民而无国民。非不能为国民也，势使然也。吾国夙巍然屹立于大东，环列皆小蛮夷，与他方大国未一交通，故我民常视其国为天下。耳目所接触，脑筋所濡染，圣贤所训示，祖宗所遗传，皆使之有可以为一个人之资格，有可以为一家人之资格，有可以为一乡、一族人之资格，有可以为天下人之资格，而独无可以为一国国民之资格。夫国民之资格虽未必有以远优于此数者，而以今日列国并立、弱肉强食、优胜劣败之时代，苟缺此资格，则决无以自立于天壤。故今日不欲强吾国则已，欲强吾国，则不可不博考各国民族所以自立之道，汇择其长者而取之，以补我之所未及。今论者于政治、学术、技艺，皆莫不知取人长以补我短矣，而不知民德、民智、民力实为政治、学术、技艺之大原。不取于此而取于彼，弃其本而摹其末，是何异见他树之蓊郁而欲移其枝以接我槁干，见他井之汩涌而欲汲其流以实我眢源也！故采补所本无以新我民之道，不可不深长思也。（第8～9页）

这一段讲的就是“采补其所无”，主要是指“国民的意识”一向为中国人之所无。其实这也并不奇怪，迄至于梁启超写《新民说》的时代，中国人一直是王朝的子民，共和国还未出现，自然也就不会有国民资格的自觉了。梁启超认为，在列国并立、弱肉强食的时代，民族国家的自立之道，首要者即在于树立“国民”之意识，即一国之公民的意识。他认为这是学习西方政治学术技艺的根本所在。

世界上万事之现象不外两大主义，一曰保守，二曰进取。人之运用此两主义者，或偏取甲，或偏取乙，或两者并起而相冲突，或两者并存而相调和。偏取其一，未有能立者也。有冲突则必有调和。冲突者，调和之先驱也，善调和者，斯为伟大国民，盎格鲁撒逊人种是也。（第9页）

梁启超主张，在道德的问题上如同在一切问题上一样，应当兼取保守和进取的态度，一方面保守其旧，一方面进取其新，所以，他主张的新民说，既不是全然蔑弃传统道德，也不是仅仅抱守传统道德，而是两者的调和并存。他认为善于进行调和才是伟大的国民，调和主义是处理世界万事万物的最佳原则。

二、公德说

面对20世纪初中国近代变革和国家富强的迫切要求，《新民说》在1902年刚开始写作时，明显是以提倡公德为主导方向的。而公德说（1902年3月10日）是梁启超将近代启蒙思想应用于当时中国政治和道德领域的表现。这一思想是梁启超戊戌以后在日本受到近代西方社会思想等影响下迅速形成的。[8]梁启超在第5节“论公德”开始论述其关于私德与公德的理解和认识：

道德之本体一而已，但其发表于外，则公私之名立焉。人人独善其身者谓之私德，人人相善其群者谓之公德。二者皆人生所不可缺之具也。无私德则不能立。合无量数卑污虚伪残忍愚懦之人，无以为国也。无公德则不能团。虽有无量数束身自好、廉谨良愿之人，仍无以为国也。（第16页）

这是说，公德和私德是道德统一体的两个外在表现方面，“独善其身”者是私德，“相善其群”者是公德。“公德”是个人与社群关系的道德，“私德”是个人不与他人发生关系而只求自身品性的完善而言；两者都是人生必须的道德，也都是立国所需求的道德。“无私德则不能立”，“无公德则不能团”，私德是个人立身处世的根本，公德是社群得以维持的条件。

按照他的举例，能立私德者，如洁身自好、廉谨、良愿；私德败坏者，如卑污、虚伪、残忍。公德之目虽然亦可例举，而其主要性质为利群。梁启超主张，缺少私德的民众不可能组成国家，只具有私德而缺少公德的国民也不能组成国家。可见，梁启超所说的“群”并不是一般的指社群、社会而言，而主要是指国家而言。他又指出：

> 夫一私人之所以自处，与一私人之对于他私人，其间必贵有道德者存，此奚待言？虽然，此道德之一部分，而非其全体也。全体者，合公私而兼善之者也。
>
> 私德、公德，本并行不悖也，然提倡之者即有所偏，其末流或遂至相妨。（第18页）

这里所说，对称私德为“独善其身”之德的说法是个补充。私德既是个人自处的德操，也是个人对待其他个人、处理与其他个人关系的道德，公德则是个人对于群体的道德。私德与公德两者并行不悖。这个思想用今天的话来说，私德是个人的品德、修养，而公德是指有益于国家、社会的德行。[9]一般认为，梁启超对公德的倡扬和呼吁直接来自于他在这一时期的国家主义立场和对作为近代日本国家建设的借鉴。[10]

梁启超指出：就私德而言，中国文化的私德甚为发达；但因偏于私德之表彰，对公德之提倡，甚多缺略。

> 吾中国道德之发达，不可谓不早。虽然，偏于私德，而公德殆阙如。试观《论语》《孟子》诸书，吾国民之木铎，而道德所从出者也。其中所教，私德居十之九，而公德不及其一焉。如《皋陶谟》之九德，洪范之三德，《论语》所谓“温、良、恭、俭、让”，所谓“克己复礼”，所谓“忠信笃敬”，所谓“寡尤寡悔”，所谓“刚毅木讷”，所谓“知命知言”，《大学》所谓“知止，慎独，戒欺，求慊”，《中庸》所谓“好学，力行，知耻”，所谓“戒慎恐惧”，所谓“致曲”。《孟子》所谓“存心养性”，所谓“反身、强恕”……凡此之类，关于私德者，发挥几无余蕴，于养成私人（私人者对于公人而言，谓一个人不与他人交涉之时也。）之资格，庶乎备矣。（第16～17页）

梁启超列举了《论语》《孟子》《大学》《中庸》《尚书》所标举的德行，如忠信笃敬、温良恭俭让，大体皆为私德；所教人的修养方法，如知止慎独、存心养性，皆为增进私德之方法，这些中国古人的著作对于养成人的私德，相当完备。而在公德培养方面，他认为中国的传统文化却付诸阙如，这对近代国家的形成非常不利。因此，他在《新民说》第1节“论新民为今日中国第一急务”中就说道：

> 公德者何？人群之所以为群，国家之所以为国，赖此德焉以成立者也。人也者，善群之动物也（此西儒亚里士多德之言）。人而不群，禽兽奚择？而非徒空言高论曰“群之，群之”，而遂能有功者也。必有一物焉贯注而联络之，然后群之实乃举。若此者谓之公德。（第16页）

梁启超强调公德是人类社群得以成立的根本，尤其是国家得以建立的根本。公德使个人与国家联结成为一体成为可能。这就近于把公德看作国家得以成立的先在条件了。其实社会公德是与社群组织的形成壮大同行成长的。中国近代思想家往往把文化的近代化看作是社会近代化的前提而加以鼓吹，成为一种文化决定论，在理论上往往是难以成立的。但就实践来说，这些新观念的宣扬，确实会对社会进步起到一种促进的作用。

梁启超强调：“我国民所最缺者，公德其一端也。”（第16页）他认为，中国文化中重私德、轻公德，这种情形必须改变，否则，中国在近代世界的衰落是无法挽救的。

> 虽然，仅有私人之资格，遂足为完全人格乎？是固不能。今试以中国旧伦理与泰西新伦理相比较：旧伦理之分类，曰君臣，曰父子，曰兄弟，曰夫妇，曰朋友；新伦理之分类，曰家族伦理，曰社会（即人群）伦理，曰国家伦理。旧伦理所重者，则一私人对于一私人之事也（一私人之独善其身，固属于私德之范围，即一私人与他私人交涉之道义，仍属于私德之范围也。此可以法律上公法、私法范围以证明之）；新伦理所重者，则一私人对于一团体之事也。（以新伦理之分类，归纳旧伦理，则关于家族伦理者三：父子也，兄弟也，夫妇也；关于社会伦理者一，朋友也；关于国家伦理者一，君臣也。然朋友一伦决不足以尽社会伦理，君臣一伦尤不足以尽国家伦理。何也？凡人对于社会之义务，决不徒在相知之朋友而已，即绝迹不与人交者仍于社会上有不可不尽之责任。至国家者，尤非君臣所能专有。若仅言君臣之义，则使以礼、事以忠全属两个私人感恩效力之事耳，于大体无关也。将所谓“逸民不事王侯”者，岂不在此伦理范围之外乎？夫人必备此三伦理之义务，然后人格乃成。若中国之五伦，则惟于家族伦理稍为完整，至社会国家伦理不备滋多。此缺憾之必当补者也，皆由重私德，轻公德所生之结果也。）（第17～18页）

他指出，中国古代五伦为主的伦理，在家族伦理方面比较完整，但在社会伦理方面只讲朋友，在国家伦理方面只讲君臣，是很不完备的。[11]其所以如此，乃是由中国文化看重一私人对他私人之事，不看重一私人对于一团体之事，是由中国文化重私德、轻公德的偏重所造成的。而团体意识以及个人对待团体的道德，是谓公德，是近代国家得以成立的关键。

> 要之，吾中国数千年来，束身寡过主义，实为德育之中心点。范围既日缩日小，其间有言论行事，出此范围外，欲为本群本国之公利公益有所尽力者，彼曲士贱儒辄援“不在其位，不谋其政”等偏义，以非笑之，排挤之。谬种流传，习非胜是，而国民益不复知公德为何物。今夫人之生息于一群也，安享其本群之权利，即有当尽于其本群之义务。苟不尔者，则直为群之蠹而已。彼持束身寡过主义者，以为吾虽无益于群，亦无害于群，庸讵知无益之即为害乎？何则？群有以益我，而我无以益群，是我逋群之负而不偿也。夫一私人与他私人交涉，而逋其所应偿之负，于私德必为罪矣；谓其害之将及于他人也；而逋群负者，乃反得冒善人之名，何也？使一群之人，皆相率而逋焉，彼一群之血本，能有几何？而此无穷之债客，日夜蠹蚀之而瓜分之，有消耗，无增捕，何可长也？然则其群必为逋负者所拽倒，与私人之受累者同一结果。此理势之所必然矣。今吾中国所以日即衰落者，岂有他哉？束身寡过之善士太多，享权利而不尽义务，人人视其所负于群者如无有焉。人虽多，曾不能为群之利，而反为群之累，夫安得不日蹙也？（第18～19页）

梁启超认为“束身寡过”即属私德，认为中国传统德育以养育私德为主，并且传统思想中有排斥公德发展之处，几乎成为习惯，于是人民不知什么是公德，不知道什么个人是对群体的义务。其实，中国古代亦有公德，只是古代公德多系对于士大夫而言，对百姓并不提倡，而士大夫文化对民众也有影响，梁启超似未辩乎此。当然，古时的公德与近代的公德仍有同异。他所强调的是，国民必须明确自己对于群体、国家所负担的义务，以求益群利群，而不可只享受群体的好处而不承担责任。过于注重“身”的人难免对“群”有忽视。中国要从衰落转向振兴，一定要加强国民对“群”的责任意识，而这个“群”不是指社会，而是指国家。

群体的好处而不承担责任。过于注重“身”的人难免对“群”有忽视。中国要从衰落转向振兴，一定要加强国民对“群”的责任意识，而这个“群”不是指社会，而是指国家。

> 故子而逋父母之负者，谓之不孝。此私德上第一大义，尽人能知者也。群

之于人也，国家之于国民也，其恩与父母同。盖无群无国，则吾性命财产无所托，智慧能力无所附，而此身将不可以一日立于天地。故报群报国之义务，有血气者所同具也。苟放弃此责任者，无论其私德上为善人为恶人，而皆为群与国之蟊贼。（第19页）

这是说，对一己有恩者，必须报答之，报效之，这是道德的通理。故个人对其父母负其义务，对其国家也需负有义务。梁启超在论公德的必要时，往往举私德为譬，可见他认为私德与公德同属一理，是相通的，以此说明公德之必须。

近世官箴最脍炙人曰者三字，曰清、慎、勤。夫清、慎、勤岂非私德之高尚者耶？虽然，彼官吏者受一群之委托而治事者也，既有本身对于群之义务，复有对于委托者之义务，曾是“清、慎、勤”三字遂足以塞此两重责任乎？此皆由知有私德、不知有公德，故政治之不进，国华之日替，皆此之由。彼官吏之立于公人地位者且然，而民间一私人更无论也。我国民中无一人视国事如己事者，皆公德之大义未有发明故也。

且论者亦知道德所由起乎？道德之立，所以利群也，故因其群文野之差等，而其所适宜之道德亦往往不同。而要之，以能固其群、善其群、进其群者为归。（第20页）

传统官德强调清廉、慎法、勤政，是私德之高尚者，但官员作为个人对群体的义务，和官员对群体委托所负的义务，在清慎勤三者中都无法表达。在梁启超看来，这个例子就是知有私德不知有公德的例子，中国政治的不进步，都是根源于不知有公德；公德以利群固群为目的，要求国民视国事如已事。由此，梁启超主张，一切道德都是以利群为依归，这涉及道德的根源和本质的问题，已超出了论公德的范围。就道德的实际情形而言，公德之外的私德是否以利群为目的，则并不必然。

近代西方思想对个人和社会之道德的区分，始见于边沁对“私人伦理”与“公共伦理”的区分，此后密尔在其《论自由》中特别区分“个人道德”和“社会道德”。[12]日本受此影响，在明治二三十年代关注过公德讨论。梁启超戊戌运动后到日本，受到其影响。但梁启超以爱国的民族主义出发，把个人对群体的自觉义务看成公德的核心，这是和中国近代民族国家受压迫而欲自强的时代要求——救亡图存密切相关的。事实上，日本明治以后，也不断突出“公德”建设的意义，而就西洋近代所突出的公德，其意义主要指人在社会交往和公共生活中所循的道德以及对公共财物所持的态度，对行政公务所承担的责任，对社会公益事业的关注，即突出社会公德，并不突出“国家”意识。梁启超的公德说受到日本近代重视公德的影响，但更受加藤弘之等国家主义影响，故其重点有所不同；而梁启超的国家主义，是一种“救国”的国家主义，其“利群”是指利于国家，其公德说的主要宗旨端在“爱国主义之发达”。这一点，对比马君武在梁启超《论公德》发表次年所写的同名文章，也可以看出。[13]

基于“新民”说，梁启超又提出“新道德”的观念。

德也者，非一成而不变者也（吾此言颇骇俗，但所言者德之条理，非德之本原也，其本原固亘万古而无变者也。读者幸勿误会。本原惟何？亦曰利群而已。），非数千年前之古人所立一定格式以范围天下万世者也（私德之条目变迁较少，公德之条目变迁尤多。）。然则吾辈生于此群，生于此群之今日，宜纵观宇内之大势，静察吾族之所宜，而发明一种新道德，以求所以固吾群，善吾群、进吾群之道，未可以前王先哲所罕言者，遂以自画而不敢进也。知有公德，而新道德出焉矣，而新民出焉矣。今世大夫谈维新者，诸事皆敢言，惟不敢言新道德，此由学界之奴性未去，爱群、爱国、爱真理之心未诚也。盖以为道德者日月经天、江河行地，自无始以来不增不减，先圣昔贤尽揭其奥以诏后人，安有所谓新焉旧焉者？殊不知道德之为物，由于天然者半，由于人事者亦半，有发达，有进步，一循天演之大例，前哲不生于今日，安能制定悉合今日之道德？使孔孟复起，其不能不有所损益也，亦明矣。今日正当过渡时代，青黄不接，前哲深微之义或湮没而未彰，而流俗相传简单之道德，势不足以范围今后之人心。且将有厌其陈腐而一切吐弃之者。吐弃陈腐犹可言也，若并道德而吐弃则横流之祸，曷其有极！今此祸已见端矣。老师宿儒或忧之劬劬焉，欲持宋元之余论以遏其流，岂知优胜劣败，固无可逃！捧抔土以塞孟津，沃杯水以救薪火，虽竭吾才，岂能有当焉？苟不及今急急斟酌古今中外，发明一种新道德者而提倡之。吾恐今后智育愈盛，则德育愈衰，泰西物质文明尽输入中国，而四万万人且相率而为禽兽也。呜呼！道德革命之论，吾知必为举国之所诟病，顾吾特恨吾才之不逮耳。若失与一世之流俗人挑战，吾所不惧，吾所不辞，世有以热诚之心爱群、爱国、爱真理者乎？吾愿为之执鞭以研究此问题也。公德之大目的，既在利群，而万千条理即由是生焉。本论以后各子目，殆皆可以利群二字为纲以一贯之者也。故本节但论公德之急务，而实行此公德之方法，则别著于下方。（第21～22页）

以道德的本原为利群，这本应指公德而言，但梁启超统就所有“德”而言，以作为强调之论。他又区分了德之本原和德之条理，德之条理是指条目。梁启超认为历史上私德的德目很少变迁，而公德的条目随历史变化而变迁较大。这就在理论上引起问题：若道德本原是利群，何以私德条目经久少变，而公德条目须屡屡变迁？这显然是因为私德并非以利群为宗旨，并不紧随社会组织的变化而变化。梁启超并没有注意此中的困难，他指出，就公德而言，道德是随历史的演化而变化、发展、进步的。于是，他提出今天的历史处境已经根本改变，在新的历史形势下，为了中国的生存发展，需要一种“新道德”，以团结国人，改善、发展中国。这种“新道德”所指的就是公德，故说“知有公德，而新道德出焉矣，而新民出焉矣”（第21页）。新民主要就是用新道德启蒙人民，而新道德主要是就爱国爱群爱真理等公德而言。不过，在有些地方梁启超并未区分私德和公德，如他说以道德革命发展新道德，以抵御西方物质文明的泛滥，以免于人人陷于禽兽，这里所说的德就应该不仅仅是指公德而言了。然而，他的道德革命之说，开了后来新文化运动的先河，则无可否认。[14]

就公德的条目而言，梁启超在《新民说》中特别立专节论述的，有国家意识、进取意识、权利思想、自由精神、自尊合群、义务思想等，对当时的国人是振聋发聩的。发明梁启超在呼吁公德上的建树和意义，论者已多，[15]而非本文主旨，故不就此详论，仅举其论自由与公德。

> 今世少年，莫不嚣嚣言自由矣，其言之者，固自谓有文明思想矣，曾不审夫泰西之所谓自由者，在前此之诸大问题，无一役非为团体公益计，而决非一私人之放恣桀骜者所可托以藏身也。今不用之向上以求宪法，不用之排外以伸国权，而徒耳食一二学说之半面，取便私图，破坏公德，自返于野蛮之野蛮，有规语之者，犹敢觍然抗说曰：“吾自由，吾自由！”吾甚惧乎“自由”二字，不徒为专制党之口实，而实为中国前途之公敌也。（第62页）

在梁启超看来，自由是为了增益团体公益的公德，而绝不是私人放肆的条目。自由是指向宪政、指向国权的政治价值。这里警惕以自由为名而行私人放肆之实的立场，和他后来在《论私德》的立场是一致的。

应该指出，梁启超在写作“论公德”时期，虽然着重推崇公德，但对私德并没有否定，对私德的意义是肯定的，这是他后来可以在同一部书中写作“论私德”一节的基础。

> 凡有过人之才者，必有过人之欲；有过人之才，有过人之欲，而无过人之道德心以自主之，则其才正为其欲之奴隶，曾几何时，而消磨尽矣。故夫泰西近数百年，其演出惊天动地之大事业者，往往有宗教思想之人。夫迷信于宗教而为之奴隶，固非足贵，然其藉此以克制情欲，使吾心不为顽躯浊壳之所困，然后有以独往独来，其得力固不可诬也。日本维新之役，其倡之成之，非有得于王学，即有得于禅宗。其在中国近世、勋名赫赫在人耳目者，莫如曾文正。

试一读其全集，观其困知勉行厉志克己之功何如？天下固未有无所养而能定大艰成大业者。（第68页）

在这里，梁启超讲的道德心，并没有区别是私德还是公德，就对于情欲的克制而言，就宗教、王学、禅宗的励志克己而言，这里的道德心应该更多指私德而言。所以，这一段话与一年多后他在《论私德》中同样推崇英美领袖的道德纯洁、日本维新之士的儒家道德、曾国藩的修行严谨是一致的。这说明，论私德的若干意识在论公德篇中业已存在，只是在突出公德的主调下，未得到明确的发展和阐述。

三、论私德

梁启超1902年著写《新民说》的"论公德"一节，以大力呼吁、提倡公德为主，在当时影响很大。但一年多之后，他的思想有所变化，重新重视私德的意义，故著写了"论私德"作为该书的第18节。[16]

吾自去年著《新民说》，其胸中所怀抱欲发表者，条目不下数十，而以公德篇托始焉。论德而别举其公焉者，非谓私德之可以已。谓夫私德者，当久已为尽人所能解悟能践履，抑且先圣昔贤言之既已圆满纤悉，而无待末学小子之哓哓词费也。乃近今以来，举国嚣嚣靡靡，所谓利国进群之事业一二未睹，而末流所趋，反贻顽钝者以口实，而曰新理想之贼人子而毒天下。噫！余又何以无言乎。作论私德。（第161～162页）

梁启超在这里解释说，在过去的一年里，他所写的《新民说》的此前部分，即第1节到第17节，大力提倡公德，而未列举私德，但这并不是说私德不需要，而是因为中国古先圣贤论述私德已经圆满充分，不必再费口舌。然而没有想到，在倡扬公德时，有些人把公德和私德对立起来，从而不仅没有利国利群，反而由于蔑弃私德，引起社会的不满。有鉴于此，他又专节论述私德的意义，以补充《论公德》的不足。应该指出，1903年梁启超的美洲之行，因看到新党的腐化败坏而甚为不满，最后导致了他的思想的转变，这就是：在美洲归来之后其言论发生转变，放弃破坏主义和革命排满主张。《年谱长编》云："先生美洲归来后，言论大变，从前所深信之破坏主义和革命排满的主张，至是完全放弃。这是先生政治思想的一大转变。"[17]换言之，梁启超美洲之行的思想结果是总体上对激进主义深加反省。因此，《新民说》中对私德的讨论，并不是书斋中的申论，而是梁启超在这一年多中对政治领域所见所闻的心得所引发的，即政治活动带来的他对道德问题的重新思考。同时，这些思考比较周全地处理了私德与公德的关系，在思想上有着重要的意义。[18]

在《论私德》中，梁启超对私德与公德之关系作了进一步的探讨，他接受了斯宾塞的说法：团体是个人之集合，团体的德性由个人的德性作决定；个人没有的德性，从团体也无法获得。因此个人的德性很重要。个人的德性就是私德。

> 私德与公德，非对待之名词，而相属之名词也。（第162页）
>
> 夫所谓公德云者，就其本体言之，谓一团体中人公共之德性也；就其构成此本体之作用言之，谓个人对于本团体公共观念所发之德性也。夫聚群盲不能成一离娄，聚群聋不能成一师旷，聚群怯不能成一乌获。故一私人而无所私有之德性，则群此百千万亿之私人，而必不能成公有之德性，其理至易明也。盲者不能以视于众而忽明，聋者不能以听于众而忽聪，怯者不能以战于众而忽勇。故我对于我而不信，而欲其信于待人，一私人对于一私人之有交涉而不忠，而欲其忠于团体，无有是处，此其理又至易明也。若是乎今之学者日言公德，而公德之效弗睹者，亦曰国民之私德有大缺点云尔。是故欲铸国民，必以培养个人之私德为第一义；欲从事于铸国民者，必以自培养其个人之私德为第一义。（第162～163页）

这就是说，从作用来说，公德是团体成员对团体的态度；但从本体来说，公德是团体成员共同具有的德性。因而，个人所没有的德性，也不可能成为团体共有的德性，如同一个盲人组成的团体不可能有视觉明亮的德性一样。每个人私有的德性所没有的，那么，由这样的个人组成的团体，不管其人数有多么多，其公有的德性也不可能具有。因此，今天社会在公德建设方面遇到的问题，很大程度上是因私德有大缺点所造成的。于是，他提出："欲铸国民，必以培养个人之私德为第一义。欲从事于铸国民者，必以自培养其个人之私德为第一义。"培养国民道德，应以培养私德为先务，从事国民道德教育的人，应首先重视培养自己的私德。这个讲法便与一年前他在《论公德》篇中所论者，有很大的变化了。[19]他还说："私德者，人人之粮，而不可须臾离者也。"（第176页）

> 且公德与私德，岂尝有一界线焉区划之为异物哉？德之所由起，起于人与人之交涉。（使如鲁敏逊漂流记所称以孑身独立于荒岛，则无所谓德，亦无所谓不德。）而对于少数之交涉与对于多数之交涉，对于私人之交涉与对于公人之交涉，其客体虽异，其主体则同。故无论泰东泰西之所谓道德，皆谓其有赞于公安公益者云尔，其所谓不德，皆谓其有戕于公安公益者云尔。公云私云，不过假立之一名词，以为体验践履之法门。就泛义言之，则德一而已，无所谓

公私，就析义言之，则容有私德醇美，而公德尚多未完者，断无私德浊下，而公德可以袭取者。孟子曰："古之人所以大过人者无他焉，善推其所为而已矣。"公德者私德之推也，知私德而不知公德，所缺者只在一推；蔑私德而谬托公德，则并所以推之具而不存也。故养成私德，而德育之事思过半焉矣。（第163页）

梁启超对私德与公德作了重新思考，他认为道德不论其公德或私德，都起源于人与人的交往需要，以指导人处理其与他人的关系，这里的"他人"可以是少数他人，可以是多数他人，也可以只是某一个别的他人。不管作为客体的"他人"有何不同，和他人发生关系的自我作为主体是同一的。只要主体的道德是为了增益于公益，其所发之对象客体的差别并不是决定性的，在这个意义上说，道德无所谓公私。而若就对象之分别来看，社会上有些人私德醇美而公德还不完备，但绝没有私德败坏而公德却完美的人。他在这里提出，公德是私德的进一步推广。那些有私德而公德不备的人，主要是缺少在私德基础上的进一步推扩；而如果私德不立，则用以推扩的基础也无以成立。可见，私德是公德的基础，故说"养成私德，而德育之事，思过半焉矣"。

日本明治时曾流行"破坏主义"，[20]即激进破旧主义。梁启超在1899～1903年赞同破坏主义，反对保教，但在《论私德》中批评了破坏主义的坏处，对破坏主义作了全盘的反思，对道德之重要性作了进一步的阐发。

今日踸踔俊发、有骨鲠、有血性之士，其所最目眩而心醉者，非破坏主义耶？破坏之必能行于今之中国与否为别问题，姑勿具论。而今之走于极端者，一若惟建设为需道德，而破坏则无需道德，鄙人窃以为误矣。古今建设之伟业，固莫不含有破坏之性质，古今破坏之伟人，亦靡不饶有建设之精神，实则破坏与建设，相倚而不可离，而其所需之能力，二者亦正相等，苟有所缺，则靡特建设不可得期，即破坏亦不可得望也……我之所恃以克敌者何在？在能团结一坚固有力之机体而已。然在一社会，一国家，承累年积世之遗传习惯，其机体由天然发达，故成之尚易。在一党派则反是，前者无所凭借，并世无所利用，其机体全由人为发达，故成之最难。所谓破坏前之建设者，建设此而已。苟欲得之，舍道德奚以哉！（第177～178页）

他针对"惟建设为需道德，破坏不需要道德"的主张提出了反驳，认为建设与破坏不可相离，破坏必须伴随建设，破坏前也要有建设，而道德建设就是最重要的建设。他指出，国家的凝聚力来自积年累世的习惯文化，于是才能成为坚固有力的有机体，决不可轻易加以破坏。

吾畴昔以为中国之旧道德，恐不足以范围今后之人心也，而渴望发明一新道德以补助之，（参观第五节论公德篇。）由今以思，此直理想之言，而决非今日可以见诸实际者也。夫言群治者，必曰德，曰智，曰力，然智与力之成就甚易，惟德最难。今欲以一新道德易国民，必非徒以区区泰西之学说所能为力也，即尽读梭格拉底、柏拉图、康德、黑智儿之书，谓其有“新道德学”也则可，谓其有“新道德”也则不可。何也？道德者行也，而非言也，苟欲言道德也，则其本原出于良心之自由，无古无今无中无外，无不同一，是无有新旧之可云也。苟欲行道德也，则因于社会性质之不同，而各有所受。其先哲之微言，祖宗之芳躅，随此冥然之躯壳，以遗传于我躬，斯乃一社会之所以为养也，一旦突然欲以他社会之所养者养我，谈何容易耶！窃尝举泰西道德之原质而析分之，则见其得自宗教之制裁者若干焉，得自法律之制裁者若干焉，得自社会名誉之制裁者若干焉。而此三者，在今日之中国能有之乎？吾有以知其必不能也。不能而犹云欲以新道德易国民，是所谓磨砖为镜，炊沙求饭也。吾固知言德育者，终不可不求泰西新道德以相补助，虽然，此必俟诸国民教育大兴之后，而断非一朝一夕所能获。而在今日青黄不接之顷，则虽日日闻人说食，而已终不能饱也。况今者无所挟持以为过渡，则国民教育一语，亦不过托诸空言，而实行之日终不可期，是新道德之输入，因此遂绝望也。（第178～179页）

梁启超在这里明确地否定了他在《论公德》篇中表达的道德革命论，因为道德革命即是一种激进破旧主义，正是他在此时力加反对的。同时他对先前所持的“新道德”主张也进行反省，认为新道德只是理想，不是当下能够实践的。他甚至提出“道德”本于良心的自由，无古今、无中西、无新旧。而“行道德”则应根据社会习俗、文化、制度的不同而因地制宜、因时制宜，在近代中国的转变时期，就是应当主要依据于中国的传统进行德育教育。他认为，西方道德的根源，起于宗教制裁、法律制裁、社会制裁，这三者为古代中国所无，亦非当时中国所能有，因此，对西方新道德的吸收是将随社会逐渐发展、国民教育大兴之后，才有可能。可见他对前期的文化决定论是有所更改的。

然则今日所恃以维持吾社会于一线者何在乎？亦曰吾祖宗遗传固有之旧道德而已。而“一切破坏”之论兴，势必将并取旧道德而亦摧弃之。呜呼！作始也简，将毕也钜。见披发于伊川，知百年而为戎。毋曰吾姑言之以快一时云尔。汝之言而无力耶，则多言奚为？汝之言而有力耶，遂将以毒天下，吾愿有言责者一深长思也。（第179～180页）

既然当时中国的实际状况，不可能以西方新道德来代替传统道德，那么，维持当下社会的道德只能是传统的道德。在这里，梁启超分别了道德与伦理两个不同的概念，这与黑格尔相通。他认为伦理是与特定社会组织结构关联的模式，如尊崇君主、容纳多妻，是随社会和历史变化而改变的；道德是一般的人格品性，如忠之德目、爱之德目，是不随历史社会变化而改变的。这就更加证明了传统道德作为道德是普世的、永恒的价值。[21]

读者其毋曰：今日救国之不暇，而哓哓然谈性说理何为也？诸君而非自认救国之责任也，则四万万人之腐败，固已久矣，而岂争区区少数之诸君？惟中国前途悬于诸君，故诸君之重视道德与蔑视道德，乃国之存亡所由系也。今即以破坏事业论，诸君亦知二百年前英国革命之豪杰为何如人乎？彼克林威尔实最纯洁之清教徒也。亦知百年前美国革命之豪杰为何如人乎？彼华盛顿所率者皆最质直善良之市民也。亦知三十年前日本革命之豪杰为何如人乎？彼吉田松阴、西乡南洲辈皆朱学王学之大儒也。故非有大不忍人之心者，不可以言破坏，非有高尚纯洁之性者，不可以言破坏。虽然，若此者，言之甚易，行之实难矣。吾知其难而日孜孜焉兢业以自持，困勉以自勗，以忠信相见，而责善于友朋，庶几有济；若乃并其所挟持以为破坏之具者而亦破坏之，吾不能为破坏之前途贺也。（第180页）

今日稍有知识稍有血性之士，对于政府而有一重大敌，对于列强而复有一重大敌，其所以兢兢业业蓄养势力者宜何如？实力安在？吾以为学识之开通，运动之预备，皆其余事，而惟道德为之师。无道德观念以相处，则两人且不能为群，而更何事之可图也？（第181～182页）

曾文正者，近日排满家所最唾骂者也，而吾而愈更事而愈崇拜其人。吾以为使曾文正生今日而犹壮年，则中国必由其手而获救矣。彼惟以天性之极纯厚也，故虽行破坏可也；惟以修行之极严谨也，故虽用权变可也。故其言曰扎硬寨，打死仗；曰多条理，少大言；曰不为圣贤，便为禽兽；莫问收获，但问耕耘。彼其事业之成，有所以自养者在也，彼其能率厉群贤以共图事业之成，有所以孚于人且善导人者在也。吾党不欲澄清天下则已，苟有此志，则吾谓曾文正集不可不日三复也。（第182～183页）

梁启超在《论私德》中所说的道德，显然并非专指公德，而是主要是指私德。他指出，英美革命的领袖都是重视道德、纯洁善良的人，日本维新的代表人物都是日本的大儒，故无论救国与革命，从事政治都需要以道德品性为根本。他特别推崇曾国藩天性淳厚、修行严谨，认为这样的人格是今日救国事业的榜样。他甚至认为，对于从事政治救国的人士来说，重视还是蔑视道德，是关系到国之兴亡的根本大事。这显然是儒家的道德观，显示儒家思想对梁启超的道德思想的深刻的影响。这一说法实际上是把道德归结为美德，带有德性伦理学的色彩，因为公德指向公共生活，私德关注个人品质，后者是德性论，前者是规范论。而他此时也显示出对精英道德的更加关注，这也是与论公德时不同的。[22]

另外，梁启超也力劝新学青年正视这一点。

> 问者曰：今日国中种种老朽社会，其道德上之黑暗不可思议，今子之所论，反乃偏责备于新学之青年，新学青年虽或间有不德，不犹愈于彼等乎？答之曰：不然。彼等者无可望无可责者也，且又非吾笔墨之势力范围所能及也。中国已亡于彼等之手，而惟冀新学之青年致死而之生之，若青年稍不慎，而至与彼等同科焉，则中国遂不可救也。此则吾晓音瘏口之微意也。（第184～185页）

由于当时参加救国、革命运动的多是接受新学影响的青年，因此梁启超明确表示，对私德的培养尤寄希望于青年，因为他们是维新事业的主体，是新中国的希望。

近代以来有些西方政治思想家主张，不应把适合于私人生活或个人关系的道德标准用于政治行为，但20世纪以来，越来越多的学者不赞成把公德与私德截然分割开来，那种认为公共生活中可以完全不顾私人生活的道德标准的主张在现代政治生活中已经无法立足。和一般启蒙学者不同，梁启超因很早便从事政治活动，所以他对私德重要性的觉悟来得更早，认识也更深入。

四、论德育与求道

梁启超基于对道德与社会变革的理解，使得他在德育问题的认识上，与其他的社会改革人士大不相同。他自认为是当时新学中重视提倡德育的人。

> 窃尝观近今新学界中，其斤斤然提絜德育论者，未始无人；然效卒不睹者，无他焉，彼所谓德育，盖始终不离乎智育之范围也。夫其獭祭遍于汗牛充栋之宋元明儒学案，耳食饫乎入主出奴之英法德伦理学史，博则博矣，而于德何与也？若者为理，若者为气，若者为太极无极，若者为已发未发，若者为直觉主义，若者为快乐主义，若者为进化主义，若者为功利主义，若者为自由主义，涉其藩焉，抵其奥焉，辨则辨矣，而于德又何与也？夫吾固非谓此等学说之不必研究也，顾吾学之也，只当视之为一科学，如学理化、学工程、学法

律、学生计，以是为增益吾智之一端而已。若曰德育而在是也，则所谓闻人谈食，终不能饱。（第185页）

而名德育而实智育者，益且为德育之障也。以智育蠹德育，而天下将病智育，以“智育的德育”障德育，而天下将并病德育。此宁细故耶？有志救世者，于德育之界说，不可不深长思矣。（第186页）

梁启超指出，儒学思想史的学习，西方伦理学史的学习，虽然其中包括了很多深刻的道德理论思考，述及众多的伦理学派别，但此类学习与科学的学习相同，只是增益了人的知识，并不能直接增进道德。所以，了解他人的道德经验并不能增进自己的道德，知识的博学并不能代替德育。在他看来，近代德育遇到的最大问题是，把救国的重点放在智育之上，以智育代替德育。而事实上德育对于救世救国更具根本性意义。至于德育的做法，他吸收了明末清初大儒黄宗羲的讲法，即用一两句话，或几个字标出修身功夫的宗旨，简要直截，使学者易有下手处。

吾以为学者无求道之心则亦已耳，苟其有之，则诚无取乎多言，但使择古人一二语之足以针砭我而夹辅我者，则终身由之不能尽，而安身立命之大原在是矣。黄梨洲曰：“学问之道，以各人自用得著者为真。”又曰：“大凡学有宗旨，是其人之得力处，亦是学者之入门处。天下之义理无穷，苟非定以一二字，如何约之使其在我？”此诚示学者以求道不二法门哉！夫既曰各人自用得著，则亦听各人之自为择，而吾宁容哓哓焉？虽然，吾既欲以言责自效于国民，则以吾愿学焉而未能至者，与同志一商榷之可乎？（第186页）

梁启超主张，德育的方法不需要“多言”，适宜的方法是各人选择古人嘉言一两句，作为安身立命的根本，终身实行；或者用几个字标举学术的宗旨，以凝聚方向。这一主张应当是和他早年在学海堂、万木草堂这些传统书院曾浸润于传统德育，对传统儒学曾内在其中有自得的体验，有直接的关系。[23]

据此，他提出了“正本”、“慎独”、“谨小”三项德育修身的要领，作为一种示范，提供给大家参考。他希望人们都像他一样，自己选择适合自己的古人嘉言作为功夫条目，自用自行，安身立命。在论述“正本”、“慎独”、“谨小”这三纲领的意义时，他以王阳明《拔本塞原论》为依据，充分显示出王学在他的德育观中占有主导的地位。先看“正本”：

一曰正本。吾尝诵子王子之拔本塞原论矣，曰：“圣人之学，日远日晦；而功利之习，愈趋愈下。其间虽尝瞽惑于佛老，而佛老之说，卒亦未能有以胜其功利之心。虽又尝折衷于群儒，而群儒之论，终亦未能有以破其功利之见。

盖至于今，功利之毒，沦浃于人之心髓而习以成性也几千年矣。记诵之广，适以长其敖也；智识之多，适以行其恶也；闻见之博，适以肆其辩也；辞章之富，适以饰其伪也。其称名借号，未尝不曰吾欲以共成天下之务。而其诚心实意之所在，以为不如是则无以济其私而满其欲也。以若是之积染，若是之心志，而又讲之以若是之学术，宜其闻吾圣人之教，而以为赘疣枘凿。”（下略）呜呼，何其一字一句，皆凛然若为今日吾辈说法耶！夫功利主义，在今且蔚成大国，昌之为一学说，学者非惟不羞称，且以为名高矣。阳明之学，在当时犹曰赘疣枘凿，其在今日，闻之而不却走不唾弃者几何？虽然，吾今标一鹄于此。同一事也，有所为而为之，与无所为而为之，其外形虽同，而其性质及其结果乃大异。（第186～187页）

由于他认为功利主义是当时盛行之论而最为有害，故以王阳明的《拔本塞源论》中强调从心髓上破除“功利之习”、“功利之心”、“功利之见”、“功利之毒”的观点为根本，明确把道德和功利主义对立起来，以排斥功利主义。王阳明此文中指出，功利之士往往借着为天下事务的口号，其实是为了满足自己的私欲，因为不借着这些口号就不能实现其私欲。梁启超认为这正好可以用来作为当时新党政治人士行为的写照。他特别痛心的是，与明末清初不同，今日的功利主义在西方文化的影响下，已经堂而皇之地成为流行的价值观而受到推崇，这也是他最感忧心的地方。所以，他对功利主义的戒心，还不是一般意义的，主要是有见于政治活动人士的虚伪。

试以爱国一义论之。爱国者，绝对者也，纯洁者也；若称名借号于爱国，以济其私而满其欲，则诚不如不知爱国不谈爱国者之为犹愈矣。王子所谓功利与非功利之辨即在于是。吾辈试于清夜平旦返观内照，其能免于子王子之所诃与否，此则非他人所能窥也。大抵吾辈当发心伊始，刺激于时局之事变，感受乎时贤之言论。其最初一念之爱国心，无不为绝对的、纯洁的，此尽人所同也。及浸假而或有分之者，浸假而或有夺之者；既已夺之，则谓犹有爱国心之存，不可得矣。而犹贪其名之嫩而足以炫人也，乃姑假焉；久假不归，则亦乌自知其非有矣？夫其自始固真诚也，而后乃不免于虚伪，然则非性恶也，而学有未至也，亦于所谓拔本塞源者，未尝一下刻苦工夫焉耳。（第187～188页）

他特别关注的是，当时不少大谈爱国、名为爱国的政治人士，他们的活动表现出，这些人其实是为了追求和满足其私欲，这正是王阳明所说的功利之士。在他看来这样的人还不如不知爱国的观念、不谈爱国宣传的人。按照他的分析，这些人开始时有真实的爱国心，但此心渐渐为名利之心所侵夺，真实的爱国心便渐渐失去，但仍然以爱国为名，以爱国为炫耀。这都是因为他们“学有未至”，没有下过“刻苦功夫”。这里的“学”指修身之学，“功夫”指修身的功夫。这是以缺乏儒学的学养和理学的功夫来批评当时政治活动的功利之士。

> 顷见某报有排斥鄙人奋道德之论者，谓“今日只当求爱国忘身之英雄，不当求束身寡过之迂士。既为英雄矣，即稍有缺点，吾辈当恕其小节，而敬其热心”。又曰：“欲驱发扬蹈厉，龙拏虎掷之血性男子，而一一循规蹈矩、粹面盎背，以入于奄奄无气之途，吾不知亡国之惨祸既在目前，安用此等腐败迂阔之人格为也？”吾以为此言又与于自文之甚者也。夫果为不拘小节之英雄犹可言也，特恐英雄百不得一，而不拘小节者九十九焉。我躬之在此一人之内耶，抑在彼九十九人之内耶？则惟我乃能知之。如曰无须如王子所谓拔本塞原者而亦可以为英雄也，则不诚无物，吾未见有能成就者也。如曰吾之本原本已纯美，而无所用其拔与塞之功也，则君虽或能之，而非所可望于我辈习染深重，根器浅薄之人，夫安得不于此兢兢也？况吾之所谓旧道德者，又非徒束身寡过、循规蹈矩之云也，以束身寡过、循规蹈矩为道德之极则，此又吾子王子所谓断潢绝港，行焉而不能至者也。苟不以心髓入微处自为课程，则束身寡过之虚伪，与爱国忘身之虚伪；循规蹈矩之虚伪、与龙拏虎掷之虚伪正相等耳！何也？以其于本原之地丝毫无与也。以爱国一义论之既有然，其他之诸德亦例是而已。（第189页）

梁启超也引述了当时批评其《论私德》观点的人士的看法，并给予了回应。针对主张在政治上不当求束身寡过之士，当求爱国忘身之英雄，英雄皆有小节之缺点批评，他认为，以不拘小节为名放松对政治人士的道德的要求，其结果不仅不能得到英雄，而可能适得其反。他以儒家经典中庸的话“不诚无物”为据，坚持没有道德修身就没有英雄。梁启超的这一说法，很像朱熹对于陈亮批评的回答，鲜明地表现出儒家学者的立场。在这个意义上，梁启超此论可视为近代新儒家批评功利主义的一个代表。[24]他也表示，他所说的传统道德决不是仅指束身寡过、循规蹈矩，而是强调在内心本原的细微处上去除功利，真心爱国忘身，认为只有这样中国的政治才有希望。

关于慎独，梁启超依然以《拔本塞源论》为根据。

> 二曰慎独。拔本塞原论者，学道之第一著也。苟无此志，苟无此勇，则是自暴自弃，其他更无可复言矣。然志既立，勇既鼓，而吾所受于数千年来社会之薰染，与夫吾未志道以前所自造之结习，犹盘伏于吾脑识中而时时窃发，非持一简易之法以节制之涵养之，不能保其无中变也。若是者，其惟慎独乎？慎

独之义，吾侪自束发受《大学》《中庸》，谁不饫闻？顾受用者万不得一，固由志之未立，亦所以讲求者有未莹也。吾又闻诸子王子曰："慎独即是致良知。"（与黄勉之书）然则王子良知之教，亦慎独尽之矣。（第189页）

故以良知为本体，以慎独为致之之功。此在泰东之姚江，泰西之康德，前后百余年间，桴鼓相应，若合符节，斯所谓东海西海有圣人，此心同，此理同。而求道之方，片言居要，彻上彻下，真我辈所终身由之而不能尽者也。（第189～190页）

王子既没，微言渐湮，浙中一派，提挈本体过重，迨于晚明，不胜其敝。而刘蕺山乃复单标慎独以救王学末流，实则不过以真王学矫伪王学，其拳拳服膺者，始终仍此一义，更无他也。今日学界之受毒，其原因与晚明不同，而猖狂且十倍。其在晚明，满街皆是圣人，而酒色财气不碍菩提路；其在今日，满街皆是志士，而酒色财气之外，更加以阴险反复、奸黠凉薄，而视为英雄所当然。晚明之所以猖狂者，以窃子王子直捷简易之训以为护符也；今日所以猖狂者，则窃通行之爱国忘身、自由平等诸口头禅以为护符也。故有耻为君子者，无耻为小人者，明目张胆以作小人，然且天下莫得而非之，且相率以互相崇拜，以为天所赋与我之权当如是也。（第190～191页）

昔吾常谓景教为泰西德育之原泉，其作用何在？曰在祈祷。祈祷者，非希福之谓也。晨起而祈焉，昼餐而祈焉，夕寝而祈焉，来复乃合稠众而祈焉。其祈也，则必收视返听，清其心以对越于神明，又必举其本日中所行之事所发之念而一一细绎之。其在平时，容或厌然揜其不善而著其善，其在祈祷之顷，则以为全知全能之上帝，无所售其欺也，故正直纯洁之思想不期而自来，于涵养省察克治三者之功，皆最有助力。此则普通之慎独法也。日日如是，则个人之德渐进；人人如是，则社会之德渐进。所谓泰西文明之精神者，在是而已。诗曰："上帝临汝，无贰尔心。"又曰："相在尔室，尚不愧于屋漏！"东西之教，宁有异耶？要之，千圣万哲之所以度人者，语上语下虽有差别；顿法渐法，虽有异同，若夫本原之地，一以贯之，舍慎独外，无他法门矣。（第191页）

梁启超把王阳明与康德对比，认为两者在根本上一致，这开了后来当代中国哲学以康德贯通心学的先河。美洲之行使梁启超所大受刺激的是当时活跃在海外的政治人士及学界人士的所作所为，他形容道，满街都是革命救国的"志士"，他们以"爱国""自由"为口号，却把"阴险反复，奸黠凉薄"当做手段，公开以作小人为天赋权利而毫无羞耻。当时活跃在海外的新派政治人士的这些表现，是促使梁启超重新认识和强调私德的根本原因。在他看来，私德败坏是阻碍维新大业发展成功的根本毛病。

为此，梁启超提倡慎独。梁启超所说的慎独，是阳明学的慎独，是以良知为本体的功夫。他所说的慎独方法，“必收视返听，清其心”以对越于天；又必举其本日中所行之事、所发之念，而一一反省之，使其正直纯洁之良知，不期而自然发动。他认为这种方法与西方的祈祷相通，于涵养、省察、克治三者之功，最有助力。

最后谈到“谨小”，这也是有针对性的。

> 三曰谨小。“大德不逾闲，小德可出入”，此固先圣之遗训哉，虽然，以我辈之根器本薄弱，而自治力常不足以自卫也，故常随所熏习以为迁流。小德出入既多，而大德之逾闲遂将继之矣，所谓涓涓不塞将成江河，绵绵不绝将寻斧柯也。（第191～192页）
>
> 夫使吾之所谓小过者，果独立焉而无其因果，则区区一节，诚或不足以为病；而无如有前乎此者数十层，有后乎此者数十层，以相与为缘，若是乎，则亦何小之非大也？（第193页）
>
> 譬诸治身，一二日之风寒疥癣，其事甚小也。而推其何以致此之由，则必其气血稍亏之感召也，卫生不协之酿成也，极其流弊，一日如此，他日如此，其痼疾或乃入于膏肓也。今吾辈之以不矜细行自恕者，其用心果何居乎？细行之所以屡屡失检，必其习气之甚深者也，必其自治之脆薄而无力者也。其自恕之一念，即不啻曰：吾身不能居仁由义。是并康德所谓良心之自由而放弃之也。必合此数原因，然后以不矜细行自安焉，是乌得更以小论也？而况乎以接为构，而日与相移，纯粹之德性势不能敌旦旦之伐也。孟子曰：“能充无欲穿窬之心，而义不可胜用。”以反比例观之，则知充纤毫凉薄之心，可以弑父；充纤毫险黠之心，可以卖国也。所恶者不在其已发之迹象，而在其所从发之根原也。以不拘小节之英雄自命者，其亦可以思矣。（第193～194页）

梁启超特别针对小节无害论而提出“谨小”“大德不逾闲，小德出入也可；事君，敬其事而后其食，躬自厚而薄责于人”（见于《论语·子张》），这是孔子弟子子夏的话，意谓大的道德原则不可违背，小的行为细节则不必苛求。梁启超认为，子夏的话本是对贤者所说，不是对一般人所说；一般人小德出入多了，大德也必然被伤害。他甚至认为，纤毫的不正之心，最后可以发展为卖国的大节，这是决不能不加注意的。

> 以上三者，述鄙人所欲自策厉之言也。天下之义理无穷，仅举三义者，遵

梨洲之教，以守约为贵也。多述前贤训言者，末学谫陋，所发明不能如前贤也。专述子王子与其门下之言者，所愿学在是，他虽有精论，未尝能受也。抑古之讲学者，必其心得也甚深，而身体力行也甚笃，虽无言焉，已足以式化天下，而言论不过其附庸耳。不知道如鄙人，宁当有言？顾吾固云未能自度而先度人，窃自附于菩萨之发心矣。若问鄙人于此三者能自得力与否，固踧然无以为对也。愿读者毋曰彼固不能实行也，而遂吐弃之。苟其言有一二可采者，则虽无似如鄙人，犹勿以人废言，则鄙人以此言贡献于社会之微意也。（第194页）

梁启超说明，正本、慎独、谨小三者本是他用意鞭策勉励自己的条目。仅仅立此三条，是要遵照黄宗羲的教示，不以多为贵。在论述三条时多引用前贤训言，是因为前贤已经发明无余。而引用前贤以阳明学为主，是因为他志愿在学王学。[25]佛经有言："己已得度，回向度他，是为佛行；未能自度，而先度人，是为菩萨发心。"梁启超以此表示，自己虽然尚未能做到这三条，但学菩萨发心，乐于向人推荐，激励大家一起身体力行。[26]

梁启超在论述谨小时，引用王阳明弟子钱德洪的辟"虞"之说。

钱绪山云："学者工夫不得伶俐直截，只为一虞字作祟。良知是非从违何尝不明，但不能一时决断，如自虞度曰：此或无害于理否？（一）或可苟同于俗否？（二）或可欺人于不知否？（三）或可因循一时以图迁改否？（四）只此一虞便是致吝之端"……以鄙人之自验，生平德业所以不进者，皆此四种虞法梗乎其间。盖道心与人心交战之顷，彼人心者，常能自聘请种种之辩护士，设无量巧说以为之辞。（第192页）

虞度是思度、谋虑。钱德洪所说的四种虞度，都是人不能直接依从良知，犹豫不决，对自己的行为巧过饰非。梁启超认为，这四种虞法就是人的自恕之词，也即古人所说的阻碍道心的人心，所以与道心对立的"人心"是一切过失之根源，必须加以克服。

五、《德育鉴》与《节本明儒学案》

《新民丛报》1902年初在日本出版，梁启超"日撰五千言，以《新民说》《新民议》两篇为主"。1903年春，梁氏应美洲保皇党之邀，游历加拿大、美国各地，广泛接触了保皇党、革命党人士，10月启程返回亚洲。翌年到香港开保皇大会，2月末由香港至上海，3月复返日本。在这一期间，梁启超对革命党人的行为愈加不满，这直接导致了他在思想上对德育的重新重视。

黄遵宪1904年7月致书梁氏说：

公自悔功利之说、破坏之说之足以误国也，乃一意反而守旧，欲以讲学为救中国不二法门。公见今日之新进小生，造孽流毒，现身说法，自陈己过，以匡救其失，维持其弊可也，为保国粹即能固国本，此非其时，仆未敢附和也。如近日《私德篇》之胪陈阳明学说，遂能感人，亦不过二三上等士夫耳。言屡易端，难于见信，人苟不信曷贵多言。仆为公熟思而审处之，诚不如编教科书之为愈也。于修身伦理，多采先秦诸子书，而益以爱国、合群、自治、尚武诸条，以及理、化、实业各科，以制时宜，以定趋向。[27]

可知《论私德》发表于1903年末1904年初时引起不少注意。黄遵宪这一时期与梁启超信件往来较多，对梁启超影响较大，但梁启超并没有按黄氏所劝去编著德育教科书，而是作了《德育鉴》这样的传统德育书。[28]1905年梁启超作成《德育鉴》，发挥了他在《论私德》中提出的德育主张，选录古代儒者论道德修身语录数百条，间加以“启超谨按”，进行评述，发明儒者修身大意。[29]其前言首曰：“鄙人关于德育之意见，前所作《论公德》《论私德》两篇既已略具，本书即演前文宗旨，从事编述。”[30]可见《德育鉴》是根据《论公德》与《论私德》的思想，编述古人道德修身治心的语录，作为德育的参考。就实际来说，此书主要是申演《论私德》的宗旨而编成的，应无疑义。

然后他直接论述了在《论私德》篇中讨论到的“道德”和“伦理”的分别。

《记》有之，有“可得与民变革者”，有“不可得与民变革者”。[31]窃以为道德者，不可得变革者也。近世进化论发明，学者推而致诸各种学术，因谓即道德亦不能独违此公例。日本加藤弘之有《道德法律进化之理》一书，即此种论据之崖略也。徐考所言，则仅属于伦理之范围，不能属于道德之范围（道德之范围，视伦理较广。道德可以包伦理，伦理不能尽道德），藉曰道德，则亦道德之条件，而非道德之根本也。若夫道德之根本，则无古无今、无中无外而无不同。吾尝闻之子王子之言矣，曰：“良知之于节目事变，犹规矩尺度之于方圆长短也。节目事变之不可预定，犹方圆长短之不可胜穷也。故规矩诚立，则不可欺以方圆，而天下之方圆不可胜用矣。尺度诚陈，则不可欺以长短，而天下之长短不可胜用矣。良知诚致，则不可欺以节目事变，而天下之节目事变不可胜应矣！”夫所谓今之道德当与古异者，谓其节目事变云尔。若语于节目事变，则岂惟今与古异，抑且随时随地、随事随人，在在而皆可异。如人民服从政府，道德也；人民反抗政府，亦道德也：则因其政府之性质如何，而所以为道德者异。缄默谨言，道德也；游说雄辩，亦道德也：则因其发言之目的如何，而所以为道德者异。宽忍包荒，道德也；竞争权利，亦道德也：则因其所对之事件如何，而所以为道德者异。节约俭苦，道德也；博施挥霍，亦道德也：则因其消费之途径如何，而所以为道德者异。诸如此者，其种类恒河沙数，累万纸而不能尽也。所谓道德进化论者，皆谓此尔。虽然，此方圆长短之云，而非规矩尺度之云也。若夫本原之地，则放诸四海而皆准，俟诸百世而不惑，孔子所谓一以贯之矣。故所钞录学说，惟在治心治身之要。若夫节目事变，则胪举难殚。恃原以往，应之自有余裕耳。[32]

梁启超坚持主张，道德不受进化论规律所支配，道德的根本原则不会进化，道德对应的具体事项即事变会在历史上变化，但道德本身或本原则不会变化。不仅如此，在他看来道德的根本，古今、中外是一致的。治心、治身作为道德修养的要法也是不会随时代变化，在今日仍然是有意义的。了解《论私德》的思想，就知道《德育鉴》的前言完全是《论私德》篇思想的展开和实践。

公德、私德，为近世言德育者分类之名词。虽然，此分类亦自节目事变方面观察之，曰某种属于公之范围，某种属于私之范围耳。若语其本原，则私德亏缺者，安能袭取公德之美名？而仅修饰私德而弁髦公德者，则其所谓德已非德。何以故？以德之定义与公之定义常有密切不能相离之关系故。今所钞录，但求诸公私德所同出之本。若其节目，则刘蕺山《人谱》及东人所著《公德美谈》之类，亦数倍此编之卷帙，不能尽耳。[33]

梁启超提出公德、私德是近代教育就节目事变方面所做的分别，其实两者并不能分开，而是统一的。公德和私德不能分开培修，德育的培养是涵养公德、私德同出之本原，这个本原就是人的自由良心。《德育鉴》的内容就是集中在如何培壅自己的自由良心。

前言最后说：

本编所钞录，全属中国先儒学说，不及泰西，非敢贱彼贵我也。浅学如鄙人，于泰西名著，万未窥一。凭借译本，断章零句，深惧灭裂以失其真，不如已已。抑象山有言，东海西海，有圣人出焉，此心同也，此理同也。治心治身，本原之学，我先民所以诏我者，实既足以供我受用而有余。孔子曰“知及之，仁守之”；又曰“得一善，则拳拳服膺而不失”。窃谓守而不失，然后其物乃在我。[34]

这里对本原之学的强调，表现出梁启超在修身的心学方面坚定地回到了儒学传统。[35]

以下举出几则梁启超的按语，以说明他的思想及与《论私德》篇的一致。

吾辈今日之最急者，宜莫如爱国，顾所贵乎有爱国之士者，惟其真爱国而已。苟伪爱国者盈国中，试问国家前途，果何幸也？[36]

梁启超认为，爱国为公德的第一要求，但声称爱国者，有诚有伪，而诚伪的问题就是私德的问题，可见私德和公德是不能分开的。在他看来，最大的问题是伪爱国者盈于国中，口称爱国，自命爱国，实际上却从个人功利出发。因此梁启超坚持以传统“义利之辨”排击功利主义。

今世自由、平等、破坏之说，所以浸灌全国，速于置邮者，其原因正坐是，皆以其无碍手也。然卓吾谓酒色财气不碍焉耳，未尝必以酒色财气为圣贤也，而自由、平等、破坏，则以为豪杰志士之鹄焉。此正阳明所谓其习熟既足以自信，而条目又足以自安也。故昔之陷溺利欲、弁髦私德者犹自惭焉，今则以为当然。岂徒以为当然，且凡非如是者，不足以为豪杰。呜呼，是非之心与羞恶之心俱绝，相率而禽兽矣！[37]

梁启超认为，自由、平等、破坏之说所以很快流行全国，是因为很多人觉得自由、平等、破坏之说不妨碍他们的各种败德行为；不仅不妨碍他们的败德行为，而且可以作为在社会活动的宗旨。其甚者，以自由、破坏为其败德行为作辩护。他又指出：“言破坏者，动曰一切破坏，而旧道德尤其所最恶也。一言蔽之，则凡其所揭橥者，皆投小人之私心，而又可以附于君子之大道而已。”[38]破坏主义以传统道德为破坏的主要目标，于是破坏主义的口号和主张，都是投合小人之心，又可以为君子所容纳的，这里指的就是以自由、平等、破坏为口号。又如，《德育鉴》载吕坤语曰：

“无所为而为”五字是圣贤根源，学者入门念头，就要在这上做。今人说话，第二三句便落在有所为上，只为毁誉利害心脱不去，开口便是如此。

下有梁启超按语：

学者闻辨术之说，莫不以为迂，但今试问：苟有所为而言爱国，尚足为爱国矣乎？故曰立心之始，即务去此，不去此则率天下而伪也。[39]

这里所谓有所为，是指在道德之外的目的，若主张爱国而另有其目的，这便是“有所为而言道德”；真诚的、没有另外目的的爱国才是“无所为而为”。“无所为而为”就是从事道德行为而没有任何功利、外在的目的。

针对这些以爱国合群为名、以私智自利为实的人，梁启超用王阳明的知行学说加以分析：

> 今与人言爱国也，言合群也，彼则曰吾既已知之矣；非惟知之，而且彼亦与人言之，若不胜其激昂慷慨也。而激昂慷慨之外，则无余事矣，一若以为吾有此一知而吾之责任皆已尽矣。是何异曰：识得孝字之点画，则已为孝子；识得忠字之点画，则已为忠臣也。就阳明先生观之，则亦其人未尝有知而已。然使其果纯为未尝有知也，则犹有冀焉，冀其一知而即行也。若知而不行，则无冀焉矣……而今世之坐视国难、败坏公德者，其良知未尝不知爱国、合群之可贵。知其可贵而犹尔尔者，则亦不肯从事于致之之功而已。有良知而不肯从事于致之之功，是欺其良知也。质而言之，则伪而已矣。人而至于伪，乃小人而无忌惮也。阳明先生必提挈知行合一，以为致良知之注脚，为此也夫，为此也夫！[40]

这些人知道爱国、合群为公德，不仅知道，而且能把爱国、合群讲得慷慨激昂；但他们有知而无行，没有行动。梁启超认为这按王阳明说法，就是还没有知。如果他们真的是未知，人们还可以期望他们有知而能行，实际上他们是有知而根本不行。甚至有些坐视国难、败坏公德的人，他们的良知不是不知道爱国、合群的可贵，却仍然不按良知去做，这就是伪。

> 今试问举国之人，苟皆如先生所谓用其私智以相比轧，假名以行其自私自利之习，乃至于其所最亲近而相凌相贼者，苟长若是，而吾国之前途尚可问乎？夫年来诸所谓爱国、合群之口头禅，人人能道，而于国事丝毫无补者，正坐是耳。《记》曰：“不诚无物。”又曰：“至诚而不动者，未之有也；不诚，未有能动者也。”[41]

梁启超最为不满的就是，爱国、合群成为口头禅，以爱国为名行其自私自利之实，从而导致对于国家大事毫无所补。

《节本明儒学案》一书成于1905年10月，《德育鉴》成于同年11月。[42]两者成书时间相先后，内容都是德育语录，有一致性。以《德育鉴》的前言来看，《节本明儒学案》也是以论私德的思想为指导最终编成的，同期的《松阴文钞》也是同类的著作。以下略举《节本明儒学案》中的几例眉批：

眉批：然则以功利之心谈爱国者何如？[43]

眉批：所谓主观说也。必实有爱国之心，然后成其为我之国。[44]

眉批：此语直令人无所逃遁，凡吾辈日言爱国而无实行者，皆未知国之可爱也，推之一切皆如此。[45]

眉批：今世傲狠险戾之徒，侈然以平等自由口头禅相号者，正以有成说使之自信自安也。[46]

这些眉批的思想与《德育鉴》案语所说，完全一致，都指向当时谈爱国的人士蔑视私德修养而言。梁启超宣传公德，本来是为了宣传、鼓动人民的爱国主义意识，但他在海外政治活动中遇到的口称爱国的人士，个人道德品质低下，爱国的口号下面充满功利之心，这使得梁启超大为失望，也使得他重新思考私德的意义及其与公德的统一问题。[47]

在张灏的著作中，在谈到《德育鉴》时有一种明显的倾向，即努力把梁启超和儒家传统拉开一些距离，以避免把梁启超肯定为一位儒家思想家。他认为梁启超的人格理想已经不是传统的内圣外王理想，梁启超《新民说》主张的道德价值也多为新的价值观，更对传统秩序和制度提出了改革的挑战。[48]我认为这里的关键在于要用动态和发展的观点理解“儒家”，特别是“近代新儒家”，而避免用一个单一的本质主义的儒家概念，去判断儒家的多元体现和历史发展。传统儒家的体现形态本身就是多元的，不是单一的。而无论近代或现代、当代的新儒家学者，都不再与传统儒家完全一致。他们大都批判地肯定工业文明、民主政治、科学发展、现代化社会组织，并广泛吸收现代价值观；但在基本道德价值、基本人生理念、基本修身方法上以及文化认同上，仍坚持肯定儒家的基本观念。尤其是像梁启超这样坚持以宋明儒学功夫从事修身实践，坚持儒家的德育传统，在近代学者中已实属罕见，虽然他与乃师康有为的思想有所区别，但同为近代之新儒家，应无可疑。

总之，虽然梁启超《新民说》中的公德说在近代以来最有影响，人们甚至把《新民说》的道德思想仅仅归结为公德说；而实际上，《新民说》中后写的论私德，对公德说作了很大的补充和修正，更加深刻地思考了私德在整个道德结构中的基础意义和重要价值。因而，《论私德》不仅深化了他个人在《新民说》初始的道德论，而且对由启蒙推动的近代化运动带来的道德反思的限度，在后来发起的新文化运动的十年前，便作了根本性的揭示，显示出思想家的深刻洞见。《论私德》及其影响下的《德育鉴》等书的编订，根本确立了梁启超作为近代新儒家的思想立场和方向，也奠定了儒家道德论在近代的调适和发展的典范，这从现代新儒家梁漱溟由梁启超《德育鉴》得到的启发和受到的影响亦可见一斑。[49]

注释

[1] 参见李泽厚：《中国近代思想史论》，北京：人民出版社，1976年，第423页。李泽厚在此书中，对于梁启超的论述，比起对康有为、谭嗣同来，要简略很多，对梁启超的《新民说》基本未提，对王国维的论述就更为简单了。关于《新民丛报》，参见周佳荣：《言论界之骄子：梁启超与新民丛报》，香港：中华书局，2005年。载参见勒文森：《梁启超与中国近代思想》，刘伟等译，成都：四川人民出版社，1986年；刘邦富：《梁启超哲学思想新证究》，成都：四川人民出版社，1986年。后者第5章论《新民说》，而全未及《论私德》的意义。类似的论文和著作还有：张锡勤：《梁启超伦理思想研究》，《中国哲学》第12辑；沈善洪：《梁启超新民说伦理思想新探》，《学术月刊》1984年第11期；唐凯麟：《走向近代的先声——中国早期启蒙伦理思想研究》，长沙：湖南教育出版社，1993年；张灏：《梁启超与中国思想的过渡（1890—1907）》，南京：江苏人民出版社，1993年，第194-209页。

[4] 梁启超：《新民说》，宋志明选注本，沈阳：辽宁人民出版社，1994年，第2-3页。本文所引新民说皆据此本，下引此书，文中夹注页码

[5] 严复：《原强》，见《严复集》，北京：中华书局，1986年，第27页

[6] 湖南省哲学社会科学研究所编：《唐才常集》，北京：中华书局，1980年，第32页

[7] 本馆告白，《新民丛报》第1号

[8] 一般认为，梁启超的国家观直接受到的影响，来自波伦哈克[Konnad Bornhak]与伯伦知理[JohannK. Bluntschli]，《清议报》第11号至31号刊有《德国伯伦知理著国家论》。

[9] 张灏指出："公德指的是那些促进群体凝聚力的道德价值观，私德是指有助于个人道德完善的那些道德价值观。"参见张灏：《梁启超与中国思想的过渡[1890—1907]》，第107页

[10] 参见狭间直树：《新民说略论》，见狭间直树编：《梁启超·明治日本·西方》，北京：社会科学文献出版社，2001年，第76页

[11] 梁启超此种认识亦受到日本文部省所发之训令之影响，盖见训令中中学所教伦理道德所列之目有对于自己之伦理，对于家族之伦理，对于社会之伦理，对于国家之伦理等，因而认为中国伦理范围较狭。参见张灏：《梁启超与中国思想

的过渡[1890—1907]》，第109页；黄雅琦：《救亡与启蒙：梁启超之儒学研究》，台北：花木兰出版社，2009年。当时日本学者多注意公德问题，如1902年10月东京高等师范学校校长嘉纳治五郎对湖南师范留学生谈话，即强调“凡教育之要旨，在养成国民之公德”。此说亦得时为学生的杨度的赞同。参见陈弱水：《公德观念的初步探讨——历史源流与理论建构》，[台北]中研院中山人文社会科学研究所《人文及社会科学集刊》1997年第6期，第39-72页。

[12] 约翰 · 密尔：《论自由》，许宝骙译，北京：商务印书馆，2009年，第90页

[13] 参见马君武：《论公德》，见《马君武文选》，桂林：广西师范大学出版社，2000年，第89页

[14] 耿云志、崔志海认为：“新民说中提出的一系列新道德、新理念、新观念不但被当时政治立场对立的革命派所接受，而且在五四时期借着新文化运动者的嘴和笔再次被提了出来。”参见耿云志、崔志海：《梁启超》，广州：广东人民出版社，1994年，第116页。吕滨亦认为梁启超此说对新文化运动起了引发的作用，参见吕滨：《新民伦理与新国家》，南昌：江西教育出版社，2000年，第154页。

[15] 对梁启超诸“公德”德目进行深入分析者，首推张灏《梁启超与中国思想的过渡（1890—1907）》，尤其是其第6章。

[16] 《论私德》分三次在《新民丛报》上刊出，即1903年10月4日、11月2日，1904年2月14日，亦即第38—39号、40—41号、46—48号。参见李国俊：《梁启超著述系年》，上海：复旦大学出版社，1986年，第77页。

[17] 张朋园对梁启超从力倡革命转向保守提出了五个因素，参见张朋园：《梁启超与清季革命》，[台北]《中研院近代史研究所专刊》，1982年，第167～175页。

[18] 蒋广学推测第18节[论私德]可能作于出访美洲之前，而发表于出访之中。这是不可能的。蒋广学说参见：蒋广学、何卫东：《梁启超评传》，南京：南京大学出版社，2005年，第119页。

[19] 狭间直树的《新民说略论》第4节“论私德之后的‘中国之新民’的立场”指出，论私德篇大力宣扬的不是公德，而是私德，而且是固有之旧道德。在对象上，与先前面对广大民众呼吁他们向上相对照，现在则以攻击后来的所谓“革党”为基调。参见狭间直树编：《梁启超 · 明治日本 · 西方》，第87页。

[20] 梁启超1899年曾著有《破坏主义》一文，曰：“日本明治之初，政府新易，国论纷糅。伊藤博文、大隈重信、井上馨等共主破坏主义，又名突飞主义，务摧倒数千年之旧物，行急激之手段。当时诸人皆居于东京之筑地，一时目筑地为梁山泊云。”参见易鑫鼎编：《梁启超选集》下卷，北京：中国文联出版社，

2006年，第562页。可见其破坏主义是受日本明治前期思想的影响。

[21] 陈敬认为梁启超旅美归来后写论私德的变化，实质是转向普世伦理，重视道德的普遍性。又指出在现代伦理学中公德被称为规范伦理，属于他律道德；私德被称为美德伦理，是一种个人修养和自律，对美德伦理的回归表现了梁启超对公德—私德关系的认识是辩证的。参见陈敬：《论梁启超的普世伦理思想》，见李喜所编：《梁启超与近代中国社会文化》，天津：天津古籍出版社，2005年，第426页。

[22] 黄克武认为梁启超在新民说后期的精英主义观念加强，以仁人志士负最大责任。参见黄克武：《一个被放弃的选择：梁启超调适思想研究》，[台北]《中研院近代史研究所专刊》，1994年，第154页。

[23] 黄克武强调梁启超的思想与儒家传统有连续性，参见黄克武：《一个被放弃的选择：梁启超调适思想研究》，第34页。刘纪曜则认为梁启超形式上跟着传统，实际上已离开传统，参见刘纪曜：《梁启超与儒家传统》，台北：台湾师范大学历史研究所博士论文，1985年。

[24] 这里所说的“近代新儒家”，是指19世纪末至20世纪20年代这30年间出现的儒家思想家，包括康有为等。“近代新儒家”表示这些近代学者并非固守传统儒学，而在政治、社会等方面提出了与时俱进的主张，但在人生价值、道德义理、修身功夫方面仍坚持儒家的思想。以往学者对梁启超作为近代新儒家的身份似不太肯定，而最近十多年来，这一点在学界应已无争议。

[25] 狭间直树认为梁启超对王学的推崇受到日本的影响，参见黄克武：《梁启超与儒家传统：以清末王学为中心的考察》，见李喜所编：《梁启超与近代中国社会文化》，第142页。

[26] 黄克武认为梁启超在新民说后期，以为“淬厉所本有”是更为根本的工作，放弃了破坏主义与发明新道德之后，他将注意力转放到“淬厉”，尤提倡王阳明学派的修身功夫。参见黄克武：《一个被放弃的选择：梁启超调适思想研究》，第144、151页。

[27] 丁文江、赵丰田编：《梁任公先生年谱长编》，北京：中华书局，2010年，第175页

[28] 《德育鉴》前言最后说：“本编不可以作教科书，其体裁异也。惟有志之士，欲从事修养以成伟大之人格者，日置坐右，可以当一良友。其甄录去取之间，与夫所言进学之涂径次第，及致力受用之法门，自谓颇有一日长。不然，安取剿说以祸枣梨也？若夫学校用本，尚思别述。杀青之期，不敢言耳。”倒是刘师培1906年作成了一部《伦理教科书》，可能也受到黄遵宪的影响，而其书以

知为先，不重践行，与梁启超此书宗旨不同。

[29] 董方奎《新论梁启超》[武汉：华中师范大学出版社，2007年]中有两章论梁启超教育思想及其在中国近代教育的地位，却皆未及《德育鉴》及其教育意义。

[30] 梁启超编著：《德育鉴》，翟奎风校注，北京：北京大学出版社，2011年，第3页

[31] 见《礼记·大传》："立权度量，考文章，改正朔，易服色，殊徽号，异器械，别衣服，此其所得与民变革者也。其不可得变革者则有矣：亲亲也，尊尊也，长长也，男女有别，此其不可得与民变革者也。"

[32][33][34][36] 梁启超编著：《德育鉴》，第3—5. 5. 5—6. 10页

[35] 有些学者认为梁启超对中国文化的私德评价不高，这显然只见论公德篇，而无见于论私德篇，如黄雅琦：《救亡与启蒙：梁启超之儒学研究》，第207页。

[37][38][39][40][41] 梁启超编著：《德育鉴》，第17、19、22. 68、73页

[42] 朱鸿林：《梁启超与〈节本明儒学案〉》，香港理工大学明史会议论文，2011年

[43][44][45][46]梁启超：《节本明儒学案》[上册]，饮冰室丛著第六种，北京：商务印书馆，1916年，第111. 600、127、121～122页

[47] 李华兴、吴嘉勋编：《梁启超选集》，上海：上海人民出版社，1984年，第708页

[48] 张灏：《梁启超与中国思想的过渡[1890—1907]》，第194～198页

[49] 梁漱溟说："溟年十四五以迄十八九间，留心时事，向志事功，读新会梁氏所为《新民说》《德育鉴》，辄日记，以自勉励。"参见梁漱溟：《思亲记》，见《我生有涯愿无尽：梁漱溟自述文录》，北京：中国人民大学出版社，2004年，第321页。又说"任公先生同时在报上有许多介绍外国某家学说的著作，使我得以领会近代西洋思想不少。他还有关于古时周秦诸子以至近世明清大儒的许多论述，意趣新而笔调健，皆足以感发人。此外有《德育鉴》一书，以立志、省察、克己。涵养等分门别类，辑录先儒格言（以宋明为多），而任公自加按语跋识。我对于中国古人学问之最初接触，实资于此……在当年却给我的助益很大。这助益，是在生活上，不徒在思想上"。参见梁漱溟：《我的自学小史》，见中国文化书院学术委员会编：《梁漱溟全集》第2卷，济南：山东人民出版社，2005年，第682页。

[作者单位]清华大学哲学系

[原　　刊]《清华大学学报（哲学社会科学版）》2013年第1期（第28卷）

梁启超译述话语之关键词研究："新民""豪杰"与"少年"

潘　艳　　慧彭燕

1898～1903年是梁启超开始提倡实行最激①，也是其烈的社会、文化和政治变革的关键时期逐步远离和否定卢梭民主主义理论、认同和追随伯伦知理国家主义理论的国家思想形成的重要时期②。在报纸上他开始介绍西方各种新思想、撰写大量西方爱国者、革命者和思想家的人物传记③，同时用导源于日本文学的生动活泼、"走向自由"的新文体④阐发自己的国家理论和"新民"主张。这些文章在发展维新派绅士和新知识分子的过程中都起着非常重要的作用，几乎"燃起了[1]与这些时政论文同时引整整一代人的期望"人瞩目的还有梁启超自创的政治小说《新中国未来记》和译作《十五小豪杰》⑤。这一创一译的两篇小说与梁启超其时"风靡一时"的《新民说》同时产生于1902年，在我看来，这并非巧合，而是梁启超的政治追求和社会理想使然。从"新中国""新民说"，到"小豪杰"，再到紧随其后的"少年"与"少年中国"，我们不难窥见其层层递进的推演逻辑和愈近迫切的政治期待。对于"年来身兼数役，日无寸暇"的梁启超来说，此类之书，于中国前途大有裨助[2]故创、译此类小说与在报刊上直接宣扬自己的政治主张当同等重要，正如狭间直树所言，"梁所

---

① 关于这一时间分期，国内外很多学者都有过相关论述，最有代表性的如李泽厚。详见李泽厚：《中国近代思想史论》，安徽文艺出版社1999年版第747页。

② 在关于梁启超国家思想的形成及其与卢梭民主主义和伯伦知理国家学说的关系研究中，韩国学者李春馥的论述颇有见地。详见[韩]李春馥：《论梁启超国家主义观点及其转变过程》，《清史研究》2004年第2期。

③ 其间梁启超所撰写的关于外国人物或革命事件的文章有很多，如《匈牙利爱国者嘎苏士传》《近世第一女杰罗兰夫人传》《斯巴达小志》等。另外，亚里士多德的政治学说、达尔文等人的学说、孟德斯鸠的法理学学说、康德的哲学学说、伯伦知理的国家学说等都曾被梁启超译介过。

④ 关于梁启超的"新文体"与日本文学的关系，详见王晓平：《近代中日文学交流史稿》，湖南文艺出版社1987年版第272-275页；陈建华：《从革命到共和》，广西师范大学出版社2009年版第68-76页。

⑤《十五小豪杰》（法文原著为Deux ans de vacances。梁根据英文译本Two Year Vacation《两年假期》的日译本《十五少年》转译）：最初刊载于1902年2-8月的《新民》杂志的第2-4、6、8、10-13号上，是法国"科学幻想小说之父"儒勒·凡尔纳的冒险主义小说。译作当时署法国焦士威尔奴原著，《少年中国之少年》重译。全书共18回，梁启超译前9回，披发生（罗孝高）译后9回。详见梁启超：《梁启超全集》（第十册），北京出版社1999年版第5666页；李国俊：《梁启超著述系年》，复旦大学出版社1986年版第68页。

有挥洒着报人天分、充满了情感、意在开启民智的灿烂篇章都是从政治实践的角度写就的”[3]。因此，本文从翻译的角度、以关键词为线索，试图深入剖析“新民”“豪杰”与“少年”之间的逻辑关联，并由此探寻梁启超等晚清中国知识分子的“少年强则国强”等思想形成的内在理路。

一、“豪杰”：“新民”之素质期待

1902年正月《新民丛报》创刊，梁启超“新民”观从此藉该报逐步得到彰显①。在《新民》的“本报告白”一栏里，主编梁启超高扬“取大学新民之意，以为欲维新吾国，先维新吾民”的革新思想，表明“以教育为主脑”“养吾人国家思想”的办刊主旨[4]，在创刊号同时推出《新民说》的前三节《叙论》《论新民为今日中国第一急务》和《释新民之义》。其他重要部分（前14节）也分别在1902年2月22日的《新民》第2号到同年11月14日的20号上陆续刊出。由是观之，1902年的确是梁启超集中阐发自己国家主义思想和新民主张的重要的一年。选择在这一年里，创译这两部小说源自梁启超一向所持的启蒙关怀和对文学社会功能的重视，也是他政治热情和国家理想在文学领域的自然延伸。

“新民”观是梁启超国家思想的一个重要组成部分，其理论根源是伯伦知理的国家有机体学说②。因此，“新民”的最终落脚点是在新的民族国家。从梁启超《新民说》第一节对世界、国家、国民③三者之间关系的论述中不难看出其新民思想的逻辑所在。

> 国也者，民而成，国之有民，犹身之有四肢、五脏、筋脉、血也。未有四肢已断，五脏已瘵，筋脉已伤，血已涸，而身犹能存者；亦未有其民愚陋、怯弱、涣散、混，而国犹能立者，故欲其身之长生久视，则摄生之不可不明。欲其国之安富尊荣，则新民之道不可不讲[2]。

既然国民的文明程度与政府、国家的关系如同“寒暑表之于空气”，那么“新

---

① 有学者认为梁启超“正是为了发表《新民说》才创办了《新民丛报》”。详见[日]狭间直树：《梁启超・明治日本・西方——日本京都大学人文科学研究所共同研究报告（修订版）》，社会科学文献出版社2012年版第63页。

② 有学者指出梁启超所撰写的《政治学大家伯伦知理之学说》实来自日本学者吾妻兵治翻译的《国家学》。详见巴斯蒂：《中国近代国家观念溯源——关于伯伦知理〈国家论〉的翻译》，《近代史研究》1997年第4期。

③ 据有学者考论，“国民”连缀成词始见于《春秋左传》，但梁启超所言之“国民”一语“已完全脱离旧有语境，不复汉家故物，而是一个深受西方政治学说影响，具有特定意涵的崭新名词”。详见许纪霖、宋宏：《现代中国思想的核心观念》，上海人民出版社2011年版第302–307页。

民”的确成为“中国第一急务”。然而什么样的国民才是梁启超所谓的“新民”呢？这样的“新民”又是怎样被构造出来的，即如何“新”？这里，梁启超从孟子的“子力行之，亦以新子之国”里导出了一个重要命题：“自新”才能“新民”；“新民”才能“行我民族主义”，才能“抵挡列强之民族帝国主义”，以“挽浩劫而拯生灵”。倘若“吾四万万人之民德、民智、民力”全能焕然一新，则“外自不能为患”。那么“新”的具体措施是什么呢？方法有二：“淬厉其所本有而新之”和“采补其所本无而新之”。前者阐扬国民“独具特质”、国家文化保持“独立之精神”的民族主义感情，后者则倡导“博考各国民族所以自立之道，汇择其长者而取之，以补我之所未及”的进取精神。因此，经过此二“新”法历练过的新国民应该是具有“独善其身”的“私德”、“相善其群”的“公德”、有爱国思想、有进取冒险精神、热爱自由、追求进步、自尊合群的“新民”[2]，是现代意义上的“国民”，是“时时存着为群体、为国家观念”的现代“公民”[5]。

其实，对一个国民所应具备的素质问题，梁启超早有过关注。1899年他就曾撰文对此作过相关论述，其时中心对象是“英雄”与“豪杰”。在他看来，所谓“英雄”，就如同“人间世之造物主”，而“人间世之大事业”，都为“英雄心中所蕴蓄而发现”；“英雄能造时势”，“时势亦能造英雄”。当此正处于“天下翘首企足，喁喁焉望英雄之时”的中国，急需“我同志”“我少年”等“二三豪俊”出来[2]。因为若合此数十豪杰数百“整顿乾坤济时”豪杰为一点，则“其力非常之大，莫之与敌”，然后其余四万万人“随此数十人若数百人之风潮而转移奔走趋附”，则“天下事未有不济者也”[1]。如此看来，作为“国民之公脑”的“豪杰”与“英雄”对于一个国家的兴盛实在是有着至关重要的作用。然则英雄与常人是可以随着时间而转化的，今天的常人即是昔时的英雄。因此，梁启超接着就乐观地推导出“二十世纪以后将无英雄”的结论。究其原因，他认为到那时“人人皆英雄”，而“到人民不倚赖英雄之境界，然后为真文明，然后以之立国而国可立，以之平天下而天下可平”[2]。

二、《十五小豪杰》：“少年”的发现

对豪杰英雄气质和冒险精神的期待既是梁启超“新民”学说的题中应有之义，法国科学幻想小说家凡尔纳的冒险小说《两年假期》Deux ans de vacances（英译版Two Year Vacation）缘何进入梁启超的翻译视野也就不言而喻；其选用《十五小豪杰》这个在意旨上与原书名《两年假期》相去甚远、语词情感倾向强烈、喻指分明、且之前已有过阐述铺垫的时代语汇来作为该译的书名，其用意不可谓不明显。他不惜时日将这部经过三次转译的小说引入中国，并自诩自己纯以中国说部体段代为翻译的效果

“不负”森田的日译本，即使“令焦士威而奴复读之，当不谓其唐突西子”[2]。与之前所译《佳人奇遇》不同的是，由于《十五小豪杰》无涉政治，梁启超无需大费周章去改译或改写。那么，梁启超的“新民”思想是怎样通过翻译来显现的？除了小说所描写的内容本身即是梁启超所热心倡导的中心话题而无需变更外，在小说的形式方面梁启超将原著作了适当的调整①：按照中国传统小说的形式，将原著割裂成很多回，并且给小说的每一回目都加上标题，在开首和结尾，甚至是小说的行文中间还加上了译者不少按语，这些处理方式都给译者预留了大量的言说空间。该译作最初是连载在《新民丛报》上，“每次一回”，由于报纸登载空间的相对狭小，故“割裂回数，约倍原译”，但梁启超却非常自信地认为自己所“割裂停逗处，似更优于原文”。表面上看来这是其对于译文文体的评价，但实质上此番文体变动所带来的阐述便利还是显而易见。

梁启超译《十五小豪杰》的第一回“茫茫大地上一叶孤舟，滚滚怒涛中几个童子”的开首处，译者便加一“调寄摸鱼儿”的按语：

> 莽重洋惊涛横雨，一叶破帆横渡。入死出生人十五，都是髫乳稚。……但抖擞精神，斩除荆棘，容我两年住。英雄业，岂有天公能妒？殖民辟新土，赫赫国旗辉南极，好个共和制度。……劝年少同胞，听鸡起舞，休把此生误[2]。

如果将这段按语、回目标题与上述梁启超的英雄、时势与国民的相关论述比照来看，我们不难看出二者之间的紧密关联：“大地”与“怒涛”包蕴的不单是自然界景象，其“茫茫”与“滚滚”所喻直指当时风云激荡的中国；而“孤舟”中“几个童子”的意味更是深长，其于怒涛中浮沉搏击的形象即是他所拟想的“新”国民之理想期待：“豪杰”。在梁启超看来，“新”国家必先要有“新”国民。而“新”国民应具备的一个很重要的素质就是“独立自由品格、进取尚武精神的个体主体性”和“责任意识和主人翁精神”[6]。而将此种“英雄”“英雄业”与“殖民”“国旗”“共和”“南极”并置，更突显出梁启超对于“少年”“国民”与“国家”三者之间的关联逻辑，这些大词新词的使用与按语末句之“劝”共同为此翻译小说的中国读者——也是梁启超期待中的“新国民”——开启了一扇“新”的“现代国家”的美好图景，同时还明示了一条开辟新疆域、创建新功绩的成功之路。

那么梁启超所谓的进取冒险的含义是什么呢？在他看来，最主要的有四个：

---

① 有学者认为梁启超之所以采用“白话”翻译《十五小豪杰》，在一定程度上是受到森田日译本“言文一致”的启发。详见王志松：《析〈十五小豪杰〉的“豪杰译”——兼论章回白话小说体与晚清翻译小说的连载问题》，《外国文学研究》2000年第3期。另外，王晓平对梁“报章体”与日本明治时期“文言一致”的新文体之间的关系也有论及。详见王晓平：《近代中日文学交流史稿》，中华书局香港分局1987年版第272–285页。

"希望""热诚""智慧"和"胆力"①。"实迹与现在，属于行为；理想与未来，属于希望"，故"希望愈大，则其进取冒险之心愈雄"；"烟士披里纯（Inspiration）者，热诚最高潮之一点，而感动人驱迫人使上于冒险进取之途"；"养气者必先积智"，"而进取冒险之精神，又常以其见地之浅深高下为比例差"；"体魄之不可不自壮，而胆力亦未尝不可以养成"[2]。这些冒险进取精神在《十五小豪杰》的那些勇猛聪明、胆大心细的法国少年身上都能找到。因此，梁启超对其中人物的推崇和喜爱之情不溢言表，在所译第一回的结尾处不禁对小说的主人公武安大加赞赏："观其（武安）告杜番云，'我们须知这身子以外，还有比身子更大的哩'，又观其不见莫科，即云'我们不可以不救他'，即此可见为有道之士。"[2]从危急中人物的一句话里，梁启超即可以读出这一未满15岁的少年为"有道之士"，足可见其浓厚的主观意识。在他看来，武安虽为一小小少年，但其在危急关头所表现的进取冒险精神实在是为他人所不及，对于老大中国的国民来说，未尝不是一个很好的榜样。

类似的情况比比皆是。例如在第二回末尾的译者按语中，梁启超又针对小说中武安所说的"今日尚是我辈至危至险之时，大家同在一处，缓急或可相救；若彼此分离是灭亡之道也"等语，不禁高声疾呼："我同胞当每日三复斯言"；而对于读者可能会痛恨杜番的"只坐争意见顾私利"的"自反"行为，便热心为其开解，说："读者勿徒痛恨杜番，且看其他日服从公议之处，便知文明国民尊重纪律之例。观其后来进德勇猛之处，便知血性男子克己自治之功。"而在第三回终了时有感于西方少年强盛的自由独立意识，梁启超不禁对西方国家的"自由""国家"与"服从"之间的关系大加阐述，借此以警醒国人。

> 学生放假时，不作别的游，却启航海思想，此可泰西少年活泼进取气概……自由与服从两者如车之两轮……相反相成也。最富于自由性质者，莫英人若；最富于服从性质者，亦莫英人若，盖其受教育之制裁者有自来矣。立宪政体之国民，此二性质，缺一不可[2]。

由是观之，从《新民说》到《十五小豪杰》，对于国民的危机意识的诱导和冒险进取精神的倡导一直是梁启超国家思想和新民观的重要主题。在他看来，中国人是没有进取冒险之精神的，"自昔已然，而今且每况愈下也"。虽然梁启超认为在中国文化传统中唯一与冒险精神相等的概念是孟子的"浩然之气"、且将冒险精神也命名为"浩然之气"，但显而易见的是，孟子的"浩然之气"与西方的冒险精神是有差异的，前者指的是一种源自道德信念的不可抑制的胆力，道德取向不可忽视，而后者着

① 希望、热诚、智慧和胆力是构成西方文化力本论的四个要素。详见（美）张灏：《梁启超与中国思想的过渡（1890–1907）》，江苏人民出版社1995年版第133页。

重的是一种对未知领域的勇敢、锲而不舍的探索精神，与道德意识实无太大关联。因此，正如张灏所言，“梁对孟子这一概念道德取向的忽视、不管是有意还是无意，都可看成是19世纪末以来由于西方文化的力本论的浸入、儒家道德主义不断衰败的一个微妙而准确的反映”[7]。事实上，梁启超的这一举措已触及到社会政治转型期间的知识分子在中西交往活动中所不得不面对的一个重要命题：在引入西方先进新异的思想时，“为了说教的便利”，中国知识分子不得不常常借助于中国传统文化的包装或转换；在有关道德价值观和社会政治思想方面，他们在理智上仍相当程度地认同中国文化遗产，但他们所肯定的“中学”，似乎远远越出其真正理智评价认为正确的东西，或者早已被他们注入了新的思想内质而不再是早先原汁原味的那个“中学”。梁启超在这一点上也不例外。我们从他往往要在中国文化传统里寻找一些近代西方制度和价值观的相似性来看表现得最为典型。

在这样的一个文化悖论中，对于“少年”及其冒险精神的发现与发掘，对于迥异于中国传统的西方文化因子，梁启超成功地找到了“豪杰”与“少年”这两个中国传统语汇的现代关联。因此，在举出纳尔逊和拿破仑等西方历史英雄人物来求证自己的观点之余，梁启超在《论进取冒险》的结尾还用英文郑重附上西方流行歌曲《少年进步之歌》，其用意当是不言自明的。

三、“少年”：“豪杰”之理想载体

冒险精神是梁启超《新民说》所倡导的现代“新”国民所应该具备的基本素质，具有冒险精神的“豪杰”自当是“新”国民的期待目标与努力方向。而其对于“少年”的发现更进一步为“新”国民找到了理想的载体。因此，《十五小豪杰》中少年们不畏艰险敢于吃苦、在危险面前沉着冷静、在危难中团结友爱的美好品质正符合了梁启超对于中国“少年”乃至“少年中国”的设想与追求。至此，我们不难看出梁启超这一从“新民”到“豪杰”，再到“少年”的思想轨迹和逻辑推衍。

首先，如前所述，梁启超对武安等“少年”身上所具有的独立进取与冒险果敢大加赞誉，并极力向国人阐扬、树立新的国民模本。其次，武安等人的少年身份本身也是梁启超所特别强调的。从自然生理层面的“少年”再到精神层面的“少年”，我们不能不体察到梁启超的“新民”逻辑和良苦用心。而且，这一着意与梁启超本人以及当时所盛行的时间观和进化观汇成一股强力，逐渐推演出其时乃至后来都影响深远的“少年”论述话语。“希望”“热诚”“智慧”和“胆力”等“少年”特质，成为“新民”“强国”的良药和寄望之所：只有生命力十分旺盛、求知欲非常强烈的少年才更独立自主、才更善于进取。在梁启超看来，“常思将来”的少年具有“常思既往”的老年所缺乏的进取、冒险和追求新知等优点。少年因为“惟思将来”，认为“事事皆其所未经”，所以“常敢破格”、会“生希望心”，能“进取”，能“日新”；少年因为盛气豪壮、敢于冒险，所以能造世界。在梁启超追求进化和进步的眼里，老年人如同“夕照”，如同“死海之潴为泽”，而少年人则如“朝阳”、如“长江之初发源”[2]。因此，对少年诸般优秀品质倾慕不已的梁启超决定“今以往，弃哀时客之名，更自名曰少年中国之少年”，并以此笔名发表了一系列政论文章，还以此与“小豪杰”十分契合的名字作为翻译《十五小豪杰》时的译名。至此，老年与少年生理、性格方面的自然不同在这里被梁启超转换成社会、国家的“新”与“旧”、“传统”与“现代”之间的二元对立。

事实上，梁启超对“少年”的倾慕和论述与其时日本学界所流行的少年论述话语也有很深的渊源。其对“少年”的发现与意义重估，“实有鉴于日本之藉‘少年’以想像‘国族’，憧憬‘未来’”[8]。因此，经由挪移转借，晚清“中国”遂同样对“少年”充满了憧憬渴盼。当然，梁启超此时对“少年”与“老年”的观点虽然因受当时知识界中心话语“进化论”的影响而在今日看来不免有失偏颇，但其渴图借异域少年的灼灼朝气来刺激老大中国麻木神经的良苦用心委实让人感佩。

梁启超的这一良苦用心并没有白费。所译《十五小豪杰》一经刊出，马上在中国引发了不小的热潮：不但该书的销路奇好，一时之间被冠以“豪杰”和“少年”之名的小说也比比皆是，连开明书店的主持人夏颂莱也慨叹说：“今新小说界中，若《黑奴吁天录》，若《新民报》之《十五小豪杰》，吾可以百口保其必销。”[9]1905年松岑也说：“吾读《十五小豪杰》而崇拜焉，吾安得国民人人如俄敦、武安之少年老成，冒险独立，建新共和制于南极也？”[10]

从历史来看，正如受梁启超影响颇深的胡适所言①，梁启超《新民说》的最大贡献在于“指出中国民族缺乏西洋民族的许多美态”，而“‘新民’的意义就是要改造中国的民族，要把这老大的病夫民族改造成一个新鲜活泼的民族”[11]。不过，在本文看来，在梁启超的新民与国家思想里，一方面，经过“新”改造的国民应该具有独立自主、热情勇敢的自我意识；另一方面，他们还应该具有强烈的国民意识，在危难中服从于集体、将集体利益放在个人利益之前，个人自由最终服从于国家需要。国民个人的自我意识虽然是一种发自内心的身份认同，但既然“我”从根本来说是归属于国家这一共同体的，那么“我”对国家共同体所充满的感情就可以且应当转换成对国家应尽的义务和责任。正如有学者所言，现代化进程中“谋建国民个人主体”和“谋建国家主体”这两个平行的目标在梁启超那里变成了目的和手段的关系[12]：当现代个

① 关于胡适与梁启超的关系研究，详见张朋园：《知识分子与近代中国的现代化》，百花洲文艺出版社2002年版第40–84页。

人主体的建构服膺于对外的现代民族国家的主体建构时，如何“新民”的问题就转化为如何最有效地建构国民的主体意识、并最终融入新的民族国家的建构历程之中。客观地说，虽然对“新民”的趋重是服务于其最终目的——国家思想，但此处对国民素质的重视和对国民自我主体意识的培植亦可显露出梁启超与“只袭取西方文明表面东西”的晚清其他改良家的不同之处，从而使我们得以探知梁启超及其《新民说》对于中国文化在从传统向现代转化中的特殊历史作用。或许正是在这个意义上，张灏认为梁启超“比五四青年更早促进中国文化由传统向现代化转化”，他“继承了晚清思想中儒家经世致用的传统，同时将这一传统固有的关切转变为以他著名的国民形象为标志的新的人格和社会理想”[7]。

因此，无论是在充满严肃说教气氛的政论文章中插入浅白活泼的外文歌曲，还是在叙述少年航海历险的小说中插入大段的政治观点和严肃说教，在今天看来，都不只是简单的文体或技术问题，它更是作为政治家和译者的梁启超在检视中西文化的异同过程中有意识“采他人之有补自身之无”时的一种无奈而有效的选择。对于生长在中国转型初期的梁启超而言，虽然“他从传教士的文章和翻译的西书，就得到了‘足够’的知识”，可以走在时代的尖端，可以做言论界的骄子，“掀起求变思想的狂潮”，但这种行为的本身却暗示了中国近代知识分子在社会转型期间艰难的文化选择和在不同文化夹缝中尴尬的言说境遇。

无论从“如清商度曲，子夜闻歌”的“佳人奇遇到如火树吐花，星桥灿彩”[13]的《十五小豪杰》，还是从霍布士、斯片挪莎、卢梭、培根、笛卡儿、达尔文、孟德斯鸠、边沁和康德，梁启超一直以其对时代危机的高度醒觉，不遗余力地向中国输入大量的西欧先进学说或政治思想，并以此促进中国的现代化进程，其影响几乎波及“过去半世纪的知识分子”[14]，且对于近60年来的中国来说，无论政治、经济、财政、社会、学术，“其（梁启超）深远处，几无出其右者”[15]。或许，郑振铎先生对于梁启超先生译介工作的一番评定正好可以用来作为本文论述的结束：“国内大多数人之略略能够知道培根、笛卡儿、孟德斯鸠、卢梭诸人的学说的，却不是由于严复几个翻译原作者而是由于再三重译或重述的梁任公先生”，这原因有一大半是因为“梁氏文章的明白易晓，叙述又简易无难解之处”，也有一小半因为“梁氏的著作流传的范围极广”。因此，“即使林、梁他们有什么隔膜错误的地方，我们还忍心去责备他们么？”[16]

注释

[1] [美]费正清. 剑桥中国晚清史（1800-1911）（下卷）[M]. 北京：中国社会科学出版社，1993. 546-547.

[2] 梁启超. 梁启超全集[M]. 北京：北京出版社，1999. 5609，655，655-677，340-341，354-355，382-383，5666，5664，667-670，5664-5687，5671，409

[3] [日]狭间直树.《新民说》略论[A]. 梁启超. 明治日本·西方——日本京都大学人文科学研究所共同研究报告（修订版）[C]. 北京：社会科学文献出版社，2012. 62

[4] 梁启超. 新民[N]. 新民丛报，1902-02-08[1]

[5] 王汎森. 从新民到新人——近代思想中的"自我"与"政治"[A]. 许纪霖，宋宏. 现代中国思想的核心观念[C]. 上海：上海人民出版社，2011. 238

[6] 李金和. 平民化自由人格——梁启超新民人格研究[M]. 北京：知识产权出版社，2010. 17

[7] [美]张灏. 梁启超与中国思想的过渡（1890-1907）[M]. 南京：江苏人民出版社，1995. 218，134

[8] 梅家玲. 梁启超的《少年中国说》与晚清"少年论述"的形成[A]. 陈平原. 晚明与晚清：历史传承与文化创新[C]. 武汉：湖北教育出版社，2002. 73

[9] 公奴. 金陵卖书记（1902年）[A]. 张静庐. 中国现代出版史料（甲编）[C]. 北京：中华书局，1954. 389

[10] 松岑. 论写情小说于新社会之关系[A]. 陈平原，夏晓虹. 20世纪中国小说理论资料（第1卷）[C]. 北京：北京大学出版社，1989. 152-153

[11] 胡适.《四十自述》[M]. 北京：中国文联出版公司，1993. 52

[12] 易前良.《新小说》杂志与"中国文学"观念的确立[J]. 山东社会科学，2004，（3）：27-30

[13] 邱菽园.《新小说品》[A]. 阿英. 晚清文学丛钞·小说戏曲研究卷（第4卷）[C]. 北京：中华书局，1960. 420

[14] 曹聚仁. 中国学术思想史随笔[M]. 北京：三联书店，1996. 350

[15] 张朋园. 梁启超与清季革命[M]. 长春：吉林人民出版社，2007. 1

[16] 郑振铎. 梁任公先生[A]. 夏晓虹. 追忆梁启超[C]. 北京：中国广播电视出版社，1997. 70

[作者单位]浙江工业大学外国语学院

[原　　刊]《浙江工业大学学报（社会科学版）》第12卷第2期2013年6月

论《新民说》对近现代人格的初步构建

刘长林

20世纪初，梁启超在他主办的《新民丛报》上发表了《新民说》（1902.2.8～1903.11.2），系统地提出了将传统的中国人改造成为近现代中国人的方案。对塑造新民形象的紧迫性、新民人格的特征、新民的价值取向进行了全面的论证，影响了几代中国人，揭开了道德观、人生价值观和人的现代化深刻变革的序幕。重新审视《新民说》对新民人格和新民之道的构建，不仅有助于我们认识传统人格向现代人格转型的特征，对当代社会的理想人格建设也不无益处。

一、“新民为今日中国第一急务”

戊戌变法失败之后，梁启超开始思考改造中国的根本途径，走上了改良主义的道路，这其中的内在原因，就是他观察到变法中人民的参与程度不高，以及稍后义和团运动中国民的愚昧落后，是影响中国发展的重要原因，通过对当时的局势及改革进程的反思，梁启超逐步认识到中国的社会变革是一个艰难而漫长的道路。要在旧体制基础上创建新制度，必须转变国民的心理结构、价值取向、行为方式。所以他在《新民丛报》创刊上自号“中国之新民”。之所以要取新民，是因为“欲维新吾国，当先维新吾民”。[1]认为培养新民“为当日中国第一急务”。[2]梁启超将新民作为中国第一急务，首先是与他对时代特征的认识分不开的。他说，“今日之中国，过渡时代之中国也”，[3]其特征是政治上人民不满独夫民贼愚民专制，又未能取新政体以代之；学问上知识阶层鄙视考据词典庸恶陋劣之学，又未能开辟新学界以代之；思想风俗上社会既厌三纲压抑虚文缛节的风俗，又未研究出新道德以代之。在这新旧过渡的时代，需要产生具有冒险性、忍耐性的英雄人物，为国民开创一条最适宜的道路。显然，他不自觉地充当了这种为国民指路的英雄角色。他在呼唤英雄豪杰产生的同时，已经认识到仅仅有少数英雄是不够的。因为国民是国家的主体，有什么样的国民，便有什么样的国家和制度，“政府之良否，恒与国民良否为比例”，“故吾所思所梦所祷祀者不在轰轰独秀之英雄，而在芸芸平等之英雄”。[4]由于认识到大多数人向现代国民转化才是建立新国家、新制度的关键："苟有新民，何患无新制度、无新政府、无新国家"，[5]"欲抵挡列强之民族帝国主义，以挽浩劫而拯生灵"，使"吾四万万之民德、民智、民力与彼相埒"，[6]解救中国的内忧外患，不能再指望一时的贤君相、横空出世的英雄，非"新造吾国民不可！"在他看来，过去倡导新法，进行频繁的政治体制变革，不但无补于中国，甚至成了取乱之道，其根本原因就是没有留意新民之道。

之所以将新民作为从旧时代过渡到新时代的急迫任务，也源于他对中国积弱的病源的认识。在《新民说》发表之前的1901年，梁启超发表了《中国积弱溯源论》，认为正确认识中国的病源是探寻救国之道的第一步。他从理想、风俗、政术、近事等方面考察了中国积弱的原因，在指出封建专制制度的统治是重要原因的同时，认为国民的腐败和劣根性，亦即道德品格方面的"奴性""愚昧""为我""好伪""怯懦""无动"等恶风是"总因之重大者"。就是说，中国人人格和道德方面的弱点，是导致中国衰弱的总因，所以他说："国之亡也，非当局诸人遂能亡之也，国民亡之而已。"[7]因此，要救亡图存，必须从改造国民性，提高国民素质入手。"舍此一事，别无善图。"另外，从政府、国家和人民的关系看，官吏来自民众，有什么样的国民就有什么样的政府和国家，只要每一个中国人改变了不良的品性，达到了自强，中国的强盛当然就有希望了。而新民的过程又不可能是一蹴而就的，必须从根本的素质改造上做起，所以他将"新民"，即造就一代新人，当成了振兴中国的急迫、艰巨而长期的任务，这也是他在戊戌变法时就将开民智作为兴民权的一个必要条件的原因所在。

梁启超将新民作为救中国第一急务，也与当时严复对社会进化论的介绍和宣传不无关系。严复较早提出了"鼓民力、开民智、新民德"，视新民为中国救亡图存的根本途径。梁启超是在严复呼唤"新民"的基础上，系统论述新民之道的。梁引严复《群学肄言》中的话说："凡群者皆一之积也，所以为群之德，自其一之德而已定。"[8]这也是他在《论私德》中考察中国人私德状况的原因。而通过考察，他得出了"私德之堕落，至今日之中国而极"[9]的结论，改变每个人堕落的现状，当然就成了救中国的第一急务。

总之，梁在当时的历史背景下，在感到改变封建专制制度近期不可能成功、在承认君主专制是中国积弱的原因的同时，将新民作为救中国第一急务，虽然不能切入当时时代推翻清朝统治的政治任务，但提出改造国民素质、重塑理想人格、改变国民的文化心理结构和人生价值观，无疑是具有深远意味的。因此，我们或可视梁启超对"新民"的呼吁，为五四思想启蒙运动的前奏和序曲。

二、“破身奴”“破心奴”与近现代人格的设定

关于“新民”形象的定位。梁说：“新民者，非欲吾民尽弃其旧以也。新之义有：一曰，淬厉其所本有而新之；二曰，采补其所本无而新之。二者缺一，时乃无功。”[11]又说“世界上百事之现象，不外两大主义：一曰保守、二曰进取……善调和者，斯为伟大国民”。[12]这说明梁启超是依据推陈出新和纳新的文化观、调和主义的思想选择观，在考察中外古今的思想文化基础上进行新民人格塑造的。一方面，“新民”与《大学》中的“新民”相比，是在原始意义基础上，强调对人的革新、对造成新公民的意义，说明“新民”不是墨守成规的旧国民；另一方面他所希望的新民也不是醉心西风、蔑弃数千年道德、学术、风俗的人。

从这种文化选择观出发，梁启超首先将新民定位为国民的资格。依据当时已开始形成的世界主义、国家主义观点以及社会达尔文主义，说明“圣哲所训示、祖宗所遗传，皆使之有可以为一个人之资格、有可以为一家人之资格，有可以为一乡一族人之资格，有可以为天下家人之资格，而独无可以为国民之资格。夫国民之资格，虽未必有以远优于此数者，而以今日列国并立、弱肉强食、优胜劣败之时代，苟缺此资格，则决无以自立于天壤。故今日不欲强国则已，欲强吾国，则不可不博考各国民族所以自立之道，汇择其长者而取之，以补我之所未及”。[13]梁将塑造具有现代国民资格的国民作为人格构建的主要任务。正是在这个意义上，他提出国民不仅要注意从政治、学术、技艺方面学习西方的长处，而且要认识到“民德、民智、民力才是政治、学术、技艺之大原”。[14]这是国民资格的重要方面，将普通民众的素质都提高到这个水平，显然这个任务非常艰巨。

要使每个中国民众具有新型的国民资格，梁启超提出要“破身奴”，民众要从“依附人格”过渡到“独立人格”。梁从现代国家与传统国家制度的比较中，认识到现代立宪国家有国民而无奴隶，而传统的专制国家有奴隶而无国民。他在早年给康有为的信中说：“中国数千年之腐败，其祸根于今日，推其大原，皆必自奴隶性而来，不除此性，中国万万不能立于世界万国之间。而自由云者，正使人自知其本性，而不受箝制于他人。今日非施此药，万不能愈此病。”[15]这种奴隶性的形成根源，梁启超首先归于封建专制统治，“使一国之民不得不转而自居于奴隶，性奴隶之性，行奴隶之行，虽欲爱国而有所不敢，有所不能焉”，[16]中国人已“愈制而愈驯”，权利观念则“愈冲愈淡”，人民已安于无权的奴隶地位。说明奴隶性产生于专制政体，奴隶性的积淀又成了专制统治得以存在的基础。梁将这种奴隶性的理论根源归之于中国传统人生哲学的逆来顺受的提倡。他说，道家教导人们忍耐、犯而不校，以德报怨，在人们思想中形成了根深蒂固的退隐和屈从性格，而儒家的“仁”倾向于强调人与人之间

和谐的重要性，而忽视自身行为的权利和利益。他把“仁”和“义”看成中西文明差异的一个焦点。他对一西方文明侧重我不害人，人也不害我的“义”，非常欣赏。在他看来，仁的理想有可能在未来的大同世界发挥出积极作用，但在过去以至于今日，却使中国人养成一种待仁于人者的习惯，而使中国人人格日趋卑下。[17]

弄清中国民众具有奴隶性，处于身奴地位的原因，一是要使人们认识到近现代国民具有个人充分权利对于立一个强大而独立国家的重要性：“一私人之权利思想，积之即为一家之权利思想。故欲养成此思想，必自个人始。”[18]二是要认识到权利和义务是互相均等的。人人生而有应得之权利，即人人生而有应尽之义务，二者其量适相均，培养权利思想时要同时树立义务观念，恰当处理好二者的关系。三是要使人认识到在人的生存需要中，具有基本的生存需要即形而下的需要，又有较高层次的精神需要，即形而上的需要，中国人要想不处于身奴地位，必须争取形而上的需要，明确自身在社会生活中作为一个“政治存在”的客观实在性。传统中国人往往“道德存在”的意识较强，梁启超对人的权利的强调无疑为中国人摆脱身奴地位，确立独立自主的国民人格做出了贡献。

既然造成中国人的奴性、使之身处奴隶地位的主要原因是封建专制统治，改变“身奴”地位，首先要推翻封建专制统治，然而，梁启超对此却没有深论，而是把人们努力的方向定位到个人自身的努力上。他把受心的奴役（我奴隶我）看得比受身的奴役更为严重。他的这种看法是与他对自由的理解分不开。在他看来，近现代人格的独立不但与人的基本权利有关，也与个人能否处于自由境地分不开。而实现个人自由不但与反抗种种对个人的奴役有关，更关键的是摆脱自己对自己的奴役。这样，梁便将通常认为争自由的主要途径是从受压迫受奴役的境地解放出来，转换到了争自由就是自己不受自己奴役。他说：“若有欲求真自由者乎，其必自除心中之奴隶始”，[19]也即建立自己理性的自主性，通过自己的分析判断，自己主宰自己的命运。因此，他反对人们甘为古人的奴隶，指出古代的圣贤、豪杰虽然值得我们尊重，但“我有耳目，我物我格，我有心思，我理我穷”，衡量的唯一标准是“公理”；反对为世俗的奴隶，“俯仰随人”是不自由的；“战境遇而胜之者则立”；反对为情欲的奴隶，有过人之欲必须有过人的道德才能自立。从这些精神束缚中解放出来，才能获得自由。他将孔子的“克己复礼为仁”看成是摆脱自我奴役的最好说明：“以己克己谓之自胜，自胜之谓强。自胜焉，强焉，其自由何如也！”[20]通过克己自胜而达到自由的途径，虽与传统儒家内圣外王的修养之路有类似之处，但已经以精神自由和理性自主为目的，与传统的修养目标已根本不同。

从这种自胜自强观点出发，梁将国民在政治方面的自治能力作为国民资格的重要条件来看待，将中国人自治力的培养看作中国实行西方式民主政治的关键。对于自治力的培养，《新民说》进行了大量论述，如在“论自尊”一节，说明了一国的自尊要从国民人人自尊开始，凡自尊者必自立、必自爱、必自治、必自救、必自任，“新民”人格要从自尊始。为此，他极为赞赏英人教育中对养成“人格”的强调，认为这种教育使人真正成“人”，而不只是硕士、博士[21]。

三、“新民德”及其他：近现代人格的价值定位

要“破身奴”“除心奴”，变依附人格为独立人格，还必须进行相应的道德观、人生观、价值观的变革。只有确立现代价值观念，现代人格才能确立和逐步完善，这是完成传统人格向现代人格转换的思想保证。梁启超对此非常重视，《新民说》对此进行了大量论证。

一是新民德，进行道德革命，由重视私德向注重公德转换，以“利群”作为新道德的根本精神，贯穿到公德和私德的建设之中。梁启超将道德分为公德和私德，“人人独善其身者谓之私德，人人相善其群者谓之公德”，[22]公德指的是那些促进群体凝聚力的道德价值观，私德是指有助于个人道德完善的价值观。根据这个区分，梁在《新民说》等论著中，对中国人的道德状况作了考察。在他看来，由于中国人的人格的奴隶性，往往自轻自贱、甚至表现出馅媚、巧伪、骄下的恶德；更为严重的是，由于奴隶性造成了人格的依附性，导致人们无政治热情、无责任感、义务感，对国家民族、社会群体的公共事务冷漠。对此，他归之于公德的缺乏，归之于孔子之道对私德的提倡。

他认为，孔孟所论道德，十有八九都是私德，而这是与传统的以家族为本位的五伦伦理相适应的。现代社会对国民公德心非常强调，有没有公德是人群能否成为群、国家能否成为国的重要条件。关系到国家的存亡。由此，他得出由私德养成的人格不能算作完全人格，必须按照现代社会的标准培养公德，进而完善国民的人格。他将公德的缺乏不但归之于奴性，而且归之于传统的社会结构，并把它看成人格不完善的重要原因，这一看法是深刻的。

认识到旧道德的缺点，就为建立新道德提供了条件。梁从道德进化和道德革命的角度说明了道德变革的重要性。他说，道德的起源在利群，其功能是固群、善群、进群。所谓道德革命，就是将传统的以家族为本位的伦理改造成以利群、利国为本位的伦理，抛弃独善其身主义、束身寡过主义、“自了”主义，爱群、爱国、爱真理，以独立自尊的人格来尽“报群报国”的道德责任。然而，提倡公德，并不是轻视私德，梁说：“欲铸国民，必以培养个人之私德为第一义；欲从事于铸国民者，必以自培养其个人之私德为第一义。”[24]私德绝非只是个人问题，它的首要价值在有助于群体和

国家个人道德的进步，整个社会的道德才会进步，才会使公德的程度得以提高。因此，提倡公德仍要从个人的私德开始，公德就是私德的向前推进一步。而私德的培养只有利群为目标才能真正转化为公德，成为公德的一分子。所以梁说："合群者，合多数之独而成群也"，"吾以为不患中国不为独立之国，特患中国今无独立之民。故今日欲言独立，当先言个人之独立，乃能言全体之立；言道德上之独立，乃能言形势上之立"。[25]

二是倡导人生态度要由谦和忍让保守向竞争与进取转变。梁认为要成就新民理想人格，还必须转变生活态度和行为方式。他以社会达尔文主义世界观为依据，相信人类社会和自然界一样充满竞争，指出"非竞争不能进步"。[26]他将中国停滞落后的根源归于缺乏竞争机制的大一统结构和中国文化传统中排斥竞争的观念。他称赞西方列国竞争导致了近代的进步，这种竞争"非徒在国家也，而兼在个人；非徒在强力也，而尤在德智"。[27]他关注国际间的竞争、群体凝聚力以及相对立的个人竞争力的提高。他在批判中国人的奴性时，指出人们依附、谦让的性格导致不知进取，面对西方文明只能亦步亦趋的模仿，循此以往，不可能具备国民的资格，更谈不上成为国家的主人翁，也不能适应世界性的经济竞争："各国所以亡我者在此，我国之所以争自存在者亦当在此。"[28]梁提倡竞争态度，是与当时中国面临的被侵略者瓜分的形势密切相关的。

与提倡竞争相适应，他认为新的国民要确立进取的人生态度，要敢于冒险。他的这种思想是以进步的历史观为理论基础的。他依据进化论，认为人类历史的变化方向是不断进步的，但这种进步并不一定是直线的，而是一种螺旋式的变化。因此，他批判了中国传统思想中颇有代表性的孟子的一治一乱的循环论。[29]他指出人类的进步以人群的进步为特征："盖人类进化云者，一群之进也，非一人之进也。"[30]他依据进化论思想家本杰明·基德（Bejnamin Kidd）的学说倡导人们要确立一种集体主义的、平民主义的、现在主义与未来主义相结合的进步观。[31]这说明梁启超已经认识到竞争的社会性特征、人类社会的发展不可能像动物那样只有残酷地竞争，而要置身于群体之内，并要兼顾到现在和未来的发展。从这种进步的历史观出发，他反对传统人生哲学中的命定主义。他说："吾国先哲、以尊命为教，故曰'乐天知命'曰'居易以俟命'，曰'不知命无以为君子也'。即以此洗心自律，而复推以论世道之污隆，国运之兴替。"[32]指出对"命"的绝对信仰渗透到中国的民族意识中，使人们完全屈服于命运的安排，将国家的兴亡都源于命，人事无所用其力，这是导致中国积弱的原因之一。

为了进一步说明在命运面前不是被动的而是主动的，人能通过自己的努力掌握自己命运的思想，梁依据佛教的因果报应说作了说明。根据"宇宙一切现象皆有业力相续而成”，[33]善有善报、恶有恶报的思想，梁指出人们现在生存状况的好坏完全取决于过去所造的业，而人们只有不被罪业所蔽，抛弃“自暴自弃的劣根性”，同造善业，是能够掌握个人命运的，梁说：“国家之所以盛衰兴亡，由人事也，非由天命也”，命运是“自力自造之而得之，而改造之权常在我者”，[34]今之君子，“惟希望自己者，为能永无失望而已”。[35]虽然梁启超还不懂得用历史唯物论和唯物辩证法，但他对传统人生哲学中天命论的批判确实也抓住了影响中国人树立进取观的理论要害。

三是道德修养要由向内用力和向外用力转变。近现代人格的确立也需要内在气质、精神和意志力的支撑，这需要良好的道德修养才能达到。从梁的论述看，他对如何进行修养从而达到现代人格的完善虽然继承了传统儒家的办法，但所要达到的目标、方式、标准发生了变化。首先，在修养的方法和目标关系上，梁虽然仍然推崇儒家的“正本”“慎独”“谨小”等修身方法，对王阳明“致良知”说也很欣赏，然而对于致良知、去除精神深处的私欲的目标已和儒家有了不同，即由内圣外王转向了爱国爱群爱真理。其次，他在倡导进取冒险精神时，基本上属于近现代概念的理想与现实，说明理想属于未来，对理想的“希望越大，则其进取冒险之心愈雄”，[36]使人意志坚定的热诚是情感动力；使人自主的智慧和理想是主导动力；使人无所畏惧的胆力产生英勇威力。梁将属于西方文化力本论的希望、热诚、智慧、胆力解释成进取冒险精神的内涵。[37]显然，这种力量的养成不是传统的修养方法所能达到的。将中国人缺乏进取冒险精神，归之于对儒家学说断章其义：“取其‘狷’主义，而弃其‘狂’主义，取其‘勿’主义，而弃其‘为’主义……取其‘坤’主义，而弃其‘乾’主义”至使一国之大，有女德而无男德，有病者而无健者，有暮气而无朝气，甚至乃至有鬼道而无人道。”[38]如何改变这种阴盛阳衰的状况，梁认为关键是培养具有阳刚之气、能够自强不息，能够参与竞争的毅力，这种毅力主要指为征服人所面临的外部世界和实现人生目标所表现出的坚强意志和不懈努力。梁启超将儒家所指的为实现道德理想、提高道德品质所作的一种持续不断的努力作了由内部心灵世界向外部竞争世界的转换，就是不仅要克制自我，而且要能战胜客观世界，人的理性和毅力不仅能适应世界，更重要的是能征服世界。

综上所述，梁启超通过《新民说》构建近现代人格的显著特点，一是在戊戌变法失败的情况下，他没有将中国走上近现代社会之路仅仅局限在制度和物质层面的变革上，而是深入系统地论述了“新民”的塑造和人格完善。人是生产力中最活跃最革命的因素，近现代社会的文明靠具有新的价值观念、理想追求和精神风貌，具有新的人生态度、行为方式和社会能力的新人去创造，才能尽快推动传统社会向近现代社会的发展。因此，他对中华民族素质如何提高的探索具有思想启蒙意义，对五四时期以人的解放为中心的思想启蒙和解放运动具有一定影响。二是他对“新民”人格的构建始终以近现代国家为标准，具有独立性、大众性、平等性的特征，既破除了专制统治下人格的奴隶性和依附性特征，又破除了传统思想家理想人格的等级性、神秘性和空疏性，对传统人格进行了初步的近现代构建。三是他侧重从人的观念变革角度，从世界观、道德观、人生观、价值观等方面，对于建构新民人格所要重新认识的公德与私德、权利与义务、进取与保守等关系按照近现代观念进行了论述，既突出了为了国家振兴、民族富强而批判国民性的奴性和消极性，调动个体积极性对于重建国家活力的重要意义，又强调理性自觉和主体自觉对于构建新民人格，对于塑造能参与世界性竞争的意义。这些观念变革的结果就是新民之道的形成，它是新民人格得以确立的思想保证。

梁启超对新民人格和新民之道构建的不足之处，一是他虽然认识到封建专制统治是造成国民奴性的根源，却并没有在如何改变封建专制制度方面做出论述，没有将推翻封建统治和帝国主义的侵略与人的解放联系起来，反而认为一旦新民的人格得以确立，新的社会会自然建立起来，忽视了人民的反抗、斗争，从被压迫被剥削的奴役地位解放出来对人格和人生之道转换的意义。二是忽视社会经济结构的变动对构建人格的影响，而将社会变动中人的精神变革放到至高无上，甚至决定的地位，从而使他的“新民”理论具有明显的唯心主义和道德决定论倾向。三是他对新民人格和人生之道的构建虽然与传统人格说已有很大不同，然而仍然偏重于内在修养和精神因素的决定意义，没有或很少论述掌握近现代知识、技术以及近现代职业，创造发明发现对新民的意义，对近现代经济活动、科技活动、教育活动对人格的影响缺乏论证。因此，梁对新民人格和人生之道的构建具有明显的脱离社会政治、经济和社会实践的特征，其局限性有待完善、矫正。

注释

[1] 《新民丛报》第1期，本刊告白，1902年2月8日

[2][5][6][8][9][10][11][12][13][14][19][20][22][23][27][28][29][30]李华兴等编《梁启超选集》第207、207、210、210、248、249、211. 212. 211. 212. 229、231—233. 213. 216. 235. 243. 284. 285页，上海人民出版社，1984年

[3] 《过渡时代论》《饮冰室文集》之六

[7][16] 《中国积弱溯源论》，《饮冰室文集》之五

[15] 丁文江：《梁任公先生年谱长编初稿》第1册，第125页

[17][18][21] 宋志明选注释《新民说》第50、50、93-100页，辽宁人民出版社，1994年

[24][25][26][31][32][33][34][35][36][38] 葛懋春等编《梁启超哲学思想论文选》第185.49、131.130-137、220、222.224.227、35.41页，北京大学出版社，1984年。

[37] 参见张灏《梁启超与中国思想的过渡1890—1907》第133页，江苏人民出版社，1995年

[作者单位]上海大学文学院历史系

[原　　刊]《学术界》1998年第4期

梁启超新民思想述论

俞祖华

梁启超是中国近代一位重要的启蒙宣传家。20世纪初，他自号“中国之新民”“新民子”，创办《新民丛报》，发表《新民说》，倾注全副心思才力于新民救国，希望以人的近代化推动中国社会的近代化。他以“笔锋常带感情”的健笔，历诉封建专制制度、纲常名教对民族心理的摧残，以满腔热情呼唤新民德，铸造新国魂，催促国人忏悔反省，鼓舞人们振奋民族精神。以《新民说》为代表的思想启蒙工作，使梁启超风骚一阵，倾动一时。

一

中国的近代化依次经历了制造、变法、新民三个层面的变革。首先是洋务运动前后，曾国藩、李鸿章等人，有限度地承认中国在物质文明方面的落后，发起了限于技术层面的以“求强”求富”相标榜的变革；继之而起，郑观应、陈炽等人觉察到法权事实的落后，开始批判君主专制，倡导议院制，此后的维新派、立宪派、革命派侧重于从体制层面设计救国方案，发起了戊戌变法、立宪运动和辛亥革命；与此同时，严复、梁启超、鲁迅等启蒙思想家，进一步从民族心理角度寻绎中国落后的原因，号召新民救国，“立人兴国”。《新民说》是梁启超从人的近代化的思路出发设计的近代化纲领。

梁启超较早就注意到人的素质问题。19世纪末，他与康有为、严复等维新思想家提出了以“开民智”为核心内容的新民主张。他们认为，开民智，提高民族素质，是关系民族兴衰的大事，是变法成败的关键。从改变民族积弱局面，挽救民族危机的角度，梁启超疾呼：“故言自强，今日以开民智为第一义”；[1]从变法维新的角度，他强调：“今欲伸民权，今日以开民智为第一义。”[2]梁启超等维新派领袖几乎一致认为，兴民权必先开民智，以改造国民为改革政治的前提。如梁在《古议院考》（1896）里说：“凡国必风气已开，文学已盛，民智已成，乃可设议院。今日而开议院，取乱之道也。”意即其时民智未开，国民程度不够，不具备实施议院制所要求的政治能力、民主意识和文化氛围，倘若不顾条件急于求成，必将导致社会的无序和混乱。

随着民族危机的急速发展，维新派只能是依据客观形势的要求，而不是主观认识的逻辑，在开民智之先，发动了旨在实现君民并主的维新运动。合乎情理的是，康有为的《戊戌奏稿》和光绪帝的维新诏令中均无设议院的内容。康有为在百日维新期间呈给光绪帝的《日本变政考》里还提醒道：“民智不开，遽用民权，举国聋聋，守旧愈甚，取乱之道也。”

维新运动失败后，梁启超于1898年10月逃亡日本，痛定思痛，他更痛感必先启蒙后变法。他一面进行大量的启蒙宣传，一面沉痛地反省民族心理的瘤疾。1902～1904年，梁启超发表了《新民说》，同时，他发还表《论中国国民之品格》《论中国人种之将来》《新民议》《国性篇》《论独立》等文，致力于反省民族心理，宣传新民德、开民智和重铸民族精神。

梁启超在《新民说》等著作中，总结戊戌变法运动得出的主要教训是：第一，在政治变革与思想启蒙的关系上，必先新民再变法，“苟有新民，何患无新制度，无新政府，无新国家”。[3]前此近代化事业屡遭挫折，原因在是：“夫吾国言新法数十年而效不目睹者何也，则于新民之道未有留意焉者也。”[4]第二，在个人与群众的作用上，不能寄希望于少数君相的贤明，而要靠国民的普遍觉悟，“若以今日之民德、民智、民力，吾知虽有贤君相，而亦无以善其后也”。[5]总之，改造全体国民的精神状态和文化素质，是实施政治改革的前提。据此，他重申了“新民为今日中国第一急务”。

梁启超正视中国民族性中存在的缺点。《中国积弱溯源论》（1900）指出，奴性、愚昧、为我、无动等是造成民族积弱的心理方面的根源；《论中国国民之品格》（1902）则说，中国国民性格上的主要缺点有四条：“爱国心之薄弱”“独立性之柔脆”“公共心之缺乏”“自治力之欠缺”。1903年，梁启超应美州保皇会的邀请，由日赴美游历，返回日本后著《新大陆游记》（1904），书中述及由观察旧金山华人，返观比较中国国民，其长处有“不肯同化于外人”“义侠偏重”“冒险耐苦”“勤、俭、信”；中国人之缺点则有“无政治能力”（一曰有族民资格而无市民资格；二曰有村落思想而无国家思想；三曰只能受专制不能享自由。）“保守心太重”“无高尚之目的”。[6]《新民说》指出中国民族缺乏公德、无国家思想、无进取冒险心、无权力思想、无自由意识、缺乏自治精神、富有保守性、无自尊心、无毅力、无义务思想、文弱柔儒、私德堕落。

梁启超批评最多的是奴隶根性和国民的冷漠旁观。他激愤于国民缺乏责任感，扼腕叹息："今吾观中国四万万人皆旁观者也。"有浑浑噩噩的浑沌派；有以一己之私而不顾国家兴亡盛衰的为我派；有以咨暖叹息、痛哭流涕为唯一能事的呜呼派；有"立于人之背后，而以冷言热语批评人"的笑骂派；有只寄望于别人自己无所作为的自暴自弃派；有只知旁观等待的待时派。"以上六派，吾中国人之性质尽于是矣。"梁启超批评的种种国民性弱点，只是民族性格的一个侧面，他还同时注意到了众民性格的另一个侧面——即支撑中华民族的优秀民族精神。无可讳言，他过于夸大了民族的愚昧、落后，夸大了民族心理的阴暗面，实际上是在维新运动失败的责任问题上取委过于民的超然姿态，而且，由于缺乏阶级分析的观点，使他把虚伪、狡诈、懒惰、圆滑等主要存在于统治阶级身上的劣根性，笼统地说成是民族性格的缺点，这些指责与他自己也称道的普遍存在劳动人民中的优良传统如刻苦耐劳、诚实正直、不畏强暴等是矛盾的。还应该严肃地指出，梁启超在苛责同胞"愚昧落后"时，流露出了民族虚无主义情绪，如说"中国人不及西人者多端"（《新大陆游记》），"五色人相较白人最优"。应该看到，梁启超的悲愤和冷峻，源自于他对祖国和人民命运具有终极关怀性质的责任感。他的灰暗，是民族灾难在他心灵上投下的阴影；他的偏颇，是民族危机催促下思维的错位。中华民族遭受的屈辱命运，驱使他以悲凉的心境审视民族精神文化，从而在焦灼的期望中渗含着几许"哀其不幸，怒其不争"的苛责，梁启超对民族性格弱点的揭露，以及反省者主体心灵活动的苦楚和偏颇，为后来的启蒙思想家包括鲁迅在内所延续。何况，暴露国民性的弱点并不是梁启超思维的终点。他进一步指出，封建专制制度和封建纲常名教是造成民族性格缺点的病因。他在分析使中国民族变成保守、文弱的因素时，提到了地理环境，着重指出其中二条，"一曰大一统而竞争绝"，"二曰环蛮族而交通也"，"中国环列皆小蛮夷，其文明程度无一不下我数"等，一与相遇，"如汤沃雪，纵横回顾，常觉有天上地下唯我独尊之概，始而自信，继而自大，至于自画，而进步之途绝矣"。[8]还提到了其他因素。但是，梁启超能够主要从社会历史中寻找形成国民性弱点的病根，把它看成是封建政治专制、文化专制的产物，这样，他指出民族心理的病疾，就具有批判封建专制、反封建主义的积极意义。

梁启超指出，君主专制制度，帝皇以天下为私产，国民自居盗贼奴隶，卑屈于专制淫威之下，一人刚而万夫柔，又使他们束身寡过，冷漠旁观。无爱国心，无尚武精神，卑屈怯懦，无政治能力、缺乏进取冒险精神等，都可归罪于专制制度。还有，封建学术"必强一国人之思想使出于一途"，使全国灵魂"匍伏于专制教主之纵扼"，摧残了民族创造力。总之，封建专制制度及纲常名教是造成国民性愚弱的最大病根："中国于教学之界则守一先生之言，不敢稍有异想；于政治之界则服一王之制，不敢稍有异言。此实为滋愚滋弱之最大病源。"[9]

既然封建政治专制、文化专制是造成民族性格弱点的渊薮，梁启超在《新民说》里逻辑地提出，要新民救国，必须对封建文明进行彻底破坏：

然则救危亡求进步之道将奈何？曰，必取数千年横暴混浊之政体，破碎而齑粉之，使数千万如虎如蝗如蛹如城如蛆之官吏失其社鼠城狐之凭藉，然后能涤荡肠胃以上于进步之途也；必取数千年腐败柔媚之学说，廓清而辞辟之，使数百万如蠹鱼如鹦鹉如水母如畜犬之学子毋得摇笔弄舌舞文爵字，为民贼之后援，然后能一新耳目以行进步之实也！[10]

这个时期，作为改良主义者的梁启超，却具有激烈的、鲜明的反封建主义思想。以《新民说》为代表的启蒙宣传，是他一生思想和事业的巅峰。

再和鲁迅作一下比较。青少年时的鲁迅关心的三大问题："怎样才是最理想的人性？二、中国国民性中最缺乏的是什么？三、它的病根何在？"[11]鲁迅以锐利的目光剖视"中国向来的灵魂"，搜寻出民族心理的阴暗面，如卑怯、奴性、巧滑、瞒和骗、迷信、愚昧、逆来顺受等，然后由此入手，追溯造成国民劣根性的病因，批判封建制度、封建礼教摧残人生、扭曲人性的反动作用，揭露封建礼教"吃人"的本质。可以发现，正视民族心理的缺点，揭出它的病根，是近代许多启蒙思想家相同的思路。

二

梁启超新民思想的重点不是数落民放性格的缺点，而是开民智、新民德、铸国魂，是重建民族心理，重铸民族精神。他不是只会剖祖坟的虚无主义者。他提出新民有二个途径："一曰淬厉其所本有而新之；二曰采补其所本无而新之。"[12]"淬厉其所本有"，是批判地继承固有的民族精神和传统道德；"采补其所本无"，是要吸取外来文化中新的价值观念，学习其他民族的优秀精神。他反对以虚无主义的态度或国粹主义的态度对待传统道德和民族精神："故吾所谓新民者，必非如心醉西风者流，蔑弃吾数千年之道德、学术、风俗，以求伍于他人；亦非如墨守故纸者流，谓仅抱此数千年之道德、学术、风俗，遂足以立于大地。"[13]或简而言之，"第一，勿为中国旧学之奴隶；第二，勿为西人新学之奴隶"。[14]因此，正确的新民之道，是要博采中西文化，既要发扬传统民族精神，又要学习其他国家人民的思想情感方式、人生态度、道德意志品质。

梁启超蔑视心醉西风者流，也即全盘西化论者，主张尊重传统价值，发扬民族精神，不能妄自菲薄。他相信，中华民族生生不息，坚强凝聚，持续经久，并曾在很长的时期内称盛于世界，必定有一种赖以撑持的“宏大高尚完美，厘然异于群族”的精神特质，“吾种性果劣下而不适于自存，则宜沦青之日久矣”。[15]一个只有劣根性的民族，不可能长久雄立于世界民族之林。“吾国立国于大地者五千年，其与我并建之国，代谢以尽者，不知几何，而我乃如鲁灵光岿然独存，其国性之养之久而积之厚也，其入人之深也，此不待言而解也，且其中又必有至善美而足以优胜于世界者”，“夫既以有此精神，以为国家过去继续成立之基，即可用此精神，以为国家将来滋长发荣之具”。[16]也就是说，要继承和发扬古代中华民族藉以立足于世界的精神特质。

他研究传统文化，一方面批判其封建糟泊的部分，揭露它对民族心理的摧残，一方面也不忘记发掘支撑中华民族五千年历史的优秀民族精神。他对传统文化的双重价值和民族精神的多面性有所认识，避免了单纯同一性的观点，避免了片面的观点。这在不同时期有所侧重，20世纪初否定多一些，晚年肯定多一些。但即使在20世纪初，梁启超提出新民理论时，还总结过一些中华民族的优秀精神特质。

第一，与柔弱相对的刚猛精神。梁启超指出儒家文化一面是狷主义、绅主义、勿主义（“非礼勿视”等）、宿命主义，一面是狂主义、乾主义、力行主义；一面讲“无多言，多言多患，无多事，多事多败”“身体发肤，受之父母，不敢毁伤，“孝子不登高，不临深”，一面又讲“能执干戈以卫社稷，可无殇也”“天行健，君子以自强不息”。有以孝保身，委屈求全，以冒险为戒，以柔弱为善的一面，更有刚健勇猛，自强不息的精神。

第二，与冷漠、旁观相对的积极入世精神。梁启超批评了“济人利物非吾事，自有周公孔圣人”“各人自扫门前雪，不管他人瓦上霜”这种旁观冷漠的弱点。他又指出，在中国文化中存在着以天下为已任，敢于任事的积极入世精神。他在《湖南时务学堂学约》《新民说》等文中，多次引述这样的话：“余天民之先觉者也，余将以斯道耸意民也，牛余觉之谁也”（伊尹），“天下有道，丘不与易也”（孔子），“如欲平治天下，当今之世，舍我其谁也”（孟子）“天下兴亡，匹夫之贱，与有责焉”（顾炎武）等。梁启超赞赏中国士大夫关心囚事民疾、忧国忧民的积极入世精神，并以此教导人们不做旁观者，关心国家前途，在“个人小我”与“天下大我”的关系上，梁启超肯定个人利益、个性独立的同时，主张以小我以尊大我，并认为传统文化中存在群体精神。

第三，不畏强暴的反抗精神和重视人格独立的精神。中国人民不能忍受黑暗势力的统治，有着酷爱自由的精神，他们每次都用革命手段达到推翻和改造这种统治的目的。除了存在于人民中的革命传统，梁启超在《论独立》等文中还指出，儒家文化也重视人格独立的精神。“三军可夺帅也，匹夫不可夺志也”（《论语》），“待一文王而后兴者，凡民也卜若夫豪杰之士，虽无文王犹兴”（《孟子》）。中国士大夫中有着讲民族气节、讲人格尊严的传统。与巧滑相对的正直精神和刻苦耐劳精神等。梁启超相信，继承这些优秀的历史遗产，发扬光大这些精神特质，是新民的重要途径。

但是，梁启超也反对拘守传统道德和精神，一意保守不思变革，他批评当时“诸事皆敢言新，惟不敢言新道德”，指出“苟不及今急急斟酌古今中外，发明一种新道德者而提倡之，吾恐今后智育愈甚，则德育愈衰，泰西物质文明尽输入中国，而四万万人相率为禽兽也”。[18]他提出，新民的另一途径，是吸取外国民族的优秀气质、政治经验、生活经验、思维方式、行为方式，以世界强国的文化精神改变中国民族违反现代性的心理状态。“故今日不欲强吾国则已，欲强吾国，则不可不博考各民族所以自立之道，汇择其长者而取之，以补我之所未及。”[18]

《新民说》成书前后，梁启超写成一批介绍西方学术的文章，如《卢梭学案》《法理学大家孟德斯鸿之学术》，宣传西方文化精神。还著有介绍西方政治家、革命家的文章，如《意大利建国三杰传》《新英国巨人克伦威尔传》，颂扬西方历史上的英雄人物不畏强暴，反对专制，反抗民族压迫的进取冒险精神。介绍了荷兰、意大利、美国等国家争取民族独立的事迹。还介绍了日本的武士道精神。这些都是要提倡独立、竞争和敢于冒险的精神。

博采中西文化的优秀精神以新民德，克服国民性的弱点，这是反省和重建民族心理的正确原则，至今仍应借鉴。只会骂祖宗，或只能守着祖宗，夸耀祖辈的光荣，都不是理性主义的态度。“对于外来文化，排外主义的方针是错误的，应当尽量吸收进步的外国文化，以为发展中国新文化的借镜；盲目搬用的方针也是错误的，应当以中国人民的实际需要为基础，批判地吸收外国文化。……对于中国古代文化，同样，既不是一概排斥，也不是盲目搬用奋而是批到地接收它、以利于推进中国的新文化。”[20]我们看到，梁启超的《新民说》，是要选取中西文化的丰富营养，创造中国新文化，通过文化创新实观新民，以使国人成为具有现代文化意识的新型国民，这种思路是值得肯定的。

梁启超还很重视文艺、史学等人文学科的变革创新对新民的作用。他强调小说可以新民德：“欲新一国之民，不可不先新小说。故欲新道德，必新小说：欲新宗教，必新小说，欲新政治，必新小说；欲新风俗，必新小说；欲新学艺，必新小说；乃至欲新人心，欲新人格，必新小说。”[21]他创办《新小说报》，登载宣传新观念的文学作品，启发民众。他还重视史学改革，1902年发表了《新史学》，指出传统史学“知有朝廷不知有国家”“知有个人不知有群体”“知有陈迹不知有今务”“知有史实而不知有理想”，使国民缺乏国家思想、爱国之心、合群之力，且徒耗脑力有害民智；号召进行史界革命，以建立有益于开民智，有利于激起国民爱国心的资产阶级新史学。

三

梁启超新民思想涉及启蒙与变法的关系，也即主观改造与社会政治经济绪构变革的关系。强调兴民权必先开民智，变法必先新民，表明他重视政治改革的文化心理条件，认识到立宪政治必须以存在相当数量的有民主观念和政治能力的公民为前提，如操之过急只能是“守旧愈甚，取乱之道”。这对我们今天认识民主建设是一个渐进的、有序的历史过程这一道理仍有现实意义。民主化必须根据国情，而国情不只是地理环境、自然资源等条件，而首先是国民素质的概念，是教育发达程度的概念。但是，夸大启蒙的作用，看不到经济政治结构的变化可以促进民族文化心理的改造，政治变革可以唤醒国民，片面强调人们的道德和精神素质在历史发展过程中的制约作用，就陷入了道德决定论的历史唯心主义。

表面上看起来，梁启超讲不能寄希望于少教贤君相，而强调国民的普遍觉醒，强调新民，改造全体国民的文化心理素质，但由于他作为一个资产阶级思想家不可能真正正确地认识人民群众的历史作用，不能全面正确地评估民族心理的优缺点，实质上仍又箱入了英雄史观的个体道德决定论。他一面以先知先觉的精英自居，承担唤醒民众的启蒙者的历史角色，一面仍忠诚于累病泣血的光绪皇帝，唱着背时的保皇论调。他从号召新民，兴民权开始，终于又提倡权威主义的开明专制论，从强调国民普遍觉悟的泛道德决定论转向依赖开明皇帝的个体道德决定论。

梁启超指出民族心理存在弱点，并把它作为封建社会君主政治专制和圣人思想专制的产物，从而具有反封建意义，但是，他就此止步，不是进一步得出推翻摧残民族创造力的专制制度的结论，相反，却以国民愚弱、民智未开，民众未具备共和国民之资格为理由，肯定了专制制度继续存在的合理性，提出了实行开明专制的主张。

简略看一下梁启超如何由民性愚弱得出实行专制的结论。已如前述，戊戌变法以前，康、梁等人都认为，民智未开，遽用民权，是取乱之道。戊戌变法的失败，一方面使梁启超注意民族文化心理改造的间题，另一面却使他得出了较前此保守的结论，逐渐沦为保皇派。革命派已开始集结力量准备推翻新政府，他却反复地说当时中国只能保皇，实行专制，理由之一是实行立宪共和，国民程度不具备。

1899年3月《论保全中国非赖皇帝不可》里说：“西之国所以能立民政者，以民智既开，民力已厚也。……今中国尚孩提也，孩提而强使自主，时日助长，非徒无益，将又害之。故今日倡民政于中国，徒取乱耳。”

1901年6月《立宪法议》说：“立宪政体者，必民智稍开而后能行之。中国最速亦须十年或十五年，始可以语于此。”

1904年《新大陆游记》里说："自由云，立宪云，共和云，如冬之葛，如夏之裘，美非不美，其如于我不适何！吾今其毋眩空华，吾今其勿圆好梦。一言以蔽之，则今日中国国民，只可以受专制，不可以享自由。""以铁以火陶冶吾国民二十年、三十年乃至五十年，夫然后与之读卢梭之书，夫然后与之谈华盛顿之事。"较为系统地说明中国国民缺乏政治能力，不具备共和国民的资格。因此，其时中国万不能实行共和立宪制，也不能实行君主立宪制，而只能实行开明专制。

随着政治思想转向保守，梁启超对儒学的态度也发生了变化。1902年初，在《保教非所以尊孔论》里有激烈反对保教的主张，同年秋，他以创办《国学报》商诸黄遵宪，提出"养成国民，当以保国粹为主义，取旧学磨洗而光大之"。黄遵宪批评了他"一意反而守旧"，"谓保国粹即能固国本，此非其时，仆未敢附和也"。[22]到晚年，他回归到儒家的怀抱。

梁启超新民思想存在着逻辑上的悖论：要变法必先新民，而国民程度不行则不能变法；国民性愚弱，是封建政治和文化专制造成的，所以要批判封建文明，民众愚昧落后，不能享自由人权，故只能维持专制制度。他号召新民，推动启蒙，有促进时代前进的光荣，但又以国民程度不足为理由抵制共和，返归儒家文化、为历史所遗弃。他把道德和思想当作历史过程的决定力量，就只能由国民性愚弱推导出保存滋愚滋弱的专制制度和封建名教的结论。一位有才气和锐气的斗士终于陷落在封建传统的网罗之中，一个名噪一时的言论界骄子最后沦为时代的弃儿。新民思想也失去了应有的理论光泽。

总之，梁启超正视中国人民族心理的缺点，批判封建文明束缚民族创造力，提出博采中西文化重建中国人的思想意识，以价值观念变革推动中国近代化的全部变革，具有积极意义。但是，由于他片面强调思想道德的作用，强调思想和文化的改革优先于政治、社会和经济的改革，陷入了道德决定论的历史唯心主义。他把希望寄托于开明的专制皇帝和知识精英的宣传启蒙，而不是寄托在真正决定历史发展的经济政治变革和由救亡变法唤醒的人民群众。他不懂得，要改造传统中国以家族主义为特征的社会体制和文化心理的整合结构，必须使社会结构变革与观念变革同步进行，而且最终取决于改造经济组织，改造社会。

注释

[1] 《变法通议》《梁启超选集》

[2] 《论湖南应办之事》同上

[3][4][5]《新民说·论新民为中国今日第一急务》

[6] 《新大陆游记》128页

[7] 《呵旁观者》《梁启超选集》
[8][10][19]《新民说·论进步》
[11] 许寿棠：《亡友鲁迅印象记》19页
[12][13]《新民说·释新民主义》
[14]《近世文明初祖二大家之学说》《饮冰室文集》9页
[15][17]《中国道德之大原》《饮冰室文集》47页
[16]《国性篇》同上
[18]《新民说·论公德》
[20]《论联合政府》《毛泽东选集》
[21]《论小说与群治之关系》《梁启超选集》
[22]《梁启超年谱长编》292页、340页

[原　　刊]《烟台师范学院学报（哲社版）》1990年第1期

维系中国近代化命脉的价值关怀

——梁启超“新民说”价值的再评析

胡 建

近代中国身处全球化的民族竞争格局中，其命运牵系于能否正确回应西方文明的挑战。对这种“挑战”的性质，梁启超敏锐地感悟到：“今日欧美诸国之竞争，非如秦始皇、亚历山大、成吉思汗、拿破仑之徒之逞其野心黩兵为快也，非如封建割据之世，列国民贼，缘一时之私忿，谋一时之私利，而兴兵构怨也，其原动力乃起于国民之争自存。以天演家物竞天择优胜劣败之公例推之，盖有欲已而不能已者焉。故其争也，非属国家之事，而属于人群之；非属君相之事，而属于民间之事；非属于政治之，而属于经济之事。故夫昔之争属于国家君相政治者，未必人民之所同欲也；今则人人为其生命财产而争，万众如一心焉。昔之争属于国家君相政治者，过其时而可以息也；今则时时为其生命财产而争，终古无已时焉。”[1]这就是，近代西方民族的对外扩张，源于民族利益的无限制追求，并在质底上契结着国民争取全球性经济利益的不竭动力，因而是一种集体性的“人民帝国主义”。

中华民族要迎接这种挑战，也必须凝聚为具有共同利益的“集体”，以群体的力量对抗群体的入侵。然而，近代中国并不具备这样的条件。就客观而言，国家仅有统治者的利益，而没有“民”作为个人的现实利益。这具体表现为：其一，“民”不享有人身自由，他们终年被繁重的赋税劳役缠缚于小块土地上。其二，“民”没有说话的权利，“防民之口，甚于防川”[2]；在不合理的社会现实面前，“民”被剥夺了任何维护自身权益的制度机制。其三，“民”不具备参与公共事务的能力，“民可使由之，不可使知之”；即有关政事，民无权过问，也无力参加，只能寄希望于“圣君贤相”和“青天大老爷”为民作主。而从主观上看，尽管近代“新学”价值观的传播已呈日益扩延之势，但国人中的绝大多数仍然沿袭着“溥天之下，莫非王土；率土之滨，莫非王臣”的价值布道，视中国乃至天下为帝王一人之私产；从而在忠孝这两个价值坐标的指引下，只在家庭和血缘中寻找安身立命之所，根本不能抛开封建的忠孝来审视自身价值，更遑论把自己的命运与群体和国家直接联系起来。

据此，梁启超认识到：企图依靠思想行为模式还停留在中古时期的广大民众来实现中国的近代化，无异于痴人说梦：要完成华夏民族的近代转型，非“新造吾新国民”，“使吾四万万人之民德民智民力可与彼（西方）相埒”不可。于是，他提出以“鼓民力、开民智、新民德”为基本内容的“新民说”。所谓“新民”，指民族文化心理结构的一种自我解剖、自我挑战和自我重构的尝试；其核心是变传统的依附人格为近代的独立自主人格，变子民为国民——“有国家思想，能自布政治，谓之国民”。[3]即塑造一代具有新的个人权益意识与民族国家意识，并组织在近代社会结构中的国民群体。

一、“鼓民力”的底据在于“兴民权”

“新民”的直接目的是要建立在根本利益一致基础上的现代民族国家，这取决于中华民族能否“鼓民力”——使人民在认识自身权益的基础上凝聚起万众一心的群力。“民力”之所以必须以“群力”的样式来显示，乃因为“群”是人类生存与发展的主体与本质：“欲求进化之迹，必于人群。使人人析而独立，则进化终不可期，而历史终不可起。盖人类进化者，一群之进也，非一人之进也。”[4]具体而言，因为有群体的代代相续，人类的智慧、才力、道德才能不断进步而不中绝。由此可见，“群”乃“超于个人之上之一人格”，也就是所谓“大我”。“大我”是指一定人群的共性，体现于社会心理、民族精神、国民意识等因素之中。植基于这一理据，梁启超指出：欲鼓民力，必须以“群治”的民权取代“独治”的君权，因为“以群术治群，群乃成，以独术治群，群乃败”。尽管在这里，“群治”主要被当作操作意义上的“术”来理解，但“术”仍然是连“体”的：即“善治国者，知君与民同为一群之中之一人，因以知夫一群之中所以然之理，所常行之事，使其群合而不离，萃而不涣，夫是之谓群术”。[5]事实上，梁启超最看重的“群术”，是创立作为“国群”的议院。

梁启超的“民权”意识在本质上超越了“维新变法”之前的洋务派左翼的“民权”观。因为在后者倡导的“君民共治”的视角中，采纳“民权”并非向西方民主制靠拢，而是借助“合君民为一体，通上下为一心”[6]来为僵死的封建制度注入新的活力，使之能在新的历史条件下最大限度地正常运作。因此，这种所谓的“民权”，不是“君权”的对立物，而是作为君权的补充与完善而依附于君权的；其目的只在于通过限制君权而拒绝“民主”。换言之，“民权”的着眼点不是人民之权益，而是为达到“君权永固”发挥咨询性的功能。反之，在梁启超的“民权”观中，尽管“民权”在终极形态上表现为“群权”，但这“群权”是由每个人的自由权利为凭籍的：“自由者，权利之表征也。凡人之所以为人者有二大要件：一曰生命，二曰权利。二者缺一，时乃非人。”[7]这样，只有以个人权利为基点才能进而形成“群权”——国家的整体主权；即“一部分之权利，合之即为全体之权利。一私人之权利思想，积之即为国家之权利思想。欲养成此思想，必自个人始”。[8]“国民者，一私人之结集也，国权者，一私人之权利所团成也。故欲救国民之思想之感觉之行为，舍其分子之各私人之思想感觉行为而终不可得见。”[9]依据这种思想，梁启超断言近代政治的实质并非像洋务派左翼那样，是借助“民权”以完善“君权”；而是通过“立宪”来限制君权并保障民权。他提出了“立宪”三原则：一、平等。即：“宪法者何物也？立万世不易之宪典，而一国之人，无论为君主，为官吏，为人民，皆共守之者也，为国家一切法度之根源。”[10]二、有限政府。即：“立宪政体，亦名为有限权之政体；有限权云者，君有君之权，权有限；官有官之，权有限；民有民之权，权有限。”[11]三、人民民主。即：“各国宪法，既明君与官之权限，而又必明民之权限者何也？民权者，所以拥护宪法而不使败坏者也。”[12]这就是说，人民拥有受宪法保障的可亲自操作的“民权”，才是真正的“群权”；反之，再好的法律对于“民”而言，也只是一纸空文与象征性的摆设；因为“宪法与民权，二者不可相离，此实不易之理。而万国所经验而得之也”。[13]

由此可见，在梁启超的眼底，“鼓民力”与“兴民权”——赋予人民以现实的参政权力——是唇齿相依的；因为只有通过民主机制而使人民认同国家利益为自己的集体利益时，人民才会在自愿的基础上凝聚起捍卫国家的自觉“群力”。在这种视界中，作为整体的国家主权与具体个人的人权是不可分割的。国家主权在近代意义上即人民主权，它以每个国家成员的自觉认同与服从为前提。而公民之所以会“认同”与“服从”国家，乃因为国家能保护自己的合法权益与长远利益。据此，国家必须赋予公民以审视国家行为是否履行了责任的权利；而国家承认公民个体的这种权利就意味着保护人权。反之，如果国家否定个体的审视权利而强求每个人必须无条件地服从自身，那么，这种“国家主权”只能是拥有统治权力而不承担社会责任的权威主义，而权威主义既已将“国家权力”全部据为己有了，它也就凌架于国家之上，并把国家作为实现权威的工具来使用。这样一来，本意“以人民为本位”的国家主权也就在事实上蜕变为“以权威为本位”的私人权力了。

二、“兴民权”的前提是“开民智”

既然“鼓民力”的底据在于“兴民权”，那么“兴民权”的前提必须使人民能认识到自己的权益，并起而争取这种权益。在这方面，中国的现实却令人失望：由于数千年的封建历史，“暴君民贼，私天下为一己之产业，因而奴隶其民，民畏其威，不敢不自屈于奴隶，积之既久，而逐忘其本末”。[14]由此造成了中国“民性”种种弱点的病根——它不仅使国人“良心弱”，而且使“民心”向不良的方向“奋动”。这具体表现为：由于人民对自身的奴隶地位安之若素，因而安于现状，安于命运，不思变革，不求进取；由于群众早已丧失了主体意识与能动精神，所以表现出极度的消极性：普通人自觉渺小——自己只配“喻于利”，不配“喻于义”——因而对公共事务显示出可怕的冷漠，成为“隔岸观火”的旁观者；特别是对国家大事与天下兴亡，其心不仅不热而且不爱，既不爱他人也不爱国家，既无权利意识也无义务观点，完全丧失了社会与历史责任感。

据此，梁启超体悟到：当人民尚不知道自己的权益而误将统治者（“英雄”）的权益认同为自身权益时，他们对历史的“创造作用”只限于为后者搭建历史舞台并充当配角，以便让权势者在吃饱喝足（衣食住行由人民创造）之后登台扮演主角。在这种时候，便需要有通晓人民权益的“先知”——启蒙思想家出来启发群众的智慧，教育群众认清自己的权益，以此“指导其趋向，执行其意思”[15]。在这个意义上，启蒙“英雄”的出现是历史的必然（梁启超就以这种英雄自居）。只不过“启蒙英雄”与“作为统治者的英雄”相比，后者的“登台”往往反衬出大众的平庸与渺小，而前者是去倡导和开创一个不需要英雄的民主时代——用提升民众素质的方式来缩短民众与自身之间的距离，借以打破偶像的神龛和对英雄的膜拜。由此可见，“启蒙英雄”的作用是让民众与自己处于同一高度，而不是出自领袖欲去凌驾于人民之上并操纵群众达到私人目的；是让跪着的大众站起来，而不是自己也去跪在自己的欲望面前。梁启超依据这种见解，提出了如下几方面的“开民智”任务。

首先，培植自由独立的近代“国民”人格，破除传统“臣民”的奴隶人格。梁启超指出：“自由者，天下之公理，人生之要具，无往而不适用者也。”[16]所以，只有具备自由人格的近代国民，才能以独立自主意识向内以求民主，向外以伸国权，从而在历史进化的生存竞争中取得优势。而中国人欲具备自由独立人格，必须破除传统臣民的奴隶性；因为“中国数千年之腐败，其祸极于今日，推其大原，皆必自奴隶性来；不除此性，中国万不能立于世界万国之间”。[17]他把奴性分为“身奴”与“心奴”两种。所谓“身奴”，指称被迫屈从于外在权威；而“心奴”，则指自我麻痹，盲目依傍，最终成为古人、世俗、境遇和情欲的奴隶。两相比较，“心奴”（精神上的奴隶）比起“身奴”（身体受奴役）更加可怕，因为它成为达到个性自由的内在障碍。因此，“若有求真自由者，必自除心中之奴隶始”。只有让理性活跃，一切以“公理”为权衡标准，才能使真知不断涌现，学术自由发展，并最终导致反自由的“身奴”制度被世人摒弃。在这个意义上，“破心奴”的重要性更甚于“破身奴”。

其次，建树“公益集体”的近代国家理念，否定“权力朝廷”的旧认知模式。在梁启超看来，每个人只要秉具了独立自由的人格，就能发挥“尽性主义”而建构合群进步的民族国家。因为“尽性主义，是要把各人的天赋良能发挥到十分圆满。就私人而论，必须如此，才不至成为天地间一赘疣。人人可以自立，不必累人，也不必仰人鼻息。就社会国家而论，必须如此，然后人人各用其所长，自动的创造进化，合起来便成强固的国家，进步的社会”。[18]根据这种见解，国家乃独立个人合群创造的“公益集体”，其主权自然属于全体人民。但在中华民族数千年的历史上，国家有其名而无其形，因为此处所谓的“国家”，立足于“独立之反面，依赖也，非合群也；合群之反面，营私也，非独立也”。[19]所以它在质底上只是主权属于帝王家天下的“权力朝廷”。梁氏进而指出国家在实质上并非朝廷，“国家如一公司，朝廷则公司之事务所，而握朝廷之权者则事务所之总办也。……夫事务所为公司立乎？抑公司为事务所而立乎？……不待辨而知矣。朝廷由正式而成立者，则朝廷为国家之代表，……朝廷不以正式而成立者，则朝廷为国家之蟊贼”。[20]在这里，“朝廷由正式而成立”，指称“朝廷”（政府）要有民主的合法性根据，即民意基础，因为“国也者，人民之公产也”。[21]

最后，张扬近代“爱国”主义，解构“忠君”的古典价值。梁启超指出：将朝廷与国家混为一谈的结果必然混淆“忠君”与“爱国”的界限。其底奥在于：在漫长的封建时代，“国家”一词由朝廷作诠解；时当一姓之天下，能够维系国家而代表朝廷的只有一个君王；因此，主流意识形态将“君王”当作国家的人格化来推崇，由此造成了将“忠君”与“爱国”相等同的旧文化意识。然而，根据“国家不等同朝廷”的近代理趣，作为朝廷代表的君主也就不能等同国家的代表。据此，“爱国”与“忠君”便有了质的区别。这区别便是：“人非父母无自生，非国家无自存，孝于亲，忠于国，皆报恩之大义，而非为一姓之家奴走狗者所能冒也。而吾中国人以忠之一字为主奴交涉之专名，何其值也。”[22]这就是说，近代爱国主义所爱之国乃作为全体利益的人格化和具体化的“公益集体”，并非凭借权力将自身凌驾于集体之上的“权威帝王”。据此，近代爱国主义赋有不可抹杀的四大界线：对于一身而知有国家；对于朝廷而知有国家；对于外族而知有国家；对于世界而知有国家。

应该指出的是，梁启超尽管从百姓的无权地位及其奴隶性认同价值看到了“民权不兴的要害在于民智未开”；但未能从生产方式的本根觅得问题的底蕴。事实上，中国民众难于接受现代性价值的质底在于：①小生产意识对工业文明价值的天然抗拒。在传统的生产方式中，农民是耕种自己土地的私有者，手工业者是自己工具的私有者；这种生产方式既以生产资料的分散性为前提，它就必然排斥生产资料的积聚，排斥同一生产过程内部的分工与协作，排斥生产力的自由发展和社会对自然力的支配。而执迷于这种生产方式的人们既然与现代工业文明的生产方式不相容，自然也对奠基其上的近代价值难以理解。②资本主义的兴起未能拓出小生产者进入工业文明的通道。国际资本主义自进入中国始，就同传统的君主官僚专制主义权力相结合（“洋务运动”使然），同旧有的地租剥削及超经济强制联为一体。这使得资本主义的生产方式在严重瓦解小生产的同时，却未能像在西方那样，给农民拓出新的出路。于是，它激化了农民同新旧世界的两重矛盾，使处在空前威胁下的农民更顽强地维护原先的生产方式，不仅力图遏抑资本主义在中国的胜利，而且也连带反对现代化本身（义和团运动就是明证）。梁启超见不及此，自然提不出实现中国百姓的价值观念向近代转型的根本对策。

三、“开民智”的根本乃“新民德”

梁启超认为，由启蒙思想家发起的“开民智”运动最终必须落实至群众自身——实现新民是民之自新，而非外力强制。而达到这一目标的根本标志是“新民德”，即人民能正确地处理私德与公德的关系，实现自身权益与国家权益的互补并进。

依据梁启超的视角：“人人独善其身谓之私德，人人相善其群者谓之公德，二者皆人生所不可或缺之具也。”[23]这就是说，“私德”指称个人的道德修养、道德意识以及处理个人与个人关系的伦理准则；而“公德”是指个人与社会、群体、国家之间的道德关系；二者都是个人安身立命所必备的。然而，中国的状况却是国人私德发达但不知有公德；例如，以君臣之伦而言，君使臣以礼，臣事君以忠，士为知己者死，这“全属两个私人感恩效力之事”，根本没涉及个人对国家应尽的道德责任问题；由此造成了中国“政治之不进，国华之日替”[24]的近代亡国危机。

梁启超的慧识确实透视到华夏民族性的质底缺陷。事实上，生活于农业自然经济中的绝大多数中国人，总是安属于一个乡土社会之中，而当“每个人可以在土地上自食其力地生活时”，就不会感到有合作的需要。他们只有在“偶然的和临时的非常状态中才感觉到伙伴的需要”，如在战争和救灾的时候。因此，“在他们，和别人发生关系是后起和次要的，而且他们在不同的场合下需要着不同程度的结合，并不显著地需要一个经常和广被的团体”[25]。正是这样一个只关心自己个人小圈子事情的小农经济和在这种经济基础上产生的意识形态，使人们缺乏建构和维护社会公共原则的持久热情（因为他们根本没感到有这种需要），更缺乏对社会公德的真正兴趣，把对社会的关心责任轻易地委托给乡间长老与幻想中的全智、全能、全德的圣王，而各自龟缩在自己的生存圈子内关注“个人利益”与“私德”。根据对中国国情的这种深刻剖析，梁启超采取如下思路进行“新民德”。

首先，引进西方“合理的个人主义”以补正国人的“私德”建设之不足。梁启超肯定利己与私德的必要性与合理性；指出：尽管人类进化是以“群”为本位的，但“群”的作用必须通过“个体”的具体表现才能实现；“芸芸万类，平等竞存于天演界中，其能利己者必优而胜，其不能利己者必劣而败，此实有生之公例矣”。西语曰：“天助自助者。故生人之大患，莫甚于不自助而望人之助我，不自利而欲人之利我。”[26]所以，不会利己，就不会利人、利群；只有首先学会利己以自立，然后才不至于因我而累及他人。据此，梁启超将利己与私德视作社会进化的原动力、爱群（国）心和权利义务观念的源泉；要求将“独善其身”的古典私德发展为近代新私德。即通过把个人切身利益与国家、群体相联系，使每个人能从保护所有人的合理权益出发而投身于公共原则的建构与维护；实行在私人领域中“个人神圣”，在公共领域中“规则神圣”的“合理的个人主义”；以此克服封建伦理以权威主义等同整体主义，再以整体主义抹杀个人权益的逻辑判据。

其次，梁启超进而指出，个人的道德不应只驻足于私德境界，而应尽力向公德层次提升。因为人是社会存在物，因此“社会的观念与将来的观念，正人之所以异于禽兽也”。在这个意义上，“公德者诚人类生存之基本哉”。换言之，公德乃合群之德，而人作为善群的动物，如何合群为第一要义。梁启超将公德的基本精神界定为“牺牲个人之私利，以保持团体之公益”[27]；并据此对西方近代价值观将个人放在至高无上地位的观点进行了批判。应该看到，梁氏的这种态度不是出于纯粹的理论立场，而是出于现实政治的实践需要，在中华民族面临列强竞争的生存危机面前，人们不可能不将个人权益与国家民族的命运关联为一体，他们不可能不感受到外来侵略对自身权益和尊严的损害，不可能不认为摆脱这种压迫性的外来统治是获得个人解放的先决条件；正是依据这种视界，梁启超倡导将国家民族的权益置于个人权益之上。然而，令梁启超始料不及的是，为了建立现代民族国家而强调国家先于个人的集体主义话语，后来却往往被国家当作使用暴力剥夺个人权益的合法性依据。例如，蒋介石统治集团就曾以“攘外必须安内”为借口，疯狂摧残中国民众的人权。自然，这种责任不能由梁启超这一代的思想家来负。

最后，综观全文可见，梁启超的“新民说”是一个由“鼓民力，开民智，新民德”组成的环环相扣的系统工程，它表征着中国近代思想家为民族近代化所指示的新路向：“苟有新民，何患无新制度，无新政府，无新国家。非尔者，则虽今日变一法，明日易一人，东涂西抹，学步效颦，吾未见其能济也。夫吾国新法数十年而效不见者何也？则于新民之道未有留意焉者也。”[28]虽然在现实中，由于人创造社会环境的同时，也受制于自己的创造物——人格、观念和社会结构，仿佛是互相耦合的三位一体；因此，现代化变革究竟从何入手？这确是令人迷惑的两难处境。改造人确乎首先必须改造社会，然而在一定的社会结构中，人又毕竟不是必然性的奴隶，并非无可选择，现实社会就是个体选择合力的产物；人的选择不仅取决于观念的理性品格，也同时受人格的价值意识支配。在这种视野中，通过改造人而改造社会的思路也不无可取之处。更重要的是，梁启超的“新民说”是中国人在近代化进程中屡遭碰壁之后而不得不提出的最新选择——必须以价值观念的革新为新出发点以寻求历史的突破。在这个意义上，“新民说”不愧为维系中国近代化命脉的价值关怀。

注释

[1] 转引自张灏：《梁启超与中国思想的过渡（1890—1907）》，江苏人民出版社，1993年版，第116页

[2] 《国语·周语上》

[3][17][20][22][24][28] 梁启超：《新民说》，载于《饮冰室合集·专集》

[4] 梁启超：《新史学·史学之界说》

[5] 梁启超：《说群序》，载于《饮冰室合集·文集》之二，第4页

[6] 陈炽：《庸书》，载于中国史学会编：《戊戌变法》[一]，第245页

[7] 《梁启超哲学思想论文选》，北京大学出版社，1984年版，第50页

[8][9] 梁启超：《新民说·论权利思想》，载于《饮冰室文集全编》，卷一，第38；41页

[10][11][12][13][16][23] 《梁启超选集》，上海人民出版社，1984年版，第148；149；149；150；223；213页

[14] 梁启超：《爱国论》，载于《饮冰室合集·文集》之三

[15] 转引自高瑞泉：《天命的没落》，上海人民出版社，1991年版，第66页

[18] 梁启超：《欧游心影录》，载于《饮冰室合集·专集》之五

[19][26] 梁启超：《十种德性相反相成义》，载于《饮冰室合集·文集》之五

[21] 《国性与民德——梁启超文选》，上海远东出版社，1995年版，第34页

[25] 费孝通：《乡土中国：差序格局》，生活·读书·新知三联书店，1985年版，第29页

[27] 梁启超：《论中国国民之品格》

[作者单位]浙江行政学院政治学研究所

[原　　刊]《中共浙江省委党校学报》2003年第6期

第三部分

讨论·新民新人思想的演进

“认同危机”“新民”与“国民性改造”

——辛亥革命前后中国人教育思想的演进

马和民　何　芳

一、身份认同的瓦解与失范

遭遇了“大变局”的近代中国人，面对的是一幅混乱无序的现实世界。近代中国的社会大变局自1840年起延续一个多世纪，个体直面的是一向借以安身立命的传统世界观、人生观、生活方式与行为方式发生混乱和瓦解的困境。

其一，民间习俗的变化。清末民初，人生礼俗、社交礼仪发生变化。基督教徒往往请教士给新生儿行“洗礼”，一些青年人争取婚姻自主，追求“文明结婚”“教堂婚礼”，葬礼中开始用“黑纱白花”代替“披麻戴孝”。辛亥革命后废止官场跪拜礼，废止“大人”“老爷”之称呼，官员以官职相称，民间以“先生”“君”相称。民间交际逐渐通行“握手礼”，拜见尊长行“鞠躬礼”。“男女大防”在社交场合逐渐淡化，男女学生开始自由交往。这些新礼俗、新礼仪在民国初年尽管还局限于大城市，但是这种以人格、身份平等为基础的社交礼仪，标志着旧秩序的渐趋瓦解。辛亥革命革除了象征满族统治的长辫子。清末民初，学生装、西装开始流行，“天足”开始取代小脚。西方饮食（西菜、汽水、啤酒等）逐渐传入并融合于传统饮食方式。其他源自西方的物质文明也在晚清开始逐渐流行。

1905年，废科举而兴学堂。清末举人刘大鹏在日记中述说了废科举后的忧愁与幻灭感：“下诏停止科考，士心涣散，有子弟者皆不作读书想，别图他业，以使子弟为之，世变至此，殊可畏惧。”“甫晓起来心若死灰，看得眼前一切，均属空虚，无一可以垂之永久。”“谋生无路，奈之何哉？”[1]146–147

其二，流传着的新世界。近代中国，一切皆新。“新”这个词构成了一连串新组合词汇的关键合成部分——借此来界定生活中方方面面的变化。“近代中国四处流传着各种有关新世界、新文明、新种族的传说，说他们有望远镜和牧师、军舰和大教堂、火车和公园、图书馆和博物馆、照相机和报纸。这些传说要比马可·波罗带回欧洲的关于震旦的故事，比哥伦布带回的关于印第安人的故事，或许更为神奇；传说中还有吃牛肉、全身散发着奶酪味道、胸毛长长的男人，以及长着蓝眼睛、袒胸露臂的女人；然后也流传着关于共和国、议会、宪法，自由平等和民有、民治、民享的政权；最后，还流传着关于穷凶极恶的毁灭性武器，它们远非中国的任何武器所能匹敌。”[2]338，342

自19世纪末至20世纪20年代，至少有三件事情体现着新的特点：一是“新的”横扫了一切旧的。例如，从晚清“维新运动”到“新政”；从梁启超的“新民说”到“新文化”“新文学”等；二是流行两个新概念：“时代”与“新时代”，这种新时代的感觉和意象，界定了“现代性”的一种精神风貌；三是20世纪初来自日文的“文明”“文化”，“被引入中国（尽管“文明”“文化”两词古已有之），并开始和“东方”“西方”结合成“五四”时期最常见的词汇，用来表达“两分的”“对立的”“东与西”的文明范畴。“这里暗中假定了‘西方文明’标志着一种社会进化论的高级阶段，标志着一种不断进步的文明。”[3]54

其三，意义危机与生存危机。社会大动荡、大转型引发出信仰无着、人生无从安立的社会危机，有研究者称之为“意义危机”[4]。意义危机首先发端于传统道德价值的迷失，即儒家一些重要的道德伦理价值动摇了。到“五四”时期，当一些狂热者要求对所有价值“特别是儒家的道德传统，重加评估之时，迷失状态达到了极致”[5]59。

紧接着出现了“存在迷失”。在广泛讨论道德危机时，存在着对生存状态的焦虑和对生命存在的悲观意识。这种气氛弥漫在以王国维为代表的一些学者的诗文中，很多中国知识分子投入佛学研究，是想解决生命存在的意义问题。更深层的“形上的迷失”，即科学虽然为中国人开出了一条新路，虽然能回答许多“什么”（what）和“如何”（how）的问题，可是对“究竟因”（ultimate why）却无法不缄默。因此，科学因其本质之故，无法取代传统中广涵一切的世界观[6]4–8。

显然，这场危机的实质是传统的世界观、人生观、价值观、道德观受到了冲击，人们赖以安身立命的精神支柱开始动摇。“五四”前后，中国人的道德生活与社会生活呈现出一种混乱无序的现象。有人利用社会转型之机投机钻营；有人茫然失措，导致思想紧张和行为失常；有人甚至对人生和社会彻底失望，以至“自杀”或“出家”。据上海《民国日报》“本埠新闻”栏报道，1919年自杀的人数21人，1920年47人，1921年66人。据北京《晨报》“社会偲闻”栏报道，1921年4~12月自杀者为103人。这些自杀者中形成社会舆论热点的，有愤世嫉俗以自杀唤醒国人的陈天华，有殉清殉道的梁济（巨川）及后来的王国维，还有悲观厌世的北大学生林德杨等[7]。

“五四”前后，社会和青年学生中出现了一股以美国为主要对象的崇洋风气，学习英语成为时尚。在大学联考中，英语的比重最大，学校的大部分课程使用英语原文教材。在20世纪20年代的国内大学，据说有80%～90%的教材是用英语编撰的（不包括教会学校）。北京大学有英文演讲社，《北京大学学生日刊》经常有英文作文比赛的报道，社会上自然也以英文水平为判断教师的标准[8]。

中国长期以来傲视邻国，向有自大心理，如此崇洋之风刺激了大国之民的自尊心，反弹的力量十分强烈。以传统文化权威相抗的莫过于抬出孔子。1912年孔教会在上海成立，翌年创办了《孔教会杂志》，提倡孔教为国教。1913～1915年间，许多省份都有孔教会与帝制运动的团体。袁世凯去世，康有为接着向新任总统黎元洪、总理段祺瑞上书，要求在宪法里确定孔教为国教。他说，“如果不读孔子的经典，人们就不懂得立身处世”“无孔教，即无中国”[9]“今将欲救四万万之民，大振中国，惟有举辛亥以来之新法，今尽灭之，而还其旧”[10]。有人甚至指斥崇洋风气“直与猩红热、梅毒等输入无疑！”[11]1918年9月30日，新文化运动的策源地北京大学贴出了一张“校长布告”：“10月1日即旧历8月27日为孔子诞期，本校照章放假一日，此布。”《北京大学学生日刊》也循此例停刊一天①。

尽管有这样的反弹，“五四”新文化运动最终仍实现了“打倒孔家店”与“孔子已死”的瓦解传统工程。近代中国自此进入了一个没有传统权威、没有传统秩序的时代。

二、“新学”“新政”与“新民”

甲午战争的惨败直接触动了“维新派”的形成以及人文——社会思潮的转型。以康有为、梁启超为首的维新派登上政治舞台，而以严复等为代表的近代启蒙思想家积极传播西学，这是真正意义上的近代新文化运动的开始。

1895年，以康有为、梁启超为首的维新派终于“上达天听”，开始与谭嗣同等人全力策划“新政”，期望按照西方资本主义国家模式改变中国的国家和社会制度。其主流是一种“不中不西，即中即西”的“托古改制”，其主要方法是用西学来解释中国的传统文化。例如，康有为在其《保国会上讲演辞》中说：“若夫泰西立国之有本末，重学校，将保民、养民、教民之道，（设）议院以通下情，君不甚贵，民不甚贱，制器利用以前民，皆与吾经义相合，故其致强也有由。吾兵、农、学校皆不修，民生无保、养、教之之道，上下不通，贵贱隔绝者，皆与我经义相反，故宜其弱也。”[12]409这种潮流，一般被称为“新学”。但这一以“新学”为核心的“新政”遭

① 案例二与案例三均参见沈寂先生为《中国人生哲学的重建》所作“序三”（刘长林《中国人生哲学的重建》，华东师范大学出版社2001年版）。

遇慈禧太后为首的顽固派的镇压，光绪皇帝的戊戌变法彻底失败。但是“百日维新”至少在以下三方面对近现代的社会发展与国民教育新风的塑造产生了强大影响。

其一，通过办新教育力图自强求富。在短短的三个月左右之间，清政府连续发布了几十道“除旧布新令”。新法令中对近现代中国教育产生最关键影响的有五个方面：第一是“京师大学堂”的设立，标志了近代大学的诞生。第二是提出“废除八股，改革科举”的措施，至1905年最终废除了沿袭近1300年的“科举制”。第三是“新教育制度”的建立，至1904年“癸卯学制”颁布。第四是把派遣学生留学日本作为一项“新政”于1901年开始积极推行。第五是成立学部，成为近代新教育行政管理的开端。中国的教育制度从此面貌一新。

其二，开知识界维新新风。严复翻译了八大西方名著，尤其是《天演论》中的“进化论”思想影响巨大，“物竞天择，适者生存”成为危亡时期中国人爱国救亡、维新变法的理论武器，也是其时知识界最流行的新格言。他所创办的《国闻报》则与上海的《时务报》并称南北齐名的影响最大的两报。而他参与创办“复旦公学”以及出任北大首任校长，均对“鼓民力，开民智，新民德”意义重大。李大钊、鲁迅、陈独秀、毛泽东等人的思想进步均与严译西方名著有关，则是一个重要佐证。

其三，形成了中国近代第一次思想解放潮流。维新派主张在中国实行“君主立宪制”，故其文化宣传也是围绕着这个主题展开的。他们办报纸、立学会、创办新式学堂，使文化教育的面貌焕然一新。此期，西方各种新学术——哲学、历史学、经济学、教育学、社会学、心理学、文学理论等开始萌生，各种灌之以“改良”的新文化运动初步兴起①。

戊戌变法尽管很快失败，但由此形成的“新学”却构成了当时及以后多年间影响先进中国人的人文（社会）教育思想的基础。例如毛泽东在1936年与美国记者斯诺的一次谈话中说道：“《新民丛报》我读了又读，直到可以背出来。我崇拜康有为和梁启超。”康有为的思想甚至还与“人民公社化”运动有关②。而为变法主动献身的谭嗣同，则被毛泽东称为“谭浏阳英灵充塞于宇宙之间，不复可以死灭”。主编《新民丛报》的梁启超被毛泽东看作是“当时最有号召力的政论家”[13]163。

① 梁启超在《清代学术概论》中描述戊戌维新时期的文化思想状况时说：“盖当时之人，绝不承认欧美人除能制造、能测量、能驾驶、能操练之外，更有其他学问，而在译出西书中求之，亦确无他种学问可见。康有为、梁启超、谭嗣同辈，即生育于此种‘学问饥荒’之环境中，冥思苦索，欲以构成一种‘不中不西、即中即西’之新派，而已为时代所不容。”参见梁启超《论清学史二种》，(上海)复旦大学出版社1985年版，第249页。

② 康有为写了《大同书》，但没有找到一条到达大同的路，唯一的路是经过工人阶级领导的人民共和国（《毛泽东选集》第4卷，人民出版社1991年版，第1471页），因此，1958年8月，毛泽东在视察人民公社化运动(河北徐水)时，还把《共产党宣言》和康有为的《大同书》一起推荐给当地干部学习。

三、“国民性改造”与革命

从鸦片战争后魏源提出“师夷长技以制夷”，到光绪皇帝的戊戌变法，孙中山的“排满革命”，再到中国共产党人对“马克思主义的选择”，都是为了一个根本目的：挽救民族危亡。“国民性改造问题”正是在这一历史主旋律下触发、实践与扩展的。

其一，国民性改造与国家命运。辛亥革命前的10年，“国民性改造”问题和国家命运紧密相关。1903年，《江苏》杂志上一篇题为《国民新灵魂》的文章是一个极好的佐证。作者“壮游”诉求“五种国民魂”：“一曰山海魂，二曰军人魂，三曰游侠魂，四曰社会魂，五曰魔鬼魂。”因为“吾国民具此五魂，而后可以革命，可以流血，可以破坏，可以建设，可以殖民，可以共产，可以结党，可以暗杀恐怖，可以光复汉士驱除异族，生则立慓于世界，死则含笑以见我神圣祖宗黄帝于地下，告厥如成功焉”[14]。

这样一种对国民的大声疾呼，带来的是一大批革命志士前赴后继的革命事业。革命成为其时最具号召力的思想动力。“革命”不仅体现于救国运动，更常见于日常生活中，举凡“思想革命”“文化革命”“伦理革命”“文字革命”“家庭革命”“婚姻革命”等，还有如胡适的“反对‘处女迷信’”“‘无后’宣言”，陈独秀对“旧婚姻制度的批判”，梁漱溟的“慎重婚姻观”以及此时影响极大的“科玄论战”等，都成为近代社会转型期人们的思想渊薮与行动的直接动力。

然而，近代中国再生为现代民族的历程，与其说是一场喜剧，不如说是一场悲剧。因为她是被迫拉入这一资本主义世界化进程的。正如林语堂先生所说：“是日本的武装侵略使得中国成为一个完整的国家，在现代历史上，中国第一次团结一致地行动起来，像一个现代民族那样同仇敌忾，奋起抵抗，于是，在这种血与火的洗礼中，一个现代中国诞生了。”[2]342

其二，西学、革命思潮与“改造国民性”。戊戌变法失败后，特别是1900年八国联军之役后，革命思潮逐渐取代维新改良思潮而成为时代主流。1903年，年仅18岁的邹容署名“革命军中马前卒邹容”发表《革命军》一书，该书被《苏报》刊文誉为“今日国民教育之一教科书”。1912年，孙中山南京临时政府追认邹容为“大将军”。毛泽东在丰泽园故居藏书中，就有这样一本《革命军》。

辛亥革命后还有过袁世凯、张勋的两次复辟。复辟的事实却表达了：中国传统社会的变革仅有制度层面的变革是不够的，还需要更为广泛的群众基础。陈独秀注意到了“立宪政治而不出于多数国民之自觉”是不会成功的[15]54，正是基于这种认识，陈独秀、李大钊等人掀起了以“改造国民性”为主旨的新文化运动。近代中国就此进入更为深入与广泛的观念变革历程。

四、国民性批判与“新人”观

辛亥革命前后，国民性的残缺已被尖锐地批判。而到了“五四”前后，革命面临低潮，人生与信仰世界充满迷茫，什么样的人能够担当起改造中国的历史重任？这一问题便自然进入了先进中国人的头脑中。正是在这种思考中，反思中国人的生活、生存方式是否合理，人生追求是否恰当，怎样的人生态度才能适应现代社会等这样的“人生问题”或“教育学问题”逐渐开始泛滥。

其一，近代新人形象的观念设计。近代以来，对于中国人新人格、新形象的设计，从洪秀全的“新人说”、康有为《大同书》中的“新人”、梁启超的“新民说”、陈独秀的“新青年”、冯友兰的“新原人”、李大钊的“青春说”，到毛泽东的“新人说”，几乎从未间断过。近代新人形象的观念设计首先是在思想领域发动，然后才进入教育学领域的。经过戊戌变法、辛亥革命，尤其是五四新文化运动，基本上完成了现代意义上的思想革命，新的价值系统和信仰体系开始确立。在这场思想革命中，对中国人“国民性”的反思、批判与改造主要表现为以下特点：与评判中国传统文化（尤其是“孔教”）密切相关；与国民性的反思及批判密切相关；与倡导“新人学说”（即中国人的现代化）紧密相关①。以下，笔者主要选取三位代表人物——陈独秀、毛泽东与鲁迅的“新人”观进行分析。

其二，陈独秀的“新青年”。当革命处于低潮时期，“五四运动的总司令”陈独秀（毛泽东语）推出的“新青年”，为迷茫中的近代中国人提供了现代人“理想人格”的系统阐述，也为人们提供了社会改造与兴盛的新希望。诚如陆有铨先生所言：“以1915年9月《青年杂志》（第2卷改名为《新青年》）创刊为标志的新文化运动，是现代中国的思想启蒙运动，从一定的意义上讲，也是一场教育运动。新文化运动对中国教育的现代化产生了极其深刻的影响。”[16]707

陈独秀在《青年杂志》创刊号上发表《敬告青年》一文，呐喊“自觉奋斗”“新鲜活泼之青年”的出现。这样的新青年具有六种人格：自主的而非奴隶的、进步的而非保守的、进取的而非退隐的、世界的而非锁国的、实利的而非虚文的、科学的而非想象的[17]73–78。为了培养这样的“新青年”，陈独秀在《今日之教育方针》一文中提出了“现实主义、唯民主义、职业主义、兽性主义”的教育方针。这样的教育方针尤其突显了“个人解放”的价值，而且是“尚文”又“尚武”的，目的是培养文武双全的“新青年”。由此可见，陈独秀是带着“文化运动与社会运动”的双重使命创办《新青年》的，所以他的教育思想成了社会革命的手段。陈独秀的“新青年”

① “人生哲学”一词开始在“五四”时期流行，主要是与陈独秀、胡适分不开的。

具有明显的斗争使命，他的教育思想中尽管不乏“个人解放”或“个性自由”的价值追求，但“社会改造”或“国家改造”的使命意识还是占据着主导地位。

其三，毛泽东的“新人说”。毛泽东对于“理想人格”的诉求贯穿于他的一生，他的教育思想对现代中国教育产生了巨大影响。毛泽东一贯反对压抑人的个性自由发展，但他同样强调“个人对社会和集体的责任、义务”。在“五四”前后，毛泽东所提倡的“新人”无疑是受到了陈独秀的强烈影响，这可以从毛泽东与斯诺1936年的那次谈话中得到佐证①。毛泽东在《体育之研究》中关于“德智体”三育思想的初步阐发，以及“文明其精神”“野蛮其身体”之身心发达、互补并立、相辅相成的观点，乃是陈独秀“教育方针”的进一步发挥和深化。他那“人之心力与体力合行一事，事未有难成者”的理论观点，正适合于“养成健全的人格，煎涤不良的习惯，为革新社会的准备”之理想[18]。显然，毛泽东此期的教育思想是要培养文武双全、人格健全、改造社会的“新人”。

其四，鲁迅先生的改造国民性。鲁迅先生被毛泽东评价为“中国文化革命的主将、伟大的文学家、伟大的思想家和伟大的革命家”[19]698。具有“最硬骨头”的鲁迅始终把“人”的问题置于根本位置[20]202。鲁迅先生的“弃医从文”，为近现代中国人的“思想解放”“个性解放”提供了一种主体性充分张扬的“现代示范”。鲁迅先生之所以抱定文学这一“引导国民精神的前途的灯光”[21]240不放，原因就在于他自己深有感触的认识：“凡是愚弱的国民，即使体格如何健壮，如何茁壮，也只能做毫无意义的示众的材料和看客，病死多少是不必以为不幸的。所以我们的第一要著，是在改变他们的精神，而善于改变的精神的是，我那时以为当然要推文艺，于是想提倡文艺运动。”[22]417

精神改变的实质，就是鲁迅先生说的：“最要紧的是改革国民性，否则，无论是专制，是共和，是什么什么，招牌虽换，货色照旧，全不行的。”[23]31可见，鲁迅的改造国民性根本上是在精神上下功夫，心灵的觉悟占据了全部。直到1933年在谈起“我怎么做起小说来”时，他仍然带有那股一意孤行的韧劲：“说道‘为什么’做小说罢，我仍抱着十多年前的‘启蒙主义’，以为必须是‘为人生’，而且要改良这人生。”[24]395所以，毛泽东在1937年说：“鲁迅在中国的价值，据我看要算是中国的第一等圣人。孔夫子是封建社会的圣人，鲁迅是现代中国的圣人。”“鲁迅精神”在现代中国便有了三个特点：政治远见、斗争精神和牺牲精神②。“鲁迅精神”因此成为

① 毛泽东说：“《新青年》是有名的新文化运动杂志，由陈独秀主编。我在师范学校学习的时候，就开始读这个杂志了。我非常钦佩胡适和陈独秀的文章。他们代替了被我抛弃的梁启超和康有为，一时成了我的楷模。”参见周溯源编著《毛泽东评点古今人物》（下），（北京）红旗出版社1998年版，第535-534页。

② 毛泽东1937年10月19日在延安陕北公学纪念鲁迅逝世周年大会上的演讲，参见《毛泽东选集》第2卷，（北京）人民出版社1991年版，第43页。

指引近现代中国人思想、精神、人格和行为等方面进入“现代性”的文化象征。

五、国民性改造的“三种主义”

新文化运动的先驱者认为，国民性的改造归根结底是革除旧的价值观和道德观，建立与现代社会相适应的价值观和道德观，这就必须依靠新的教育、新的社会教化的手段来实现。这种新的价值观和道德观的根本点就在于“个体解放”“个性自由”，所以必须重视个人价值，树立独立人格。为此，他们提出了三个响亮的口号：个性主义（或自由主义）、科学主义与民主主义。

其一，国民性改造与个性主义。近代启蒙的根本点是人性的觉醒、个性的解放、人格的独立。“个性主义”，便构成了新文化运动的一个重要基础。19世纪末中国开始的启蒙运动（戊戌启蒙）并没有抓住这个主题。那时，在民族危机的刺激下，兴起的是一场以救亡图存为目的、以政治制度改革为主旨的政治启蒙，而对个性解放并不十分关注。

尽管“天赋人权”“新民”的口号源于20世纪的第一个10年，但是却被淹没在政治论战、武装革命的潮流中。只是到了新文化运动时期，才把“唤醒国民之自觉”作为根本任务。陈独秀倡导的“独立之人格”，是要以“个人本位主义易家族本位主义”[25]14。这种“独立之人格”同胡适在“自由主义”和“容忍与自由”两文中倡导的“自由人格”，及其与人合译的《娜拉》中还要争取做一个“人”的出走的娜拉，都表达了追求独立人格的新价值观。“我是我自己的，他们谁也没有干涉我的权利！”这是鲁迅先生《伤逝》小说中出自恋爱中的少女口中的句子，“这样一个短句，在20世纪20年代的中国，它却赢得中国人如此的激动”[20]。在鲁迅自己所描述的小说中，它也具有无比的威力。鲁迅描述道：“这几句话很震动我的灵魂，此后许多天还在耳边发响，而且说不出的狂喜，知道中国女性，并不如厌世家所说的那样的无法可施，在不远的将来，便要看见辉煌的曙光的。”[26]304

在一个被宗法制度所统制的社会里，“个人独立之人格”“个人意思之自由”“法律平等之权利”与“个人之生产力”是被禁锢、压制与剥夺的。所以，一旦个人的能量被释放，“个性主义”自然就成为培植现代人的强大思想动力。正是在这样的进程中，个体、个人、自我、人格、自由等新概念便成了这个时代新的道德基础和价值源泉。

其二，国民性改造与科学主义、民主主义。科学与民主不是“五四”新文化运动时才提出的，只是到了“五四”新文化运动，科学与民主才成为社会的主流思潮①。

① 早期改良主义者也有这种要求，这在戊戌维新时期就已经十分明确。当时被称为“格致”和“民权”，带有明显的“托古改制”的思想。参见张宝明《自由神话的终结》，(上海)上海三联出版社2002年版；刘长林《中国人生哲学的重建》，(上海)华东师范大学出版社2001年版。

此前提倡科学与民主，主要是着眼于富国强兵和改造社会制度。但是到了五四时期，提倡科学与民主的目的已经改变，为了配合新国民“个性主义”的发展，必须使中国人树立科学与民主的态度，才能形成新国民的文化与心理素质。

陈独秀在《青年杂志》创刊号上高举“科学（赛先生）与民主（德先生）”两面大旗，唱出了时代的最强音。1923年的“科玄大论战”，可以说是近代中国思想史与教育史上一次影响深远的关于科学与人生观关系的大讨论。这实际上是在传统价值系统和人生观念动摇甚至崩溃的情况下，中国近代思想家希望按照现代科学的价值观从理论上重构现代人生观的深入和系统的大辩论。

“科学万能论”自此日益浮出水面。科学逐渐凌驾于“人”之上，取得了至高无上的地位。正如胡适所评论的：“这30年来，有一个名词在国内做到了无上尊严的地位，，那个名词就是‘科学’，我们至少可以说，自从中国讲变法维新以来，没有一个自命为新人物的人敢公然毁谤‘科学’的。”[27]152

在“五四”新文化运动期间，以“自由、平等、博爱”为口号的民主主义与科学主义同步发展。在整个东西方文化大论战过程中，尽管还有20世纪20年代的“东方文化派”，1935年又有王新命、何炳松等10位教授在上海《文化建设》月刊上联名发表《中国本位的文化建设宣言》，以及梁漱溟为代表的现代新儒家的不断辩护，但是，时代潮流不断地把传统文化推向对立面。

六、结论

清末，由于“新民”主张首先附属于“图强”目标的追求，因而对科举制的批判与新式教育的倡导几乎是同步的。辛亥革命尤其是“五四”新文化运动的爆发，使“国民性批判”“国民性改造”“现代理想人格”的诉求成为时代的主流思潮，现代教育观逐渐形成。这一现代教育观的基本思想立足于国民性改造的三种主义：个性主义、科学主义和民主主义。并且，这一现代教育观的追求，在辛亥革命前后经历了从“西化”到“现代化”的探索过程。

自1862年至20世纪初，至少流行着18种之多的教育思想，而这些教育思想的实质可以简化为两类：百年强国梦与现代国民性的追求①。而从近代中国的历史事实来看，在这两者的关系中，“百年强国梦”的追求又常常掩盖了“现代国民性”的诉求。或者说，教育的任务服从于革命的需要。这可以从孙中山先生前后两次演讲中找到佐证。孙中山在北京湖广会馆学界欢迎会的演说中强调国民“道德的培养”，赞

① 关于这些教育思想的门类，参见舒新城《近代中国教育思想史》，（上海）中华书局1928年版；陆有铨《躁动的百年》，（济南）山东教育出版社1997年版。

扬“建设之学问”“文明之学问”，反对“破坏之学问”“野蛮之学问”。他说：“今破坏已完，建设伊始，前日富于破坏之学问者，今当变建设之学问，从此研究文明学问，铲去野蛮学问，使我国之道德日高一日，则我国之价值亦日高一日。价值日高，则有神圣不可侵犯之地位，瓜分之说，自消灭于无形也。”[28]423到了1919年，孙中山先生在上海青年会演说时则指出：“改造中国之第一步只有革命”，革命成功虽然已经8年，但政治腐败依然，造成“官僚、武人、政客政治之局面”，甚至比清政府还要贪婪与专制，因此，立国的要素首先不是“教育、实业和民主自治”，而是革命[29]523。

注释

[1] 刘大鹏：《退想斋日记》，太原：山西人民出版社，1990年

[2] 林语堂：《中国人》，郝志东、沈益洪译，上海：学林出版社，1994年

[3] [美]李欧梵：《上海摩登》，毛尖译，北京：北京大学出版社，2001年

[4] 张灏：《新儒家与当代中国的思想危机》，见封祖盛编：《当代新儒家》，北京：生活·读书·新知三联书店，1989年

[5] Chow Tse-tung, The May Fourth Movement: Intellectual Revolution in Modern China, Cambridge, Mass: Harvard University Press, 1960.

[6] 刘长林：《中国人生哲学的重建》，上海：华东师范大学出版社，2001年

[7] 齐卫平：《五四时期中国社会转型与自杀现象》，《民国春秋》1998年第3期

[8] 寿勉成：《我国大学之教材问题》，《教育杂志》1925年第17卷第3号

[9] 康有为：《拟中华民国宪法草案发凡》，《不忍》1913年第3期

[10] 康有为：《中国还魂论》，《不忍》1913年第8期

[11] 伧父：《迷乱之现代人心》，《东方杂志》1918年第15卷第14号

[12] 中国史学会主编：《戊戌变法》第4册，上海：神州国光社，1953年

[13] 吴冷西：《忆毛主席》，北京：新华出版社，1995年

[14] 壮游：《国民新灵魂》，《江苏》1903年第5期

[15] 陈独秀：《吾人最后之觉悟》，《独秀文存》第1卷，合肥：安徽人民出版社，1987年

[16] 陆有铨：《躁动的百年》，济南：山东教育出版社，1997年

[17] 陈独秀：《敬告青年》，见《陈独秀文章选编》上，北京：生活·读书·新知三联书店，1984 年

[18] 毛泽东：《体育之研究》，《新青年》1917年第3卷第2号

[19] 毛泽东：《新民主主义论》，见《毛泽东选集》第2卷，北京：人民出版社，

1991年
[20] 汪晖：《汪晖自选集》，桂林：广西师范大学出版社，1997年
[21] 鲁迅：《论睁了眼看》，见《鲁迅全集》第1卷，北京：人民文学出版社，1982年
[22] 鲁迅：《呐喊·自序》，见《鲁迅全集》第1卷，北京：人民文学出版社，1982年
[23] 鲁迅：《两地书》，见《鲁迅全集》第11卷，北京：人民文学出版社，1982年
[24] 鲁迅：《我怎么做起小说来》，见《鲁迅全集》第4卷，北京：人民文学出版社，1982年
[25] 陈独秀：《东西民族根本思想之差异》，见陈菘编：《五四前后东西文化问题论战文选》，北京：中国社会科学出版社，1985年
[26] 鲁迅：《彷徨·伤逝》，见《鲁迅全集》第2卷，北京：人民文学出版社，1982年
[27] 胡适：《科学与人生观·序》，见《胡适文集》第3卷，北京：北京大学出版社，1998年
[28] 孙中山：《在北京湖广会馆学界欢迎会的演说》，《孙中山全集》第2卷，中华书局，1981年
[29] 舒新城编：《中国近代教育史资料》下册，北京：人民教育出版社，1961年

[作者单位] 第一作者：华东师范大学教育科学学院；第二作者：华东师范大学教育科学学院博士研究生

[原　　刊]《浙江大学学报（人文社会科学版）》，2009年第1期。

国民性：沉郁的世纪关怀

——从梁启超、陈独秀、鲁迅的思想个案出发

张宝明

近代以来，国民性改造思潮几度成为时代的主题。梁启超、陈独秀、鲁迅即是颇具代表性的先驱。可以这样说，他们的改造国民性思想构成了世纪一大思想景观。在21世纪开始的日子里，回眸并梳理先哲的思路，必将为走向现代的中华民族提供一个可以借鉴的积极意义资源。

一、着眼点：同立于思想晕轮的圆心

就家庭背景与个人游学经历而言，三位先哲自幼生长于传统观念极深的“士大夫”家庭。以科举取功名的思想在他们的心中烙下了鲜明的痕迹。无论是热衷科举还是厌恶科举，先哲的“科举”理路都是驾轻就熟的。这就告诉我们，“士”的心理在他们心中埋下了坚实的种子。中华民族几千年的文化积淀为先驱的责任承诺找到了理论依据。“士不可不谓任重而道远”道出了历史的沉重使命感。于是，我们看到，跃然于眼前的知识先驱在其心灵深处无不激荡着寻觅报国之路的满腔热情。“报国惟忧是后时”，梁启超的英雄时势观念造就了他特有的精神气质，刚刚步入社会的他就发出了狂气冲天的“十年之后当思我，举国狂欢欲语谁”的豪言壮语；与梁启超的颉颃齐飞，陈独秀在日本的《咏鹤》也颇见真情：“本有冲天志，飘摇海湖间。偶然息城部，独自绝追攀。”[1]（P105）任凭花开花落，依然故我，陈独秀气贯长虹，一生尽在“独自”中履行着“绝追攀”的诺言。无独有偶，接踵而来、老成早熟的鲁迅更是一位后来居上的“后起之秀”。1903年，鲁迅在日本弘文书院同班同学中第一个剪掉辫子并留影纪念，写下了激情满怀的报国诗篇《自题小像》：“灵台无计逃神矢，风雨如磐暗故园。寄意寒星荃不察，我以我血荐轩辕。”比起“虽九死而未悔”的屈原毫不逊色。

应该看到，这与一般传统意义上的“穷年忧黎元，叹息肠内热”在内涵与外延上都不一样，毕竟，“中华民族到了最危险的时刻，我们每个人都被迫发出了最后的吼声”。没有什么能比这更有感召力了。为此，我们的先驱在严酷时代的“证词”里不

约而同地找到了通向现代之路。十分巧合，也是非常“必然”的是，三人都曾有过多次东渡日本的游学资历。从他们的首次游学时间来考察，几乎都是在19世纪末20世纪初的几年间。那时日本的改良道路已经初见成效。1853年，当美国人佩里带领舰队到达日本的一个海岸时，一向封闭的日本立刻张惶起来。1868年开始的明治维新很快将“大和”民族牵引上了资本主义道路。一个由封建幕府统治的“撮尔小国”腾飞于亚细亚。日本成了“亚洲的英国”，虽然它一开始并不曾有英国式的议会制度，但是它是“戴着镣铐跳舞”，“开明专制”给这个民族带来了无穷的活力。1894年甲午战争与1895年中日《马关条约》的签定，令中国的“士大夫”们目瞪口呆。在“小日本”与“大中国”的巨大心理反差下，他们不能不对这个“撮尔小国”刮目相看。历史上著名的“公车上书”就发生在那一年。颇费心机的洋务运动并未能使中华民族走上独立富强的现代文明道路，为什么？对于渴望走出危机、济世拯民的一代先觉而言，铁腕政治人物大久保利通的改革路线值得“仿求”，而开思想先河的文化先驱福泽谕吉也更是启蒙主义者自我对象化的头号种子。

无论是政治上的改良还是革命，抑或在两者之间摇摆，先哲们在“改造国民性”的意义上理论设计却如出一辙。梁启超在文章中不止一次地为福泽谕吉的观点叫好，而且处处暴露出福泽对其自觉或不自觉的影响：在《中国积弱溯源论》中，“日本大儒福泽谕吉”所论的礼教重视“礼乐”之故的判断就甚为其所推崇。[2]（P141）如上所论，我们选择的三位思想先驱都不约而同地受到了这位日本思想先驱的影响。尽管如此，我们这里仍无意于对这种影响的程度作全方位的比较，毕竟，我们的论题决定了笔者的立意。就文学之一的体裁——小说设下的“鸿门宴”来看，就足以说明先哲经历不谋而合之趣了。众所周知，鲁迅当年赴日留学的原由之一就是因为日本是受了西学启发而后起的强国，现在看起来既有理想化的成分也有神圣的因子。日本发达源于西方科学中医学的事实，以及想治疗像他父亲那样为中医所误的疾病之冲动使他选择了“西医”。过去，我们论述鲁迅“弃医从文”的转变多认为只是因他那次仙台医专的“幻灯事件”所致，其实在这一“时间”的背后还有更为有力的策动，只是无形的间接作用而已。这就要说到小说启蒙的问题了。世纪之交的日本正是福泽谕吉如日中天的时期，沿着这个背景，继福泽的思想启蒙——“内在的文明”之后，日本以“经济济民”为宗旨的政治小说应运而生。福泽思想昭示下的日本文学引起了留学日本的中国先觉的注意，他们甘冒几千年轻视小说为邪道的“大不韪”，转眼间将小说提高到了启迪“国民之魂”的位置，鲁迅将它称之为“牵引国民前进的灯火”正是在这个意义上说的。1896～1911年，中国翻译出版日本小说101部，其中政治启蒙小说占50多篇。这充分说明“改造国民性思潮”的娘家远在东瀛。1902年，梁启超在日本横滨发行文学杂志《新小说》，为新型的政治启蒙小说提供了重要的理论与创作园地。梁氏的“新民说”也是这一思潮下的产物。1904年，陈独秀在其主编的《安徽俗话报》上连载的《黑天国》显然是一篇典型的政治启蒙小说。他将自己要讽刺与革命的对象命名为“满周苟”，意思显然是“满洲狗”的变体。时至“五四”，他1917年的《文学革命论》比起留学美国的胡适就更见功利色彩了：“政治界虽经三次革命而黑暗未尝稍减，其原因之小部分，则为三次革命，皆虎头蛇尾，未能充分以鲜血洗净旧污；其大部分，则为盘踞吾人精神界根深蒂固之伦理、道德文学、艺术诸端，莫不黑幕层张，垢污深积，并此虎头蛇尾之革命而未有焉。此单独政治革命所以于吾之社会不生若何效果也。”[3]（P172）1918年4月19日，周作人在北京大学发表题为《日本近三十年小说之发达》的演讲：“摆脱历史的因袭思想，真心地先去模仿别人。”鲁迅新文学的创作实践也在履行着这种“随着自能从模仿中蜕化出独创的文学来”的理论。鲁迅后来在谈到“我怎么做起小说来”的情节时，一再说是“仍是抱着十多年前的启蒙主义”，不过是想利用小说来改良人生与社会，无疑是日本启蒙思潮中功利主义影响的结果。就文学的角度看如此，换一个角度，从梁启超与陈独秀的“尚武”之良苦用心来看，也不难发现他们“立等可取”功利思想的演绎。梁氏的“冒险精神”之提倡以及他在《少年中国说》中岳飞“满江红”词句的引用，足以让人感受到撕杀争斗的战火硝烟；陈氏的论述则不遮不掩、一语中的：日本福泽谕吉有言曰：“教育儿童，十岁以前，当以兽性主义；十岁以后，方以人性主义。”。[3]（P88）

可以这样说，由立人而立国的思想逻辑与日本近代化先驱福泽谕吉的建立现代化国家必须造就一批具有文明独立人格国民的理论设计一脉相承。恰恰是这种“传统”与“现代”的双重文化熏陶，令我们论述的对象“仿佛一个人有两个头脑，两个身体”，也使他们有了一双慧眼，而立于更高的角度去审视中国的现代化走向。

二、兴奋点：“同唱一首歌”

相同的传统情结凝聚成了对国事的同样感受；同样的经历又使他们“同唱一首歌”：由立人而立国。从日本的近代精神里面，思想家们找到了借鉴的资源。福泽谕吉的“脱亚入欧”之改造国民性、变革人心的经验成了中国特定时代有识志士的精神宝典。面对岌岌可危的国情，梁氏大声疾呼：“新民为今日中国第一急务。”以立人为本的思想在这里肇始。为何对立人情有独钟呢？原来，在启蒙者那里，在“立人”与“立国”之间，前者只是手段，后者才是目的。《新民说·释新民之义》里解释得很清楚：“凡一国之能立于世界，必有其国民特具之特质”，这正是“民族主义之根底源泉”。[2]（P211）对此，他的逻辑构成十分到位：“然则苟有新民，何患无新制度，无新政府，无新国家。非尔者，则虽今日变一法，明日易一人，东涂西抹，学步效肇，吾未见其能济也。夫吾国言新法数十年，而效不睹者何也？”[2]（P211）正由于他是从国家的文明独立的立足点出发启蒙的，所以才导致了他在讲述“己”与群、个人与社会、“私德”与“公德”的关系时，总是将“利群”放在首位，甚至有本末倒置的现象。按照梁氏的说法，中国是一个公德奇缺的民族，私德却可以从“独善其身”里找到资源。这就出现了明显的错位。因为西方的个人主义、群体主义同中国的私德、公德不可同日而语。

过分强调个人对国家、民族的责任与义务，势必就会形成这样的思维逻辑。深受这位思想启蒙先驱影响的“五四”先觉在国民与国体上的辨证同样有一种道义责任的浪漫。梁氏说过“政府之与人民，犹寒暑表之与空气也”。[2]（P214）与陈独秀“人民程度与政治之进化，乃互为因果，未可徒责一方者也。多数人人民程度与共和过远，则共和政体固万无成立之理由”[2]（P104）的不止一次的述说可谓如出一辙。鉴于有立人必先立国的逻辑在前，所以就可以理解他的这种议论：“国人思想倘未有根本之觉悟，直无非难执政之理由。”[3]（P282）在后来者眼里，一个国家的政体取决于国民素质的高低，要实现民主共和，就必须从个人启蒙开始。具体到人与国的关系即是：“集人成国，个人之人格高，斯国家人格亦高；个人之权巩固，斯国家之权亦巩固。”[2]（P201）显然，梁、陈的默契突出表现在立国先有“新人”的思想逻辑上，着眼于“新人”，归宿于立国，这正是他们的全部。如果说有什么不同的话，那就是梁氏在开启民心、启迪民智的过程中强调了“利群”的思想力量，而陈氏则在激发民力、注重素质的过程中倾向于“国民运动”的中介作用。这也是陈氏后来走上“身体力行”道路的潜在理论基因。

循这一潮流而下，间接受惠于“戊戌”的先哲，直接为“五四”先驱催化的鲁迅又该是一番怎样的情形呢？众所周知，鲁迅在思想文化的舞台一亮相就显示出了非凡的“立人”底牌。1907年，他于早期所作的文章《科学史教篇》中同声共求地批评一味强调“振兴实业”者是舍本求末。他不无忧虑地说道：“举国唯枝叶之求，而无一二士寻其本，则有源者日长，逐末者仍立拔耳。”[5]（P33）“源”即“本”，“末”即“标”。翌年8月，他在《河南》杂志发表《文化偏至论》，进一步阐释了这一思想：“欧美之强，莫不以是炫天下者，则根抵在人，而此特现象之末，本原深而难见，荣华昭而易识也。是故将生存两间，角逐列国事务，其首在立人，人立而后凡事举；若其道术，乃必尊个性而张精神。”[5]（P57）鲁迅这里所说的“根抵”，意即极言其重要性和社会功能，与梁启超、陈独秀是在一个意义上运作的。鲁迅自称为是一个“听将令的战士”，所写的作品也是“遵命文学”，自觉“与前驱者取同一步调”。目的还是为了“揭出病苦，引起疗救者的注意”。他关心“国事”是从批判“民虞”开始的。与前两位的前瞻性相比，鲁迅更注重对过去的解剖与批评、反省与忏悔。在鲁迅的精神世界里，中国如同“染缸”的传统是非常可怕的。国民的精神麻木被他用两句话一针见血地概括了出来。继他将中国历史总结为“吃人”的历史之后他又进一步指出中国历史的两个时代：“一、想做奴隶而不得的时代；二、暂时做稳了奴隶的时代。”[6]深刻而又准确地把握比同时期的思想家来得深沉、睿智，因此将鲁迅称为国民性解剖的大师是不算过誉的。思想文化史上的梁、陈、鲁正是在不同的时期、从不同的角度、以不同的格调“同唱一首歌”的。

三、归宿点：来自不同终端的关怀

血浓于水，澎湃着振兴中华的声音令先驱们担负起“士不可不谓任重而道远”的文化与承诺。与此同时还必须看到，由于个人性情与兴趣所致的原因，智者的尊严也会显示出不同层次的意义。

就他们的政治情怀而言，我们看到较为强烈的还是陈独秀；就他们接受外来文化资源的活跃性来看，较为易变的还是梁启超；就三位思想质地的规定性来说，较为醇厚的当推鲁迅。显然，如此纷繁错落的“比较”视野很难理出明确的头绪，不过，从民族和民主关系的角度予以考察则是一个较为理想的角度。

从梁氏一味强调“群”性、“族”性的价值趋向来分析，处于中国动荡关头的他有着十分近利的现实色彩。对“公德”的关注使他没有来得及思考：中国孕育了一个一盘散沙式的民族。或许，甲午战争的炮声未落，八国联军的枪声又起的原因在起着支配作用。总之梁氏已经无法将那极富价值但却看似散漫无力、自私自利的“个人主义”放在显赫的位置。在家国、民族岌岌可危的情形面前，我们还有什么比这更要紧的事？如果说纯正的个人主义属于民主范畴、群体至上偏向民族主义的话，那么在个人与团体、小我与大我、权利与义务之间的思想交战就可以窥见一斑了。

在德、智、体的素质启蒙布局里，三位先驱都把伦理道德的教育放在了首要的位置。梁氏一再述说中国国民道德的堕落、匮乏：“我国民所最缺者，公德一端也。”[2]（P213）陈氏不也曾断言“伦理的觉悟为吾人最后觉悟之最后觉悟”吗？鲁迅对国民道德素质之忧愤深广的评论是家喻户晓的。他说他“向来不以最坏的恶意来推测中国人”，对民众的体验是“惟‘黑暗与虚无’乃是‘实有’”。[7]（P20）足见其为中国道德堕落的悲哀与痛苦。同样是对道德伦理的关注，由于梁启超多受现实感驱动，因此他时时显示出“易质流变”的特点。从民族的救亡独立出发，他眼里的一切学理与主义都是左右逢源的得力资源。比如他与陈独秀同是进化论的信士，但是在他们的笔下，前者明显属于达尔文式的集体主义，后者则是达尔文式的个人主义。这里，我们不妨先看一看梁氏的思想路径。从“利群”为“放诸四海而准”的理论出发，梁启超得出了带有鲜明时代特征的价值判断：“自由云者，团体之自由，非个人之自由也。野蛮时代，个人之自由胜，而团体之自由亡；文明时代，团体之自由强，而个人之自由灭。”[2](P227)在此，梁氏于个人权利与社会义务两者之间选择了社会义务，并且认为义务大于权利，“小我”应该服从“大我”。这一带有明确偏向思想路径的内核还是民族情感驱动下的集体主义意识。简而言之，他在民主与民族这一支援社会前进的“舟车之两轮”间作了“偏至”的处理。本来，“民主”作为一种“工具”是为保证“自由”而设计的手段，可在梁氏眼里“民主”却被生硬地拉到了“民族”的麾下，一意为其效力。这样，原本立于民主之上的“自由”也都不够自由了，甚至时刻有被拉来做“民族”拐杖的危险。梁氏就曾在《余之生死观》中作过这般表述，人的个体物质存在没有任何内在价值，因为它是次要的，很快便会湮没无闻；真正可以依赖的是群体的集合体，因为在这个集合体中包含了每一位成员的精神价值，成为一个永久的存在物。梁启超把个体的物质存在划为“小我”，把群体的集合称作“大我”。他甚至推论说，只要“大我”具有生命力，“小我”的生死是无关紧要的。不难理解，这种以激进集体主义为特征的哲学显然忽略了个人的生命存在与价值，至少没有看到“大我”之生命力与精神价值来自何处。

毋庸讳言，梁氏的文化抉择明显受到了现实的策动。在现实面前，他是时代潮流中的一叶无可奈何的思想扁舟。“五四”之前，无论是受益于进化学说，还是恍悟于日本“脱亚入欧”的改造国民性潮流，一旦民主与民族、个人与社会、文化启蒙与政治革命发生冲突，前者都无一例外地让位于后者。尽管严复以及梁启超率先提出了民德、民智、民力的问题并想方设法予以解决，但并未能为时代所接受。梁氏在万般无奈的情况下也只有“团体之自由”和“利群”公德而杀青；即使后来辛亥革命领导人的指导思想也还是：“个人不可太自由，国家要得到完全自由。到了国家能够行动自由，中国便是强盛国家，要这样做，便要大家牺牲自由。”[8]就这样，改造国民性的潮流将个人的位置一让再让，时代的局限充分表现在“即使人还没有真正摆脱某种限制，国家也可以摆脱这种限制，即使人还不是自由人，国家也可以成为共和国”。[9](P426)在这一层次上，梁、陈的不同价值趋向有着深刻的时代性。而且对这一时代性起着决定因素的还是他们分别属于“辛亥”前后的两代人。梁启超的时代正值国家内忧外患交织的危急关头，那时的中心课题首先是保国保家，于是一股从民族主义立场出发的汹涌思想潮流便滚滚而来。然而，经过辛亥革命、二次革命以及面临袁世凯称帝的变迁，那位从“革命”丛林中走出的老革命党人陈独秀在民主共和的希望破灭之后便怀疑起不分理智与情感之爱国的危害性来。恰恰是在这一怀疑上，我们发现陈氏的“民族”思想下沉，“民主”意识上升，形成了与辛亥前思想先驱不同的立意。他的这一思想命题一方面体现在他对盲目爱国气质和民族主义情绪的批评上，另一面则体现在他对个人权利地位的发挥上。

改造国民性是一种自觉的理性启蒙。这一自觉具体表现在陈独秀那里，即是怨己不怨人的自我忏悔意识的浓烈。启蒙运动的思想家首先讨论理智与感情的关系。因此我们说“五四”人本主义的发生决非偶然。早在《新青年》创刊的前一年，陈独秀就急不可耐地借助他人的刊物以《爱国心与自觉心》为名痛陈了“范围天下人心”的“情与智”：“过昵感情，侈言爱国，而其智识首不足理解国家为何物者，其之也愈殷，其愚也益甚。由斯以谭，爱国心虽为立国之要素，而用适其度，智识尚焉。其智维何？自觉心是也。”[3]（P67）《新青年》号角吹响之后，他颇富激情地说：“一国之民，精神上，物质上，如此退化，如此堕落，即人不伐我，亦有何颜面，有何权利生存于世界？”[3]（P132）同样是改造国民性的启蒙活动，陈氏有一种“世界主义”的胸怀与眼光，他将与这种意志对立的“种族、民族、党派、家族或社团”等狭隘意识做了一定程度的消解，正应验了瑞士思想家在评价意大利文艺复兴时的那句话：“在最有才能的集团里边发展起来的世界主义，它本身就是个人发展的较高阶段。”[10]（P129）在“五四”先驱那里，他们于新文化运动时期将民族主义思想压低到了最小程度，一心惨淡经营着民主的个人主义空间。陈独秀在《新青年》创刊号上决心抛弃“党派运动”从事“国民运动”的发誓就足以表现出这一心迹。

换个视角，与梁启超一味强调义务相对，陈独秀关心的是社会能否保证个人才智的正常发挥，能否保障个人的自由与独立。在社会不能保证的情况下，个人就有必要去标异见、抗群言，去争取自我的人格与平等。他直截了当地告诉国民：“国家利益，社会利益，各与个人主义利益相冲突，实以巩固个人利益为本因也。”[3]（P239）陈氏的个人本位主义是针对传统的利他主义而说的，与梁氏的个人让位于团体的设计相反，他唱了反调。值得说明的是，这个反调并不意味着一心一意的自私自利。陈独秀的诠释是，个人本位主义注重的是个人自由意志和民主精神，与极端利己主义不可混为一谈。非但如此，愈是张扬个人主义，就愈对社会有利。倘若一味强调责任与义务，忽视了个人的权益，社会就会对个人才智的自由发挥产生阻碍和影响，从而也就不利于社会。既然个人与社会的关系是相辅相成、并行不悖的，那么失去个人独立人格也就意味着社会的窒息，由此“集人成国”的国家与社会也就没有了富有生机的细胞和分子。就此而言，按照梁氏将单个细胞与人体的比喻，如果单个细胞都失去了生命力，那人体还有生机吗？难怪陈氏会有对“自表面观之”论者作以“浅矣”的批评了。他的关怀已经超出了“类”“族”的意义，不但有中国，百且也有中国以外的“社会”。至此，梁、陈之论已见分晓矣。

及此，作为后起之秀的鲁迅该从容登场了。上面说过，就鲁迅的启蒙世界来看，他的思想纯粹性是远远高出梁、陈的。何以言之？单从其社会角色来说，他既缺少陈氏的激情，也没有梁氏的直接参与欲望。鲁迅的冷峻与深刻铸就了他在中国启蒙思想史上显赫而特殊的位置。因此，我们在分析他的终极关怀的时候，就可以放心地在文化视野里透视他于民主和民族间的定位。要而言之，鲁迅的关怀可以说是不带丝毫的“杂念”，是一种典型意义上的人生关怀。比起前两者，他的思想理路更直接、更本质、更具有终而极之的韵味。

他早期与友人许寿裳讨论的“怎样才是最理想的人性”，是他一生的生命守侯，直到临终还职守这一节操。对这一课题的“任重”估计之不足使他曾极度失望过，从他思想放射之前的“黎明前的黑暗”之事实不难发现其关怀的“过正”。在他开始“遵命文学”的创作之前，先驱者的“将令”曾一度失灵，“战士”自有其理由：“假如一间铁屋子，是绝无窗户而万难毁灭的，里面有许多熟睡的人们，不久都要闷死了，然而是从昏睡人死灭，并不感到就死的悲哀。现在你大嚷起来，惊起了较为清醒的几个人，使这不幸的少数者来受无数可援救的临终的苦楚，你倒以为对得起他们吗？”[5]（P419）探究微言，这是他人生关怀思想的一个反正。小说《狂人日记》中的“吃人”揭露，《药》中的愚昧麻木，《阿Q正传》中的颟顸不争，都在履行着启蒙思想家的诺言：“我的取材，多采自病态社会的不幸人们中，意思是在揭出病若，引起疗救的注意。”[11]继小说《伤逝》对个性解放与自由之路探讨之后，杂文《娜拉走后怎样》的演讲更是充满忧患，充分反映出他对女性人生的关怀。对弱者的关心与对未来的期望，构成了鲁迅创作的主题，“孩子”与女性一直是他笔下关注较多的话题。既有娜拉式的子君，也有旧式的祥林嫂；不但有《狂人日记》里“救救孩子”的呐喊，也有《我们现在怎样做父亲》的自我真切体验与放射：“肩袭住黑暗的闸门，放他们到光明的地方去。”这就是他身体力行的关怀。即使是在反思自己的婚姻与爱情时，他也没有忘记“孩子”，因为孩子就是将来。“我”自己无爱的婚姻已经无可挽回，作为“中间物”的我只能从长计议——“旧账如何勾销？我说：‘完全解放了我们的孩子！’”[5]（328）这时鲁迅并无孩子，他的“孩子”即是普遍人生意义上的“新生代”。

相比较而言，鲁迅既没有梁启超的现实感那样强，也缺少陈独秀式的力抗社会的外倾倾向。由于这个缘故，鲁迅笔下的未来与希望总给人以渺茫的感觉。他在《希望》一文中引用匈牙利诗人裴多菲的话来表达自己的心情：“绝望之为虚妄，正与希望相同。”即使是在说到自己对“希望”的相信时，他仍还是一副模糊的情形：“然而说到希望，却是不能抹杀的，因为希望在于将来。”[12]在小说《故乡》里，他也认为我们的后辈“应该有新的生活，为我们所未经的生活”，但转眼间这种“新的生活”又很快变成了“我自己手制的偶像”。离开故乡时的那段结束语更让人有一种希望茫远的感觉：“希望本是无所谓有，无所谓无的。这正如地上的路，走的人多了，也变成了路。”冷峻的美与孤独感牢牢嵌入了鲁迅的作品，与梁启超的英雄气、陈独秀的救世感形成了对照。

从文化思想的角度去分析，就不能止于福泽谕吉的“指点”了。我们说三位思想先驱都不同程度地受到了日本启蒙先哲的影响，事实上这种影响又不是一成不变的。譬如梁启超在福泽之外，就有欧美的拿破仑、华盛顿等一系列英雄为向导，这时他的理论中心还是进化论；陈独秀固然推崇福泽谕吉，但“推倒一时豪杰”的胸怀是他对德国的哲人尼采、意大利的马志尼等特立独行者也是情有独钟。他的立论中心还是西方的个人本位主义，尤其是来自法国的“惟民主义”人权思想；鲁迅的人生关怀除却福泽的改造国民素质理论，更有西方现代化人本主义哲学作其后盾。叔本华、尼采、基尔凯郭尔等一批注重个体生命意志的天才哲学家给了他无尽的思想资源。在个人与“类”这一尖锐对立的矛盾体之间，西哲极力强调自我意志与精神自由的现代归宿，张扬个性、异见，鲁迅自觉地担负起了“历史中间物”的重任。

在20世纪末回眸先哲的精神历程，生的苦闷与智的快乐尽在其中。理解这种苦是为了不再苦闷，寻觅到这种快乐是为了更好地用诸现代人生，更积极地享受快乐。发起于20世纪初的改造国民性思潮在百年之后渐渐失落，回想当年，不禁自问：难道就让它这样随风飘逝？但愿20世纪末的反思引发的不仅是自慰。毕竟，我们有足够的理由拒绝平庸。

注释

[1] 陈独秀. 陈独秀著作选（一）[M].上海：上海人民出版社，1993

[2] 梁启超选集[M].[上海]：上海人民出版社

[3] 陈独秀文章选编上册[M].北京：三联出版社，1984

[4] [日]福泽谕吉. 文明论概略.北京：商务印务馆，1959

[5] 鲁迅全集第一卷[M].北京：人民出版社，1981

[6] 鲁迅. 灯下漫笔（坟）[M]

[7] 鲁迅全集第11卷[M]

[8] 孙中山. 三民主义·民权主义第三讲仁[M]

[9] 马克思恩格斯全集第1卷仁M]

[10] [瑞士]雅各布·布克哈特.意大利文艺复兴时期的文化[M].北京：商务印书馆，1986

[11] 鲁迅. 全集第4卷[M]

[12] 鲁迅. 野草题记[M]

[作者单位]郑州航空工业管理学院

[原　　刊]《郑州大学学报（社会科学版）》，2000年第2期

近代启蒙哲学与新人的发现

——康有为、谭嗣同、严复、梁启超思想合论

宋志明　许　静

中日甲午战争之后，中国社会的政治生活、经济状况各方面都有重大变化，中国该向何处去？这是摆在中国人面前的时代课题。为了拯救国家，以康有为、梁启超等人为代表的维新派发起了变法维新运动。他们为了给变法维新寻求理论上的支持，一方面致力于中国传统思想的重铸与改造；另一方面第一次吸收西方的人道主义、天赋人权论、进化论等思想。在与守旧派的斗争中，维新派的启蒙思想家们认识到对社会的改造首先是对人的改造，只有首先深刻地理解人的本质，了解新时代所需要的新人格，才能更好地推动变法维新，推动中国的进步。因而，此时的思想焦点就集中在批判旧的人学观、对人的重新发现上面，于是建立新的人学观成为哲学变革的主调。康有为、谭嗣同、严复、梁启超等启蒙思想家把握住时代的脉博，对人学观念的变革都各自做出了重大的贡献，他们的思想前后相继，构成近代新人学观发展的基本线索。

众所周知，中国传统儒家人学向来偏重于人伦而忽视个人，尤其是到了汉代大儒董仲舒那里，随着三纲五常的确立，君权、父权、夫权的无上权力被合法化，人也被异化成纲常伦理之网上的纽结。中国传统人学注重群体，忽视个人；注重义务，忽视权利；在人与人的关系上，强调弱者对强者的依附，强者对弱者的支配；在封建伦理的大网上，人实际上变成了种种社会关系的附属品。然而，中国社会进入近代之后，国门大开，中西文化不可避免地发生碰撞，人们的观念也在不断革新，这种旧的人学观显然已经过时。此时维新派思想家们顺应时代的要求，对旧的人学观发起了理论上的挑战，开始思索时代所需要的人格。从某种意义上说，这是近代哲学革新意义的所在。正是由于重新发现了人，意识到人应有的价值和尊严，中国哲学史才掀开了崭新的一页。

一、康有为的博爱哲学

康有为是19世纪末杰出的启蒙思想家，也是戊戌维新运动的领袖。他学贯古今，

揉合中西，率先开启建构新人学的风气。他提出的博爱哲学就是一种新的人生哲学。

康有为的哲学是从传统元气说开始的。他提出：“天地之始，易所谓乾元统天者也。天地阴阳四时鬼神，皆元之分转变化，万物资始也。”（康有为：《礼运注》）“孔子之道运本于元，以统天地，故谓为万物本。”（康有为：《春秋董氏学》）接着，他将“元为本”归为“仁为本”，以“不忍人之心”——“仁”作为宇宙之本，从而建立起他的“重仁而爱人”的博爱哲学。正如他的学生梁启超所说：“先生之哲学，博爱派哲学也，先生之伦理的‘仁’字为唯一宗有，以为世界之所以立，众生之所以出，家园之所以存，礼义之所以起，无一不本于仁，苟无爱力，则乾坤应时而灭矣。……故先生之论政论学，皆发于不忍人之心。人人有不忍人之心，则其救国救天下也，故已不能自已。……其哲学之大本，盖在于是。”（《康南海传》，转引自《中国近现代伦理思想史》）康有为的博爱哲学对于人的观念的更新，具有以下几点意义。

首先，突破旧的人学观念，找到了人本学的新视角。他不再将人视为封建伦理大网上的纽结，而是视为有个性的具体存在。他突破了传统儒家的人伦观念，对“爱有差等”的思想做了改造，这是他的博爱哲学的亮点。他说：“仁者，博爱。”（康有为：《孟子微》）并说：“仁，从二人，人道相偶，有吸引之意，即爱力也。而道本于身，施由亲始，故爱亲最大焉。……盖仁者无所不爱，而行之不能无断限。”（康有为：《中庸注》）他承认爱有差等，但是他以历史进化论的观点看待社会的发展，认为随着社会发展，“爱有差等”会为“爱无差等”所代替。他强调，人类社会是按照据乱之世、升平之世、太平之世的级次发展进化的。“乱世者，文教未明也；升平者，渐有文教，小康也；太平世，大同之世，远近大小若一，文教全备也。”（《春秋董氏学》）“据乱世”是“亲亲”的时代，人们之间不平等；到了“升平世”，进入“仁民”的时代，人们之间逐渐平等；到了“太平世”，一切平等，贬及天子，无王可言。也就真正实现了爱无差等，实现了仁的目标。“至太平则人人平等，人人自立，远近大小若一，仁之至也。”（康有为：《春秋笔削大义微言考》卷一）康有为的“爱无差等”说其实就是近代的平等、博爱思想。由此可见，他的三世说是针对封建主义的等级观念而发的。

其次，康有为摒弃抽象的人，向现实的人靠拢。他提出：“圣人不以天为主，而以人为主。”（《康先生口说》）因为“人为万物之先”，“超然贵于万物”，“可以参赞天地”（康有为：《礼运注》）。“人禀阴阳之气而生也。能食味、别声、被色，质为之也。”（《内外篇·爱恶篇》，转引自《康有为早期遗稿述评》）。他直接了当地肯定人欲的正当性和合理性，向存理禁欲的理欲观提出了挑战。他说：“夫天生人必有情欲，今人只有顺之而不绝之。”人欲包含的内容极为广泛，几乎涵盖了现实生活中的方方面面。“口之欲美饮食也，居之欲美宫室也，身之欲美衣服也，……用之欲美机器也，知识之欲美学问图书也，……情义妙道之欲入于心耳也……”[1]总之，这种种欲望正如康有为所说：“普天之下，有生这徒，皆以求乐免苦而已，无他道矣……”[1]正是由于人生而有欲，要不断地“求乐免苦”，不断地为满足欲望而努力奋斗，社会历史才得以前进，“不得则忧，得之则乐”，所以人类“日益思为求乐免苦之计，是为进化”。[1]同时，他提出，礼乐伦理等正是“圣人因人情之所欲悉代宣达之”“其术不过为人增益其乐而已”。这样，伦理道德就不应是压制人们个性天性的工具，而是“为人谋免苦求乐之具”。不仅仅伦理道德是这样，“一切政教，无非力求乐利生人之事”。[1]可见，他将人欲提到了前所未有的高度，大力倡导具有现实色彩的新人格，而不再推崇传统儒学中几乎不食人间烟火的“君子”。

最后，康有为立足于人类学的新高度，展望人类社会的未来，企慕理想的大同之世。在他看来，现实世界尤其是他所处的黑暗时代，充满了种种痛苦。那么，人间苦难的根源何在？“总诸苦之根源，皆因九界而已。”[1]所谓九界，是指国界、级界、种界、形界等。“吾救苦之道，即在破除九界。”[1]只有破除九界，才能建立起一个“至平、至公、至仁、治之至”的大同世界。通过对这个理想社会的政治、经济、文化、道德等方面的具体描述，他构想出一个没有阶级，没有国家，没有私人财产，只有平等和富裕的乌托邦。这个与半封建半殖民地旧中国对立的大同社会，其实是一个“资产阶级的理想化的王国”。虽然这只是康有为的空想，但是它体现了康有为一贯提倡的仁爱、平等的新观念，反映出他对人生目标的追求。由此看来，康有为的大同学也是对传统人学观的猛烈冲击，具有时代的进步性，在当时令人耳目一新，开新人学之先河，起到了重要的启蒙作用。

二、谭嗣同的冲决网罗说

谭嗣同是康有为的“私淑弟子”，也是戊戌维新运动中著名的激进派。他寻求新学，试图把西学同中国的传统思想加以融合。他的代表作《仁学》，猛烈抨击封建纲常礼教，发出了“冲决网罗”的时代最强音。

谭嗣同的《仁学》以仁为核心，以“仁—通—平等”为基本框架。他吸收西方最新科学知识，提出“以太”这一哲学范畴。他说：“遍流界，虚空界，众生界，有至大至精微，无所不胶粘、不贯洽、不管络而充满之一物焉，目不得而色，耳不得而声，口鼻不得而臭味，无以名之，名之曰以太。其显于用也，孔谓之仁，谓之元，谓之性；墨谓之兼爱；佛谓之性海，谓之慈悲；耶谓之灵魂，谓之爱人如己、视敌如友；格致家谓之爱力、吸力，咸是物也。法界由是生，虚空由是立，众生由是出。”[2]可见他力求从哲学的高度寻找世界的物质统一性。他训“仁”为“从二，从人，相偶之义也”，这就不同于“仁者爱人”“克己复礼为仁”的儒家思想，而是将着重点置于人与人之间的关系上，凸显人与人之间自由、平等的交往关系。其实，他所讲的“仁”（有时亦称“以太”），只是近代博爱、平等、自由精神的变相，故称“天地间亦仁而已矣”“仁为天地万物之源”。[2]义、礼、智、信等种种品格皆从属于仁，有了仁就能成人成物。所以，不仅性善，而且情亦善；不仅天理为善，而且人欲亦善。“言性善，斯情亦善”；“天理，善也；人欲，亦善也”。[2]谭嗣同的这种看法与道学家的“存理灭欲”说是针锋相对的。谭嗣同指出：“仁的通为第一义”，即“仁”的根本属性是通，而通其实就是人与人之间能够自由交往，平等相待，互相沟通。他进一步提出了“四通说”：“通有四义，中外通，多取其义于《春秋》，以太平世远近大小若一故也；上下通，男女内外通，多取其义于《易》，以阳下阴吉，阴下阳吝，泰否之类故也；人我通，多取其义于佛经，以‘无人相，无我相’故也。”[2]他主张取消封建纲常、中外关系甚至自然界的一切等级、差别对立，要求达到完全的平等，故称“通之象为平等”。在他眼里，“仁—通—平等”就是宇宙的普遍规则，就是社会的终极标准。基于“以太—仁—通—平等”的思想体系，谭嗣同喊出了“冲决名教之网罗”的口号。他认为三纲五常阻塞了“四通”渠道，造成“君以名桎臣，官以名扼民，父以名压子，夫以名困妻，兄弟朋友各挟一名以相抗拒”的不人道局面。要改变这种局面，唯一的办法就是冲决网罗：“初当冲决利禄之网罗，次冲决俗学若考据、若词章之网罗，次冲决全球群学之网罗，次冲决君主之网罗，次冲决伦常之网罗，次冲决天之网罗，次冲决全球群教之网罗，终将冲决佛法之网罗！”[2]谭嗣同把批判的锋芒首先直指封建君主，他说：“君臣一伦尤为黑暗否塞，无复人理，沿及今，方愈剧矣。”[2]他否定“君权神授”说，以社会契约论的观点解释国家君主起源从及君、臣、民的关系，提出“君末民本”“君者，公位也”的进步思想。在父子关系上、夫妇关系上，他认为中国传统儒家伦理存在着“强遏自然之天乐，尽失自主之权利”的缺欠。照他看来，五伦之中只有朋友一伦有益，因为它体现了“仁—通—平等”的自由平等原则；应以其“为四伦圭臬”，其余四伦“咸从朋友之道贯之”，从而建立起新型的人际关系。在中国建立这种新的人际关系，必须向西方人学习。他指出，“西人最讲伦常”，而且较中国“更精而更实”。在西方，“君臣，朋友也；父子异宫、异财，父子朋友也；夫妇择偶，判妻，皆由两情相愿，而成婚于教堂，夫妇朋友也；至于兄弟，更无论矣”。[2]由此可见，在谭嗣同“冲决重重网罗”的呼喊中，洋溢着反对封建纲常名教的批判精神。他引进近代的平等、博爱等观念，赋予“仁”的新规定，还在当时起到了解放思想、鼓舞精神的作用。

三、严复的进化人学观

严复是近代中国著名的资产阶级启蒙思想家，他适应近代中国变革的需要，较系统地向国人介绍西方近代的进化论、社会契约论、天赋人权论等学说，成为近代中国传播西学成绩最大的思想家。蔡元培在《五十年来中国之哲学》中公允地指出，传播西学方面，要推侯官严复为第一。严复翻译了赫胥黎的《进化与伦理》并加以注解阐释，从进化论的角度看待人，看待伦理，建立了动态的人学观。

首先，严复用进化论的观点考察社会历史问题，肯定人类社会是不断向前发展的。他在《救亡决论》中明确反对“天不变，道亦不变”的传统思想，认为“吾党生于今日，所可知者，世道必进，后胜于今而已。至极盛之秋，当见何象千世之后，有能言者，犹旦暮遇之也”。[3]物竞天择的原理具有普遍的适用性，“动植如此，民人亦然。民人者，固动物之类也”。[3]同样，人性、人伦等也都不是一成不变的，而是在进化中发展的。在严复看来，社会历史的进化固然是一个客观的过程，但人为的努力起着重要作用，因而他反对斯宾塞的“任天为治”说，而赞同赫胥黎的“任人为治”说。他说：“赫胥黎氏此书之旨，本以救斯宾塞任天为治之末流，其中所论，与吾古人有甚合者，且于自强保种之事，反复三致意焉。”[3]在当时的特定的历史时代，为了“自强保种”，严复强调人的主观能动性，强调人的创造性，突出人在历史中的作用，把救亡和启蒙紧密地结合在一起。

其次，严复认为在社会进化中人类的“能群”有着重要作用。他指出，英国之所以变得强大，“此不仅习海擅商，狡黠坚毅为之也，亦其民能自制治，知合群之道胜耳”。[3]而中国之所以落后，就因为“其群将涣”。要使国民合群，自由是至为关键的保证。他以西方国家为例说，“自其自由平等观之，则捐忌讳，去烦苛，决壅蔽，人人得以行其意，申其言，上下之势不相悬，君不甚尊，民不甚贱，而联若一体者，是无法之胜也。自其官工商贾章程明备观之，则人知其职，不督而办，事至纤悉，莫不备举，进退作息，未有失节，无间远迩，朝令夕改，而人不以为烦，则是以有法胜也”。[3]西方国家之所以如此强盛，正是因为“以自由为体，从民主为用”。[3]所谓自由，意思就是“不为外物拘牵”“自主而无枝碍”。这种自由乃是天赋人权，“民之自由，天之所畀也”。当然，这种天赋人权并不是毫无节制，“人得自由而必以他人之自由为界”。由于对自由观念认同的程度不同，造成了中国和西方在政治、经济、道德等诸多方面的不同。“粗举一二言之，则如中国最重三纲，而西人首明平等；中国亲亲，而西人尚贤；中国以孝治天下，而西人以公治天下；中国尊主，而西人隆民；中国贵一道而同风，而西人喜党居而州处；中国多忌讳，而西人众讥评。其于财用也，中国重节流而西人重开源，中国追淳朴而西人求欢虞。其接物也，中国美谦屈，而西人务发舒；中国尚节文，而西人乐简易。”[3]严复在字里行间流露的是对“西人”的赞赏。他所说的“西人”其实未必是西方现实社会中的人，而是他心目中的理想人格。

最后，严复看到了要救亡图存，必须走教育治国之路。他说：“是故居今之日欲进吾民之德，于以同力合志，联一气而御外仇，则非有道焉使各私中国不可也。”[3]他主张向人民灌输近代的民主、自由、平等、博爱等观念，以提高人民的素质，塑造新人格。“政欲利民，必自民各能自利始。民各能自利，又必自皆得自由始；欲听其皆得自由，尤必自其各能自治始；反是且乱。……是以今日要政，统于三端：一曰鼓民力，二曰开民智，三曰新民德。”[3]这力、智、德所指，“盖生民之大要三，而强弱存之莫视于此：一曰血气体力之强，二曰聪明智虑之强，三曰德行仁义之强”。[3]在这三者之中，“开民智”最急，而“新民德”最重要并且最困难。因为当时中国“民力已堕，民智已卑，民德已薄”，所以必须大力培养人民的爱国心和公德心，讲民主，讲自由，克服国民的“奴性”，振奋民族精神，从而使中国的改革事业得以顺利进行。

四、梁启超的新民说

梁启超是康有为最得意的弟子，也是近代著名的资产阶级改良主义政治家、启蒙家、宣传家，曾因办《时务报》《清议报》和《新民丛报》，被誉为“言论界的骄子”。虽然他与康有为、严复等人一样，“保守性与进取性常交战于胸中”，但正如郭沫若在《少年时代》中所说，他是资产阶级革命时代的有力的代言者，他的功绩实在不在章太炎辈之下。诚然，梁启超在哲学上的造诣与贡献皆不如康、严等人，但是其《新民说》标志着启蒙思潮在他这里达到巅峰。他对“新人”的思考探索亦集前人之大成，趋于成熟、完善。

首先，梁启超指出“新民”的必要性和紧迫性。他依据西方资产阶级的“公民有机体论”指出：“国也者，积民而成，国之有民，犹身之有四肢、五脏、筋脉、血轮也。未有四肢已断、五脏已瘵、筋脉已伤、血轮已涸，而身犹能存者，则亦未有其民愚陋、怯弱、涣散、混浊，而国犹能立者。”[4]可见，中国的贫穷落后的根本原因在于国民素质低下，“苟有新民何患无新制度，无新政府，无新国家？”[4]同时，从解决当时的“内治”和“外交”问题的需要来讲，变旧人为新人是根本之路，因而，“欲维新吾国，当先维新吾民”（《新民丛报章程》）。

其次，梁启超从几个方面具体阐述了新人格的品格：其一，新人应有独立自主的主体意识。梁启超说：“一身自由云者，我之自由也。虽然，人莫不有两我焉：其一，与众生相对待之我，昂昂七尺立于人间者是也；其二，则与七尺对待之我，莹莹一点存于灵台者是也。”[4]也就是说，他强调的是身体和精神上的双重自由，具体地说，自由就是“排除他力之妨碍，从得己之所欲”。因而，鉴于中国几千年来的封建专制，有感于中国国民根深蒂固的奴性，“弟子之言自由者，非对于压力而言之，对于奴隶性而言之。压力属于施者，奴隶性属于受者”。[5]奴隶性是妨碍新人格的建立的最大障碍，“若有欲求其自由者乎，其必自除心中的奴隶始”[5]。而所谓的奴隶心，如其所述，即“勿为古人之奴隶也”“勿为世俗之奴隶也”“勿为境遇之奴隶也”和“勿为情欲之奴隶也”。梁启超针对时弊，要求人们摆脱传统思想的束缚，追求个性的独立和解放。

其二，新人格应具有利群爱国的公德意识。梁启超认为“合群人性”是天赋予人的本性。“群者，天下之公理也”，一方面，“处竞争之世，惟群之大且固者，则优胜而独适于生存”；另一方面，“以物竞天择之公理衡之，则其合群之力愈坚而大者，愈能占优胜权于世界上，此稍学哲理者所能知也”。[5]因此“非得群则不能利己”。“求如何而后能真利己，如何而后能保己之利使永不失，则非养成国家思想不能为功也。”[4]只要国民坚持“先利其群”的原则，“以一身对于一群常肯挺身而就群；从小群对于大群，常肯小群而就大群”[5]。这样，国民自然就会推己及人，爱集体、爱民族、爱国家，团结一致，共御外侮。梁启超呼吁人们应当树立“国家思想”，培养爱国意识，而“言爱国必自兴民权始”，这是由于“我国国民，习为奴隶于专制政体之下，视国家为帝王之私产，非吾侪所与有，故于国家之盛衰兴败，如秦人视越人之肥瘠，漠然不少动于心”（梁启超：《论中国国民之品格》）。可见，只有兴民权，使人民真正成为国家的主体，才能培养出利群爱国的公德。

其三，新人应有冒险精神，敢于走前人没有走过的路。他指出：“天下无中立之事，不猛进斯倒退矣。”[4]中国人应当向西方学习，“欧洲民族所以优强于中国者，原因非一，而其富于进取冒险之精神，殆其尤要者也”。[4]因此，中国人要敢于冒险，积极进取，勇于克服重重障碍，为实现自己的理想而奋斗。

最后，关于如何造就新民，梁启超提出自己的构想。他在《新民说》的开始就提出：“新之义有二：一曰淬厉其所本有而新之；二曰采补其所本无而新之，二者缺一时乃无功。”又说：“所谓新民者，必非如心醉西风者流。蔑弃吾数千年之道德学术风俗，以求吾于他人。亦非如墨守故纸者流，谓仅抱此数千年之道德学术风俗，遂足以立于大地也。”[4]应当“纵观宇内之大势，静察吾族之所宜，而发明一种新道德，以求所以固吾群，善吾群，进吾群之道”。[4]而且，他强调“新民”是一种自新。“新民云者，非新者一人，而新之者又一人也，则在吾民之各自新而已。”[4]他主张通过启蒙教育，使人们自觉地树立起新的行为准则和道德风尚，从而成为独立自主、利群爱国、富于进取冒险精神的一代新人。

综上所述，康有为、谭嗣同、严复、梁启超几位启蒙思想家在中西之学、新旧之学交汇之际，为了回答历史的课题，将理论思考的重点放在“人”的观念的革新上。他们利用从西方拿来的思想武器批判封建专制制度、纲常伦理，批判旧人格，建立新的价值尺度，提倡新思想、新道德，新人格，传达出强烈的时代精神，在当时起到了震聋发聩的作用。其中，康有为为近代启蒙思潮打开了第一个缺口，为新人学开辟了道路；谭嗣同身体力行，向封建制度公开挑战；严复不懈地寻求西学，对思想变革起到极大的促进作用；梁启超疾呼呐喊，倡导启蒙教育，呼唤新民早日问世：他们前后相继、一脉相承，为开拓近代中国新人学思想发展之路做出了自己的贡献。诚然，由于历史的局限性，他们的思想显得庞杂混乱，很多观点颇为幼稚，多是“纸上谈兵”，对于当时救亡图存的紧迫性而言，其新人学颇有“远水不解近渴”之憾，而且随着时间的推移，他们的思想多日趋保守落后，他们在历史舞台上的主角地位也渐为更加激进的革命派所代替。但是，他们作为近代中国“新人”的最早的发现者，则是不容置疑的。他们用新人学代替了腐朽的旧人学，使传统的理想人格让位于具有近代意识的新国民形象，从而宣告旧时代行将结束，新时代已经到来。

注释

[1] 康有为.大同书[M].上海：古籍出版社，1956.6，41242

[2] 周振甫.谭嗣同文选注[M].北京：中华书局，1981.11，96，106

[3] 严复.严复集[M].北京：中华书局，1986.3，11，16，27，31，1321，1338，1360

[4] 宋志明.新民说选注[M].沈阳：辽宁人民出版社，1994.123，729，31，32，63

[5] 梁启超.梁启超选集（1版）[M].上海：上海人民出版社

[作者单位]中国人民大学哲学系

[原　　刊]《湖南农业大学学报（社会科学版）》，2000年第3期

“新民”与强国
——严复、梁启超“新民”学说评析

田文军

“新民说”是中国近代史上维新思潮中的重要内容。本文从“新民说”的产生、内容、价值、实质等层面对其进行了评析。既肯定其历史的价值，又揭示其阶级局限；力图通过对历史的回溯，论释我们以教育为本、科技立国、提高民族文化素质、促进社会主义四化建设的历史起点和现实要求。

“新民”学说是中国近代思想史上严复、梁启超一类维新派人物思想理论中的重要组成部分。他们曾把“新民”视为救亡图存、强国富民的根基和前提，声称“新民为今日中国第一急务”，在其“新民”说中表现出一种强烈的民族忧患意识和爱国主义情怀。当历史曲折地发展到今天，我们在新的历史条件下重新认识到提高民族的科学文化素质，事关民族振兴的大业，提出教育为本、科技立国的时候，重温一下维新派人士“新民”思想的得失，也许会从历史的回溯中，使我们更加坚定今天的信念。

一

“新民”学说的形成，是同中国近代历史跳动的脉搏联系在一起的。1840年以后，西方帝国主义列强用大炮轰坍了清政府的“金锁铜关”，中华民族从此步入了苦难的近代历程。1894年甲午中日战争中，清朝军队再度失利，败给了东方的一个小岛国。甲午战争的失败，不仅使清政府向日本赔偿巨额经费，失去了台湾和辽东半岛等大片国土，并且使帝国主义列强瓜分中国的阴谋开始得逞。在日本占领了大片中国领土之后，长城以北，长江流域，山东、云南、两广的大片土地又先后变成了沙俄、英、德、法等帝国主义的势力范围，从而更加剧了中华民族的危机，使中国人民进一步陷入了半封建半殖民地的苦难深渊。

甲午战争的失败，宣告了洋务派的“自强新政”的破产，打破了洋务派办洋务、兴实业、强国强民的梦想。面对商战论、兵战论、洋务思潮的相继破产，国家的大好山河被帝国主义“瓜分豆剖”，古老的中华民族受人宰割欺凌的严酷现实，爱国的志士仁人忧心如焚。“世间无物抵春愁，合问苍冥一哭休；四万万人齐下泪，天涯何处是神州。”谭嗣同的诗句真实地表达了当时人们的悲愤心情。亡国灭种危机的加剧，唤醒人们对复兴国家民族道路的新探索、新思考。人们已经认识到，仅仅学习西方的船坚炮利，从一个层面上学习和借鉴西方文化，已无法达到复兴国家民族的目的；人们开始构思对中国的社会制度进行全面变革的蓝图与目标。梁启超曾说“甲午丧师，举国震动，年少气盛之士，疾首抚腕言‘维新变法’”。[1]人们救亡图存，“保国”“保种”“保教”的强劲呼声，汇聚成一股强大的维新思潮，使康有为、谭嗣同、严复、梁启超等人物登上了近代中国的政治思想舞台。“新民”说即是维新派代表人物作为其维新变法主张中的一项重要内容提出来的。这种“新民”说的基本目的，就是要通过革新教育，提高民族的文化素质，培养新的人才，以担负起建设和保卫国家，复兴和弘扬中华文化的历史重任。

严复在深入考察西方的政治、经济、文化的基础上，总结在帝国主义发动的侵华战争中，中国军队之所以失败的原因时，已经深切地感受到在中国提高民族科学文化素质的重要，感受到“新民”的必要。在严复看来，中华民族步入近代以来，积贫积弱，饱受欺压，中国的军队在战争中屡战屡败，表面看来，是因为中国科技落后，经济力量和军事力量不如西方国家；从实质上看，则是因为中国文化落后，因为民族的文化素质不高。在具体谈到中国军队的素质时，严复曾经说过：“将不素学，士不素练，器不素储，一旦有急，则蚁附蠢屯，授之以扞格不操之利器，曳兵而走，转以奉敌；其一时告奋将弃，半皆无赖小人，凯觎所支镶项而已。至于临事，且不知有哨探之用，遮革之方，甚且不识方员古阵不宜龄今日之火器，更无论部勒之精详，与夫开阖之要吵者矣。即当日之怪谬，苟记载其事而传之，将皆为千载笑端，而吾民砚然固未尝以之为愧矣。”[2]在严复看来，由一些不懂得现代的军事技术，只知墨守陈规，不知爱国为民，只知为己而告一时之奋勇，愚昧贪婪，不守纪律的将士组成的军队，是注定要失败的。严复进而认为，自鸦片战争以来，从总体上看，中国“民力已堕，民智已卑，民德已薄”。[3]民族在体力和文化素质上已不足以同西方的列强抗衡，在剧烈的矛盾冲突中，弱者将无以自存，无以遗种。这是必然的。“民力”“民智”“民德”，是一个民族素质优劣、国家力量强弱的标志，“西洋观化言治之家，莫不以民力、民智、民德三者断民种之高下，未有三者备而民生不优，未有三者备而国威不奋者也”。[4]这种认识，使严复极力主张“新民”，把革新教育，培养新人，提高全民族的文化素质，看作是治世之要，强国之本。

梁启超也是极力主张“新民”的维新派代表人物，他也把“新民”看作谋求国家民族强盛的基础和前提。他曾说：“国也者，积民而成。国之有民，犹身之有四肢、五脏、筋脉、血轮也。未有四肢已断，五脏已瘵，筋脉已伤，血轮已固，而身犹能存者；则也未有其民愚陋、怯弱、涣散、混浊，而国犹能立者。故欲其身长生久视，则摄生之术不可不明；欲其国之安富尊荣，则新民之道不可不讲。”[5]在梁启超看来，在中国要出现“新国家”“新政府”“新制度”，必须从“新民”开始。鸦片战争以来，中国的仁人志士，长期致力于变法图强的事业，而又始终没有获得大的成功，其中一个重要的原因就在于人们未能留意于“新民之道”。为此梁启超专门撰写了《新民说》，不仅明确地提出了“新民为今日中国第一急务”，并详细地论述了自己所理解的“新民之道”，论释了“新民”的涵义、方法，内容，使维新派人士的“新民”主张进一步理论化，系统化。但不论是严复主张和追求的“国威”，还是梁启超讲的国家的“安富尊荣”，本质都是同一的，维新派人士主张“新民”，其动机和目标都是近代中国人民梦寐以求的强国。

二

梁启超主张的“新民之道”，最基本的一点是强调国民人人都有一种自新意识。“新民”不是仅“新”某一个人，而应当整个民族人人“自新”。他说：“新民云者，非新者一人，而新之者又一人也，则在吾民之各自新而已。孟子曰：‘子力之行，亦以新子之国。’自新之谓也，新民之谓也。”[6]在梁启超看来，只有国民都具备一种自新意识，才是真正“新民”，因为只有当国民具备这种“自新”意识的时候，才能够改变人们对国家大事漠然或在关系国家民族前途的大事面前“责人不责己，望人不望己之恶习”。[7]由国民的“自新”而致使国家兴盛。

“新民”是要使国民“自新”，具体来说即是要“开民智”“鼓民力”“新民德”。严复在他的《原强》中曾说：“今日要政，统于三端，一日鼓民力，二日开民智，三日新民德。”并以为使“三者诚进，则其治标而标立；三者不进，则其标虽治，终亦无功”。所谓“鼓民力”，是主张民众强身健体。严复以为，现代科学如心理学，生理学等学科已经证明，人的智力同人的体质是密切联系的。有了强壮的筋骨，才可能有超人的智略。在现代社会中，国家强盛的标志之一即在于“民之手足体力”。中国古代有“射御之教”，目的即在于“练民筋骸”“鼓民血气”；近代西方更是注重“操练形骸”，讲究饮食和优生，致使西人体格强壮，精力充沛。中国近代则不然，人们吸食鸦片，女子缠足，结果是国人体弱，使国家民力大衰。所以严复认为，要强国需先“鼓民力”，“鼓民力”则需禁止吸毒，禁止缠足。“是鸦片、缠足二事不早为之所，则变法者，皆空言而已矣。”[8]不确立科学的生活态度和观念，增强人们的体力，提高全民族的身体素质，富国强民就没有基础，就只能流于形式，托之空言。

“开民智”是要全面地提高民族的科学文化索质。严复认定，近代西方国家强盛，一个重要原因就是民众智力发达，具有一批优秀的自然科学家和社会科学家。在谈到近代西方科学昌明时他说：“是以制器之备，可求本于奈端厂舟车之神，可推原于瓦德；用电之利，则法拉弟之功也，民生之寿，则哈尔斐之业也。而二百年学运昌明，则又不得不以柏根氏之摧陷廓清之功为称首。学问之士，倡其新理，事功之士，窍之为术，而大有功焉。故日民智者富强之原，此悬诸日月不刊之论也。”[9]“开民智”为国家“富强之源”，在中国也只有“教民知学”，启迪和开发民族的智力，中国才能够自立于强国之列。

严复主张的“新民德”，是要通过思想文化教育，更新国民的价值观念和思想品德，摆脱传统的三纲五常观念对人们思想的束缚。严复十分称道近代西方文化中的平等观念，他认为，在西方是因为平等观念使得“民知自重而有所劝于为善”；他指责中国文化中强烈的等级观念，认为这种观念弱化了国民的自主意识和爱国主义精神。他说：“夫上即以奴虏待民，则民亦以奴虏自待。夫奴虏之于主人，特形劫势禁，无可如何已耳，非心悦诚服，有爱于其国与主而保持之也。”[10]自主意识的弱化，使得人们不能够“同力合志，联一气而御外敌”。[11]这对于一个民族来说，是极其不利和危险的。所以严复认为，不“新民德”，中国亦无强盛之日；要求国家强盛，则必须“新民德”，培养和强化民众的爱国主义精神。

严复以“鼓民力”“开民智”“新民德”为“新民”的具体内容，把这三者都看作是强国的根基，但他以“开民智”为国家富强之源，认为在中国最急切地需要解决的问题是“民科”问题。他说：“今吾国之所最患者，非愚乎？非贫乎？非弱乎？则径而言之，凡事之可以愈此愚，疗此贫，起此弱者，而三者之中，尤以愈愚为最急。何则，所以使吾日由贫弱之道而不自知者，徒以愚耳。”[12]在中国，当务之急，是开启民众智力；不提高全民族的科学文化素质，既无法“疗贫”，也无法“起弱”，即缺乏富强之源。严复这种“新民”思想，亦可谓是主张治“贫”，治“弱”，必先治“愚”。

梁启超主张的“新民”，同样是要解决民族的“民力”“民智”“民德”问题。梁启超认为，饱受欺凌的中华民族，要自强，所面临的具体工作一是“内治”，一是“外交”。对于“内治”，人们多议论某人“误国”“殃民”；多指责政府的“失机”，官吏的“溺职”，以此作为近代中国积贫积弱的根由，其实不然，这种根由尚属表层的，而非深层的。因为中国的政府是由中国人组成的，无能的官吏也是中国人中的一分子，政府“失机”，官吏“溺职”，说明近代中国人文化思想素质的低下。他说：“政府何自成？官吏何自出？斯岂非来自民间者耶？某甲某乙者，非国民之一体耶？久矣夫聚群盲不能成一离娄，聚群聋不能成一师旷，聚群怯不能成一乌获，以若是之民，得若是之政府官吏，正所谓种瓜得瓜，种豆得豆，其又奚尤？”[13]在一个“民力”“民智”“民德”低下的民族中，是难以选拔出精明干练的官吏、组织起政府、处理好国家内部事务的；即使有所谓“贤君相”，以低下的“民智”“民力”“民德”，同样难以拯救民族的贫弱。要处理好“外交”问题，抵御帝国主义列强的侵扰，同样必须解决民族的“民力”“民智”“民德”问题。而要解决好这一问题，都必须“新民”。这种认识使梁启超断定：“然则苟有新民，何患无新制度，无新政府，无新国家。非尔者，则虽今日变一法，明日易一人，东涂西抹，学步效颦，吾未见其能济也。夫吾国言新法数十年，而效不睹者何也？则于新民之道未有留意焉者也。”[14]“言新法”而未睹实效，是未行“新民之道”。要抵御外辱，也只有“新民”。因为“欲抵当列强之民族帝国主义，以挽浩劫而拯生灵，惟有我行我民族主义之一策。而欲实行民族主义于中国，舍新民未由”。[15]维新派人士意识到在近代中国，要强国即需“新民”，把“新民”看作是强国之本；并将“新民”的具体内容定为“鼓民力”“开民智”“新民德”，感受到了提高全民族的文化、身体素质的极端重要性，这在中国近代思想史上不能不说是一个巨大的进步。鸦片战争以来，不少具有爱国热情的中国知识分子探索救亡图存的路径，或主张学西方的船坚炮利；或主张学西方的经济制度、政治制度；把从不同的层面上学习、吸收西方文化，视为强国的灵丹妙药。但在维新思潮形成以前，人们的救亡图存理论中，都还没有明确地提出在中国改造中国文化的主体，培育一代新人，把“新民”视为强国之本。应当说是历史的发展，中华民族危机的加剧，促进人们深化了对救亡图存路径的认识，使严复、梁启超一类维新派人物清醒地认识到了近代中国对于“新民”的急切需要。维新派实际上是资产阶级改良派。他们主张的“鼓民力”“开民智”“新民德”的具体涵义当然不会超越资产阶级改良派不触及封建社会根本制度的立场和追求，具有其特定的阶级属性。但他们主张“新民”，确又触及中国步入近代之后，我们的民族急需解决的一个根本问题。即使今天，我们在社会主义的四化建设中，仍然需要尽力提高全民族的科学文化水平，提高人们的思想品德，培植人们的爱国主义精神。从这样的视角来看待维新派人士的“鼓民力”“开民智”“新民德”的主张，则不能否定其在中国思想史上的历史地位和理论价值。

三

怎么样“新民”呢？或者说怎么样“鼓民力”“开民智”“新民德”呢？严复的主张一是摒弃旧学，一是学习和吸收西方文化。

在维新派人士中，严复对于中国旧学的批判是较为深刻的。在严复看来，中国传统文化中不少是无益于国计民生的无用之学。他批判中国传统文化中关于辞章、考据的学问，也批判过宋代的义理之学。认为这些学问之所以无用，是因为这些学问“询高论而远事情，尚气矜而忘实祸”。产生这种无用之学的根由，严复认为从思维方法上看，一在于“师心自用”，一在于“无实”。他批判陆王心学时说：“夫陆王之学，质而言之、则直师心目用而已。自以为不出户可以知天下，而天下事与其所谓者，果相合否？不径庭否？不复问也。自以为闭门造车，出而合辙，而门外之辙与其所造之车果相合否？不龃龉否？又不察也。向壁虚造，顺非而泽，持之似有故，言之若成理；甚远也，如骊山博士说瓜，不问瓜之有无，议论先行蜂起。”[16]这种“师心自用”的学问，不是源于实际，又不验证于外界的客观事物，不能真实地反映事物的本质。这样的理论，貌似高深，却无实际的用处。严复在批判心学的同时，对宋明道学中其他各派也进行了批判：“周、程、张、朱，关、闽、谏、洛，学案几部，语录百篇……地地声颜，距人千里。灶上驱虏，折墓答羌。经营八表，牢笼天地。夫如是，吾又得一言以蔽之，曰：无实。”[17]这种“无实”之学，除了教人们摇头晃脑，空论心性，或叫人们死记硬背，作八股文章，以为谋取私利的敲门砖之外，也毫无用处。心学“师心自用”，道学“无实”；其流传，只能是使人们“锢智慧”“坏心术”“滋游手”，误国误民。因此，要在中国“新民”，严复认为首先要抛弃旧学，改变传统的思维方式，提倡科学的实测之学。

同时，严复认为要“新民”，还必须学习吸收西方文化。严复曾留学英国，是维新派人士中直接地领略过西方文化的人物。他对吸收西方先进文化对于“新民”的重要作用相当的自觉，把接收容纳西方文化看作是在中国“开民智”的重要途径。他曾经说过，废八股，兴西学，“救亡之道在此，自强之谋亦在此”。他认为，尽管在中西文化的矛盾冲突中，中国是失败者，中国人民对西方帝国主义列强恨之入骨，但正因为失败，才必须学习人家的长处，并以日本为例说明学习西方文化的重要。认为中国人亦必需如此，要“制人”“存国”，亦宜痛下决心，学习和吸收西方文化。

严复不仅主张“痛除八股而大讲西学”，而且身体力行，努力在中国传介西方文化。他先后翻译了赫胥黎的《天演论》，亚当·斯密的《原富》，约翰·穆勒的《群己权界论》，孟德斯鸠的《法意》，斯宾塞的《群学肄言》，甄克斯的《社会通诠》等近代西方的科学和人文科学方面的著作。由于严复把西方逻辑理论的发达看作是科学昌明的重要原因，还把约翰·穆勒的《名学》和耶芳斯的《名学浅说》译介到中国来，主张在中国改变学术方法、思维方法落后的状况，避免由于不注重逻辑方法而导致的“学术之所以多诬，而国计民生之所以多病”的后果。

严复主张通过吸收西方文化来“新民”，但严复并非是一个全盘西化论者，民族文化传统在他的心目中仍有相当地位。严复也不是一个“中体西用”论者。他认为任何民族的文化都有体有用，西方文化的近代特质即在于其“以自由为体，以民主为用”，学习西方文化，不能割裂其体用关系。他从资产阶级的立场出发，主张在中国要“新民”，即须接受西方的自由、民主观念，在中国亦走“以自由为体，以民主为用”的文化建设道路。严复主张的这种“新民”途径，在中国并没有成为现实，但仍反映了中国近代文化发展的某些历史要求。当然，严复晚年的思想变化较大，他由一个熟知西学的人物蜕变成了一个文化保守主义者，极力维护中国传统的旧文化，把封建的“先工教化”看作是中国存在的“命根”和希望；利用自己的声望和影响，努力为维护封建的“纲纪彝伦道德文章”开辟讲坛，体现了他思想中落后的一面。但这并不影响他早年关于“新民”思想的价值，而只是以一种悲剧性的思想结局，向我们折射了中国近代复杂的文化斗争和社会矛盾。

梁启超对于如何“新民”的理解更具备理论的形态。他认为“新民”需正确处理好对待传统文化和西方文化的关系。为了“新民”而接受外来文化，这并不是要人们“尽弃其旧以从人”，而是既要保存民族所固有的优秀文化传统，又容纳外来民族文化的优秀成果。前者他谓之“淬厉其所本无而新之”，后者他叫作“采补其所本无而新之”。梁启超主张发扬民族文化的固有传统，是基于这样一种认识，即一个国家一个民族之所以能自立于世界，是因为有她自己的文化传统和特质，有自己独立的国民精神；对民族特有的文化传统和精神，只能够“灌之拭之，发其光晶；锻之炼之，成其体段；培之浚之，厚其本原”。[18]只能让其留存，并使其发达。若是丢弃了民族文化的传统和精神，则失去了一个民族“自新”的根据。他主张吸收外来文化，是因为他意识到近代中国文化确实落后了，缺乏近代西方文化的精神和内容，而一个文化落后的民族是难以强国的。所以他说“不欲强吾国则已，欲强吾国，则不可不博考各国民族所以自立之道，汇择其长者而取之，以补我之所未及”。[19]梁启超在其如何“新民”的主张中，似乎注意到了对待传统文化和西方文化的两种片面性的态度：一是固守旧的文化传统，拒绝接收外来的新文化；一是全面地接收外来文化，丢弃本民族固有的优秀文化传统。他说：“吾所谓新民者，必非如心醉西风者流，蔑弃吾数千年之道德、学术、风俗，以求伍于他人；亦非如墨守故纸者流，谓仅抱此数千年之道德、学术、风俗，遂足以立于大地。”[20]在梁启超看来，墨守陈规的国粹主义者不能“新民”，数典忘祖的全盘西化也不能真正“新民”。要“新民”必须在发扬民族文化优秀传统的基础上，容纳外来文化的优秀成果，形成新的民族文化；以这样的新文化“新民”，才能真正培养出“新民”来；由这样的“新民”治理建设自己的国家，才有可能达到强国的目的。这种思想实际上表达了一种很有价值的文化理论，对于我们今天正确地理解传统文化、西方文化与现代化建设的关系，仍然具有现实的启发意义。

“新民说”是维新思潮中一项重要内容，这种思想并不限于严复和梁启超的学说。康有为倡导维新变法，谭嗣同主张“冲决网罗”，实际上都主张“新民”，“新民”是维新派人士企求强国的重要措施，也是维新派人物一致的追求。为了革新教育，为了“新民”，他们批判旧学，译介西学，为新的民族文化的孕育诞生做了许多有益的工作，为后来资产阶级革命派创建自己的理论，乃至于马克思主义在中国的传播准备了一定的思想土壤。但是，维新思潮的代表人物们又未能以自己的“新民”理论和实践，培养出能够担负起挽救中华民族危难的“新民”来。其中原因甚多，最根本的一点就是他们基于君主立宪的立场，没有找到也不可能找到一种适合中国的实际，能够指导中国人民推翻封建专制，解决民族、民生问题的思想武器；后来，资产阶级的革命派人物也未能解决这个问题。只有当中国人民历史地选择了马克思主义，才武装起民族的“新民”，把我们的国家和民族从水深火热之中拯救出来，使我们的国家和民族走上了自强自立的道路。

今天，我们的国家已经巨人般地屹立在世界的东方。但是我们的经济、文化相较于先进民族仍然比较落后；在这个科学技术日新月异地发展和充满矛盾斗争的世界上，我们的民族要利用机遇，迎接挑战，重要的手段仍是提高全民族的科学文化水平，“新民”仍是我们今天“强国”的基础和前提。所不同的是我们所要求的“新民”是用马克思主义的世界观和现代科学文化培养四化人才，“强国”是建设有中国特色的社会主义。这些义蕴同梁启超等人的主张已不可同日而语了。但对历史的回溯，却应坚定我们以教育立国、以科技兴邦的信念，促使我们科学地理解现实的振兴中华的目标和任务。

注释

[1] 梁启超：《清代学术概论》

[2][3][4][6][9][11] 严复：《原强》

[5] 梁启超：《新民说·叙论》

[13] 严复：《与人〈外交报〉主人书》

[6][12][14][15]梁启超：《论新民为今日中国第一急务》

[16] 严复：《救亡决论》

[17] 严复：《（穆勒名学）按语》

[18][19][20] 梁启超：《释新民之义》

[原　　刊]《武汉大学学报（社会科学版）》，1992年第3期。

辛亥革命后关于国民性问题的探讨

郑师渠

国民性改造问题，是辛亥革命后人们热烈探讨的一个重要课题。它从文化心理结构的深层次上，反映了文化主体意识的崛起和中国民族在痛苦的反思中深沉的觉醒。

一

在近代中国，国民性问题的最初提出，虽是肇端于19世纪末和20世纪初的严复与梁启超，但其时应者寥寥，远未引起时人的关注。辛亥革命后，国民性问题已成了社会普遍关注和热烈讨论的课题，“国民性”“国民心理”“国民特质”“国性”“国民性格”等提法不一但同属讨论国民性的文章，频繁出现在各地各类报章上。“国民自觉”“国民改造”“社会改良”等新名词，成了人们津津乐道的口头禅。

辛亥革命后，人们对国民性问题所以格外关注，原因有三。

（一）对辛亥革命失败的一种反省。清廷覆亡，共和新肇，曾激起人们中兴国家的无限希望。但随着袁世凯独裁统治的建立，共和名存实亡，又引起了人们痛苦的反省：“吾国之病源何在耶？向谓种族问题为之梗也，救之以革命而病如故，向谓专制政治之厉民也，药之以共和而病亦如故，是必有一较儆深之原因。”（《东方杂志》13卷11号）这深层的原因何在呢？共和被认为是政治之极致，自无须反省，人们从国民乃共和主体的前提出发，借助形式逻辑，作逆向推不无道理地得出了端在国民的结论。杨昌济认为，政治不良，少数执政者固然有罪，但多数国民“独无罪乎？有不良之国民，斯有不良之政府，国民自身，国家之本体也，本体一坏，尚有何说”（《国民》1卷1号）。孙中山也说，“国事飘摇，共和仅为虚名”，根在“国民习为因循敷衍”。此种思路因袁氏复辟帝制的刺激，变得愈加清晰。在陈独秀、李大钊看来，洪宪帝制不完全是个人的罪过，而是国民心理的一种反映，根在“吾人自己之神脑”（《李大钊选集》第49页）。

国民的衰堕，反映了中国民族根性即国民性的衰堕。“政治及社会之腐败与否，全视此国民性为断。”（和士《政治腐败与社会堕落之感言》）“欲图根本之救亡，所需乎国民性质行为之改善。”（《陈独秀著作选》第1卷207页）陈独秀甚至认为，新时代的爱国主义，主要的已不是为国捐躯，而在于唤醒国民，为中国长治久安陶铸一个优美健全的国民性。既然如此，国民性问题就不能不成为人们普遍关心的共同课题了。

（二）受国际环境的影响。此期西方发生的第一次世界大战，使国人惊心动魄。时人受庸俗进化论的影响，形式化地对交战双方国民的所谓“不屈”和“爱国心”表示钦慕，并无不将之归于西方国民性的“俊美”与“刚强”。人们比较中西，不禁慨叹：“而就国民一方画而言，则记者不敢不有所警告，今日吾国之国民性之消失，买有一落千丈之势”（伧父《大战争与中国》），进而认为，在弱肉强食的当今世界，国民性优劣直接关乎一个民族的存亡：“何以胜利？乃国民道德合成之结果；何以失败？乃由国民之罪恶或弱点而生。”（伧父《大战争之所感》）

同时，从国际范围看，国民性问题也是其时各国议论的热门话题。德国大肆鼓吹所谓日耳曼民族“优秀”论；法国也竭力宣传法兰西国民性之优美；东方的日本，默察深思，不仅对西方各国国民性常有论列，对中国、朝鲜国民性的论列尤多。此外，由于国际地位卑下，其时外人对中国国民性多持公开的讥讽。这些自然又不能不刺激志士仁人作认真反思：国民病在何处？振兴中华其道何由？

（三）新文化运动深入发展的结果。国民性属文化深层，人们不仅在不同民族的比较中，于本国国民性有些鉴别，而且，尤其需要一种对传统文化的反思自觉。此期新文化运动正如火如荼展开，中西文化之争、新旧学之争，文化热激荡着时人的心胸。国民性的反思，正是时人深入批判传统文化必然要揭示出重大社会课题。从康有为的《不忍杂志），到梁启超的《大中华》，从陈独秀的《新青年》，到北大学生的《国民》，新旧不同思想流派的代表人物及其刊物，不约而同，都在评说国民性，足见国民性问题的探讨，归根结底，是新旧文化斗争的又一聚焦点，是新文化运动深入发展的重要表征。

二

时人普遍承认国民性弱点的存在。他们对国民性的批判，主要集中在以下几点上。

（一）苟且保守的惰性。人们指出，中国长期闭关锁国，已使国人形成了凝固心理：以时间论，“不认有时代之变迁”，以空间论，“不认有区域之存在”，因循守旧，故步自封，惰性浸成根性。陈独秀认为，惰性铸成“退葸苟安诡易圆滑之国民性”，乃是造成中国衰败“最深最大之病根”。他因之疾呼：“呜呼，悲哉！亡国灭

种之病根端在斯矣。”（《新青年》1卷3号）

惰性必生依赖性，依人成事，缺乏独立的理性。其表现有三：一是崇信“人在政存人亡政息”的“人治”和幼稚盲目。二是“发言办事，恒出于盲从”（钱智修《惰性之国民》），或言不由衷，迎合时尚，三是不靠“民族自决的力量，去解决一切纠纷”，而指望第三者干涉的传统外交思想，集中表现了“民族的卑弱耻辱”（《李大钊文集》下第112页）。李大钊总结上述国人的弱点说：“我尝追究这个原因，知道病全在惰性太深，奴性太深。总是不肯用自己的理性，维持自己的生存，总想用个巧法，走个捷径，靠他人的势力……这种靠人不靠己，信力不信理的民族性，真可耻，真可羞。”（《李大钊选集》第156页）

惰性又必生苟且之心。国人的口头禅：曰“将就”、曰“敷衍”、曰“得过且过”、曰“今朝有酒今朝醉”。在此种思想状态之下，人多缺乏实践的精神与持久的毅力，而常怀侥幸之心。所以在中国，“意外之虚荣”“猎官思想”“赌博思想”“盗贼思想”均极发达，“而真视力久远之事业，穷年累月之学间，则惮于问津”。中国事多敷衍；言为效法西方，“学校则有速成简易之科，变法则以袭取皮毛为尚。乃至鼎革之大故，可以草草收场，主政人物，可以临时拉拢”。国人未尝不思振作，无奈情性已成，“迫刺激已过，而复辙重循矣”。

（二）偏狭自私，一盘散沙。中国民族的散漫性，随处可见。无时间概念，不知效率为何物，“优悠玩忽以成风，甚至行步之赛涩，出言之吞吐，筋脉弛纵精神怠慢”（《进步杂志》第5卷3号）。散漫自然也是惰性的表现，但它又因一种“最奇之气性”的催化，而使全国终成一盘散沙。这就是“极端的服从”与“极端的不服从”在国人身上的统一，所构成的“不相容而互相成”的畸形国民性格。其表现有二：一是“信力不信理”，唯权力是从，二是个人意见第一，不肯服从多数，甚至对与己不同的正确意见“必尽力以破坏之”。固执、褊狭、妒忌和攻讦，是国人一大弱点，又成了涣散社会团结的催化剂。

人们将此种涣散的特性与国人变态的价值观进一步联系起来。国人奴隶性格的核心是权力拜物教，而其最充分的思想表露，则是对荣华富贵和光宗耀祖固执的迷恋：“其在昔时为状元、宰相也其在今日，则受文凭，得学位，旅出京华，扬踔车车，翘然一世之雄也。”（同上书，4卷6号）陈独秀说：“做官发财，四大字已渗入国人骨髓之中。存此卑劣的价值观念，寅缘逢迎固成顽症”，“贪”之一字，又“几成吾人之通病”。人人奔竞于利禄之途，“怯于公战，勇于私斗”（同上书，3卷1号）。国人一盘散沙，说到底，就在于缺乏国民的公德心、公益心以及由此而成的国民社会性和团结力。

（三）崇尚虚浮。国人争面子，好虚荣，“凡事只务表面，不计内容”。比如应酬，西人重易室之乐，甚少宴请，“吾国人则家计未足，酬酢之繁，甚有质衣于内，而宴乐于外者焉”（叶景莘《中国人之弱点》）。前清修路，不说“以利交通”，而曰“以壮观瞻”；总署改外交部，外交便告改良；军机处改内阁，政府便称立宪了。

虚浮的国民性，造成了两大祸害：一是人际关系的“不诚”。“虽厌客久座”，却“故为挽留”，或“常以酒食邀，而实不望其久受”（同上书）。言实不符，心口不一，所以陈独秀说，国人“浮词夸诞，立言之不诚也。居丧守节，道德之不诚也”（《陈独秀著作选》卷第211页）。二是虚荣误国。“外人知我虚浮之心理……则予我以虚名，而阴攫其实利。”德人占胶州，约书却忘不了写上“大清国皇帝为确定中德友谊”一类冠冕堂皇的话，俄人直以外蒙为属国，“而犹允我以上国一名”（同上书）。中国守虚荣而丧国权，外人却因之得大利。

（四）思维方式上的偏颇。中国民族是“现实的国民”，其思维特点是重现实的直观的经验，而轻抽象的理论的思考。因而造成了“重事实，而忽原理”的短视与褊狭。例如，国人重伦理，于君臣、父子、夫妇、兄弟、朋友之间，日用实行之事，“详明而周详”，但于君权的成立，重男轻女家庭的构成，其原理若可解若不可解。“古昔贤哲，大都言其然而不言其所以然”，往往只认天命之所归。中国科学技术的落石，其重要原因，也在于此。

疏于理论思维的弱点与惰性的结合，又使国人成为“笼统”的国民：凡事不求甚解，模棱两可，好模仿，而疏创造，重求同，而轻立异。总之，“无系统，无实质，无个性，无差别。”公式化、程式化的思维模式，层层相因，造成了满目的雷同。“笼统”观念笼罩一切，窒息了国人的创造精神，其政教风俗绝无生气，终至于“天下乌鸦一般黑”。

（五）体质之孱弱。其时外人讥讽中国为“东亚病夫”，有识之士心存愤懑，却也不能不承认，“彼多广博高胸，我多枢腰曲背”。国人体质虚弱和病态的审美情趣与不重体育、不讲卫生紧密相关。青年学生死读书本，不知体育为何事。“美其貌，弱其质”，“年龄虽在青年时代，而身体之强度，已达头童齿豁之期”（《陈独秀著作选》第1卷184页）。

应当说，上述国民性批判在许多方面是切中时弊的，有些见解即使今天看来仍很深刻。

列宁在肯定车尔尼斯基对俄国国民性的批判时说：“我们认为这是真正热爱祖国的话，是感叹大俄罗斯人民群众缺乏革命性而倾吐出来的热爱祖国的话。”（《列宁选集》第2卷第610页）一个人自我否定难，一个民族更难；在中国这样的古老国度里，就尤其难。“夏夷之辨”的传统观念，几千年来培植了国民盲目自大的心理。鸦片战争后，国民的此种心理发生了根本动摇，开始主张学习西方，表现了历史的进步。但也应当承认，从根本上说，迄辛亥革命前，此种进步主要表现为外向的肯定（虽然这是以承认自身的不足为前提的），它所引起的民族情感的痛苦，毕竟是有限的。辛亥后的国民性批判，则是全然内向的否定，不单否定中国固有的典章制度，而且径直否定包括批判者自己在内的中国民族根性——国民性。在文化心理结构的深层上、体现了民族的觉醒。在自我否定中，去创造民族的新生命。这说明，中华民族终于摆脱了自鸦片战争以来理性与情感冲突的长期纠缠，走上了坦诚反省的新阶段。这是一个古老民族自信自强和奋力前行的有力征候。

但尽管如此，其局限性也十分明显：（一）几乎所有的批判文章，都是一批到底，似乎中国国民性衰堕已极，一无是处。此种形而上学的观点，自然是不正确的。任何国民性都含蕴着自己的美质。中华民族具有悠久的历史，曾创造了灿烂的古代文化。近百年来虽然落伍了，但她的国民性中包含的美质，没有也不可能全然失堕。鸦片战争以来，中国人民坚持不屈不挠的斗争，不仅打破了列强的瓜分阴谋，而且推翻了清王朝的统治，将中国社会推进到了共和新时代。这些光荣的业绩，无疑是国民性美质的闪光。看不见这一点，对其劣点的批判也难得中肯。而全盘否定客观上所造成的国民性自卑心理，更是与批判者改造国民性的初衷背道而驰。

（二）一国的国民性，不仅总是美质与劣点并存，而且二者往往互相包容，杂错纷呈。因此，国民性批判必须坚持科学的分析态度，而切忌武断与简单化。时人用惰性，概括国民性，固然指出了国民因循守旧的病疾，但却抹杀了即为西人也承认的刻苦耐劳的传统美德。同样，用“勇于私斗，怯于公战”去认定国民性，也无法解释何以近代中国人民的反帝爱国斗争绵绵不绝，可歌可泣。同时，人们以超阶级观点看待问题，将国民受制于被压迫被剥削的悲惨命运而存留的某些暂时性、非情愿的缺憾。一概归之于国民性劣点，也是不恰当的。类此武断，快则快矣，但以偏概全，又不能不减弱自己批判的说服力。

（三）行中西国民性对比，自然有助于国人的反省，但人们却明显美化了西方，而于国人贬抑过甚。更有甚者，竟至认为，中华民族“卑劣无耻”，直无立足世界的权利了，这些愤激之词，显然无助于激扬民族的自信心。

三

如果说，人们对于国民性弱点的批评，一般并无明显的分岐，那么，他们对于国民性是否可变，是否可以加以根本改造的问题的见解，却大相径庭。此种理论上的对立，集中地反映了这场讨论本来就不仅仅是学术争鸣，也是其时新旧文化论争的又一个专题。

此期关于国民性的论说，有一普遍的弱点，即不恰当地夸大了国民性的功能："国家者，因其国特别之国民性所造成，并因保有此国民性……然后其国乃得永久存在而不敝。"（《国民性论》）存在决定意识。总是先有民族、国家的存在，而后才有国民性。但现在事情被弄颠倒了，国民性成了某种类似先验的存在了。这就使原本确定的国民性界说，变得模糊不清。守旧的国粹派因势乘便，偷换概念，更将国民性说成国之命脉所系的"神思""国魂"，即永古不变的"国粹"。康有为写道："人失魂乎，非狂则死，国失魂乎，非狂则亡，此立国之公理，未有能外之者也。"（《民国经世文编》第四册）梁启超则提出了一个似是而非、影响颇广的命题："国性可助长而不可创造也，可改良而不可蔑弃也。"（《饮冰室文集》第29册）国民性作为国民心理的历史沉淀，自然无可蔑弃，而且就其不可能脱离一定民族的历史文化而自外生成而言，国民性也是不可能"创造"的。但梁强调"助长"与"改良"，意在坚持事物只能在原质基础上的延伸，而否定国民性有根本改造的必要性与可能性。他认为："要之，（国民性）常有一公认之原则以为根据，而此原则必有继续性，而未尝中眺。"国民性虽有部分渐生蜕变，但"如场师之艺术，虽常剪弃枯枝败叶，而断不肯损其根干，国民之爱国性，其对于国性之增美释回之道，如是而已，如是而已"。（同上书）。但这是不正确的。

国民性虽然有很强的承继性，但它毕竟受到社会生产方式及其政教风俗的有力制约。它不仅随时间迁延而生非质的微动，而且，一旦社会生产方式和政治制度发生根本性变革，国民性或早或晚也会发生质的改造。梁启超的"助长"论，说到底无非是为抵拒新文化运动制造理论根据。他的所谓在国民性中存在有不可改易的"公认之原则"，指的就是"祖宗所留贻"的、"以孔子教义为结合之中心"的传统伦理道德观念。故而他认为，人们主张改造国民性，这不仅是在"革道德之命""革礼俗之命"，而且是在"革数千年国家所以兴亡之大命"（《大中华发刊辞》），即在自毁"国性"。

但在多数人看来，提出国民性问题就是为了改造国民性。他们自然不能赞成梁启超等人的"国性"说。有人指出："不知国之有性，实由国民心理所演成，而国民之心理，受外界种种之刺激，时有变迁，初非一成不易也。"他们认为，将国民性视为历代相传的"固定之结晶体"，然后倡言"保全吾国固有之国性，即保全吾国固有之文明"，其结果只能是"保全庸败之制度与习惯而已，其障碍国家之进步，岂浅少耶"（吴贯因《谈国性》）。而且，在西方，早已有了国民性改造成功的先例。英、法、德、美诸国也都曾有过"本国先天的确固之国民性"，但因能努力吸收外来文化，又创造了自己"一种新国民性"（皕诲《德国之国民性》）。既然如此，中国的国民性，为何就不能进行根本的改造呢？

人们运用生物学遗传与变异的理论，论证国民性改造的必要性和可能性，以与专讲“遗传国性”的国粹派对抗。劳勉说，国民性犹如生物体，具节遗传与变异的双重功能。在其“固定性”“附属性”和“可能性”三种要素中，“固定性”表现为“累代遗传之综合”，体现着国民性特质，“附属性”即指国民性格中可变的部分，其特点是“多变善忘”，但若有完善持久的国民性教育，这可变性格就会久而久之地沉淀在国民心理中，“渐组成为定质，和固定性的流传，将兼收改良种性之效”。通过后天人为的努力，便可创造“间接遗传”，从而变异“固定性”，达到改造国民性的目的（《论国家与国民性之关系》）。

用遗传学说论证国民性改造，自然是不科学的，但人们强调后天的努力可以改变先天的遗传，目的却是在于宣传积极进取的创造精神。人们借助变异说，催人奋起实行国民性改造和民族自强的意义显然又超出了与“国粹”派的论争。

四

辛亥后，人们对国民的现状均感不满，但因理解问题的立场不同，其国民性救治之方，便遇然相异。这大致可分为两振：复性派与改造派。

复性派主张恢复或复活所谓“中国固有的国民性”，其中又有两种派别。一是以康有为为首的孔教派。康氏认为，民德衰堕，是革命蔑弃孔教，造成“人民惊魂而不定”的结果，因之救治之道，唯在恢复尊孔读经，“庶几还民之魂”。在孔教派推动下，北洋政府参议院甚至提出议案：“举忠孝节义四者，为中国之国性”（兰公武《辟近日复古之谬》）。总之，他们主张复古倒退，企图将已呈风化的国民思想，重新封禁起来。

二是以梁启超和伧父为代表。梁氏否定国民性根本改造的必要性和可能性，实际上是认为，现实的问题不是“固有的遗传之国民性”的衰敝，恰恰相反，而是其隐耀不明。因之，救治之道，绝不是什么改造国民性，而是“当将固有国民性发挥而光大之”（《梁启超选集》第740页）。他认为要做到这一点，必须坚持以“孔子教义”为中坚国民教育。伧父也认为，辛亥后，“人心迷乱”，是因传统“国是”动摇，造成“国性”“日见梏亡”的缘故（《迷乱之现代人心》），因此只有保持“以君道臣节名教纲常为基础”之固有“国是”，才能使人心转乱为靖，“国性”衰而复振。他与梁氏都主张维持以封建纲常名教为基础的国民性的质的稳定性。这样，尽管他们并不赞成立孔教和尊孔读经，但其尊崇传统，否认国民性的现实性改造，却是共同的。

改造派主张从根本上改造国民性，他们实际上就是新文化运动的倡导者。

此期新文化运动最激奋人心的口号无过于“再造中华”了。在其倡导者看来，

“再造中华”首先就包含着国民性的改造。所以《新青年》开宗明义即昭告说：“本志之作，盖欲与青年诸君商榷所以修身立国之道。”（《青年杂志·社告》）李大钊也号召青年：“竭力铲除种族根性之偏执。”（《东西文明根本之异点》）陈独秀则谓，当“树立新时代的精神”，“以新人格”，“以新民族”（《独秀文存》第1卷43页）。这里所谓的“修身”、铲除“根性之偏执”和“新人格”，与复性派的“还魂”说正相反，是要从根本上打破国民旧的世界观，陶冶新的国民，从而为共和新社会构筑坚实的基础。

那么，新国民当具备哪些特质，国民性才得以根本改造呢？鲁迅谓“即须有相当进步的智识、道德、品格、思想”（《鲁迅全集》第一卷384页）。如若从德、智、力三方面作总体之要求，兼士说得最完整：“国民性当如何而后能养成，日以智识言，当精研科学，以养成正确之知识，眼光宜注及于世界，雨毋局促于国内，去其官吏之思想，而为学术上之竞争，以道德言爱己心，以爱国人，去其研谓倚赖心、浇幸心，而为独立自营之气概，坚苦忍耐之性质，以体育言，则强毅之精神，守纪律之习惯，与强壮之躯体相调和，从事于殖产事业。锲而不舍，十年二十年后当大收其效。”（《大中华》1卷8期）总之，不再是专制君权下愚昧、卑怯、自私、涣散的旧国民，而是明智、独立、博爱、强健的共和新国民。

陶冶新的国民，不能靠传统的儒家精神，而需从西方引进新的原则和新的精神，这便是近世文明的两大瑰宝：科学与民主。

新文化倡导者认为，包括国民性在内，中国之所以有百务衰落，根本原因在于“文化不若人”，或叫“知识未进”，“而安于迷惑愚妄之境也”（《恽代英文集》第4页）。而科学正是引导国人走向光明的灯塔：一方面，科学通过“练识”，给人以叡智。“练识”就是学会掌握正确的思维方法，于万事万物以科学知识衡之，定是非，辨真伪。它不仅是以破谬见明真理，而且数往知来，可以摆脱受愚弄的命运，由实现理性独立，进而实现人格的独立。另一方面，增进科学知识，又是新民德的必由之路。西方早期人文主义者即相信，随着科学技术的发达，人类借理性与知识的力量，便可以摆脱自然界的奴役，创造自身的幸福。因此知识即是道德。新文化倡导者们同样发挥了这一见解。陈独秀指出，人类若无知识，必终陷于愚昧劣等之生活状态。在此种状态下，是无伦理道德可言的。因此引导国人掌握科学，增进社会生产，便是从根本上为提高民德准备了条件。蔡元培则认为知识能够陶冶性情，提高人们的精神境界。科学是开民智、新民德、养民力即救治国民性衰堕的成药。所以鲁迅满怀信心地说，医治国人思想遗传病毒的良药已找到了，就是“科学”。

养成优美健全的国民性，还要有一个符合人性发展的合理的社会环境。这就是民主与自由的国民政治。国家、政治，不是人类的目的，而是人类为谋求自身发展的凭藉。高一涵认为，所谓政治意识与政治才能，不是天生的，而是来自后天的实践即“经验”。只要有一个自由民主的政治环境，并能引导人们参加政治生活，“促人民之自醒自觉，启其兴趣，增其智识”，国人在专制政治下所不可能发舒的公益心、社会性和种种优美的国民特质，便会得到充分的展现。李大钊也认为，平民参政不仅为实现共和政治所必需，而且是增进国民智能的最佳途径：“民以是相求，政以是相应，斯其民之智能，必能共跻于一水平线，而同艺并秀。”（《李大钊选集》第50页）

新文化倡导者们视科学与民主为救治国民性的良药，但于具体措施上又无区别。以蔡元培、吴敬恒为代表的一部分人，主张“教育救治”论。例如，吴敬恒认为，所谓中国问题总因是“智识问题”，这并非指少效人的知识程度而言，而是要通过“各种教育成分”，达到国民性改造的目的。作为民国第一教育总长的蔡元培，从资产阶级人性论出发，创构了“本体”论的教育思想。他认为，教育是公民道德，最重要的科目是科学与美育。藉科学之功，培养有价值的现实性国民，而美感教育，则可以陶冶国民情操，升华其精神境界，以至于超越自我，从“现象世界”进入“本体世界”——美的极致，优美强健的国民性正是由此而渐次酿成。

蔡元培等的教育救治论，反映了一代先进的中国人振兴中华的渴望之情。但是，它是理想化的，毕竟脱离了现实。国民连基本的生存权利都得不到保障，遑论“总知识”和美感教育？还有什么“教育救治”可言呢？蔡元培本人被迫去职，就说明了这一点。

陈独秀等新文化运动的主将们主张“批判改造”论。他们强调，国民性改造只有在激烈的新旧思想的斗争中，才能得到实现。如果说“教育救治”论强调的是“立”字当头，那么“批判改造”论则是强调“破”字先行，“立”在其中。陈独秀等人不妥协的批判精神，代表了新文化运动的主流，也代表了国民性改造思潮的主流。

然而，从根本上看，二者又有共同的弱点。前者主张：教育——国民性改造——良政治，后者主张：批判——国民性改造——良政治。归根结蒂，他们都将国民性改造视为改良政治的前提。这样他们在事实上都陷入了二律背反的困境：国民性改造为良政治之前提，而改造国民性又必须以自由平等的政治环境为条件。这不能不在人们心中引起困惑。竹音写道：“谓政治万能，不复措意于社会，固属迷信，而专注社会，因放弛其政治之责任，亦未可为觉悟……社会不良，半因政治，反谓政治之污，纯出社会，又岂平情之论？是故今之倡社会改反说者，只可视作社会自身之反省，而绝不许当局藉以解嘲诿过，徒令社会蒙不白之冤也……盖以言论为监督者，必以政治大定之后，始呈其效，今则毁法乱纪，又何惜乎人言！”（《社会之自觉心》）《甲寅》1卷6号），竹音的忧虑不无道理。这种在孱弱的国民与顽劣的政府之间，左顾右盼，无所适从的困惑，反映的正是上述二律背反所必然引起的人们矛盾的心态。

普列汉诺夫曾批评18世纪法国唯物主义者，习惯于用“互相作用”的观点观察社会的浅薄：“某一民族的道德风习影响它的国家制度，而在这个意义上是它的原因，另外一方面，它们又为国家制度所约束，而在这个意义上是它的结果。”他认为，人们所以陷入此种二律背反的困境，在于不懂得“寻找某种社会友展的更深刻的原因”，“即以人类的物质需要来解释人类的社会和智慧的发辰”（《普列汉诺夫哲学著作选集》第1卷第576–579页）。

同样，新文化倡导者的引点就在于未能找到影响中国“社会发展的更深刻的原因”。他们只是表面地看到国民性与社会政教风习的相互影响，而未看到二者都植根于中国社会的物质生产方式之中。事实上，辛亥革命并未触动中国社会的封建经济这个基础，它成为辛亥后专制政治与复古思潮顽固存在的深厚土壤，同时也成为传统国民性保持旧质的稳定基础。

很显然，中国的首要课题仍然是社会革命，即必须摧毁千年的封建社会经济基础，实现中国社会制度和整个社会生产方式的真正变革。唯其如此，国民性改造才能有一个可靠的社会物质基础。离开这个基础，孤立地谈论国民性改造，不管包含多么巨大的合理性，终将成为无本之木，乃至限于空谈。

国民性改造，是文化主体意识的觉醒，是千百万民众追求自身解放事业的一部分。从根本上说，国民性改造又只有靠千百万民众在改造客观世界即追求自身解放事业的过程中，才能得到实现。新文化倡导者们当时既不能理解民众的解放事业，因此也就不可能正确处理个体与群体、自身与民众的关系。他们实际是把改造国民性这一宏大的群体事业，看成是少数人的赐予。这样，他们虽然提出了这一重大时代课题，却无法找到解决问题的社会物质力量和正确途径。

全部的问题说明，中国期待着科学的世界现的指导。“十月革命”后，李大钊率先接受马克思主义，提出“心物两面的改造”“灵肉一致的改造”。唯物史观显然使李大钊看到国民性改造这一重大历史课题含蕴着的远为宏富的内涵。但是，由于“五四”后中国政局的变迁，这一课题未能再一次被提出作进一步认真讨论。

[作者单位]北京师范大学历史系

[原　　刊]《天津社会科学》，1988年第6期

“人”的开发：论晏阳初平教运动的目的和宗旨

何建华

我国现代著名的平民教育家和实践家晏阳初，是民国时期从事乡村建设运动的主要代表人物之一，曾经与爱因斯坦一起被美国100余所大学和科研机构评为“现代世界最具革命性贡献的十大伟人”，他一生致力于平民教育事业和乡村改造活动，达60年之久。其乡村改造的思想和经验对于我们今天的社会主义新农村建设仍然具有重要的借鉴意义。然而，要更好地理解晏阳初的平教运动，离不开对其目的和宗旨的把握。

一

晏阳初在从事平民教育和乡村改造运动的过程中反复强调：平教会的宗旨是“除文盲，做新民”，[1]“平教运动的目的在改造民族，挽救危亡”。而识字运动、乡村建设、县政改革，都不过是一种手段，一种工具。[2]即乡村开发仅仅是一种实现其他目标的方法，人的开发才是最终目的。为什么？因为：第一，人是国家社会的基础。晏阳初认为：“构成国家的三要素是土地、主权与人民。”而这三要素比较起来“人民”又是最重要的要素。因为自古以来，不管中国还是外国，历史上割地求和丧失主权，是常有的事，但是，只要有“人”，失地可以收回，主权可以恢复。“如果没有人，土地谁去开发？主权谁去维护？”所以，土地、主权、人民三者，虽然都是立国的要求，而“人”更是要素中的要素。“没有人，土地何所用，主权何所寄？”而人的基础又在农村。中国人民号称四万万，农民占了80%，所以，“真能代表中国的，不是上海的买办，不是天津的富户，也不是长沙市上的居民，而是居住在两千个县中无数农村里的三万万二千万的乡下佬，因为乡下人占全人口的绝大多数”。除了居住在农村里的三万万二千万的纯农民以外，城里的“这些富户、买办以至于达官贵人，他们的祖先，十有八九也都是乡下人”，所以“不但代表中国国民的应该是农民，连中国的人种也是出于农村”。毫无疑义，中国人的基础在农村，成千成万的农民才是固国强国的雄厚力量，是中国立国的根本。然而在中国，却无人去运用，让农民无知无识到底，不给予教育机会，甚至连他们的生死存亡都不管。因此，晏阳初认为："中国之所以贫弱，主要的原因是'忘本'。""民为邦本"，因为"忘本"，所以快要"亡国"。[3]

第二，人的开发是其他一切开发的关键。为什么人的开发是其他一切开发的关键？对于这个问题，晏阳初从人与政府关系的角度去分析，认为：当一个国家人民的潜力没有得到开发时候，相应地其政府职能就不能得到发挥，那么这个国家也就是不发达的国家。因为政府职能的发挥有赖于人民潜力的开发程度，故政府职能的发挥也就不可能超越人民潜力的开发程度。因此，若人民的潜力未被开发，则政府的职能就不能得到发挥。[4]

第三，社会问题的产生，也是自"人"而生。晏阳初曾经指出："中国人——尤其是大多数的农民——的衰老、腐朽、钝滞、麻木和种种的退化现象，更叫中国整个社会的问题，严重到不可收拾。"因此，实在可以说，社会的各种问题都是自"人"而生。那么，发生问题的是"人"，解决问题的也该是"人"，尤其是遇着有问题不能解决的时候，就应该想到："其障碍不在问题的自身，而在惹出此问题的人。"所以，"中国四万万民众共有各种问题，欲根本上求解决的方法，还非从四万万民众身上去求不可"。既然问题是在人的身上，因此从事"人的改造"的教育工作，也就应该成为解决中国整个社会问题的根本关键。[5]

第四，一个国家之强弱与政治之良否，也全在乎人。例如，在美国官吏中，"为什么贪污很少呢？因为人民有智识，有力量，能够选出好人，能够控制政府，只要官吏一有贪污，第二天报上马上用大字公布出来，一个人若有一点贪污，报纸一经公布以后，则名誉破坏，永远为人不齿，不能抬头"。同时，"由于人民有智识，有力量，不能骗他，不能压他，所以大家都努力为人民服务，不敢作奸犯科，他们国家政治的力量，操于全民，此真正称得上民主"。然而，在"中国政治上贪污之风很甚，这不怪它，只怪我们人民没力量，没有智识，任他们剥削，任他们乱为"。所以，一个国家之强弱与政治之良否，全在乎人的智识和力量是否得到教育和开发。"一方面要有廉能的人来执政；一方面还需要有智识的人民，随时发表他们的意见，监督政府。"因此，我们中国要民主，必须人民有智识，更必须有以教育人民为终身事业的人才。[6]

第五，要谋国家的长治久安，也在于对人的教育。中国人力的雄厚是没有人敢否认的。中国的人数，甲于天下。[7]然而当敌人人侵到了中国，却应验了中国的一句成语："如入无人之境"，任凭它宰割、蹂躏，要怎样，便怎样，真好像国内没有一个"人"，晏阳初觉得这是一件非常痛苦的事情！"其实我国并不是没有人，有的还只是生物学上的人，他潜伏的力量并没有发现，没有培植，没有组织，没有锻炼，更没有运用”，正如孙中山先生说的：“我们虽说有四万万同胞，但是一盘散沙。”[8]以致拥有四万万伟大力量，反成了被侵略的弱国。比如这一次中国人民反抗日本侵略的淞沪战争，敌人所以能在罗店登陆，许多人说是汉奸之罪，敌人能深入太湖，大家又都说是汉奸卖国。固然，“我们的武器远不及人，又加上无数无量的汉奸，诚足心痛！然而所谓汉奸，又是些什么人呢？不还是中国人吗？怎么会做汉奸的？你们必会说，这是受了日本人的利用。日本有一套方术，二十年来不断的在中国制造汉奸，到现在已成功了一个普遍的汉奸运动”。本来中国的民众可以成为抵抗敌人的力量，现在反受了敌人的训练，成了救国的障碍。这又多么痛心！[9]

然而，再反观德国，德国在巴黎和会中受了很大的压迫，负担巨大的赔款，销毁卫国的武器，失去资源与殖民地，大家都以为德国将永远不能复兴了，可是不到20年，德国又成为了一个列强不敢轻视的国家，瞬间恢复原来的强国地位。那么，德国为什么能这么容易恢复原来的强国地位？晏阳初认为：“这不能归功于希特勒的领导，而应该归功于日耳曼民众的力量。”为什么这么说呢？“因为日耳曼民族的知识力、生产力，以至体格、民族观念，一般的比其他民族高，因为有这样健全的民众，所以才有惊人的进步。”那么，我们怎么样呢？1937年11月，“平教会组织农民抗战教育团下乡，实施抗战教育，四个月之后，团员们回来报告，都说我们的农村和10年、20年前的差不多，仍是淳朴浑噩，不知国家为何物，抗战为何事！这样的民众怎样可以在现代世界上争生存？”[10]总之，世界上最基本的要素不是黄金和钢铁，而是人民！更“确切含义是需要素质更好的人民”。[11]

第六，要想世界永久和平，当从平弭人间智能上的不平做起。晏阳初对此深有感触。他曾自问：“为什么华人被人看不起？为什么要受这些气呢？连美国这样民主的国家都排华，他国更可想而知了。为什么？为什么？”

通过冷静地思索，他痛苦地告诉自己：“抗议只是治标，自强才是谋求真正平等之道。”当时的中国，因为连年战乱，列强瓜分，军阀乱政，民不聊生，早已沦为二三等国家。中国与世界强国，立于不平等之地，其民也就难望与他国之民并肩平等。在这种情况下，“华侨不能赖母国撑腰，寄人篱下，靠廉价劳动为生，其勤可佩，其苦可怜”。但是，20世纪是机器时代，是技术时代，是科学时代，是智能时代。体力再强，不能与机器相比。以体力取胜的时代已成过去，代之而起的是以智能专长创造机器、驾御机器的时代。而智能专长得之于教育。当时在海外的华工、华商之所以吃亏，是因为“教育不够，智能无由发展，以手与机器相争，岂能不拜下风！？”这不仅仅是华工的悲哀，也是世界上许多没有机会受教育者的悲哀。华工、华商的悲哀，也反映了整个中华民族的悲哀。大多数平民的智能不能开发，国家民族的科技工商必定落后。落后的国家民族，怎么能与他国他族讲求平等呢？国与国之间不平等，人与人之间不平等，是纷争战乱的基本原因。不平则不安，平则安。“平安”二字连在一起，真是意义深长。要谋国家的长治久安，要想世界永久和平，当从平人间智能上的不平做起。[12]归根结底，这也是人的问题。

总之，使中国千百万文盲挣脱愚昧的枷锁，并挖掘出内在的全部潜力，成为中国和世界的新民，即素质更好的人民，这正是晏阳初及其平教运动确定的目标。任何国家如果离开了大众都不可能获得进一步的发展。中国只有在最大限度内实施正确的教育，开发民智，才能在世界民族之林确立自己的一席之地。[13]所以“人”的开发才是晏阳初及其平教运动的最终目的。即通过教育，把“生物学上的人”变“作新民”，也就是晏阳初曾经反复提到的“素质更好的人民”“现代人”或“现代化”的人，这也是晏阳初及其平教运动的宗旨。

二

那么，在晏阳初看来，中国的这些“还只是生物学上的人”能否教育和开发呢？当时许多人认为，中国的平民尤其是农民没有头脑。但晏阳初及其同行不同意这种看法，他们认为这些无知无识的农民不但有头脑，而且是可以教的，只是有待开发而已。[14]并且指出受过现代教育洗礼的知识分子首先应当具备民主自由的先进意识。“对待中国的平民百姓，特别是占人口总数85%的农民，我们要从心底把他们看作是与我们一样的平等人，看作是我们的同胞，是自己的兄弟姐妹。”在中国，几千年的封建统治，使农民祖祖辈辈受苦受难，不能摆脱愚昧无知的状态。这并不是农民的过错，中国的农民“不是不可教，而是‘无教’。他们并不缺乏才智，缺少的是机会”。中国的平民、农民在苦难中砺练出了独有的不朽经验，只要给他们以机会，他们的聪明才智总有一天会爆发出来的。所以晏阳初认为世间最宝贵的财富是人，世界最宝贵的矿藏是“脑矿”，最大的“‘脑矿’在中国，中国的平民、农民蕴藏着无穷的伟力。因此，搞平民教育与乡村改造，就是在开发“脑矿”，开发民力。而从事这一工作人们首先要扫除自己头脑中的封建意识，树立一个平等的思想。晏阳初指出所谓平民教育，其“平民”二字中的“平”并非只“平凡”一义，其中还含有“平等”的意思。首先是人格平等，其次是机会平等。当真正实现平等的时候，天下才能“太平”。如果世界上2/3的人总在贫困和不满中生活，世界无法实现和平。[15]

同样，中国的军队也是可以开发和教育的。如前所述，在1937年抗日的淞沪战争中，做汉奸的是中国人，另一方面，中国“成千成万的男儿，奔处沙场，冒炮轰而不惧，浴狂炸而不退，蝶血冲锋，神勇无匹，那种壮烈悲歌，前仆后继的精神，不但开中国历史的新纪元，就是在外国战史上也是空前未见。全世界没有一个人不佩服，——甚至敌方也很惊奇中国人民的如此英勇”。在战场上“如此牺牲！如此悲壮！那又是什么人？也是中国人。一方面卖国卖同胞，无耻的汉奸，是中国人，一方面死神不屈，炮火不惊，叫敌人不能不胆寒的志士国殇，也是中国人。同是中国人而表现有这样的不同。这没有别的缘故，只是：一个没有教育，一个有教育，又得了英勇的领袖为之领导，所以他们有这种惊人的表现”。[16]

又比如，从晏阳初在欧战中教育华工起，到1937年的农民抗战教育团，凡是曾经下乡做过几个月工作的，都觉得中国的民众太可爱，“只要稍稍给他一点教育，他立刻成为另外一个人”。所以晏阳初认为：“‘人’的建设，并非不能办，而且已经有方法。过去中国的教育，所用的教材、教法、制度，都是从东西洋拉来，不合国情，不切需要，只成为少数人的专有品，与大部分人民无关，所以全国三万万以上的民众到今天还是无教无养，不能表现出力量来。”[17]而中国的“力”就“潜藏在广大的占有全世界人口1/5的老百姓当中”。中国这广大的人民生长在他们的土地上。终年辛劳的操作总是无知的被驱使着，流血流汗。“他们曾发挥过无上的威力！他们建筑了万里长城，他们开凿了南北漕运的河流，他们穿草鞋，吃粗藜，抗了8年的血战，他们在90天内修成了足以起落超级空中堡垒的飞机场。”[18]

用拿破仑的话来说：“中国的军队，只要有好的军事教育与军官领导，他们是能征服世界的！”拿破仑当时因为说了这句话，举世无不笑他为发狂、梦呓，晏阳初觉得拿破仑是“受了几百年的冤，一直等到今天，可以说是名言应验的起头。这不过是起头，离开拿破仑的本意还远得很”。为什么说还只是“名言应验的起头”呢？因为在那时，中国军队还不成气候，而他就有这样远大的深刻的眼光，透视了中国人、中国兵。由此，晏阳初认为“拿破仑真是中国的知音”。并且大声疾呼：“我们的同志！各位武装同志：千万不要忘了欧洲名将世界伟人拿破仑的话，而且在淞沪一战中已初步应验了的话。”[19]总之，晏阳初确信中国的民众，不管是生物学意义上的平民还是战场上军人及欧战中的华工，都可以通过教育，使他们从“无教”变成“有教”。

三

然而，怎样使中国的平民从“无教”变成“有教”呢？晏阳初认为：“这却是一个重大的问题。”要解决这个问题，必须从中国社会的现实需要入手，“中国社会需要什么，我们就应当去教他们什么”。要明白现在已经是20世纪了，不是“日出而作，日入而息”的时代了。所以，晏阳初认为：要做一个“现代人”，“一方面要不忘本，换句话说，就是不要忘记我们是中国人”，“一方面要应用欧美的科学，要有驾驭自然的本领，一扫从前那种靠天吃饭、信赖命运的行为，换上一幅创造新天地的气魄，这才能有办法。不然，你就不配在这二十世纪生存”。用今天的话来说，即要做一个“现代人”，并不是完全按照西方“现代人”的标准去“照葫芦画瓢”，首先应该记住自己是中国人，不能丢掉中华民族的根本和中国传统文化的精髓，在此基础上再应用西方的科学技术，掌握驾驭自然的本领，富有开创新天地的创造力和气魄，这样才能算得上是一个能跟上时代潮流和适应现实需要的“现代人”。

要把一个“无教”的中国民众变成一个合格的现代的人，晏阳初认为唯一的办法，就是“吃苦”两个字。“你能吃苦，一切都能如你的愿。我国有句俗语：‘吃得苦中苦，方为人上人’，这句话确含有真理。美国有句话说：‘总统出自茅庐’，我希望你们努力吃苦，在教师指导之下为去苦干，去造就自己，把自己造就成一个民族的仆人，大众的仆人！”[20]然而，在中国，大多数人民仍然是“聋、哑、瞎”。只要大多数人民仍然是“聋、哑、瞎”，军阀们就会继续为非作歹。故“中国平民教育运动，其目的首先是扫除一切文盲，然后使平民——民族的脊梁以适应现代工业和政治所必需的基础教育”。[21]

据此，晏阳初及其平教会首先建立了扫除文盲的体制，并在定县得到证实。接下来晏阳初及其平教会主要关心的是较之远为复杂的作新民的问题。譬如：“新文化的标准是什么？平民的生活怎样改善？四种经济组织能与新中国的发展趋势相吻合？在没有医务人员（这在西方被以为是必不可少的）的情况下，平民的健康如何得到保障？政治组织的情况怎么样？新中国‘好公民’的含义是什么？所有这些问题及其结果是紧密相连的，以至于我们必须把它们作为一个整体来加以研究。”[22]

然而中国的大部分民众又在广大的乡村，所以要到乡村去，主要是把晏阳初及其平教运动工作的对象——“人”，“能使他们自觉，由自觉进而知道自己改革，自己创造，自己建设”。但仅有教育上的刺激，只有理想而没有能力实现自己理想的希望是不行的，还得给他们以智能，否则将得到一个反面的结果，养成人们对社会的不满，而没有能力去改造。因此，必须“作到人民本身要有自觉心，同时要使他们有智能去达到他们的理想与改造的目的”。[23]同时，在平教运动的实践过程中，晏阳初发现：在现代科学和技术与农民阶级之间存在着巨大的鸿沟。为了填补这个鸿沟，必须向农民传授科学知识，用现代知识武装他们的头脑，教给他们克服贫困、疾病、无知和无政府状态的方法，这样才能使他们在“建设一个更好的世界的过程中成为完整的平等的一分子，从而能创造出一个更好的世界”。[24]

因此，从1927年开始，晏阳初及平教会所从事的运动的重点发生了变化，从推动扫盲和平民教育转向自觉地全面研究社会改造的各种问题。放弃了原先制定不切实际的行动方案的做法，而选择了定县这个拥有40万人口的典型乡村地区作为“社会实验室”。[25]

如前所述，因为农村建设就是“人”的建设，而且农村建设不是少数人或政府的几纸公文所能办到，也不是少数学者的提倡就能成功，必须农村中的人全体负起这个伟大的责任来，然后工作才会继续不断，才会在当地生根。换言之，农村建设应由农民自动起来建设，否则，仍是和过去一样，在某一时代，有某一位德高望重的人出来提倡一种运动，社会上就风靡一时的随着动起来，等到时过境迁，当年的蓬勃热闹，也就消沉下去。为什么？“因为运动的发动，不合人民的需要，不能在民众身上立基础，没生根，自然不能生长，不能永存。”[26]

同时，晏阳初还指出要想开发潜伏在中国农民中的伟大力量，使他们成为“现代人”，不能用办慈善事业方法去做，因为，一般办慈善事业是消极的，“人存政举，人亡政息”。一般志士仁人见到社会的黑暗，提笔写文章以表达其不平之气。但文章是文章，光写不做不能解决社会的问题。真正好的做法，是要深入民间，想方法如何叫一般老百姓有“智”与“能”，使他们能自觉的解决自己的问题、社会上的问题。也就是要使千百万人民有自觉心，使他们自觉的知道问题，并自觉地去改造社会，改造自己的生活。[27]具体做法就是要从教育的立场出发，用教育的方法来医治愚、穷、弱、私，这四大病症。用文艺教育攻愚，发扬知识力；用生计教育攻穷，治穷，开发生产力；用卫生教育防病治病，培养健康力；用公民教育攻私，发扬团结力。晏晏阳初及其平教运动的口号由过去的“除文盲，作新民”，发展为“除天下文盲，作世界新民”。[28]

四

晏阳初更进一步指出，要开发民力，进行民族再造，决不是一个简单的一般的问题，而是一个系统的、长期的、复杂的、全面的、巨大的、民主的科学问题。

第一，因为“社会既然是一个有机联系的整体，乡村改造是一个系统工程，这就需要在进行这项工程的过程中统盘筹划”。文艺教育、生计教育、卫生教育、公民教育，这“四大任务既可以看成是具有并列关系的小系统，又可以看成相互间有一定因果或逻辑联系的立体网络，因此解决乡村社会的问题既要注意四大任务进行过程的连系性，又要照顾到它们之间的必要逻辑联系”。比如乡村最迫切的问题是贫穷，为了提高人们的生活，自然首先会想到发展生产。但是，如果不同时筹划与之相关的教育，不努力提高人们科学文化知识水平与生产技能，不加强人们道德观念和社会思想认识方面的工作，不提高人民的民主意识与自治能力，不注意提高人民身体素质，不加强卫生健康教育工作，只单纯抓生计，抓生活方式，抓眼前的枝节的致富而不知致富道理、道路、技能以及目的与各方面的保障，不注意巩固与提高的措施，是行不通的。且不说生产搞不上去，即使搞上去了，也不能使社会和个人得到均衡的巩固持久的发展。人的发展需要和社会发展的需要都是多方面的，并且彼此之间互相联系，满足了一方面的需要，只是解决问题的某一方面，只有使各方面的发展需要都得到满足时才能得到均衡的发展。单方面的考虑和解决问题，即使某一方面成功了，但由于其他问题末解决，这种成功也是暂时的，势必要被未解决的问题破坏掉，或者形成畸形发展的新问题，阻滞社会进步。因此，“在进行乡村四大建设工作时，既要使四大任务的工程联锁推进，又要特别注意把提住它们之间的环节，从立体网络结构的观点来统盘筹划”。所以，几十年来，晏阳初及其平教会“搞的既是一项旨在解除劳苦大众贫困、愚昧的一项大的系统工程，又是一项基于这项工程成就之上的发展与建设性工作”。其目的不单是使人们摆脱困境，而主要的是在摆脱困境的过程中真正开发出个人和社会的发展与创造能力，通过自己的能力和社会的生命机制，开拓新世界前景，使个人和社会都得到良好的全面发展。[29]

对社会的改造是一个系统的工程，同样，对人的改造也是一个系统的工程。晏阳初与平教会的工作只是深入人民的生活，去发现和发扬他们的“力”，把苦力变成民力，变成人民的力量。什么东西叫做“力”？晏阳初认为，这是一个大问题，有四个东西叫力：第一，知识力；第二，生产力；第三，健康力；第四，团结力。“我们要培养、发扬这四种潜伏力。因此，我们工作的四大教育第一是发扬知识力，第二是发扬生产力，第三是发扬健康力，不能成为东亚病夫阿。还有孙中山先生说过，我们虽说有四万万同胞，但是一盘散沙。所以，我们还要讲团结力。而且这四力要综合，像这五个指头，每个指头单独没有多大力量，拿筷子都拿不起来，但是综合了就是个拳头，就有力量了。这四力不是各干各的，合起来，大家共同成为一个团结的力量。”故晏阳初觉得：“凡是四力兼备的，有知识力、有生产力、有健康力、有团结力，综合这四力兼备的才是新民。所以，我们在中国的口号是一方面除文盲，一方面做新民。”[30]

尤其是非常时代的教育更是需要计划系统的教育。晏阳初根据他10余年从事平民教育的工作经验指出，教育若能达到教亡图存的目的，对于受教育者必须具有三种能力：第一是知识力。愚昧，是广大的农民层的一种最普通的病象，非常时代的教育最低限度是启蒙教育，至少把广大农民的民族意识、国家观念培养起来，使他们明了国家民族和自身的关系，以及自己应尽的职责，自觉自强，负起救亡图存的神圣职责。第二是生产力。当时中国的农业生产现在还墨守着几千年来的成法，“因为生产落后，形成今日农村破产，国民经济凋敝的现象”。培养农民的生产力是要在可能的范围内，尽量介绍科学的生产方法，更换那些老农老圃的旧方法、旧技术。更要使农民明了近代科学能控制自然，人力可以胜天，一切都可以自已创造，最低限度要养成自给自养的能力。第三是组织力。个人时代早已过去了，目前是集团时代。两国交战，不是赌赛两国元首个人的智力，而是比较两国整个国民的力量。所以必须把全国人的力量，凝结成一个力量，才可自存。这就不能不赖组织，不能不赖教育以培养农民的组织力，使农民的生活团体化、纪律化。有纪律的生活，才能自卫自保，卫家保国。只有具备了上述的三种能力，才可以谈救亡图存。[31]

第二，新社会构造非一朝一夕所能奏功，“人”的改造，尤非一蹴而就。在晏阳初看来，乡村建设运动此后的任务，必须抓住几个要点，认真地切实去做，才能较大贡献于新中国的创成。例如农民青年训练，确是乡建工作的基石。现在各国，尤其法、意、俄、日都是注重这一点。农民青年训练，要顾到两个条件：一是教育的制度；怎样使教育成为培养青年的有效动力而不落空，使各个青年，不但都有出路，而且成为新社会构造中的基本分子。同样，政治方面，应给予助力，来促成这种青年训练工作；所以有县政建设的要求，使每一县域，都能有适宜于促进青年训练工作的政治机构。[32]也就是说，对青年力量的培养及政治机构的建设并不是一朝一夕就能见效，而是需要长时期的努力才能成功。

第三，要帮助农民大众，去发挥他们的知识力、生产力、健康力和团结力，不仅要深切了解这四大任务相互配合的关系，更应对每一个问题都有彻底的认识，用有系统的方法来全面解决问题。不应只在每个具体的问题上零碎地去做一点事，就希望能把整个问题全部解决了。

比如，同疾病和饥饿斗争，科学是至关重要的，但单靠科学是不够的。如果我们只把注意力放在科学技术上，忘记了思想意识，总有一天我们会觉察到人们可能越来越满足生活现状，很少去考虑生活的目的。他们可以吃饱饭，但却不能成为自由的人。如果我们只考虑填饱肚子而忽视提供精神食粮，那是可悲的。而我们促进科学技术来增加生产，改善健康，就必须有意识地、强有力地推行我们的民主观念。[33]一个患病的农夫是个低能劳动者，此即表明健康与高效劳动存在着一定的关系。一个大字不识的农民是一个素质低下的公民，此即显示教育与新民的关系。总而言之，各地农民所面临的种种基本问题，诸如贫穷、文盲、疾病、公民意识差，是相互影响和制约的，要解决好其中的一个问题必须同时解决其他的问题。一个农夫也许会把生产搞得好些，但他若是一个对商业一窍不通的人，仍然受人剥削，例如放高利贷者或中介人会剥削他；他的产品增加了，但是收入却仍然微薄。简单的说，片面的解决问题不足以使农民翻身站起来。由此可见，“整合”方法，“全面”的概念是多么的重要。[34]

第四，乡村改造运动同样还是一场科学运动。晏阳初曾在给学生讲课时说：世界上还存在着不发达的国家，这是很严峻的问题。就是说，在现代科学技术与农民之间存在着巨大的差距。如果不消除这个差距，占世界人口2/3的农民就永远也不能参与他们本地区、本国的乡村改造，更谈不上参与国际的乡村改造了。农民将永远是原始人。消除这种差距的唯一办法就是通过向农民介绍科学知识和科学技术，使他们成为现代化的农民。也就是把那些深奥难懂的科学简单化、通俗化——即把它们转变成农民易于理解和应用的术语，并采用科学的方法，不是从书本中抄袭一种方法，而是深入民间，与农民共同生活，弄清实际情况，并且找到发展农民的办法。[35]

第五，乡村改造运动还意味着是一场民主运动。因为国际潮流趋向民主，中国不得不民主。晏阳初指出：民主叫民‘主”什么？怎样“主”？这是一大问题。[36]对民主来说，个人的主动性是首要的。扼杀了个人的主动性，就等于扼杀了民主。正如林肯所说：“民主的政府是民享、民有、民治的政府。”在一个真正健康的民主社会里，民治的政府比民享的政府要强大得多。[37]所以，晏阳初强调中国平民教育运动的主要目标不仅要教会不识字的人阅读和创作“平民文学”，而且要教育他们如何作中国公民。仅仅把文盲农民变成全“读书的人”是不够的，应该首先使他成为一名具有民主观念的公民。[38]

总之，在晏阳初看来，乡村建设工作是多方面的，凡与人民生活有关的无不包括任内。而千头万绪之中，必须抓住问题关键之所在，那就是：建乡须先建民，一切从人民出发，以人民为主，先使农民觉悟起来，使他们有自动自发的精神，然后一切工作才不致架空。晏阳初期待着“二十年后，我们能使这个方案生效，十年内能消灭文盲，并使农民的收入加倍。在人民接受教育、生计、卫生和自治这四重综合训练之后，就能为建设一个伟大的现代化的中国打下了牢固的基础，而这正是我们所谋求的。我们的主要目的是创造新的公民，因为那是我们的基础”。当然，由于众所周知的原因，晏阳初的期待并没有在中国实现。

五

尽管晏阳初及其平教会同仁在中国大陆的平民教育、乡村建设运动未能如愿以偿，但是今天我们深刻领会晏阳初平民教育思想的内涵，认识他的乡村建设思想及其宗旨，仍有借鉴价值。如前所述，晏阳初反复强调：平教运动的最终目的是人的开发，认为人是国家社会的基础，人的开发是其他一切开发的关键，而人的基础又在农村；平教运动的宗旨是“除文盲，做新民”，而他所说的新民也就是：知识力、生产力、健康力、团结力，这四力兼备的才是新民；并在县政改革和县政建设实验的过程中，一再指出乡村改造是一个系统的、长期的、复杂的、全面的、巨大的、民主的科学问题，不能孤立的、零零碎碎地探索。半个多世纪过去了，今天的中国仍然是一个农业大国，且农村正在发生新的变革，农业、农村、农民这“三农”问题还是全国和全党工作的重中之重，而农民问题又是“三农”问题中的重要问题，也就是说，要解决好今天中国的农村问题，关键还是人的问题，要解决人的问题，仍然要面临着提升人的知识力、生产力、健康力、团结力以及公民意识、公民精神等问题。今天，要推进农村改革进一步深入，建设现代化的新农村，也不是一蹴而就的，仍然是一个系统的、复杂的、全面的、巨大的、民主的科学问题。

尤其是在变革过程中面临的诸多困难和矛盾：如农村经济体制不完善，农业生产经营组织化程度低，农产品市场体系、农业社会化服务体系、国家农业支持保护体系不健全等。总之，农业基础仍然薄弱，农村发展仍然滞后，农民增收仍然困难，只有不断提升农民的知识力、生产力、健康力、团结力以及公民意识，保障农民物质利益和民主权利，才能不断解放和发展农村社会生产力，推动农村经济社会全面发展。

注释

[1][13][21][22][25][38]《晏阳初全集》[第三卷]，湖南教育出版社1992年版，第325，635，101，325-326，635，44页

[2][20][32]《晏阳初全集》[第一卷]，湖南教育出版社1989年版，第510，468，571页

[3][4][6][7][8][9][10][11][12][13][14][15][16][17][18][19][20][22][23][24][27][28][29][30][31][33][34][35][36][37][39]《晏阳初全集》[第二卷]，湖南教育出版社1992年版，第34，428，250，91，491，6-7，37-38，636，525-526，451，560，6-7，38，7，468，278，386，278，562，565-566，490-491，317-318，381，468，401，311-312，404，631页

[5] 《十年来的中国乡村建设》，《晏阳初全集》[第一卷]，湖南教育出版社1989年版，第561页

[18] 《开发民力建设乡村》，《晏阳初全集》[第二卷]，湖南教育出版社1992年版，第339页

[26] 《农村建设要义》，《晏阳初全集》[第二卷]，湖南教育出版社1992年版，第37页

[作者单位]河北大学马列教研部

[原　　刊]《东南学术》2013年第2期

批判与重构：陈独秀的国民想象

付长珍

“国民”话语是近代以来中国启蒙思潮演进的主题。民族主义意识的觉醒和建立现代民族国家的诉求是国民话语不断得以重构的重要思想前提。如何在现代民族国家的框架内，培育具有现代民主意识的新国民凝结了数代中国知识精英的共同追求与探索。从某种意义上说，一部中国近代史就是对国民性进行检讨和改造的历史。“持续紧张的民族危机是国民性改造思潮兴起并不断发展的最深层次社会原因，它促使先进的知识分子由力主物质层面的现代化而逐渐摸索到国民性改造的‘救命稻草’。”[1]“五四”一代知识分子既肩负着救亡图存与思想启蒙的双重使命，既是追求个性解放的启蒙者，又是抵御外敌侵略的爱国者。徘徊挣扎于人权与主权的双重挑战中，陈独秀实现了从民族主义者到自由主义者的艰难蜕变。作为“五四运动的总司令”的陈独秀，在批判反思中国国民性问题的基础上，指出了重构现代新国民的多重维度，拓展了国民话语的理论内涵，开启了中国国民性论争的新篇章。

一

中国古代虽然很早就有“国民”一词，[1]但近代意义上的国民却甚为晚成，诚如梁启超所说，“中国人不知有国民也，数千年来通行之语，只有以国家二字并称者，未闻有以国民二字并称者”。[2]甲午战争后，空前深重的民族危机和优胜劣败的残酷现实，强烈地刺激着中国人国民意识的觉醒，“昔者不自知其为国，今见败于他国，乃始自知其为国也”。[3]《说国民》开篇即写道：“今试问一国之中，可以无君乎？曰可。民主国之总统，不得谓之君，招之即来，挥之即去，是无所谓君也。又试问一国之中可以无民乎？曰不可。民也者，纳其财以为国养，输其力以为国防，一国无民则一国为丘墟，天下无民则天下为丘墟。故国者民之国也。”[4]可见，20世纪初知识界对国家、种族的认同已经超越了对王朝、君主的归属，“开通民智”“塑造国民”已经成为众多知识分子的共同心声。

“国民程度不逮”问题，遂成为舆论界长期争论的一个中心话题。时任民国政府法律顾问的美国人古德诺，于1915年8月发表《共和与君主制》一文，论证君主制比民主制更适合中国。认为中国国民程度太低，不能适应民主政治的需要。“中国数千年以来，狃于君主独裁之政治，学校阙如，大多数人之人民智识，不甚高尚，而政府之动作，彼辈绝不与闻，故无研究政治之能力。四年以前，由专制一变而为共和，此诚太骤之举动，难望有良好之结果者也。”[5]古德诺虽然意在为君主专制寻找注脚，然而其对当时中国国民程度的揭示并非全无道理。

对于国民程度不足的忧虑，在陈独秀那里得到了回应。陈独秀洞察到中国国民意识的薄弱，“我们中国社会、经济的民治，自然还没有人十分注意：就是政治的民治，中华民国的假招牌虽然挂了八年，却仍然卖的是中华帝国的药，中华官国的药；政治的民治主义这七个好看的字，大家至今看了还不大顺眼”。[6]国民对新兴的政治观念和模式还相当隔膜，国人的价值观念、文化性格、心理习惯和思维模式等未能发生变化。

1914年陈独秀在文章中称：“今吾国之患，非独在政府。国民之智力，犹面面观之，能否建设国家于20世纪，夫非浮夸自大，诚不能无所怀疑。”[7]要想达到社会政治革命的成功，就必须首先重新塑造国民意识，使之与社会政治革命所达成的新制度相适应。这也是陈独秀、胡适和鲁迅等“五四”精英人物比较普遍的想法，他们将一代人的努力方向引导到思想文化启蒙和国民性批判上来。

二

在陈独秀看来，真正要救国，唯有再造国民，再造国民应从造就一代“敢于自觉勇于奋斗之新青年”开始。由此，从青年精神解放入手来实现国民性改造的启蒙主义，成为陈独秀重塑理想新国民的重要前提和基本语境。

（一）国民之自觉心

通过思想和文化启蒙，来增强国人的自觉意识，是“五四”时代知识分子一场集体共鸣式的政治觉醒。梁启超早已认识到，自觉心是国民必备的内在素质。“国民贵有自觉心。何谓自觉心？吾先哲所谓‘自知者明’即其义也……凡能合群以成国且使其国卓然自树立于世界者，必其群中人具有知己知彼之明者也。若是者，无以名之，名之曰国民自觉心。”[8]

1914年，陈独秀在《甲寅》杂志发表了题为《爱国心与自觉心》的文章，认为中国人缺乏一种自觉心，即自觉国家的目的和情势，如果没有这方面的自觉，就只能是盲目的爱国。在陈独秀看来，爱国心是情感的产物，而自觉心是理智的产物。“爱国者何？爱其为保障吾人权利谋益吾人幸福之团体也。自觉者何？觉其国家之目的与情势也。是故不知国家之目的而爱之则罔，不知国家之情势而爱之则殆，罔与殆，其蔽一也。”[7]只有把自觉心与爱国心结合起来，才是真正的爱国，才是现代的自觉的爱国主义。对于陈独秀一代的“五四”启蒙知识分子来说，爱国主义必须符合启蒙的基本价值，其民族主义更多的是一种基于启蒙价值的公民民族主义或公民爱国主义。他们以民主主义诠释民族主义，以自由民主的政治原则为民族国家认同的基础，民族国家作为文化共同体的意义被不同程度地弱化或消解。

（二）政治与伦理的双重觉悟

陈独秀提出要提高国民的基本品性，争取有一国国民之资格，进而造就国民的觉悟，从政治的觉悟到伦理的觉悟，这些构成了陈独秀改造国民性的一整套目标层次说。陈独秀在《吾人最后之觉悟》中，对促使国民觉悟这一启蒙的直接目标，做了全面、明确的阐述：“自西洋文明输入吾国，最初促吾人之觉悟者为学术，相形见绌，举国所知矣；其次为政治，年来政象所证明已有不可守缺抱残之势。继今以往，国人所怀疑莫决者，当为伦理问题。此而不能觉悟，则前之所谓觉悟者，非彻底之觉悟，盖犹在惝恍迷离之境。吾敢断言曰：伦理的觉悟，为吾人最后觉悟之最后觉悟。[9]”

陈独秀通过对中国现代化在挫败中艰难行进历程的反省，提出国民觉悟由学术而政治，再到伦理渐次演进的过程，揭示了中国现代性启蒙的历史逻辑。陈独秀的“伦理的觉悟论”之启蒙主义是通过剖析文化根源而展开的。高力克认为，陈独秀的启蒙主义，表征着晚清以来变革思想由政治而文化的激进化。通过对中国现代化过程的反思，陈独秀认识到，文明是整体的，对于富强的西方现代文明之树来说，船坚炮利是其枝叶，宪政制度是其树干，而价值观念才是其根基。没有多数国民之价值观念的转变，共和制度就成了无本之木。以道德革新之“伦理的觉悟”为“彻底的觉悟”“最后觉悟之最后觉悟”，表明了陈独秀之注重思想改造的唯文化论取向。[10]傅斯年进一步将此发展为“四觉悟说”：“中国人从发明世界以后，这觉悟是一串的：第一层是国力的觉悟；第二层是政治的觉悟；现在是文化的觉悟，将来是社会的觉悟。”[11]傅斯年将关注的重心放在了社会的觉悟上，认为只有以社会的培养促进政治，才算有彻底的觉悟。

通过对西方民主主义理论的深入思考和探索，陈独秀意识到民主政治不能停留在一个外在的架构上，否则很容易蜕变为走向独裁复辟的工具，要实现国民在意识形态领域的合法性支持，必须经过一场彻底的思想启蒙运动，以实现国民意识的改造。从理想之民到现实之民的关注的转变，引发了公民意识的酝酿和新一轮国民性探讨的涌动。

三

陈独秀对现代理想新国民模式的探索，与他对传统国民劣根性的深刻剖析和无情鞭策紧密相连，构成了“一体两面”的格局。1901～1902年，陈独秀连续两次东渡日本，在那里接触到西方的政治社会学说，认识到“凡是一国的兴亡，都是随着国民性的好歹转移”。陈独秀把造成中国民族危机的原因归结于国民性质的“好歹”，“不是皇帝不好，也不是做官的不好，也不是兵不强，也不是财不足，也不是外国欺负中国，也不是土匪作乱，以我看起来，凡是一国的兴亡，都是随着国民性质的好歹转移”，“我们中国人，天生有几种不好的性质，便是亡国的原因了”。[12]

陈独秀在《东西民族根本思想之差异》和《我之爱国主义》等文章中，将国民性问题的讨论推向了一个新的语境，国民性被放大为中国传统文化的同义语。中国何以不发达，“则以吾国民性固有绝大之数弱点在焉”。陈独秀据此提出了“伦理革命”的呼吁，他断言：“继今以往，国人所怀疑莫决者，当为伦理问题。”“国人思想倘未有根本之觉悟，直无非难执政之理由。”于是唤醒和教育国民的责任自然落在了少数知识精英的身上。“中国的国民缺乏自我意识，必须通过启蒙教育唤醒他们。”陈独秀参照近代西方国家和市民社会中具有独立人格、自由意识和民主精神的现代人特质，建构了一种以个人主义为本位的新国民。

（一）国民独立自主之人格

要造成新的国家，必须有新的国民。要造成新的国民，必须对长期缠绕国人的奴性进行改造，使之以个人的自觉承担身为国民的责任。围绕如何除去“奴隶根性”和造就理想的国民之关系，启蒙思想家进行了深入的思考和讨论，成为一种时代性的潮流。

陈独秀从封建伦理的忠孝节义对奴隶性进行批判。“忠孝节义，奴隶之道德也”，“皆非推己及人之主人道德，而为以己属人之道德也。人间百行，皆以自我为中心，此而丧失，他何足言？奴隶道德者，即丧失此中心，一切操行，悉非义由己起，附属他人以为功过者”。

与奴隶人格完全丧失自我相反，新国民则是需要有自治之才力，有独立之性质，有参政之公权，有自由之幸福的完全无缺憾之人。西方文艺复兴时期的著名学者皮科指出：人是自己的主人，人的唯一限制就是要消除限制，即获得自由，人奋斗的目的就是要使自己成为自由人，自己能选择自己的命运，用自己的双手编织光荣的桂冠或耻辱的锁链。[13]受此影响，陈独秀在《敬告青年》中提出要“打到奴隶主义，争取自主自由之人格”，人都有平等的自由自主权利，丧失了自由权利的人就沦为奴隶。“解放云者，脱离夫奴隶之羁绊，以完其自主自由之人格之谓也……一切操行，一切权利，一切信仰，唯有听命各自固有之智能，断无盲从隶属他人之理。”[14]陈独秀揭示出自由的本质就是保全自主之权利和独立人格，用自己的自由意志支配行动，以使中国人从臣民转变为公民，从近代统治者的奴隶转变为近代意义上独立自主之人。

（二）自由平等之权利

自维新运动始，西方的自由理念一直是拨动中国知识分子的思想引擎。

陈独秀在《每周评论》的发刊词中强调：“凡合乎平等自由的，就是公理；倚仗自家强力，侵害他人平等自由的，就是强权。”据此，他高度评价美国总统威尔逊为世界上第一个好人，并将其演说归纳为两个主义：第一，不许各国拿强权来侵害他国的平等自由；第二，不许各国政府拿强权来侵害百姓的平等自由。[15]“公理”成为五四思想家极为推重的核心概念，是启蒙运动的普适原则。公理不仅是公民民族主义的基础，而且是连接自由主义、公民民族主义和世界主义的纽带。在宪政危机和民族危机并存的历史语境中，“五四”公民民族主义以“公民国家”连接自由主义与启蒙主义，在启蒙价值“公理”框架中处理自我与国族的认同问题，这一内争“人权”和外争“主权”的“公理”，成为启蒙知识分子处理内政和外交问题的普世原则。[10]

陈独秀极为推崇西方的“人权”理念，“西洋所谓法治国者，其最大精神，乃在法律面前，人人平等，绝无尊卑贵贱之殊”。[16]平等乃是民主政治的前提，是西方立国之基础。中国要实现民主政治，只有铲除国民心中驻扎的“礼治”等级观念，才能确立国民人权平等之地位。“因为民主共和的国家组织社会制度伦理观念，和君主专制的国家组织社会制度伦理观念全然相反——一个是重在平等精神，一个是重在尊卑阶级”，两者不可调和。[17]

（三）个人主义之本位

陈独秀在《东西民族根本思想之差异》一文中，盛赞西方个人主义。个人主义是西方民族的根本精神。西洋民族，自古以来都是彻头彻尾的个人主义之民族，一切伦理、道德、政治、法律、社会向往、国家诉求，都是拥护个人之自由权利与幸福。“个人之自由权利，载诸宪章，国法不得而剥夺之。”国家利益、社会利益名义上与个人主义相冲突，实际上是以巩固个人利益为本因的。而东洋民族乃宗法社会，以家族为本位，而个人无权利，一家之人，听命家长。宗法制度乃是损坏个人独立人格、窒碍个人自由、剥夺平等权利、戕贼个人生产力的罪魁祸首。因此，“欲转善因，是在以个人本位主义，易家族本位主义”。[18]

陈独秀的个人主义思想，既受到日本启蒙先哲福泽谕吉的影响，又有对德国尼采、意大利马志尼的推崇，更有对法国“唯民主义”人权思想的信奉。陈独秀关心的是社会能否保证个人才智的正常发挥，能否保障个人的自由与独立。他希望从改造个体出发，由个体塑造走向群体更新再到整个社会的变迁，具有很强的现实启蒙意义，但是陈独秀将现代民族国家的建构仅仅寄托在人的自我改造上，其结果难免陷入精英主义的启蒙困境。

四

陈独秀认为，要实现人的现代化，完成国民从“臣民”到“公民”的角色转换，必须发展国民教育，提升国民素质。他认为，现代教育是实现人的现代化的根本途径，其主要内容包括：“第一，当了解人生之真相；第二，当了解国家之意义；第三，当了解个人与社会经济之关系；第四，当了解未来责任之艰巨。”[19]教育应当德智体并重，“德意志及日本虽以军国主义闻于天下，然其国之隆盛，盖不独在兵强，其国民教育方针，德智力三者未尝偏废”。[20]“现今欧美各国之教育，罔不德智力三者并重而不偏倚，此其共通之原理也。”以此，他尖锐批判了中国传统教育的落后和不切实际，认为对体育教育的长期忽视是造成国人身体羸弱的重要因素。“我中国的教育，自古以来，专门讲德育，智育也还稍稍讲究，惟有体育一门，从来没人提倡（射御虽是体育，但也没人说明），以至全国人斯文委弱，奄奄无生气，这也是国促种弱的一个原因。”[21]国人若精神上失去了抵抗力，便无人格可言，身体上缺少抵抗力，便沦为行尸走肉：“余每见吾国曾受教育之青年，手无缚鸡之力，心无一夫之雄；白面纤腰，妩媚若处子；畏寒怯热，柔弱若病夫；以如此心身薄弱之国民，将何以任重而致远乎？”[20]抵抗力之薄弱，是造成吾国衰亡的最深最大之病根。因此，必须增强国人的抵抗力，使个人在改造社会中获得自新的能力。为此，陈独秀提出了一系列教育方针，更新了国民教育的理念与方法。

其一是变理想主义为现实主义，这是拯救贫弱民国教育的第一方针；其二是以人民为主人，以执政为公仆的惟民主义；其三是职业主义，欧美各国的教育，都注重职业。“东方教育所重的是神圣而无用的幻想；西洋教育重在直观自然界的现象，训练日常生活的技能，我们中国教育，若真要取法西洋，应该弃神而重人，弃神圣的经典与幻想而重自然科学的知识和日常生活的技能。”[22]职业主义之外，尤为提倡兽性主义。“兽性之特长谓何？曰，意志顽狠，善斗不屈也；曰，体魄强健，力抗自然也；曰，信赖本能，不依他为活也；曰，顺性率真，不饰伪自文也。”人性兽性同时发展的都是强大之族。其他或仅保兽性，或独尊人性，而兽性全失，是皆堕落衰弱之民也。在陈独秀看来，大力发展教育既是培养国人人格尊严，促进国民身心健康的主要途径，也是实现民族独立富强的必由之路。

总之，陈独秀在深刻反思和抨击中国国民劣根性的基础上，以革命的进化论和启蒙思潮为底色，用爱国、独立、自由、平等、民主、人权、教育、法治等观念要素，勾画了一幅现代公民的精神图像，即“自主的而非奴隶的；进步的而非保守的；进取的而非退隐的；世界的而非锁国的；实利的而非虚文的；科学的而非想像的”。但这种由精英通过思想启蒙来培育公民的理路，也只能是一厢情愿的美丽神话。正如张灏所指出的：一方面我们的社会需要群体的凝合，另一方面，需要个人的解放；一方面我们的国家需要对外提高防范和警觉，强调群体的自我意识，另一方面文化发展需要破除畛域，增强群体对外的开放性和涵融性，谁能否认这些不同方面的要求，在现代中国现实环境中，是一种两难困境？[23]

注释

[1] 郭汉民，袁洪亮.近代中国国民性改造思潮简论[J].广东社会科学，2000，（6）

[2] 梁启超.饮冰室合集·文集之四[M].北京：中华书局，1989.56

[3] 梁启超.饮冰室合集·文集之三[M].北京：中华书局，1989.67

[4] 佚名.说国民[Z]//张枬，王忍之.辛亥革命前十年时论选集：第一卷.北京：三联书店，1960.74

[5] 古德诺.共和与君主论[Z]//章伯锋，李宗一.北洋军阀：第2卷.武汉：武汉出版社，1990.951

[6] 陈独秀.实行民治的基础[J].新青年，1919，（第七卷第一号）

[7] 陈独秀.爱国心与自觉心[J].甲寅杂志，1914，（第一卷第四号）

[8] 梁启超.敬举两质义促国民之自觉[M]//饮冰室合集：文集之三十三.北京：中华书局，1989.40

[9] 陈独秀.吾人最后之觉悟[J].青年杂志，1916，（第一卷第六号）

[10] 高力克.新文化运动之纲领——论陈独秀的《吾人最后之觉悟》[J].天津社会科学，2009，（4）

[11] 傅斯年.时代与曙光与危机[M]//傅斯年全集：第一卷.长沙：湖南教育出版社，2003.349-350

[12] 陈独秀.亡国篇[J].安徽俗话报，1904，（17）

[13] [意]加林.意大利人文主义[M].李玉成译.北京：三联书店，1998.61

[14] 陈独秀.敬告青年[J].青年杂志，1915，（第一卷第一号）

[15] 陈独秀.发刊词[J].每周评论，1918，（第一号）
[16] 陈独秀.宪法与孔教[J].新青年，1916，（第二卷第三号）
[17] 陈独秀.旧思想与国体问题——在北京神州学会讲演[J].新青年，1917，（第三卷第三号）
[18] 陈独秀.东西民族根本思想之差异[J].青年杂志，1915，（第一卷第四号）
[19] 陈独秀.新教育是什么？[J].新青年，1921，（第八卷第六号）
[20] 陈独秀.今日之教育方针[J].青年杂志，1915，（第一卷第二号）
[21] 陈独秀.王阳明先生训梦大意的解释（一）[J].安徽俗话报，1904，（16）
[22] 陈独秀.近代西洋教育——在天津南开学校演讲[J].新青年，1917，（第三卷第五号）
[23] 张颢.重访五四——论五四精神的两歧性[J].开放时代，1999，（3-4）

[作者单位]华东师范大学学报编辑部

[原　　刊]《杭州师范大学学报（社会科学版）》2011年第1期

李大钊国民性改造思想的时代性转变
——从“立宪国民”到“无产阶级新人”

袁洪亮

近些年来，学术界注意到在李大钊的思想中，存在着一条从文明主体（国民）素质之时代变迁的角度探索救国道路的线索，称之为李大钊的国民性改造思想。（参见赵传海；俞祖华；吴汉全）本文认为，以李大钊对马克思主义理论的接受为分界线，其前后的国民性改造思想有着本质的区别，实现了从资产阶级改良主义的“立宪国民”到马克思主义革命方式的“无产阶级新人”的根本转变，从而找到了在半殖民地半封建社会国情下中国人的现代化的现实道路。

一、资产阶级的“立宪国民”思想

民国后没有多久，李大钊对资产阶级民主共和的期望很快就破灭了：“希望中之共和幸福，不惟毫未无闻，政俗且愈趋愈下，日即卑污”，民众的物质生活境遇未能改善，其卑劣的国民性却日见衰坏，江河日下了，整个社会阶层“廉耻丧尽”，“稽神州四千余年历史，社会之黑暗，未有过于今日者”（《李大钊全集》第1卷，第669页。下引《李大钊全集》仅标卷数和页码）。对于民国初期的混乱景象，“愚者则归罪共和，伤痛备至，愤者则切齿豪暴，诟谇交闻”。李大钊也一度把社会的堕落、民心的卑劣归咎于反动军阀的倒行逆施：“钻营运动、争权攘利之不暇，奚暇计及民生哉？”（同上，第553页）但是深受梁启超“新民”国民性改造思想的影响，他越来越倾向于认为更根本的原因在于国民素质：“黎庶之患，不患无护权之政制，患在无享权之能力。”“无德之民，力于何有？无力之民，权于何有？”（同上，第598页）。所以，拯救国家的根本之途还在于改造国民的劣根性，把“奴性、愚昧、盲目”的封建专制国民改造为“独立、自由、平等、积极进取”的资产阶级“立宪国民”（第2卷，第356页）。“国家前途，实利赖之矣”（同上，第358页）。

李大钊构建的“立宪国民”是高扬“我”之独立性，追求自由，以民主、科学为保障，并具备进取、宽容、真诚等精神面貌的个人本位的资产阶级新国民。

李大钊疾呼国人“振其自我之权威，为自我觉醒之绝叫”，“变‘人’之文明为‘我’之文明”（同上，第367、369页），高呼“宇宙之大，自我主宰”（同上，第315页）。“立宪国民”的天职就在于充分发展自我：“立宪国民之惟一天职，即在其相当之本分，而觅自用之途，俾得尽量以发挥其所长。”这也是达于社会整体发展的最佳途径：“与福益于其群”，因为，“斯其所造，必能至于己立立人，己达达人之境”，所以，人生之有无价值和意义，“皆在其人之应其本分而发挥其天能与否，努力与否，精进与否，此即人生自用之道也，此即立宪国民之天职也”（第2卷，第510页）。“立宪国民”张扬“为我”，追求个性解放，目的在于自由。“自由为人类生存必需之要求，无自由则无生存之价值。”自由有着与生命等同，甚至远远超过生命的价值：“人之于世，不自由而不生存可也，生存而不自由不能忍也。”（同上，第432页）李大钊着重论述了思想言论自由的重要性，把言论自由比作人身的血脉：“人身之血脉有所停滞，则其人之精神必呈麻木不仁之象，社会之言论有所阻塞，则其国之政治必呈销沉不进之观。”（同上，第507页）李大钊反对对思想的任何限制，他声称：“余虽为急进之言论，余并不排渐进之言论，盖言论而发于良知之所信，无论其为急进，为渐进，皆能引于进步之境，而达于真理之生涯也。”（同上，第661页）他强调思想是不能禁止的绝对自由，禁止自由是愚蠢的：“假使一种学说确与情理相背我以为不可禁止，不必禁止。”正应该让大家知道，大家才不去信。若是把它隐蔽起来，反而容易被人误信。所以，“禁止人研究一种学说的，犯了使人愚暗的罪恶。禁止人信仰一种学说的，犯了教人虚伪的罪恶”（第3卷，第273页）。

民主则是自由的保障，李大钊指出，基于“民彝”的宪法为“自由之保证书”，“为求自由之确实保障而已矣”。成文宪法中的权利条款，“其意惟在保障个人一定之自由，禁政府勿得侵犯而已”（同上，第71页）。而宪法的实质“惟在平衡”，调剂、融合社会各阶层之利益与意志、情感，“俾各得相当之分以去”，“立宪国民”必须要具备相当的“宽容”精神，才能使民主政治得以实际有效的运行，“而各种势力，亦均知遵奉政理，而能自纳于轨物之中，则法外之势力，悉包含于宪法，而无所于不平”（第2卷，第410页）。除了对国民思想观念的近代转换和建构之外，李大钊还对“立宪国民”在行为方式、社会心理等方面的转换也都作了深入的分析，提出了相应的建构目标。李大钊对当时国人的行为方式是相当不满的，认为缺乏“立宪国民”的基本修养，普遍存在着贪、惰、奢侈、不讲礼貌、不重时间等不良行为方式：“我们中国人贪惰性成，不是强盗，便是乞丐，总是希图自己不作工，抢人家的饭吃，讨人家的饭吃。”（第3卷，第102页）李大钊批判国人尚虚好伪的恶习，全国之内“鲜不怀挟数副假面”，“人人相与虚伪，事事相尚以颟顸”。“驯至凡事难得实象，举国无一真人。”（第2卷，第727页）李大钊揭露中国人崇尚虚伪的文化根源在于孔子之道以束缚、压制人性为宗旨，必然使信奉孔子礼教的中国人普遍患了虚伪的病症，他倡导以“诚笃”代替“虚伪”。李大钊还批判了中国人没有时间观念、办事拖沓的不良习惯：“中国人都是时间浪费者，都是生命牺牲者，若叫中国人牺牲他的生命，他是万万不肯的，可是他天天都在牺牲，终身都在牺牲，却一点也不爱惜。”在他看来，“时间就是生命，浪费了时间就是牺牲了生命”（第3卷，第360页）。在考察了国民的种种不良行为方式之后，李大钊总结出这些不良行为的基本特征：“尚情而不尚理”和“任力而不任法”。他深刻认识到与工业社会如影随形的“民主、自由、平等、科学”的理性力量在中国尚没有深入人心，中国人的处事方式仍以原始的冲动情感为主要依据，其结果无异于祸国殃民：“凡事皆以感情为主，不以理性为主，上至军国大计，下至私人交际，但见感情作用，不见理性作用。以感情作用，处军国大计，鲜有不愤事取辱，召败亡之祸者。”（第2卷，第526页）此外，国民普遍缺乏法制观念，处事行动以力而争，“稍不如意，动辄以腕力从事”，“其心目中毫无法纪之为物”。野蛮民族依腕力而争，文明民族依靠法律之力解决纠纷。李大钊指出，如果中国人“其崇信法律之诚，乃不胜其奋施腕力之勇”，那么，“斯而犹能立国，吾不信也”（同上，第527页）。

在批判的基础上，李大钊提倡过一种简易朴素的生活：“衣食宜俭其享用，戚友宜俭其酬应，物制宜俭其销耗，精神宜俭其劳役。”如此，“苟能变今日繁华之社会，奢靡之风俗而致之简易，则社会所生之罪恶，必不若今日之多且重”。（第2卷，第676页）李大钊倡导“有益身心的娱乐”，使人在情智方面亦得到发展。他要求实行8小时工作制，希望工人每天有足够的休闲时间游玩：“游玩的态度可以终生保持，须知游玩不是奢侈的事，乃是必要的事。”“游玩应与教育一样重视。”（第4卷，第81页）他要求政府提供种种正当娱乐的设备。

李大钊认为为了把自由、民主、平等、科学的资产阶级近代思想灌输到民众的心理，必须批判“守旧好古”“依附”等传统社会心理，着力培养、树立“奋发进取”“自立”等新型的近代社会心理。中国人的普遍依赖性突出表现为崇拜英雄偶像的心理：“吾国历史传袭最久，举国昏昏皆为偶像之人。”李大钊指出英雄是靠不住的，如袁氏，“两三年前，吾民脑中所宿之神武人物，曾几何时，人人倾心之华、拿，忽变而为人人切齿之操、莽”。根本原因乃为：“此固遇人不淑，致此历阶，毋亦一般国民依赖英雄，灭却自我之心理有以成之耳！”崇拜、依附心理不彻底根除，“终难以运用立宪政治于美满之境”（第2卷，第350页）。李大钊指出，盲目崇拜的依附心理的原因在于中国人的惰性太深：“我尝追究这个原因，知道病全在惰性太深，奴性太深，总是不肯用自己的理性，维持自己的生存，总想用个巧法，走个捷径，靠他人的势力摧除对面的存立。”他愤怒地抱怨道：“这种靠人不靠己，信力不信理的民族性，真正的可耻！真正的可耻。”（同上，第190页）

在系统接受马克思主义之前，作为一个资产阶级的改良主义思想家，李大钊在改造国民性的方法和途径的具体设计上体现出明显的“温和”特点。李大钊深受章士钊调和论的影响，强调改良主义的社会发展道路。在他看来，秩序与进步，“正如车之有双轮，鸟之有双翼，二者缺一，进步必以废止”。“无秩序则进步难期，无进步则秩序莫保。”（同上，第566页）因此，立宪国民要能安于共和政治，有服从法律的精神，这是“立宪国民之责任”（同上，第356页）。所以，这一时期李大钊主张的国民性改造，基本上是在民初现有的政治框架下进行的，侧重教育、文学、戏剧、演讲等改良主义的方法，希望藉此破除中国人传统、落后的社会心理和行为方式，重新塑造与资本主义文明相符一致的国民性。

在改造国民性的主体和对象上，李大钊寄希望于知识阶层等所谓上流阶级对大多数中下劳动人民的改造：“欲有以救之，惟在上流阶级，以身作则，而急急以立宪国民之修养相劝勉。”（同上，第527页）他希望这些人主动以教育、文学、艺术、思想传播等形式改造大多数民众的愚顽的民族劣根性（同上，第611–612页）。简而言之，在接受马克思主义理论之前，作为一个资产阶级改良主义知识分子，李大钊主张追求个性的解放、个人的自由、平等、幸福，他的国民性改造思想带有更多的理想成分，是对西方近代资产阶级人本思想的机械照搬。

二、“无产阶级新人”思想

马克思主义理论传入中国之前，李大钊希望在现有的政治秩序下以改良的方式追求国民性的近代改造。但是，残酷的现实注定了他的这种以资本主义为目标、以改良为手段的国民性改造模式是根本行不通的。在改造国民性的实践中，李大钊越来越深刻地意识到了这一点。事实证明，在军阀当道、政治混乱的社会秩序下，人民的生命都没有安全的保障，现代国民的自由、民主权利更是无从谈起。俄国十月革命的爆发，马克思主义无产阶级革命理论的传入，为处于困境的李大钊提供了崭新的有力的理论武器，促使他在国民性改造的主体、对象以及改造方式上实现了朝向马克思主义的根本转变。伴随着从资本主义改良到无产阶级革命救国路径的转变，李大钊否定了以个人主义为核心、以“竞争、自利”为特征的资本主义“立宪国民”的国民性改造目标，进而倡导以集体主义为核心、以“互助、牺牲”为特征的“无产阶级新人”的崭新目标模式。

李大钊以马克思主义的唯物史观为理论武器，论证了资本主义必将被社会主义取代的人类历史发展趋势。在他看来，资本主义的发展促使各国资本家为扩大市场抢占生产资料而发动世界大战，结果给整个世界带来毁灭性的灾难，因此“将来资本主义必然崩坏”，社会主义必然取而代之，“经济上生大变动，生产的方法由私据的变为公有的，分配的方法由独占的变为公平的”（第3卷，第397页）。生产方式决定社会结构，经济制度的变动必然促使人的精神面貌的根本改观，“一切社会上政治的、法制的、伦理的、哲学的，简单说，凡是精神上的构造，都是随着经济的构造变化而变化”（同上，第242页）。与之相对应，李大钊提出，社会主义必须以“互助、博爱”的无产阶级人道精神改造国民性：“精神改造的运动，就是本着人道主义的精神，宣传‘互助’‘博爱’的道理，改造现代堕落的人心，使人人都把‘人’的面目拿出来对他的同胞；把那占据的冲动，变为创造的冲动；把那残杀的生活，变为友爱的生活；把那侵夺的习惯，变为同劳的习惯；把那私营的心理，变为公善的心理。”（同上，第319页）他认定“那社会主义伦理的观念，就是互助、博爱的理想”。为了宣传这种社会主义的精神，李大钊创办了《新生活》杂志，明确杂志的四大精神“就是博爱、自由、平等、牺牲。这是我们创造‘新生活’的基础”（同上，第341页）。李大钊呼吁社会主义新人以“互助、牺牲”的精神代替“竞争、自利”的观念，实现从个人主义向集体主义的过渡，因为“这正是个人主义向社会主义、人道主义过渡的时代”（同上，第231页）。

应当指出的是，虽然李大钊用‘互助、牺牲’的理念代替‘竞争、自利’的资本主义近代精神，但他对于自由、平等、民主的近代理性精神的执着追求并没有改变。他期望的是在实现人的自我充分发展的基础上，进一步谋求集体、社会的全面健康和谐的发展：1923年他在论述个人解放与民族解放的关系时说，世界大同，实现共产主义，“就是人类共同精神联贯的脉络”，但“这条线的渊源，就是个性解放”，个性解放的目的在于脱离旧绊锁，“重新改造一个普通广大的新组织”。个性解放和大同团结两种运动，似乎是相反，实在是相成：“个人与社会并不冲突，而个人主义与社会主义亦决非矛盾。”（同上，第578页）

与国民性改造目标的根本转换相对应，在改造国民性的主体、对象、方式等方面，李大钊的国民性改造思想也完成了马克思主义方向的根本转变。接受马克思主义之前，李大钊主张单纯的个性解放，警惕阶级、社会等社会性组织对个体的压制：“我们现在所要求的，是个解放自由的我，和一个人人相爱的世界，介在我与世界中间的家国、阶级、族界，都是进化的阻碍、生活的烦累，应该逐渐废除。”（同上，第292页）但是在“分崩离析，扰攘溃裂，无在不呈兀杲之象”的民初社会，这种个人主义的改良式的国民性改造显然无法取得良好的效果。接受马克思主义阶级分析的方法后，李大钊明确了必须先造就一个社会的中心势力，对之进行国民性改造后，再依靠它来改造全体国民："惟当顺世界文明之潮流，别造一种新势力以代之。此之势力，必以中级社会为中枢，而拥有国民的势力，其运命乃能永久。"（第2卷，第679页）这种新势力自然就是工农劳动阶级。

根据马克思的阶级竞争理论，中下层广大民众的劳动人民才是历史发展的主人："无论何人，应该认识民众势力的伟大；在民众本身，尤应自觉其权威而毅然以张用之。""民众的势力，是现代社会上一切构造的惟一的基础。"从俄国十月革命的胜利中，他也看到了工农民众势力是未来社会主义世界的主人："须知今后的世界，变成劳工的世界。"（第3卷，第102页）为了谋求社会的根本变革，必须要唤起民众的觉醒："我国在近期内，想要依靠短暂的统一来实现永久的和平那是不现实的，除了四万万民众的觉醒和真正的群众性的改革之外，别无他途可寻。"（第4卷，第118页）为此，他要求把知识阶级和劳工阶级打成一气，"把现代的新文明，从根底输入到社会里面"。他希望中国的青年"到农村里去，拿出当年俄罗斯青年在俄罗斯农村宣传运动的精神，……在农村里聚集老幼妇孺，和他们灯前话语，说出他们的苦痛，增进他们的知识"，向他们"宣传人道主义、社会主义的道理"（第3卷，第179页）。

在军阀当政的政治体制下，纯粹的改良绝不可能完成国民性的改造："我们认这种社会，不是以空泛的道德目标和不适用的科学常识所能征服的，……希望以社会运动，教育全体人民，待全体人民觉悟后再谋政治运动，推翻恶政府，这永远是一种不可能的幻想。"在接受马克思主义无产阶级革命的理论之后，尤其是在十月革命苏联民众运动的启发下，李大钊主张革命是改造国民的最有力武器，民众在革命中得到血与火的锤炼，效果"远胜于读书万卷和教育十年"。人民为最切近的利益奋斗，在群众集合、示威运动、游行、煽动、宣传、抵制这些具体事实当中训练而团结自己，扫除与群众不相容的习惯和道德，吸收富于活气的实际的知识，与共同的仇敌作战，养成同仇敌忾的精神，锻炼互助的能力。与接受马克思主义之前对人的生命权利的抽象强调相对比，这个时候李大钊承认，"牺牲永是成功的代价"（第4卷，第65页）。他甚至对牺牲、奉献的品质发出了由衷的赞美，"平凡的发展，有时不如壮烈的牺牲足以延长生命的音响和光华。高尚的生活，常在壮烈的牺牲中"（第3卷，第365页）。

在具体的改造途径上，李大钊虽然没有放弃教育、文学等改良主义方法，却更加强调为劳工的目的和内容。对于文学，"现代的著作，不须那古典的文学专门去满足那一部分的欲望，必须用通俗的文学法，使一般苦工社会也可以了解许多的道理"。他强调，"我们所要求的新文学，是为社会写实的文学，不是为个人造名的文学；是以博爱心为基础的文学，不是以好名心为基础的文学"（同上，第445页）。对于教育，“不许专立几个专门学校，拿印版的程序去造一班智识阶级就算了事，必须多设补助教育机关，使一般劳作的人，有了休息的工夫，也能就近得个适当的机会，去满足他们知识的要求”（同上，第163页）。

“五四”运动以后，李大钊国民性改造思想的这种马克思主义的根本转向，超越了以渐进改良的方式改造国民劣根性、塑造资产阶级“立宪国民”的近代国民性改造思想的局限性，强调培养能够实现人的个性与社会性相一致、人的感性与理性相统一的崭新“无产阶级新人”，这既满足了未来理想的社会主义制度对人的要求，同时也实现了人的存在和发展模式的质的超越。李大钊对“无产阶级新人”的崭新设计以及强调群众运动和革命改造形式的国民性改造思想，因为切合了新民主主义革命以及未来社会主义革命和建设的要求，而逐渐成为影响现代中国人的现代化发展的主导思想。

注释

[1] 韩庆祥，1992年：《马克思主义人学思想发微》，中国社会科学出版社

[2] 《李大钊全集》，1999年，河北教育出版社

[3] 吴汉全，1998年：《1912—1920年间李大钊对国民性问题的探索》，载《首都师范大学学报》第6期

[4] 俞祖华，2003年：《李大钊改造国民性思想述论》，载《聊城大学学报》第4期

[5] 袁贵仁，2006年：《马克思主义人学思想》，北京师范大学出版社

[6] 赵传海，1990年：《李大钊对国民性的反思》，载《史学月刊》第3期

[7] 朱志敏，2009年：《李大钊传》，红旗出版社

[作者单位]中山大学马克思主义研究院

[原　　刊]《哲学研究》，2010年第11期

鲁迅的"立人"与中国文化的现代转型

黄 健

作为"后发外生型"迈入现代化的国家，中国文化现代转型是在中西文化冲突、交汇及其时代发展演化等多重合力下发生的，既有外来文化冲击的压力因素，也有自身文化发展逻辑的推力因素。其中，对传统文化的反省与批判，对未来中国及其文化发展的审视和企盼，都是近现代中国知识分子所关注的中心。林毓生强调指出，导致中国文化的全面转型，其中一个最根本的原因就是"西方文明以各种不同的形式逐渐破坏了传统文化的稳定性和连贯性，而且在总的方面影响了中国思想和文化的发展方向"。[①]B.史华慈（Benjamin Schwartz）也指出："无论20世纪中国反传统冲动如何真实、有力，也不管过去的政治文化秩序结合的如何实在，……对传统文化的复杂性以及它内部的多样性特征，正在进行富有成果的探索。"[②]出于强烈的民族文化复兴和对建立现代民族国家的热情企盼和想象，现代中国的知识分子以近现代西方文化为参照系，对中国传统文化的历史语境、价值理念、知识谱系、结构范型、话语方式等进行了全面的梳理与厘清，为中国文化的现代转型进行全盘性的策划，并由此展开现代中国文化发展的思想启蒙工作。

在中国文化现代转型的历史进程中，面对痛苦的文化冲突和意义危机，鲁迅对以儒道两家为主导的中国传统文化进行了激烈批判，但整个批判的重心还是落在对传统文化不适应现代文明的思考方面，其鲜明的思想认识特点是：不再将文化的现代转型单纯地从传统文化概念和逻辑体系内去反复论证，小心推论，而是自觉地面对现代文化建设的整体构架，探究转型中的中国现代文化全部的逻辑结构和历史进程，从中发掘出能够迅速改变落后的中国传统文化的机制，选择其所不拥有的新因子、新质料，以便在重新认识传统、改造传统当中，能够以现代文明的薪新面貌来创造"中国历史上未曾有过的第三样时代"[③]。

① [美]林毓生：《中国意识的危机》，穆善培译，贵州人民出版社1986年版，第14页。
② [美]B.史华慈：《中国意识的危机·序》，穆善培译，贵州人民出版社1986年版，第3页。
③ 鲁迅：《坟·灯下漫笔》，《鲁迅全集》（第1卷），人民文学出版社1981年版，第213页。

一

近代全球化进程促成了不同文化范型的生成，并对中国文化的现代转型产生了重要影响，使之获得现代性价值标准的参照与规约。基于现代文明理念，鲁迅提出“立人”的文化诉求和定位，表明他对现代文化的认识，就不是谋求政治、伦理等外在层面的逻辑建构，而是一种高扬了人的主体性、个体性，具有现代文化觉悟的新型独立人格的逻辑建构。不言而喻，鲁迅的这种文化立场和价值取向，为中国文化现代转型提供了一种建设性的价值理路和理论构想。

晚清以降，中国知识界在“学习西方”中形成了一种共识，认为近现代西方社会的发达，关键的还在于个体的人在思想文化上享有高度自由。如严复就不是把中西归结为“强者”与“弱者”的差距，而是看作为“智者”与“愚者”、“贤者”与“不肖”的差异。在他看来，所谓“强者”“智者”“贤者”，也就是每个个体的人，在摆脱自身的蒙昧当中走向了文明，建构了以“自由”为核心理念的知识谱系，为人类社会和文化的合理发展，奠定了坚实的价值基础。因此，推动中国文化的现代转型，就必须在“学习西方”中，大力开启“民智”，重建“民德”，如同B.史华慈所指出的那样：“假如说穆勒常以个人自由作为目的本身，那么，严复则把个人自由变成一个促进‘民智民德’以及达到国家目的的手段。”[①]进入民国之后，随着第一代先进知识分子的隐退，第二代先进知识分子则更是整体性地从现代西方文化的价值体系中，引进“民主”和“科学”的价值学说，以求籍此一揽子解决中国社会和文化发展所遭遇的问题。陈独秀就指出，惟有“德先生”（Democracy）和“赛先生”（Science）“可以救治中国政治上道德上学术上思想上一切的黑暗”。[②]胡适也由此提出“全盘性西化”主张。1929年，他为英文《中国基督教年鉴》撰写题为《文化的冲突》一文时，就主张要对中国文化进行“Wholesale Westernization”和“Whole hearted modernisation”。[③]不可否认，在中国文化现代转型中，鲁迅的价值立场与陈独秀、胡适是有共通之处的，但不同的是，鲁迅更多地把“破”和“立”置于同一维度来进行双向的考量。具体地说，就是主张以激进的“批判”方式来获取推动中国文化现代转型的“建设性”思路。他既不赞同晚清以来有关调和中西文化的做法，也不完全采纳民国以来主张全盘依据西方理论的观点，而是力求完整地表达出自己对于中

① [美]B.史华慈：《寻求富强：严复与西方》，叶凤美译，江苏人民出版社1995年版，第133页。

② 陈独秀：《本志罪案之答辩书》，1919年1月15日《新青年》第6卷第1号。

③ 胡适后来在《充分世界化与全盘西化》一文中，重新解释并修正了“全盘性西化”的提法，强调说：“这个名词的确不免有一点语病。这点语病是因为严格来说，‘全盘’含有100%的意义，而99%还算不得‘全盘’。……至少我可以说我自己的原意并不是这样。我赞成‘全盘西化’，原意只是因为这个口号最近于我十几年来‘充分’世界化的主张；……所以我曾特别声明‘全盘’的意义不过是‘充分’而已，不应该拘泥作100%的数量的解释。”

国文化及其现代转型的独特认识和理解。

在鲁迅看来，既然近代西方之强“根底在人”，那么，要使整个中国摆脱近代落后的窘况，在文化建设方面，就必须做到“其首在立人，人立而后凡事举，……国人之自觉至，个性张，沙聚之邦，由是转为人国。人国既建，乃始雄厉无前，屹然独见于天下”。[①]他认为，“中国人向来就没有争到‘人’的价格，至多不过是奴隶”，整个中国的历史也不过是“想做奴隶而不得”和“暂时做稳了奴隶”时代的交替循环，而要打破这种“超稳定”的历史循环，创造中国历史上未曾有过的“第三样时代”，就必须站在“立人”的思想高度，改造国民性，重铸民族魂灵，以便使近代中国能够克服传统文化弊端，“矫19世纪文明之弊”，进入“深邃庄严”的“20世纪文明”之中。[②]这样，中国人也能够以一种新型的现代人格，跻身于“世界人”的行列[③]，创造出与时代发展相一致的现代文化。

确立“立人”的价值理念，强调人的解放，特别是人的精神解放，并以此为中国文化现代转型的价值依据和逻辑起点，鲁迅的用意是多方面的。其一，强调“立人”，不仅能够充分弥补传统文化中“人”的观念的不足，而且更重要的是能够以“人”的观念更有效地改造国民性，做到“群之大觉”，使整个“中国亦以立”[④]。其二，传统文化按照血缘等级伦理来规定“人”的位置，这样虽“有贵贱，有大小，有上下”，然而也往往会陷入“自己被人凌虐，但也可以凌虐别人；自己被人吃，但也可以吃别人。一级一级地制驭着，不能动弹，也不想动弹了”[⑤]的境地而恶性循环，使国民的“奴性”心理得以强化，不能真正地成长为“人”。因此，倡导“立人”，是与追求中国历史未曾有过的“第三样时代”——一个摆脱了封建专制和异族侵略、高度繁荣与文明的“人”的时代价值取向一致的。其三，强调“立人”，也是更深层次确定寻求人的解放，走向主体自觉的逻辑程序，是张扬个性，追求个性解放的必要前提。在鲁迅看来，“人各有己”“朕归于我”[⑥]的精神独立和个性特征，才是最终促使“群之大觉”“中国亦以立”的内在动力。如果现代中国文化发展能在这个层次上转型，能够促进整个国民由此成为具有深刻自我意识能力的独特个体，那么，现代中国也就必定能够真正摆脱一切内外在的、强制性的政治与伦理的规约，获得民族的独立和社会的进步，进而进一步推动整个民族走向现代文明，进入以“人国”为主导中国文化发展的新纪元。

---

①鲁迅：《坟·文化偏至论》，《鲁迅全集》（第1卷），北京：人民文学出版社1981年版，第56、67页。

②鲁迅：《坟·文化偏至论》，《鲁迅全集》（第1卷），北京：人民文学出版社1981年版，第49、55页。

③鲁迅：《热风·三十六》，《鲁迅全集》（第1卷），北京：人民文学出版社1981年版，第307页。

④鲁迅：《集外集拾遗补编·破恶声论》，《鲁迅全集》（第8卷），北京：人民文学出版社1981年版，第24页。

⑤鲁迅：《坟·灯下漫笔》，《鲁迅全集》（第1卷），北京：人民文学出版社1981年版，第215页。

⑥《拾遗补编·破恶声论》，《鲁迅全集》（第8卷），北京：人民文学出版社1981年版，第27页。

美国学者J.列文森（Joseph R.Levenson）在评价梁启超时指出："如果一人拥有能打开他所在囚笼的钥匙，那么他早已不在他的囚笼之中。"[①]这句话同样适合于对鲁迅所作文化选择的评价。因为他早已"跳"出了传统文化的"囚笼"，并获得了打开束缚中国人精神枷锁的"钥匙"。他强调说："孔孟的书"读得最早，但"与他不相干"。[②]他深知，以儒家文化为主导的传统文化已不再适应于现代中国，必须对其进行整体的批判和改造，这样才能使现代中国迈入"沉邃庄严"的"二十世纪之文明"世界[③]，成为现代文明世界的一员，"在当今的世界上，协同生长，挣一地位"[④]。显然，在中国文化的现代转型中，鲁迅的思考和认识，是极具世界性的眼光和见识的，具有相当的广度和深度。

二

受近现代西方文化和"五四"新文化兴起及所提出的文化重建诉求影响，中国文化的现代转型，其现代性的价值建构，多是围绕着现代民族国家的建立，人的解放、个性解放，及其如何迈向民主、科学、自由等文化目标而展开。鲁迅对中国文化现代转型的思考，同样离不开这种语境的制约，其现代性理路与他的"立人"文化理念与主张紧密相关。不过，与同时代人相比，他重点思考的是如何在追求卓越的个体与启发民众觉悟之间，找到一种切实可行的道路，并在对国民性进行持之以恒的探索之中，力求为现代中国人寻找到真正的解放，特别是精神解放、心灵自由的归宿。

在鲁迅看来，现代民族国家的建立，离不开关于人的解放、个性解放的文化精神和价值意义的支持。他说："人立而后凡事举，若其道术，乃必尊个性而张精神。"[⑤]因此，强调"立人"就不仅仅只是将人从社会物质文化的压迫中解放出来，关键是要使人能够从精神禁锢中解放出来，获得对自我的认识，对精神解放、个性解放的确认，获得主体意识的自觉。鲁迅始终把人的现代化作为中国文化的现代转型的逻辑起点与理论依据，并由此设计出中国文化现代化的发展蓝图。

鲁迅特别强调"立人"以人的个性、个体性为基点，而不是纯粹的或泛道德意义上的"人"及其人的德性、德行、善性、善行等一类文化符号的认定。他指出，人的"思想行为，必以己为中枢，亦以己为终极：即立我性为绝对之自由者"。[⑥]这个

① [美] J.勒文森：《梁启超与近代中国思想》，刘伟等译，成都：四川人民出版社1986年版，第2页。
② 鲁迅：《坟·写在〈坟〉后面》，《鲁迅全集》（第1卷），北京：人民文学出版社1981年版，第286页。
③ 鲁迅：《坟·文化偏至论》，《鲁迅全集》（第1卷），北京：人民文学出版社1981年版，第55页。
④ 鲁迅：《热风·随感录36》，《鲁迅全集》（第1卷），北京：人民文学出版社1981年版，第307页。
⑤ 鲁迅：《坟·文化偏至论》，《鲁迅全集》（第1卷），北京：人民文学出版社1981年版，第57页。
⑥ 鲁迅：《坟·文化偏至论》，《鲁迅全集》（第1卷），北京：人民文学出版社1981年版，第56页。

“己”就是对人的个性、个体性的精神认定，也是对具有独立人格意志的强调，旨在摆脱封建的依附人格的惯性缠绕，使每个获得解放而具独立的个体“有限”的生命，能够自觉地去追求“无限”的价值与意义，从而建立起真正属于自己的精神领地，即“立我性为绝对之自由者”，这样才是人的最终解放和自由。鲁迅始终认为，认定人的个性、个体性的精神特征，是确立卓越的个体与对国民进行思想启蒙和改造国民性的关键，也是现代人获得以“自由”为核心价值的文化精神支持的关键。为此，鲁迅激烈地批评了传统文化中“以众疟独”“灭裂个性”“灭人之自我”的思想，强调作为独立的个体的人，应具有个性鲜明的独立人格意志，做到“独具我见”“人各有己”“不和人嚣”“不随风波”[①]，展开出现代民族和国家的想象，完成民族独立、社会解放和人的自由，特别是精神自由的价值与意义的建构。在“立人”的视阈中，鲁迅对独立个体予以了特别的强调，并引发了他对人的主体性的高度关注。在中国文化的现代转型中，他非常注重人的“内曜”[②]（主体性）功能与作用，主张把人的个性、个体性、主体性、主观性等精神要素，提高到至尊的文化位置，既把它视作一种自由的存在，又规定它必须要有自身的“形上之需求”，具有新的终极关怀，因为人的“主观之心灵界，当较客观之物质界为尤尊”，这样人的“内部之生活强，则人生之意义亦愈邃，个人尊严之旨趣亦愈明”。[③]把人的“内曜”——主体性、主观性，与人的个性、个体性有机地结合起来考察，鲁迅就要求独立的个体人必须做到“去现实物质与自然之樊，以就其本有心灵之域”，[④]为中国文化的现代转型，标明一种新的价值尺度。

鲁迅认为，卓越个体——“大士天才”“大士哲人”“精神界之战士”，在中国文化现代转型中独具作用。在《文化偏至论》《摩罗诗力说》等文中，他对浪漫诗人拜伦的“一剑之力，既其权利，国家之法度，社会之道德，视之蔑如”的精神予以高度认同。在他看来，个体的卓越性及其特殊作用，也是人的现代化的一个具体指数，倡导卓越的个体对众多还处在“铁屋子”里“昏睡”的国民进行“呐喊”式的启蒙，这是中国文化现代转型的重中之重。因为卓越个体完成人格的现代转变，就能够真正做到“敢于直面惨淡的现实”[⑤]，勇于面对人生给予个体的无数自由的选择。所以，鲁迅不是像尼采那样，将卓越的个体与普罗大众绝然对立，将他们视作“庸众”，而

①鲁迅：《集外集拾遗补编·破恶声论》，《鲁迅全集》（第8卷），北京：人民文学出版社1981年版，第25页。

②鲁迅：《集外集拾遗补编·破恶声论》，《鲁迅全集》（第8卷），北京：人民文学出版社1981年版，第27页。

③鲁迅：《坟·文化偏至论》，《鲁迅全集》（第1卷），北京：人民文学出版社1981年版，第55页。

④鲁迅：《坟·文化偏至论》，《鲁迅全集》（第1卷），北京：人民文学出版社1981年版，第54页。

⑤鲁迅：《华盖集续编·记念刘和珍君》，《鲁迅全集》（第3卷），北京：人民文学出版社1981年版，第274页。

是要促使众多的不觉悟者通过“立人”，实现对自身蒙昧的超越。鲁迅由此确立了中国文化现代转型的一种新的伦理法则：以卓越的个体去引导、改造众多的不觉悟者，使之能够在同一思想文化观念的高度，承担改造国民性、重铸民族魂灵的历史重任。

将人的解放，个性解放，作为“立人”的重要内涵，使之成为中国文化现代转型的价值指向和精神引领，鲁迅为中国文化现代转型构建起了一种新的人文精神，其内涵就是：通过对人的高度关注，特别是通过对人的个性、个体性、主体性、主观性的高度关注，充分地展现中国文化在现代转型过程中对改变国民的精神状态，培养人的现代人格，熔铸人的新的精神品格的积极作用，表现中国文化追求人的精神自由与解放的新的人文价值理想。鲁迅认为，只有这样，“中国人”才不会被挤出“世界人”的行列，并获得自身“思虑动作，咸离外物，独往来于自心之天地”[①]的精神解放和心灵自由。正是在这个意义上，鲁迅为中国文化的现代转型，在精神价值规约上显示出了一种充分尊重人、理解人、肯定人以开掘人的价值和潜能，与20世纪世界文化发展主流和方向相吻合、相一致的思想特征。

三

晚清至民国时期，在认同现代性的普世目标和价值的前提下，为应对西方文化的冲击，中国文化在现代转型过程中，仍然需要在对本民族的传统文化进行批判的同时，对其中仍然具有重要价值和意义的文化因子，进行“创造性的转化”（creative transformation）[②]，以便能够在保持民族传统血脉的同时，使传统文化因子成功地排列组合在新的文化框架与系统中，继续发挥重要的作用。

与同时代人不同，鲁迅在对传统文化进行激烈批判的同时，对如何转化传统文化因子进行了认真的探索，而不是主张“全盘性西化”。尽管他早年在中国南京和日本求学，接受了近现代西方文化的影响，对传统文化的批判持激进的立场，但是经过认真思考和研究，鲁迅确立了对于中国文化现代转型的基本策略，这就是要为中国文化的现代发展探索一条“外之不后于世界之潮流，内之仍弗失固有之血脉”[③]的发展道路。林毓生对此予以高度的评价，指出：“鲁迅的伟大之处就在于，在全盘性反传统的情况下，他能辩证地指出中国文化传统中某些遗留成分具有知识和道德的价值。尽管他也献身于全盘性反传统主义，但他的精神力量经受住了他不同意识层次上的复杂而未解决的冲突，他对中国文化和社会现实有深刻的理解，对形式主义采取了拒绝的

①鲁迅：《坟·文化偏至论》，《鲁迅全集》（第1卷），北京：人民文学出版社1981年版，第53~54页。
②[美]林毓生：《中国意识的危机》，穆善培译，贵阳：贵州人民出版社1986年版，第259页。
③鲁迅：《坟·文化偏至论》，《鲁迅全集》（第1卷），北京：人民文学出版社1981年版，第56页。

态度，所有这一切都使他能在传统社会解体后正确对待并明确指出中国古老文化成分的知识和道德意义。”①

根据中国文化现代转型的实际状况和发展需要，鲁迅重点对宗教、美育（艺术）和道德的特殊功效进行了认真的考察。

西方文化在现代转型中，新教伦理改革为走向现代化的世俗社会，提供了一种精神信仰的支持，“因信称义”（solafide）的精神法则普遍受到人们的欢迎。在中国文化的现代转型中，同样需要重视包括宗教在内的精神信仰的建构。在中国社会世俗文化力量过于强大的境况下，鲁迅认为宗教乃是一种超越“物质之生活”的“形上之需求”，是“向上之民，欲离是有限相对之现世，以趣无限绝对之至上者也”②。在他看来，宗教在荡涤精神、陶冶情操方面，有着理性所不能替代的功效。他以西方为例指出：“盖中世纪宗教暴起，压抑科学，事或足以震惊，而社会精神，乃于此不无洗涤，熏染陶冶，亦始嘉葩。二千年来，其色益显。③”如果说世俗理性终不能破译心灵的密码，不能最终支撑起人的精神信仰，获得心灵的皈依，那么，世俗理性的局限就只能由终极关怀之类的精神信仰来予以弥补，而在这方面，宗教自然有其特殊的功效。托克维尔指出：“人要是没有信仰，就必然受人奴役；而要想有自由，就必须信奉宗教。”④鲁迅也同样看到了这一点，他指出：“人心必有所冯依，非信无以立，宗教之作，不可已矣。”⑤当然，鲁迅并非要在中国文化现代转型当中，提倡宗教“立人”，其真正的用意还在于通过宗教特殊功效，来强调在人获得解放的同时，还必须确立自己的精神信仰，以便在博大的精神世界里，保持人生的进取心和强大的人格力量，超越世俗功利性的纠缠和理性的局限，以求真、求善、求美为最高目的，保证思想探索的纯正性、严肃性和神圣性，进而促进人性的纯洁和人心的向上。鲁迅确信，独立的人、自由的人，一旦拥有这样自由的精神超越，有这样崇高的精神信仰，也就是真正地拥有了抗拒世俗的诱惑和进行自由选择的权利，整个文化的现代转型也就能够真正的完成。

倘若宗教的精神功能有限，尚不能完全助力于世俗性非常强大的中国文化的现代转型，完成现代中国人对于新的人生价值和意义的建构，那么，鲁迅还主张通过美育（艺术）的方式来陶冶和纯化人的心灵、性情，由此打通新的“内圣外王”之道。早在他之前，王国维、蔡元培都曾提出“美育”的设想，主张通过美育来弥补宗教的缺

① [美]林毓生：《中国意识的危机》，穆善培译，贵阳：贵州人民出版社1986年版，第252页。

② 鲁迅：《集外集拾遗补编·破恶声论》，《鲁迅全集》（第8卷），北京：人民文学出版社1981年版，第27页。

③ 鲁迅：《坟·科学史教篇》，《鲁迅全集》（第1卷），北京：人民文学出版社1981年版，第28~29页。

④ [法]托克维尔：《论美国的民主》，董果良译，北京：商务印书馆1988年版，第539页。

⑤ 鲁迅：《集外集拾遗补编·破恶声论》，《鲁迅全集》（第8卷），北京：人民文学出版社1981年版，第27页。

位。王国维指出，“美术者，上流社会之宗教也”[①]，蔡元培则更是提出要“以美育代宗教”[②]。鲁迅深受前人的影响，指出美育（艺术）的功效在于“移人性情”，使人能够向“诚善伟美强力敢为之域奋进”，并且可以“美善吾人之性情，崇大吾人之思理”，可以“涵养人之神思”[③]，甚至还“可以表现文化”，“可以辅翼道德”，“可以救援经济”[④]。虽然他对美育（艺术）功效的认识，表现出了一种“超功利”的美学思想，但是他充分地注意到了美育（艺术）能够陶冶和纯化人心、人的情感的独特功能。在这个意义上，美育（艺术）同样是人获得内心自由、精神解放的重要方式，是避免现代转型过程中出现种种价值虚无和精神颓废的重要方式。他指出，美育（艺术）能够改变人的精神状态，强调当年他之所以“弃医从文”，其中一个重要原因就是看到这种特殊的功效。他说：“我们的第一要著，是在改变他们的精神，而善于改变精神的是，我那时以为当然要推文艺。”[⑤]把美育（艺术）纳入人的精神价值和信仰的终极关怀系统，并加以大力的倡导，鲁迅实际上也就为每一个独立的个体最终摆脱精神奴役，从愚昧、麻木的不觉悟状态中走出来，成为“明哲之士”“精神界之战士”，指明了方向。

与中国文化现代转型中的核心价值建构相关，鲁迅对于道德的功效也给予了认真的考察。他认为，道德在构筑人的价值和意义世界，确立终极关怀当中，具有高扬人的主体性的重要功效。他高度称赞农夫的道德是“气禀未失”，而“士夫”的道德则是“精神窒息，惟肤薄之功利是尚”。[⑥]深究他对道德精神意蕴和价值内涵的重视，不难发现，他对农夫淳朴道德的赞美，其真正的涵义还在于察觉到了由现代转型而带来的工具理性猖獗的现象，例如他对那种“遂其私欲，不顾见诸实事，将事权言议，悉归奔走于进之徒”，那种“假力图富强之名，博志士之誉，即有不幸，宗社为墟。而广有金资，大能温饱”之士，那种“虽兜牟深隐其面，威武若不可陵，而干禄之色，固灼然现于外”之人[⑦]，都予以道德上的强烈谴责和抨击。在他看来，唯功利是图的道德观有悖于“立人”的价值原则。既然“立人”是为了追求人的解放，要求每个独立的个体成为具有深刻自我意识和能力的人，那么，强调个体的道德建设也就必然是要求超越一切功利心的束缚，摆脱一切世俗性的纠缠，能够以更加充实的精神状

① 王国维：《王国维文集》（第3卷），北京：中国文史出版社1997年版，第25页。
② 蔡元培：《蔡元培全集》（第3卷），杭州：浙江教育出版社1997年版，第58页。
③ 鲁迅：《坟·摩罗诗力说》，《鲁迅全集》（第1卷），北京：人民文学出版社1981年版，第69页。
④ 鲁迅：《集外集拾遗补编·拟播布美术意见书》，《鲁迅全集》（第8卷），北京：人民文学出版社1981年版，第47页。
⑤ 鲁迅：《呐喊·自序》，《鲁迅全集》（第1卷），北京：人民文学出版社1981年版，第417页。
⑥ 鲁迅：《集外集拾遗补编·破恶声论》，《鲁迅全集》（第8卷），北京：人民文学出版社1981年版，第28页。
⑦ 鲁迅：《坟·文化偏至论》，《鲁迅全集》（第1卷），北京：人民文学出版社1981年版，第55页。

态，更加坚定的精神信仰，充分发展个性，保持精神世界的丰盈和内心的充实，在进入心灵自由的境界中体现出“至诚道德”的品格风范。鲁迅坚持把建立与“立人”主张相一致的新道德准则，纳入新的价值和意义世界的建构，纳入人的终极关怀系统，其真正意图就是要求每个独立的个体，能够时刻保持思想的纯正、人格的独立、精神的充实、生命意义的丰盈，能够与种种的世俗形态拉开距离，并由此担负起批判现实，改造国民性的历史重任，完成历史赋予个体的神圣使命，充分体现个体对于社会所具有的崇高责任感。

面对中国文化的现代转型，鲁迅对于中国文化新的价值和意义系统的建构，所关注的是人的生存和发展境况，以及整个民族和人类发展前景等诸多精神命题，其思想特色在于，在构筑传统向现代转变的“桥梁”中，首先是以整体的反传统姿态获得一种完全不同于传统的观念，“喊出一种新声”[①]，同时又积极地与传统保持血脉联系，以鲜明的“文化寻根”意识来进行新的文化创造和建设，正如他后来所明确的那样：“新的阶级及其文化，并非突然从天而降，大抵发达于对于旧支配者及其文化的反叛中，亦即发达于和旧者的对立中，所以新文化仍然有所承传，于旧文化也仍然有所择取。”[②]在他看来，推动中国文化的现代转型，也就是要赋予传统的某些认知符号以新的意义，将其转化为新文化的因子，使之排列组合在新文化序列之中，这比单纯地反传统或割断任何联系，全盘西化式地建构新文化，要更富有创造性和建设性。因此，鲁迅虽然认定借助现代西方文化的价值观，可以医治落后的中国，但并不主张将它当作具有终极关怀价值的新偶像，以避免此类工具理性的价值关怀，由于无法满足现代中国人的“形上之需求”而引发新的价值和意义的震荡，引发现代文化的存在性失望和形上的迷失，导致新的意义危机。同时，在创造性转化传统文化因子当中，鲁迅也不主张恪守单一的道德本体的终极关怀建构，而是主张在回归人的本体价值的意义层面上，追求个性解放、精神解放，使人能够真正领悟到生命的价值与意义，开拓出富有现代意义的新的人生境界，建构与现代化历史进程相一致的中国现代文化。不言而喻，在中国文化的现代转型中，鲁迅的见识是极其富有文化远见和智慧的。

[作者单位]浙江大学中文系

[原　　刊]《长江学术》，2014年第2期

① 鲁迅：《坟·写在〈坟〉后面》，《鲁迅全集》（第1卷），北京：人民文学出版社1981年版，第286页。

② 鲁迅：《集外集拾遗·〈浮士德与城〉后记》，《鲁迅全集》（第7卷），北京：人民文学出版社1981年版，第355页。

国民观：从臣民观到公民观的桥梁

——论中国近代的国民观

郑大华　朱　蕾

每个时代都有属于这个时代的主题和由之延伸而来的主流价值观念。鸦片战争以前，作为历史文化传统的臣民观念已经在中国存在了两千多年。臣民是指以君主为本位、对君主具有强烈的依附性、缺乏独立人格和意志、相对君主权力而言只有义务而没有实质上的有效权利的人。到了近代，随着鸦片战争的失败、中外交流的增多、外来思想的涌入，传统的臣民观念面临瓦解的境遇。尤其是甲午战败之后到20世纪初，知识分子怀着强烈的救国救民意识对臣民观作了深刻的反思和批判，并开始大力倡导国民观。国民是指以国家为本位、享有权利并担负义务、但是必须重义务轻权利、重国家利益轻个人利益、重集体轻自身的一国之民。然而民初宪政实践的失败，又使知识分子们认识到国民观也无法解决救国新民的历史问题，于是有识之士开始转而向往公民和公民观。在他们的视域中，公民是以个体为本位、在国家中具有独立人格、权利观念、功利思想、法律意识、契约精神和科学理性思想的个人。因此，虽然从清末到民初知识分子们对自己心目中的理想之“民”的称呼是不断变化的，如清末就已经大量出现了“公民”“人民”一词，而民国时很多新文化知识分子还使用着“国民”一词，但这并不妨碍知识分子们对自己思想的表达和大众对其所倡导的“民”的不同内涵的理解。清末以梁启超为代表的知识分子们所倡导的“民”，不管他们用的是“新民”还是“公民”，其实质内涵多是指以国家为本位的国民。新文化运动时期，尽管“国民”“人民”在很多新文化派知识分子的文章中频繁出现，但他们所要倡导的是以个人为本位的公民思想。

从臣民观到国民观再到公民观，不仅是一个批判逐渐深入的过程，也是一个主体意识逐渐觉醒的过程。国民观念中诸如权利、独立、自由、自尊、自信、自治等意识要素的倡导，对近代中国人主体意识的自觉有着启蒙的作用。这个过程印证了马克思所说的从“人的依赖性”到“人的独立性”的变迁过程，它实际也是近代中国在救国方式上所经历的器物变革、制度变革到人的变革过程的反映。

目前学界对于近代以来“国民”“公民”问题的考察，多集中在“国民性”“民族国家思想的演变及影响”“公民的权利和义务”等政治史领域，这些研究取得了相当的成就。还有些研究者从思想史领域对“国民”“公民”问题进行了探索，这种探索是对“国民”“公民”问题研究的深化。笔者不揣冒昧，拟以“国民观：从臣民观到公民观的桥梁”为题，从国民观的渊源、特征、影响和历史地位等几个方面，对清末知识分子的国民观作一研究，不当之处，欢迎批评指正。

一、舶来的“国民”

“国民”这个词和近代以来出现的很多新词汇一样，是19世纪末20世纪初中国知识分子在留日以后，从日文辗转假借而来的。以梁启超为代表的戊戌知识分子在变法失败后逃亡到了日本，新政实行后大量中国学生选择留学的主要国家也是日本。正是在日本，中国知识分子第一次大规模地接触到了各种反映西方政治、社会、经济思想的著作，当然这些著作大多是已经被翻译成日文了。这些日文版的反映近代西方社会思想的著作，给了中国知识分子极大的触动，他们以这些西方思想观念为蓝本，构造自己心目中的未来中国的理想国家图景。然而正是“这种中、西、日多种文化的跨语际运作，无可避免地造成了语义上的不断漂移；从而，‘国民’在近代中国，往往糅杂着多层复杂而混淆的意义”[1]（P675）。

就日文的“国民”一词的产生动机来说。“日本学者池上荣子研究明治初期日本的公民权与国族认同，指出，明治日本在吸纳西方政治观念时，并没有将citizenship与citizen译作‘市民权’与‘市民’，而是将之译作‘国民’。这种语意上的偏移，透露出近代日本的国民建构，未尝以一个相应的‘市民社会’（civil society）为基础，而是与其国族打造（nation-building）的历史进程紧密相关。”[1]（P675）。在明治时代向西方学习的时候，尽管英法等国都有较为成熟的近代民族国家制度体系和公民理论供日本借鉴、模仿，但日本还是选取了当时带有较多专制和国家主义色彩的德国学派的理论，作为日本建构近代民族国家的理论指导原则。此后德国学派关于国家、民族、国民等一系列问题的理念深深影响了日本近代以来的社会发展，很多德国学派学者的著作被稍作改动或一字不改地翻译过来，成为日本教科书的内容或编写相关教材的基本资料来源。

正是通过日本这个媒介，德国学派的一系列理念影响了中国知识分子对于中国未来国家思想的建构。1903年游美之后思想发生了很大变化的梁启超，于这年秋天写了《政治学大家伯伦知理》一文，放弃了原来所主张的人民主权论，而开始主张君主立宪制。“研究梁启超的学者认为，1903年10月发表的这篇文章是他治学道路上的一个重要标志。其实，这篇文章几乎完全是从吾妻兵治所译《国家学》抄袭过来的。这篇

文章除了确切表明梁启超接受了伯伦知理的观点之外，丝毫没有他的个人创见。”[2](P230-231)

梁启超接纳了伯伦知理关于国家学说的一系列观点，其中也包括他的国民观。有学者这样评价伯伦知理具有浓厚国家主义色彩的国民观：“在界定基本概念的含义方面，首先应提到的是‘国民’概念。它已不再是空泛意义上的‘一国居民’，而是带有德国政治学中‘Volk’一词含义的国民，它如同是奠定国家基础的政治、精神和道德的团体，其集体精神是国家的灵魂，而身躯则是国家的政体。”[2](P231)梁启超的国家思想、国民观是受到了日本的影响，日本的近代国家思想是受到了德国学派的影响，而德国学派的一系列理论与英法等国的近代民族国家思想、公民理论是截然不同的。就近代的公民理论而言，英法的公民是以个人为本位的，对英法的公民来说，国家只是公民实现个体利益的工具，法国甚至还体现着公民民族主义的精神，以公民共同的政治认同为民族共同体认同的标准；而笼罩在浓厚国家主义色彩中的德国学派的国民，其存在不过是作为国家这个最高目的的工具而已。因此，无论从理论还是从实践中看，英法所倡导的公民和德国所主张的国民的区别极大，不能混为一谈。

然而近代日本却将英法的以个人为本位的citizenship与citizen也译作“国民”。难道近代那些将西方著作翻译成日语的日本学者真的没有意识到citizen与国民的区别吗？他们的用意也许就如上文引言中所讲的，在建构近代日本的国家和国民理论时，日本方面未能以英法的“市民社会”为基础，而是选取了注重国家主义的德国学派的国族建构理论。但笔者觉得最根本的原因或许在于：以日本当时的社会发展水平而言，只能接受带有浓厚专制主义色彩的德国学派的理论，而建立在大工业生产和历史传统的英法自由平等观念和以个人为本位的公民理念，在自己的整个社会的生存方式还没有接近英法的程度之前，日本是难以接受的，何况德国的军国主义传统和日本的武士道传统还具有一定的相似性呢！于是，日本学者选择了来自德国的“国民”作为自己的近代国民塑造方式，并且或有意或无意将“国民”与“公民”混淆了起来，并作一谈。

日本学者，这种对“国民”和“公民”不做明确区分的做法，也影响到了近代中国的知识分子。梁启超、杨度等立宪派知识分子都曾长期留居日本，他们深受德国学派的影响，推崇国家主义，主张君主立宪。他们倡导的“国民”亦是德国学派理论中的国民的翻版。并且他们亦未能意识到以个人为本位的英法的“公民”与德国学派所倡导的“国民”的差别，他们在文中谈到英法之民时，亦如日本称之为“国民”，即使有时以“公民”称之，却仍指代着和“国民”一样的涵义。而革命派的知识分子，除了孙中山外，大部分都是在日本留学期间萌生出革命思想的知识青年，他们读到了大量的卢梭等英法启蒙思想家的著作，信仰人民主权说，想要通过暴力手段推翻满清政权，建立人人自由平等的民主共和国。尽管他们主张的共和“国民”和立宪派所希望的立宪“国民”并不一致，但和立宪派知识分子一样的是，他们也未能明确区分英法的以个人为本位的公民和德国学派理论中的“国民”的差别。在他们的文章中也出现了“国民”“公民”这两个词汇的混用现象。真正提出要建构以个人为本位的“公民”思想的是“五四”新文化运动时期的新文化派知识分子，这批知识分子很多都留学过英美德各国，熟通外语，对西方著作的领会也就接近于其原意了。

尽管最终是革命派领导的辛亥革命推翻了清王朝，建立了中华民国，但是在从甲午战争之后到1911年间，毋庸置疑，改良和立宪的主张才是清末社会精英阶层们所认可的主流思想。虽然戊戌变法失败后梁启超流亡去了海外，但他在20世纪初仍保持着中国思想界持牛耳者的地位。他通过自己的文章一次次的影响着近代中国知识分子建构民族国家问题的思路。立宪派还始终和清末政府上层保持着千丝万缕的联系，很多立宪派知识分子活跃在地方和中央的各级政府部门中，特别是当清政府宣布预备立宪以后，立宪派通过领导地方咨议局、地方自治实践、国会请愿运动等活动使自己一时声望、实力皆大增。有了这样好的理论实践平台，立宪派知识分子建构的近代民族国家思想得以在清末的宪政改革中被部分的实施。革命派则由于其暴力的革命目标而在国内缺乏现实的影响力，只能靠联络会党和新军中从事“策反”等地下活动来发展自己的势力，故而影响力在清末社会远远不及立宪派。因此，清末社会中占据主流思想地位的是改良、立宪的思想，最有影响力的是立宪派的近代民族国家建构理念。这一切决定了在关于国民观的各种论述中，虽然近代的各派知识分子都表达了不同的见解，但真正决定近代国民观内涵的还是以梁启超为代表的立宪派知识分子的国民观。

二、近代国民观的特征

近代中国知识分子精心塑造了一个未来民族国家中理想的国民形象。那么这个理想的未来国民形象或者说近代知识分子的国民观具有哪些特征呢？

（一）有机融汇中西近代思想之精华

梁启超在《新民说》中有言：“新民云者，非欲吾民尽弃其旧以从人也。新之义有二：一曰，淬厉其所本有而新之；二曰，采补其所本无而新之。二者缺一，时乃无功。”[3]（P5）我们纵观梁启超的《新民说》和其他知识分子对国民观的大量表述，可以发现体现“采补其所本无”的西方近代思想的地方可谓比比皆是。权利、自由、独立、公德、自治等，这些来自西方的近代思想，被知识分子们不吝笔墨的拿来，用以阐述自己的近代国民思想。英法两国的自由、民主的政治思想传统，德国学派学者关于“国家”与“国民”的整体性概念等，这些不同时期的西方近代思想都被具有拿来主义精神的近代中国的知识分子们吸取，用以建构个人在国家政治生活中所应扮演的角色。法国18世纪的激进民族主义思想和法国人民的革命精神，被倡导用以反对封建势力与帝国主义对中国的共同压迫；19世纪英国的自由主义思想，被汲取用以建构未来中国民主政治的基础；还有德国学派的民族主义和国家思想，也被吸纳用以建构中国的未来国家构想，培养出了中华民族这一具有中国特色的民族精神。

除了西洋以外，东洋日本的近代思想也被知识分子们积极引进，用以建构自己的国民观。福泽谕吉、中村正直等日本近代启蒙思想家都非常注重培养国民独立自主、自尊自信的品质。梁启超觉得中村正直在振起日本国民之志气、使日本青年人人有自尊之志气方面的功劳很大，故而仔细阅读中村正直翻译的英国人斯迈尔斯的《自助论》，并将自尊、自信的思想纳入自己对未来中国国民思想的阐述中。在《新民说》之《论自尊》一节中，梁启超开头便引用了福泽谕吉的“独立自尊”之语，可见日本近代思想对梁启超国民思想的塑造产生的重大影响。日本近代的武士道精神和军国主义气氛，亦影响了20世纪初留日的各派知识分子，使他们觉得中国人精神的萎靡和体格的脆弱正是中国人任人宰割的重要原因，于是纷纷在论述国民观时提倡尚武的所谓军国民精神。

同时，国民观中的很多阐释亦体现了知识分子们对一些中国传统思想观念的继承。如谈到国民应享有的权利时，知识分子们首先就谈到了参政权，并强调应把参政权看做是兴国权的手段，这就体现了中国传统思想的特色。在西方社会，人们最重视的是自由权、生命权和财产权，特别是财产自由权，被洛克等西方思想家看做是个人自由的基础。而到了中国，在知识分子们看来国民们首先要争取的权利却是参政权，清末的国会请愿运动就体现了要争取参政权的要求。

这样一来，近代中国知识分子对国民观的阐述就像是近代东西方各派思想的大杂烩。知识分子本着实用的目的，对近代东西方各种思想重新进行调整、组合，并使一些很抽象的思想具体化、实用化，最终形成了中国近代国民思想的理论建构。

尽管是在对东西方近代思想的吸取和对中国传统思想的继承中，知识分子们表达了自己的国民观。但在这些表述中，知识分子们思想的天平明显地偏向了西方思想的一边，他们对东西方近代思想的吸取要比对中国传统思想的继承多得多。

（二）注重民族主义和以国家为本位

近代中国知识分子对国民思想的论述，实际上是与当时的社会达尔文主义在清末的流行紧密相关的。当严复的《天演论》发表以后，中国知识分子深受其影响，观念为之一变，认定了“生存竞争，优胜劣败”乃是决定当今世界国家民族盛衰的不二法则。以梁启超为代表的近代知识分子，深受伯伦知理的“国家有机体论”的影响，认为国家乃是由其国民全体凝聚而成，国家的强弱盛衰，取决于其组成部分的分子——国民，于是先进知识分子开始倡导具有近代意义的国民思想。显然这种近代意义的国民思想是建立在民族主义和社会达尔文主义理论之上的，民族的生存和竞争是中国知识分子建构国民思想的落脚点，独立、自治、国家思想等近代国民要素已经与抵御他族、维护公共利益融合在了一起，成了民族主义的有力体现。

以国家为本位是注重民族主义的必然逻辑结论。知识分子们深受近代德国学派关于国家建构和国民理论的一系列观念的影响，梁启超尤其膺服伯伦知理，并以伯伦知理的理论为蓝本，创立了对20世纪初中国知识分子影响深远的国家理性至上的国家思想理论。根据梁启超的国家理性至上的理论，国家理性拥有至上性和权威性，主权不再属于人民或君主而是属于国家本身，国民只能是作为一个整体才有意义，个体的国民只能是国家实现其利益的工具。笼罩在国家理性至上理论之中的近代国民观无疑深深的被打上国家的烙印。

当初，为了去除国民身上的奴隶性，启蒙大众的国民观念，知识分子们论述了新时代的国民所应具有自由、独立、权利意识等一系列内涵。而一旦面对紧迫的救亡图存的时代任务，知识分子们国民思想的激进的一面就逐渐消退了，其现实的一面就显现了出来。梁启超虽然认可国民享有自由民主权利的合理性，但根据国家理性至上的理论，他又认为过分的内部竞争很可能会导致整体利益受损，因此梁启超觉得个人主义和自由主义都是对国家有害的。他指出：“自由云者，团体之自由，非个人之自由也。野蛮时代个人之自由胜，而团体之自由亡；文明时代团体之自由强，而个人之自由减。”[4]（P44-45）有类似看法的又何止梁启超一人。1903年的《苏报》上的一篇文章认为：“诸君亦知真自由与伪自由之分乎？真自由者，非言语自由，乃实际自由也；……非个人自由，乃团体自由也。”[5]1905年陈天华在揭示革命的政治方针时说：“吾侪求总体之自由者也，非求个人之自由者也。”[6]（P208）而且，在国民权利和义务何者具有优先性的问题上，在清末社会有很大影响的立宪派主张国民应以对国家尽义务为优先。梁启超甚至认为当国家与国民的利益发生冲突时，解决之道应是：“为国家生存发达之必要，不惜牺牲人民利益以殉之”，“牺牲人民一部分之利益者，凡以为其全体之利益也，牺牲人民现在之利益者，凡以为其将来之利益也”。[7]（P7）由此可见，在清末知识分子们看来，国民个人的权利与自由在价值的优先性上，始终是居于国家的利益与自由之下的，并且只有在国家的利益获得了充分的保障之后，才有个人的幸福可言，而一旦国民个人利益与国家利益相冲突时，个人应该毫无悬念的“屈己以伸群”[8]。

国民在近代知识分子们眼中如此的境遇，正是由于当初知识分子们建构“国民”时的原动力来自于对国家强盛目标的追求，“国民”被当做了救亡图存、增强国力的工具。在表面上，我们看到大量的对国民思想的叙述和对“国民”的颂歌，可实际上知识分子们真正的关注点和要加以神圣化的却是“国家”本身；在表面上，国民被视为国家组成的必要部分，和国家密不可分，可在实际上，真正处在这一系列论述之核心位置的，却是知识分子们所魂牵梦绕的目标——国家的强大；在表面上，知识分子积极提倡公德和进取冒险精神，可“对‘公德’的强调在实际是要求国民关心国家和群体利益；对冒险精神的颂扬，实际是要国民为国家献出一切”[9]（P155）。因此我们完全可以说：近代中国知识分子们所建构的国民观是以国家为本位的。

有一点需要指出，这种以国家为本位的国民观念，由于更注重国民的整体性（强调合群）和国民对公共事务的参与（强调公德和参政权），使得近代知识分子们所塑造的国民更接近于古希腊雅典的共和主义公民，而与近代西方建立在个人主义基础之上的自由主义公民有着很大的差异性。

（三）具有道德主义和精英主义倾向

带有浓厚道德主义色彩的公德意识是近代中国知识分子们所大力倡导的国民素质之一。梁启超认为道德的本质在于利群，各国的道德虽因文野之差等而不同，但无不以能固其群、善其群、进其群为目的。中国的道德长于私德而最缺公德，因而亟待发明和提倡公德，而公德之目的，即在利群。其他知识分子亦从大量的中外对比中揭示中国人在公德方面与西方的差距，并积极探讨中国人缺乏公德心的原因，以期对症下药，提升国人的公德的意识。但无论是过去中国所“长于”的私德，还是现在被知识分子们所倡导的公德，无论强调国民的公德意识是为了国家的利益还是为了提升个人的素质和公共意识，民众的“德”的意识始终是中国知识分子关注的目标。在知识分子看来，虽然在不同的历史环境中大众所应具备的道德类型有所不同，但“德”却是肯定要具备的，无论这种“德”是私德还是公德，无论强调公德是为了国家利益还是为了个体的自我提升。

早在19世纪末严复宣扬要“开民智、新民德、鼓民力”的时候，近代知识分子们的国民观念就开始打上浓厚的精英主义倾向了。尽管梁启超开始曾认为：“新民云者，非新者一人，而新之者又一人也，则在吾民之各自新而已。”[10]（P3）但让那些带着大量“奴隶性”的国人进行自我教育，其“自新”的效果可想而知。于是知识分子们又回到了原来的路子上来，认定国民素质的提升只能有赖于外力的推动，而推动者就是那一小群先知先觉的知识精英。先知先觉的知识精英们一方面通过学校、报刊等媒介启蒙广大知识分子们的国民思想，期图通过广大知识分子观念的转变以影响整个社会；另一方面又试图重新走政府改良的自上而下的道路来逐渐培养大众的国民思想。于是，在中国就出现了一个以精英知识分子为主体、以人民大众为客体、以培养大众具备近代国民素质为目标的精英式启蒙路径。

三、近代国民观的影响及历史地位

就思想史的意义而言，近代国民观的影响主要是促进了近代国人主体自觉意识的初步觉醒。

主体意识是指人们对自身作为主体在主客体关系中的地位、作用的反映和认识，包括对象意识和自我意识两个部分。从臣民意识向国民意识的转变就反映了近代中国人主体意识的初步觉醒。中国古代以小农经济为基础的封建宗法制度和君主专制制度，造就了中国传统社会所独有的以君主为本位的臣民观念。使得臣民对君主具有强烈的依附性、缺乏独立的人格和意志、相对于君主权力而言只有义务却没有实质上的有效权利。因此，臣民实际上是不可能具有主体意识的。到了近代，尤其是19世纪末20世纪初，臣民观念逐渐瓦解，以国家为本位的具有近代西方独立、自由等内涵的国民观念横空出世，日益取代臣民观念。国民观念中诸如权利、独立、自由、自尊、自信、自治等意识要素的被倡导，开启了近代中国人主体意识逐渐觉醒的过程。

权利是区分传统臣民与近代国民的根本标志。在封建时代，臣民依附于君主只能尽义务而没有享受权利的可能。在长期臣民观念的熏染下，广大臣民日益习惯于自己的这种依附的身份，谈不上主体意识可言。但当国民意识要素之一的权利意识被介绍到中国来以后，国人们开始意识到朝廷和国家是有区别的，自己应是国家的一分子而不是君主的臣民，意识到自己作为国家的一分子是应该既尽义务也享受权利的，意识到自己是应享受到诸如参政权、生命财产权等一系列重要权利的。主体意识就这样通过权利意识开始在国人们心中萌生。

独立性和依附性是一对相反的人格形态。臣民依附于君主没有自由可言更谈不上拥有权利，传统社会中臣民的这种依附人格，使得臣民缺乏独立性，难以产生主体意识。近代国民观念的传播使国人意识到自己作为国家的一分子，不应再依附于君主了，自己应该具有独立性，应该拥有自由和权利。一旦广大国民具有了独立意识，主体意识的产生也就不再遥远了。

国民的自尊和自信意识也促进了近代中国人主体意识的逐渐觉醒。在封建时代，臣民们在君主面前是没有自尊可言的。君主掌握着生杀予夺的大权，臣民们没法掌握自己的命运，他们的命运随着君主的喜怒哀乐而变化起伏，随时面临着受辱和生命财产被剥夺的可能。而宣扬自尊和自信的国民观使广大国人意识到自己的命运应该掌握在自己的手中，人不应该在依附中生活，而应该依靠自己，依靠自己的自尊和自信力去成就一番事业，进而拯救危亡之中的国家。这样，主体意识就通过国民试图内在的去改变自己和国家的命运而逐渐在国民心中萌生。

在封建时代，国家的一切权力属于君主，臣民是作为被统治的对象而存在的。近代国民观念倡导的自治意识打破了君主垄断一切权力的局面。国民们不仅意识到应该实行地方自治，而且意识到对自己也应该实行“自治”。这样，国民们就不仅直接从政治上、而且间接从个人自主权上摆脱了君主的统治。所以说自治意识也促进了近代国人大众主体意识的觉醒。

对于如何摆脱国民身上存在的“奴隶性”的问题，梁启超曾经认为办法就在于国民的“自新”。让充满“奴隶性”的国民们自己教育自己，效果可想而知。虽然梁启超后来意识到这个矛盾并放弃了对“自新”的提倡，但他试图通过引导国民自己去解决其自身劣根性的思路，对近代中国大众主体意识的觉醒也起到了助力的作用。

革命派信仰卢梭的人民主权论，认为国家的主权应该属于国民，建立了共和国以后，国民应该享受到包括不受限制的普选权在内的一切民主、自由的权利。为了实现自己的政治构想，革命派一次次的举行武装起义，试图以暴力方式推翻满清政府，同时也通过报刊、书籍等形式大力宣传反满、主权在民等革命思想。革命派的这一系列思想、活动，特别是对天赋人权、主权在民思想的大力宣传，使国人大众意识到：不要做依附于君主的没有权利和自由的臣民，而要做国家、社会乃至自己的主人的国民。这就有力地促进了国人大众的觉醒，更加激发了他们的主体意识。

国民观念就这样一步步地腐蚀、瓦解着传统的臣民观念，同时也一点点地培养、促进着近代中国人主体意识的逐渐觉醒。这样的一个主体意识逐渐觉醒的过程，印证了马克思所说的从“人的依赖性”到“人的独立性”的变迁过程，也反映了近代中国在救国方式上所经历的器物变革、制度变革和人的变革的过程。主体意识的觉醒亦反映了在中国近代化的过程中除了政治、经济、军事近代化以外，“人的近代化”的这么一个过程。

但是19世纪末20世纪初的这场“人的近代化”的过程是不彻底的，因为推动当时国人主体意识觉醒的国民观念是以国家为本位、而不是以个人为本位的。以国家为本位的国民，虽然摆脱了对君主的依附，却只能作为国民整体中的一分子从属于国家，虽然拥有自己的权利、自由和独立性，而一旦个人的利益和国家利益相抵触时，这种权利、自由和独立性就会被迫大打折扣。因此以国家为本位的国民虽然能够促进近代中国人主体意识的觉醒，却不能够完全唤醒国人们的主体意识，所以这种觉醒只能是“初步”的，20世纪初的这场“人的近代化”的过程并没有完成。这也是导致民初宪政失败的一个重要原因。

“五四”时期，以陈独秀为代表的新文化派知识分子们就认为：民初宪政失败是由于国民身上存在着奴隶劣根性的缘故。并且通过大量的中外对比，他们发现这种奴隶劣根性早已成为了民族心理的一部分，而造成这种奴隶劣根性的根源就在于两千年来以三纲五伦为主轴、以家族主义为基点的儒家宗法政治伦理思想对社会的熏染。尽管清末知识分子们也对国民的“奴隶性”进行过批判，但他们的批判主要是针对大众爱国心的缺乏所做的反思。因此，清末的国民“奴隶性”批判带有着浓厚的爱国主义和民族主义的色彩。而到了“五四”时期，由民初宪政失败所引起的对国民奴隶性的批判，则更多的是在中外民族的对比中、从中国自身民族心理的角度所做的判断。儒家文化、尤其是三纲五常和家族宗法制度被看作是造成国民奴隶性的根源所在，也是造成民初宪政失败的主要原因。因为带有着深重奴隶性的国民是难以成为合格的共和国民的，即使宪法条款中已经规定了国家的主权属于他们，规定了他们拥有自由和各种各样的权利，他们的心里仍然充满着“奴隶”心态：在国会选举中，放弃自己的选举权利，甘于被金钱收买；袁世凯成为终身大总统后，居然弹冠相庆；当袁世凯取消国会、废除《临时约法》及酝酿称帝时，或为一己之私利推波助澜，或者漠不关心。国民都充满了这样的奴隶心态，共和宪政试验怎么能不失败呢？宪政失败了，军阀混战不已，中国如同一盘散沙，国家怎么能强大起来呢？衰弱的中国怎么能不被外强轻视并觊觎呢？

国家主义的国民观不能解决“救国”“强国”的问题，那么又有别的什么思想能够解决这个问题呢？以陈独秀为代表的新文化派知识分子们很快就找到了答案。陈独秀认为，中国欲图社会进步，“欲转善因，是在以个人本位主义，易家族本位主义”。[11]（P167）这里的“个人本位主义”近似于西方公民范畴的以个人为本位的思想，体现了陈独秀试图用西方以个人为本位的公民精神来批判并取代传统的儒家伦理，从而推动中国社会发展的进步思想。

为了更好地宣扬“个人本位主义”，新文化派知识分子对清末知识分子所倡导的国家主义思想和国民观念进行了批判。高一涵专门写了《国家非人生之归宿论》一文，认为那种把人看做是为国家而生，把国家作为人生的归宿，为了国家可以尽损国民权利的主张是本末倒置的。国家是人为了自身的需要而建立的，国家理应保护国民的权利。违反人民意志的国家不适合于今天的人类社会，损害人民权利不可能真正有利于国家，“国家者，非人生之归宿，乃求得归宿之途径也。人民、国家，有互相对立之资格。国家对于人民有权利，人民对于国家亦有权利；人民对于国家有义务，国家对于人民亦有义务。……故欲定国家之蕲向，必先问国家何为而生存；又须知国家之资格，与人民之资格相对立，损其一以利其一，皆为无当”。[12]（P4）此外，在《非“君师主义”》一文中，高一涵还认为国家权力与国民权利应是有明确的界限的[13]553。可见，新文化派知识分子意识到了国民要与国家适当的分离，且从国民个体的角度出发，提倡国民应有个人独立的价值，国民是不能从属于国家的。

新文化派知识分子非常推崇西方尤其是英美的个人主义思想。何谓西方的个人主义？陈独秀这样解释道："举一切伦理，道德，政治，法律，社会之所向往，国家之祈求，拥护个人之自由权利与幸福而已。思想言论之自由，谋个性之发展也。法律之前，个人平等也。个人之自由权利，载诸宪法，国法不得而剥夺之，所谓人权是也。人权者，成人以往，自非奴隶，悉享此权，无有差别。此纯粹个人主义之大精神也。"[11]（P166）陈独秀认为，虽然在西方也有国家利益的问题，但是西方的"国家利益，社会利益，名与个人主义相冲突，实以巩固个人利益为本因也"[11]（P166）。因此陈独秀断言："人间百行，皆以自我为中心，此而丧失，他何足言？"[14]（P172）

除了大力提倡个人主义，新文化知识分子还从独立人格、权利观念、功利取向、法律意识、契约精神以及科学理性等方面输入西方尤其是英美的近代国家思想、公民理念，用以批判传统的儒家伦理，进而试图重建中国文化和重塑中国国民性格。因此，新文化知识分子倡导的"民"的实质内核已经非常接近于英美个人主义的公民范畴了，我们完全可以称这种"民"为公民，可以将新文化知识分子对这种"民"的思想的倡导看做他们对以个人为本位的公民观念的向往。故而，这种以个人为本位同时兼采多种西方理论的公民思想已经大大超越了清末知识分子们所倡导的以国家为本位的国民思想。

四、结语

国民观，从臣民观到公民观的桥梁。19世纪末，面对来自东西方列强侵略的步步紧逼，传统的臣民观念已经不能适应新时代的需要了。先进的中国知识分子们为了唤醒国民，积极吸纳东西方近代先进思想以建构自己理想中的未来国民理念，由此产生了中国近代国民观念。但是民初宪政实践的失败又暴露了国民观无力解决现实问题的窘境，在对国民观的反思中新文化派知识分子萌生了对以个人为本位的公民观的向往。虽然国民观从兴起到衰落只有短短不到20年的时间，但是国民观在中国近代思想史中的地位却是重要的，国民观念实际上起到了从臣民观念到公民观念的过渡作用，而且这种过渡作用是不可或缺的。

首先，由于中西方文化背景的不同、社会生产力发展水平的差距，清末民初时期，国人的思想观念不可能从臣民观念直接进步到以个人为本位的公民观。19世纪末，虽然萌生了各种新思想、新观念，但以农业经济为基础的中国社会仍然处在清王朝的专制统治之下，传统的儒家思想对社会的主导地位仍然不可撼动。此时建立在工业生产基础上的西方社会已普遍建立了法制国家，西方的公民观念和个人主义思想正是建立在近代资本主义大工业生产和一系列资产阶级思想文化的基础之上的。而当时中国并没有产生与公民观念、个人主义思想相适应的经济基础和文化背景。在整个社会生产方式还没有改变之前，在中西方文化背景、生产方式如此之大的差距之下，即使臣民观念已经逐渐瓦解，中国社会也难以接受跨越幅度如此之大的思想移植。因此，清末时期国人的思想观念是不可能从臣民观直接进步到以个人为本位的公民观的。事实上，那时的梁启超就意识到“欧美各国统治之客体，以个人为单位；中国统治之客体，以家族为单位。故欧美之人民，直接以隶于国，中国之人民，间接以隶于国”。[15]（P152）但是个人主义思想却未能进入到梁启超的心中，梁启超在清末建构的国民思想是以国家为本位的。

其次，近代中国所面临的救亡的急迫任务和社会的实际发展水平决定了即使接触到了来自西方的新观念，清末知识分子也只能达到产生国民观念的程度。一方面，鸦片战争以后，中国开始面临着来自西方的侵略，甲午战争的失败和此后的庚子之乱更是把中国推到了亡国灭种的边缘，在社会达尔文主义的影响下，中国如何摆脱落后的境地、如何拯救中国于危亡始终是中国知识分子考虑的头等大事，因此知识分子们对未来的任何设想都是离不开“救国”这个主旋律的。另一方面，随着社会的发展，19世纪末中国各地出现了很多近代工业生产方式并产生了极具软弱性的资产阶级群体。在臣民观念日益瓦解的同时，新社会群体也在呼唤着反映他们意志的新观念，大量西方理念的输入使得自由、权利意识等成为清末知识分子建构自己理想的未来国家观念的要素。但脆弱的中国资产阶级群体，他们也就只是要求得到一部分权利（如参政权等）而已，虽然梁启超等清末知识分子已经意识到西方国家的民众是“以个人为单位”的，但在当时，他们没有、事实上他们也不可能提出未来的“国民”应以个人为本位。西方的公民观念是其社会长期自然演化的结果，是适应其大工业生产方式和生活方式而产生发展的，因此移植公民观念也需要有相应的经济方式和生活方式的支持。故而，清末知识分子所建构的“国民”虽然已经拥有了权利意识，但却不是建立在个人主义基础之上的公民。加之总是面临着救亡的时代任务，这一切决定了清末时的国人大众只能是拥有权利自由等近代意识要素、但又必须处处优先考虑国家利益的国民。

最后，历史事实已经证明公民观的产生正是建立在对国民观的反思和对臣民观的批判的基础之上的。社会的发展有其一定的规律性，人类总是在对旧观念、旧理论的反思和批判中产生和发展出新观念、新理论的。

总之，救亡的时代任务、中西文化背景的悬殊、清末社会生产力的实际发展水平这一切决定了，即使臣民观念日益瓦解，清末中国社会也不可能立即接纳来自西方的以个人为本位的公民观念，清末以梁启超为代表的知识分子们只能达到产生国民观念的程度。公民观的产生正是建立在对国民观的反思的基础上的这一历史事实，就更进一步地说明了在从臣民观到公民观的发展中，国民观的过渡桥梁作用是不可或缺的。而国民观在中国近代思想史中的地位就正是体现在国民观的这种过渡作用中的。西方学者扎罗曾指出："新词'国民'（Guomin）实际上起到了从'一国之民'（a national）到完整意义上的'公民'（a full-fledged citizen）的过渡作用。"（The neologism Guomin in effect straddled the distinction between a mere "national" and a "full-fledged" citizen.）[16]扎罗的话不无道理，但表述却不甚明确。他所说的"a mere 'national'"指的是"臣民"吗？如果不是，那么"a mere 'national'"肯定没有准确把握鸦片战争以前中国社会中依附于君主的那些芸芸众生们的实质内涵。但有一点，扎罗的意思是很明确的，中国的前近代状态的社会个体在向近代完整意义上的"公民"的演进过程中，起着过渡桥梁作用的正是"国民"。

注释

[1] 沈松侨. 国权与民权：晚清的"国民"论述，1895—1911[J].（中国台湾）中央研究院历史语言研究所集刊（第73本第4分），民国91（12）

[2] （法）巴斯蒂.中国近代国家观念溯源——关于伯伦知理《国家论》的翻译[J]. 近代史研究，1997（4）

[3] 梁启超. 释新民之义[A]，饮冰室合集·专集之四（影印本）[Z]. 北京：中华书局，1989

[4] 梁启超. 论自由[A]，饮冰室合集·专集之四（影印本）[C]. 北京：中华书局，1989

[5] 学界风潮[N]. 苏报，光绪29-4-13

[6] 陈天华. 论中国宜改创民主政体[A].陈天华集[M]. 长沙：湖南人民出版社，1982

[7] 梁启超. 政治与人民[A]，饮冰室合集·文集之二十（影印本）[Z]. 北京：中华书局，1989

[8] 梁启超. 服从译义[N]. 新民丛报，1903-5-25

[9] 陈永森. 告别臣民的尝试——清末民初的公民意识与公民行为[M]. 北京：中国人民大学出版社，2004

[10] 梁启超. 论新民为今日中国第一要务[A].饮冰室合集·专集之四[Z]. 北京：中华书局，1989

[11] 陈独秀. 东西民族根本思想之差异[A]，任建树，等. 陈独秀著作选[Z]. 上海：上海人民出版社，1984

[12] 高一涵. 国家非人生之归宿论[J]. 青年杂志（一卷四号），1915：12（15）
[13] 高一涵. 非“君师主义”[J]. 新青年（五卷六号），1918，12（15）
[14] 陈独秀. 一九一六年[A]，任建树，等.陈独秀著作选[C].上海：上海人民出版社，1984
[15] 梁启超. 论政治能力[A]. 饮冰室合集·专集之四[Z]. 北京：中华书局，1989
[16] Joshua A.Fogel&Peter G.Zarrow. Imagining the People—Chinese Intellectuals and the Concept of Citizenship，1890—1920[J]. NewYork：M.E.Sharp，Inc，1997

[作者单位]第一作者：中国社会科学院近代历史所；第二作者：湖南师范大学历史文化学院
[原　　刊]《晋阳学刊》，2011年第5期

从“造材”到“立人”：近代中国教育启蒙的主题转换

胡金木

无论人们对现代化有着怎样不同的理解，也不论人们对现代化持有一种怎样的态度，毋庸置疑的是，现代化已经成为人类发展史上一个不可回避的主题，实现现代化已然成为人类发展的目标所在。正如罗兹曼所言，“现代化是人类历史上最剧烈、最深远并且显然是无可避免的一场社会变革。是福是祸暂且不论，这些变革终究会波及与业已拥有现代化各种模式的国家有所接触的一切民族”[1]。

面对现代化的冲击，近代中国教育不得不“应对式”地开启现代化的启蒙之旅，启蒙精神也开始对近代中国教育发挥重要的影响。在启蒙精神的指引下，中国知识分子开始认清传统学校教育的弊端，不再囿于传统，开始打破那种“尊上崇古”的守旧心态。中国人开始了一场思想解放运动，渐渐地摒弃了“夜郎自大”的蒙昧，开始了“睁眼看世界”的启蒙历程，企图通过向西方学习，来祛除自身的蒙昧状态，以期走上现代化的文明之路。

教育的救亡任务与启蒙任务在理论上似乎不存在矛盾，它们二者都聚焦于“人”，但现实中救亡与启蒙却是一对紧张的概念。在理论上，中国要达到民族救亡的任务，就必须唤醒民众，祛除蒙昧，实现人性启蒙；同时，中国的启蒙运动是在救亡的历史任务促动下凸现出来的，把浑浑噩噩的国民惊醒的正是民族危机，救亡促动了启蒙。而在现实中，晚清以降的中国已经深深地陷入了内外交困的救亡、自强之中，“保种”“保教”与“保国”等救亡话语占据了近世话语体系的中心位置。面对数千年之未有变局，首先摆在国人面前的历史使命是救亡图存，外遭列强侵略以求保国，内则民生凋敝以求富国，只有富国、强军，才可保国、保种。在中国现代化的过程中，教育救亡的意图常常压倒教育的启蒙的诉求。

不论启蒙还是救亡，它们的落脚点都是“兴学校”以“育人才”，但所育之“人”在不同历史阶段，有着不同的理解，发生了一种从器物技艺层面上救亡“造材”到思想文化层面上启蒙“立人”的价值转换。近代教育的早期主要着眼于人的工具性价值，人仅仅被理解为救亡图存的手段，教育仅仅培养救亡所需之“材”，以应救亡之需，而未认识到觉醒国民思想的重要价值；而后期着眼于人的本体性价值层面，把人理解为自足性的目的，教育则要唤醒民众的自主自觉意识，以期启蒙“立人”，而后自强。

一、救亡“造材”与教育变革

面对救亡时局，中国知识分子看到了西方文化并非“奇技淫巧”，开始承认西方强，强自“西学”。林则徐、魏源、郑观应等先觉者认识到不能一味地固守传统，闭目塞听，而需向西方学习，采西学。如郑观应以形象的比喻说明向西方学习的必要性与重要性：“今日之洋务，如君父有危疾也，为忠臣孝子者，将百计求医而学医乎，抑痛诋医之不可恃，不求不学，誓以身殉，而坐视其死亡乎？”[2]（P87）面对“君父”之“危疾”，作为“忠臣孝子”的中国知识分子开始认识到西方之先进性，承认中国落后于西方，积极倡导学习西学。他们逐渐形成了这样一条教育逻辑：如欲富强，则需制洋器，若制洋器，则需采西学，若采西学，则需兴学校，所兴学校，需以中学为基，西学为辅。

在这种教育逻辑下，人仅仅是一个保种保教的材料，教育仅仅是强国富民的工具，教育变革首先关注的是人的工具性价值——救亡之“材”料。这样，所兴学校则以培养各种制器之人才为直接目标，以应洋务之需，富民强国；所育人才也着眼于人的器物技艺之层面，仅仅为救亡之“材”料，存在着明显的工具性倾向，并没有充分关注到人的思想观念层面。

救亡范式下的教育变革不是没有认识到人的重要性，而是把人理解为器物之材，进而教育变革主要聚焦于表面的技术性层面。李鸿章、张之洞、左宗棠等先后创办的新式学堂主要是外国语学堂、技术类学堂以及军事类学堂等三种：第一类是外国语学堂，学习各国语言，培养外语人才。主要有京师同文馆（北京，1862年）、上海同文馆（上海，1863年，后于1869年改称上海广方言馆）、广州同文馆（广州，1864年）、新疆俄文馆（1887年，乌鲁木齐）、珲春俄文书院（珲春，1888年）、台湾西学堂（1888年，台北）、湖北自强学堂（1893年，武昌）等；第二类是技术类学堂，学习西方制造、电讯、矿务、驾驶的知识，培养技术人才。主要有福建传政学堂（1866年，福州）、福州电报学堂（1876年，福州）、天津电报学堂（1880年，天津）、广东实学馆（1880年，广州）、上海电报学堂（1882年，上海）、金陵同文电学馆（1883年，南京）、两广电报学堂（1887年，广州）、台湾电报学堂（1890年，台北）、湖北采矿工程学堂（1892年，武昌）、北洋医学堂（1893年，天津）等；第三类是军事类学堂，学习军事知识技术，培养军事人才。有天津水师学堂（1880年，天津）、广州黄埔鱼雷学堂（1884年，广州）、天津武备学堂（1885年，天津）、昆明湖水师学堂（1886年，北京）、广东水路师学堂（1887年，广州）、江南水师学堂（1890年，南京）等。

从上面的新式学堂名称与所设专业看来，新学堂仅仅局限于外语、技术、军事等方面。在培养目标、课程设置方面都存在着"器物取向"，主要培养现代外语人才、科技人才、军事人才，亦即培养救亡之"材"，而未涉及思想文化层面、关注到个人的思想精神方面，未凸现出现代国民意识。古楳把这种教育称之为"抵制新敌国的教育"，以期达到与"洋人交涉""对付洋人"之目的。

抵制新敌国的教育，大体来说，可以分为两种：一为方言教育，目的在于培养成熟谙外国语言文字的人材，以期与洋人交涉得到胜利；一为军备教育，目的在于养成通晓军事，习谙制造之材，以期能用坚甲利兵和洋人相角逐。这种教育，虽有文物之列，而要其目的，均在抗强御暴，对付洋人[3]。

以京师同文馆为例，奕䜣等在《遵议设立同文馆折》中认为：

臣等伏思欲悉各国情形，必先谙其言语文字，方可不受人欺蒙。各国均以重资聘请中国人讲解文义，而中国迄无熟悉外国语言文字之人，恐无以悉其底蕴[4]（P37）。

京师同文馆的设立主要是出于培养外语翻译人才的需要，以免"受人欺蒙"，而并非致力于人格发展，而在于培养忠于传统，听命于统治者的翻译工具。所以在课程设置方面也是多集中在语言、科学等"西技"方面，而很少涉及西方政治制度等西政层面。

京师同文馆的八年课程表：[4]（P86–87）

年级	课程内容
首年	认字写字、浅解辞句、讲解浅书
二年	讲解浅书、练习文法、翻译条子
三年	讲各国地图、读各国史略、翻译选篇
四年	数理启蒙、代数学、翻译公文
五年	讲求格物、几何原本、平三角、弧三角、练习译书
六年	讲求机器、微分积分、航海测算、练习译书
七年	讲求化学、天文测算、万国公法、练习译书
八年	天文测算、地理金石、富国策、练习译书

由上可以看出，新式学堂在指导思想、培养目标、学校及其专业设置、课程安排等方面都存在着鲜明的器物技艺取向。所育之人，在深知宗法圣贤的前提下，通过掌

握各类技术，以挽救民族危机，捍卫帝制，而不知西方技术背后的现代思想文化。

在救亡的思想范式，洋务时期的教育仅仅停留于器物技艺层面，并未突破传统经史之学和偏离儒家纲常伦理。这样一来，在洋务教育的现实中，新式学校的目的在于培养人才，主要培养外语翻译人才、科学技术人才、军事人才等，以“应世事”“御外辱”。遵循这样的目的，虽然新式学校在课程设置上凸显出“西学”特色，但仅限于“器物技艺”层面，“中学”仍是立身之本，纲常伦理仍是教育的基础，“不能以西学凌驾于中学”。就这样，新式教育主要局限在器物层面，而未深入关注到人的本身，人的发展不是目的，而是手段，人只是“材”，变法之“材”、强国之“器”。洋务教育倡导的不是人格独立、人权平等、个性解放，落脚点是“救亡”，是封建统治的延续。纵观中国教育现代化的艰难历程，无论是洋务运动的“师夷长技”、戊戌维新的“穷理劝学”，还是清末新政的“废科举、兴学校”，都仅仅围绕着“救亡图存”“保国保种”，“以期人才辈出，共济时艰”。“救亡”成为中国教育现代化的一个主题词，近代教育的兴起与发展，也是起因于民族救亡的需要，救亡也是“采西学”“兴学校”的目的。在这种价值观念下，近代中国教育开始迈出了现代化的第一步，新式学校蓬勃兴起。

这些学校虽然培养了一批具有掌握现代科学技术的强国之“材”，通晓外国语言，浅识科学技术，但这些所造之“材”的精神世界依旧停留在传统的“圣贤经典”之中，价值观念仍囿于忠君尊孔，崇古媚上，并未实现真正觉醒。

“器物技艺”取向的近代教育并未能实现强国富民、保种保教的历史任务，民族危机反而日益加重。“事实上，启蒙的根本精神是要通过理性的张扬，突破封建伦理的枷锁，获得个性解放和人格独立。但中体西用的理论与实践使社会自新的能力被封建纲常所束缚，对民主、民权、平等的否定最终扼杀了富强的希望，因而启蒙意义是有限的。洋务运动的失败表明，中国要走向富强必须突破中体西用的框架，使伦理启蒙更广泛、更深入地进行。”[5]中日甲午一役，宣告洋务运动的破产，也使一部分中国知识分子认识到，不能仅仅“从器物上感觉不足”，还要立足文化，“从文化根本上感觉不足。”轰轰烈烈的洋务教育把“人”当作“器”“材”，着眼于器物技艺，而并未改变国民的价值观念，并未达到祛魅启蒙、觉醒国民的目的，国民依然“自居奴隶”、浑浑噩噩而“漠然无所见”。

> 今有巨厦，更历千岁，瓦墁毁坏，榱栋崩折，非不枵然大也，风雨猝集，则倾圮必矣，而室中之人，犹然酣嬉鼾卧，漠然无所闻见[6]。若是乎举国之大，竟无一人不被人视为奴隶者，亦无一人不自居奴隶者。岂不异哉[7]。

伴随着一次又一次的失败，严复、梁启超等人率先突破“中体西用”的救亡范式，认识到中国的落后不仅仅是技术性问题，更是一个文化性问题，并不遗余力地把西方自文艺复兴以来的启蒙思想介绍到中国，以期启蒙觉醒国民，开民智，新民德。

此时，近代中国教育的主题开始从救亡之“材”的培养转换到唤醒国民——启蒙“立人”。

二、启蒙“立人”与教育变革

器物技艺层面的教育变革已经在日益深重的民族危机中显现出极大的不足，“传统忠孝”之体，焉能有“现代科技”之用。国民若思想未得到一场精神洗礼，未经历一场思想启蒙，一切现代化的器物之“材”都不能发挥作用，都只能是舍本求末之举。针对国民的思想文化状况，严复、梁启超、陈独秀、鲁迅、胡适等人开始了一项国民性批判的工作，坚持不懈地通过各种方式来唤醒国民，走上了思想启蒙的道路。

正是基于启蒙的价值诉求，梁启超提出，“欲维新吾国，当先维新吾民”，“新民为今日中国第一急务”[8]（P1），而新国民的培养则有赖于教育，“新之有道，必自学始”。所以，教育要以“新民”为第一要务，把国民从睡梦中“唤醒”，自立于世。虽然梁启超也是出于救亡之需来倡导教育改革，培养新式人才，但他的思想（特别是戊戌变法失败以后）已经开始突破了“中体西用”的思想范式：“今日不欲强吾国则已，欲强吾国，则不可不博考各国民族，所以自立之道，汇择其长者而取之，以补我之所未及。”[8]（P6）西方之长者皆需学习，中国之短者皆需采补，不论西艺与西政，同样还需“淬厉所固有采补所本无”[8]（P5），采补西方自由、平等、民主等现代精神来重铸中国国民性，倡导“新国民”。

> 新民云者，非欲吾民尽弃其旧以从人也。新之义有二：一曰淬厉其所本有而新之，二曰采补其所本无而新之。二者缺一，时乃无功。先哲之立教也，不外因材而笃与变化气质之两途，斯即吾淬厉所固有采补所本无之说也。一人如是，众民亦然[8]（P5）。

新国民的培养，不能仅仅局限于对西方器物技艺之学，对于西学应全面学习，“政治、学术、技艺”皆是中国“所本无以新吾民之道”。同时，也不能如“心醉西风者”蔑视中国，亦不能如“墨守故纸者”轻视西方。“中国向于西学，仅袭皮毛，震其技艺之片长，忽其政本之法，故方言、算学、制造、武备诸馆，颇有所建置，而政治之院曾靡闻焉。”[2]（P235）

中国落后的根源不仅在于“器物”之差劣，更在于“思想”之闭塞，封建纲常伦理、忠孝节义等思想牢牢地控制着中国人的思想，使其盲从权威，在朝屈从君王，在家屈从父兄。社会的主导价值是“服从”，行为规范是忠君尊父，夫唱妇随，这样一来，社会就会陷入服从而非自由、专制而非民主、奴役而非自主的境遇，社会就失去发展的活力。同样，在这样的社会中，哪怕是引入再先进的科学技术，也无济于事，洋务运动的失败即证明了这一点。只有在思想观念层面进行变革之后，技术器物的变革才有更大的意义，否则只能是无源之水、无本之木。

梁启超面对戊戌变法失败的结果，认识到教育不能仅仅局限于器物技艺层面，而要深入到国民的社会心理层面，只有实现价值观念系统的转变，才能振兴国家。“中体西用”的思想范式已经失去了合法性，中学之“经史子集”“纲常名教”已经不能作为“形而上之道”，成为了民族独立、国家富强的绊脚石，而西学之“声学光电”“器物技艺”也仅仅流于社会表层，仅是“形而下之用”，不能牵引中国走向现代化。这样，教育需要改善“国民性”，实现国民觉醒，独立人格，才能实现从传统到现代、从落后到先进的转变。

无论是严复提出的“鼓民力，开民智，新民德”，还是梁启超提出的“新民说”，都把教育的落脚点从技术层面转移到思想层面，即从救亡育材到启蒙立人，从培养器物之才转到唤醒国民意识。教育要“使人成人”，而不能“使其成为器”。

“盖教育者，将教之育之使成人，不但使成器也，将教之育之使为国民，不但使邀科第的美官而已，亦不但仅了衣食之谋而已。”[9]这样，正好暗合了康德在1784年所提出的命题，“按照人的尊严去对待并不仅仅是机器的人”。新式教育必须从器物技艺层面向深层次的制度文化层面转变，由救亡之才向祛魅立人转换，培养新国民。

> 教育之意义，在养成一种特色之国民，使之团结，以自立竞存于列国之间，不徒为一人之才与智云也。深明此义者，可语教育焉耳[2]（P265）……要之使其民备有人格（谓成为人之资格也，品性智识体力皆包于是），享有人权，能自动而非木偶，能自主而非傀儡，能自治而非土蛮，能自立而非附庸，为本国之民，而非他国之民，为现今之民，而非陈古之民，为世界之民，而非陬谷之民[2]（P271）。

刊发在1901年《国民报》的《说国民》一文，在具体分析了国民与奴隶的区别之后，进而又批判中国“举一国之人而无一可为国民”。

> 故奴隶无权利，而国民有权利；奴隶无责任，而国民有责任；奴隶甘压制，而国民喜自由；奴隶尚尊卑，而国民言平等；奴隶好依傍，而国民尚独立。此奴隶与国民之别也[10]（P311）。故父以戒子，师以率徒，兄以召弟，夫妇朋

友之想期望，莫不曰安分、曰韬晦、曰柔顺、曰服从、曰做官、曰发财。是数者皆奴隶之根本，国民之仇敌。故卒举一国之人而无不为奴隶，即举一国之人而无一可为国民[10]（P315）。

由于教育奉行忠孝节义，拜读纲常伦理，教人安分，教人服从，虽新式学校建立已久，但在传统保守主义思想下，今日之中国仍然“倡公理则目为邪说，开民智则诬为惑人”。同时期的另一篇文章《教育泛论》则直接提及国民教育问题，主张教育要祛除奴性，培养自尊自重、独立自主的国民。

故教育国民者，不可不使有自尊自重之精神，不可不使有担当责任之观念，不可不使有独立自营之能力，不可不使有判断是非之智识。而欲达此目的，首在破除教师专制之积弊，而明示以自由研究之必要……人而无独立之精神，是之谓奴隶。任教育者，而不能养成国民独立之精神，是之谓奴隶教育。以教育为己任者，安可不知此意也[10]（P337–338）。

在救亡面前，人虽然具有工具性价值，但人绝不能仅仅理解为器物之材，若简单地把人当作器物来培养，那么，救亡的历史使命也将会落空。只有“拨开”欺蒙国民的“面纱”，驱逐走国民内心的晦暗，唤醒国民的主体性人格，实现人性的解放之后，才能够抵御帝国霸权的侵略和破除专制王权奴役，享受人之为人的尊严。

无论是救亡还是启蒙，都仰仗教育，只有借助教育，“开民智”“新民德”才能成为现实，才能医治国民的“愚”“昧”。可见，它不仅仅是救亡之工具，还是启蒙之手段。历史昭示我们，救亡之材的培养诚可贵，但人的解放更应是教育的主旋律。教育除了培养人的技能之外，更重要的是使人能够自动、自主、自治、自立，享受人之为人的权利，使人有尊严的生活，而不屈从于外在权威，不为木偶，不做傀儡，不依附他人，从而拥有完全之人格。

梁启超等人认为教育要“使人成人”，而不能“使其成为器”，教育精神在于培养“健全之独立人格”，养成“新”“国民”。但现实中，这种教育思想在清末更似“水中月”“镜中花”，仅仅存在于少数知识分子的思想观念中，在清末教育改革中并未得到的应有的体现。直至民国建立以后，蔡元培才把教育的这种启蒙立“人”的思想落到教育宗旨层面，以“养成健全人格，发展共和精神”为教育的指导思想，并先后制定了一系列的教育制度、政策。

蔡元培在《对于新教育之意见》中首次提出军国民教育、实利主义教育、公民道德教育、世界观教育、美育等“五育并举”的思想，并在《全国临时教育会议开会词》中作了进一步阐述：“当民国成立之始，而教育家欲尽此任务，不外乎五种主义，即军国民教育、实利主义、公民道德、世界观、美育是也。五者以公民道德为中坚，盖世界观及美育皆所以完成道德，而军国民教育及实利主义，则必以道德为根本。”[11]蔡元培的道德教育也有别于封建社会的道德教育。“何谓公民道德？曰法兰西之革命也，所标榜者，曰自由、平等、博爱。道德之要旨，尽于是矣。”[12]

当时，一部分中国知识分子已经认识到中国问题的解决，不仅仅是一个技术性问题，而是一个文化性问题。教育已经不能仅仅囿于器物技艺层面，而需要着眼于价值观念层面，唤醒国民意识。蔡元培主要着力于现代教育制度的构建，试图以全新的教育体系来培养新人。陈独秀、胡适等人则是把目光投射到思想领域，把作为一种启蒙思潮的自由主义推向了高潮，开启了中国的思想解放运动。

正是在“人”的旗号下，起于国民性批判，专注于独立自主的人的培养，先觉的中国知识分子把唤醒国民意识，进行思想启蒙作为了自己的价值追求。令人遗憾的是，由于20世纪初的尊孔复辟思想与军阀混战，近代中国教育的启蒙立“人”的精神仍是一个问题。

三、“立人”之业未竟

在接连经历了洋务运动、戊戌维新、清末新政等改良自救运动失败以后，以孙中山为首的革命党人通过辛亥革命推翻了晚清帝国，使延续二千余年的封建时代走到了尽头。民国初年，在蔡元培的主持下，旧有的教育宗旨废除，代之以“五育并举”为教育指导思想。但好景不长。随着袁世凯就任大总统，尊孔复辟思想日进，倡导尊孔读经，鼓励“忠孝节义”，教育又回复到专制社会的老路上。接着，军阀混战使得先前现代教育思想彻底成为摆设，现实中的教育一片混乱。

对于现代教育，由于封建残余势力的反抗与传统文化惯性的束缚，一些中国士绅并不能接受。如，此时已经沦为保皇派的维新主将康有为在《复教育部书》中说。

> 自共和以来，百神废祀，乃至上帝不报本，孔子停丁祭，天坛鞠为茂草，文庙付之榛荆……呜呼！中国数千年以来，未闻有兹大变也。顷乃闻部令行饬各直省州县，令将孔庙学田充公，以充小学经费，有斯异政，举国惶骇，既已废孔，小学童子，未知所教，俟其长成，未知犹得为中国人否也，抑将为洪水猛兽也。[12]

类似的言论频频见诸报端。1912年11月，陈焕章在康有为的支持下在上海成立“孔教会”，并刊行《孔教会杂志》，以此作为喉舌，旨在“昌明孔教”“挽救人心”“维持国运”等。此时，袁世凯更是借助这样一股“尊孔”之流，开始进行“复辟”准备。自1913年起，先后发布《通令尊崇孔圣文》《注重德育整饬学风令》《颁定教育要旨》《特定教育纲要》等文件。如在《特定教育纲要》中规定，“各学校均应崇奉古圣贤以为法师，宜尊孔以端其基，尚孟以致其用”，“中小学教员宜研究性理，崇习陆王之学，导生徒以实践。教科书宜采辑学案，以明尊孔尚孟之渊源”。“中小学校均加读经一科，按照经书及学校程度分别讲读，由教育部编入课程。”[13]

虽然孙中山把皇帝拉下了马，结束了帝制，实现了共和，但由于封建思想的余孽未消，新的大总统袁世凯并未放弃自己的皇帝梦，结果只能是辛亥革命只剩下“共和”这一招牌，国民仍然生活在帝制统治下。这样，新旧思想在中国展开了一场拉锯战，这也构成了20世纪上半叶思想的特征。在反对尊孔读经，反对旧礼教、旧道德的同时，尊孔复辟思想此消彼长，甚至逆流而上。

正是在尊孔复辟与军阀混战的背景下，唤醒国民的任务又一次摆在了中国知识分子的面前，要实现民族富强，首先要觉醒国民，实现自觉。“五四”新青年与他们的师辈们大都从国民性批判入手，开始自己的启蒙历程，“五四改造国民性、启发国民意识、重塑国民品格的选择，是（20世纪）世纪初国人精神迷惘的必然结果，也是鸦片战争以来中国自救自强运动的逻辑发展”[14]。祛除国民奴性、改造国民性成为“五四”时期教育的指向。传统教育以培养顺从的奴隶为目标，讲求的是忠孝节义，服从尊长上，遵守三纲五常，而现代教育则是以培养国民为宏旨，讲求的是自由平等，独立自主，信奉自由主义。

陈独秀在《敬告青年》中明确提出，新青年首先应是“自主的而非奴隶的”，“等一人也，各有自主之权，绝无奴隶他人之权利，亦绝无以奴自处之义务”。“解放云者，脱离夫奴隶之羁绊，以完其自主自由之人格之谓也”[15]。但在中国传统群体本位的价值观念下，个人只是社会的附属品，尚不具备独立自主的土壤。只有“以个人主义易家族本位主义”，才能改变这种个人以奴隶自处或奴役他人的局面，才能“尊重个人独立自主之人格，勿为他人之附属品”。

此时，陈独秀已经明确提出学习西方，不能仅仅学习表面上的皮毛，而要学习西方的现代精神，要实现伦理上的革命，才能最终实现个人觉悟。在教育方面，他认为中国当时的教育之所以未有大的进步，原因在于未能学习西方的教育精髓，独立自主人格的培养需要效法西方，但要真正效法西方，需了解西方真正的教育精神。

> 我们中国模仿西法创办学校已经数十年，而成效毫无。学校处数固属过少，不能普及，就是已成的学校，所教的无非是中国腐旧的经史文学，就是死读几本外国文和理科教科书，也是去近代西洋教育真相真精神尚远……我希望我们中国大兴教育，同时我又希望我们中国教育家，要明白读几本历史洋文，

学一点理化博物，算不得是真正的近代西洋教育。我们教育若想取法西洋，要晓得真正的近代西洋教育，有几种大方针：第一，是自动的而非被动的，是启发的而非灌输的；第二，是世俗的而非神圣的，是直观的而非幻想的；第三，是全身的，而非单独脑部的[16]。

在五四新文化运动时期，西方自由主义思想传入中国，掀起了一场平民主义教育运动（也翻译为民治主义、民主主义），自由民主观念大为传诵。1922年，中国参考美国教育精神，重新修改学制，并颁布了《壬戌学制》。但残酷的现实，又一次使倡导自由民主的教育思想落空了。在"新文化运动与思想革命及教育的平民主义等等运动打成一片"时，"教育当局，提倡古典文学，主张恢复读经……反对教育界上的种种革新运动"[17]（P778-779）。

在南京国民政府结束长期军阀混战以后，本可以恢复自由民主的教育，却落入"一党之教义"中：在教育方面制定了以"三民主义"为指导思想，实现"党化教育"，大力提倡"四维八德"，以"礼义廉耻""忠孝仁爱信义和平"统摄国民的道德生活，以维护其专制统治。"除党义课程以外，凡学校各门功课，皆需与党义相联络，即以党义为经，以其他各项功课为纬，组织成为一整个系统的党化课程。"[17]（P829）

在蒋介石统治时期，中国近代教育的启蒙立人任务消解在战争动乱之中，消解在专制统治之中。教育启蒙"立人"之理想又一次停留于理念层面。

面对内忧外患、民智未开的实际情形，先知先觉的中国知识分子很自然地把教育看作是挽救民族危亡、开启民智的途径，遂开始了一段坎坷曲折的启蒙历程。随着认识的深入，中国知识分子逐渐认识到国家富强就必须唤醒国民的思想意识，使沉睡着的芸芸众生觉醒为自主自由之国民。若无新国民，难以保种、难有强国，奴隶之国，何谈富强。这样，近代中国教育启蒙的主题就从培养"器物技艺"层面上的救亡"造材"转换到"思想文化"层面上的觉醒"立人"。近代中国教育实现了立人祛魅的启蒙主题转换以后，"人的解放"也就成为中国教育现代化理想的价值追求。兴学校，以"育"现代国民。但残酷的近代史一次又一次告知人们，启蒙"立人"的教育旨趣在近代中国教育中仍未实现，唤醒国民仍然是中国教育现代化的重要任务。启蒙精神在中国教育中逐渐彰显，使人成为人的呼声也越来越强烈，中国教育也正在一步一步地走向现代[19]。

注释

[1] [美]吉尔伯特·罗兹曼. 中国的现代化[M]. 南京：江苏人民出版社，2010：3

[2] 璩鑫圭，童富勇. 中国近代教育史资料汇编·教育思想[G]. 上海：上海教育出版

社，1997
[3] 古楳. 现代中国及其教育（下册）[M]. 北京：中华书局，1936：308
[4] 高时良. 中国近代教育史资料汇编·洋务运动时期的教育[G].上海：上海教育出版社，1992
[5] 徐嘉."体用"范式下的近现代伦理启蒙[J]. 中国哲学史，2007（2）：108-113
[6] 梁启超. 变法通议[A].梁启超.饮冰室合集·文集第一册[C]. 北京：中华书局，1989：2
[7] 梁启超. 中国积弱溯源论[A]. 梁启超. 饮冰室合集·文集第五册[C]. 北京：中华书局，1989：19
[8] 梁启超. 新民说[A]. 梁启超. 饮冰室合集·专集第三册[C]. 北京：中华书局，1989
[9] 严复. 教授新法[A]. 孙应祥，皮后锋.《严复集》补编[C]. 福州：福建人民出版社，2004：65
[10] 佚名. 说国民[A]. 丁守和.中国近代启蒙思潮（上）[C]. 北京：社会科学文献出版社，1999
[11] 蔡元培. 全国临时教育会议开会词[A]. 蔡元培. 蔡元培教育名篇[C]. 北京：教育科学出版社，2007：11
[12] 蔡元培. 对于新教育之意见[A]. 蔡元培.蔡元培教育名篇[C]. 北京：教育科学出版社，2007：2
[13] 汤志钧. 康有为政论集（下册）[M]. 北京：中华书局，1981：863
[14] 璩鑫圭，唐良炎. 中国近代教育史资料汇编·学制演变[G]. 上海：上海教育出版社，1991：843
[15] 马勇. 本卷前言[A]. 丁守和. 中国近代启蒙思潮（中）[C]. 北京：社会科学文献出版社，1999：3
[16] 陈独秀. 敬告青年[A]. 丁守和. 中国近代启蒙思潮（中）[C]. 北京：社会科学文献出版社，1999：4
[17] 陈独秀. 近代西洋教育[A]. 丁守和. 中国近代启蒙思潮（中）[C]. 北京：社会科学文献出版社，1999：308-311
[18] 陈青之. 中国教育史（下册）[M].福州：福建教育出版社，2009
[19] 胡金木. 从取士到育才：睽卯学制的落实与社会人才基础的变革[J]. 湖南师范大学教育科学学报，2012（05）：91-95

[作者单位]陕西师范大学教育学院

[原　　刊]《大学教育科学》，2012年第5期

“创造力”与教育的大众化

——对陶行知创造教育思想的社会学考察

刘 畅

一、问题的提出

中国传统文化没有将“创造”视为具有特殊价值的概念，现代意义的创造观念是“五四”新文化运动时期受西方思潮的影响而在中国兴起，经文化精英的倡导而开始受到广泛关注。[1]（P69）这一西方创造观念如何引入中国？它在中国形成何种意涵？与近现代中国社会的变动有着怎样的联系？陶行知是主张和推行创造教育思想的重要教育家，也是中国现代创造观念早期建构的关键人物之一。本文以其创造教育思想为个案进行考察，探讨创造观念在社会变动中的作用和意义。

关于20世纪前期创造价值兴起的原因，有人认为它和个性解放的近代潮流相适应，中国近代要把人从儒家伦理中解放出来，创造观念便成为中国人脱离传统伦理关系的动力。[2]（P335）也有人认为，20世纪初中国古代正统文化传统日渐式微，创造观念用以反对传统的“知命主义”或“天命观”，目的在于鼓励发挥主观能动性，唤起国人的进取意识。[3]（P97）以往研究主要关注它与传统文化的关系，“创造”代表着“反传统”的新的文化价值与伦理规范。本研究试图从社会结构变动的视角，探讨创造观念的涵义与社会变迁的关系。曼海姆提出社会地位决定人们持有观念的方式；默顿列出了影响观念的广泛社会因素，如地位、阶级、世代、职业角色、生产方式、群体结构等。[4]（P682-690）这些研究都指出了观念具有社会基础，观念的出现与兴起并非偶然，它们与社会变迁息息相关。在社会变动中，概念、观念是一种构成性的力量，既反映社会变动，同时也介入社会的发展。[5]（P2）观念是个体或群体对社会变动的应对策略，它将带来一种新的认知和理解，对社会生活和历史进程进行重新解释、重新界定。[6]（314-320）从这一角度来看，上述关于创造观念和创造教育的研究指出了它与中国传统价值观之间相互冲突并力求取而代之，但有两个重要的问题没有充分论及：这一观念具有什么样的社会基础？它们提出的认知和理解对于社会结构变动有什么样的功能？

关于陶行知创造教育的研究多关注其当代价值和实践意义，从教育理论的角度对创造教育的目标、方法、途径等进行了分析。与前述创造观念的“反传统”功能相呼应，创造教育思想的主要内容及特征也被归纳为一种反传统的现代教育，它注重教育与生产劳动相结合，旨在培养一种具有创新精神和创造能力的“真善美的活人”。[7](P19-28)此外，研究者多认为它代表着教育的现代化和大众化。如金林祥等认为，它的基本特征是大众性、实践性、可操作性和民主性；[8](P78-80)胡晓风、韩邦彦认为陶行知指出了中国现代化的出路和现代生活教育之路，为中国现代化构建了全民族共有、共治、共享的教育系统工程；[9]日本的斋藤秋男和美国的蔡崇平认为，陶行知的人生哲学体现了一种“人民教育家”与“大众诗人”共存的特点，代表了近代中国知识分子认识人民大众并与人民大众相结合的时代主流。[10](P33-36)近年研究关注陶行知教育公平思想，指出他通过兴办平民教育和乡村教育力图普及教育，追求教育机会的平等是其教育思想的基本特征。[11](P6-8)这些研究显示，创造教育思想的兴起与教育向大众的普及密不可分，与知识分子同民众的关系有密切的关联。

为了探讨创造观念与社会变迁的关系，本文的着眼点在于通过创造教育思想理解对人的阐释与社会结构变动之间的联系，具体来说是从阶层关系的角度对创造教育思想与教育大众化的关系进行考察。关于人的阐释，曼海姆认为对人性的认识影响着各个时代的教育目的；兰德曼也指出对人的本质的认识是教育的基本出发点和依据，“如何认识人”决定了教育的存在和本质。[12](P3-6)关于阶层关系，曼海姆认为教育目的的每次变革都是社会结构变动的产物；布迪厄也指出了教育与阶层等级结构再生产之间的深刻关联。因此，本文考察聚焦于陶行知的创造教育建立在何种关于人的认识之上，而这一认识所发生的作用与何种社会关系结构的变动有关?

二、陶行知论“创造力”

创造教育是陶行知“生活教育”“平民教育”等一系列教育理念主张之一。他认为培养创造力是教育的核心目标，以具有浪漫主义色彩的表述方式发布了《创造宣言》，[13](P482-486)崇拜并呼唤“创造之神”，提倡从眼前的小事做起，“处处是创造之地，天天是创造之时，人人是创造之人”。陶行知所主张的“创造”和“创造力”具有什么样的意涵？出于什么样的宗旨？根据他对“创造”和“创造力”的定义和描述，概括来说，“创造”指在行动的基础上产生新事物或新价值，而“创造力”是一种需要获得解放的普遍的个人能力。

（一）“创造力”：有待解放的普遍能力

1. 关于儿童创造力的论述

陶行知在论述创造教育时关注的对象主要是大众和儿童。陶行知在其儿童教育的论述中强调认识和解放孩子身上的创造力。

首先，他认为这种创造力由遗传获得，其大小有赖于环境的作用。“儿童的创造力量是千千万万祖先，至少经过五十万年与环境适应斗争所获得而传下来之才能之精华，发挥或阻碍，加强或削弱，培养或摧残这创造力的是环境。”[14]（P735）因而，教育的意义就在于，依据儿童自身的条件，将其身上的创造力挖掘出来，进行培养和提升。

其次，陶行知指出解放儿童创造力的方法。他认为，要真诚地发现儿童的创造力，在真正认识和承认小孩子有创造力之后，才能进一步使儿童的创造力发挥出来。进而提出应从五个方面解放儿童的创造力。[13]（P569-570）①解放小孩子的头脑。儿童的头脑被传统所形成的迷信、成见、曲解等不科学的认识占据，“中国的儿童，青年成人……要把裹头布一齐解开，使中华民族的创造力可以突围而出”。②解放小孩子的双手。中国对于儿童的教育偏重于知识和规矩，而不许动手，动手要打手心，这是对儿童创造力的摧残。③解放小孩子的嘴。指出中国的一般习惯是不许多说话，缺乏说话的自由和提问的自由，只有去除这种约束和禁锢，才能增进知识和充分发挥他们的创造力。④解放小孩子的空间。即打破学习空间的限制，让他们去接触自然环境，接触大社会中的三教九流，向古今中外三百六十行学习。⑤解放儿童的时间。他指出：“一般学校将儿童全部时间占据，使儿童失去学习人生的机会，养成无意创造的倾向，到成人时，即有时间，也不知道怎样下手去发挥他的创造力了。”

综上所述，陶行知认为创造力是先天继承的“才能之精华”，环境因素决定它能否以及在多大程度上得以展现，并论述这种才能以往被埋没、被忽视。在其论述中，创造力是一种建立在自由、自主的个体活动之上的能力，它的发挥与传统价值规范处于矛盾和冲突的关系之中。

2. 关于大众创造力的论述

陶行知首先肯定大众的创造力，指出文化是由大众所创造的。“大众是文化的创造者。最初连语言文字都是从劳动中产生出来的……石斧、石刀、种地、造房子不是什么圣人发明的，乃是许多劳苦大众一点一点地积起来的贡献。”[15]（P610）陶行知还认为近代工人在发明上做的巨大贡献被科学家所窃取，由大众所创造的文化被小众所独占，明确指出文化是劳动者们的成果，是他们的双手造就了文化。而大众的创造力和儿童的创造力一样，“是我们千千万万的祖宗在至少五十万年以来与环境不断奋斗的结果”。[14]（P477）

陶行知指出这些创造力在以往被埋没而没有机会展现。“这些青年人被迫过着比学者们还要艰难的生活，把他们的创造能力空耗于不适合他们才能的职业……没有机会、也得不到鼓励来表现他们的才干……”[14](P436)他认为，封建帝王的专制时代，创造要顺乎皇帝的意旨，而且能够进行创造的仅限于少数人。民主时代的创造，是给每个人以同等的创造机会，“每一个人之创造力都得到机会出头，而且每一个人的创造力都能充分解放出来”。他论述培养老百姓创造力的方法，[13](P569-570)与儿童创造力的培养方法大体一致，需要解放眼睛看事实、解放头脑思想自由、解放双手动手行动、解放嘴言论自由、解放空间接触大自然与大社会、解放时间摆脱劳碌，主张有了这六大解放，创造力才能充分发挥出来。

在陶行知的论述中，创造力是大众身上潜藏的巨大才能，它同样是先天继承而来。然而封建专制忽视、束缚、抑制了普通大众的天赋和才能，无法提供均等的机会给每一个人。创造力是建立在思想、行动、表达的自由的基础上才能得以实现的个人能力。

根据陶行知对儿童和大众创造力的论述，可以看出，作为创造教育的核心概念，“创造力”概念蕴含着对个人力量的重新界定，它有两个基本特点。首先是普遍性，即创造力为所有人具备。陶行知主张创造力是人类世世代代与环境斗争而积累的能力和智慧，是人类祖祖辈辈传承下来的“才能之精华”，每个人都通过遗传继承了这种能力，并非只由精英拥有。其次是潜伏性，即创造力只有在具备一定外在社会条件的情况下才能显示和发挥出来。陶行知认为每个个体能否发挥创造力以及创造力展现程度的强弱，取决于外在环境所提供的条件。

因此，陶行知阐释的创造力是一种潜藏于每个人身上的、天生具有的能力，却在以往环境下被掩盖、被压制。创造教育的使命就是要摆脱传统教育所形成的束缚，提供相应条件而使这一能力自由发挥出来。陶行知所描述的“创造力”是每个人尚未得以显现的内在力量，它渴望获得施展的空间却受到种种限制，创造力的发挥意味着天赋才能获得平等的机会得以展现。这就显示，创造力既被视为一种能力，也被阐释为社会成员应该享有的一项权利。创造教育的基础在于这样一种认识：是以往被忽视的普通人身上具备一种隐而未显的力量并且渴望释放。创造教育要激发和培养创造力，便是对这一“看不见的力量”的建构和组织。

（二）“创造”——“行动”带来工具发明与观念革新

陶行知将创造概括为“物质的创造”和“心理的创造”，分别指工具的发明制造与新观念的产生。“创造教育”也包括这两方面的内容，物质创造的教育是“教人发明工具、制造工具、运用工具”。心理的创造强调观念的更新和开拓，“敢探未发明的新理”“敢入未开化的边疆”，即是创造精神。因而其创造教育的目标是“手脑双全”，将物质的创造与心理的创造相结合。而无论是物质创造还是心理创造，陶行知都强调“行动”的重要性。陶行知曾师从杜威，他的创造教育主张是在杜威学说的基础上发展而成。杜威将思想的过程分解为五个步骤：①感觉困难；②审查困难所在；③设法去解决；④择一去尝试；⑤屡试屡验，得到结论。而陶行知认为，应该在第一步“感觉困难”上添一步，即“行动”，因为只有行动才能发生困惑进而产生真正的问题。因此陶行知将思想与行动相结合，将创造定义为：“由行动而发生思想，由思想而产生新价值，这就是创造的过程。”[15]（P610）他将行动、思想、创造三者的关系比喻为：“行动是老子，思想是儿子，创造是孙子。”强调“行动”是创造的首要条件，是产生创造的前提和基础。陶行知所阐释的“创造力”除具有“普遍性”“潜伏性”之外，本文将这一个体开发自身创造力所需的特性称为“行动性”。

陶行知的“创造力”是一种每个人身上普遍具有的、处于潜伏状态而等待被激活的力量，同时创造可以按行动—思想—创造这一程序操作和训练。唤醒它、培养它，是教育的任务和社会发展的目标。

三、陶行知论“创造力”在促进教育平等中的作用

陶行知关于创造和创造力的阐述是在何种语境下生成、运用的？它们与社会问题和社会变动有着什么样的关联？

陶行知认为教育是进行社会改革和社会建设、挽救中国危亡的重要途径，“创造”的呼吁旨在唤起“大多数人的力量”。他批判中国传统教育下的知识分子阶层轻视农民、工人，使基层民众的巨大力量没有被充分重视和调动起来。他对传统知识分子发出质问：“试问他们的力量有多么大？倭奴侵占我们的东三省，你有力量赶走他吗？不可能！我们要启发小孩子，启发农人、工人，运用大多数人的力量，才能够去创造，才能救国雪耻。”[15]（P615）因此主张培养农民和工人，认为让他们获得知识才是真正的创造教育。中国社会的危机是创造教育和创造观念得以形成的语境，具有普遍性、潜伏性的创造力概念，作为对民众力量进行重新评价的方式，它与知识精英面对国家危机，试图通过发动和联合民众的力量寻求救国图强的路径相呼应。那么这一概念具体怎样发挥作用，具有什么样的意义？本文从社会阶层结构的角度，对创造力概念所发挥的作用进行了考察。

（一）“创造力”的普遍性、潜伏性促进教育资源的重新分配

民众创造力的唤醒与发动需要对教育资源的分配方式进行调整。陶行知批判传统教

育制度下教育资源在阶层之间的不平等，指出这使得基层民众与教育资源相隔离，老百姓的创造力被忽视，没有机会得到启发和培养。他抨击传统教育是属于少数人的教育，“教人升官发财的教育，没有力量的教育；甚至变成害人的教育，刮地皮的教育，吸大众膏血的教育”。[14]（P477）他批判废除科举以后的民国教育也是不平等的畸形教育，知识分子城市化、贵族化，与民众社会的脱离，同时知识分子集中到城市进一步加剧了教育资源分配不均，学校和师资在城乡之间差距悬殊，城市的师范学校无法适应和满足乡村的需要。

陶行知根据创造力的概念重新定义知识分子的使命，是启发和培养农民、工人、学生，是帮助“前进的大众”，[14]（P448）是“教导乡下阿斗做中华民国的主人”，使他们被忽略的、潜藏的才能可以发展出来，这才是教育的目的。“真正的创造的社会教育，是要培养老百姓的创造力。”[14]（P734）因此，他主张“亲大众”，让文化、精神、学术“下凡”，提出文化下凡四部曲：①钻进老百姓的队伍中去，与老百姓站在一条战线上，同甘苦，共患难；②熟悉老百姓，要说出老百姓心中所要说的话；③教老百姓；④与老百姓共同创造。[14]（P734）他指出中国的危机需要民众力量的发动，创造教育要求知识分子回到普通民众中，关注以往被教育忽视的、难有机会接触教育资源的基层群体。由上可见，国家危机促进了关于中国阶层之间教育平等的思考，创造力概念的普遍性、潜伏性特点，成为一种理论依据，用以重新定义教育的使命和目标，并在这一目标之下批判原有教育制度和知识分子与普通民众的分离，促进教育资源的平等分配。

（二）“创造力”的行动性、普遍性促进文化资本构成内容的调整

陶行知批判传统教育将学校与社会隔离，将生活与教育隔离，劳力与劳心分家，轻视行动和实践。他指出自有人类以来，社会与学校是一体，生活与教育是一体，士大夫之所以不承认它，是因为他们有特殊的学校给他们的子弟受特殊的教育。陶行知抨击传统知识分子对教育资源垄断性占有，并批评知识分子脱离劳动是“软手软腿病”，造成“书呆国家”。创造的教育，要打破传统教育中学校与社会的界限，“以社会为学校”“生活即是教育”；让劳心者也劳力，劳力者也劳心，“手脑共用”，认为行动才是知识和创造的前提。强调物质的生产、参与劳动和实际的社会生活重要性，不仅打破传统教育对文化资本的占据，也使得读圣贤书、脱离生产实践在“劳心者治人，劳力者治于人”这一等级秩序中所具有的资本价值被削弱。他论述中国的读书人应该“为自己创造，为社会创造，为国家创造，为民族创造。更要把他们的一双手解放开来，使他们为自己生利，为社会生利，为国家生利，为民族生利，这才是对的”。[15]（P599）“创造力”所要求的参与劳动生产的行动性，被论述为“读书

人”社会角色的新的价值要素。

同时，他肯定了民众的劳动和能力的价值。陶行知指出文化本就是由大众所创造的，劳动是文化成果得以产生的途径。并认为近代工人在文化创造上的巨大贡献被科学家所窃取，他们能力的价值没有得到正确的评价，因此主张将创造文化的荣誉从小众中解放出来，赋予基层的大众。因而，他根据创造力的概念，重新给予基层民众社会地位和声望。并且，“创造力”的培养注重行动，强调劳动、实践的重要性。陶行知据此主张民众日常生产劳动中“劳力”“用手”具有重要的符号价值，它们才能带来“真的力量”，与头脑一起是“人生两个宝”。减弱“劳心”的价值、提升“劳力”的价值，创造教育主张知识分子与民众相互转化而互补，可增强彼此的力量，“头脑帮手生长，手帮头脑生长”[15](P615)“把知识分子变成工人，把工人变成知识分子”。[14](P436)这些主张肯定农民、工人的劳动的意义，使其与知识、学问、思想等具有同样重要的符号意义。

由上可见，通过“创造力”的普遍性、行动性，陶行知对中国传统社会用以维持权力和地位的文化资源的符号意义进行重新阐释，试图调整具有社会地位等级秩序再生产功能的文化资本（布迪厄语）的内容构成。创造教育的主张中一方面降低旧知识分子所重视的学问内容、生活方式、个人修养的符号价值，另一方面接受基层民众的立场，肯定他们在社会生活中易于积累的文化形式，提升物质、劳动、实践、谋利活动的意义，赋予其重要性和文化资本的涵义。依据创造力的概念，创造教育思想重新定义个人和团体所拥有的文化资本的内容构成。缩小了知识分子与基层民众文化资本的差距，使两者倾向于对等和互补的关系。

（三）“创造力”的行动性、潜伏性促进教育场域权力关系模式的转换

在教育方式上，陶行知论述以创造为宗旨需要摆脱传统士大夫的行为规范和教育理念，形成民主的教育方式。他指出创造力最能发挥的条件是民主，尤其是面向广大民众“大量开发人矿中之创造力”，只有民主的环境下才能实现。因为民主使人自主、自动，能解放最大多数人的创造力，并且使最大多数人的创造力“发挥到最高峰”。

针对传统教育师生界限严明。首先，陶行知主张要贴近大众的立场、进入大众的生活和感受。“真正的教育，必须使学者和人民万物亲近。”[14](P278)提出缩短知识分子与大众的社会距离，在思想上情感上与大众合一。其次，创造教育要求两者之间的关系更加平等、民主，主张“教者、学者既是朋友，便须以平等相待，以至诚相见，尤须共同在劳力上劳心，以谋事业之进步”。提示去除等级界限，建立平等、合作、互补的新的关系模式。此外，创造教育还强调大众的主体地位，尊重大众自身的

愿望，以充分培养调动乡村固有的力量。他指出，知识分子指导民众活动通常有三种模式，劝民众干、替民众干、和民众一同干。劝人干的知识分子并不参与干的过程，是处于民众之外的旁观者，替民众干是知识分子包办，使民众变成旁观者不能参与。因而只有知识分子加入到民众当中和他们一起干，才是最有效的培养和改造。因此教育者不是高高在上，也不是赈济施舍，他们的角色是从旁推动、辅助农民自身能力的提高。

陶行知的创造教育主张试图改变传统知识分子对教育资源和文化资本的垄断，关注大众的立场、赋予大众生活和劳动以价值及意义，同时改变教育场域中权力关系的模式，试图形成教育者与受教育者之间更加平等和民主的关系。

四、陶行知的创造教育思想与社会结构变动

从上述分析来看，以创造力的概念为依据，陶行知的创造教育思想对于教育平等的促进作用体现为三个方面（见图1）。它们显示，创造教育思想力图拉近知识分子与普通民众之间的社会距离。

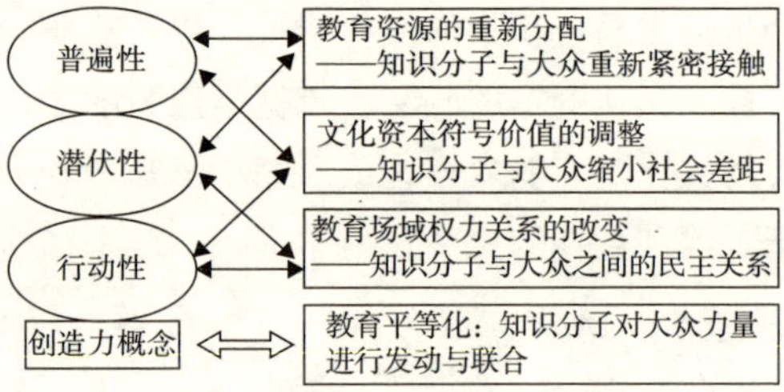

图1　陶行知创造力概念的特点与教育平等化

首先，创造力的普遍性意味着民众力量的重新估计，创造力的潜伏性使得知识分子所承担的教育使命获得新的阐释。面对民族危机和社会问题，创造观念的主张和兴起与民众力量的浮现相呼应，而新型知识分子以此为依据重新定义自身的社会责任和社会角色，即发动和联合民众，并成为改造社会的主导力量。两者的紧密联系需要城乡分离后知识分子再次回到乡村社会与基层民众直接接触，这意味着教育资源分配方式的反思和调整。其次，创造力的普遍性肯定了民众的能力和贡献，传统知识分子在文化创造中的优越地位相对减弱。创造的前提条件是行动，使得劳动者的生产和实践被赋予重要意义，其符号价值得以提升；以这一创造观念为衡量标准，传统知识分子远离物质生产、轻视劳动的知识积累、治学理念、生活方式等的符号价值降低，作

为维护和加强自身地位的文化资本的意义被削弱。陶行知强调手脑共用、行动与思想结合的创造观念，试图打破原有文化资本的构成内容，缩小知识分子与民众之间社会地位的差距。最后，以普遍潜藏着创造力为依据，建构了一种新的教育场的权力关系模式。关于普遍性和潜伏性的论述意味着创造力是一种个人的能力，教育者无法强制或代行，只能进行引导和辅助。这种能力的性质要求改变教育过程中等级化的权力关系，尊重受教育者自身的意志，形成更加平等的交往方式以及更加开放的知识生产方式。

教育资源、教育机会、教育权利的平等以及师生关系的平等化常有论述和探讨。而本文考察中创造力概念所体现的力图打破文化资本构成，对新的对象赋予符号价值、以减小社会地位差距的作用，则较少受到关注。这三个方面的作用显示，创造力概念所阐释的个人能力的性质，成为一项重要的依据，使陶行知所代表的中国二十世纪上半期知识精英呼吁知识分子走近民众、发动民众，实现自身新的社会功能。1905年科举制度废除以后，中国社会上升流动的路径改变，大批知识分子从乡村走向城市。其后果是造成城乡分离，知识分子逐渐成为城市的“智识阶层”而具有了城市化、贵族化的趋势；而乡村读书人数量日益减少、平均识字率逐渐降低，文化权威的缺失加速了乡村社会的衰落和凋敝。

五、小结

陶行知创造教育思想表达着新型知识分子试图重新进入乡村和城市基层，对农民和工人的力量进行发动和联合的愿望。陶行知将创造力阐述为一种普遍性和潜伏性的力量，并强调行动是产生创造的前提条件。这种涵义是对个体能力、个人权利的一种新的评价尺度和评价方法，它与知识分子重塑与民众的关系模式相互呼应。从创造教育思想的角度来看，教育平等基于人的能力本质上平等这一认识：每个人身上都有看不见而有待开发的力量；而教育平等也是知识分子实现自身社会角色的方式，动员起每个人身上看不见而有待开发的力量。

注释

[1] 高瑞泉. 论创造之价值[J]. 开放时代，1999（1）：68-76.

[2] 高瑞泉. 从历史中发现价值[M]. 北京：中国大百科全书出版社，2006

[3] 武吉庆. 挣脱身心束缚，努力创造价值——20世纪初叶知识分子的价值实现观探析[C]//文化视野下的近代中国. 北京

[4] 罗伯特·K·默顿. 社会理论和社会结构[M]. 南京：译林出版社，2006

[5] 汪晖. 现代中国思想的兴起[M]. 北京：生活·读书·新知三联书店，2004
[6] 杰拉德·德兰迪，恩靳·伊辛. 历史社会学手册[M]. 北京：中国人民大学出版社，2009
[7] 程家福. 陶行知创造教育思想及其当代价值[J]. 湖南师范大学教育科学学报，2008，7（2）：19-28
[8] 金林祥，李庚靖. 20世纪90年代陶行知教育思想研究综述[J]. 教育研究，2001（6）：78-80
[9] 周洪宇，余子侠，熊贤君. 陶行知与中外文化教育[M]. 北京：人民教育出版社，1999
[10] 余子侠，熊贤君，周洪宇. 重在学习研究，贵在实践发展——陶行知研究国际学术研讨会综述[J]. 教育研究，1997（1）：33-36
[11] 王清，顾庆龙. 陶行知的教育公平思想及其现实意义[J]. 教育探索，2010（5）：6-8
[12] 伍雪辉，张艳辉. 论人的本质及教育的本源，属性和出发点[J]. 教育探索，2010（8）：3-6
[13] 陶行知全集（第三卷）[M]. 长沙：湖南教育出版社，1985
[14] 胡晓风，金成林. 陶行知教育文集[M]. 成都：四川教育出版社，2005
[15] 陶行知全集（第二卷）[M]. 长沙：湖南教育出版社，1985

[作者单位]武汉大学社会学系

[原　　刊]《中南大学学报（社会科学版）》，2011年第6期

旧邦“新人”

——“五四”现代人道主义国民精神改造观

张先飞

一、“新人”思考的缘起

“五四”新文化人曾将新文化运动之兴起，归因于他们对民国初数年间颓败的社会整体精神状况的激烈反拨。中华民国成立后，任何人都未曾预见到，经过朝气蓬勃、思潮激荡的晚清社会革命，突然间，一个精神萎缩、极端鄙俗的时代会悄然来临。环顾四面，国人的精神状态令人慨叹：无论社会精英还是普罗大众，也不管巨贾豪富抑或社会底层，绝大多数社会成员皆缺乏坚实的人生信念，全然摒弃超越性的精神追求，仅屈从实利，满足于物欲追逐；而且人们确信整个社会中一切社会关系都只是赤裸裸的幕后交易，并自觉投身其间，希求分我杯羹；另外社会整体的道德根基动摇、混乱，是非不辨……凡此末世乱象令人触目惊心。当时的仁人志士皆对此深怀忧惧，坦言此种整体性的精神萎缩已引发了广泛的精神病态，且病情日重，如不即刻痛下药石，加以施救，那么这种整体性的精神萎缩必将成为吞噬民族机体之恶瘤。

“五四”新文化人认为，造成这种中国国民精神普遍性萎缩、堕落最核心的原因，乃由国民精神之痼疾所致。此类痼疾正如遗传老病，数千年来始终顽固地盘踞于中国人的灵魂深处，一旦遇到合适的气候土壤，便会随时发作，难以遏制。正是缘于这一历史判断，“五四”新文化运动的健将们发愿，要一劳永逸地彻底改造早已萎缩、堕落败坏的中国国民精神。对此他们敏锐地提出“改造国民性”等重要命题，将对中国社会的全面整体改造的工作，完全置于中国国民精神之更生，即改造“旧人”、重塑“新人”的根基之上。对于如何实现这一国民精神改造的宏伟目标，当时中国社会不同的精英群体提出了各自不同的方案，其中“五四”现代人道主义思潮运动的理论设想产生过最广泛的影响，并成为“五四”国民精神改造中最为重要的观念。

二、国民精神改造的顶层设计

现代人道主义产生于19世纪中后期的西方社会，具有与人类历史上各类人道主义形态迥然不同的独特思潮流脉与观念谱系。现代人道主义起源自托尔斯泰、陀思妥耶夫斯基以及俄国新理想主义者们的理论创造，“一战”前后形成了席卷全世界的和平革命式的激进思潮运动。“一战”后“五四”新知识分子也在中国掀起盛大的现代人道主义社会改造运动，并做出了重要理论贡献，对此拙著《“人”的发现——“五四”文学现代人道主义思潮源流》（人民出版社，2009年版）有过详细的历史梳理与分析。“五四”现代人道主义者关于中国国民精神改造工程设想的目标，是对中国人进行脱胎换骨式的精神洗礼，力求彻底洗脱整个民族精神上的历史沉垢，重新构建起符合现代世界文明之要求的精神人格。他们所设想的这一精神改造过程，大致分作两个阶段：首先，是“认识你自己”，让中国人树立起科学的“人学”观念；其次，是“立人”，将中国国民塑造成具有独立人格、自由意志、“爱与理解”“理想主义”“现实精神”，以及“社会改造勇气”的“新人”。需要强调的是，“五四”现代人道主义者们对于中国国民精神改造路径的设计，是完全建立在现代人道主义系统的科学“人学”思考上的，具有坚实的科学性理论基础。以下笔者拟就“五四”现代人道主义者们对于中国国民精神改造的思考规划进行较为深入的分析。

“五四”现代人道主义者们认为中国国民精神改造的第一个阶段，是必须树立科学的“人学”观念，他们将此作为培养“新人”的首要必备条件。在说明这一问题之前，笔者有必要对现代人道主义科学“人学”观的基本理念加以介绍。现代人道主义科学“人学”思考的终极目标，是建构理想的人性与人类的正当生活，即建构“灵肉一元”的“人”的本质，与“灵肉一元”的“人”的理想生活。现代人道主义的人性观就是现代“灵肉一元观”，这种观念认为，人类的“肉”的生活与精神生活原为完整人性的一体之两面，两者在本质上应该是和谐的，共同建构起人类正当的生活，因此任何片面发展“肉”的生活或精神生活其中一端的做法，都是极端错误的，均会导致人性的偏执发展，将人类的道德生活引向歧途。现代人道主义的“灵肉一元观”，是19世纪中后期至20世纪初西方道德革命的重要理论结晶，其产生缘于一些道德革命前驱力图改变人类历史的宏愿。在他们看来，从古代一直到19世纪，除了极少数的例外，数千年的人类史，就是一部人性及“人”的道德生活不断循环往复，向“灵”或“肉”其中一极偏执发展的历史，人类从未享受到过正当的生活。因此这些道德革命的前驱通过倡导新的“人学”观念，力图改变扭曲的人性与不正当的人类生活状态，以谱写人类史的新篇章。

“五四”新文化运动前后，周作人等现代人道主义者们将这种科学的“灵肉一元”的“人学”观念引入中国，当时他们的意图十分明确：远期目标，自然是要在中国建构起理想的人性及正当的人类生活，而近期目标，则是要借重科学“人学”观念对中国人进行彻底、全面的人性改造。“五四”现代人道主义者们之所以确定这一近期目标，缘于在他们看来，中国的人性现状异常恶劣，它不像在西方文明社会中主要是人性的偏执问题，在当下中国更多存在的是人性的极端堕落、彻底败坏的情形。对于中国的人性现状，鲁迅、周作人、沈雁冰等“五四”现代人道主义者们难以准确地概括，于是便借比喻、类比等方式为中国人在生物的进化序列上确定位序，诸如“反生物性的人生观”“污毁一切的玩世与纵欲的人生观”“非人的生活”“植物的生活”“类猿人”“生物界的怪现象”和堕落变态的“野蛮人”“野蛮民族”“中国人尚是食人民族”“‘食肉寝皮’的吃人思想”、将变成猿猴堕落的子孙（周作人在《人的文学》中使用英国教育家Gorst的称谓：“猿类之不肖子”）等，而且他们还指出，如果照此下去的话，“中国国民的生活不但将由人类的而入于完全动物的状态，且将更下而入于非生物的状态里去了”①。

很明显，“五四”现代人道主义者们对于中国国民人性的现状判断是非常严厉的，在他们看来，这一种族人性现状的表现，明显是行将灭亡的征兆。他们认为，中国人已经不是单纯的退化问题，因为如果仅仅是生物学上的退化并不可怕，那样毕竟还在进化的链条上，仍有进化的可能；中国的问题是，中国人的人性已是彻底地堕落变态，他们的所作所为已经完全违背了生物界的规律，不仅不能再进化，而且只能进入非生物的状态，也就是灭亡。应该说，这些言语确实极为刺耳，但它们既非危言耸听，也不是西方启蒙话语、殖民话语等的偏见，它们只不过是周氏兄弟等“五四”现代人道主义者们立足于科学“人学”成果的坚实根基，对于现实中国的实际道德生活场景，以及数千年来中国各类史书文献所载国民道德状况的经验归纳，因此皆为确凿的历史事实及现实真相。在“五四”现代人道主义者们看来，中国人的这类病状反复搬演，持续发作，如再无诊疗救治的机会，必将成为中华民族灭亡的前兆，他们对此忧惧非常，甚至感到深深的绝望，于是急不可待地竭力推动中国国民人性及道德观念

① “反生物性的人生观”“污毁一切的玩世与纵欲的人生观”“中国国民的生活……入于非生物的状态里去了”，参见周作人（子严）《恶趣味的毒害》（《晨报副镌》，1922-10-02）；“非人的生活”“猿类之不肖子”，参见周作人《人的文学》（《新青年》，1918-12-15，第5卷第6号）；“植物的生活”，参见（仲密）周作人《新希腊与中国》（《晨报副镌》，1921-09-29）；“类猿人”，参见唐俟（鲁迅）《随感录·四十一》（《新青年》，1919-01-15，第6卷第1号）；“生物界的怪现象”，参见俟（鲁迅）《随感录·四十九》（《新青年》，1919-02-15，第6卷第2号）；“野蛮人”“野蛮民族”，参见周作人《随感录·四十二》（《新青年》，1919-01-15，第6卷第1号）；“中国人尚是食人民族”，参见1918年8月20日鲁迅致许寿裳信（《鲁迅手稿全集·书信第一册》，文物出版社1978年，第48页）；“‘食肉寝皮’的吃人思想”，参见唐俟（鲁迅）《随感录·五十四》（《新青年》1919-03-15，第6卷第3号）。

的更生[①]。他们力图从两方面进行推进：一方面，“五四”现代人道主义者们以“灵肉一元”的科学“人学”观作为理论基础，严厉批判中国人的道德生活与国民精神的痼疾；另一方面，他们竭力倡导理想的人性与正当的生活，引导中国人自我改造的方向。

“五四”现代人道主义者们认为，中国国民精神的彻底改造，在完成树立科学的“人学”观念、改造人性及道德生活的阶段之后，第二个阶段，便是“立人”，即将中国国民塑造成具有独立人格、自由意志、“爱与理解”“理想主义”“现实精神”以及“社会改造勇气”等精神品质的“新人”，这实际是对理想人格的培育。他们认为这一工作需分两步走。

第一步，在共同的人类生活中塑造真正的“个人”。

“五四”现代人道主义的“个人”观在这一方面的思考，极具启示意义，其中与独立人格、自由意志培养相关的，是“自觉的个体意识”的命题。关于“自觉的个体意识”，现代人道主义的“个人”观承继了“神思宗”的很多重要命题：比如对“自己是‘唯一者所有’”的个体精神的自觉，对“个人”充分发展的自觉，还有立足于“精神独立”的个体之上的独立判断、怀疑批判精神以及对“进步的欲求，常常超越族类之先”的先觉者的充分肯定……并将“自我”作为思考一切问题的逻辑起点。当然“五四”现代人道主义者们对于这些源自“新神思宗”的命题的内涵都进行了根本性的改造。

“五四”现代人道主义“个人”观的核心观点包括以下几方面：其一，“我即是人类”，这是“五四”现代人道主义“个人”观的逻辑前提。“五四”现代人道主义者们认为，从本质上讲，人类社会的结构框架中只有“个人”的存在，社会关系仅仅是“个人”之间的关系，而每个“个人”在人性本质、最终的利益诉求与人生的目标等方面并无任何差别，因此，“个人”与“个人”之间的关系，根本而言，就是“自我”与“自我”之间的关系，更进一步讲，是“自我”与其自身的关系，因此所有的“自我”/“个人”实为一体，不可分割。其二，个体意识。现代人道主义者们所提倡的“唯一者所有”“我”等，已经不再是麦克斯·施蒂纳《唯一者及其所有物》中的哲学意义上的绝对的自我，而是指那些个性已得到充分自由发展的“个人”。不过现代人道主义对于“个人”的认识，除了充分突出每一个人个体意识的充分自觉与个性自由发展，还特别强调每个人必须同时服从“人类的意志”，即人类共同的人性、共同的生存与幸福、共同的发展以及社会进化的法则等，并坚守自己作为“人类的一

① 请参见武者小路实笃《与支那未知的友人》（周作人译，《新青年》1920-02-01，第7卷第3号）；周作人《知堂回想录》（香港三育图书文具公司1970年版，第388页）；俟（鲁迅）《随感录·三十六》（《新青年》，1918-11-15，第5卷第5号）；迅（周作人）《随感录·三十八》（《新青年》，1918-11-15，第5卷第5号）。

员”的身份。其三，任何一个人都有个体意识与个性高度发展的潜质，即都有可能成长为“新人”。现代人道主义者们也是承认“独异”的“个人”存在的，但在他们看来，“独异”的“个人”与尚未觉悟的人们之间的差别，其实只是觉悟早晚、闻道先后的不同而已，所以只要能够觉悟，领会到现代人道主义的真理，任何人都有可能成长为具有高度发达个性与个体意识的“新人”①。

第二步，树立“精神独立”的观念。

“精神独立”的观念是“五四”社会改造工作重要的精神动力。应该说，这一观念是“一战”之后，世界进步知识分子的共同心声。西方世界的大批知识分子在反省战争中自己的表现时，沉痛地指出，战前很多曾高调标榜“精神独立”的知识分子，却在战争中面对帝国主义、狭隘民族主义等时变色失节，沦为它们的精神奴隶，这些知识分子甚至为这场不义的战争摇旗呐喊……因此知识分子们在一定程度上也要承担战争的罪责。正是汲取了“一战”血的教训，以罗曼·罗兰、罗素、巴比塞等人类“良心”为代表的广大欧美知识分子共同发表了《精神独立宣言》，倡导“精神独立”，将“精神独立”树为每个人根本性的道德律令。对于这种“精神独立”观念，张申府曾在其所译注的《精神独立宣言》（《新潮》1919年12月第2卷第2号）的介绍中做出了重要评述。

> 要而言之，这个宣言的主意不外：无论求学求术除了为他自己外都是为的个人：自己和自己以外真实存在的各个体，——便是全人类，——绝不是为的那一部分，绝不是为的私人徒党的营私射利，绝不是为的几个强暴狡猾为图损人的一时的利乐凭空假设，强加在众人头上的，像上帝，教会，国，把人压制，把人拘束，把人隔离分裂的东西，以及如婚嫁一类，矫揉人性，违反自然的赝造的关系。所以要望以后有学有术有思想能文章的人万不可再拿着文章学术思想供什么万恶的东西，虚伪的东西，不必需的东西，作文饰，作利器。读者诸君，你们还要晓得假使世界只有武人，假使世界只有财奴，世界也还不会有恶，世界的恶业那一回不是由有思想有知识能说能道的为虎作伥的引导着，帮助着作出来的？那么有思想有知识的人对于世界的罪过怎能不负责？……“我欲仁，斯仁至矣”。我们如果愿意世界好，如果虔诚切至愿意世界好，世界当下便会好。世界所以不好，全因人没有那种诚心……晓得这个，第

① “自己是‘唯一者所有’”，参见周作人《〈可爱的人〉译者附记》（《新青年》，1919-02-15，第6卷第2号）；“进步的欲求，常常超越族类之先”、“我即是人类”，参见《新文学的要求》（《晨报·副刊》，1920-01-08）；“人类的一员”，参见周作人《新村的精神》（《新青年》，1920-01-01，第7卷第2号）；“人类的意志”，参见周作人《人的文学》（《新青年》，1918-12-15，第5卷第6号）。

一便是要认定鹄的，便是要保住那一体多方，恒久不灭，自由超脱的精神。①

“五四”现代人道主义者们完全认同于这种“精神独立”的观念，他们不仅在面对中国现实时，表现出与西方独立知识分子完全相同的态度与立场，而且还以独立的、不受任何势力支配的精神与勇气，投入改造中国社会这一巨大的系统工程当中。仅凭此点，我们就能够深切地感受到，“五四”时期的现代人道主义观念，并不是像后来通行的观念所批判斥责的那样，是一种柔弱无力、浅薄虚伪、犬儒化的呻吟，实际上恰恰相反，“五四”时期的现代人道主义观念及社会改造运动是充满力量的，它所蕴含的内在强力，正表现为对“爱”与人类兄弟之谊的坚守，对罪恶、暴力的毫不妥协，它是精神完全独立的强者们的高亢呼号，卫护的是全人类。

当然，在培育独立人格与自由意志的同时，“理想主义”“现实精神”以及“社会改造勇气”等的获取异常关键。

“五四”现代人道主义者们在这方面的深刻思考，皆集中于他们的“新理想主义观”当中。“新理想主义观”是在吸收实证科学时代的精神内核，并修正其缺陷的基础上产生的，其中“现实精神”就完全源自实证科学时代的观念。实证科学时代的“现实精神”，主要体现在以科学观念作为评判一切的标准，求人生之真的态度上，具体而言，实证科学时代的思想家们借助于科学观念的支撑，敢于大胆直面现实，揭示表象掩盖的内幕，并且对日常生活及社会现实做出广泛深入的考察评判；同时，他们立足科学观念，进行了严肃的历史研究与批判，揭开以往被不同类型的意谛牢结，或者传统观念的历史“神话”所遮蔽的黑暗的历史，因此洞察了历史的黑暗与现实的真相；同时他们还大刀阔斧地破坏既成的宗教、道德、教育及所有偶像[1]。很明显，这种扎根于科学观念之上的“现实精神”是中国当时最缺乏的，因为中国人未曾得到过科学精神的彻底洗礼，这不仅造成中国人精神混沌、头脑糊涂，不能清醒、客观地看待现实，而且还缺乏批判的勇气与力量，既不愿睁开眼睛来看，也不敢大胆无忌地表明真实，始终在“瞒和骗”的敷衍中自欺欺人。

不过实证科学时代思想家们的“现实精神”也具有巨大的局限性，他们的“现实精神”仅仅停留于“求真”“偶像破坏”等发现历史及现实真相的阶段，并不能进一步投入积极的社会改造中，反而否定理想等超越性的精神，认为现实已经被“极端之决定论”的锁链紧紧枷住[2]，不可改变。在这一点上，现代人道主义者们的“现实精神”远远超越了实证科学时代的思想家们，他们反对实证科学时代的消极认知，在保持洞穿历史与现实的清醒头脑的同时，又立下投身社会改造事业当中的坚定理想，并

① 请参见[法]罗曼·罗兰等著《精神独立宣言》，张崧年译注，《新潮》，1919-12-01，第2卷第2号。“鹄的”原文误作“的鹄”。

确信终极目标的理想会实现。而且现代人道主义的“现实精神”与“理想主义”“社会改造勇气”的紧密连接，保证了现代人道主义者们的理想与社会改造工作，并不是空想家们的梦幻，亦非是对向风车的战斗，而是有着“现实精神”作支撑，具有完全的现实性。在“五四”现代人道主义者们看来，这种建立在坚实“现实精神”之上的“理想主义”与“社会改造勇气”，是改造社会的真实有效动力，应当成为“新人”最为重要的精神禀赋。

此外，“爱与理解”、对他人精神“感同身受”的心理机制的养成，对于“新人”理想人格塑造也具有至关重要的作用，可疗治国人的精神痼疾，为精神改造奠定基础。

现代人道主义者对社会改造的理解较为特殊，他们的社会改造以完全更新人类社会、彻底扭转人类历史为目的，而这一立意高远的计划，完全建立于对个人的精神改造、精神感化基础之上。他们这种判断基于如下的思考：亘古至今，整部人类史一片黑暗，其中始终贯穿着人性的恶劣、社会的罪恶、人类的不幸、历史的残酷，究其终极原因，皆在于“大家对于别人的心灵、生命、苦痛、习惯、意向、愿望都很少理解，而且几于全无”（周作人《〈齿痛〉译者附记》，《新青年》7卷1号）[3]。而本来人类间的相互理解，人心赤裸裸的相见，原为所谓理想的“自然人性”的本然存在样态（顾颉刚《〈隔膜〉序》，1921年7月10日作）[4]，因此打破人心之间的“隔膜”就成为社会改造的关键枢纽。而要做到破除“隔膜”，除了理解接受现代人道主义的真理，并在情感上发生真正的转移，拥有改变现状的强烈冲动之外（周作人《〈点滴〉序言》，1920年4月17日作）[3]，更具有决定性意义的是，每个人是否具有敏锐地感受到别人的心灵、生命、苦痛、习惯、意向、愿望等的能力，能否去“爱与理解”。这一问题虽然一直是人道主义的重要命题，但在“五四”现代人道主义者们那里却得到了异乎寻常的重视，因为“五四”现代人道主义者们认为，这种能力的严重不足，实际已经成为妨碍中国人精神改造与社会改革的最为强大的阻力。在他们看来，中国的民族性中最缺乏的就是诚与爱，深中了诈伪无耻和猜疑相贼的毛病（许寿裳《回忆鲁迅》，《新华日报》（重庆）1944年10月25日）[5]，这致使中国人的精神异常麻木，并进一步衍生为严重病态的精神“残酷性”，以“赏玩”别人痛苦为乐的“变态的残忍的心理”（仲密《山中杂信·四》，《晨报·副刊》1921年7月17日）[6]，令中国人堕落入“非人的生活”，这种情形使中国人的“爱与理解”难以实现。

基于这一现状，“五四”现代人道主义者们强调培养“感同身受”的心理机制，或曰对他人精神的敏感性的问题，并将其当作最应率先解决的难题。为此他们着重提出两种重要方案：一种是已觉醒之人先开始过上理想的生活，借此逐渐感化那些病入沉疴的国人；另一种则是更为直接的方式，即通过符合“人的文学”标准的文艺作品来沟通相互隔绝的人心。“五四”现代人道主义者们充分信仰列夫·托尔斯泰晚年所开创的文艺观念，他们对文艺感染人的情感，沟通人与人之间的关系，甚而最终彻底改变人的精神的能力，给予了极高的期许。当时“五四”新文艺界最喜欢引用安德列夫的一段自白，来表达自己的这种期望，安德列夫在做出人间不幸皆来自于人心隔绝的判断后，高度评价了文学的崇高功用，“我是治文学的，我之所以觉得文学的可尊，便因其最高尚的事业，是在拭去一切的界限与距离”[3]。应该说这种文艺观已经不再是单纯的文艺观念，而成为重要的社会改造观念，目标直指人类的精神革新、理想社会的创造。“五四”现代人道主义者们相信借助文艺这一利器，必能扭转国人异常麻木的精神痼疾，使他们能够感受其他人类的情感、精神，从而铺设好进一步精神改造的基石。

其实，关于“新人”理想人格的塑造问题，“五四”现代人道主义者们还提出了一系列重要观念，如以“爱的哲学”为核心的社会改造观等，限于篇幅，不复赘述。

三、“新人”：一个未完成的方案

如上所述，“五四”现代人道主义者们不仅对于改造中国国民精神、重塑“新人”做出了较为系统的规划，而且也在“五四”前期倾力践行他们的主张。但随着现代中国社会形势的急遽变迁，“五四”现代人道主义这一国民精神改造的系统工程尚未顺利实施完成，便已戛然而止。当时的中国人，只有少数的激进青年经受过改造的洗礼，但他们大多都像是参加了一个短训班，之后就匆匆踏入社会变革的浪潮当中，而其他大多数中国人的精神基本未受到实际的触动。因此自提出重塑“新人”这种理念开始迄今，中国国民精神彻底改造的这一堂课始终是严重缺漏的，虽然“五四”之后各个时期的思想家们多次意欲补课，但皆半途而废。更有甚者，时至今日，“五四”现代人道主义国民精神改造观这一珍贵精神传统久已断绝，而且在民族的记忆中几乎被完全遗忘、彻底抹去。正是缘于“五四”以来国民精神改造工作的不彻底以及这种精神传统往往被有意遗忘，或刻意抹煞，造成了诸多早在“五四”前后就已被明确揭示出的中国国民的精神痼疾，始终未能得到彻查与根本性的解决，甚至在不同时期被不少人看作驭民要术，或者最珍贵的民族文化遗产……从而导致历史遗留问题在不同的历史阶段反复发作。究其本质，不过是旧疾复发，绝非急染新症！

当然，当下中国的人性及道德状况，与百年前相比，确有重大改观，但很多在“五四”前后被诊断出的中国人的人性病状，却并未得到彻底根治，有时在新的生活样态中，在现代生活光鲜的外表遮掩之下，变换形式，仍在有形无形之中支配着我们的思想言行，甚至是道德生活，更可怕的是，有时竟成为导致当下中国人性及道德生活严重扭曲的重要诱因，进而成为在根基上加速社会道德堕落的根苗。这种表现，正是1923年周作人在《“重来”》（《晨报副镌》6月14日）一文中所着重提出来的中国社会的“重来”现象（“重来”一词，源自易卜生名剧《重来》（Gengangere），原意为“僵尸”），周作人不无忧惧地指出，“祖先的坏思想坏行为在子孙身上再现出来，好像是僵尸的出现……我现今所想说的，只是中国现社会上‘重来’之多”[7]。

今天的中国，亟须我们重新思考“五四”时期现代人道主义者们的改造思路及实践，厘清“五四”关于中国国民精神改造的理论及实践到底在说些什么，说清楚了什么，没有说清楚什么，已经落实了什么等问题。然后在此清醒认识的基础之上，进一步做好两方面工作：第一，在理论层面上，有意挖掘、重新诠释，并着力改造利用“五四”先哲们所创造的国民精神改造的思想资源，努力重新将其纳入当下中国的思想生产当中。第二，在实践层面上，掀起新的道德革新运动，承继“五四”未竟之业，清除数千年来积淀在中华民族国民灵魂幽暗处的历史沉垢，从根基上彻底斩断加速社会道德滑坡的根苗，重新建构起完整圆满的人性，以及正当的人类生活，使“五四”先哲们彻底改造民族精神的宏伟理想终得实现。

注释

[1] [日]宫岛新三郎. 现代日本文学评论[M]. 张我军译. 上海：开明书店，1930

[2] 周作人. 近代欧洲文学史[M]. 北京：团结出版社，2007

[3] 周作人. 点滴[M]. 北京：北京大学出版部，1920

[4] 叶圣陶. 隔膜[M]. 上海：商务印书馆，1922

[5] 许寿裳. 我所认识的鲁迅[M]. 北京：人民文学出版社，1952

[6] 周作人. 雨天的书[M]. 北京：北新书局，1925

[7] 周作人. 谈虎集[M]. 上海：北新书局，1928

[作者单位]河南大学文学院

[原　　刊]《河南社会科学》，2014年第3期。

论马克思主义新人学说中国化的两次飞跃

谭献民

旧中国半封建半殖民地社会的性质和中国革命的基本任务，决定着社会改造与人的改造是两位一体的历史任务，中国人民要完成反帝反封建的革命任务，就必须把改造社会同改造国民性统一起来，而且只有在中国共产党的领导下，才能逐步得以解决。因此马克思主义基本原理与中国国情相结合，也包括马克思主义新人学说与改造构成国民性的民族文化传统相结合。本文拟以马克思主义新人学说中国化的历史进程作一初步探讨。马克思主义新人学说的中国化有过两次历史飞跃，一次是在延安时期，毛泽东提出全心全意为人民服务的理想人格；一次是在十一届三中全会以后的新时期，邓小平提出“四有”新人的理论。

一、马克思主义新人学说的两个基本原则

马克思、恩格斯批判地继承了近代西欧哲学关于人的本质的学说，从而提出“人的本质是一切社会关系的总和”[1]这一唯物史观的基本观点，并在此基础上建构出共产主义新人学说的两个基本原则。

第一，共产主义社会是社会制度变革与社会新人铸造统一的结果。

马克思指出：“人的本质并不是单个人所固有的抽象物。在其现实性上，它是一切社会关系的总和。”人的本质作为社会关系总和，就使人成为认识世界和改造世界的类的主体、群体的主体和个人的主体之统一，人活动的目的就是维持其生存和全面而自由地发展其个性潜能的统一。但是，人活动的目的与人类社会历史发展的客观规律往往是相矛盾的。从原始社会到封建社会，由于生产力水平的低下而使自然关系与社会关系成为限制绝大多数人之个性潜能发展的异己力量，资本主义社会剩余价值的榨取和异化劳动的存在同样如此。因此，人的类发展要以限制个体发展为代价。然而，资本主义社会商品经济和生产力的高度发展又为消灭这一异己力量而创造了条件。随着社会生产力的巨大发展和无产阶级革命斗争的深入展开，资本主义制度为社会主义和共产主义制度所代替，人被物支配的商品经济为人对物管理的产品经济所代替，劳动不再作为谋生手段而是生活的第一需要，这才有全面而自由地发展个性潜能的现实可能性。因此，共产主义社会是社会制度变革与社会新人造就相统一的结果。

一方面社会生产力的发展与社会主义（共产主义）制度的建立，是培养造就全面发展的共产主义新人的前提条件和物质基础，因为“只有在集体中，个人才能获得全面发展其才能的手段，也就是说只有在集体中才可能有个人的自由”。另一方面，培养造就全面发展的共产主义新人是建立共产主义社会的根本要求。因为在未来社会中，“代替那存在着阶级和阶级对立的资产阶级旧社会的，将是这样一个联合体，在那里，每个人的自由发展是一切人的自由发展的条件”[2]。

第二，共产主义社会是人的素质潜能逐步全面而自由地发展的历史结果。

马克思主义认为，人类认识世界改造世界的社会实践活动既是人的本质逐步生成、变革与发展的物质实践基础，又是人的本质展现与实现的物质实践机制。人就是现实的具体的人，就“是这样一种活动主体”，他们“是从事活动的，进行物质生产的，因而是在一定的物质的，不受他们任意支配的界限、前提和条件下能动地表现自己的。人的自由自主的社会劳动的特点，也就是能动与受动的统一”。[3]这种“统一”就是从原始社会到资本主义社会的历史的统一。依据这一原理，人的本质就在社会实践中展现其自然属性、社会属性与精神属性的具体的历史的统一。而作为人的本质属性的体现与要求的素质与潜能，同样也是这种生成、变革与发展的渐进的历史进程。从原始社会到封建社会，生产力水平的低下和血缘家族的社会关系，无疑限制着绝大多数人的素质与潜能的全面发展。资本主义私有制度与社会分工所产生的劳动异化，同样是一种历史限制。但是，相对于以往的社会形态，又是一种进步，资本主义社会既为人的素质潜能全面发展提供物质条件，也需要人的素质潜能的全面发展。因为资本主义“现在的生产力和交往的形式是全面的，所以只有全面发展的个人才可能占有它们，即才可能使它们变成自己的自由的生活活动”。随着生产力的进一步发展而使旧的社会关系为新的社会关系所替代，即“到了外部世界对个人才能的实际发展所起的推动作用为个人本身的驾驶的时候”，共产主义就不再是理想，而是现实[4]。因此，共产主义社会既是人全面而自由地发展自己的素质潜能以便全面占有自己本质的社会形式，又是人的素质潜能逐步全面而自由发展的历史结果。

二、马克思主义新人学说中国化的第一次飞跃

在马克思主义传入中国之前，戊戌维新和五四新文化运动前期，无论是文化自由主义者（诸如严复、梁启超、胡适等）还是文化保守主义者（诸如梁漱溟等）都不可能解决国民性改造的问题。由他们的唯心史观所决定，要么是把社会制度改造与人的改造对立起来；要么是把人的思想道德素质与科技文化素质的变革对立起来。只有马克思主义传入中国，才有国民性改造问题的根本解决。李大钊首先提出以马克思主义

改造国民性的问题。

李大钊在宣传阐释马克思主义的一系列文章中，首先明确揭示出俄国十月革命与法国革命的根本区别，指出：十月革命不是以“自由”“平等”“博爱”的口号唤起民众，而是“奉德国社会主义经济学家马克思（Marx），为宗主的”[5]，李大钊提出若干用马克思主义改造更新国民性的基本原则：①变革物质基础从而改变精神现象。因为“人类社会一切精神的构造都是表层构造，只有物质的经济的构造是些表层构造的基础构造”。“物质既常有变动，精神的构造也就随着变动。”所以必须进行社会革命，首先变革物质基础，然后才能改变精神现象。②实现“物心两面改造”。即“以社会主义改造经济组织”为基础，以“为大多数人谋幸福”的“人道主义改造人类精神”为动力，实现“物心两面改造”。③依靠民众自己解放自己。④随着时代变迁而创造第三种新文明，他指出：东方文明偏于灵、西方文明偏于肉，唯有调和东西文明，以创造第三种文明。这第三文明就是社会主义新文明。⑤坚持民族解放、阶级解放与个性解放相统一。中国革命需要解决“殖民地对于本国要求解放、农夫对于地主要求解放，工人对于资本家要求解放，女子对于男子要求解放，子弟对于亲长要求解放”等诸多复杂的问题，坚持这个原则，才能争取革命的胜利，实现“其间全没有统治与服属的关系，只有自由联合的关系”的共产主义社会[6]。上述原则无疑为马克思主义新人学说中国化的历程指明方向。但李大钊尚没有从生产力发展的高度谈马克思主义改造社会与改造人的问题。

众所周知，以儒学为主干、融儒、释、道为一体的中国传统文化，以“内圣外王”为其理想人格。传统理想人格一方面弘扬人作为道德本体的社会价值，在国家危急民族存亡之际，陶冶出一代又一代前仆后继、舍身救国的志士仁人；另一方面又因无法解决它所面临的阶级矛盾和社会矛盾，而以“三纲”作为最高的政治原则和以“五常”作为普遍的道德规范，导致社会实践中不问国事的异己的心理意识（无欲无我）和异群的生存方式（结党营私）的统一。因此，怎样站在中国革命的历史高度批判改造与扬弃传统理想人格成了一个重大的历史课题。

以毛泽东为代表的中国共产党人，在将马克思主义基本原理与中国革命具体实践相结合的斗争中，主要采取两个根本措施来克服传统理想人格消极的方面：一是在根据地系统地进行新民主主义政治、经济和文化的制度建设，发挥制度机制的作用；二是针对农民小资产阶级汪洋大海似的国情特点，紧紧抓住（特别是党内）农民小资产阶级思想意识的改造问题，把改造思想视为能否取得中国革命胜利的关键一环。毛泽东反复强调思想改造的实质，就是要用实事求是的辩证唯物主义世界观与方法论取代农民小资产阶级主观主义的世界观与方法论；用全心全意为人民服务的人生观取代农民小资产阶级个人主义和宗派主义的人生观。这种思想改造斗争既是思想启蒙，又是个性解放。毛泽东深刻指出：没有个性解放，就没有民主主义，也没有社会主义。从个性解放的角度上说，实事求是与全心全意为人民服务，要求共产党员和革命志士站在党和人民利益的立场上，抛弃那种非理性的迷信盲从、权威认同和个人至上的世界观与人生观，从而切实有效地实现民族解放、阶级解放与个性解放的统一。因此，实事求是与为人民服务是在社会改造与人的改造斗争中发挥革命主观能动性的理论依据，也是培养造就一代个性潜能全面发展的共产主义新人的基本原则和方法。延安整风和延安精神就是上述宗旨的深刻体现。这种思想改造与社会改造相统一的原则与方法在新民主主义制度基础上，有利于克服传统理想人格之不问国事及结党营私等消极方面的弊端，而发扬光大传统理想人格之国家民族利益至上等积极因素，从而实现了马克思主义新人学说中国化的第一次飞跃。

三、马克思主义新人学说中国化的第二次飞跃

新中国成立，特别是“三大改造”基本完成后，进入全面建设社会主义的历史时期。如何在一个经济文化相对落后的国家实现马克思主义指导之下的社会主义制度建设和新人培养的统一，这是一个新的历史课题。党的“八大”文献和毛泽东等中央领导人的一系列著作，提出了党的工作重心的战略转移、社会主义社会基本矛盾的变化和体制改革完善等一系列重大原则问题。就培养造就新人方面，提出了社会主义教育方针、无产阶级革命接班人的五项条件，树立了以雷锋为代表的社会主义新人形象。但由于国际共产主义运动出现波折以及其他种种原因，不但没有可能找到两者相结合的正确道路，反而轻易地改变了“八大”关于主要矛盾变化的科学论断，逐步加大以“一大二公”和平均主义改造社会、以阶级斗争为纲改造思想的力度，马克思主义新人学说中国化走向了误区。

党的十一届三中全会实现了伟大的历史转折。邓小平同志根据当代科技革命的新特点和历史唯物主义的基本原理，创造性地提出了社会主义本质和生产力标准的新论断，确立了党在社会主义初级阶段的基本路线和以社会主义市场经济为取向的改革目标模式；同时，进一步明确以培养“有理想、有道德、有文化、有纪律”的“四有”新人，作为适应物质文明建设和精神文明建设的根本要求，一再强调必须“两手抓，两手都要硬”的战略方针。党的十四届六中全会的《决议》明确指出：“我们进行的精神文明建设，是以经济建设为中心，坚持四项基本原则和坚持改革开放的精神文明建设，是继承发扬优良传统而又充分体现时代精神，立足本国而又面向世界的精神文明建设。”至此就在新的历史条件下，为马克思主义新人学说中国化指明了正确的方向和道路，实现了第二次飞跃。

第一，邓小平始终坚持社会主义社会的根本任务是发展社会生产力，因为只有发展生产力，才有可能逐步消灭社会分工和社会差别对人的全面发展的束缚和限制。它是培养造就一代新人的坚实的物质基础和动力。同时又以社会主义市场经济和民主政治体制的建立与完善来变革那些束缚与限制人的全面而自由发展的社会关系，从而形成培养造就一代新人的坚实的制度机制。这样就既坚持了马克思主义新人学说中制度改造与新人造就相统一的基本原理，又克服了在经济文化相对落后的国家对马恩产品经济模式的教条主义倾向。

第二，邓小平反复强调必须坚持与贯彻实施"两手抓、两手都要硬"的战略方针与措施，从而就将物质文明、制度文明和精神文明有机融合，使社会改造与人的改造交替拓展，社会改造为人的改造提供物质基础和制度机制；人的改造为社会改造提供精神动力和智力保障，从而经过十数代或数十代人的努力，在中国完成向共产主义社会和共产主义新人过渡的历史使命。因此，"四有"新人既是建设有中国特色社会主义现代化的人格模式，又是向共产主义新人过渡的理想人格。

第三，邓小平深刻总结近代中国以来国民劣性改造的历史经验，坚持科学技术是第一生产力的观点，以建立与完善社会主义市场经济与民主政治体制作为改造国民性的物质基础与制度机制，从而也就彻底改变了以往那种企图以观念转变观念的唯心史观，使国民性的改造第一次奠定在坚实有效的物质和制度基础之上，以"四有"新人之内在素质与潜能的统一协调发展来扬弃传统理想人格。高扬其"国而忘家""公而忘私"的高尚志向和模范品德，而根除其"无欲无我"及"结党营私"的草民心理和宗派主义；高扬其融理论学习（格物致知）、思想改造（正心诚意）、情感意志（慎独中庸）、主体自律（笃实践形）于一体的道德修养的合理因素，而抛弃其重德性之知、轻见闻之知的非合理因素等，从而实现传统理想人格的革命性与创造性的时代转型。因此，"四有"新人理论是彻底改造国民性的有效的原则与方法。

注释

[1] 《马克思恩格斯全集》第3卷，人民出版社1972年版，第5页

[2] 《马克思恩格斯选集》第1卷 人民出版社1972年版，第82、273页

[3] 《马克思恩格斯选集》第1卷 人民出版社1972年版，第29-30页

[4] 《马克思恩格斯全集》第3卷人民出版社1972年版，第51页、330页

[5] 《李大钊文集》上1984年10月版第599页

[6] 《李大钊文集》下，人民出版社1984年版，第139、375、68、596、609页

[作者单位]湖南师范大学

[原　　刊]《科学社会主义》，1997年第1期

论毛泽东的共产主义新人理想人格学说

王向清

认识和改造主观世界是人类实践活动的重要方面，其目的就是使人由天性向德性发展，培养和造就理想人格。理想人格是指各个时代塑造的让人们学习、追求的最完美的人格典范，是人格所要达到的最高境界。作为一代哲人和道德理想主义者，毛泽东对这一问题作了长期的探索，提出、设计了“共产主义新人”（即共产党人的理想人格）这一理想人格范畴，为共产党人、领导干部和其他先进分子树立了人格榜样。

一、共产主义新人理想人格的主要内涵

1. 为共产主义事业努力奋斗的崇高理想

理想是人们对未来美好现实的追求，是人们通过实践活动可以实现的奋斗目标；是人类精神生活的重要方面，是人们从事实践活动的精神动力源泉。是否具有崇高的理想，往往是判断个体人格高下的标准。在毛泽东看来，共产主义新人的理想人格首先必须树立为共产主义事业努力奋斗的崇高理想。追求共产主义事业和全人类的解放，并为这一事业努力奋斗是共产主义新人理想人格的内在要求。作为共产主义新人理想人格载体的共产党人及其他先进分子，要做一名自觉的忠诚的共产主义者。他要求共产党员在入党时，“心目中就悬着为现在的新民主主义革命而奋斗和为将来的社会主义和共产主义而奋斗这样两个明确的目标”[①]。理想人格不是与生俱来的，而是在实践中造就的，共产主义新人理想人格的培养也不例外。毛泽东十分注意在革命实践中培养共产主义新人。他说：“要造就一大批人，这些人是革命的先锋队。这些人具有政治的远见。这些人充满着斗争精神与牺牲的精神。这些人是胸怀坦白的，忠诚的，积极的与正直的。这些人不谋私利，惟一地为着民族与社会的解放。这些人不是狂妄分子，也不是风头主义者，而是脚踏实地的富于实际精神的人们。”[②]在毛泽东看来，要成为一名共产主义新人，还应当具有马克思主义的理论修养，并运用它作

① 《毛泽东选集》第3卷，人民出版社，1991年，第1059页。

② 毛泽东：《为陕北公学成立与开学纪念题词》，《解放军报》1970年4月10日。

为观察问题、处理问题的指导思想。

2. 全心全意为人民服务的奉献精神

全心全意为人民服务既是由中国共产党作为工人阶级的先锋队性质决定的，也是由其所面临的历史任务要求的，是我们党的宗旨和一切工作的出发点和落脚点。毛泽东在设计共产主义新人这一理想人格时，始终关注这一核心内容。

第一，他强调以共产党员为主体的共产主义新人应该一切从人民群众的利益出发，无条件地服从于人民群众的利益，最大限度地维护人民群众的利益。在他看来，中国共产党及其所领导的革命队伍，“完全是为着解放人民的，是彻底地为人民利益工作的”。因此，“共产党员无论何时何地都不应以个人利益放在第一位，而应以个人利益服从于民族的和人民群众的利益”①。“共产党就是要奋斗，就是要全心全意地为人民服务，不要半心半意或者三分之二的心三分之二的意为人民服务。”②他要求共产党人以人民的利益为第一生命，革命第一，工作第一，他人第一，个人利益服从革命利益，大公无私，助人为乐，毫不利己，专门利人。他认为，全心全意为人民服务的最高境界是“俯首甘为孺子牛”，鞠躬尽瘁，死而后已。

第二，毛泽东要求共产党人应密切联系群众，相信群众，走群众路线。因为只有密切联系群众，才能了解他们的疾苦、意愿和要求，才能有的放矢地开展工作，才能带领他们去实现目标。他把共产党人和人民群众的关系比做“种子”与“土地”的关系、“鱼”和“水”的关系，确信共产党人只有密切联系群众，依靠群众，深入群众，才能生根、开花、结果。他号召共产党人无论到什么地方，都要和当地的群众搞好关系，要关心群众，帮助他们解决困难。

3. 爱国主义精神和国际主义情操的完美结合

解放全人类，建立共产主义社会是共产党人的奋斗目标。在毛泽东看来，为实现这一宏伟和艰巨的奋斗目标，共产主义新人既应当具有爱国主义精神，同时又要胸怀国际主义情操。

第一，共产主义新人应具有爱国主义精神。作为无产阶级的先锋队，中国共产党及其党员应树立国家利益、民族利益至上的全局观念，为民族解放、国家独立而奋斗。面对日本帝国主义的野蛮侵略，毛泽东指出：“中华民族决不是一群绵羊，而是富于民族自尊心与人类正义心的伟大民族，为了民族自尊与人类正义，为了中国人一定要生活在自己的土地上，决不让日本法西斯不付重大代价达到其无法无天的目的。”③溢于言表的爱国主义讲演，激励着无数有血性的中国人走上抗击日寇、保家

① 《毛泽东选集》第2卷，人民出版社，1991年，第522页。

② 《毛泽东选集》第5卷，人民出版社，1977年，第420页。

③ 《中共中央文件选集》第11卷，中共中央党校出版社，1991年，第851页。

卫国的战场。毛泽东还对共产主义新人的主要载体的共产党人提出了更高的爱国主义要求："共产党的唯一任务，就是团结全体人民，奋不顾身地向前战斗，推翻民族敌人，为民族与人民谋利益，绝无任何私利可言。"①

毛泽东不但在理论上倡导共产主义新人的理想人格应树立国家利益、民族利益至上的全局观念，而且率先把它付诸实践。这主要体现在以下几个方面：其一，不计杨开慧、毛泽覃等亲人被反动派杀害的家仇，力主和平解决"西安事变"，迫使蒋介石实行停止剿共，一致抗日的政策。正是因为我们党以国家、民族利益为重，抛弃个人恩怨，才有抗日民族统一战线的形成和抗日战争的胜利，才有国家的独立、民族的解放。其二，在处理对外关系时，以维护国家利益为最高准则。新中国成立之初，毛泽东坚持"两大阵营"理论，对苏联及东欧社会主义国家采取"一边倒"的外交策略是为了打破国际敌对势力的封锁，巩固新生的人民政权；20世纪50年代末，毛泽东拒绝赫鲁晓夫提出的在中国建立长波电台和联合舰队的要求，出发点也是为了捍卫国家主权；20世纪70年代初，当美国试图与中国建立外交关系以牵制苏联时，毛泽东将台湾问题作为谈判的核心问题，要求美方承认世界上只有一个中国、中华人民共和国政府是代表全中国人民的唯一合法政府，台湾是中国领土不可分割的一部分。这一要求就是为了维护国家的统一和领土完整，是爱国主义的具体体现。

第二，共产主义新人还应当胸怀国际主义情操。国际主义情操是指世界无产阶级及其政党坚持国际团结的精神。国际主义情操要求各国无产阶级及其政党在反对剥削和压迫，争取民族解放，建设社会主义的实践中，相互支持，相互援助。所有国家和民族的无产阶级及其政党都肩负着消灭剥削制度，建设社会主义，实现共产主义的历史使命。无产阶级只有解放了全人类，才能最后解放无产阶级自己。毛泽东既是一个爱国主义者，更是一个国际主义者。

在笔者看来，毛泽东的国际主义情操主要体现在两方面，一是肯定、赞颂其他国家共产党人对中国人民解放事业的支持、援助。二是当中国赢得了民族解放、国家独立后，毛泽东便发扬国际主义精神，无私地支持、援助其他国家的革命斗争和经济建设。这方面的事迹数不胜数，举其大者有：抗美援朝，援越抗法，援越抗美，支持古巴人民的反美斗争，支持非洲国家和人民争取民族解放的斗争和经济建设。

4. 坚韧不拔、不屈不挠的奋斗精神

共产党人的最终奋斗目标是建立共产主义社会。为实现这一目标，中国共产党人首先必须率领人民取得新民主主义革命和社会主义建设的胜利。无论是新民主主义革命，还是社会主义建设，都是充满艰难险阻、需要经过长期努力和流血牺牲的事业，这就要求作为领导、参与其中的共产主义新人必须养成坚韧不拔、不屈不挠的奋斗

① 《毛泽东文集》第2卷，人民出版社，1993年，第395页。

精神。

毛泽东对新民主主义革命、社会主义建设事业的艰难性、曲折性、长期性、极大的代价性不但有清醒的认识，而且有亲身的感受。基于这种认识和感受，他要求广大共产党员和革命干部发扬“一不怕苦，二不怕死”的革命精神。毛泽东在“党的七大”所作的闭幕词中坚信，革命一定要胜利，但胜利是需要付出代价的，这就要求共产党员认识这一点，要“下定决心，不怕牺牲，排除万难，去争取胜利”①。中国革命的胜利就是靠全体共产党员、工农群众和无数革命先烈不屈不挠的英勇奋斗、流血牺牲换来的。在新中国成立前夕，毛泽东告诫全党：中国革命的胜利是伟大的，但这只是万里长征走完了第一步，革命以后的路程更长，工作更伟大，更艰苦。务必要继续地保持谦虚、谨慎、不骄、不躁的作风，务必要继续地保持艰苦奋斗的作风，要警惕资产阶级糖衣炮弹的袭击。针对一部分同志革命意志衰退的情况，他提出，“艰苦奋斗是我们的政治本色”，“我们要保持过去革命战争时期的那么一股劲，那么一股革命热情，那么一种拼命精神，把革命工作做到底”。②

除了从理论上阐明共产主义新人必须养成坚韧不拔、不屈不挠的奋斗精神外，毛泽东还树立了愚公精神、“铁人”精神、大寨人精神、红旗渠精神等作为人格榜样，以激励更多的人投身新民主主义革命和社会主义建设事业。

5. 德、智、体等方面全面发展的复合型人才

1953年6月，毛泽东在第二次团代会上的讲话中，曾提出青年人要做到身体好，学习好，工作好。1957年2月，他明确指出：“我们的教育方针，应该使受教育者在德育、智育、体育几方面都得到发展，成为有社会主义觉悟的有文化的劳动者。”③“三育两有”的教育方针不仅是毛泽东对新中国青少年提出的殷切期望，而且也是对共产主义新人理想人格内涵的规定。在毛泽东的眼界中，共产主义新人应当是适应时代要求、各方面都得到全面发展的人才。

首先，共产主义新人应具有高尚的道德品质。在毛泽东看来，是否全心全意为人民服务是评判一个人是否具有高尚的道德品质的标准。一个人的言行如果是对人民有利的，就是道德的，就是有价值的，就要坚持下去；凡是对人民不利的，就是不道德的，就是无价值的，就要坚决改正。落实到个人道德修养层面来说，他要求共产主义新人既要从小处着手，严格要求自己的言行，注重个人生活细节方面；又要从大处着眼，能够把握政治上的大是大非。落实到中国共产党这个无产阶级的先锋队组织，他开创了延安整风这种在实践基础上把教育与自我修养相统一的独特形式，其基本方法

①《毛泽东选集》第3卷，人民出版社，1991年，第1101页。
②《毛泽东文集》第7卷，人民出版社，1999年，第285页。
③《毛泽东选集》第5卷，人民出版社，1977年，第385页。

就是开展批评与自我批评，而批评就是教育，自我批评是修养。

其次，共产主义新人必须有高水平的文化素质，拥有为建设共产主义事业所需要的知识和智力。毛泽东认为，共产党领导机关的基本任务，就在于了解情况和掌握政策，前一件事就是所谓认识世界，后一件事就是所谓改造世界。而要认识世界和改造世界，就必须具有一定的文化素质和智力水平，为此就应当注意不断学习。一是学习和掌握马克思主义基本理论。毛泽东强调共产主义新人要把学习马克思主义基本理论同改造世界观结合起来，既要以马克思主义的基本立场、观点和方法作为观察问题、解决问题的指南；还要用这种立场、观点和方法来实现共产党人的自我改造。二是学习中国的历史。中国是一个有着几千年文明的国度，先辈们创造了异常丰富的文化、留下了取之不尽的历史遗产，值得共产主义新人学习。三是深入实际、进行调查研究。调查研究不仅是认识世界的方法，还是一个自我修养，转变思想作风的重要途径，在调查研究中应重视向社会学习，向群众学习，在认识世界中改造主观世界，在调查研究中，实现世界观的改变。

最后，共产主义新人还应当拥有强健的体魄。毛泽东在早年就深深认识到健康体魄的重要性，提出“文明其精神，野蛮其体魄”[①]的口号。他在《体育之研究》一文中认为，意志是联系身体和精神的纽带，运动是意志的体现，锻炼身体归根结底就是为了战斗，为了人民的事业，健康的体魄、坚强的意志和乐观的态度都是中华民族所需要的。1938年10月，毛泽东在《论新阶段》一文中指出：“广泛发展民众教育，组织各种补习学校、识字运动、戏剧运动、歌咏运动、体育运动，创办敌前敌后各种地方通俗报纸，提高人民的民族文化与民族觉悟。”[②]1942年，毛泽东为重庆的《新华日报》题词，发出了“锻炼身体，好打日本”的号召，把群众体育的开展和战胜日本帝国主义联系在一起。他清醒地认识到，部队的战斗力与士兵体质的强弱、与人民体质的强弱有着直接的联系，而增强人民体质的有效途径就是开展群众性的体育活动。1950年6月，毛泽东写信给教育部长马叙伦，向各校发出了应注意学生“健康第一，学习第二”[③]的指示。

二、共产主义新人理想人格的主要特点

毛泽东提倡、设计的共产主义新人的理想人格体现了以下主要特点。

首先是真善美的统一。作为理想人格的“真”，主要是指服从真理，老老实

① 《毛泽东早期文稿》，湖南出版社，1990年，第70–71页。

② 《毛泽东军事文选》（内部本），战士出版社，1981年，第173页。

③ 《毛泽东书信选集》，中央文献出版社，2003年，第351页。

实，不弄虚作假，实事求是。经过毛泽东创造性的转化，中国传统哲学中的“实事求是”命题不但成了中国共产党的思想路线，而且是广大共产党员的行为准则。他指出：“无产阶级的最尖锐最有效的武器只有一个，那就是严肃的战斗的科学态度。共产党不靠吓人吃饭，而是靠马克思列宁主义的真理吃饭，靠实事求是吃饭、靠科学吃饭。”①理想人格的“真”还指认真、踏踏实实做事。1957年11月17日，毛泽东在莫斯科大学面对数千名中国留苏学生和实习生，提出了“世界上怕就怕认真二字，共产党就最讲认真”的名言。可见，认真是共产主义新人理想人格“真”的重要含义。

作为理想人格的“善”，是指共产主义新人要有为广大人民谋利益的善良动机，遵循全心全意为人民服务的道德规范。毛泽东对理想人格的“善”提出了严格的要求，号召共产党人要做“一个高尚的人，一个纯粹的人，一个有道德的人，一个脱离了低级趣味的人，一个有益于人民的人”。②

作为理想人格的“美”，是指言行中所表现出来的崇高的形象美。诸如心系天下兴亡的历史使命感，藐视困难、藐视敌人的大无畏精神，批评和自我批评的勇气，坦荡无私、勇于牺牲的境界等就是“美”的具体体现。毛泽东在其论著中，对共产主义新人的人格美提出了严格的要求。共产党员“在困难的时候，要看到成绩、看到光明，要提高我们的勇气”③。“共产党员一定要有朝气，一定要有坚强的革命意志，一定要有不怕困难和用百折不挠的意志去克服任何困难的精神。”④

其次是知情意的统一。这里的“知”通“智”，就是共产主义新人的理想人格要有一定文化知识素质和智力，以便为建设共产主义事业提供智力保障。如前所述，毛泽东提出的“三育两有”的教育方针，就把“智育”置于第二位；他还指出了共产党人、青年学生提高智力的途径。

“情”是指共产主义新人理想人格要具有爱憎分明的情感。在毛泽东看来，人民群众是历史的创造者，群众是真正的英雄，而共产党人来自群众，与群众的关系是种子与土地的关系，鱼与水的关系，因此，共产主义新人应当相信群众，依靠群众，热爱群众，全心全意为人民服务。他指出：“人民要解放，就把权力委托给能够代表他们的、能够忠实地为他们办事的人，这就是我们共产党人。”他强调：“我们的责任，是向人民负责。每句话，每个行动，每项政策，都要适合人民的利益，如果有了错误，定要改正，这就叫向人民负责。”⑤对于张思德、白求恩、雷锋等为谋求人民群众的利益而牺牲的典型人物，毛泽东真诚地予以赞颂，号召广大共产党人向他们

① 《毛泽东选集》第3卷，人民出版社，1991年，第835-836页。
② 《毛泽东选集》第2卷，人民出版社，1991年，第660页。
③ 《毛泽东选集》第3卷，人民出版社，1991年，第1005页。
④ 《毛泽东选集》第5卷，人民出版社，1977年，第460页。
⑤ 《毛泽东选集》第4卷，人民出版社，1991年，第1128页。

学习。

“意”是指共产主义新人的理想人格应当有百折不挠的坚强意志。1938年4月9日，毛泽东在抗日军政大学作了《在抗大应当学习什么？》的报告，报告指出：“革命的过程，像在波涛汹涌的江河中行船，怯懦者常常会动摇起来，不知所措。在革命的大浪潮中遇到困难便动摇退缩的人在历史上是有的，希望你们中间没有这样的人，你们要为中华民族的解放，为建设新中国而永不退缩，勇往直前，要坚决地为全国四万万五千万同胞奋斗到底。”[①]这实际上是号召抗大学员要培养、造就坚强的革命意志。1957年夏，面对国际国内错综复杂的局势，他要求：“共产党员一定要有朝气，一定要有坚强的革命意志，一定要有不怕困难和用百折不挠的意志去克服任何困难的精神，一定要克服个人主义、本位主义、绝对平均主义和自由主义，否则就不是一个名副其实的共产党员。”[②]

知情意统一是合理而又完美理想人格的要求。“知”是知识和智慧，是理性在人格中的体现；而“情”“意”指情感和意志，是非理性在理想人格中的流露。在造就理想人格的过程中，理性的“知”和非理性的“情”“意”都是不可或缺的。“知”引导、规范着“情”“意”，确保“情”“意”的适度表达；“情”“意”则为实现“知”提供精神动力。共产主义新人的理想人格就是这样一种合理而完美的理想人格。

再次是中国传统文化中理想人格学说与马克思主义理想人格学说的结合。中国传统人生哲学中关于理想人格的思想是非常丰富的。儒家的创始人孔子把“仁”作为理想人格的核心内容和最高准则，“仁”的主要含义就是“爱人”，己所不欲，勿施于人；此外，还包括牺牲精神，不怕艰难困苦等。孟子则把“仁义”作为最高的道德准则，提倡和培养“舍生取义”“富贵不能淫，贫贱不能移，威武不能屈”的理想人格。孟子还对理想人格的特质作了解说：“可欲之谓善，有诸己之谓信，充实之谓美，充实而有光辉之谓大，大而化之之谓圣，圣而不可知之之谓神。”[③]这就是说，在孟子看来，理想人格应当是真善美的统一。墨家的墨子强调“爱人利人”“兼相爱、交相利”“兴天下之利，除天下之害”，强调利他主义。毛泽东吸收了传统人生哲学中的合理成分，结合共产党人的最终奋斗目标，提出了培养合乎时代要求的共产主义新人的理想人格学说。他提倡的共产主义新人理想人格学说体现了鲜明的时代特色。这就是始终为人民的解放、幸福，为国家的独立、富强，民族的振兴，为共产主义事业流血奋斗作为共产主义新人理想人格的重要内涵。

① 《毛泽东文集》第2卷，人民出版社，1993年，第119页。
② 《毛泽东选集》第5卷，人民出版社，1977年，第460页。
③ 《四书五经》上册，岳麓书社，1991年，第134页。

三、共产主义新人理想人格学说的现实价值

理想人格是一定阶级、集团为实现自身的目标而塑造的供人们学习、仿效的人格典范。一定社会一定阶级的理想人格是当时的历史进程和社会实践的产物，不同的时代和社会有不同的理想人格。在我国漫长的封建社会里，代表着中国传统文化主体的儒家就提出了“圣人”人格、“君子”人格、“大丈夫”人格。道家提出了“至人”人格、“神人”人格、“圣人”人格和“真人”人格。资产阶级则把追求个性自由、平等、独立，乐于利群、爱国的人格视为理想人格。为实现共产主义的最终目标，共产党人必须设计、造就自己的理想人格，以激励、带领广大人民群众从事认识世界、改造世界的实践活动。这就是说，毛泽东所提倡、设计的共产主义新人理想人格是历史的必然。任何一个社会或一个阶级塑造的理想人格，总是体现着一定社会历史阶段或一定阶级的利益和道德原则，体现着该社会或该阶级的成员做人的基本方向和人格标准，是一定阶级的道德理想和道德规范的化身。共产主义新人理想人格是共产主义道德观和价值观的具体化，是共产党人和其他先进分子的行为指南。

经过30年的改革开放，我国绝大部分国民告别了物质上的贫困状态而达到了小康生活水平，进入享受物质文明的时代。与此相伴而来的是，少数人急功近利，只知索取，不愿奉献，道德失范，丧失了理想和信念，精神生活贫乏、空虚。在这种情况下，很有必要重温毛泽东的共产主义新人理想人格学说，要求共产党员、领导干部和其他先进分子以这种理想人格规范自己的言行。把握其内涵和特征，吸取其积极成果，对于培养和造就适应时代要求的理想人格，完善中国特色社会主义理论体系具有重大的现实价值。

1. 发展自我，完善自我，培养和造就理想人格是实践发展的必然产物、社会进步的必然要求

人们不但要认识世界，也要认识自己，不但要改造世界，也要发展自我、完善自我。人们在化自在之物为为我之物的过程中，自身不断由自发到自觉，由自在到自为，逐渐形成真善美、知情意统一的理想人格，造就自由的德性。从这个意义上说，培养和造就理想人格是实践发展的必然产物。

同时，人不仅仅是只追求物质利益的经济动物，还是追求精神生活的社会人，有多方面的需求。美国心理学家马斯洛认为，人有一系列复杂的需要，按其优先次序可以排成从低到高的梯式层次，包括生理需求、安全需求、社交需求、尊重需求和自我实现需求五类。它揭示，随着社会的进步，人们的需求层次越来越高。毫无疑问，当今时代，尊重和自我实现已成为人们不可或缺的需求；而尊重和自我实现的需求就是

以理想人格为目标。因而，培养、造就理想人格是社会进步的必然要求。作为一个当代人，应当以某种理想人格作为自己的价值追求和奋斗目标。

2. 共产主义新人的理想人格依然是当今必须提倡、实践的理想人格

共产主义新人的理想人格吸收了中国传统人生哲学中理想人格的积极成果，集中体现了中国共产党人的价值追求和奋斗目标，是最有现实依据和最高层次的理想人格。实现共产主义的理想社会是共产党人的最终奋斗目标，为了实现这一崇高的目标，必然要求广大共产党员、领导干部按照毛泽东设计的共产主义新人的理想人格规范自己的言行，造就德、智、体诸方面全面发展的素质，全心全意为人民服务；培养坚韧不拔、不屈不挠的奋斗精神；胸怀祖国，放眼世界。唯其如此，共产主义的理想社会才会实现。

如前所述，理想人格是指各个时代塑造的让人们学习、追求的最完美的人格典范，是人格所要达到的最高境界。那么，共产主义新人的理想人格就是共产党人、领导干部学习和追求的最完美的人格典范。共产主义新人理想人格的设计目标并不是高不可攀的，经过学习、培养是能够实现的。2007年冬至2008年春，我国南方各省的抗冰救灾，2008年5月的四川抗震救灾，就涌现出许多实践共产主义新人理想人格学说的共产党人，其事迹可歌可泣，足以净化人的心灵。这揭示了两点：其一，共产主义新人的理想人格学说所设计的人格目标是共产党人能够付诸实践的；其二，民众乐于闻见共产主义新人理想人格付诸实践。这就是说，共产主义新人的理想人格依然是当今必须提倡、实践的理想人格。

3. 共产主义新人理想人格学说对提炼、实践社会主义核心价值观，充实、完善中国特色社会主义理论体系具有重大的现实意义

每种成熟的社会形态在其发展过程中都会逐渐形成体现统治阶级意志、规范人们行为的核心价值观。这种核心价值观应当体现社会的基本价值取向，以简洁、明快的语言表达出来，为社会大多数人所认可和接受，规范人们的行为，以维护社会的稳定和发展。比如，我国封建社会在漫长的发展过程中就形成了“三纲五常”这一核心价值观，西方资本主义国家在发展过程中形成了“私有财产神圣不可侵犯”和“自由、平等、博爱”这一核心价值观。这两种核心价值观对规范相应社会人们的行为，维持社会的稳定和发展起到了重大的作用。

社会主义社会同样需要提炼自己的核心价值观，以规范人们的行为，维护社会的稳定和发展。

我国的社会主义制度已建立60多年，社会主义意识形态已基本成熟和体系化，为凝练、升华自己的核心价值观提供了前提条件。虽然学术界对于社会主义核心价值观的看法见仁见智，没有形成一致看法，但都认为应包含富强、民主、文明、和谐、正

义、公平、以人为本和人的自由全面发展等方面的内容。共产主义新人理想人格学说中的全心全意为人民服务，德、智、体的全面发展，以人为本和人的自由而全面发展等可以吸收为社会主义核心价值观的内涵；而共产主义新人理想人格学说中的其他方面可以为提炼、实践社会主义核心价值观提供借鉴。共产主义新人理想人格学说对于提炼、实践社会主义核心价值观有指导和定向意义，而社会主义核心价值观是中国特色社会主义理论体系的重要内容，逻辑的结论是：共产主义新人理想人格学说对于充实、完善中国特色社会主义理论体系具有重大的现实意义。

[作者单位]湘潭大学毛泽东思想研究中心，湘潭大学哲学与历史文化学院

[原　　刊]《马克思主义研究》，2008年第12期

大力培育“四有”新人，促进社会全面发展

——重温邓小平同志有关“四有”新人的论述

罗国杰

邓小平同志关于培养“有理想、有道德、有文化、有纪律”的社会主义“四有”新人的思想，是邓小平理论的重要组成部分。“四有”新人思想的提出，体现了邓小平同志作为一个伟大的马克思主义者，对建设中国特色社会主义和最终实现共产主义的坚定信念，对什么是社会主义、怎么建设社会主义等重大问题的深思熟虑。理论和现实都已充分说明，能否培育出“四有”新人，是关系中国特色社会主义事业能否顺利进行、社会主义现代化目标能否如期实现的一个全局性问题。

一、“四有”新人的历史使命

纵观历史的发展脉络，考察社会的改革进程，古今中外无数次改革的成功与失败的经验教训充分证明，推动社会进步的改革能否获得成功，无不与是否能培养出与改革事业相适应的人才密切相关。各种不同类型、不同性质的社会改革，均要求与之相适应的人才，得其人，则改革成功，失其人，则改革失败。

社会主义的改革，是以此前所未有的革命性的变革，因此，只有培育出与社会主义发展相适应的一代新人，才能保证社会主义改革的顺利进行并最终取得成功。正是基于这样一个极其重要的原因，在邓小平理论中，培育四有新人的理论，占据着一个极其特殊的地位。全面建设小康社会，加快推进社会主义现代化建设，使社会主义中国发展和富强起来，为人类进步事业做出更大的贡献，这是摆在全党和全国人民面前光荣、艰巨而伟大的历史任务。这一历史任务的完成，不但对中国、而且对世界的社会主义和共产主义运动，都有着极其重大的意义。为了完成这一伟大、光荣而又神圣的使命，就必须教育和培养能够担当这一历史任务的“新人”。否则，正在成长的一代人就难以承担起这一艰巨的历史重任，我们的国家也不可能走向繁荣富强，文明的民族也不可能实现伟大的复兴。邓小平同志坚持和发展了马克思、列宁和毛泽东关于社会主义接班人的理论，全面而深刻地总结了历史的经验与教训，创造性地将马克思

主义新人学说的基本原理与中国社会主义建设的具体实际结合起来，以党在社会主义初级阶段的基本路线为指导，随着改革开放的不断发展和深化，对人的素质和培养问题进行了全面的、认真的思考，并经过多次的考虑和不断完善，最终形成了他的“四有”新人理论，使“四有”新人成为当代中国的理想人格，成为对党和国家的干部的品德标准，成为对未成年人思想道德教育的根本要求。

二、社会主义精神文明建设的主要目的是培育“四有”新人

社会主义精神文明建设的根本目的是什么？这是文明在精神文明建设中必须时刻注意的一个问题。只有明确了这个根本目的，我们的精神文明建设，才能更加自觉、更有成效、才能更好地沿着健康的道路向前发展。

邓小平同志强调，建设社会主义，不但要有高度的物质文明，而且要有高度的精神文明。只有两个文明都搞好，才是有中国特色的社会主义。他特别告诫我们“要坚持两手抓”“两手都要硬”。“不加强精神文明的建设，物质文明的建设也要受破坏，走弯路。”光靠物质条件，我们的革命和建设都不能胜利。过去无论党无论怎样弱小，无论遇到什么困难，一直有强大的战斗力，主要是始终强调精神的力量，有社会主义和共产主义的理想信念。改革开放以后，我们的物质文明建设，取得了举世瞩目的成就，但有些同志，却忽视了精神力量的作用。值得注意的是，物质文明发展了，一些消极腐朽的东西也跟着进来了，并在一定范围内不断蔓延。针对这样的情况，早在1986年，邓小平同志就语重心长地说：“经济建设这一手我们搞得相当有成绩，形势喜人，这是我们国家的成功。但风气如果坏下去，经济搞成功又有什么意义？会在另一方面变质，反过来影响整个经济变质，发展下去会形成贪污、盗窃、贿赂横行的世界。”因此，坚持两手抓、两手都要硬，加强精神文明建设，成为邓小平同志特别关注的重大实践问题和理论问题。

精神文明建设，是一个包括着多方面、多层次的系统工程，有繁重的工作要做，如建设社会主义道德体系、加强公民道德建设、促进党风和社会风气的根本好转、重视青少年思想道德教育、开展文明村镇和文明社区活动等。但是，一切精神文明建设活动，都必须落脚在培育社会主义“四有”新人这一主要要求上来。邓小平同志不止一次地明确指出，精神文明建设关键是要培育社会主义的“四有”新人。他把培育“四有”新人作为社会主义精神文明建设的“主要目的”和“根本要求”。

1982年在《在军委座谈会上的讲话》中，邓小平同志就说：“搞社会主义精神文明，主要是使我们的各族人民都成为有理想、有道德、有文化、守纪律的人民。”[2](P408)1983年，在《建设社会主义的物质文明和精神文明》一文中，他又说，建设社

会主义精神文明“最根本的是要使广大人民有共产主义的理想，有道德，有文化，守纪律”。[1](P8)之后，他多次强调要“教育全国人民做到有理想、有道德、有文化、有纪律”[1](P110)，要把“四有”新人作为对全体人民和干部的要求。他明确地指出：“要教育人民成为‘四有’人民，教育干部成为‘四有’干部。”[1](P205)

离开了培育“四有”新人这一主要要求，精神文明建设就很难落到实处，就不能达到应有的效果。因此，检验我们精神文明建设是否取得成效和进展的根本性评价标准，就是要看在培育“四有”新人上所取得的成果如何。

三、“有理想”包括共产主义理想和社会主义现代化的理想

为什么要突出“有理想”？所强调的“理想”，应当是什么样的“理想”？这是我们认识和把握“四有”新人的一个关键之点。邓小平同志是一个坚定的马克思主义者，对社会主义和共产主义抱有坚定的信心。“四有”新人中的“有理想”，包含中两个层次，一个是“共产主义的远大理想”，一个是“社会主义现代化”的现实理想，这二者是相互联系和相辅相成的方面，前者是最终理想，后者是实现最终理想之现实追求。没有共产主义的远大理想，就会迷失方向，没有社会主义现代化的现实理想，我们就容易脱离实际，就会忽视我们正在从事的事业。我们要把共产主义的远大理想和社会主义现代化的现实理想紧密地结合起来，使二者统一于建设中国特色社会主义的实践过程之中。邓小平同志多次明确地强调，“要树立共产主义的远大理想”[3](P290)；“要特别教育我们的下一代下两代，一定要树立共产主义的远大理想”。[1](P111)从长期革命与建设的发展历程和经验教训中，邓小平概括出一条真理，这就是，我们过去干革命之所以能战胜一切敌人、取得新民主主义革命的最后胜利，就是因为我们有坚定的社会主义和共产主义的理想。没有这一崇高的理想，我们就绝不能克服前进道路上的艰难险阻，也就不可能取得今天的胜利。在社会主义初级阶段，在改革开放和建立、完善社会主义市场经济的过程中，面对西方敌对势力“西化”“分化”的图谋，我们更需要特别强调树立社会主义和共产主义理想的重要意义。社会主义和共产主义理想，反映了历史发展的客观规律和人民群众的根本愿望，是人类有史以来最伟大、最崇高的科学理想。

邓小平同志说：“我们多年奋斗就是为了共产主义，我们的信念理想就是要搞共产主义。在我们最困难的时期，共产主义的理想是我们的精神支柱，多少人牺牲就是为了实现这个理想。”[1](P137)共产主义理想的实现，需要经过几代、几十代人的努力。共产主义理想是一种巨大的精神动力，它引导、鼓舞着共产党人和先进分子，鼓舞着千千万万的人民群众为实现这一崇高的理想社会而英勇奋斗。为此，必须使广大

人民群众牢固地树立起共产主义的理想。

在树立共产主义远大理想的同时，我们还必须树立起“社会主义现代化”的现实理想，从而更好地为实现我们当前的任务不懈努力。邓小平同志说：“我们历来提倡有理想、有道德、有文化、有纪律，其中最重要的是有理想、有纪律。理想就是社会主义现代化。很多人只讲现代化，忘了我们讲的现代化是社会主义现代化。”[1]（P209）共产主义是一个漫长的历史过程，为了实现共产主义，我们必须脚踏实地为实现党在现阶段的基本纲领而不懈奋斗，扎扎实实地做好当前的每一项工作。

四、“有道德”就是要坚持社会主义道德和共产主义道德

“有道德”是邓小平同志所提出的“四有”新人的一个重要方面。

邓小平同志认为，鉴于人们有先进和落后的差异，有道德水平高低的不同，对每个人的道德要求，也应当区别对待、分出层次。他说：“我们在鼓舞帮助每个人勤奋努力的同时，仍然不能不承认各个人在成长过程中所表现出来的才能和品德的差异，并且按照这种差异给以区别对待，尽可能使每个人按不同条件向社会主义和共产主义的总目标前进。”[2]（P106）邓小平同志实际是提出了道德建设的先进性同群众性的关系，强调要把道德建设的先进性和群众性结合起来，这一思想对我们的道德建设沿着“实事求是”的路线发展，具有重要意义。

共产主义道德是社会主义道德的最高要求和最高层次，这就是“全心全意为人民服务”“大公无私”“毫不利己、专门利人”“一不怕苦，二不怕死”等道德的最高要求。邓小平认为，尽管这些要求，主要是用来约束共产党员和先进分子言行的规范，在目前只有少数人才能达到，但是，我们决不能因此而忽视它们对提高广大人民群众的道德素质和改善社会风气的重要意义。对于那些否定在当前应提倡共产主义道德的意见，邓小平同志曾给予了尖锐的批评，他说：“我们在新民主主义革命时期，就已经坚持用共产主义的思想体系指导整个工作；用共产主义道德约束共产党员和先进分子的言行；提倡和主张‘全心全意为人们服务’‘个人服从组织’‘大公无私’‘毫不利己、专门利人’‘一不怕苦，而不怕死’。现在已经进入社会主义时期，有人居然对这些庄严的革命口号进行‘批判’，而这种荒唐的‘批判’不仅没有受到应有的抵制，居然还得到我们队伍中一些人的同情和支持。每一个有党性和有革命性的共产党员，难道能够容忍这种状况继续下去吗？[2]（P367）”邓小平同志还强调，对于共产党员和党的干部来说，更应当用共产主义道德来约束自己，“要教育全党同志发扬大公无私、服从大局、艰苦奋斗、廉洁奉公的精神，坚持共产主义思想和共产主义道德”。[2]（P367）他一再告诫人们，党和政府愈是实行积极改革和

对外开放的政策，党员尤其是党的高级负责干部，就愈要高度重视，愈要身体力行共产主义思想和共产主义道德。

对广大群众来说，应当提倡个人利益服从国家利益，集体利益高于个人利益、以集体利益为重的道德要求。邓小平同志说："不讲多劳多得，不重视物质利益，对少数先进分子可以，对广大群众不行，一段时间可以，长期不行。革命精神是非常宝贵的，没有革命精神就没有革命行动。但是，革命是在物质利益的基础上产生的，如果只讲牺牲精神，不讲物质利益，那就是唯心论。"[2]（P146）在社会主义制度下，个人利益要服从集体利益，局部利益要服从整体利益，暂时利益要服从长远利益。这决不是说我们不重视个人利益，而是更好地保证个人利益的实施。如果违反集体利益而追求个人利益，违反整体利益而追求局部利益，到头来，势必两头都受损失。

邓小平同志一再告诫我们："为了国家和集体的利益，为了人民大众的利益，一切有革命觉悟的先进分子必要时都应当牺牲自己的利益。我们要向全体人民、全体青少年努力宣传这种高尚的道德。"[2]（P337）邓小平同志强调，能不能坚持集体主义，是社会主义区别于资本主义的一个重要原则。他说："我们提倡按劳分配，承认物质利益，是要为全体人民的物质利益奋斗。每个人都应该有他一定的物质利益，但是这决不是提倡个人抛开国家、集体和别的人，专门为自己的物质利益奋斗，决不是提倡个人都向'钱'看。要是那样，社会主义和资本主义还有什么区别？"[2]（P337）他提醒人们，要充分认识个人主义的腐朽思想同为人民服务的根本对立，指出这种个人主义的思想如不及时制止，就有可能发展到小集团的活动，走上极端错误的道路，因此，要求我们的"四有"新人一定要具有集体主义的精神。

在提倡集体利益高于个人利益的同时，他十分重视"爱祖国，爱人民，爱劳动，爱科学，爱护公共财物"[2]（P105）等社会公德的要求，特别是"热爱社会主义国家"的道德要求，把"爱社会主义国家"作为社会主义道德的重要内容。他说："文明一定要在全党全国范围内有领导、有计划地大力提倡社会主义道德风尚。热爱社会主义祖国，提高民族自尊心，还要进行坚持社会主义道路、反对资本主义腐蚀的革命品质教育。"[2]（P262）

五、"有文化"就是要提高文化、科学、技术水平

当今世界，科学技术突飞猛进，世界经济正日新月异地向前发展，我们既面临着前所未有的大好机遇，也经受着前所未有的大好机遇，也经受着空前激烈的国际竞争。这一竞争的核心，从一定意义上，也可以说就是人才的竞争，而人才竞争中的重要因素之一，就是科学、技术、文化素养的提升。因此，掌握先进的科学、技术、文

化知识，就成为社会主义新人的一个重要要求。

早在1956年中国共产党第八次全国代表大会《关于修改党章的报告》中，邓小平同志就提出“党必须特别注意培养精通生产技术和其他各种专门业务知识的干部”[3]（P251），明确地提出了文化、科学知识的重要性。对培养干部的标准，他强调“总的是又红又专，红专结合”[3]（P336）。1957年，在共青团全国第三次代表大会上，他告诫青年：“要结合建设祖国的实践，努力学习马克思列宁主义，提高自己的共产主义觉悟，克服资产阶级思想及其他各种错误思想的影响。我们要努力学习各种劳动的本领，不断提高自己的文化、科学技术水平。”[3]（P277）1978年在全国教育工作会议上的讲话中，邓小平同志提出我们要大力在青少年中提倡勤奋学习、遵守纪律、热爱劳动、助人为乐、艰苦奋斗、英勇对敌的革命风尚，把青少年培养成为又红又专的接班人。同年，邓小平同志在全国科学大会开幕式上的讲话中，突出地强调了文化、科学、技术对发展生产力的重要性，阐述了科学、文化对社会主义新人的意义。他说：“今天，由于现代科学技术的日新月异，生产设备的更新，生产工艺的变革，都非常迅速。许多产品，往往不要几年的实践就有新一代的产品来替代，劳动者只有具备较高的科学文化水平，丰富的生产经验，先进的劳动技能，才能在现代化的生产中发挥更大的作用。在我们的社会里，广大劳动者有高度的政治觉悟，他们自觉地刻苦钻研，提高科学文化水平，从而必将在生产中创造出比资本主义更高的劳动生产率。[2]（P88）”

六、“有纪律”是一切事业成败的关键

“四有”新人中的“有纪律”，是邓小平同志对毛泽东同志社会主义新人思想的一个重要发展。建国以来，毛泽东同志对社会主义的新人，曾提出“又红又专”和“德、智、体全面发展”的要求，强调理想信念、思想道德、科学文化和健康体格的重要意义。邓小平同志在强调前三者的同时，又进一步提出“有纪律”在“四有”新人的品格中具有特别重要的地位，他明确地提出：“我们历来提倡有理想、有道德、有文化、有纪律，其中最要的是有理想、有纪律”，“要搞四个现代化，使中国发展起来，就要有纪律、有秩序地进行建设”。[1]（P209）

在“四有”新人的培养中，强调“有纪律的要求，是邓小平同志深思熟虑的结果。他从社会主义事业的兴衰成败出发，总结近代以来中国之所以一盘散沙而受人欺凌的教训，考虑到在社会主义革命和建设的长期过程中可能遇到的困难和挫折，认为“有纪律”是培养社会主义“四有”新人的一个必不可少的重要方面。有没有严格的“纪律”，是中国革命和社会主义事业成败的关键。中国是一个具有十几亿人口的大

国，如果没有纪律，“就会像旧中国那样一盘散沙，那我们的革命怎么能够成功？我们的建设怎么能够成功？”[1]（P111）更加值得指出的是，中国的发展，必须在一个稳定的环境下，在一个有领导、有秩序的环境下才能顺利健康地前进，如果没有严格的纪律要求，社会就可能发生动荡，人民也就不可能安心地进行经济、政治和文化建设，就不可能保证国家的繁荣和富强。

在社会主义市场经济条件下进行经济建设，既要充分发挥各个方面的积极性，又必须有统一的纪律作保障。下级服从上级、局部服从全局、地方服从中央的思想，就是“有纪律”的一个重要体现。如果让那种“我行我素”的无纪律现象泛滥起来，其结果必然会是纪律松散、各行其是，从而断送我们的视野。目前我国一些地方的本位主义、地方保护主义、“上有政策、下有对策”的种种违法乱纪现象未能得到及时的纠正和克服，正说明“有纪律”的要求，还需要进一步加强和落实。

“有纪律”不是提倡盲目地服从，而是强调对中央和上级的正确决定，要坚定地加以执行，不以任何借口敷衍塞责，要有大局意识和责任意识，最大限度地维护国家和人民的利益，即使个人利益和小团体利益受到损失，也应在所不惜。

“有纪律”，是与崇高的共同理想联系在一起的。有了共同的理想，有了铁的纪律，就能够同心同德、一心一意地建设我们的国家。对纪律的服从，不是盲目的，而是自觉的。社会主义和共产主义的理想，是我们“有纪律”的基础；正如邓小平所指出的，“中国要坚持社会主义制度，要发展社会主义经济，要实现四个现代化，没有理想是不行的，没有纪律也是不行的”。[3]（P124）

七、培养“四有”新人要从青少年抓起

培养“四有”新人要特别注意加强青少年的思想道德教育，要“从娃娃抓起”，这是邓小平同志的一个重要思想。

青少年时期，不但是学习科学文化知识的重要时期，而且是培育道德品质的关键时期。如果在这段时间，没有打好道德品质的基础，就容易受到各种腐朽思想的侵蚀。由于我们进行的社会主义现代化建设是在改革开放的条件下进行的，西方资本主义社会的腐朽思想以及没落的生活方式，也必然要以各种手段、通过各种渠道来影响和腐蚀我们的青少年。同时，随着社会主义市场经济的不断发展，在个人利益的驱动下，一些不法之徒为了满足个人的贪欲，也不惜采取各种卑劣手段，诱骗青少年走上违法犯罪的道路。一旦我们的青少年受到腐蚀，必将危害我们的民族和国家的兴旺发达。

只有“娃娃抓起”，才能使广大青少年增强免疫力，提高辨别是非、善恶、美丑的能力，才能抵御来自社会各方面的诱惑，从而免于走上违法犯罪的道路；只有“从娃娃抓起”，才能使广大青少年在“四有”新人思想的哺育下健康成长。

对青少年的思想道德教育的有效方法，就是要从小养成良好的道德习惯，使习惯成自然。只有经过长期的教育、陶冶、培育和引导，才能使青少年在知识增长的同时，道德也与日俱进，在智力不断发展的过程中，品德也相应提高。这也就是古人所说的“习与智长、化与心成”，在潜移默化中，使青少年远离邪恶、心向美德。

八、“四有”新人与社会的全面发展

社会的发展，必须是以人的全面发展为中心，使经济、政治、文化建设的各个方面都得以全面、协调、可持续的发展。我们不但要大力发展生产力、促进经济的迅猛进步，而且要注意环境保护，实现经济、人口、资源和环境的平衡与协调，决不能只看到眼前的、暂时的、局部的利益而损害长远的利益。

邓小平同志强调，没有社会主义的“四有”新人，就不可能有社会主义现代化的实施与发展，他把培育“四有”新人作为社会全面发展的根本保证。

邓小平同志指出：“我们要在建设高度物质文明的同时，提高全民族的科学文化水平，发展高尚的丰富多彩的文化生活，建设高度的社会主义精神文明”，[2]（P208）不提高人的思想道德素质，物质文明的建设也要受破坏、走弯路，“精神文明，不但是指教育、科学、文化（这是完全必要的），而且是指共产主义的思想、理想、信念、道德、纪律，革命的立场和原则，人与人的同志式关系等”[2]（P367）。从这里可以看出，邓小平同志重视人、关怀人，对社会主义新人在社会发展中地位给予了高度重视。

社会的全面发展是由广大人民群众来推动的，是以人民群众的根本利益为唯一目的的。正是这一意义上，人的全面发展，成为社会全面发展的中心环节。所谓“人的全面发展”，包括两个方面的意义：一是社会的全面发展，要以长远地满足人民群众不断增长的需要为目的；二是要把提高人民的思想道德素质，促进人的全面发展，作为一切工作的出发点和落脚点。只有实现了人的全面发展，社会的全面发展才能得到保障；离开了人的全面发展，社会的全面发展，就不可能实现。邓小平同志关于“四有”新人的思想，体现了他对人的全面发展在社会发展中的地位的深刻认识。

注释

[1] 《邓小平文选》第3卷，人民出版社，1993
[2] 《邓小平文选》第2卷，人民出版社，1994
[3] 《邓小平文选》第1卷，人民出版社，1994

[作者单位]中国人民大学哲学系

[原　　刊]《高校理论战线》，2004年第9期

毛泽东早年“新民”思想研究

罗文华

为了救国救民，振兴中华，青年毛泽东在探求真理、由爱国学子成长为卓越的马克思主义者的过程中，十分注意把批判继承中国的传统文化与科学吸取外国的思想成果结合起来，高度重视精神文明的作用，在改造客观世界的同时努力不断地改造主观世界。研究毛泽东早年的“新民”思想，对于我们准确深刻地理解毛泽东世界观的转变，对于我们加强社会主义精神文明的建设，都是很有意义的。

毛泽东之前的“新民”思想

“新民”思想是我国古代的一种优秀的思想文化遗产。早在先秦时代的许多典籍和铭文中，诸如有“周虽旧邦，其命维新”“作新民”“日新之谓盛德”之类的记载所在多见。这里的“民”，意思是教化和鼓舞百姓，使能日新其德。这种有利于人类文明进步的思想，通过儒家经典《礼记·大学》的广布流传，给中华民族的思想文化发展以宏远的影响。

古本《礼记·大学》的编著者（一说曾参）对孔子学说进行了一以贯之的系统解释，把它归纳为“三德八目”，构成了一个熔认识论、道德论、政治论于一炉的完整紧密的体系。“三德”之一的“亲民”，本意是“亲爱以民”，通过教化以调谐统治者之间以及他们与被统治者之间的关系，巩固统治秩序。这在一定的历史时期有它的合理性和进步性。宋代理学大家朱熹注解《中庸》《大学》，继承了程颐的成果，利用“亲”“新”通假，将《大学》中的“亲民”改为“新民”，并赋予新的明确解释：“新者，克其旧之谓也。言既自明其明德，又当推以及人，使之亦有以去其旧染之污也”，“诚能一日有以涤其旧染之汗而自新，则当因其已新者而日曰新之，又日新之，不可略有间断也”（《四书牵句集注》）。朱熹主张：人们只要接受封建教化，不断地努力自新并推以及人，克服“为气察所拘，人欲所蔽”的“恶”，最终就可以达到“至善”的境地，成为“圣人”。这种观点强调人的主观努力和不断自新，使人们明确前进方向，增强“超凡入圣”的信心，因此具有一定的积极意义。

明清之际的大思想家王夫之继承了朱熹的“新民”思想，并把“新民”的范围扩展到不仅要使“天下国家之人新”，而且“必使家国天下无不新”，其中很重要的一方面就是要革除旧的风俗习惯和传统势力。他解释说：“旧染之污，是古今相沿之习气流为风俗，虽至治之世亦有之……习即是‘染’，反其习以向善即是‘新’。”（王夫之《四书笺解》）这种革新“家国天下”、改良社会风俗的观点是一种可贵的进步。为青年毛泽东所“独服”的清人曾国藩之所以能成为“中兴名臣”和“桐城大家”，一个重要的主观原因就是他继承了程朱的道统，有一种“自新自强”的精神。他之以“涤生”自号的含意就是：“涤者，取涤其旧染之污也：生者，取明袁了凡之言`从前种种譬如昨日死，以后种种譬如今日生’也。”（《曾文正公手书日记》）

清末资产阶级维新家梁启超在变法失败、亡命日本之初，“专欲鼓吹革命”，感情最为激昂。为了达到“维新吾国”的目的，他决定先从“维新吾民”入手，于是“取《大学》新民之义”，在1902年创办了《新民丛报》，发表了脍炙人口的长篇伟论《新民说》等一系列宣传启蒙思想的文章。他采撷了近代欧洲民主主义的国家思想，主张“人民为国家之主体”“政府为人民所自造”“人民之盛衰与国家之盛衰，如影随形”，人民文明程度的高低决定着政府的好坏、国家的强弱。因此，要改变中国的积弱不振的现象，实现国家的安富尊荣，就必须把“新民”当作“今日中国第一急务”。他强调“吾民之各自新”，反对国民徒知“依赖政府”和“想望政府、崇拜政府、责备政府、怨晋政府”，他教育和鼓动四万万国民丢掉对“最腐败之政府”的幻想，发扬“国家主体”精神，提高和增强民德、民智、民力，走自新、自救、自立的道路。梁启超的《新民说》等饱含爱国激情和民主启蒙思想的文章，受到了广大读者空前热烈的欢迎，“二十年来学子之思想，颇蒙其影响”（梁启超《洁代学术概论》）。青年毛泽东就是受到这种影响的一大批“学子”中的杰出代表。

毛泽东早年“新民”思想的形成

继承中国传统文化的优秀成分，吸取梁启超、杨昌济等传播的民主启蒙思想的营养，不断采撷新进的世界文化思想成果，加上本人的天赋和勤奋，这些都是毛泽东早年“新民”思想的形成条件。

毛泽东从8岁私塾发蒙起，就“熟读”以至“背得”四书五经，深受中国传统文化的熏陶。他对孔孟及其继承者朱熹的崇拜和信仰，较之后来与他齐名的挚友蔡和森等人，都要强烈而持久得多。以后无论是在湘乡东山学校还是在长沙第一师范求学，他都十分注重研读和探求以儒学为中心的“国学”，认为这是一个“不可以不研究”的“根本问题”。为此，他曾一口气给友人开列了77种经史子集之类青年“应读”和“必读”的书。1918年他和朋友们成立“新民学会”时，就直接用“新民”作为学会的名称，并据此定出学会的宗旨和会员的纪律。不久，他在积极参与组织赴法勤工俭学活动中，仍津津乐道于《周易》之“道”，注力于研究作为。“世界文明的半璧”的中国文明的“大要”（1920年给周世钊的信）。就在1920年他为“驱张”南北奔波、世界观发生根本转变的时候，他仍然克服种种困难，专意绕道拜谒了孔子故居和孔孟陵墓。除了晚年领导“批林批孔”运动以外，毛泽东一生中的大部分时间都没有全盘否定过孔子和孔孟之道。在延安时期，他明确指出“孔孟有一部分真理”，强调总结和继承“从孔夫子到孙中山”这一份“珍贵”的传统文化遗产。新中国成立后直到1958年，他仍然肯定孔子在历史上“当然是有地位的”（《毛泽东的谈书生活》）。至于毛泽东一生在不少著名文章中多次征引四书五经的话，这更是众所周知的事实。毛泽东能继承传统，却又不为传统所拘；能发展和突破传统，却又不蔑弃传统。他对中国传统文化中有益而珍贵成分的批判继承，是形成他早年“新民”思想的一个重要条件。

毛泽东“年十五六而志于救国”。他在湘乡东山学校第一次看到《新民丛报》时，就为梁启超那些洋溢爱国热情、形式新鲜活泼的文章所深深吸引，“读了又读，直到可以背出来”。为了表示对梁启超的“崇拜”和“钦佩”，他特地给自己取号“子任”（意以梁任公为师），决心做一个梁启超式的“中国之新民”。“子任”这个号，他至少一直使用到1925年。他的尊师杨昌济与他谈话，“以农家多出异才，引曾涤生、梁任公之例以勉之”。这更激起了毛泽东对曾、梁的钦服。他对“近人”似乎都不大看得起，而只“独服”以“涤生”自号的曾国落。他从现代人康有为“学遍中国学问”后“又吸收西国学问之精华”的经验中受到启迪，决定了自己先博后约、先中后西、先普通后专门的“为学之道”；他一生酷爱诗词，或即发轫于梁启超“先业词章，后治各科”的启示（1915年给湘生的信）。毛泽东等人发起的新民学会，明显地是梁启超、杨昌济宣传的“新民”思想的直接继承和实践。后来，毛泽东虽然抛弃了梁启超改良主义的政治思想，但始终没有全盘否定过梁启超。成为一个马克思主义者以后，他仍然认为康梁维新“自有他们相当的价值”。在延安时期，毛泽东又肯定梁启超等人也有“说得对的，或大体说得对的东西”，就是作为梁启超基本思想之一的观念论，也有“其片面真理”，如“强调主观能动性”（即“新民”思想的内涵之一）就是它的一个“长处”（《毛泽东书信选集》）。毛泽东对梁启超、杨昌济“新民”思想营养的吸取消化，是形成他早年“新民”思想的又一个重要条件。

青年毛泽东求知欲旺盛，有较强的领悟力和记忆力，对新事物、新知识比较敏感。在亡国危机严重、社会处于动乱时期，在中外各种学说纷呈毕至之际，毛泽东“像牛进了菜园”贪婪地学习着，努力从“译本及时贤所作的报章杂志”中，从新进知识中“刺取精华”（给周世钊的信），认真地消化改造，不断地探索吐纳，在知行结合、救国救民的实践中，形成了自己富有特色的“新民”思想，不仅使自己逐步地完成了世界观的转变，而且在以后参与领导中国人民的革命建设中不断地用新思想教育群众，武装群众，培养和造就了一代又一代新人。

毛泽东早年“新民”思想的内容

毛泽东早年的新民思想，包含“为什么要新民？”“需要什么样的新民？”和“怎样新民？”三个方面的内容。

毛泽东的“新民”思想，植根于他早就接受并长期坚持的资产阶级民主主义国家思想。他在湘乡东山学校首次读了《新民丛报》后，就在该报第4号《论国家思想》处写了旁批，表示反对君主专制，申张“宪法为人民所制定，君主为人民所拥戴”。1912年他在省高等中学校写的作文《商鞅徙木立信论》，就用“政府国民互和倚系”的观点立论，谈了自己的感想。以后，他多次表示了这样的观点：国民是国家的主体和基础，国民个人又是国民全体的基础。因此，国民文明觉悟程度的高低，决定了政治的明暗好坏和国家的强弱治乱；拯救中国、振兴中华民族的责任，“乃全国人民的责任，不是少数官僚政客武人的责任”，而作为社会善良分子的有志之士和国民精英的爱国青年知识分子，更应该承担起这样的责任。“五月七日，民国寄耻。何以报仇？在我学子！”但是要承担起救国救民的重任，广大国民必须首先对自己的思想性格进行一番更新和改造，作为国民先觉先锋的爱国志士和青年学子更应该下一番扎实的“自新新人”的工夫。于是“新民”（当时另一个时髦的语言叫“改造国民性”）遂成为救国救民的首要任务和进步舆论界的热门话题。自称为“新思想界之陈涉”的梁启超登高一呼，志士仁人和爱国学子群起响应，在20世纪初叶掀起了一股强劲的“新民”（或“改造国民性”）思潮，毛泽东和他的尊师杨昌济都是这股思潮中涌现的佼佼者。

毛泽东和杨昌济十分重视“人心道德”在改良社会、改造国家中的作用，对中国国民性的丑陋缺陷表示了极大的忧愤。毛泽东早在1912年《南鞅徙木立信论》中就反复慨叹，几年来之所以“国家蹈于沦亡之惨境”，就是因为“国民之愚”“民智黑暗”。以后，在杨昌济的影响下，他对国民性的这种批判不仅持久，而且相当激烈。1917年给黎锦熙的信中痛感“吾国人积弊甚深，思想太旧，道德太坏”“民智污塞”“举世昏昏”。同年在一师校友会《夜学日志》首卷中分析说：大多数失学之国民虽为社会之中坚，但“此辈阻碍政令之推行，自治之组织，风俗之改良，教育之普及”。他在“新民学会”成立前后写的《伦理学批语》中多处表露了他，“变化日新”、以“新民”来“新国”的观点，如：“吾尝虑中国之将亡，今乃知不然。改建政体，变化民质，改良社会，是亦日尔曼变为德意志也，无忧也。”如何改变？“吾意必须再造之”，“时时涤旧染而新之”，进行“生死成毁之大变化”“大革命”。于是“以革新学术，砥砺品行，改良人心风俗为宗旨”的新民学会就应运而生了。“五四”运动后他在《湘江评论》上一面高呼“民众联合的力量最强”，一面忧虑地指出：“现在的中国，可谓危险极了，这危险不在其他，而“在全国人民思想界空虚腐败到十二分”，“群众心里没有民主的影子，不晓得民主究竟是什么”（《陈独秀之被捕及营救》）。1920年驱张学生活动结束、湖南自治运动伊始之际，他在《人间》周刊和长沙《大公报》上撰文，反复指出湘事糟透，“造乱者少数之武人，而人民钳口结舌，合手并脚，半死半生，应说话的不说话，应反抗的不反抗，先自示弱，怎怪彼等之乘隙逞凶”（《湖南人民的自决》）。民国以来国家动乱，社会黑暗，“这些果都是谁之罪呢？我敢说，是帝国之罪，是大国之罪，是‘在世界上能够争存的国家必定是大国家’一种谬论的罪，根本地说，是人民的罪”（《湖南建设的根本问题——湖南共和国》）。他的这些议论，真可谓有些惊世骇俗。

马克思说过：“当群众墨守成规的时候，资产阶级害怕群众的愚昧。”当时还是资产阶级民主主义者的青年毛泽东，想通过“动天下之心”，用中国优秀传统思想结合外国资产阶级思想来改造国民性格，启发群众觉悟，以达到改良社会、拯救中华的目的；成为马克思主义者之后，他所寄望的却是用马克思主义武装起来的，能预备实行“彻底的总革命”“改造中国与世界”的新国民。究竟怎样“新民”呢？毛泽东认为应通过以下几个途径和手段。

一是加强修养，努力自新。

毛泽东还在读私塾时，就很注意立志与“修身”。他很希望自己能成为古代圣贤式的非同凡响的人物，成为推动时代潮流前进的出类拔萃的“新民”。因此，他特别注重主体实践（道德行为）的能动性，他努力追求自己人格的完善，树立“一种奋斗的向上的人生观”。他在湖南一师读书时坚持金钱、琐事、女色“三不谈”，生活态度十分严肃。他和蔡和森等挚友很注意培养克己修身的工夫，“忍劳苦，制嗜欲，日垂手端坐，而好深沉之思”（李肖聃《里庐笔记》）。他象杨昌济那样，把坚持写日记当作“改过迁善，力求进境”的重要修身方法。他在日记和书信中，常常检讨自己，规范自己的行动。他在日记中感到“其乐无穷”的“与人奋斗”，就明显地包含着“我与我斗”的“自新”意思在内。毛泽东极力主张“文明其精神，野蛮其体魄”，把自己培养成德智体全面发展的新型国民。因此，他还十分热心于体育锻炼和对体育问题的研究。由于毛泽东努力于“心力”的修养和“体力”的锻炼，用“新民”的标准设计、改造自己，因而成了当时最为优秀的青年，曾在一师全校优秀人物评选中获冠，甚至被人称为“毛圣人”、“奇士”、可负救国建国重任的海内“栋梁”之才。

二是求友互助，共同向上。

师友关系对一个人的思想行为和发展方向影响至大。青年毛泽东继承了中国历来注重拜师择友的传统，从小养成尊师好学的习惯。到长沙读书后，他特别注意交结志同道合的青年朋友。1915年，他在“二十八划生征友启事”中写的“效嘤鸣之求，步将伯之呼”两句，就是求友互助的意思。他在给所敬重的师友黎锦熙的信中甚至说：“弟自得阁下，如婴儿之得慈母。”他当时渴求师友帮助指教的心情，由此可见一斑。此后直到1918年一师毕业前的几年中，他和有志于救国的青年朋友们十分热烈地探讨着“个人及全人类的生活向上”以及“如何使个人及全人类生活向上”这两个问题。经过上百次频繁的讨论，他们都“觉得自己品性要改造，学向要进步，因此求友互助之心热切到十分”追求一种团体的生活（《新民学会会务报告》）。这就是毛泽东等发起成立新民学会的原因。经过三年多的实践，新民学会成为一个名副其实的有“具体鲜明热烈”特色的“新民”群体，“一个小资产阶级知识分子要求‘向上’‘互助’的团体”以至于“湖南共产党的前身”。毛泽东不仅是这个团体杰出的组织者和领导者，而且是堪称表率的“新民”典范。

三是重视教育，培养“新民”。

为了“新民”，近代从梁启超到青年毛泽东，都很重视教育的作用。梁启超认为要“新民”，就要“以教育为主脑”。杨昌济也断言：“欲救国家之危亡，舍从事国民之教育，别无他法。”毛泽东受到这种影响，对用教育来“新民”这一点十分重视。他在1917年给黎锦熙的信中写道：“为了革除国人积弊，需要对国民进行教育。”他在与同学张昆弟的夜谈中又说：“现在国民思想狭隘，安得国人有大哲学革命家、大伦理革命家，如俄之托尔斯泰其人，以洗涤国民之旧思想，开发新思想。”（李锐《毛泽东早期革命活动》）不久，他组织一师校友会创办了夜学，目的就是为了“造成新国民及有开拓能力之人材”（《夜学口志》）。通过文化教育来“新民”，他的这种认识在实践中越来越深刻，他对教育事业也就越来越热爱了。在新民学会的通信和讨论中，他多次表示自己计划“研究教育学及教育方法等”，“我所愿做的工作，一教书，一当新闻记者”。除了从事小学教育、举办工人夜校外，他还积极参加长沙教育界和湘潭教育促进会的多种活动，组织湖南学生参加以“造成新社会、新国民”为目的的赴法勤工俭学活动。他之出省参加“驱张”，就是由参加争取教育经费活动发其端的（方克刚《二十年来湖南教有经费之检讨》）。“五四”运动前后，毛泽东在湖南教育界就很有点名气了。在建团、建党后，他仍没有脱离教育活动，创办了湖南自修大学，在办学方针、教育目的和教育方法各方面，为创办无产阶级领导的新式学校作了有益的探索和试验。可以说，毛泽东终生都很重视用教育“新民”，重视教育改革。出于同一目的，他在早年就很重视文化革新和新闻宣传在向群众灌输新思想新知识、启发群众觉悟方面的作用，积极从事这方面的研究和实践，例如开办文化书社，参加北大新闻学研究会，主编《湘江评论》《新湖南》《新时代》《政治周报》等。

四是注重实践，与时俱进。

在当年新民学会会员中，曾流行过这种说法：蔡和森是理论家，毛泽东是实践家。此话虽然近于偏颇，但也不无道理。注重实践，与时俱进，可说是毛泽东早年“新民”思想中的一个重要的内容和特色。当他还是一个唯心主义者的时候，他就继承了中国古代的“实学”传统和外国的经验论，躬行“读万卷书，行万里路”，形成了观察社会实际和进行实地考察的习惯，利用假期“游学”，曾是他早年生活中的一段佳话。他一方面强调“求大本”“立真志”，一方面强调“研究实事和真理”“踏着人生和社会的实际说话”，学习外国经验和先进思想技术，更脱离不开“中国这个地盘”，即与中国的国情相结合。无论是个人的身心修养，还是对群众的教育宣传他都贯彻“亲口吃一吃梨子”的精神，在“做或行动”中充满热情，干劲十足，有“包揽一切”的气魄。成为马克思主义者之后，他注重实践的特点就更为鲜明了，“老老实实地来开始研究实际的阶级斗争”，并在斗争实践中不断深化认识，搏击前进。当然，他之所以能与时俱进，并且常常站在群众运动前头指导斗争实践，与他思想上“我与我战”“变化日新”的观点也是分不开的。对梁启超的“今日之我与昨日之我战，来日之我与今日之我战”这句口头禅，青年毛泽东十分欣赏，他在给黎锦熙的信中引用此话后解释说：“盖研究日进，前之臆说，自见其妄也。”青年毛泽东由于能在研究和实践中不断改造旧思想，接受新事物，修正错误，坚持真理，从而完成了自己世界观的根本转变，并且逐步成长为伟大的马克思主义者和无产阶级革命领袖。

研究毛泽东早年“新民”思想的现实意义

深入研究毛泽东早年丰富而颇具特色的“新民”思想，至少有以下两个方面的现实意义。

一是毛泽东思想作为一种科学体系，既是集体智慧的结晶，又具有鲜明的毛泽东个人思想的特色。他早年“新民”思想中的某些特征，在他一生的活动和思想中都留下了或浓或淡的痕记。例如：他注重精神的作用，强调“人总是要有一点精神的”；重视用新思想教育群众、改造群众，指出“严重的问题是教育农民”，号召“向雷锋同志学习”，注意造就千百万革命事业接班人，希望出现“六亿神州尽舜尧”的局面；他坚持文化革新和教育改革，却又容易将其与政治运动结合甚至等同起来，晚年由于极端夸大意识形态领域的阶级斗争，而导致发动“文化大革命”那场内乱；他强调“动”“斗”哲学，把“与人奋斗”引为乐事，在热情培养“新民”的同时，晚年却又搞阶级斗争扩大化；他奉行“今我与昨我战”的信条，早年由于自谦自新加上躬行实践，他由平凡成长为伟大，晚年由于某种程度的骄傲自满和脱离实际，他却由正确走向了错误。诸如此类，都可从他早年的“新民”思想中找到萌芽。因此，深入研究毛泽东早年的“新民”思想，有助于我们理解毛泽东思想的某些特点。

二是社会主义精神文明建设的根本任务，是适应社会主义现代化建设的需要，培育有理想、有道德、有文化、有纪律的社会主义公民，提高整个中华民族的思想道德素质和科学文化素质。换句话说。培养“四有”公民，就是培养社会主义时代的“新民”；提高整个民族素质，实际上也就是“变化民质”“改造国民性”的继续和发展。毛泽东早年的“新民”思想，既具有当年那个时代潮流的共性（差不多所有杰出的共产党人和进步分子都曾在那个潮流中受过洗礼，毛泽东不过是个典型代表罢了），又具有鲜明的个性特征。深入研究毛泽东早年的“新民”思想，可以为我们今天加强社会主义精神文明建设提供许多有益的借鉴。

[原　　刊]《求索》，1988年第5期

第四部分

附录·实践与文本

梁漱溟的新民观及其实践

沈松平　俞成凤

梁漱溟（1893~1988），原名焕鼎，字寿铭，广西桂林人，中国著名的哲学家、思想家、教育家，民盟主要负责人之一。

青年梁漱溟生活的时代，是中国已经完全沦为半殖民地，正面临被进一步瓜分的年代。辛亥革命无疑是一场远比戊戌变法更为彻底的资产阶级革命运动，然而正因为它的彻底，它的失败就显得更加惨重，促使更多的人开始痛苦的反省："吾国之病源何在耶？向谓种族问题为之梗也，救之以革命而病如故；向谓专制政治之厉民也，药之以共和而病亦如故，是必有一较颐深之原因。"[1]这深层的原因何在呢？共和被认为是政治之极致，自无须反省；人们从国民乃共和主体的前提出发，借助形式逻辑，作逆向推理，不无道理地得出了"端在国民"的结论。青年梁漱溟和当时许多先进知识分子一样开始关注起中国国民性的改造问题，认识到中国问题的解决要从本质上和全盘上加以考虑，不能只着眼于具体的"愚、穷、弱、私"、帝国主义、军阀等问题。[2]他指出，西方文化无论相对于东方文化如何先进，却不能全部照搬照套，因为：如果一般国民不能改变东方文化影响下而形成的生活习惯和人生态度，徒然更改政治制度，采用西方民主政治，却只能增加东方文化的冲突和矛盾，而无助于问题的根本解决。

梁漱溟与同时代的李大钊、陈独秀、胡适等新文化派全盘扫荡中国固有的旧伦理、完全以资产阶级近代公民的形象塑造一代新型国民不同，对中西文化持折中调和之说，他心目中的新民形象也是杂糅中西，以中国固有精神为主、吸取西洋人之长处。梁漱溟在《东西文化及其哲学》中把他所设想的新国民精神称之为"态度"，并用孔子所言中的一个字——"刚"来表示。他对"刚"作了这样的解释："大家往前动作，而此动作最好要发于直接的情感，而非出欲望的计虑。"[3]梁漱溟对"刚"的解释表达了两层意思：第一，往前的动作，这与西洋人的精神一致；[4]① 第二，动作最好发于直接的情

① 梁漱溟在《东西文化及其哲学》中认为人类生活有三条路向：西方文化是"向前要求的"，中国文化是"调和、持中的"，印度文化是"向后去要求的"。

感，而且以此为根本，这是中国人的特点。[5]①可见，梁漱溟的新国民精神是以中国固有精神为主、吸收西洋人的长处，按他的话说，这是有别于中国原来的、西洋的、印度的一种新的人生的路向。

在梁漱溟的这个杂糅中西的新民理论中，中国固有精神指的是真正的儒家精神而非那个迷信的、虚伪的、腐朽的传统儒家文化。梁漱溟认为儒家文化的先进性在于：儒家文化作为一种美学手段起着宗教的作用而无宗教的特点，它具备一套系统的哲学以及作为哲学之基础的生活方式，通过礼、乐两种手段把生活知觉主义化，即理性化。[6]他把儒家两千多年历史中存在的所有形式上的准则和行为规定统统说成是反儒家的，是具体的道德习惯曲解了“真正”的儒家，因而呼吁需要进行一场中国的文艺复兴，以唤醒中国人的儒家精神。至于可吸收的西洋人的长处，则指的是西方文化的团体组织和科学技术。梁漱溟在《乡村建设理论》中认为西洋人的长处不外四个方面：“一是团体组织”，此可矫正中国人的自由散漫；“二是团体中的分子对团体生活作有力的参加”，此可矫正中国人被动的毛病；“三是尊重个人”，此可增进个人的地位，完成个人的人格；“四是财产的社会化”，此可增进社会关系。[7]在另一篇《乡村建设大意》的文章中还提到西洋人的长处还在于西洋科学上的知识方法，提出“内地乡村社会与外面世界相交通”，[8]使外面世界的科学知识、科学方法送达于内地乡村。

1931年，梁漱溟在山东邹平创办山东乡村建设研究院，自任研究部主任、院长，从事乡村建设运动，把他的新民思想付诸于实践，成为20世纪二三十年代中国乡村建设派的主要代表人物之一。从某种意义上来说，20世纪二三十年代中国兴起的乡村建设是在农村塑造一代新型国民进而改造中国的一场新民运动。

之所以首先选择农村，是因为梁漱溟认为新国民精神的创造，必须从它的“根”上入手。那么什么是中国国民精神的根呢？梁漱溟认为可分为有形的根和无形的根，“就有形的根来说，就是乡村”，“就无形的根来说就是中国人讲的老道理”。[9]这个老道理指的就是传统的儒家文化。

梁漱溟认为中国的乡村是“老道理”植根最深的地方，而且乡村有其特殊的社会地位和特点。在《乡村建设理论》中梁漱溟提出了三个理由：第一，中国是一个集家而成乡，集乡而成国的国家，乡是最适合进行教育的范围；第二，“我们中国，百分之八十的人口住乡村过着乡村的生活；中国就是由二三十万乡村构成的中国”。第三，从乡村入手特别适合于理性的发挥，因为不仅“乡村原来靠理性维持，都市秩序原来是靠武力维持的”，而且中国固有的“伦理的社会、情理的社会”的“风气”，

① 梁漱溟在《东西文化及其哲学》中把“遇事而感而应”称为“直觉”，“此敏锐的直觉，就是孔子所谓仁”，“仁与中异名同实”，通持中、调和，这是中国文化的特点。

在乡村不像在都市那样已被摧残殆尽，还保留着一些残余，“正好藉以继续发挥”。[10]因此，要新民就要首先从乡村入手，凭借“乡村”这一有形的根来拯救将朽烂而未朽烂之无形的根，创造中国人新的过日子的方法，即新文化、新精神。由乡村入手，中国新的生活方式、新的国民精神才能从老根上发出芽来。

梁漱溟强调用教育手段对广大乡村农民进行新民。教育的任务有二：第一是要农民自觉，就是说“乡下人自己要明白现在的乡村的事情要自己干，不要再和从前一样，老是糊糊涂涂地过日子，迷迷糊糊地往下混”，而“乡下人如果真照此去干，这便叫做乡村自救”。[11]第二是要解除他们因西洋文化的传入而引起的精神文化失调，第一步必须“启发农民的智慧，让他们认识古人的道理，使他们明确一种新的精神的方向，让他们已失去的合理观念恢复起来，把传统的观念变为自觉的观念，让他安定，让他看到前途”，认识一点进取的方向；再则“在人生实际问题上来给他点明”，从而使他“从苦闷中找到出路，从彷徨中找到方针，从意志消沉中仿佛叫他有了兴趣”，[12]变意志消沉为“乐身之心，进取之心”。[13]只有这样，才能使他们在认识到自己精神方面不足的同时慢慢找到自己新精神的方向。

梁漱溟把教育农民的责任归结到有志于乡村建设运动、代表理性的知识分子身上，由他们来唤醒农民的理性，从而灌注“西洋人的长处”，真正“发动乡民的进取心”。[14]并通过新的乡村组织，使农民慢慢养成新的国民精神。

梁漱溟在构建新的乡村组织时，采用了农民熟悉的形式，指出农村中古已有之的乡约是一个伦理情谊化的组织，与中国人的固有精神相符合，乡约中四个纲领——“德业相劝”“过失相归”“礼俗相交”“患难相恤”，是这个组织的重要支柱，也是“理性”原则的集中体现。当然时代不同了，旧的乡约必须得到补充改造：第一，“将消极的彼此顾恤，变成积极的有所进行”，新的社会组织构造要通过组织各种合作组织，将农民组织起来，引进技术，发展生产，积极地进行“造血”而不仅止于“输血”；第二，乡约虽以理性为根本，但它把个人的品德看得过重，且往往忽视个人对社会的责任，新的社会组织构造则要“把偏乎个人的一点看成是社会的，把有限的一点看成是永远展开的，换言之，我们组织乡村时一上来就要提振志气，要来发愿，发什么愿呢？就是改造社会，创造新文化，创造理想的社会，建立新组织”；第三，新的社会组织非只一乡之约，不是一乡之人共勉为善就行，而是以村、乡为单位，由乡与乡的联络，逐渐及县与县的联络，省与省的联络，从而使政府社会化，社会、学校整体化，整个中国都联络成为一所儒家的大学校；第四，乡约是乡民自愿集合的村社组织，新的社会组织构造只须私人提倡或社会团体提倡，政府不能插手，最多站在一个不妨碍或间接帮助的地位，乡民可以不通过政府，自己处理一些大家关心的事情，实现地方自治。[15]

经补充改造的乡约而建立起来的新的乡村社会组织即为村学、乡学、乡农学校，是政教合一的机构。梁漱溟认为它是促进农村进而改造中国、完成中国新文化建设的一个机关。它完全是按照梁漱溟新国民精神的主旨即中西文化沟通调和之设想——以中国固有的精神为主、吸收西洋文化的长处——而构筑起来的：既充分吸取了西方文化“团体组织”和“科学技术”的长处，又以中国的伦理社会和儒家的人生态度为本位，实现了“西学”与“中学”、“传统”与“现代”、“人性”与“现代性”的统一。

梁漱溟的新民观有别于文化保守派，也有别于新文化派，属于文化调和派，它会在那些跌入或者即将跌入保守主义枯井的人面前投下一束阳光，又会使那些新文化派引起反思，是探索中国新国民精神的一次有益尝试。当时一位美国传教士对它的评价颇有可取之处，他说，梁漱溟的理论意味着“中国人在与西方文明的接触中进入了反思阶段——他们现在已经对西方文明、印度文明以及自己国家的文明进行批判和科学研究，以希望能在将来为他们自己建立一种非常好的文明型式”。[16]

但不可否认，梁漱溟的新民思想有其无法克服的致命弱点。首先，古代儒家思想只是一种道德理想的体现，与当时中国人的精神现状相去甚远，因而这种新民思想太具理想化，仅是空中楼阁而已。其次，梁漱溟的新民思想虽然强调吸收西洋人的长处，但仍想用传统的价值规范作为西方价值观念的土壤，在村学、乡学、乡农学校一类组织中过分强调礼治，忽视法制，“我们这个组织是一个伦理情谊的组织，以人生向上为目标，故天然不能用法，大家都承认，大家相喻而共守，养成这么一种习惯，成为习惯即为礼”，[17]但传统的伦理道德毕竟与历史潮流不符，强为沟通调和，难以达到预期的效果。最后，梁漱溟没有把改变封建社会经济基础及其竖立其上的专制主义政治与新民结合起来，片面认为“经济是政府的责任，文化是我们的责任”，[18]忽视新民的物质基础，乡村建设运动在经济上没有减轻农民的沉重负担，满足他们对土地的要求，在政治上没能推翻地主阶级的统治，使农民获得翻身解放。因此，梁漱溟在二十世纪二三十年代的中国农村没有也不可能真正塑造出一代他心目中的新国民，改造国民性成为无本之木、无源之水，其新民实践——乡村建设运动，搞到二十世纪的三十年代后期什么问题也解决不了，最后也不得不以失败收场。

注释

[1] 东方杂志[J].13（11）

[2][3][4][5][6][8][11][12] 5梁漱溟全集6（一）[M].山东：山东人民出版社，1989.381-383，537，383，452-456，444，644-646，618，617

[7][9][10][13][14][15][17][18] 5梁漱溟全集6（二）[M]. 山东：山东人民出版社，1990.308-309，314-317，314-317，450，501，320，385，338

[16]（美）艾恺著. 王宗昱，冀建中译.最后的儒家——梁漱溟与中国现代化的两难[M].江苏：江苏人民出版社，1995.135

[作者单位]第一作者：宁波大学文学院方志研究室；第二作者：宁波大学文学院历史系

[原　　刊]《广西地方志》，2001年第6期

晏阳初的农民教育思想及其实验

李红辉

20世纪上半叶，晏阳初在国内积极倡导乡村建设运动，号召“除文盲，作新民”，以实现“民族再造”，形成了他独特的农民教育思想。

一、针对中国农村的四大问题实施四大教育

晏阳初认为，中国农村的问题虽然千头万绪，但归结到一起有四大基本问题，即“所谓愚、贫、弱、私”[1]。而要医治这四大问题就必须相应地实行文艺教育、生计教育、卫生教育和公民教育。

第一，以文艺教育医愚，培养知识力以开启民智。

从晏阳初在河北定县（今定州市）的实践来看，文艺教育主要包括平民文学、艺术教育两大类。

关于平民文学，晏阳初最主要的是进行文字教育。他认为文字是传播知识的工具，也是寻求知识的钥匙，“欲传播知识，须先传授文字；欲得知识，必须认识文字；所以平民教育第一步必须有文字教育”[2]。文字教育有三大目标：一是，使农民能认识并应用日常生活最低限度的文字；二是，使人人略懂文艺、生计、卫生和公民四大教育的基础知识；三是，引起农民欣赏文艺的兴趣，增加四大教育的基础知识。晏阳初认为，要实现这三个目标，首先，要从根本上推翻士农工商中惟士可以读书的传统观念，“使人人觉悟读书识字是人类共有的权利，无论什么人都应享受”[3]。其次，必须解决农民识字的三大困难：一是农民太忙，没有功夫读书；二是农民太穷，没钱读书；三是文字太难，没办法读书。晏阳初在乡村建设的活动中总结出了解决这些困难的方法：精选教材，研究教法，利用农民早晚休息时间、冬季农闲时间，举办识字班，把读书识字与休息结合起来，以解决农民的“忙难”；降低书价，少收或不收书费，免收学费，以解决农民的“穷难”；用科学方法选出常用的基本字作为编辑农民教材的根据，同时推广注音字，以解决农民的“字难”。[4]为此，他还提出“科学简化”的口号，即“简单化”（容易教）、“经济化”（不经济，学不起）、“实

际化”（不实际，他不学）。使农民在扫盲识字、学习文化的基础上，能比较经济、实际地享受现代科技成果，有效地促进农村生产力的发展。

艺术教育包括图画、音乐、无线电广播和农村戏剧教育等方面。艺术教育的目的，在于促进农民的文化生活，使他们对于自然环境和社会环境有相当的欣赏与了解，从而能适应现实社会生活的复杂变化。在这些内容中，晏阳初尤其重视戏剧。他认为戏剧在教育方面有五种力量：“（一）唤发农民意识向上；（二）抒发农民感情；（三）介绍一般的常识；（四）实行公民训练；（五）提高农民的语言。”[5]而事实上，在实验过程中农民能够接受话剧并能表演话剧，教育效果良好。不过晏阳初并不赞同多演那些只有艺术价值而无平民化的教育价值的戏，而主张对戏剧进行改革，把农民的疾苦、愿望和要求搬上舞台，把农村的真实生活搬上舞台，做到“戏剧教育化，教育戏剧化”[6]，真正教育农民。只有通过这样的形式，农民才易于接受新知识，眼界才能开阔。

第二，以生计教育救穷，培养生产力以改善民生。

生计教育的目标有三个：一是训练农民生计上的现代知识和技术，以增加生产；二是创设农村合作经营组织，实现利润的合理分配，使农民能真正享受增加生产的利益。这两个目标，“是一个问题的两面，必须同时并进”[7]。实施生计教育，要从农业生产、农村经济、农村工业三方面着手。农业生产方面，主要是应用农业科学，提高生产，特别是注意选种、园艺、畜牧各部分工作；在农村经济方面，主要是利用合作方式教育农民，组织合作社、自助社等，使农民在破产的状况下，能得到相当的补救办法；在农村工艺方面，除改良农民手工业外，要提倡发展其他副业，以充裕农民的经济生产能力。[8]

晏阳初认为，要使生计教育取得实实在在的成效，关键是农业科学技术人员深入到农村去，和农民打成一片。因为“我们欲化农民，我们须先农民化”[9]，这样才能亲近农民、得到农民的理解，从而影响改造农民。农民要运用农业科学增加生产，离不开农业科学技术人员的指导，而农业科学要得到实际运用，也必须由技术人员带到农民中去实践。如果掌握农业科学技术的专家学者不到乡下去和农民打成一片，将理论与实际结合起来，那他至多不过是一个科学贩子，而不会有“活的生命”。晏阳初还以东南大学的留美农学博士冯锐“从原来道貌岸然的学者变成了地道的农家”[10]为例，证明农业科学人员必须和农民打成一片才能更好的施展自己的才能。

第三，以卫生教育扶弱，培养强健力以治疗民体。

卫生教育主要是通过各方面努力，让农民在他们的经济状况下，有得到科学治疗的待遇，保持最低限度的健康。晏阳初认为，可以一方面构建乡村医疗卫生制度，着力节省农民的医疗费用。再动员大城市里的医生到农村去，以造成公共卫生的环境；

另一方面要对农民实施公共卫生教育，使其养成良好的卫生习惯，从而成为健康的国民。晏阳初主张建立一个由村而区而县的乡村保健系统，形成全县有一个保健院、每区有一个保健所、每村有一个保健员的制度，从而使各村农民，都有享受科学医疗的机会。

晏阳初把这套制度应用到定县，取得了很好的效果。在定县实验过程中，晏阳初及其同仁对天花、沙眼、皮肤病等疾病的治疗进行了探索，并取得了积极的成效。“他们把编印好的卫生小册子和卫生画册，散到民间去，尤其注重砂眼的预防和治疗的方法。为了使卫生工作得到普及，特在各乡派保健员，带着药箱，为人们治病。”[11]晏阳初还把自己在定县建立的医疗保健制度写成经验报告，作为国内举办乡村卫生的基本参考书。

第四，以公民教育治私，培养团结力以提高民德。

晏阳初认为，公民教育之意义，在养成人民的公共心与合作精神，在根本上训练其团结力，以提高其道德生活与团结生活。一方面要在一国社会的基础上，培养农民的团结力、公共心和合作精神，使其无论在任何团体，都能努力成为一个忠实而有效率的分子；另一方面要在人类普遍共有的良心上，培育其判断力、正义心，使他们皆有自决自信、公是公非的主张；同时通过良好的公民训练，使其具有最低限度的公民常识和政治道德，建立地方自治的基础。

二、推行学校、家庭、社会的教育方式

根据农村和农民的特点，针对过去教育与社会脱节、与生活实际相背离的状况，为了使农民真正受到教育，提高素质，晏阳初提出用学校式、社会式和家庭式教育方式来落实四大教育，使教育的整体作用得到发挥。

第一，学校式教育。学校式教育以文字教育为主，以青年为主要教育对象，注重工具知识之传授与基本训练，注重个人的教学。晏阳初希望农民接受四大教育以加入平民学校为开端，“一方面使人人得受最低限度之文字教育为取得知识之基本工具；一方面使人人得受最基本的生计、卫生、公民教育的训练”[12]。

晏阳初倡导的学校式教育并不是普通国民学校式的教育，而是专指平民学校的教育。在他看来，普通国民学校“只有书本知识和空洞理想，而未去民间与平民生活接触，从平民生活里找问题、找材料而去求解决方法”[13]。他主张利用农民的空闲时间，以《农民千字课》为教材进行授课。初级平民学校和高级平民学校学制为4个月。初级学校以识字教育为主，力求提高学生的读、写、说的能力。要求学生在经过4个月或96个小时的学习之后能认识1300个字。后来经过改进，把学时压缩到3个月，

而识字则增加到1700余字。高级平民学校是为在初级学校毕业的青年农民设立的，主要是为了进一步传授四大教育的知识。

第二，家庭式教育。晏阳初认为家庭式教育是中国特殊而又必须的一种方式。“家庭在中国社会结构上，占有特殊的地位，欲改善中国的生活方式，必须从家庭做起。”[14]家庭式教育的主要着眼点在于运用新的教育方式，把学校课程的一部分，比如培养卫生习惯的部分，交由家庭来承担。

家庭式教育还可以帮助解决平民学校解决不了的问题。有些年长者和年幼者不能入平民学校读书，但家庭式教育可以解决这个问题。平民学校的学生可以把自己在学校所学得的知识传授给家庭的其他成员，从而解决家庭与学校之间的矛盾，增加家庭责任感，使“家庭社会化”。另外，家庭式教育还可以冲破封建思想的阻碍，帮助家庭年长妇女减少对青年妇女接受教育的阻挠和反对，使他们顺利接受教育。

第三，社会式教育。学校式教育和家庭式教育虽然是推行四大教育必不可缺的路线，“然学校、家庭范围都是固定的，欲向一般群众及有组织的农民团体施以适当的教育，则必赖社会式”[15]。

社会式教育实施的目的在于使社区所有成员在接受初步教育之后能够继续受教育，使那些从平民学校毕业的青年不因为无适当学校可入而荒废所学的知识。因此，晏阳初建立了“平民学校毕业同学会”，一方面把农民组织起来，坚强其组织，促进其自觉改进生活；另一方面让他们能推动或介绍四大教育到乡村民众，使之不忘所学。

三、以定县为基地进行实验

为了使自己的农民教育思想得到落实推广，晏阳初选择河北省定县进行实验。实验过程具体采取了以下三大步骤。

第一步，研究实验。晏阳初指出，中国近几十年来教育上最大的失误，在于一切制度方法材料，多半都是从东西洋抄袭而来的，却忽略了“那工商业发达的国家的都市人的教育，如何能适合犹滞在农业时代的中国社会的需要”[16]。因此，平民教育必须从研究实验着手，以找出符合中国实际需要的教育方式。但“研究实验必须是活的实验”，因此“必须到民间来在民间生活里实地工作”[17]。

第二步，训练人才。在晏阳初看来，中国虽号称有四万万人，但其实只有四万万个自然人却无国家社会学上的人。所以，要改造中国，必须训练改造民族生活的人才。对于训练人才，晏阳初提出了三大问题：为什么要训练？谁来训练？训练什么？他担心从事农村工作的人，如果只感觉训练人才的必要，而不对上述问题加以研究，随便开学校、收学生，训练的结果恐怕又只会为社会多造一些有学无用的游民。

关于第一个问题，晏阳初指出高唱“农村复兴”“农村改造”“农村建设”的口号而不到农村去担任“复兴”“改造”“建设”的责任是不现实的。从学校学来的那些舶来的讲义上的知识，与农村的需要简直是风马牛不相及的。许多青年虽想到农村去，但是怎样去、带些什么本领去，都是需要研究的。这就是为什么要训练的原因。

关于第二个问题，晏阳初认为要请那些曾经深入民间，躬亲耕田，吃土尝粪若干年的先进分子，把他们从实际工作中得来的一点一滴的辛苦经验、知识技能当作材料来训练。“同时还要领导学生在实际工作上在自己的生活上言行上，现身设法，以身作则”[18]，怀抱着农村运动的使命去表演“教育即生命”“教育即生活”的原则。

第三个问题就是要训练农村运动的人才。这主要包括两种：一种是专业技术人才。这种人才可以到农村作农村生活改造的学术研究与实验。另一种是技术推广人才，他们能实地到农村领导农民做改造生活的事业。除了训练这两种技能之外，还应注重精神上、人格上、态度上和阅历经验上的锻炼。因为在中国这样一个政治没有走上正常轨道的国家，光有技能“恐怕是‘学得屠龙无从展’，结果要弄得垂头丧气，消极堕落”[19]。而只有经过这几方面的训练，才能“苦干”“实干”“拼命干”。晏阳初指出，在经过训练之后，乡村建设人才应符合三个条件：“一是要有专门知识，二是要有创造力，三是要有应世手腕。”[20]

第三步，表证推广。表证推广就是将研究试验所取得的成果用表演证明的方法推广到全国广大农村。由于晏阳初办的中华平民教育促进会只是一个学术研究机构，没有地方政府的支持，推广研究成果是不现实的。晏阳初虽然曾经坚持自己的乡村建设运动不参与政治，但在实践过程中他改变了以往的立场。他感到乡村建设运动尚在研究实验的阶段，将研究实验的东西推广出去绝不是私人团体所能办到的。“现在是需要这一套乡村建设的办法，装入制度里去，大规模的推广出去，这就是从亲民政治的地方自治入手。县政权是真正老百姓的政治，现在就该从县政着眼，如何运用县单位制度的机构来运用乡村建设的方案。”[21]他指出：“我们工作的原则是只从事研究与实验，设立实验学校、表演学校，将研究结果，贡献给地方当局，让他们去推广。”[22]

晏阳初领导的平民教育运动，在国内外产生了巨大的影响。“到民间去”的口号，使许多知识分子从城市到农村去，成为当时的一种时代新风尚。连当时的国民政府总理熊希龄、文化界名人梁启超、胡适等人都在家中设立“平民读书处”，亲自教家属、保姆读书识字。而晏阳初在定县的实验工作，也取得了良好的实效。定县后来能够成为无文盲县，消灭天花等疾病，定县猪肉、苹果扬名国内外，和“当年定县实验留下的影响是分不开的”[23]。

注释

[1][3][5][12][14][15][16][17][18] 詹一之：《晏阳初文集》，四川教育出版社1990年版，第90、17、16. 110—111. 61. 39、39、183. 40、186页

[4][6][7][10] 《晏阳初全集》（2），湖南教育出版社1991年版，第38-40、41-42. 42. 42-43页

[8][9][19][20][21][22]《晏阳初全集》（1），湖南教育出版社1989年版，第248、154. 301-302. 306. 385. 247页

[11][23] 《中国现代教育家传》第7卷，湖南教育出版社1988年版，第48、54页

[13]《定县农民教育》，中华平民教育促进会学校式教育部1932年刊印，第12页

[作者单位]北京交通大学人文与社会科学学院

[原　　刊]《科学社会主义》2010年第2期

“作新民”的乡土遭遇

——以历史及当代平民教育实践为例

潘家恩　温铁军

民国史上的平民教育得以展开、并从最初的“除文盲”向乡村建设转向的出发点与基本动力，是传统文化中的“作新民①”；其蕴含着的从基础开始的变革想象则成为一种有效的动员。但晏阳初在“第一次大战”身处欧洲战场“华工”之中而受平民启发与鼓舞后提出的“开脑矿”之不同于传统文化，乃在于民国初年的平民教育实践者虽带着“启蒙—开发”的信念，但却在丰富的底层实践及与“被启蒙者”的互动中完成对主流启蒙的反思与拒绝。其中，“作新民”不再局限于“主客体”清晰二分和口号上的“呼吁”，而包含告别说教与浪漫化想象而反身进行自我改造的可能性。

需要说明三点：其一，本文所讨论的是被后人归纳为“乡村建设派”的平民教育②，它虽不是唯一和最早，但却持续时间最长并与当代同名实践呼应，且有同时兼顾理论实践与城市乡村之特点。

针对这场规模浩大、并涉及不少那个时代重要知识创新的社会运动，中国的思想理论界最常见的反映是人物赞扬与道德肯定，或静态和去脉络化的、依据片面表达及局部行为特征进行批评。两者得出的结论迥异，但都有将复杂历史“简单化”和具体脉络“抽象化”的危险——今人褒贬不一但却都自圆其说的论据，似乎揭示了那个年代那批人的诸多“矛盾”正需通过客观背景解析才能把握当时的复杂脉络，以进入实践本身的丰富空间。

其二，本文所用“遭遇”这样非学术词汇，希望可以较生动地讨论其中之“不期

---

① 出自《尚书·汤诰》，是一非常古老的观念（韦政通，1991），在20世纪初期的文化社会脉络下成为平民教育运动的基本“口号”、主张与出发点。

② 同期从事平民教育实践的还包括：北京大学平民教育讲演团（1919–1925）和北京高师平民教育社（1919–1924）。前者主要领导者为北京大学中思想活跃的知识分子如邓中夏、许德衍等，先后为城市平民、郊区平民和工人讲演约400余次。详见：刘晓云，《五四时期北大平民教育讲演团述论》，《黑龙江教育学院学报》，2010年5月，第29卷第5期。更多原始资料参见张允侯等，1979年，《五四时期的社团（二）》，北京：生活·读书·新知三联书店，第134–266页。后者由北京高师部分师生共同创立，深受杜威民主主义教育思想的影响，详见：杨彩丹，2011年，“北京高师平民教育社述评”，《教育学报》第7卷，第1期，第113–114页。

然”，因其不是个体的碰撞，而是整体上不同脉络的互动。例如，对于梁漱溟来说，那是短时间内急剧变化的年代——东西大交通所带来的东方“遭遇”西方，广大农村“遭遇”资本化和工业化扩张的城市，自成体系的农业文明“遭遇”枪炮和现代文明武装结合的工业化……

其三，作为从事当代乡村建设与平民教育实践的当事人，笔者借助“双向运动”这样一个颇具解释力的分析框架，在论证上直接引用晏阳初等人在不同时期和不同场合下的原文，相对动态地、完整地让读者把握其中的复杂性与张力。但不管引用多少文献，本文仍不可能精准地把握历史脉络。因此，文中呼应了笔者及当代乡建同仁的反思、感受与案例，尝试让历史与当代互动起来。

一、双向运动的视野

在近年来引起学界普遍关注的《大转型》中，波兰尼提出了所谓“双向运动（double movement）”，通过百年历史分析提出了这样一个判断：“若不是保护主义的反向运动阻滞了这个自我毁灭机制的运行，人类社会可能早就烟消云散了（卡尔·波兰尼，2007）。”他认为，以激进与乌托邦为特点但表现各异的“正向运动”狂飙突进，但其相应的“社会自我保护运动”也同样宽广地存在着。如此相对的“双向运动”不仅限于在经济意义上让市场和经济“脱嵌—嵌回”于社会，同样有助于我们对全面现代化、城市化和工业化下乡村处境的全新理解。波兰尼也在书中以欧洲史为例，认为正是保护主义的“反向运动”实际上成功地使欧洲乡村稳定下来，也成功地削弱了那个时代的灾祸朝城市蔓延（2007）。

我们不应“浪漫”地看待这种“反向运动”，它既不会机械般自动发生而被想当然的以“作用力与反作用力”或“哪里有剥削，哪里就有反抗”进行对应解读，也不是一般意义上的“不甘心”；更不可顾名思义地理解“自我保护”为完全的积极意义——其同样可能产生更大的破坏或危险的政治经济停滞。

按波兰尼的分析，不是“反向运动”本身将取得胜利，而是“正向运动”建基其上的乌托邦假设本身的虚拟性。故，重点不是悲观或乐观的预言式期待，而是借鉴这种“双向运动”以避免我们的讨论简单化，并以此为寻找新空间的启发。

借助这样的视野，近代中国同样存在着以“百年激进”为特点的“正向运动”——作为数代主流知识分子追求与梦想的现代化“大计”，及在这一想象下产生的对包括政治经济文化、知识生产、评价体系在内的各种影响。无论是先后以日本、苏联、欧美“为师”的时代潮流，还是“超英赶美”“大国崛起”的新时代变奏，一以贯之地以现代意义上的“民族—国家”为基本单位，以工业化、都市化、法制化、理性化为特征，将现代和传统分割并对立，尝试让政治、经济、军事、意识形态、科技、卫生等方面全方位转型。

具体到“三农”领域，则表现为：工业化和城市化导致乡村“三要素（土地、资金、劳动力）”大规模流出；相应推出的农业产业化则加剧农业资源的资本化，意识形态上的“非农化”价值取向促使乡土社会基础与价值体系根本颠覆——以西方的个体理性替代东方村社理性，内涵性地造成最大弱势群体的农民与最无言的生态环境承担这种大转型的实际代价。

然而，对于以原住民性质的农业人口占绝大多数、并以农业文明为主要载体的乡土中国来说，这种“去脉络化”（脱离基本国情与生态限制、无视各种形式反抗的既定存在）的激进“正向运动”——既产生出“三农”危机这样的极端表现形式，也遭遇来自“三农”的“自我保护”——这种“反向运动”因作为“保护/反应”的对应存在，虽然形式多样，但是自发、分散而无目标计划，并可被不同力量所影响和利用，既可能产生积极效果，也可能表现为盲目排外的狭隘——将“本土/乡土”本质化的浪漫和真正的保守。

关于“双向运动”的复杂理论分析非本文重点，笔者主要是借助这样的视野来尝试理解历史和当代的平民教育实践：前后互相呼应的两场运动都不同程度地存在于“双向运动”脉络下，虽然其有“自我保护”的目标和功能——来自草根和乡土的“反向运动”也源源不断地为其提供动力、资源与启示，但因其仍有独特的目标与计划而不等同于“反向运动”[①]，并自觉不自觉地受制于所出发的“正向运动”脉络。

简而言之，平民教育作为“反启蒙”的启蒙者，本质上是一种起于“正向运动”、遭遇“反向运动”之后自我改进的另类运动，其尝试通过自我赋权提高底层民众在与正向运动主流的博弈中相对有利并能有所制衡的位置，促进反向的“自我保护运动”更加有效与积极。之所以是一种另类运动，还因为不同于主流“正向运动”的“激进”之不可能应和农民、乡土和生态等国情限制派生的具体脉络。因此，平民教育实践虽然同样也从“正向运动”出发并始终坚持清晰的目标与计划，但“作新民”的历史性脉络目标却在“乡土遭遇”中转换为“乡村建设”的脉络目标，并在此过程中十分缓慢和认真地通过互动完成自我反思与自主调整。最后，其另类性还表现为其“反身”对“正向运动”脉络进行的“改造”——如对“现代教育/知识/现代化想象”的批评与反思。

下文论述与案例讨论，解释这种“另类运动”如何在实践中与来自乡土和平民的“自我保护”脉络互动，同时也在这种本土化经验研究“借用”外来概念的论述中，进一步思考波兰尼“双向运动”的复杂机制。

① 虽然实践者都尝试为底层争取利益，但他们又都不可能是真正的底层。

二、“新民”作为语境

1919年5月，杜威在江苏省教育会做来华两年的首次演讲，题目即为“平民主义之教育”，但意味深长的是，该题实为Democracy education在当时脉络下的特殊翻译（川尻文彦，2009）。可见平民教育本身的多义性[①]，并与当时的整体社会思潮存在十分紧密的关系。

在1902年发表的《新民说》中，梁启超（1902）提出了“苟有新民，何患无新制度，无政府，无新国家？”这无疑对晏阳初将“新民”作为平民教育的出发点与落脚点有着重要启示，他在97岁的回忆（1987）中就表达了当时的“崇拜”心情，但也指出梁先生没有进一步具体化，而自己的毕生工作是对这个理论的实践与发展。通过对这一观念的崭新改造，让其不仅成为中国变革的重要资源，而且使占绝大多数的农民、苦力成为新社会、新国家的主体与基础（晏阳初，1929；邱建生，2005）。

张灏进一步指出（2000）：“从‘新民’观念，到‘五四’时代的‘新青年’观念恰恰反映当时时代感里的个人自觉意识。”可以说，“新民”不仅是平民教育实践得以出发的基本动力与想象来源，也是那个“变革”年代的主要语境。

但也正是这种求“新”弃“旧”，因其对“新—旧”二分提供了合理化的指认，并为现代性标准“下乡”提供了源源不断的动力，而被人所诟病。本文不对此进行抽象评论，而是先讨论那个时代的整体脉络与氛围。

（一）让启蒙“落地”的时代

面对“三千年未有之大变局”，从洋务运动以来的“器物说”到庚子事变的“制度说”，清末官方用了近半个世纪以不同形式学习并引进现成的“西方”，这样的“拿来主义”甚至延续到今天这一经过革命涅槃后的“制度决定论”，它逐步规定了我们与西方互动的基本方式，也因民族自尊与自救而产生了“启蒙”这一试图在文化层面上有所作为的时代主题。

虽然晚清以来各种变革思想不断，但丧权辱国与危机事实无疑强化以“国家”为救亡与复兴的对象，虽然《新民说》产生于1902年，但“救国”压倒“救民”，对大多数人来说，“新民”的丰富意涵被窄化为“新国家”的诸多实现手段之一。

但到“一战”和“五四”之后，与巴黎和会所引发的民族主义兴起相伴随，是中

① “五四”运动前后，“平民”一词成为无所不用的形容词。除平民教育外，还有“平民文学”“平民工厂”“平民银行”，甚至“平民洗衣局”等。在此情况下，平民教育曾是“五四”时期的时尚之一（顾昕，2006；马宏，2000）。

国现代化照搬西方摹本的幻灭，变革者们愈来愈发现，自己长期所想象和倡导的富强计划多少显得迂阔和一厢情愿。事实证明，自西方舶来的个人主义价值也难以在以儒学为文化背景的农业中国动员起广大民众变革社会的热情与力量（许纪霖、陈达凯，1995）。

正是这种内外刺激让那个年代的知识分子从一般意义上的文化“启蒙”转向社会改造，希望行胜于言地进行更深层和基础性的变革，以走出一条特别的路。[①]这也是罗岗（2009）在纪念“五四”九十周年时所指，以往对“五四”和新文化运动的研究和讨论都集中在思想层面，但其更重要的意义在于开启了一个实践层面，而这是之前所有思想家根本做不到，甚至是无法想象的。正是这种实践空间的打开，让“五四”次年回国的晏阳初（1928）说道：“就我国的新文化动来说，都是少数学者的笔墨运动，和多数平民真是风马牛不相及。”即使这样，经由“五四”出发的平民教育实践初期，其实践目标及自我定位依然是“启蒙运动”（宋恩荣，2008；顾昕，2006），但却因为乡土和实践的改造而让启蒙进一步“落地”，后文将有详述。

作为“落地生根”的遥远呼应，当代平民教育实践者邱建生[②]的观点值得比较：在指出当下教育因被各种超稳态利益“绑架”而异化为坚硬的“花岗岩”后，他形象的定位自己所长期从事的平民教育实践为——“我们可以做什么？我们抡起铁锤？我们去爆破？或者，我们种上小花爬满花岗岩？……我们必须要独辟蹊径。如果我们在花岗岩的缝隙中植入一粒种子，一粒具有变革社会的远大理想的种子，我们集合这个社会善的力量，用心去培育这粒种子，10年，20年，50年，它将长成苍天大树，它强壮的根系将从根本上撼动这花岗岩石。”[③]

从这个意义上说，晚清产生了启蒙的基本概念、范式与对象——“新民”，而“五四”及随后大规模的平民教育则让提留在口号和理论阶段的启蒙在实践中“生根发芽”并出现变异。

（二）新式教育与现代知识分子的兴起

“新民”不仅催生了启蒙实践，还广泛影响着社会转型期的知识分子，其重要载体则是以“废科举、兴学堂”为标志的新式教育。平民教育实践者，无论是晏阳初、

---

① 对“启蒙”的深化与改造在那个时期的文学上则体现为一种对“文字式启蒙”的怀疑，详见被称为该时期“启蒙—国民性批判”旗手鲁迅小说中的内在张力。

② 邱建生是当代乡村建设运动的开创者之一，他从20世纪90年代起立志以晏阳初为榜样，至今一直坚持以不同方式的平民教育为重点开展乡建，到目前为止已参与筹建了河北定州市翟城村晏阳初乡村建设学院、海南儋州市石屋村农村社区大学、福建厦门国仁工友之家、福建安溪县福前农场乡村建设中心、福建连城县培田村社区大学、福建莆田市汀塘村社区大学。

③ 邱建生，2010，“平民教育和社区大学的理想”，个人博客，http://blog.sina.com.cn/s/blog_492165a30100o5n6.html。

陶行知还是梁漱溟都受到很大影响。辩证地看，正是新教育“启蒙”了后来的“启蒙者”，才使后来的平民教育实践中秉持创新精神的“启蒙者”们在不同层次上以“反启蒙”的方式对话这些新式教育。

新式教育与作为群体的现代知识分子登上历史舞台，需追溯至清末新政特别是1905年的废除科举制割断了乡村士绅与官僚阶层制度上的纽带。许纪霖和陈达凯认为（1995）：乡绅及其弟子要继续充当社会精英，只有进入城市接受新式教育，一旦接受了新知识和新观念就不愿再回农村，甚至在感情和观念上格格不入。同时，出洋留学也快速发展着。正是这两方面读书人求取功名获利的体制变化，造就了新一代远离乡土中国的主流知识分子。既然中国传统知识分子的人生“正途”被堵塞，同时传统文化既定价值目标所需的工具性连环已经破碎，政治系统与社会精英的传统联系已经割断，整个社会成就取向的根本改变及政治、经济、文化三位一体社会结构的裂痕出现也就在所难免了。

这不仅让知识分子的传统社会角色与功能发生“去乡土”变迁，更对知识的理解和定位发生着悄然的改变。在现代知识体系的新坐标中，“乡土”自然成为不科学的总载体，而以农民为主要组成的平民则因“缺”而待“补”。

但就像沟口雄三（1997）以梁漱溟为例提出一个常被忽略与遮蔽的“另一个五四”——存在着一批有不同看法的另类现代知识分子。晏阳初在晚年《九十自述》的回忆中（1987），谈到安逸舒适的普林斯顿学习并未使自己“乐不思蜀”；相反，美国的富裕和民主更使他深惭中国的贫穷和落后。他怀疑自己在学校里所学有多少可实用于中国的改革，而要在中国建立民主政治与安乐社会则必须从基层做起，扫除文盲、普及教育。至于这点，他认为已是当时许多知识分子的同感。

但更需要的是进一步的实践，因为：“中国人易犯的毛病，思想主张用文字写出来以后，有人读了赞赏一下就完事，文字就是工作，理想等于幻想（晏阳初，1940）。”“学者想写平民百姓的艰辛和奋斗，诗人赞美中国农民生活纯朴，歌颂农村美丽，却丝毫不能解脱他们身上的沉重负担（赛珍珠，1945）。”

可见，既需看到早期平民教育实践者在回归乡土前所受的现代教育影响，也要看到正是这种新教育所携带的“作新民”想象鼓励他们走向更广阔的乡土社会。

（三）来自乡土与平民的影响

乡土中国“遭遇”现代化的过程绝非常见的“被动化/单向化”归纳；相反，其从来就存在着不同形式与表现的“自我保护”，正是它们在实践层面上影响着“作新民”语境下成长并出发的现代知识分子。

虽然费孝通承认（1948）：“中国乡土社会中本来包含着赖以维持其健全性的习

惯、制度、道德、人才，曾在过去百年中，不断受到一种被损蚀和冲洗的作用，结果剩下了贫穷、疾病、压迫和痛苦。”但他仍确凿地提出这样的总体性判断（1948）：“从基层上看，中国社会是乡土性的……只有当从乡土社会进入现代社会的过程中，我们在乡土社会中所养成的生活方式处处产生了流弊……文字则是现代化的工具，这些乡土社会的文盲并非出于乡下人的‘愚’，而是由于乡土社会的本质所决定。”

从中我们可反思平民教育实践者们初期“文字下乡”所存在的主观性，也可理解那些常被类型化为“受害者、牺牲者”的乡土社会及以农民为主体的平民为何会对“来者、启蒙者”产生“改造”效果？它在初期可能表现为消极不配合[①]，也可能表现为让启蒙者感动、震惊等充满启示性的情感力量。

晏阳初在其毕生的实践中不断重复类似的话：“我去法国，原是想教育华工，没想到他们竟教育了我。他们的智力和热诚，渐渐引导我发现一种新人（1987）。”今天的我们不应轻易将“发现”这样的词汇归纳为“他者化”这样的问题意识，因为其不仅挂在实践者的嘴边和笔头，而是真切地融为他们的行动与自我反思：“我们所以能十余年如一日，在乡间吃苦挣扎，就因为受了这些可爱可造农民的感动，否则我们也愿意享受都市很舒服的生活，老早就一丢光跑了（晏阳初，1934）。”“‘到民间去’的口号，喊得何等响亮！究竟有几人到了民间去？去了又待多久？做了什么事？到民间去休息休息，那倒是常见。到农村去把农村大骂一场，也大有其人。真正到民间去为农村谋一点建设，为农民谋一点福利，这样的人却太少了。……新的士大夫呢，从东西洋回来，斥农民为‘麻木不仁’。他们讲政治，讲教育，讲经济都不及于农村，瞧不起农民，抹杀了中国的基本问题，眼红着西洋的繁荣，高唱工业化，抛弃了现实（晏阳初，1938）。”

可见，虽然平民教育实践者也确有“精英化”和因现代化追求而将乡土本质化与他者化的倾向与危险，但其与那些“新士大夫”仍然不可混为一谈。乡土脉络所映照出的问题与局限，不应算在个人头上，而应该回到他们所出发并深受影响的“正向运动”脉络。除警惕常见的“个人化”处理会遮蔽更大的结构性问题，之所以不应以“好人好事”来简单化他们的努力、危险与尴尬，还因作为实践者的他们几乎都在“双向运动”的“遭遇”和互动中保持着独特的自觉与敏感。

比如，由于在中国本土和乡土双重脉络下的“摸爬滚打”，晏阳初和陶行知都对当时全球知识界权威的美国教育家杜威的教育理论提出质疑。前者认为“其教育即生活在美国是正确的。但在非洲、亚洲，教育是何种生活（晏阳初，1978）？”而作

① 如晏阳初刚去定县推广基于城市经验的扫盲时，就有老乡和他说：“您老的好心肠，解决不了我的饿肚皮。”类似“消极不配合”让平教会在反思和改进中转向综合性的乡村建设，后来所归纳的“四大教育”“三大方式”都不是一下子提出，而是在现实和失败中不断配合乡土脉络及农民需求所产生的创造。

为杜威弟子的陶行知则从晓庄师范的实践中指出："我从民国六年起便陪着'教育即生活'这个现代教育思潮中回到中国来。八年的经验告诉我'此路不通'，整个教育需变个方向（夏军，1998）。""学校即社会，就好像把一只活泼的小鸟从天空捉来关在笼里一样。它要以一个小的学校去把社会上所有的一切东西都吸收进来，所以容易弄假。……要先做到'社会即学校'然后才能讲'学校即社会'；要先做到'生活即教育'，然后才能讲到'教育即生活'。这正体现了生生不已的'生活'（川尻文彦，2009）。"

除来自乡土社会的影响、平民的启发、实践的证伪外，历史和当代的改造还可能包括各种限制，如农民时间、各种资源、国情矛盾、生态环境等。

三、平民教育的多重面向

平民教育从诞生之日起即具高度实践性。除上文所述语境外，其还存在于"五四运动前后为适应当时民族资本主义发展需要的'教育救国'（张荣禄，1996）"及"近百年来依附于国家工业化必须的产业资本并在当代服务于全球化竞争与金融资本的主流教育界（温铁军、邱建生，2010）"这两大脉络。这更让平民教育在定位、特点等方面显得复杂。

（一）现代教育与平民教育

许多那个年代的知识分子都对自己身处的现代教育进行过猛烈的抨击，归纳为"不洋不中""不城不乡"的怪物。但实践者在批判的同时也认为其是一个可以期待的领域，因其既是中西文化和城乡冲突的前沿，更是基础性改变的载体。因此在讨论平民教育之前，应简单地谈论现代教育并以此作出区分。

从小就读新式学堂的"最后儒家"梁漱溟决绝但不无深刻地指出："数十年来与此乡村社会全不切合的西式学校教育，是专门诱致乡村人于都市，提高他的欲望而毁灭他的能力，（而）流为高等乞丐（1992）。""旧日社会之教育，其病在无教育可说，是消极有所不足；（但）三十年来之新教育，则为个人生命上添病，是积极的中毒（1992）。"

他指出，除耳熟能详的内容差别外，现代教育与传统私塾教育的一个重要不同是，前者必须有后者所没有的单独校舍、西式教材、通晓现代知识的新式教师、不菲的学费……这些本无可厚非，但如果要以上条件通通具备，只有城市和大的城镇才可能有。因此随着全国蜂拥的"兴学堂"成为热潮，乡村原有的旧式教育体系迅速瓦解，这让乡村教育和人才流向出现了方向性转变——"所谓新教育便是西洋化的教育，并且是都市文明体系中的一种制度。无论从知识思想，（还是）生活习惯，乡村子弟从受教育的那天起，便是脱离乡村的那一天（2005）。”

费孝通说的更彻底，这种现代教育是悬空而不切实际的，并且像“采矿”，损蚀了乡土社会。“乡间把子弟送出来受教育，结果连人都收不回（1948）。”

陶行知则不无“后悔”地说道：“我以前也是把外国教育制度拉到中国来的东洋车夫之一，不过我现在觉得这是害国害民的事，是万万做不得的。……新学办了三十年，依然换汤不换药，卖尽气力，不过把‘老八股’变成‘洋八股’罢了。‘老八股’与民众生活无关，‘洋八股’依然与民众生活无关（1927；1928）。”

被学界归为“西化/现代”派的晏阳初同样认真反思道：“工商业发达国家都是人的教育，如何能适合犹滞在农业时代的中国社会需要？我们初到乡间，看见农民失学，慨叹中国教育不普及，后来在乡间久住，才知道幸而今日中国的教育不普及，否则真非亡国不可。这并非愤激之谈，因为农村青年，未入学校之前，尚能帮助他的父母，拾柴捡粪，看牛耕田，不失为一个生产者，可是一旦入了学校，受了一些都市文明的教育，他简直变成一个在乡村不安，到城市无能，不文不武的无业游民（1934）。”

这些不同学科背景的知识分子，之所以都对自己深受其惠的现代教育给予了如此猛烈的抨击，如简单归因现代教育“脱离生活”则明显不公，现代教育同样强调实践与创新，实用主义更是指导思想。关键在于配合“什么样的生活”。除“成本高、乡村没有那么多合格教师”这些技术性原因外，更在于现代教育所服务并受制的“（大）工业化”“都市化”与“资本化”在根本方向上偏离了乡土脉络。这种以“现代化=非农化”为主导的教育，让乡村教育成为不为乡村和生活服务，因此，他们的一致认识是需要“中国乡村教育之根本改造”。①

这种改造对于陶行知来说是“生活教育（生活即教育、社会即学校、教学做合一）”。对于晏阳初来说是“实验的改造民族生活的教育”——中国式的古董教育，与民族生活不相干，只能造成三家村的乡学究；西洋式的舶来教育，与民族生活不相应，只能造成外国货的消费人。只有实验的改造民族生活的教育，才能造成国家中兴有作为有创造的民族（1934）。

为配合主题，本文将这些在实践中自觉与城市化的现代教育做出区分与改造的创新性实践扩展为广义乡村建设中的“平民教育”。结合历史及当代的各种实践，它应如杨东平所强调（2008）：倡导“平民化的教育”，主要面向农村、难民、贫民②、

---

① 此为陶行知著名短文的标题，详见：http：//www.taoxingzhi.org/show.asp？id=154。

② 虽包括以贫民为对象，但平民教育不是贫民教育，因为后者是附带的、慈善性质的、零碎的（晏阳初，1927）。

农民工及其子女等弱势群体，重新强调大多数人的价值，坚持教育平等、教育民主的价值，并以此开启知识分子参与社会变革，与工农大众相结合的路径。

此外，平民教育更强调在教育方向上的探讨：如何通过生活教育、乡土教育、乡土知识等手段让教育重新回到“本土、乡土、生活”的脉络中，并在这个目标下创造出平民化和低成本的教育方法——教学做合一、小先生制、导生制……

（二）教育平民与平民视角

就像乡村建设不同于建设乡村一样，平民教育也不等于教育平民。更重要的是从平民出发，让教育者与被教育者互相影响，打破对立分割的假设与界限，从而挑战现代教育的权利关系与利益结构。

在这方面，巴西教育家保罗·弗莱雷（Paulo Freire）在拉丁美洲数十年的“扫盲”实践可与中国经验进行跨文化的呼应。他认为文盲不仅是读写能力不足的问题，而是人与世界关系的缺乏。具体表现为，他们会自认为没有力量，必须透过有权力的“读书人”才能了解这个世界，他们的世界是被界定出来的，因此自然经常处于一种消极无力的感受中。因此，“识字”不仅要让文盲具有读写能力，更重要的是帮助其建立自信、认识世界并与世界展开对话（吴建兴，2006）。

回到中国历史上大范围的“除文盲”脉络，有研究认为，晏阳初最为大家所熟悉的是指出农民的“愚穷弱私”，这从某种程度上是一种典型的“问题为本”缺乏视角，总是关注不足和缺陷，进而的策略就是如何解决他们的不足，这种视角伴随着中国现代化运动一直持续至今（张和清、杨锡聪、古学斌，2008）。60多年前费孝通（1948）也有质疑，认为这种“传教精神”假定了自己“是”以教育别人的“不是”。在他看来，教育并不是以“有”给“无”，更不是以“正”克“邪”，而是建立一个能发展个性的环境。

的确，类似的批评是必要的。但如果抽离开具体脉络或静态地以特定语境下的说法为全部，仍然有简单化和标签化的危险。虽然“愚穷弱私”被批评为对农民的偏见，但结合晏阳初的主要言行来看，他做如此归纳难免有当年在危机与特殊历史脉络下寻找并命名各种“救国方案”的时代烙印，仍需区别于一般主流知识分子对农民及草根阶层的不信任。

实际上，晏阳初的思想和认识也是在不断的变化中，作为一个行动和组织能力特别强的实践者，他在“深入”民间、接近乡土、农民和现实的脉络及各种互动反馈中深受影响。他对农民的批评从来也包含着自我反思：“我们有两个发现是真正的革命。其一是学会了评价农民。多少个世纪以来，我国的农民从未受过教育，这被认为是天经地义的事情。但是我们发现农民所缺少的不是头脑，而是机会。于是我们发现了所谓‘苦力’的巨大力量。另外一个发现同样令人吃惊，那就是认识到我们自己——知识分子的无知，并且受到了我们自己农民的教育。……这个运动的目的无非是改革知识分子自我陶醉、自高自大的心理状态及知识分子的无知。”（1965）

可以说，在教育平民的实践及与平民的不断互动中，实践者们不断尝试以“平民”来消解“知识分子—民众”“教育者—被教育者”“外来者—村民”等类似的二元分割。在更大的语境与脉络影响下，表面分割的群体已不再可能真正独立的具备“本质化”的纯粹特征，两者都同样需要改变。而作为抽象能指的“新民”与其作为一种实体化的命名，不如说是以话语所内在的“想象力”改变现代化规则。其作用应与站在正向角度批评“愚穷弱私”类似——造成“刺激”来推动我们在各种主流论述下“突围”，以凸显城市化的代价对农民的伤害。

这种话语挑战无法实现直接作用，但却可能发展出一种可贵的“平民视角”——既不浪漫化的仰视，也不高高在上的俯视，而是保持一种“平视”。并将自己作为平民的一员融入他们，去理解他们的喜怒哀乐，立体感受他们的巨大潜力、善良淳朴却又随处可见的局限与无奈。①

带着这样的视角，我们才能理解民国史上及当代的平民教育实践在对象和做法上的差异，比如，民国的平民教育为寻找当时的民众脉络，从长沙、烟台这样的大城市全面转向农村。正如晏阳初所言（1935）：“假如大多数的民众在都市，我们便无庸到农村。他们——大多数民众在哪里，我们就应跟到哪里。”而这，也正是当代平民教育实践自2005年起从农村又重新返回城市的原因，因为“农村中的骨干力量基本上都进了城，他们分布在城市的建筑工地、服务行业及工厂流水线上”。②

在做法上，当代平民教育参照国际经验，借鉴并创新“社区大学”的做法，通过这种新载体整合本地区的知识资源，以较低的成本满足村民和城市农民工的学习需求。它利用现有的中小学资源，于夜间及假日上课，既符合成人学习的时间，又有效扩大现有教学资源和公共设备的使用率。聘请退休教师、专业人才、民间学者及大学毕业生来当社区大学的兼职教师，从学习时间和费用上都较好地满足了农村社区成人学习的需求。③

从教育平民到平民视角，化解来自外部的、自上而下的、精英式的各种障碍性力量，让受教育的平民共同参与建立一个属于他们自己的教育，并成为改变现实的主体性力量。在与乡村建设结合的过程中，“教育者”的知识脉络也因受到挑战而改变，

① 这种平民视角可参考作家莫言的一个说法：不要“为老百姓而写作”，而要“作为老百姓而写作”。

② 邱建生，“使无力者有力，有力者有爱——厦门国仁工友社区教育促进项目介绍”，个人博客，http://blog.sina.com.cn/s/blog_492165a301009bd3.html。

③ 详见邱建生，2010，“新农村建设中的平民教育实践案例研究”，中国人民大学农业推广硕士论文。

开创出新的另类运动空间。

（三）教育多功能性——与乡村治理结合的“乡学村学”

在定县试验中期，晏阳初已经认识到（1933）：“仅教农民认识文字取得求知工具而不能使他们有用这套工具的机会，对于农民是没有直接效用的。所以从那时起，我们进一步觉悟，在乡村办教育若不去干建设工作，是没有用的。换句话说，在农村办教育，固然重要，可是破产的农村，非同时谋整个建设不可。不谋建设的教育会落空，是无补于目前中国农村社会。”

既然本文讨论的是广义乡村建设中的“平民教育”，则应包括以教育为手段和载体，实现包括乡村组织、乡村治理等功能在内的“大教育”[①]。于此，梁漱溟在山东的乡学村学实践无疑是个启示性的案例。

对于梁先生来说，乡村建设与平民教育必然合流，因为乡建其实是以教育改造社会。其不仅为了在农民中普及文化知识，也不只实现农村的现代化，而是以这种传统的方式来形成一套“新礼俗”并进而改造整个中国社会。之所以用乡建这种中国特有的方式，一方面其需要像其他的民族自救者那样使中国文化吸纳很多西方的东西，特别是团体精神方面；另一方面其又要避免之前民族自救者越搞越糟的惨痛教训（吴飞，2009）。

这种以“乡学村学”为形式和表现的“新礼俗”将教育与建设新秩序结合起来，有别于高成本的现代治理。既充分调动原有的村社理性，将村社中的各种冲突矛盾“低成本/低外部性”的内部化处理，又可以此为载体培养具备新习惯和新氛围的进步组织，重建能应对现代化挑战的新乡土生活方式。因在其憧憬的理想社会中，政治、教育（教化）是合一而不相离（梁漱溟，1992）。故“乡学村学”既是学校，又是组织；既是教育，又是自治；既重视普通农民，又重视乡村领袖。为避免误会，梁先生还专门指出“很有一些人只注意乡农学校为一个学校而忽略了它是一种组织，实是错误（2005）”，作为“乡学村学”的基本指导思想——改进后的《乡约》，他解释道：“约就是会的意思，《乡约》就是乡民大会。约来干什么？做好事情，做改进乡村的事情，故乡约就是乡村改进会（2005）。”

如此“乡学村学”，首先挑战了主流单一的现代教育想象及背后以个人为“学习/成长/竞争”基本单位的假设；乡村学校通过与组织及治理的结合，让教育回归社区和本土。其次，这种新型组织将传统社会的家长式核心与现代社会的民众动员、政治参与、经济发展结合起来（艾凯，1996），既远离了西式民主治的高成本，又有对抗

① 这点也在宋恩荣对晚年晏阳初的访谈中得到验证。1988年4月，已届98岁的晏阳初特别申明“一般意义上的教育概念，不足以概括我的思想与事业”（宋恩荣，1995）。

官僚主义与科层形式主义治理的功能。

梁漱溟为这样一个很难让现代人理解的“组织”赋予了太多功能，几乎把几十年没有做好的工作与期待都放入其间，以致现实离目标相去甚远。他本人似乎早有思想准备：“乡建准备整个打算从头到尾皆以多数人为重，结果怕是受多数人之累（2005）！”

但对于为何要把教育和组织结合起来，除利用教育的教化功能为组织所用外，梁先生的长远考虑不无道理——“不是说到了理想社会，生存和教育才有保障，而是乡村组织一开头就向此作去（2005）。”虽然当下的物质条件自然与梁漱溟当年不可同日而语，但仍然存在并日益严峻的乡村教育危机。这种历史比对，要求我们对教育的方向及其与物质利益的关系进行根本性的反思。

略显复杂的与“乡学村学”结合的乡村治理经验讨论并非本文重点，仅以之为例，既说明真正立足乡土和实践的平民教育与现代教育存在着根本的区别，又指出在与乡土的结合互动中，教育本身所具备的多功能开放空间。

四、“遭遇”后的平民教育创新

作为来自实践的重要启示，弗莱雷在“受压迫者教育学”中强调了“对话”的重要性，那不仅是在“扫盲者”与“被扫盲者”之间，还包括学习者与抽象理论、人与行动的对话，即行动与反思之间永无止境的对话（吴建兴，2006）。

这种扣联起理论与实践、反思与创造的“对话”式互动，广泛存在于历史及当代的平民教育实践中。它不同于虽被称为“中国平民教育的源头与胚胎”，但却因没有与乡土和国情相结合而日益淡出[①]的北京高师平民教育社。晏阳初等人推动的同名运动恰是在实践中分野，从城市转向农村，在与乡土脉络的不断“对话”互动中“重生”，逐渐完成了由识字运动到乡村建设的重大转变（桑东华，2004）。

（一）从“开脑矿”出发的平民教育实践

台湾学者韦政通认为（1991），“创造转化”是晏阳初乡村改造思想中一个基本的特色。但这些创造是如何开始并完成的?

正如吴飞的比较（2009），晏阳初并没有像梁漱溟那样作出复杂的文化分析，而是从自身经历和朴素印象出发——他自己在很多场合都讲过那件影响终身的“小

① 虽然该社创办最早并一度拥有很大的规模，到1923年就已有社职人员近170人，但至1924年7月却停止活动。后期社刊《平民教育》所涉及和讨论的问题则愈来愈狭窄，仅局限于学校教育改革，介绍欧美教育，主要是杜威的实用主义教育理论和方法（杨彩丹，2011；桑东华，2004）。

事”：“一天，我收到一封非常感人的信，它是一位在法国学会看书的中国劳工寄来的，大意是‘晏先生大人：自从您编的报纸出版后，我开始知道天下大事。但是，您的报纸很便宜，一生丁就能买一份。我怕你的钱赔完了会被迫停刊，因此，我把自己在法国劳动三年节省下来的365法郎随信附上’。这真是一件意想不到的事。……这些‘苦力’和‘底层阶级’向人们表明：他们是最认真、最有能力的学生，他们的能力和如饥似渴的求知欲望使人们摒弃了传统观念……而这一切，都是在任何一所中国或美国的大学里所了解不到的。从那时起，我就决定回国后把自己的毕生精力奉献给平民教育事业（晏阳初，1929）。”

有了明确的目标，晏阳初先在长沙、烟台等城市开展平民教育，但因中国最广大的平民在农村，不仅希望“知其然”，更希望知其“所以然”，故其领导的中华平民教育促进会逐步迁至河北定县。但期间的乡土“遭遇”并不顺利，晏阳初结合平教会12年来的经验教训对各慕名来访并准备做农村工作的来宾坦言其中的曲折与错误：“希望（大家）不再上当”“一错实不容再错了”“我们知道自己不了解农村，才到乡间来求知道……我们欲‘化农民’，我们须先‘农民化’。可‘农民化’至不容易。必须先明了农民生活的一切。我们正努力在农村作学徒（晏阳初，1932）”。晚年晏阳初更直言长期伴随着自己的痛苦教训（1979）：“我们必须首先甘当和承认自己无知，放弃学术包袱和偏见，然后重新再学习。不少专家发现否定过去所学和再学习是很难的，因为对于他们来说不再是自己知识的主人，而是自己知识的牺牲品。”

长期置身于宽广而厚重的乡土社会现实中，通过“农民化”与“化农民”的动态辩证，平民教育推动者们经由“开脑矿—作新民”出发的“开发—启蒙”思维及以现代社会为坐标的信条在实践中得到很大的修正①，同时由于“双向运动”的存在与角力，加上当时所流行的“试验主义”影响，这种调整在实践中则表现为从认识到方法上的创造。

早在费孝通正式的“文字下乡”批评②之前，实践中的晏阳初已认识到“文字”在乡土脉络中的局限性：“仅教农民读和写不可能为他们提供实际的帮助。乡村不像城市，不可能为识字的人提供许多机会去使用学过的字。在城市里，商店和家里挂着各种条幅、街道标志、账本等。乡村农民，几乎没有那种在公共场所认出刚学到的汉字而产生的激动心情。因此我们感到，除非能将这种知识教学与农民的日常生活联系

① 以晏阳初为例，他从早期“愚穷弱私”理论调整为后期“乡村改造十大信条（晏阳初，1988）”。后者十分精炼并充满自我反省地总结了诸多有效的农村工作方法，至今仍被全球范围内的农村工作者所学习和借鉴。通过前后比较即可见乡土“遭遇”的影响之深，也正是如此，类似实践需放回当时脉络中进行细致的动态分析。

② 如放回当时整体“向上走”和“城市化”的时代脉络下，“文字下乡”本身有独特意义，但更重要的是，哪种文字？怎么下乡？下乡为了什么（促进工业化和城市化所需的劳动力输出，还是为了乡村建设与平民生活的改善）？

起来，否则不可能给他们以实际的帮助。因为在几个月后，他们可能将所学的东西忘得一干二净（晏阳初，1929）。”

初期下乡的文字只是自我赋权的工具，因其既为平民教育推动者所擅长，又对许多渴盼通过识字以摆脱生活中诸多不便并恢复自信①的村民存在着实际的吸引力。但通过这种手段，“文字”下乡很快转化为“乡村本位”的综合性“乡村建设”，因实践者逐步认识到“乡村建设不是任何一面可以单独解决的，而是连锁进行的全面建设。因社会与生活都是整个的、集体的、联系的、有机的，决不能头痛医头，脚痛医脚，支离破碎地解决问题（晏阳初，1948）”。

为了能够真正的“下乡”，直接面对乡土社会与农民的多样化需求，文字和知识都必须得到改造（该部分将在当代案例中详细讨论）。此处简单提到其中的一种创造——农村戏剧教育——与“纯文字”不同，那是一种不自觉和不勉强的理想教育方法。一方面可以打破文字障碍，使教育娱乐化以实现雅俗共赏；另一方面，那为戏剧迎来“新生命”，其内容是农民生活和农村问题，演戏的就是农民自己（晏阳初，1938）。

此外，在方法上实践者们也通过创造来直接回应“熟人社会”特点与国情限制，无论是陶行知的“小先生制”，还是晏阳初的“导生制”，一直以来都是针对如何将有限教育资源最大化的创新——人人可以成为老师、“大小孩教小小孩”，以改变被几千年传统所定型化的“师—生”想象及背后的权利关系。

陶行知创造的“小先生制”十分生动：“中国原是个穷国，所以教育也要采取‘穷办法’。我是顾到这点才展开小先生运动的。可是这小先生运动不是忽然想起来的。乃是民国十一年提倡‘平民教育’的时候，我那五十七岁的母亲有一个愿望，要学《平民千字课》。我和妹妹每天忙于推广这场运动，连给母亲教千字课的时间也没有，结果我就叫才六岁的儿子小桃教他的祖母读千字课。这大胆的尝试居然成功了，祖母和她的孙子一个月后竟然读完了第一册（陶行知，1946）。”

可见，虽然这种“遭遇”不一定发生在具体的乡土社会，但却都来自与乡土有着千丝万缕联系的平民与实践，正是这种常被忽略的丰富为深入其中的平民教育实践者提供了源源不断的创造动力。

（二）从大学生支农开始的当代乡村建设②

百年来的近现代史上，与乡村建设结合的平民教育，是中华民族多元文化沃土上

① 熊佛西基于定县实际生活而创造的民众戏剧有诸多体现。

② 从广义上说，当代平民教育与乡村建设实践也是互为融合与交叉，如当代乡村建设运动的重要推动者邱建生就以平民教育为方法和突破口。以乡村建设为名的专门机构梁漱溟乡村建设中心则于2011年10月10日在江苏常州武进区成立嘉泽国仁社区大学（姬山书院），开展当代平民教育工作。

生命力很强的百草。

始于20世纪90年代末并延续至今的、在社会背景上回应日益严峻的“三农”危机的当代乡村建设运动，在具体行动上缘起于“大学生支农运动”①。这在当代与正向运动利益取向一致的高等教育中显得另类。从下乡支农调研、扶贫支教、建立信息站，到推动当代乡村建设运动，大学生在当代乡建的初期阶段相当于“酵母粉”，其作用主要对农民进行引导，激发其内在的自信与创造力。并根据农村的需要，把相关信息传播到农村，农民则因为对这些富有献身精神大学生的崇敬感而产生一种凝聚并导致合作的可能，通过这个参与过程既帮助农民解决精神贫困，同时也是拯救大学生自己精神贫困的好手段（刘相波，2005；方丹敏、王平，2004）。

率先“休学支农”的早期支农队员白亚丽（2011）则在多年的实践后反思道：“这与‘五四’时代欲用‘民主、科学’试图改变‘愚昧的农民’和‘黑暗的乡村’的情形有所不同，这一代人其实是在为自己寻找并建立价值观的过程中促进着农村的变革。因此，这或者可以称为一场‘双向精神扶贫’运动。……10年前，当‘到农村去’的口号将第一批支农队员聚集时，谁也不曾预料，这竟是一场以行动来探求时代精神和青年价值的（社会运动）。”

邱建生也是大学生支农队最早的组织者，通过支农队在定州翟城村过年的偶然机会，扎根这个晏阳初等平教会同仁最初进行乡村建设的村庄。他和历史前辈一样充满发现的兴奋，但同样也在遭遇“乡土”后产生很大的变化：“想想两年前我抱着满脑子的理念和方法到翟城来，现在往回看，脑子里的这些东西实在过于理想和不切实际，所幸我能很快调整过来，把自己定位在向农村学习的位置，而不死抱着理念来做事。把理念踩在脚下迈步向前，而不是相反，把理念扛在肩上亦步亦趋……两年来我们处在发现问题的阶段，也就是农民化的阶段，我们成为农民中的一员，生活在他们中间，与他们一同工作，自然而然就能够发现一些问题，然后才能够谋求如何和农民一道去解决这些问题（邱建生，2005）。”

对于当代乡建运动发起者而言，在加快工业化和城市化的“正向运动”造成土地、劳动力和资金等生产力三要素加快流出，形成经济基础领域中的“三农”问题和上层建筑领域的三治（县乡村三级治理）困境；在这种不可逆转的主流压力下，乡建

① 该运动无疑为更为广阔的乡村建设做了重要的出发点准备、人才储备、思路铺垫与基地建设，无论晏阳初乡村建设学院、河南兰考及福建乡村建设试验区及全国各乡建试验点都受其直接间接影响。人才储备既包括支农活动在实践中锻炼成长了源源不断的大学生，支农活动的组织者也在实践和互动中积累了宝贵经验、思路与工作方法，大学生和志愿者的付出与创造则为乡建运动提供了重要力量。在此特别纪念在2011年3月24日因车祸而不幸逝世的支农运动创始人刘老石，在他的推动下，截至目前，梁漱溟乡村建设中心已经在全国各地建立新乡村建设试验基地70余个，与全国200多所高校的学生支农社团一道组织大学生参与支农调研和新农村建设行动，累计已达万余人次。详见：《半月谈》通讯，《成长的天空：大学生支农十年记》http：//www.gov.cn/jrzg/2011-09/04/content_1939916.htm。

知识分子主动与草根和乡土“遭遇”所引发的各种与文化创新相结合，演变为双向运动中的另类，不仅促成知识分子与乡土知识的结合，也奠定了社会资源向社会资本的转化，构建了激进正向运动不可能形成的市场信用制度与和谐社会的前提条件（温铁军，2010）。

综合以上案例，无论是历史还是当代的平民教育实践，都是在与“乡土”的互动中有意无意的让启蒙“受挫”，而正是通过在不断失败中的反思与调整，才能接近“自我保护”的乡土脉络，进而主动地改变自己，自觉从“正向运动”所携带的精英立场与启蒙方法转化为与对立双向运动不同的另类乡村建设。

注释

[1] [美]艾恺. 最后的儒家——梁漱溟与中国现代化的两难. 王宗昱，冀建中译，南京：江苏人民出版社，1996

[2] 白亚丽，吕程平. 蜗居时代的“乌托邦”——当代青年的乡建运动. 2011. http：//www. snzg. cn/article/2011/0624/article_24613. html

[3] 川尻文彦. 杜威来华与“五四”之后的教育界——以陶行知的杜威思想受容为中心. 社会科学研究. 2009，（6）

[4] 方丹敏，王平. 自我历练精神扶贫——他们眼中的大学生支农活动. 中国改革（农村版）. 2004，（8）

[5] 费孝通. 土地里长出来的文化. 费孝通文集（第4卷）. 北京：群言出版社，1946

[6] 费孝通. 1948a. 乡土中国. 费孝通文集（第5卷）. 北京：群言出版社，1999

[7] 费孝通. 1948b. 评晏阳初. 开发民力建设乡村. 费孝通文集（第5卷）. 北京：群言出版社，1999

[8] 费孝通. 1948c. 乡土重建. 费孝通文集（第4卷）. 北京：群言出版社，1999

[9] 沟口雄三. 另一个“五四”. 中国文化. 1997，（15-16）

[10] 顾昕. 2006. “五四”激进思潮中的民粹主义主题（1919-1922）. 载于许纪霖编. 二十世纪中国思想史论（上卷）（第2版）. 上海：东方出版中心，1999

[11] 卡尔·波兰尼. 大转型：我们时代的政治与经济起源. 冯钢，刘阳译. 杭州：浙江人民出版社. 2007

[12] 梁启超. 新民说.（1902），载于《新民时代——梁启超文选》，侯宜杰选注，2002. 天津：百花文艺出版社，2002

[13] 梁漱溟. 梁漱溟全集（第5卷）. 济南：山东人民出版社，1992

[14] 梁漱溟. 梁漱溟全集（第2卷）.（第2版）. 济南：山东人民出版社，2005

[15] 刘老石. 理想寓于行动中——实践式教育与梁漱溟乡村建设中心的农村发展人才

计划.《立场》（网刊：www. lichang. org），2010，（3-4）
[16] 刘相波（刘老石）. 从“支农调研”到新乡村建设. 开放时代. 2005，（6）
[17] 罗岗. 五四：不断重临的起点——重识李泽厚. 启蒙与救亡的双重变奏. 杭州师范大学学报（社会科学版）. 2009，（1）
[18] 马宏. “五四”时期拜民主义思潮评介. 石油大学学报（社会科学版）. 2000，16（2）
[19] 冒荣. 发展与落差——从辛亥革命到五四运动前后的中国教育. 江苏社会科学. 1997，（1）
[20] 邱建生. 知识农村化，农村知识化——翟城实验区的疑虑和希望. 开放时代. 2005，（6）
[21] 赛珍珠. 1945. 告语人民——与晏阳初谈平民教育运动. 宋恩荣. 晏阳初全集.（第2卷），长沙：湖南教育出版社，1992
[22] 桑东华. 五四平民教育思潮的演变、分化和发展. 党史研究与教学. 2004，（4）
[23]宋恩荣. 最好的纪念. 晏阳初纪念文集. 晏阳初纪念文集编辑委员会. 重庆：重庆出版社，1996
[24] 宋恩荣. 重提“平民教育”的现实意义. 河北师范大学学报（教育科学版）. 2008，10（9）
[25] 陶行知. 1927. 晓庄试验乡村师范学校创校概况. 董宝良. 陶行知教育论著选. 北京：人民教育出版社，1991
[26] 陶行知. 1928. 生活工具主义之教育. 董宝良. 陶行知教育论著选. 北京：人民教育出版社，1991
[27] 陶行知. 1946. 教育生活漫忆. 董宝良. 陶行知教育论著选. 北京：人民教育出版社，1991
[28] 温铁军，邱建生. “三农问题重中之重”与我国教育体制的适应性调整. 民族教育研究. 2010，21（1）
[29] 韦政通. “创造转化”与“自我实现”——论晏阳初的思想与人格. 宋恩荣. 教育与社会发展——晏阳初思想国际学术研讨会论文集. 长沙：湖南教育出版社，1991
[30] 吴飞. 乡村建设与现代中国文明. 北京大学教育评论. 2009，7（3）
[31] 吴飞. 2009. 从乡约到乡村建设. 思想与社会. 第七辑（教育与现代社会）. 上海三联书店，http：//blog. sina. com. cn/s/blog_4cde782e0100cxo5. html
[32] 吴建兴. 撼动世界的成人教育学家：包罗·弗雷勒. 区区一出戏——社区剧场理念与实务手册，赖淑雅. 台湾应用剧场发展中心、财团法人跨界文教基金会.

2006
[33] 夏军. 杜威实用主义理论与中国乡村建设运动. 民国档案，1998，（3）
[34] 许纪霖，陈达凯. 中国现代化史（第1卷）. 上海三联书店，1995
[35] 晏阳初. 1927a. 平民教育的真义. 宋恩荣. 晏阳初全集（第1卷）. 长沙：湖南教育出版社，1989
[36] 晏阳初. 1927b. 平民教育的宗旨目的和最后的使命. 宋恩荣. 晏阳初全集（第1卷）. 长沙：湖南教育出版社，1989
[37] 晏阳初. 1928. 平民教育概论. 宋恩荣. 晏阳初全集（第1卷）. 长沙：湖南教育出版社，1989
[38] 晏阳初. 1929a. 有文化的中国新农民. 宋恩荣. 晏阳初全集（第1卷）. 长沙：湖南教育出版社，1989
[39] 晏阳初. 1929b. 中国的新民. 宋恩荣. 晏阳初全集（第1卷）. 长沙：湖南教育出版社，1989
[40] 晏阳初. 1932. 在欢迎来宾会上的讲话. 宋恩荣. 晏阳初全集（第1卷）. 长沙：湖南教育出版社，1989
[41] 晏阳初. 1933. 中华平民教育促进会定县工作大概. 宋恩荣. 晏阳初全集（第1卷）. 长沙：湖南教育出版社，1989
[42] 晏阳初. 1934. 农村运动的使命. 宋恩荣. 晏阳初全集（第1卷）. 长沙：湖南教育出版社，1989
[43] 晏阳初. 1935a. 农民运动与民族自救. 宋恩荣. 晏阳初全集（第1卷）. 长沙：湖南教育出版社，1989
[44] 晏阳初. 1935b. 平民教育促进会工作演进的几个阶段. 宋恩荣. 晏阳初全集（第1卷）. 长沙：湖南教育出版社，1989
[45] 晏阳初. 1935c. 中华平民教育促进会工作的演进. 宋恩荣. 晏阳初全集（第1卷）. 长沙：湖南教育出版社，1989
[46] 晏阳初. 1938. 农村建设要义. 宋恩荣. 晏阳初全集（第2卷）. 长沙：湖南教育出版社，1992
[47] 晏阳初. 1940. 实习区的意义. 宋恩荣. 晏阳初全集（第2卷）. 长沙：湖南教育出版社，1992
[48] 晏阳初. 1942. 平教运动的回顾. 宋恩荣. 晏阳初全集（第2卷）. 长沙：湖南教育出版社，1992
[49] 晏阳初. 1948. 开发民力建设乡村. 宋恩荣. 晏阳初全集（第2卷）. 长沙：湖南教育出版社，1992

[50] 晏阳初. 1965. 关于乡村改造运动的总结. 宋恩荣. 晏阳初全集（第2卷）. 长沙：湖南教育出版社，1992
[51] 晏阳初. 1978. 在第十届国际乡村改造培训班上的报告. 宋恩荣. 晏阳初全集（第2卷）. 长沙：湖南教育出版社，1992
[52] 晏阳初. 1979. 就“乡村改造”答记者问. 宋恩荣. 晏阳初全集（第2卷）. 长沙：湖南教育出版社，1992
[53] 晏阳初. 1987a. 我为什么第二次回到祖国. 宋恩荣. 晏阳初全集（第2卷）. 长沙：湖南教育出版社，1992
[54] 晏阳初. 1987b. 九十自述. 宋恩荣. 晏阳初全集（第2卷）. 长沙：湖南教育出版社，1992
[55] 晏阳初. 1988. 乡村改造运动十大信条. 宋恩荣. 晏阳初全集（第2卷）. 长沙：湖南教育出版社，1992
[56] 杨彩丹. 北京高师平民教育社述评. 教育学报. 2011，7（11）
[57] 杨东平. 平民教育的流变和当代发展. 清华大学教育研究. 2008，29（3）
[58] 游丽金. 我们的队伍向太阳——记一次大学生支农调研活动. 中国改革（农村版）. 2004，（8）
[59] 张灏. 中国近百年来的革命思想道路. 李世涛. 知识分子立场——激进与保守之间的动荡. 长春：时代文艺出版社，2000
[60] 张和清，杨锡聪，古学斌. 优势视角下的农村社会工作——以能力建设和资产建立为核心的农村社会工作实践模式. 社会学研究. 2008，（6）
[61] 张荣禄. 试评五四时期“教育救国”思潮. 唐都学刊. 1996，12（3）

[作者单位]第一作者：香港岭南大学文化研究系；第二作者：中国人民大学农业与农村发展学院

[原　　刊]《中国人民大学教育学刊》，2011年第3期。

一场未完成的乡村试验
——翟城乡村建设试验区综述

邱建生

翟城乡村建设由来已久

翟城村位于河北省定州市东亭镇，西距定州城区30公里，东临安国县。作为华北平原上的一个村子，翟城村与大部分平原上的农村一样，村落布局呈“田”字结构，由东街、西街、北街、南街、秦街五条街道（解放前，这几条街道的名称分别是仁、义、礼、智、信）将村庄连为一体。翟城村域面积占地约9000亩，其中村庄面积约1000亩，村民住宅多为平房，占地四分。翟城村人口5000余人，户数1026户，人均耕地1.36亩。与华北平原上的其它一些农村进行比较，翟城村的灌溉条件历代以来相对是比较好的，10年前灌溉用水打50米深的井就有水出来，家庭饮用水20米就可以，当然，现在水位又降了不少。10年前，翟城的农田里主要出产经济作物辣椒，平均每户都至少有一亩的种植面积，此外小麦、棉花、玉米、花生、地瓜等大田作物也不少，还有少量的苗木，也有几十个大棚蔬菜。现在种植辣椒的农户少了，种植苗木的多了，不少农民把土地全部租出去，干脆就不种地了，因为自己种地的收益和租金也差不太多。没有例外地，翟城村的经济收入以外出打工收入为主，而尤以建筑类工资收入为主。翟城村现有小学和幼儿园各一所，学生人数分别是300多和200多人，幼儿园是新盖的，位于南街，取名叫“晏阳初幼儿园”。

（一）米氏父子的翟城村治

通过上面的介绍，翟城看起来是一个不管在地理区位上，还是在文化内涵上都不是特别起眼的华北农村。但是一百年来，却有着“五个第一”和翟城有关：中国近代村民民主自治第一村、中国创办最早的村级女子学校所在地、中国创办最早的农民合作社所在地、中国乡村建设运动的发源地、中国新时期乡村建设发源地。这些“第一”是怎么来的呢？我们有必要来了解这里头的两个关键人物。

上述五个“第一”中的头三个“第一”，其核心人物是米迪刚先生。米迪刚的父亲叫米鉴三，是翟城村的乡绅，其在清光绪二十八年的时候即开始有了村治的规划，并且在民国建立后，积极响应号召，在本村兴办教育，创办有高等小学校、女子国民学校、女子高等小学校等。其时，米迪刚从日本留学回来，深受日本新村建设的影响，认为“一般村治，在家与省县之间，取得显然平列对等之地位”，而组成翟城村治，一方面提倡旧有农村的整理，使其组织划一，适用新农村的井田法，创办各种合作社，谋求村民在经济、教育等各方面的平等；一方面提倡边荒新农村的创建。在当时定县政府的支持下，翟城自治公所成立起来，其村政组织系统如图：

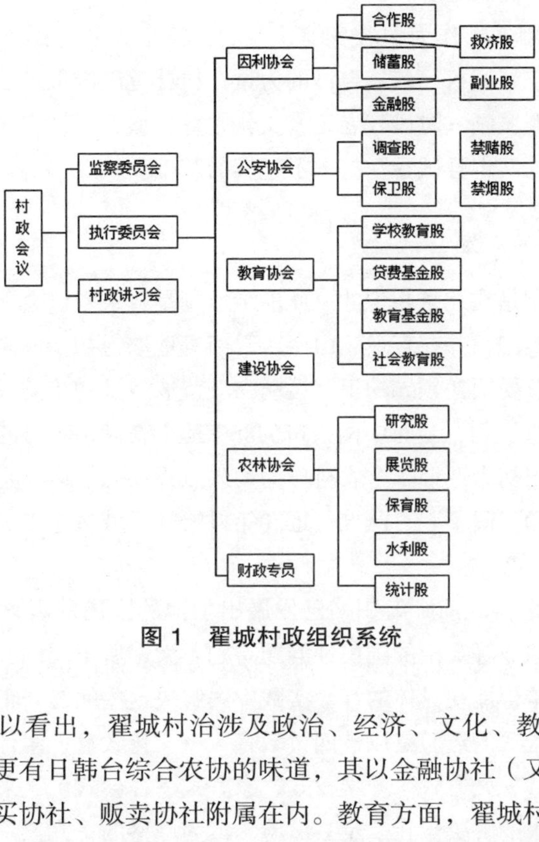

图1　翟城村政组织系统

从上图我们可以看出，翟城村治涉及政治、经济、文化、教育、社会等各个方面，其中因利协会更有日韩台综合农协的味道，其以金融协社（又称平民银行）为主体，消费协社、购买协社、贩卖协社附属在内。教育方面，翟城村治开始实施之前，即有村治讲习所，以培养自治人才为目标。除了传统的面向学龄儿童（6~14岁）的各类学校，翟城村还设有众多的社会教育机构，包括爱国宣讲社、德业实践会、阅报所与图书馆、改良风俗会、辑睦会、爱国会、勤俭储蓄会、乐贤会等。由此看来，翟城对教育的重视可谓由来已久，从某种程度来说，没有教育的发达，翟城的村治将无从谈起。要举办那么多的教育事业，经费从何而来？米迪刚曾写过一篇“教育费贷用储金之商权”的文章，提出三种具体的办法，一是农村教育费贷用储金，二是族姓教育费贷用储金，三是家庭教育费贷用储金。翟城实行的是第一种，即农村教育费贷用储金，以村为单位，多渠道筹措资金，以为家境贫寒的村民子女接受教育所用。

翟城村自创办村治以来，不仅对自治和教育事业非常重视，而且在生产方面，也下足了功夫，因为自治和教育事业的基础，仍然是经济，在当时的翟城，经济事业就是农业生产。翟城在促进农业生产上的努力，包括凿井的提倡、规定看守禾稼规约、保护森林规约、防除害虫会、农产物制造物品评会等。

此外，翟城所以成为村治模范村的表现，还包括卫生所的设立、共同保卫法的规定以及平治道路办法的议定。

米鉴三、米迪刚父子作为翟城乡绅，他们在清末民初为谋求翟城自治所做的努力，可谓功效卓著，翟城村民依靠自己的力量在村社范围内推进的组织创新、教育创新和制度创新，让翟城领一时风气之先，文化教育昌盛，百姓安居乐业，也为晏阳初及其同仁后来开展的“定县试验”打下了坚实的基础。

（二）晏阳初的“定县试验”

晏阳初与米迪刚是在北京相识的。此前米迪刚是直隶省议会副议长，期翼将翟城村治的经验向全国推广，并在直隶、山西、云南等地取得初步成果，但因政治动荡，希望成失望。其时，晏阳初领导的识字运动在城市取得了初步的成功，正计划向农村转移，因为晏阳初意识到，当时中国人口的85%是在农村，农村的智识开启了，中国才有希望。正在晏阳初为选择哪个农村作为切入点开展识字运动犯愁的时候，失意中的米迪刚进入了他的“圈子”，已推行近20年村治的翟城村进入了他的视野，“定县试验”呼之欲出。

实际上，在去定县之前，晏阳初已发展出了他的国民性观，即“愚、穷、弱、私”，这与鲁迅、胡适等提出的国民性问题差别不大，所不同的，是晏阳初作为一个“社会医生”，他希望能在具体的社会实践中去解决这些问题。正如后来晏阳初团队总结的，“定县试验”的经验是以“四大教育”（文化教育、生计教育、卫生教育、公民教育），通过“三大方式”（学校式、家庭式、社会式），来谋求“四大问题”（愚、穷、弱、私）的解决。在“定县试验”最为鼎盛的一九三零年代初，定县聚集了500多位知识分子（含大学生），其中有60余位是留洋的博士或教授，史称“博士下乡”。综观“定县试验”前后十年的工作内容，可以说它是翟城村治的延展，所不同的，是前者的知识基础更多的是来自西方的自然科学和社会科学知识，而后者基本以本地知识为基础。当然，因“定县试验”的领导者晏阳初先生是一位务实的人，其身上融合了东西方文化的精要，其团队也大多是务实之人，故而“定县试验”能将两种知识融合为一，而能为当地带来新知，并保有一定的生命力。例如康乃尔大学毕业的农学博士冯锐，他最早到翟城村来，种了一年白菜，最后才研制出适合当地种植、产量更高的白菜品种。

晏阳初及其同仁在定县476个村庄办了472所平民学校，解放后被联合国嘉奖的“赤脚医生”制度源于“定县试验”发展出来的“三级卫生保健制度”，世界认可较为成功的台湾土地改革，其源头也可上溯至“定县试验”，一度，定县县政改革由晏阳初团队主持。

新乡村建设在翟城重启

（一）米书记的“晏阳初白菜”梦

晏阳初及其同仁开展的“定县试验”因日本侵华战争结束，此后翟城经受了抗日战争和解放战争的洗礼，解放后的合作化运动及“文化大革命”对翟城亦有不小的冲击。在21世纪的当口，也许是在冥冥之中，翟城又一次站在了历史的潮头，成为新乡村建设的发源地。

米金水是翟城村的老书记，在笔者2003年初碰到他的时候，他已经是第四次当书记了。与中国其他农村一样，翟城村在改革开放以来，也经历了联产承包责任制以后近10年的幸福岁月，以及20世纪90年代以后因工业化加剧而来的紧张岁月。有所不同的，翟城村在分田单干的时候，没有把全部土地分到户，还留了将近1/10的土地给集体，总面积近800亩。集体有了这些土地，翟城村两委组织尚能一直运转良好，还能举办包括修路在内的公共事业，甚至在“规模化农业”的概念进来时，还能有一些“念想”，即以村集体为龙头，发展规模农业，带领农民致富。新世纪初，米金水书记关于翟城规模农业的想象是种植大白菜，他还想着是不是起名叫“晏阳初白菜”。正是因为米书记的这个“念想”，当笔者和刘老石带着第一届支农大学生培训班不准备回家过年的20位大学生到翟城村做调研时，他看到我们贴在村部的春联“仰先贤平民教育诚可嘉，看今朝乡村建设慨而慷”会产生感觉，并主动问我们是否能帮助其联系上晏阳初的后人，因为他知道用晏阳初这个名字作为大白菜的名号，得经过晏阳初后人的同意。年后正月初三，米书记召集了一个党员扩大会议，会议的主题是“继承晏老事业，发展翟城经济”，请一些还健在的老同志回忆当年晏阳初及其同仁在翟城村开展的工作，米书记还专门请一位乡贤为会议录了像。大年初五，米书记带着村两委的全体干部以及定州的各式土特产和座谈会录像带，来到北京拜访晏阳初的长子晏振东先生，表达翟城村民继承晏阳初事业的决心，希望得到晏阳初后人的支持。晏振东先生对米书记一行说：“我现在年纪大了，继承晏阳初的事业，你们要找《中国改革》杂志社，找温铁军他们。”此前的2002年夏天，温铁军先生任社长的《中国改革》杂志社曾举办了一次乡村建设座谈会，晏阳初生前秘书颜彬生女士、菲律宾国际乡村改造学院的院长、晏振东先生以及原中国乡村建设学院在北京的老校友、晏阳初研究者等四五十人参加。

于是，米金水书记把目光锁定在了《中国改革》杂志社。在与我的几次交流中，米书记初步确定由翟城村两委出资，将其村西的一所废弃不用的中学购置回来，作为共同举办“平民学校”所用。Sars期间，我和同事刘老石从山东采访回京路上，经过翟城村，时村两委已将废弃中学购置好，并在校门口为晏阳初塑了个像。2003年7月初，临近非典结束，温铁军老师第一次到翟城村，米书记安排两委干部、党员代表和东亭镇书记等与温老师座谈，确定共同举办晏阳初乡村建设学院的相关事宜，温老师在会上明确学院不是招商引资，当地不能对学院抱持过多经济上的期望，得到与会者的充分认可。

2003年 7 月19日，晏阳初乡村建设学院在翟城揭牌成立。新乡村建设的序幕由是拉开，大半个世纪以后，一批年轻人追随先贤的足迹，又来到了翟城村。学院最初的运营经费来源于温老师的个人出资，我作为举办方之一《中国改革》杂志社的代表长驻翟城负责筹办。第二年春天另两家举办方香港社会发展服务中心和行动援助中国办公室的代表袁小仙和潘家恩开始长期进驻。他们以翟城村为乡村建设综合试验区，推进组织和教育的创新。他们同时依托乡村建设学院这个平台，面向全国开展农民合作社骨干培训和生态农业、生态建筑的试验工作。

（二）新乡村建设的认识基础

我们为什么要把双脚迈进农村？我们的现实忧虑是什么？我们寄望于自己的又是什么？这些问题直指我们开展新时期乡村建设工作的认识基础。

写作《B模式》的布朗先生在一次中央电视台的访谈中质疑中国的经济增长，他说：“你看看华北平原甚至扩展至河南、安徽的地下漏斗，你就知道你们为你们的经济增长付出了什么样的代价”。有人甚至认为如果以目前慢慢为社会接受的绿色GDP来重新审视过去几十年来的经济发展，中国等于在原地踏步或者更遭，因为很多被毁坏的自然已不可修复。翟城村在过去20年中地下水位下降了接近50米，所以这几年来村民家里经常在进行挖井，因为原来的井已太浅抽不出水；在河北刑台农村，用于灌溉的井深已达至300多米，农业的灌溉成本一年比一年增加。在这些地方，因长期使用化肥农药，土地板结和沙化现象已很严重，地力不断下降，农民为了维持原来的产量又得一年比一年多施用化肥。这是自然给我们的发展提出的警示，另一方面，与城市化、市场化、全球化相伴而来的社会生态的恶化也同样值得我们深思。

最新的调查分析显示我国当前的基尼系数已达0.45，已远远超过警戒水平，20%的人口只掌握着4.7%的财富，另20%的人口则占有67%的财富，财富权力很明显地过分集中在少数特权者手中。而且在教育产业化的鼓噪声中，农民希望通过子女入学来改善社会地位的愿望正变得越来越不可能实现，中途辍学问题也越来越严重，辍学者不能正常地进入社会，成为社会的一种威胁。

中国是一个农民的国家，目前有73%的人口生活在农村（尽管最新的统计说有超过一半的人已经生活在城市，但这里头有将近3亿无法在城市安家落户的农民工），即使再经过20年的城镇建设，仍将有半数以上（约为8亿）的人口无法离开农村。同时，中国还是一个教育小国，广大的农村人口缺少充分的教育。尽管政府提供了较为成型的教育系统，建有小学、中学、大学，甚至为数不少的研究生院，但正如我们所看到的，这种教育体制把绝大多数的农村社区成员排斥在外，他们中的一部分甚至还没有跨进过校门，大部分则在初小毕业后就回到了农村。无疑地，目前中国社会的严重病症之一，即城市与乡村的隔裂，正是长期以来教育资源分配不平衡的结果，这种不平衡体现在财富、权力、文化、吸引力以及希望上，城市不断扩展，而农村则在不断萎缩，农村生活的这种瓦解趋势并不能将我们引向光明之路，因为作为一切经济生活的前提的主要生产是在农村进行的。实际上，我们已经看到了城乡二元结构的后果：失业、贫民窟、暴力、精神疾病……如何实现城乡统筹、协调发展，正是我们这个时代面临的主要任务之一。

诚然，经济发展是有效的方法，但经济发展的基础在经济之外，其基础建立在更多更平等的教育、组织和训练上，建立在人格独立和自力更生的民族意识上。中国的大多数农民就像一个个尚待开发的“脑矿”，在他们身上潜伏着无穷的力量，这种力量足以使他们过上有尊严而又幸福的生活。而要激活这一力量，必须把重点放在充分利用每个人的干劲、热情、智慧和劳力上，通过更多的教育、组织和训练，通过在农村社区开展生产教育、文艺教育、卫生教育、公民教育、环境教育、法制教育等综合的教育活动，启迪他们的心智和天然的德行，从而提升农村社区的整体水平，使农业不仅提供食物，也使人民与现实自然界保持联系并心存谦卑，使农村这一较广阔的居住地成为具有人情味的高尚场所。所以我们不会去寻找诸如加速农村人口外流等手段，而是要去寻找重建农村文明的手段。

探讨中国社会从二元对立的格局中走出来，提升国民的整体素质，实现农村社会的和谐发展，这是简短的概括。

一场未完成的乡村试验

（一）合作互助为纲：翟城合作社

一般认为，家庭联产承包制以后我国农村的公共空间即一年比一年狭小，以家庭为单位的生产、生活方式在使人回归家庭的温情时也使人的公共意识渐趋淡漠，所以我们会看到荒草从农村戏台的化妆室里长出来，也会看到水从损毁的沟渠里倾泻而出，偶尔一辆小车从村道上通过，它扬起的灰尘或溅起的污水也会让我们皱起眉头。农村的一切都在继续着，土地在继续，猪舍在继续，闲言碎语也在继续；唯有公共生活没有继续，组织没有继续，集体没有继续。而市场、强政府、电视文化趁着这空档悄然地霸道地侵袭了农村。

正如我们上面看到的，翟城历史上作为村治第一村，大大小小各类组织达十几二十个，其社会治理和服务是全方位而有效的。今天，和中国所有其他农村一样，翟城除了村两委，基本就没有什么社会组织了。如何充分利用翟城的传统组织资源和文化资源，发育出新的社会组织来，成为我们在翟城推动新乡村建设试验区工作的重要内容。

1. 合作社的成立

自2003年8月开始，志愿者即有意识地在村民中开展有关合作经济组织的宣传工作，这些工作包括对翟城村经济结构的调查。志愿者把关于合作社的相关知识揉进调查问卷中，边调查边向村民传播合作社的相关知识和理念，并采取“请进来走出去”的办法，邀请工合国际委员会的专家到翟城村来开展合作社培训，也选派翟城村的干部到北京等地学习合作社的相关知识，这为2004年5月份合作社的正式成立打下了一个很好的基础。翟城村的种植结构仍以大田作物为主，但大部分农户也都有种植经济作物辣椒，几分到几亩不等。辣椒的价格波动较大，好的年景十几元钱一斤，差的年景两元多钱。每到收成，十几个小商贩就挨家挨户的收，农民从没想过可以自己组织起来拿到更远的市场去卖赚取差价。志愿者在调查的过程中，也同时会给农民算一下帐，如果大家组织起来一块销售，可以有多少的赚头。

翟城合作社的最终成立，是在几次针对翟城全体村民的讲课后。讲课的大部分时间只赋予合作社经济的功能，听者对合作起来的经济前景抱有很强的热情，合作社的成立主要依靠了这种热情，团结就是力量的歌声也起着喧染气氛的作用；在课程的末了，合作社的其他价值开始在黑板上写出来，国际合作社联盟的原则被一知半解地接受，但这已不重要，关键是，合作起来有实在的好处，大家纷纷交了股金，每户100元，温铁军院长以个人名义入股1万元，不分红。接着是选举，先是理事会，然后是监事会，社员被告知理事会和监事会中妇女所占的比例不能低于30%。翟城村千余户人家，有134户入了社，参加听课的大部分人入了社，还有在外地打工的打电话回来要求入社的，他们将社员证挂在家里显眼的地方，但更多的人在等待着。

专栏一：合作社原则

翟城村的书记曾接受过几次工合国际委员会关于国际合作社原则的培训，他成了合作社的积极鼓动者，并认为合作社是解决三农问题的必由之路。其他社员也慢慢在思想上统一起来，最朴素的认同是以前不是主动的，现在却是自愿的。

1995年在国际合作社联盟成立100周年大会上通过了目前具有普遍指导意义的合作社七项原则，第一条即为自愿与开放的社员资格，社员们不会再有来自上面或合作社内部的压力，在进退之间，他们具有充分的自由和独立，而且没有性别、社会、种族、政治或宗教的歧视；原则的第二条为社员的经济参与，社员们与合作社之间必须有经济的联系，这种联系通常以社员向合作社缴纳股金来体现，其所缴纳的股本的一部分作为合作社的共同财产，其回报也是有限的，社员盈余一部分进行红利分配，一部分作为合作社公积金、公益金或风险基金的积累，其中至少有一部分是不可分割的；合作社工作的民主控制被列在了第三条，合作社是由社员控制的民主的组织，社员积极参与政策的制订，社员代表对全体社员负责，社员不论认股金额多少，有平等的投票权，即一人一票；自治和独立是合作社的第四条原则，如果合作社与其他组织（企业或政府）达成某种协议包括对外筹资，社员的民主控制和合作社的自治原则不应受到损害；此外，合作社应为其社员、选出的代表、雇员提供教育和培训的机会，以使他们具备能力促进合作社的发展，合作社还有责任使公众广泛了解合作的理念和优越性，获得社会的信任，这是原则的第五条；第六条，合作社之间的合作，合作社要最有效地为其社员服务，也要加强横向合作，以使合作运动在互相支持中得到推动；第七条，关心社区发展，在合作社发展的过程中，必须对其所在社区的发展给予足够的关注，合作社不能单独地存在，它追求每一个人的发展。这些原则需要适应在中国的土壤上生长，而要在农村开花结果则更需持久的耐力和在中国农村生活的智慧，但一旦它们在社员的心中扎下根来，我们梦想在这块土地上生根发芽的民主、自由、平等、博爱将不再只是一些华丽的词藻。

2. 合作社与社区发展

说农村中没有组织可能是不确切的，党支部和村委会作为党和政府的基层组织形式一直在农村存在着，有的在制造着矛盾，有的在缓和着矛盾，有的则在睡大觉。但无一例外地，经过几十年体制内的陶冶，与所有党政部门一样，他们也都尴尬地成了官僚，带着凶煞之气，在乡里乡亲面前说一不二。他们在上级的指示下工作，征税、搞计生、清理宅基地、抗“非典”，有时也陪着领导吃饭，在这些工作里没有农业科学，没有文化，没有教育，没有尊老爱幼，也没有经济，如果从这些指标上进行考察，农村中的组织空白确是令人气馁的，合作社的出现正好可以在这空白里填充进适宜的色彩，使农村社会趋向和谐成为可能。

（1）使劳动具有公共价值

农村中缺少很多东西，但劳动力几十年来却从来没有缺乏过，遗憾的是，那么久来这些劳动力通常与牌桌、闲聊、屋角的太阳光、电视连续剧、东家长西家短或者劳累联系在一起，他们有时是一个人，有时是一群人，但都与公共生活没有关系，如果说劳动创造了财富，农村中的很多劳动却在浪费财富。如何将农村中闲散的劳动有效地组织起来，使劳动剩余与财富、公共生活建立联系，这是合作社成立时需要首先考虑的问题。翟城合作社刚成立的第二天，即组织全体社员到一所废弃的砖窑检砖块，社员中老的少的，健康的残疾的百十号人一大早在村中集合，举着破烂的彩旗浩浩荡荡向村外的废砖窑进发，路上还吸引了几个非社员参加，其中一个老人很是感动，他说有四五十年没见过这种场面了，这心里一激动就跟着来了，他还在劳动的间歇教大伙唱河北梆子。歌声、笑声、还有吵闹声，那可实在是声声入耳，我长那么大还是头一次被集体劳动的快乐所感染，更重要的是，这种劳动是为了集体的发展，有的社员还将自家的拖拉机开来，他们的目光已从家庭外移，看到更远的地方。

这是将劳动组织起来创造公共财富进而造富个人的一个很好的例子，实际上，翟城合作社在接下来的工作中无处没有义务投工的影子，从农资的统购统销到辣椒市场的建设，从农业生产到建立农业实验室，社员们在看好自己的庄稼之余都积极参与，他们付出劳动，他们创造集体财富。任何一项事业的发展都少不了资金的参与，在教育产业化、公共卫生私有化以及物质主义的鼓惑声中，农村中有限的资金被无情地剥离，而农民要从银行获得贷款又有很高的门槛，这种状况对合作社的发展是一个极大的障碍。翟城合作社章程中规定社员入社需交股金300元，但因当时正是种植季节，农户手里没有更多的余钱，而将股金暂调为100元，134户就是13400元，以这一万余元的本金谋求公共财富的积累，而没有劳动的有效组织和义务投入，这中间的难度是可想而知的。使劳动具有公共价值，将农村中富余的劳动引向公共财富的积累和公共生活的发展，这是翟城合作社在拓展社区公共生活空间上的一个有益努力。

专栏二：合作社统购业务

合作社成立后马上开展的另一块工作，是统购化肥农药。有一户社员把自己临街的一个房间贡献出来，作为店面和仓库。理事会的三个人负责每周到保定进货，其他社员分为若干个小组，以小组为单位轮流值班售货，没有请专门的人。合作社用集体时代记工分的方式来核算大家的劳动量。售货店也对非社员开放，但他们不享受社员按交易额返还的优惠。由于合作社售卖的农药化肥比市场上的便宜，有些农药，市场上一瓶要6元，合作社这里只卖3元不到，很多邻村的村民也过来买。如此半年下来，合作社居然赚了5000来元，而他们的股金也就10000多一点。不过由于这一块工作是大家轮流参与的，没有计算用工，从成本核算的角度，并不是特别划算；但从另外一个方面，社员因此节省的开支也没有计算进去，而且有更多质量的保证。

（2）依托合作社的教育创新

对一切致力于农村发展的机构来说，不管是政府组织还是非政府组织，或是企业，教育这个概念都具有永远的意义，但如何使教育走在地上并具有实在的效果却不是件简单的事情，依靠行政力量将农民组织起来进行自我教育基本上已无可能，而农民在经济利益驱动下自发成立起来的合作社为其进行自我教育提供了另一个出口。翟城合作社就是在大家对合作知识的学习过程中成立的，以后又要求社员每个礼拜集会一次进行集体学习，他们先学习章程，每个社员一份，由理事会中负责学习的理事给大家逐句朗读，社员如有疑问可随时提出；然后他们学习国际合作社的七项原则、市场营销等，在集会结束前，他们还一起学习歌曲，现在大家已能唱《合作就是力量》这首改编后的歌了。但这种大规模的集会，其学习效果实在有限，那乱哄哄的场面和没有经济效益使一些人对这样的学习和讨论渐渐厌烦，几次以后就不再来了。鉴于这种情况及为了合作社其他工作的更好开展，理事会将社员按就近原则进行了分组，共12个组，每组平均11户，由组员选举正副组长各一人，每个理事负责一到二个组。这样，小组的学习逐渐开展起来，有些小组还给自己起了名字，如葡萄藤学习小组、向日葵学习小组、金太阳学习小组，学习的地方就在社员的炕头上，或是丝瓜架下，十几个人，大人和小孩，他们围坐在一起，在昏暗的灯光下，怯怯地朗读着，他们中一些人，只是在小学时看过汉字，以后即再没有机会跟文字打交道，他们将书本凑到眼前，一字一顿地读着《卡尔威特的教育》《晏阳初的思想与人格》《中国公民常识读本》《解构现代化》《法律咨询手册》《印度的乡村建设》，其情其景会让你感到中国的希望是那么实在地涌动着。

20世纪90年代以来，农村中的知识与资金一样逃不开被城市抽离的命运，农村文化的空洞现象越来越严重，甚至老人的经验和阅历也不再有传承，农村中的精神维系正在一点一点地消隐，邻里之间的帮忙也被涂上了金钱的色彩。这个时候谈农民的自我教育、自我学习显得更为急迫，也显得更为困难。教育是一个国家的万年根本大计，也是一个社区的根本大计，舍教育没有其他根本的路，但教育注定是一项艰难的事业，相比于工厂、商店、水泥路面，教育暂时显得暗淡无光，它的光亮要在10年、20年甚至100年以后才会显现出来，所以翟城合作社各学习小组说他们要在一起学习

20年，20年后，他们都将步入老年，但这个社区发展的基础将由此奠定。

2006年初春，我因工作需要前往海南开辟新的乡村建设试验区，学习小组的社员还经常和我通电话。有一次南瓜藤小组的组长惠茹打电话给我说他们小组近期的情况，说他们组的社员们昨天集体去打扫村庄的公共卫生了，末了，她说："我们是有自发的力量的。"让我好一阵欣慰。

劳动、学习，在农村公共生活的主要领域，合作社的影子正变得越来越有份量，社员们在合作社里找到了家的感觉，开始注意维护集体的形象，集体感正在形成，一些人还改了以前张嘴骂人的习惯，其中有一个叫李永伟的社员，他有一次对我说："我现在都不敢随地吐痰了，因为人家会说，你是合作社的，怎么还那么不文明呢。"而在非社员看来，合作社里的人好象高了一个层次。既使是翟城村在镇上卖菜的村民，也愿意穿上当时学院制作的T袖衫，因为这意味着诚信。有一年冬天下大雪，路上积雪很多，很影响农民出行，合作社号召社员们一起出来扫雪，得到大家非常积极的响应，社员们用了一个上午的时间（中间也有非社员受了感染参与进来），把全村四条大街总长近5公里的雪扫干净（后面有村民直接开了铲车过来帮忙）。现代社会，人们相信一切事业的第一要件是金钱，但在翟城合作社开拓农村公共空间的努力中，你可曾看到货币的身影？你看到社员们时间的付出，然后是公共空间的彩布慢慢向我们张开。

（二）多元文化为根：翟城文艺队

农村文艺的衰落一般被认为是农村公共空间变得狭小的主要标志，而衰落的标志则是农村戏台的荒草和夜晚的黑寂，即使是在农闲时间，你也很难在村道的另一侧听到锣鼓的喧响，有的只是漫漫的黑夜。翟城村在大集体时曾有一支由40几人组成的文艺队，他们写剧本、排节目、到十里八乡巡回演出，有时也到城里演出。有一年在保定地区组织的一次文艺汇演中，翟城文艺队还获得了第一名。对于一个村庄来说，这是一个非常辉煌的记忆，现在翟城村上了年纪的人谈起这事，眼神里都有不一般的光彩，他们骄傲地谈论过去，对现在的萧条局面万分惋惜。但那时候每一个演员都是全职的，他们可以不参加集体劳动，但挣得的工分却不比其他人少，他们可以在维持家庭生计的前提下来发展自己的爱好，农村的大众文艺因此能呈现繁荣的局面。大包干以后，一切关于集体的东西都瓦解了，文艺队也逃不开散伙的命运，相比于个人的爱好，维持家庭的生计才是最重要的，队员们只是偶尔会拿出二胡或小鼓来自娱自乐一番。

当集体不再有义务，队员不再有动力，农村文艺生活应怎样来推动？如何发展本地的文化生活？将大众对文艺的天然爱好和闲暇的时间组织起来，这是试验区成立伊始就着重考虑的一个方面。晏阳初乡村建设学院还在筹备期间，2003年8月，北京打工青年艺术团的孙恒一行就来到了翟城，为翟城村民带来了一场别开生面的演出，吸引了近3000人前来观看。这场演出除了北京带来的节目外，我们也临时在翟城村征集了几个节目。这场演出对翟城村进行了初步的文艺动员，荒废了几十年的戏台开始迎来新生。

1. 翟城村的文艺骨干

在我们与村两委建立起了一种互为信任的关系后，他们为我们提供了许多工作上的便利。这些便利之一是村干部领着我们走村串户，熟悉村庄的各种环境，了解村庄中各农户的特点等。这样，在不多的几天时间里，我们就有了翟城村各种文艺人才及爱好者的档案性资料，他们是谁，住哪里，年纪多大了，有什么性格特点，有什么样的文艺专长，是否有公益心。比如，村西的韩大爷70来岁，吹拉弹唱“样样通”，而且人缘很好，属于上下左右都很信服的一个人物，是村里的“鼓王”，对村里的公益事业也很热心，但血压有点高，身体不是特别好，不愿意去折腾什么事情。但是如果他愿意出面，翟城村的文艺队就可以很快组建起来。村西还有一位叫小乔的妇女，四十好几，没念过书，外向热心，嘴巴子快，有组织力，秧歌扭得好，模仿力特强，但有点不足，就是不能特别服众。还有一位住在村东的张老师，他原来是翟城村小学的老师，刚退下来不久，对村里的事业有非常热情的心，懂拉二胡，会唱《沙家浜》，音色很高亢，人缘也很好，与韩大爷一样，在村里属于德高望众的人物，但他家里有一个精神有点错乱的儿子，需要人照顾，他有时候还要替他爱人到小学上课。

接下来，我们就是挨家挨户去访问他们，当然，大部分是第二次去了，但这次去的目的很明确，就是要与他们探讨组建翟城村文艺队的事，是不是愿意来参加？什么时候比较空闲？可以扮演一个什么角色？文艺队要怎么来搞？费用怎么解决？还有没有其他合适的人等，这些探讨是单对单的，可以有更深入的交流，是接下来多对多交流的前奏。在这样的交流中，我们要首先成为一个很好的倾听者，特别是面对老年同志，他们回忆起以前的光景时，往往有很多的话，你不要轻易地打断他们。实际上，我们很多人的经验都是，90%的时间，我们是在闲聊，只有10%的时间来谈正事就够了，所谓“磨刀不误砍柴功”，当然，这中间，你要投入最真实的情感，而不能有半点应付式的想法，因为你是在和天底下最朴实最有感情的人群打交道。

这样，翟城村将近30位有文艺特长或爱好的村民进入到我们的视野，他们中有一部分是“文革”时期文艺队里的骨干，一部分是由中年妇女组成的文艺爱好者。我们首先将当年文艺队现在还活着的队员们召集起来，尽管这些队员们也都老了，但他们对乐器和地方小调却没有生疏，何况在他们往后的几代人中，几乎就没有受过文艺训练的人才，所以在翟城文艺生活复兴的舞台上，暂时还得由这些老队员们来担当主力，他们一方面要重新熟悉阻断了二十几年的舞台艺术，一方面还得开始培养年轻的文艺骨干。把他们组织起来比进行其他组织有更大的困难，毕竟他们也有二十几年没有合作了，而且老人的性情也象天气一样不好把握，但不管怎么样，合作社的集体想象在吸引着他们，然后是一些年轻的文艺爱好者，他们在农闲的晚上聚在一起，老人们拉着古调，年轻人则跟着电视学习现代舞蹈，新的文艺队在磕磕碰碰中往前走着。

专栏三：志愿者有时候也会犯糊涂

有一次，我们的一位志愿者到村北去拜访一位70多岁的张姓大爷，张大爷是原来文艺队里拉二胡的，我们想请他来重新担纲新文艺队里的这个角色。这位志愿者到张大爷家后，张大爷刚从地里回来，正准备生火烧猪食呢。这位志愿者也不管张大爷手里正忙活的事，就很直接地问大爷是否愿意参加新的文艺队，并且眉飞色舞地向大爷展望了一通新文艺队的光明前途。当张大爷说自己家里活多，时间很少，可能参加不了时，这位志愿者又以要支持村庄的公益事业为名，对张大爷进行极力的劝说，就差没上纲上线，弄得张大爷左右为难，最后是碍于村两委的面子，勉强答应试试看。

不过还好，我们与这些文艺人才的沟通总体还算顺畅，大部分人都表现出较为积极的态度，认为这是好事，可以让村庄重新活跃起来，不至于那么死气沉沉的。原来一个村子，村西头的不懂村东头的人，这样一来，说不准，大家就熟络起来了。而且，这也是自己喜欢的，不用花什么额外的钱，何乐而不为嘛。

2. 翟城的文艺晚会

文艺队筹备起来后，第一步，大家就是把封存在屋角的乐器重新搬了出来，主要是二胡，然后凑在一块调试，妇女们则一块到韩大爷家里学打鼓和扭秧歌。消失了很多年的一些节目也重新搬了出来排练，什么驴子舞，河北梆子，背媳妇等地方特色很浓厚的节目，还有文革时期的样板戏，如《智取威虎山》，全出来了。当然，一些现代的节目，比如独唱流行歌曲，也有。到中秋节的时候，文艺队已经有十来个节目了，再加上了小孩子的节目，一台两个小时的晚会就可以很丰富了。

中秋节这一天，荒废了差不多20年的戏台，迎来了它的新生，不大的戏场，竟然吸引了将近2000位村民，把个台上台下挤得满满的。这种场景，把我们志愿者激动地，也把刚组建不久的文艺队好好激动了一番。大家的信心一下子往上提了不少。

第一场晚会的成功举办，对文艺队是一个很好的促进，但同时一些原来没有显现出来的问题也随之产生，主要是队员之间的矛盾。文艺队开始组建时，考虑到队员中没有一个人是可以服众担纲队长之责的，所以暂时由志愿者来协助进行组织。一段时间后，这30人不到的队伍就出现了三个派别，谁也不服谁了。韩大爷说的“文艺队气死人”的话还真的很快就应验了。对于志愿者来说，这种矛盾还真是让人棘手，因为文艺队员们会把一些“历史遗留问题”也搬到队里面来，还东家长西家短的。志愿者没有办法，只好把老书记请出来，让他来控制局面。与此同时，我们从河南请来了腰鼓老师，准备在文艺队的妇女中组建一支妇女腰鼓队，希望在发展中来解决一个队伍中并不是特别严重的派别问题。

果不其然，随着腰鼓队的组建，以及随后腰鼓队到县城拿了个表演奖，文艺队里的矛盾似乎是化解了，大家还选出了召集人定期聚会，也准备学习广场舞，志愿者还在他们中间成立了读书会。

这个变化表明，一般新建立起来的农村社会组织都有一个“磨合期”，需要不断充实活动内容作为“组织资源”，才能化解以前的矛盾，使组织逐渐巩固下来。

专栏四：农村文艺动员三步曲

首先第一步，我们要去了解这个农村现有的组织系统，比如妇女协会，老人协会，有没有？有活动吗？怎么组织的等。

第二步，我们要先了解当地是否有地方特色的文艺形式及相关人才，是否有开展这些文艺的传统？比如逢年过节，河北的有些农村就会自发组织唱大戏或走马灯等节目。有这些传统的地方，开展相应的工作就会更容易些。

第三步，当你把社区的相关资源都了解清楚了，你就可以把你可能带来的资源与本地的资源进行结合了，比如志愿者带来的“恰恰舞”，就是一种外来的资源。我们乡村建设系统中有一位老志愿者叫衡生喜，70多岁了，会很多种鼓的打法，有“中原鼓王”之称，他现在已经教出了60来个农村腰鼓队或盘鼓队，他就是典型的农村合作文化建设的外部资源。当然，很清楚，即使你什么都不会，你不会唱歌跳舞，不会打球，不会下棋，不会敲腰鼓，但你却是最重要的，你本身是一种外部来的组织资源。怎么整合各种资源来为农村服务，这是作为一个农村社区工作者必须要学会的。

（三）农民生计为本：翟城的生态和健康事业

1. 有机农业耕作与手工经济

农业上的绿色革命在使我们免于饥饿威胁的同时，也在掠夺我们子孙后代赖于生存的生态环境和土地资源，而且同时还污染了我们每一个人的餐桌。化肥的大量使用在使农村土地板结的同时，也使农民的负债增加，两年前一袋磷肥就能获得预期的产量，今年则必须用两袋；20年前农民还能从自己的粮食里留下来年的种子，现在农民却必须用更多的粮食或货币去交换，农民的自主性在慢慢丧失，对外依赖性却在不断增强；农药、除草剂毫无节制的使用，一方面使鸟儿不再歌唱，一方面污染着土壤和水源，农民的疾病也不断增多。人们对农业的想象正慢慢从田园诗情转向梦魇之域。

许多机构在为农业的回归努力，但由于农户土地的分散和缺少组织，这些努力也一样收效甚微，因为有机耕作需要一定数量的地亩数以形成自己的小气候。

翟城合作社成立后，我们适时在社员中传播生态农业的理念，并依托学院院内的50亩农地进行具体的生态农业实践，同时邀请生态农业专家到学院来开展培训。有机耕作的理念通过教育、培训逐步为社员所接受。当然，这个过程非常慢长，因为进行有机耕种意味着农民要支付更高的成本，同时也要投入更多的人力，如果单纯从经济效益的角度进行核算，这是很不划算的事情。所以我们需要同时进行城市消费者的动员，希望消费者能够和进行有机种养的农民共同承担风险和成本，使农民能划得来。但限于人力，同时社会大气候尚未形成对消费健康食品的需求，我们的消费者动员工作在学院期间基本没有进行，直到三聚氢铵事件爆发，而我们的生态农业团队也在北京郊区落脚下来，城市消费者的动员才有了一个新的面貌。所以翟城合作社直到第三年，才开始进行生态农业的尝试。他们向集体承包了40亩农地，以生态方式种植地瓜和花生，合作社各组轮流出工。头三年是土壤改良期，但大家对经济效益仍然还是较为看重，所以在第一年经济效益不明显，合作社理事长又突然去逝的情况下，合作社的生态农业试验勉强维持到第二年，随着学院搬离翟城而终止。

值得一提的是，在2005年12月于湖南长沙举办的村官论坛上，翟城党支部米金水书记代表5000位村民，发出“拒绝有毒农业，保护国人健康”的倡议，在社会上形成了一定的反响。当2008年后食品安全事件越来越为社会所重视，从翟城村发出来的倡议仿佛是一种“天启”。这也是为什么晏阳初乡村建设学院在翟城短短不足四年的时间里，会有那么多国际友人和我国港澳台同胞到这个村庄来学习，这些人包括印度民众科学运动的发起者、美国大使馆和美国农业部的退休官员、我国港澳台三地高校的学者和社会工作者，以及泰国、韩国等国家的生态农业工作者。

市场经济以来，农民的吃穿住行娱等一切需要越来越无法通过社区内的互助系统获得满足，而越来越货币化，其中对农民生计影响较大的莫过于各种工业产品对农村传统手工经济的冲击。如何看待社区经济的衰落这个现实？如何重新塑造社区经济的主体性？这是我们在探讨农民生计问题时需要加以考虑的。为此，我们与翟城村两委和合作社进行合作，挖掘能够服务本地经济的知识资源，采取形式多样的方式，比如酱菜制作比赛，激发村民对这类地方知识的认可。此外，如翟城的花生油制作工艺、月饼制作工艺等，我们也以不同方式予以鼓励，每年中秋节，小毛驴市民农园还要专程到翟城村定制数量不菲的月饼，这种月饼百分百的原料来自当地。

2. 农村合作医疗

最近十年来随着医疗费用的持续高涨，农村看病难已成为异常突出的问题，温铁军先生将它比喻为农民头上的一把刀，这决不是危言耸听，多少家庭在这把刀面前陷入困顿，政府和社会为此的努力之一是建立合作医疗，并有一定额度的补贴，但正如我们看到的，收效却不明显，该继续的仍在继续。通常的判断是农民没有合作意识，农民经济能力太弱。但正因为如此，农民才更需要合作起来，我们要考虑的是以什么为合作的切入点，实际上，在合作社基础上建立合作医疗将能收到事半功倍的效果，因为社员对合作社已有组织认同，社员间的信任关系也在合作社的发展过程中慢慢建立起来，而这两点是合作医疗的基础，而且这样一来还可节省在农村建立合作医疗的组织成本。一方面我们与北京炎黄经络研究中心展开合作，在翟城村建立了“312经络健身小组”，小组由翟城村民组成，主要是离退休的老师和干部，他们负责向村民宣传、教授经络健身的方法，并定期到村民家里督促指导，当时健身小组已建立了翟城村45岁以上村民的健康档案，在健身小组提交的一份报告中，我们看到了下面一组数字：“翟城村5000多人，其中了解312的有3000多人，学会做的约1600多人，我们从户口册子上摘录的45周岁以上的中老年人共有1415人，天天能坚持锻炼的有1000多人，达到了80%以上，有明显好转的有600多人，达到了50%，剩余的50%是健康的。”北京炎黄经络研究中心的专家几乎每个月都会到翟城村来为村民讲授经络健身知识和卫生常识，中心负责人祝总骧教授当时已83岁高龄还经常到翟城去，很受村民的欢迎。现在祝教授已经93岁高龄，每年还要带着同样已90岁高龄的爱人去几次。老实说，我们还不能很好地评估这一工作的效果，我们只能实实在在地看到一些老人在不花一分钱只是自己坚持锻炼的情况下使病情有所好转甚至完全恢复健康，我们感到这对于农村医疗卫生的现实是有积极意义的。

不是尾声

2007年4月12日，晏阳初乡村建设学院受离开翟城。持续了将近四年的翟城新乡村建设试验区工作中缀。学院的生态农业团队后来在北京郊区创办了小毛驴市民农园，开启了中国生态农业发展的新篇章，国际上已开展了几十年的生态农业运动（CSA）在中国大陆的实践，就是从这个农园开始的；每4年一次的国际CSA大会，2015年冬天在北京举行，小毛驴市民农园是具体的承办方。翟城试验区工作的主要负责同志后来转战南方的海南、福建等地，以工农社区大学建设为平台，以组织创新和教育创新为手段，开启了南方乡村建设的新天地。学院的生态建筑团队为学院留下了四栋生态建筑和一座粪尿分离式厕所后，将生态建筑的理念和方法推广到河南兰考、四川等地，并在四川灾后重建中扮演着重要的角色。

翟城试验区建设期间形成的各类社会组织，包括合作社、学习小组、文艺队、老人协会、科技小组、儿童小组、健身小组等，除了健身小组的工作一直坚持到今天，合作社处于形在神不在的状态之外，其他队伍在维持了几年后均宣告解散。

在学院内的70亩土地上，进行了三年有机耕作的50亩农地，很快恢复了传统的农业种植方式，四栋生态式建筑则废弃在那里。米金水书记在学院离开后也没有继续留任，他一个人守着学院，住在其中的一栋生态建筑里。前一阵，他还在QQ里给我留言，说翟城村准备建晏阳初展览馆，希望我能予以协助。

每年，我还会去一两趟翟城，主要是跟着祝教授团队去。前几年去的时候，翟城的农田大多种上了苗木，农户一般是一亩1000元每年租给别人种，而灌溉用水也一年比一年深了，农民家庭用水的水井也得打到100米才行了。翟城的男女老少大多还认得我，当时的小孩不少已经在读高中或大学了，也有做了父母的，他们有时候会和我在网上聊聊。不管是老人、妇女、孩子或干部，不约而同地，他们对学院时代都还颇为怀念，说如果学院到现在还在，那翟城肯定就好多了。

而学院时代的众多志愿者们，每每谈起翟城，都止不住动起感情来，不少人问说：我们能重回翟城吗？在生态文明成为指路明灯的今天，一切，都有可能。

【作者单位】中国人民大学乡村建设中心副秘书长，北京晏阳初平民教育发展中心总干事
【原　　刊】《梦想像呼吸：新乡建设工作手记》，2018年7月出版

新加坡“品格与公民教育”中家庭教育环节的特点研究

——基于小学《好品德好公民》教科书的文本分析

陈 卓

品格与公民教育①是新加坡教育体系的核心，而家庭教育在新加坡的品格与公民教育中占有重要地位。新加坡“国父”李光耀（Lee Kuan Yew）十分重视家庭教育。他曾经明确指出：“家庭把社会价值观念潜移默化，而不必以正式讲授的形式传给下一代。”[1]新加坡政府也认为：“家庭是培养年轻公民具有正确价值观的不可缺少的地方。它培养和强化他们的道德信念，使他们成为既成熟又负责任的公民。”[2]在品格与公民教育中，家长是主要的合作伙伴。家长在子女成长的过程中扮演重要的引导角色，如果家庭和学校能相互协调与配合，学生将是最大的受益者。家庭与学校之间的合作不仅能促进学生的身心发展，也能帮助他们更积极地学习和面对生活。2014年，新加坡教育部学生发展课程司颁布了《2014课程标准·品格与公民教育·小学》（以下简称《新课程标准》）。在《新课程标准》的指导下，2015年新加坡推出了小学1~6年级使用的《好品德好公民》教科书。[3]《新课程标准》要求学校与家长建立良好关系，以获得家长的支持，帮助学生在家中巩固学校所教的价值观。“只要能有效地向家长传达学校的品格与公民教育活动的相关信息以及提供家长积极参与的平台，就将有助于家长及时了解最新的教育动态并成为积极的合作伙伴。”[4]在教科书的编写中，家庭教育占有相当的篇幅，扮演着重要的角色。本文旨在通过对小学《好品德好公民》教科书的分析，揭示新加坡品格与公民教育中家庭教育环节的特点。

一、总体编排中，在6个层面上的特点

教科书的编排按照《新课程标准》中的6个层面（个人、家庭、学校、社区、国

① “品格与公民教育”是2014年修订后的新加坡的课程标准中明确提出的概念。

家、世界）逐级展开。《新课程标准》中明确要求："儿童和青少年的身心发展是建构在人际关系的生态系统中。教师会鼓励学生在现实生活中（包括家庭、学校、社会、国家和世界领域）把价值观付诸于行动。"[4]教科书在每个年级中各设置了7个"家庭时间"单元，根据不同的主题，安排不同的家庭教育活动内容。家庭教育环节主要体现在"家庭时间"里。编写"家庭时间"时，根据学生的不同年龄阶段选择不同对象。在1~4年级，"家庭时间"是写给学生家长的，为家长提供一些家庭教育的具体措施；在5~6年级，则以学生为对象，为他们提供一些在家庭中的学习建议，鼓励他们积极与家长和家人学习互动。表1统计了"家庭时间"在六大层面的分布状况。

表1　"家庭时间"在六大层面的分布状况①

	1年级	2年级	3年级	4年级	5年级	6年级	合计
个人	2	1	0	0	0	1	4
家庭	1	3	1	1	1	1	8
学校	2	1	5	3	1	1	13
社区	1	0	0	2	2	0	5
国家	1	2	1	1	2	3	10
世界	0	0	0	0	1	1	2
合计	7	7	7	7	7	7	42

从表1可以看出家庭教育在不同层面中呈现出的一些特点。

第一，个人是家庭教育的逻辑起点，教育孩子"肯定自己"是家庭教育的第一步，同时也是教育的最终落脚点。这体现在《我们准备好了！》《好好地计划！》《我是特别的》和《少年当自强》4个"家庭时间"。它们分别对应教科书的4篇课文：1年级主题二"我能够自立"中的第2课《让我们出一份力》和第3课《我的假期时间表》，2年级主题二"我能够自立"中的第1课《我能做好》以及6年级主题六"我可以做到"中的第1课《少年当自强》。通过学习，旨在教会学生做一个负责任的孩子；知道自己是特别的，对自己有信心；发挥坚毅不屈的精神，以负责任的方式应付挑战。

第二，从总体分布上看，在家庭教育环节，各层面涉及次数从多到少依次是学校（13次）、国家（10次）、家庭（8次）、社区（5次）、个人（4次）、世界（2次）。相对于家庭和社区，学校对小学生而言是一个全新的领域，尤其是低年级小学

① 说明的一个特殊情况是：与3年级主题三"珍贵的友情"中的第3课《友谊万岁》对应的"家庭时间"《友谊永固》，采用"友谊日特别版"的形式，介绍关于怎么增进友谊的知识。无论是主题名称、课文标题，还是教学内容、教学成果，均未明确指出对应哪一个层面。考虑到小学生的学习生活环境状况，此处统计时将它列入"学校"层面。

生，如何尽快转变角色、适应学校生活，这是他们面临的首要问题。在这个过程中，家庭教育能发挥十分重要的作用。

第三，世界层面在1～4年级并没有出现，在5～6年级各出现1次。《新课程标准》明确规定："世界层面只适用于小五和小六。"[5]这种分布状况符合《新课程标准》的要求。

第四，体现国家层面的爱国主义是教科书的重点，在家庭时间里占据了相当大的篇幅。

虽然都是围绕国家层面展开爱国主义教育，但低、中、高三个阶段，在教育内容和方式上根据学生的年龄特征有所变化，从低年级强调日常生活，到中年级强调历史文化，最后到高年级强调社会规则。参观国家博物馆、参观日常生活用品展览、参观文化遗产花园、和孩子一起制作特别的午餐盒，这些活动融合于学生日常生活中的"吃喝玩乐"，比较符合低年级小学生的兴趣爱好；"文化遗产旅游路线"、了解和游览本地古迹，这些活动则更多历史文化意味，也更多地能让中年级小学生接受；到了高年级，则直接面对社会生活，学会在紧急状况发生前做好准备，学会遵守规则，促进宗教和谐。

二、在教育内容中，突出六大核心价值观，兼顾其他价值观

除了六大层面，家庭教育还突出了六大核心价值观。《新课程标准》指出，一个具有良好品格并对社会有所贡献的新加坡公民，必须以核心价值观（尊重、责任感、坚毅不屈、正直、关爱与和谐）为基础。当一个人能自我肯定和肯定他人时，他就会尊重自己和他人（尊重）；一个有责任感的人了解他对自己、家庭、社区、国家和世界应尽的责任，并满怀爱心、全力以赴地履行职责（责任感）；一个坚毅不屈的人拥有坚强的意志，面对挑战时不屈不挠，展现其勇气、乐观的态度和应变能力（坚毅不屈）；一个正直的人会坚持自己的道德原则，而且有道德勇气为正义挺身而出（正直）；一个懂得关爱的人待人处世表现出爱心与同情心，并为改善社区与世界积极做出贡献（关爱）；一个重视和谐的人寻求内在的快乐，提倡社区团结，他重视多元文化社会中求同存异的精神（和谐）。这些核心价值观指引学生明辨是非，帮助他们做出负责任的决定，并认清自己在社会上所扮演的角色。[6]

六大核心价值观在整个小学教科书中呈现出反复出现、不断强化的总体趋势。每个"家庭时间"都围绕所在的主题展开，对应一篇课文，强调某一种或几种核心价值观。在考察核心价值观时，"教学成果"占有十分重要的地位。这里的"教学成果"不是《新课程标准》中对全年级教学成果的总体概括，而是分别对每一篇课文的"中

心思想”的概括。它位于课文开头，由一到两句简洁的语句组成，用第一人称表述，直接说明这一课的主旨，并直接点明对应的核心价值观。教学成果是理解编写者思路和意图的重要依据，在教科书中起着十分重要的作用。将每一个“家庭时间”所对应的课文中的“教学成果”中明确提到的核心价值观提取出来。具体内容见表2。

表2 “家庭时间”中强调的核心价值观统计①

	1年级	2年级	3年级	4年级	5年级	6年级	合计
尊重	3	3	0	0	1	1	8
责任感（负责任）	3	1	2	5	1	2	14
坚毅不屈	0	0	1	1	0	1	3
正直	0	0	0	0	1	0	1
关爱（关心、关怀）	2	3	4	2	4	4	19
和谐	0	0	1	0	2	1	4
合计	8	7	8	8	9	9	49

对表2进行分析可以发现以下特点。

第一，从总体数量上看，6个具体的核心价值观出现次数从多到少依次为关爱（19次）、责任感（14次）、尊重（8次）、和谐（4次）、坚毅不屈（3次）、正直（1次）。关爱成为家庭教育中出现频率最高的词，这反映了当前新加坡道德教育的一种趋势。

第二，六大核心价值观在每个年级的分布同中有异。“关爱”和“责任感”在各个年级中都占有突出的位置，与此同时，不同年级关注的重点又各有侧重。相比较而言，低年级强调的是“尊重”，中年级强调的是“坚毅不屈”，高年级强调的是“和谐”。

第三，从相互关系上看，多种核心价值观往往相互交织，共同呈现。现代道德教育认为，道德本身是一个整体，不同价值观之间是相互交织在一起的，“美德袋”式的教育方式并不符合道德教育的客观规律。家庭教育体现了这一思想，多种核心价值观联系在一起，共同发挥作用。例如，在个人层面，围绕“负责任”与“坚毅不屈”，建议学生请家人谈一谈他们怎么发挥自己的长处，并与家人分享自己的心得体会，让自己发挥坚毅不屈的精神，以负责任的方式应对挑战（《少年当自强》）。在

① 由于价值观本身的特点，这里仅统计每个“家庭时间”所对应课文中的“教学成果”中明确提出的价值观，至于该表述中隐含的其他价值观、“家庭时间”中渗透的其他价值观，以及弥散在其他材料中的价值观，则均不列入统计，否则便无法界定各种价值观之间的界限，更谈不上比较分析。例如2年级主题一“我的新天地”中的第3课《我们一起来讨论》，其教学成果是：“组员和我的看法不同时，我们会好好讨论，用最好的方法解决。”这里含有“尊重”的意思，但由于该词语并未明确出现在教学成果的表述中，故不列入统计。本文所有关于“教学成果中的核心价值观”的统计均依此原则进行。

家庭层面，围绕“关怀”与“负责任”，建议家长和孩子谈谈所选择的行为，了解他做出某个选择的原因，鼓励孩子为建立快乐的家庭尽一份力（《快乐的家庭》）。在学校层面，围绕“关怀”与“和谐”，建议家长开展相关活动，让孩子通过友情在心智上变得更成熟，并了解与别人和谐相处的重要性（《友谊永固》）。在社区层面，围绕“尊重”与“关怀”，建议家长教导孩子主动与邻居交谈并通过适当的肢体语言对邻居表示友好（《好邻居》）。在世界层面，围绕“关心”“负责任”与“尊重”，建议学生“与家人或家长谈一谈你所了解的世界上很多贫困儿童的生活情况，并请他们说一说自己的看法，或分享他们所读过的相关资料”，做一个负责任的公民，关注全球问题（《小行动，大影响》）。

需要注意的是，除了上述六大核心价值，在遵照课程标准的同时，教科书根据学生特点加入了新的元素，更加突出其针对性。家庭教育环节强调的六大核心价值之外的价值主要有“勇敢”和“开心”。

对于刚踏进小学校门的学生而言，“勇敢”被放在最前面，1年级主题一“我的新天地”中的第1课《新的开始》的教学成果为：“我勇敢地面对困难，在需要的时候请别人帮忙。”主要目的在于教育学生在告别幼儿园来到小学后，早日实现角色的转变，适应新的生活，遇到困难主动向老师求助。与此相对应的“家庭时间”《我上学的日子》建议家长与孩子分享自己当年上学的经验，从而有助于他更快适应学校的新环境。他会对学校生活充满期待，希望自己的经历和家长的一样丰富。为此，“您可以和孩子聊聊自己以前最喜欢的老师、科目、游戏和食物等”。通过这个家庭教育环节，让学生意识到上学是一件令人感到兴奋的事，学校里有许多新奇有趣的事情，从而有勇气去积极体验。

在2年级主题四“充满活力的岛国”中的第4课《真好吃》中，教科书强调了“开心”这一价值观。该课文的教学成果是：“新加坡真特别，这里有各种食物，我住在这里很开心。”与之相对应的“家庭时间”《特别的午餐盒》建议家长和孩子一起动手准备一个特别的午餐盒，把代表新加坡不同文化的食物装入盒中。从而让学生体验到新加坡是个多元文化的社会，大家都喜爱日常生活中多样化的食物。

三、在教育过程中，综合运用学校、家庭、社会、网络等多种资源

教育是一个综合系统，品格与公民教育是一项社会系统工程。其实早在20世纪90年代末，新加坡的“教育合作伙伴”（Parents，Teachers and Neighbourhood Resources in Synergy，简称PARTNERS）概念就已经掀起了这一潮流，其核心旨趣在于为学生创建一个更好的“整合”的学习环境。[7]教科书体现了今天新加坡较为完备的“学校—

家庭—社会”三位一体的教育网络。“家庭时间”虽然是家庭教育环节，但实际上已经通过家庭这个纽带，连通学校教育，并延伸到整个社会。这种对多种教育资源的综合运用主要体现为以下几种形式。

第一，利用教材中的其他教学材料。新加坡品格与公民教育的教材涵盖了课本、作业、教师手册、活动安排和视听材料等诸多方面，“家庭时间”充分利用了这些教学载体。其中“活动本”是用得最多的一种。表3列出了与“活动本”相关的“家庭时间”统计情况。

表3　与“活动本”相关的“家庭时间”统计

年级	教科书		“家庭时间”	
	主题	课文	题目	主要内容
1年级	二　我能够自立	第2课　让我们出一份力	我们准备好了	告诉孩子小心防范火灾
		第3课　我的假期时间表	好好地计划	教导孩子安排时间能帮助他为自己的学习负责任
	三　快乐地在一起	第5课　快乐的家庭	快乐的家庭	鼓励孩子为建立快乐的家庭尽一份力
2年级	一　我的新天地	第4课　我长大了	负责任的孩子	和孩子讨论什么是负责任的行为
	三　快乐地在一起	第1课　谢谢你	爱的行动	鼓励孩子多向家人表示感谢，让他了解这是关怀家人的一种方式
	五　我们一起来关怀	第1课　不要捉弄我	互相关怀	教导孩子如何为家人着想
3年级	六　我是好学生	第2课　我的学习目标	我做得到	教导孩子设定简单的学习目标
4年级	三　让我们互相关怀	第1课　我可以从小事做起	为家庭尽一份力	通过节省家庭开支对家人表现关爱

这些与“活动本”相关的“家庭时间”列出了详细的内容，具有很强的可操作性。例如《我们准备好了！》中建议家长：“和孩子一起玩游戏‘我们准备好了！’这个游戏就在活动本第6~7页。通过这个游戏，让孩子进一步了解怎么为紧急时刻做好准备。”再如《为家庭尽一份力》中建议学生：“你可以先向家长了解家中每个月的开支，包括水电费、电话费、交通费、食品杂货和日常用品的花费等。把这些开支记录在活动本第8页。告诉家人你打算怎么减少自己的花费，并和他们一起计划怎么在家里节省水电。根据你们的计划，请在活动本第9页写下你的承诺。在接下来的日子里，你可以鼓励家人互相提醒，一起实行节省水电的计划。最后，请家人在活动本里为你写一些鼓励的话。”活动本已经成为沟通学校教育和家庭教育的桥梁，也是学生和家长在家庭教育过程中互动交流的平台。学生在活动本上记录自己的学习内容、

所思所感，家长在活动本上写下他们对学生的鼓励、赞扬与期望，这样有利于学校与家庭之间、学生与家长之间的良性互动，最终形成合力，促进学生品格的形成和公民意识的生长；同时，家长自身的品格与公民素质也得到了提升。

第二，利用社会上的其他教育资源。新加坡价值观教育的形式、途径具有多样性，注重政府与学校教育、家庭教育、社区教育的有机结合，构建四位一体的立体网络；重视社会环境的教育作用，价值观教育重在潜移默化。[8]家庭教育环节的设计充分体现了建立教育立体网络的思维。为了培养学生爱护环境的意识，“家庭时间”建议家长与孩子到附近的公园或各大公园去散步、慢跑或骑脚踏车（《美丽的绿色天地》）；使用公共卫生理事会和新加坡国家环境局为学生设计的一份核查清单，引导孩子爱护环境和社区（《爱护环境，从家里开始》）。为了让学生明白维持社会凝聚力、促进社会和谐的重要性，建议学生利用5元钞票上的香灰莉树图案，与家长或家人说一说这棵古树的历史意义；了解新加坡植物园里其他一些树木和地点的历史意义；安排家人一起到新加坡植物园游玩，并在那里享受野餐的乐趣（《寻找历史的脚印》）。为了培养学生的爱国情怀，建议家长带孩子到国家博物馆参观日常生活用品展览，看看新加坡以前和现在的生活，让他们体会自己所拥有的并不是理所当然的，进而加强他们对国家的归属感（《我是新加坡人，我在这里成长》）。安排家人一起参观滨海湾堤坝或新生水展览馆，“为自己是新加坡人而感到骄傲”（《我们的水源》）。为了让学生学会尊重不同的文化习俗，建议家长带孩子参观“滨海湾花园”中的文化遗产花园，以了解在不同主题花园里的植物如何巧妙地结合新加坡的文化（《游园乐》）。

第三，利用网络资源。新加坡十分重视在教育过程中对网络资源的利用。新加坡教育部开发了一个网络素养在线教育平台（The Ministry of Education Cyber Wellness Portal），该在线平台对网络素养教育的概念、网络素养教育的课程内容和学习模式等，均做出了指导性的解释和建议。[9]在家庭教育环节中，利用现代科技借助网络平台进行品格与公民教育，这是一大特色。1~4年级的“家庭时间”建议家长先参考“滨海湾花园”中的文化遗产花园的网址，了解相关情况后再带孩子参观（《游乐园》）；和孩子一起到新加坡文物局设计的文化遗产旅游路线官方网站查询更多的资料（《文化遗产之旅》）；与孩子一起浏览国家公园局网站，了解更多有关怎么善用社区公园的信息（《美丽的绿色天地》）；和孩子一起上网，搜寻一些有关人们怎么成功应对挑战的故事，并鼓励孩子向他们学习（《我会变得更坚强》）；和孩子一起上网搜寻有关资料，了解本地的古迹（《历史的脚步》）。5~6年级的“家庭时间”建议学生浏览新加坡公用事业局的网站，进一步了解新加坡的水务管理系统、滨海堤坝和新生水，并和家长或家人分享有关的信息（《我们的水源》）；通过新加坡公共卫生理事会的网站分享自己和家人爱护环境的方式（《我们也能尽一份力》）；查阅新加坡植物园网站，了解一些家庭活动的建议（《寻找历史的脚印》）；通过有关网站学习如何准备紧急袋（《我们的紧急袋》）；浏览新加坡道路安全委员会的网站，点击代表骑士公路安全和儿童公路安全的标志，然后阅读有关的建议（《我们一起来遵守规则》）；通过网站（例如"新加坡宗教联谊会"、"族群与宗教互信圈"）了解宗教团体所举办的一些活动（《宗教和谐》）；和家长或家人一起上网，找出新加坡一些志愿福利团体的网站，例如新加坡红十字会和"慈援"等，进一步了解他们怎么关怀和帮助其他国家的灾民（《伸出援手》）。为了便于家长和学生的使用，大部分所提到的网站都在教科书中标明了网址。

四、在教育方法上，重视体验式学习，强调核心价值观与两大技能的融合

品格与公民教育是新加坡21世纪技能框架和学生学习成果的核心，它强调"核心价值观"社交与情绪管理技能""与公民道德相关的技能"（又叫"公民意识、环球意识与跨文化沟通技能"）三个方面的内容。六大核心价值观与两大技能之间存在着密切的关系。核心价值观是品格的基础，提供行为指南；社交与情绪管理技能让学生能够有效地管理自己与处理人际关系，做出负责任的决定；与公民道德相关的技能让学生能够成为积极、办事效率高的公民，对新加坡产生强烈的归属感。鉴于此，《新课程标准》将核心价值观、社交与情绪管理技能、与公民道德相关的技能三个方面作为一个有机整体，强调它们之间的相互联系，认为"这种紧密的联系对培养学生的品格与公民道德至关重要"。[10]

《新课程标准》明确将体验式学习作为一种基本的教学法。这种教学法为学生提供平台让他们对自己的价值观及想法进行反思。学生能在现实情况中应用所学到的技能和知识，深化个人的价值观。学生从实践中学习，因此能够积极地把他们所学的知识应用在新的情况里。学生根据深化的价值观思考、分析和做决定，并把价值观付诸于行动。[11]为了强调体验式学习，实现核心价值观与两大技能的融合，家庭教育环节从四个方面进行了尝试。

第一，提倡家长与学生双方在语言和感情上的沟通交流。这是最常见的教育方法。关于这一点，不论是六个层面还是六大核心价值观都有所体现。例如在家庭层面，建议家长和孩子讨论什么是负责任的行为（《负责任的孩子》）；在学校层面，根据新生入学的特点，建议家长与孩子分享自己当年上学的经验，和孩子聊聊自己以前最喜欢的老师、科目、游戏和食物等（《我上学的日子》）；在社区层面，建

议学生看一看家长或家人小时候在游乐场所拍的照片，请他们谈一谈当时游乐场的设计特色，并请他们说一说当年在游乐场玩耍时结交了什么朋友以及朋友之间怎么互相关怀（《游乐场的使命》）；在国家层面，建议家长说一说自己的童年生活，让孩子更了解这个他成长的地方，使他们更爱新加坡（《我是新加坡人，我在这里成长》）；在世界层面，建议学生与家人或家长谈一谈自己了解的世界上很多贫困儿童的生活情况，并请他们说一说自己的看法或分享他们所读过的相关资料（《小行动，大影响》）。

第二，注重行动，让学生在活动中形成价值观和获得相关技能。品格与公民教育具有很强的实践性，“家庭时间”为家长和学生提供了诸多具体的活动建议，在活动过程中达到教育的效果。例如，在1~4年级，教科书建议家长带孩子到国家博物馆参观日常生活用品展览（《我是新加坡人，我在这里成长》）；和孩子一起制作一张家庭拼贴图，贴上喜爱的家庭照，然后放在客厅里展示（《我是特别的》）；带孩子参观“滨海湾花园”中的文化遗产花园（《游园乐》）；和孩子一起动手准备一个特别的午餐盒，把代表新加坡不同文化的食物装入盒中（《特别的午餐盒》）。在5 ~ 6年级，教科书建议学生安排家人一起参观滨海湾堤坝或新生水展览馆（《我们的水源》）；安排家人一起到新加坡植物园游玩，并在那里享受野餐的乐趣（《寻找历史的脚印》）；与家长或家人一起把家里的紧急袋准备好，以便在发生紧急情况时使用（《我们的紧急袋》）。值得一提的是，教科书注重家长的教育行为与学生的实践活动相呼应。例如在3年级主题一“新起点”的家庭时间《我能成功》中，建议家长：“您的孩子在学校里自制了一个吊饰，让他把吊饰挂在家中，提醒他要坚强地面对挑战。当他实践所学时，您可以对他的行为表示肯定或赞赏。”

第三，提供具体建议，以方便家长和学生操作。家庭时间具有“操作指南”的性质，因而十分注重可操作性。教科书建议家长教导孩子主动与邻居交谈，例如看见邻居的时候说“叔叔，早安！”“阿姨，下午好！”“太太，晚上好！”以及“您好！”教导孩子通过适当的肢体语言对邻居表示友好，例如微笑和挥手（《好邻居》）；和孩子一起做一张小卡片，写下五个方法，帮助孩子学习被欺负时该如何应对（《五个方法》）；和孩子谈一谈：①自己的名字是怎么取的？②自己的名字的含义是什么？③自己的名字有什么文化意义（《我们的名字》）；多认识孩子结交的朋友，和他说一说维系友谊的重要性，并说一说自己在这方面的心得（《友谊永固》）。

第四，强调教育过程中的及时反馈，正面强化。教科书在“家庭时间”中提到“鼓励”“支持”“肯定”“赞赏”“感谢”共有28次之多。这些反馈大多体现为总体建议，常见的表述为：“（对家长建议）如果您的孩子在做某某事时为实践所学，请对他表示肯定或赞赏”；“（对学生建议）请记得向家长或家人表达谢意”。例如：“如果孩子能够对环境表现关爱，则对他表示肯定或赞赏”（《爱护环境，从家里开始》）；“如果您的孩子想出了各种应对挑战的方法，或自己成功克服了困难，您可以对他表示肯定或赞赏”（《我会变得更坚强》）；“在参观过后，请家人说一说他们的感想，并感谢他们有机会安排这次家庭活动”（《我们的水源》）；“紧急袋准备好以后，记得向家人说声谢谢”（《我们的紧急袋》）。也有一些涉及到具体做法，例如《负责任的孩子》《爱的行动》《互相关怀》和《我做得到》4篇课文借助于活动本，对孩子的行为表示肯定与鼓励。除此之外，还针对其他形式的反馈方式给出了具体做法，例如鼓励孩子使用自制的钱箱来储蓄，当孩子达到设定的储蓄目标时，在钱箱上签名以表示肯定（《我不乱花钱》）。

注释

[1] 白晓忠. 世界各国教育概况[M]. 南京：江苏教育出版社，1996.257

[2] 佚名. 家庭价值观首份草件邀公众提意见与建议[N]. 联合早报，1994-2-16（2）

[3] Student Development Curriculum Division，Ministry of Education，Singapore.《好品德好公民》课本（1~6年级）[M].Singapore：Marshall Cavendish Education，2015

[4][5][6][10][11] Student Development Curriculum Division，Ministry of Education，Singapore. 2014课程标准・品格与公民教育・小学[M]. Singapore：Marshall Cavendish Education，2014.9、10、13、2、1、31

[7] 霍利婷，黄河清. 学校、家庭、社会共同营造和谐教育——新加坡“教育合作伙伴”概念引介[J]. 外国教育研究，2008，（12）：73

[8] 田玉敏. 新加坡编织青少年共同价值观教育立体网络[J]. 思想政治工作研究，2013，（12）：60

[9] 王国珍，罗海鸥. 新加坡中小学网络素养教育探析[J]. 比较教育研究，2014，（6）：100

[作者单位]浙江警察学院社会科学部

[原　　刊]《比较教育研究》，2016年第9期

香港中小学公民教育的历史变迁

黄福寿

我国香港的地理区位、人口结构、政治体制、文化传统等的特殊性决定了其中小学公民教育变迁的基本历史路径。香港中小学公民教育的变迁经历了由殖民教育到现代教育的演变过程，形成了具有不同时代特征的历史阶段。

一、香港中小学公民教育的演变

我国香港中小学公民教育的演变经历了三个不同的历史阶段。在各个历史阶段，其公民教育都带有鲜明的时代特色。

（一）殖民教育时期（1841～1985年）

香港与内陆接壤，交通便利。在英国殖民统治期间，香港主要是作为一个殖民统治的单纯转口港，其教育也是从这种经济社会发展要求出发，主要传播西方文化，培养少数华人精英，为巩固和加强英国在香港的殖民统治并攫取利益服务的。因此，这一时期香港的公民教育表现为非政治化与非国家民族化，呈现出“疏离”和“子民取向”。

明显殖民化和商业化倾向的公民教育。英国在香港实行殖民统治期间，虽然对香港原有的中国传统文化并不全部排斥，而是务实地保留了传统的私塾教育等，但总体来讲，港英政府还是希望通过英式教育来培养政治人才，达到推行其殖民政策的目标。至1901年港英政府的教育政策有两个基本原则：“一是将教育经费和资源集中提供给少数上层华人子弟，让他们接受教育，为英国的殖民统治服务。”“二是强调英文教育，此举措目的在于淡化政治、淡化国家观念及民族意识，使华人对英帝国产生好感。”[1]

由于港英政府实施教育的主要目标就是要培养少数为殖民统治服务的精英，再加上中国处于不断的战争动乱中，特别是日本发动侵略战争期间，在广东以及附近地区居民大量逃到香港，随之而来的还包括以私立学校为主的各类学校的搬迁，因而促成香港在此期间学校数量快速增加。这些学校兴办的主要目的是为了盈利，因而学校在办学环境、教学管理、课程教授与考核等方面无不是以节约成本和迎合当局为原则，带有严重的商业化色彩。在商业化背景下的学校教育也完全忽视了对学生民族意识的培养，忽视了引导学生对国家局势以及生死存亡等问题的关注。

受内地及香港时政变动影响的公民教育。某种意义上说，港英政府开始关注公民教育问题的主要因素还是来自中国内地，主要受到中国内地国民政府成立后大力倡导公民教育的影响。20世纪20年代初，国民政府制定的《中小学课程纲要》第一次将德育称为公民科，这影响了港英政府对中小学课程标准的设置。1925年，香港发生了全港大罢工事件，香港工人为维护工作权利要求提高待遇发动全港罢工，得到了广东国民政府的大力支持，与港英政府相对抗。在这一事件刺激下，港英政府开始重视公民教育问题，并最终促使在1929年指定的《中小学课程标准》中，第一次规定在香港的学校设立公民学科。不过由于香港长期的殖民统治，公民教育一直处于虚无状态中，因而即使出台了这一规定，但仍然缺乏全面明确的公民教育的目标和要求。

去政治化的公民教育。在20世纪50～70年代，国际国内形势发生了巨大的变化，港英政府更加注重通过公民教育来强化其精英教育模式，继续推行去政治化的公民教育。1948年，港英政府将公民科列为公开考试科之一，突出了公民科在学校教育中的重要性。1949年，新中国成立后，港英政府试图将公民教育作为对抗共产主义的最佳武器，向人民灌输特定的政治知识。至1965年，中学的公民科改为“经济与公共事务科”，而在整个中小学教育中，“香港是英国的殖民地”成为贯穿整个课程的重要目标。同时，其课程内容都不鼓励学生参加政治活动，也不希望民众对香港的政治事务多加关心，只是强调学生要遵守法律规范，服从政府的统治。通过向学生灌输香港社会所遭受的困难，以及政府为此做出的努力，企图增强学生对香港的归属感，对政府统治的认同，树立为香港经济社会发展贡献力量的抱负。其经济与公共事务科仍继续突出香港的经济成果。同时，审核课程纲要和教学内容，通过立法禁止教师在学校参加政治活动，要求教学不得纳入有政治争议的素材以进一步强化公民教育去政治化的目的。如“在20世纪50~80年代期间的香港中小学课程中，历史只教到1945年；公民教学课程只重视个人私德、个人与群体以及社会的关系，回避个人与国家的关系；在公民权责方面，偏重灌输奉公守法、礼貌待人的意识，回避监督政府以及政治参与的公民意识”。[2]

随着社会经济发展和社会逐步成熟，香港社会以青年学生为代表的民众开始关注政治事务。20世纪60～70年代，“香港发生了几次以青年学生为先导，知识界为主导的政治性事件，1970年，为抗议日本将我国的钓鱼岛列人其领土范围，大中学校学生举行‘保卫钓鱼岛’大示威，遭港英警察镇压，数十人被打伤，20多人被捕，由此掀起了知识界的爱国热潮。随后，政治矛头指向港英政府，如在1975年的‘捉葛柏，反贪污’‘反对英女皇访港’等”。[3]在1978年，香港实行九年义务教育，使得过去那种精英式教育正式转变为教育对象大众化，并且以培养香港人为主旨的义务教育。在这样的社会环境和教育氛围中，香港公民教育必须相应有所改革，但是此时的中小学公民教育仍然宣传的是政府的施政，以及公民参加一些义务性的活动，其本质是“行政参与”而不是“政治参与”。

总体看，在殖民教育时期，香港的公民教育经历了从无到“有”的过程，但其主旨并不是培养现代意义上的公民，而是在精英教育原则下，培养顺从的子民，其公民教育强调的是非政治化和非国家民族观念。

（二）转向转型时期（1985～1996年）

从20世纪80年代起，香港的社会政治经济环境有了巨大改变。1984年中国政府与英国政府签订了《中华人民共和国政府与大不列颠及北爱尔兰联合王国政府关于香港问题的联合声明》。这一声明确定中国将于1997年收回香港主权，成立特别行政区。这进一步加深了社会各界对于香港回归后公民教育诸多问题的关注。一方面，香港经济社会发展给个人发展提供了有利条件，使得尊重个人价值的观念深人人心；另一方面，西方的一些“社会病”在香港日益泛滥，人们公德观念淡薄、极端个人主义盛行，这也使得公民教育成为当局和社会的重要关注点。由此，香港教育署1985年颁发了《学校公民教育指引》，对学校公民教育进行了改革。《学校公民教育指引》的实行决定了在香港回归之前公民教育的基本转向和转型。

香港中小学公民教育的主旨。《学校公民教育指引》把公民教育定义为一种“既培养个人成为品德高尚而又能促进个人与政府和社会关系的教育”[4]。其主旨是：①了解政府及辅助机构的性质、原则及其价值；②培养学生基本的社交、政治技能，以及明辨是非的能力；③通过课堂以及其他环境中自由讨论培养学生的判断力；④通过从态度和行为的塑造，让学生认公民的权利和义务。

香港中小学公民教育的课程范围。公民教育并没有设置单独的课程，也就没有相应的教材。为了对学校公民教育进行方向性的引导，以减少教育的盲目性和随机性，《指引》制定了从幼稚园到高中的公民教育目标和课程。

幼稚园公民教育主要有“认识自己”“交通”“帮助我们的人”等内容。通过形象简单的材料培养学生基本的认知。小学低年级公民教育主要有“家庭”“学校”“我们的社区”等内容，让学生认识职责、规则、合作、权利与义务的概念；小学高年级公民教育主要有“香港”“香港政府的工作”“香港和各地的关系”等内容，使学生对公民的权利与义务进一步的认识。中学公民教育主要有“个人”“个人与社群”“个人与社会（香港）”“个人与国家（中国）”“个人与世界”等内容，让学生了解基本概念，培养学生正确的观念，发展学生个人与人际关系的技能。

香港中小学公民教育的实施途径和形式。《学校公民教育指引》主张公民教育不设专门的课程，而是通过正规课程、非正规课程以及隐蔽课程来实施。具体来讲，中小学公民教育的实施途径有：①通过课堂教学即正规课程进行公民教育。把公民教育渗透在各科教学中。这些科目包括宗教科、体育科、艺术科、数学科、语言科、历史科、地理科、社会教育科。这些科目充分利用公民教育相关的题材，从不同角度对学生进行公民权利义务等方面的教育，完成知识、技能、态度三方面的公民教育的基本任务；②通过课外活动即非正规课程进行公民教育。将课外活动作为课堂教学的补充，通过开展社区性和趣味性的康乐活动，组织健全的学生会或学生评议会，结合不同的学科组织参观、考察、竞赛等专题活动，让学生在参与中逐渐形成道德的观念，锻炼各种能力；③通过校风建设即隐性课程实施公民教育。以校长为核心发挥教师模范带头作用，建立合理的、社会认可和学生接受的行为规范和制度，让学生在良好的校风中，潜移默化地成为守法尽责的公民。

《学校公民教育指引》指引下的公民教育问题。《学校公民教育指引》实施使香港公民教育有了很大的改进，但由于港英政府对公民教育改革的目的仍是维持社会的稳定，让年轻人养成对社会的责任感，而忽视国家民族观念，限制了公民教育内涵，引起了各界的批评。①《学校公民教育指引》中政治教育被道德化，使学校仅仅将它当成道德教育实施，取消了公民教育中的政治成分；②由于公民教育强调的是社会和谐与稳定，公民只要适应社会规范与政治制度的运作，融人社会秩序即可，实为“社会控制”型的公民教育；③对公民教育的概念模糊不清，使得公民教育仅仅停留在知识层面上而没有深化为态度与技能；④《学校公民教育指引》提出的四个基本目标[①]和具体目标中没有一个是与加强学生对中国文化和历史的认同有关联的，与香港回归中国的历史趋势显得格格不入；⑤不单独设公民科，公民教育缺乏系统性和完整性，学生了解到的是零碎的知识，且教师教学缺乏具体的主体指引，使公民教育可能从“人人有责”转变成“无人负责”；⑥教师本身接受公民教育的情况不佳，又缺乏相应的培训，在具体教学中过于“灵活”，使公民教育很难有质量保证。

在这份只谈政治参与而避谈国家民族观念的《学校公民教育指引》实施期间，一系列社会事件间接证明了此时的公民教育是不适应社会发展要求的，必须彻底深化公民教育改革：①香港民众对政治问题的讨论、演说与社会行动举行座谈集会。港英政府被迫修改学校禁止举行政治活动的规定；②1990年，中国政府颁布《中华人民共和国香港特别行政区基本法》。这是一部适应香港在1997年回归之后的宪制性文件，香

①四个基本目标：“了解政府及辅助机构的性质及其工作，明了民主社会的基本原则及价值”“培养社交和政治技能以及明辨是非的能力”“养成在自由讨论时有判断能力”“透过态度与行为的塑造，认识公民的权利与责任”。

港政府应该并需要引导市民对这份影响香港日后政治、文化、社会、经济制度的文件形成基本共识；③1991年，港英政府通过《香港人权法案》。为了保障香港市民的人权，除了通过法律的制定来保障之外，在公民教育中加入人权教育的内容，使公民具体了解人权、保障人权亦有必要；④香港课程发展议会的两项调查显示，香港学生对中国的认识非常有限，虽然对于中国的历史文化有正面的态度，但是对于作为“香港人”的归属感却比“中国人”大得多；⑤随着“九七”临近，香港的政治化程度也越来越高，尤其是1995年香港立法局选举将投票年龄有21岁降至18岁，当这一群年轻人也要负起为香港的未来作决定的责任时，学校有更迫切实行公民教育，教导学生如何做出负责任决定的需要。[5]

（三）纠偏调整变革期（1996年后）

为了适应形势的变化，迎接“九七”的到来，并纠正1985年以来公民教育中的偏执，1996年香港政府颁发了新的《学校公民教育指引》（以下简称《九六指引》）。《九六指引》指出：“正当香港为1997年成为中华人民共和国特别行政区作准备及迎向二十一世纪的种种挑战之际，香港的学校肩负着一项重要使命，就是培养新一代青年的态度、价值观、信念和能力，使他们成为对社会、国家以至世界都有贡献的公民。”[6]香港政府开始尝试着眼于国家本位和世界格局，来重新定义香港公民，确定学校公民教育的任务。以此为契机，香港公民教育发生了根本性的变革，首先是将公民教育的目的变为培养港人治港的人才与特区的公民；其次，在教育的内容上也做出了重大调整，强调国家、民族概念，同时也强调学生对《基本法》与中国的社会、政治制度的认识，培养学生的国家和民族归属感；最后，公民教育科首先在初中被作为独立的学科设立，随后扩展到小学和高中。

2001年，香港课程发展议会发表了《学会学习—课程发展路向》报告书，强调国民身份认同的重要性，希望学生能在对中华文化层面的认同外，能确立对自己是中国人的身份认同。2002年，香港课程发展议会颁布了新的《基础教育课程指引》，提出要在各学习领域及跨学习领域中，推行四个关键项目，即：德育及公民教育、从阅读中学习、专题研习、运用资讯科技进行互动学习等，帮助学生发展独立的学习能力。其中，德育及公民教育被列为4个关键项目中首要的发展项目。德育及公民教育要求“学校应先着重培养学生坚毅、尊重他人、责任感、国民身份认同和承担精神，并把这五种首要价值观和态度与学校的办学及德育宗旨结合”。[7]通过推行德育及公民教育帮助学生建立正面的价值观，培养积极的态度。2005年，香港特区政府颁布了《高中及高等教育新学制：投资香港未来的行动方案》，提出以“认同国民身份”作为高中教育课程学习宗旨之一。2008年在《新修订德育及公民教育课程架构》中又新增了

“关爱”和“诚信”两项首要培养的价值观，以配合学生成长和需要。

二、现阶段香港中小学公民教育的基本特点

在《九六指引》、2002年《基础教育课程指引》以及2008年《新修订德育及公民教育课程架构》引导下，香港公民教育形成了以学生为中心，采用生活事件方式的新策略重组课程的参与式公民教育模式，在公民教育的目标、课程设置、课程内容、教学方法等方面都有了较大的改观。

（一）个人—公民—国民相一致的公民教育目标

根据《基础教育课程指引》的规定，学校进行德育及公民教育的目的就是帮助学生建立全面的价值观和培养积极的态度，是培养学生全面发展的 5 种基本学习经验之一。根据学生个人及群体发展需要、香港本地的实际情况以及世界性的情况，确立了要通过德育及公民教育重点培养学生坚毅、尊重他人、责任感、国民身份认同和承担精神 5 种价值观和态度。同时，与其他价值教育范畴，如性教育、环境教育、传媒教育、生命教育等之间紧密联系，发展5种首要培养的价值观。《新修订德育及公民教育课程架构》把学生的坚毅、尊重他人、责任感、国民身份认同、承担精神、关爱和诚信，作为首要培育的价值观，同时强调加强国民教育的推展，提高学生对国家的认识及国民身份认同，让学生能全面和多角度认识祖国，孕育一份对国家和民族的认同和归属感之余，愿意承担国家未来的发展和改善人民福祉的责任。

（二）符合学生身心发展规律的课程组织方式

学校采用生活事件方式重组德育及公民教育，使学生能认识在学校期间以及将来生活中可能遇到的事件和课题。通过处理这些事件和课题，培养他们正面的价值观和积极的态度。生活事件依照学生身心发展规律、学生的实际生活经历、当前的社会问题确立。坚持以学生为中心，努力创设真实的学习情境，通过教师指导与学生参与，多角度分析问题，培养学生的各项能力，也为教师利用生活事件设计教学提供了参考资源。根据学生不同的学习阶段，将生活事件分为：核心事件（绝大部分学生成长过程中最常经历的生活事件）、延伸事件（偶然会发生的事件）、特殊事件（接近学生家庭背景的事件或突发而需要及时教育学生的事件），提供相关课题帮助学校进行课程设计。

（三）以生活事件为依托的公民教育内容

德育及公民教育的内容以生活事件为依托，通过生活事件对学生进行知识、态度

价值观和技能的教育。具体通过个人成长及健康生活、家庭生活、学校生活、社交生活、社会生活、工作生活等6个主题进行。每个主题中具体指明了需要达到的学习期望、要掌握的概念，以及通过生活事件要培养何种价值观，发展学生的哪些技能。这充分体现了教育内容生活化，加强了公民教育与学生形形色色的生活与世界的联系，突出了学生的主体性。

（四）效果导向的多样化公民教育实施途径

为了使公民教育收到良好的效果，香港公民教育重视通过多种途径开展公民教育。目前，香港学校普遍通过以下4种途径推行公民教育：①通过正规课程。学校安排一定的课时引人公民教育作为独立的课程进行讲授。例如《社会科》《经济与公共事务科》等。②通过学习领域学习。即在其他科目中渗透公民教育，通过一些相关的价值思考和活动，比如在教导学生认识和欣赏中华民族的历史、文学、科学、体育、艺术等方面的发展和成就的过程中，以帮助他们建立国民身份认同和对国家的承担精神。这些内容可以包括在社会及人文教育、中国语文教育、科学教育、体育以及艺术教育等学习领域中[①]。③学校集会以及班主任课。在一些早会、周会还有班主任课上，学校推行德育及公民教育。老师和学生可以分享他们的生活经验，如分享他人如何克服生活和学习上的困难，以及安排学生讲述或朗诵诗歌等活动，形成良好的学习氛围。④实践活动。如安排学生参与志愿社会服务计划，培养他们的承担精神和责任精神；参观香港历史博物馆举办的长城展览，激发学生对中国历史文化的兴趣和热情，安排学生前往内地不同地区进行考察等活动，加深学生对祖国的认识和热爱。

三、结语

经历了多元文化的碰撞和磨合，香港逐步建立起了独具特色的公民教育体系。从中小学公民教育的历史变迁看，回归后，香港特别行政区相关部门在推进公民教育改革中取得了很大的成果，但是，改革步伐继续深化的过程困难重重。早在2001年，香港课程发展议会提出设置“国教科”，经过10年的酝酿，2010年提出国民教育及德育课程为中小学必修课。2012年4月，教育局公布《德育及国民教育课程指引》。社会各界开始关注德育及国民教育课的推行情况。7月初，教育局制定的《中国模式：国情专题教学手册》公布。

随后，特区政府作出回应，重新修改了国教科指引，并取消课程3年的开展期限

① 笔者2015年1月28日参加了香港田家炳基金会“共创成长路”第二期推广计划，领略了香港理工大学石丹理教授团队在中小学各科目中渗透公民教育的实践和探索。

定，把课程是否开展、如何开展的权利交给学校。梁振英表示："政府决定搁置德育及国民教育科的课程指引后，希望社会各界人士，尤其是反对在学校推行该科的人，能给予一个宁静空间，让学校自决是否、如何和何时推行该科，做到教育回归教育。"[8]

显然，"启动香港国民教育计划的决策者们对这件事的敏感性显然估计不足，推动的方式和过程都不够缜密。这件事对官方的教训是，今后推出重要计划前应认真推演公众的反应"。[9]因此，一方面必须明确"任何国家和地区，都有国民教育。因为，你是这个国家的公民，要受国民教育"。另一方面"至于国民教育的内容是什么，各个国家或地区，可以根据国情、省情、地情来制定"。[10]如何在一国两制、港人治港的政治架构下，根据香港特别行政区特殊历史背景和政治经济地位，进一步推进香港中小学公民教育发展，这是一个任重而道远的艰巨任务，香港和内地需要加强互动，都有相互吸收和借鉴经验和教训的必要。

注释

[1] 郭娟娟. 文化视阈下香港学校德育概况[J]. 学理论，2011（32）：195-196

[2] 王世伟、黄崴. 参与式公民学习——香港公民教育政策的新动向[J]. 清华大学教育研究，2010（4）：87-92

[3][4] 许向东. 香港学校德育评介[J]. 比较教育研究，1997，（3）：7-11

[5] 单文经、陈铿任、洪泉湖. 香港公民教育的历史与重要问题[J]. 中等教育，2002，（5）：58-76

[6] 李荣安. 香港学校公民教育新指引中的国家民族教育[J]. 比较教育研究，1997，（3）：2-6

[7] 基础教育课程指引——各尽所能·发挥所长（小一至中三）（2002）.http：//www.edb.gov.hk/sc/curriculum-development/doc-reports/guide-basic-edu-curriculum/index.html

[8] 教育回归教育.http：//news.ifeng.com/hongkong/special/hkguomingiaoyu/content-3/detail_2012_10/09/18117046_0.shtml

[9] 香港与内地融合决非政治上强行安排.http：//news.ifeng.com/hongkong/special/hkguomingiaoyu/content-3/detail_2012_09/10/17470532_0.shtml

[10] 袁贵仁回应香港国民教育争议：公民需要接受国民教育.http：//news.ifeng.com/hongkong/special/hkguomingiaoyu/content-3/detail_2012_09/06/17407018_0.shtml

[作者单位]上海师范大学马克思主义学院

[原　　刊]《青年学报》，2015年第3期

北京市民公共行为文明指数研究的主导观念

——兼说民族性建设

沙莲香

引子：对项目[①]的问题意识

作为首都精神文明办[②]的委托调查项目，最先考虑的是研究范围和问题的可操作性。考虑的依据有两个方面，一是精神文明建设的社会意义，就是和谐社会建设中的文化建设，二是精神文明建设的社会心理意义，即和谐社会建设中的民族性建设；而这两个方面是分不开的，是互为表里、相互促进的一体，是文化与人的关系问题，二者都在人的社会心理与社会行为表现中得到体现。

基于这两个方面一体性的考虑，再去思考研究范围及其可操作性的时候，就需要将抽象的广大范围的精神文明现象步步转换为具体的载体承担者及其可操作的研究。

首先，把"精神文明"转换为市民公共文明，具体到公共生活领域中的市民文明现象考虑：公共生活在整个社会生活中越来越被凸现、被重视，公共生活在北京和其他大城市上海、广州甚至中小城市以不曾有过的速度，向纵深扩大与发展，从而可以说，这个领域的精神文明建设从来没有像今天这样的重要和有意义，也从来没有像今天这样迫使人们重新学习以往不曾有过的公共生活经验与知识；而北京奥运会的到来，不仅需要北京市民公共文明素养的提高，而且为市民公共文明素养的提升提供了良机；对于北京市民而言，北京奥运会不仅是一种光荣，而且是一种责任。

其次，将市民公共文明再转换为市民公共行为的具体表现即行动，当把市民公共文明落在市民公共行动层面时，市民是公共行动者，这样一来，就有了可以用来揭示行为主体特性的观念和步骤，因为，"行动者"是"行为"的载体，同时又是行为"意义"的负荷者。行为隐涵着某种意义，即：行为的追求动因、目标与手段等内在设定和价值选择，隐涵在行为的背后，借助于"行动者"体现或叫实现或叫落实。由

① 这是首都精神文明办的委托项目；经过跨三个年度的研究和使用，证明对这个项目的倡导与委托是首都精神文明建设工作的一种突破，是首都精神文明办的实践提升和有眼光的举措。项目调查结果于2007年1月24日公布后，引起了传媒界的关注与报导；此文算是对传媒界朋友以及对北京市民的进一步责任交待和理论论证。

② 首都精神文明办的全称是首都精神文明建设委员会办公室，为首都精神文明建设委员会的职能机构。

此，项目研究在把市民公共文明作为精神文明的次级概念之后，还有必要找到市民公共文明以至于精神文明借以实现落实的公共文明行动或行为表现。

项目研究采用了问卷和实地观察两种相互映照、相互补充的调查方法。[①]

一、北京市民公共行为指标体系与公共文明指数

1. 公共行为指标体系

就市民公共行为表现而言，不论在生活经验方面还是项目组以前关于市民心理与行为的多次研究结果方面，[②]都可以用“数以千计”形容，这就要求本次项目研究从“数以千计”之中提炼并归纳出“普遍性”“关键性”的公共行为举止，并形成具有内部联系的体系。项目组把这个指标体系构建的重心置放在构成要素及其相互关系的思考与选取上，最后确定5个一级指标、19个二级指标，47个具体指标。（见表1）。

表1　指标体系

	一级指标	二级指标
公共行为	公共卫生 A	A1 随便扔垃圾
		A2 随便吐痰
		A3 找不易被发现的地方扔垃圾
		A4 找不易被发现的地方吐痰
		A5 宠物粪便处理方式
	公共秩序 B	B1 闯红灯、穿行马路
		B2 公共场所拥挤
		B3 公共场所保持安静不喧哗
公共行为	公共交往 C	C1 公共场所着装和仪容整洁
		C2 得到帮助或服务时表达谢意
		C3 向陌生人提供帮助
		C4 善待他人
	公共观赏 D	D1 准时进场退场
		D2 手机保持静音
		D3 静心观赏
		D4 适时掌声鼓励
	公共参与 E	E1 公共参与意识
		E2 公共参与行为
		E3 公共参与建议

①问卷调查是由中国人民大学社会心理学研究所沙莲香教授具体负责，实地观察研究由中国人民大学社会心理学研究所廖菲博士负责。

②人大社会心理学研究所在北京奥运会申办之后，连续进行了“北京人文环境”的项目研究（2002-2003，人大人文奥运中心项目）、危机事件与民众心理的项目研究（2003-2006，国家教育部博士点项目）、对北京奥运会社会期待与社会心理的研究（2005-2008，国家社科基金重点项目）等。

2. 公共行为指标体系的整体性

从上述指标体系构成可以看出，一级指标有5个部分（表1）：A公共卫生、B公共秩序、C公共交往、D公共观赏、E公共参与，5个构成部分处于不同的层级，其权重所含意义和分值是逐级上升的分布。

在5个一级指标概念中，公共卫生与公共秩序更多地表现为物理空间的物理行为，给人以直观的顿时感受，常常受到社会管理上的规制；公共交往与公共观赏更多地表现在人文空间的符号行为和内在审美，体现主体的内在涵养与心理品质，这方面行为管理主要通过主体的自行管理实现；公共参与更多体现主体对于公共文明的自觉与笃行的行为特点，是前4者素养的综合、认同和提升，主要通过主体不仅对自己同时又对他人和社会的责任实践来实现。

可见，5个一级指标所涵盖的行为表现及其意义是一个整体，只是从不同的侧面考虑和评价某种公共生活中的公共行为表现、人们作为公共行动者的行动特点，比如球赛场所的观众表现，既可以从公共卫生侧面考虑和评价观众的行为表现，又可以从公共秩序侧面考虑和评价观众的行为表现、公共交往行为表现、公共观赏行为表现和公共参与行为表现，区别在于有的人群在某个方面的表现突出些，有的人群在另外方面表现突出些。

3. 公共行为文明指数及其数值的确立

指数是一种测量工具；指数可以测量一组相关变量在时间上的升降变化状态，最重要的是可以把一组或多组数字还原到同一基础上，作为日后变化的基准，就是说，可以把日后出现变化的一组或多组数字放在“指数”这个共有基准上进行变化程度比较。指数的突出特点在于容易比较，易于人们对变化状况的把握，易于预测和决策。

指数是通过调查获得数据。调查的内容就是指数据以形成的指标体系。指标体系由一套相互关联又相互区别的问题构成；权重把一组不同的指标联系起来构成统一的又可比较的指标。

指数是按照综合加权法由单项变量指数、层面指数、总指数合成得到的。

在确立指数数值的过程中，项目研究共进行了3次问卷调查；调查以北京市民为对象，除了在籍北京人，还包括在北京务工的“农民工”，也包括在京2年以上的外籍人士，而实地观察又包括了外地来北京旅游、观光等流动“市民”。这样做，既符合北京目前人口构成和人口流动的特点，也符合北京人口发展趋势，亦有利于问卷结果的讨论和建议，有利于北京公共文明建设和文化建设。

确立指数数值的问卷调查是从2005年11月初至2006年5月，共进行了3次。第1次问卷调查是被调查者对自己公共行为表现的自我态度和评价（简称主评），第2次问卷调查是被调查者对他人公共行为表现的社会态度和评价（简称客评），第3次问卷调查是生活在北京2年以上的外籍人士对北京市民公共行为表现的社会态度和评价（亦属客评）；项目研究对3次问卷调查结果进行讨论和比较，最后，以第2次客评数值作为总指数的基数，总指数数值定为65，这个数值参照了主评和外籍人士客评的结果数值，也参照了实地观察中的观察数值。这就为以后的调查奠定了基准。

项目组对3次样本的性别、年龄结构与北京市市民的性别、年龄结构进行卡方检验，在0.05水平上分别显著，样本具有代表性；项目研究通过Cronbach α 系数检验以及问卷题目的逻辑可靠性分析和因子分析验证了问卷的信度及效度良好，表明问卷结果的可靠性。

一年后做了跟踪调查，公共文明指数数值在总体上提高了3个分值，其中公共卫生和公共秩序各自提高了8个分值，其余公共交往、公共观赏、公共参与3项有小幅提升，这个结果数据表明指标体系构成有利于了解市民对公共行动薄弱环节的关注和态度转变，有利于社会志愿者社会效用发挥，有利于社会管理和社会动员。这种带有凸现性的不均衡性的提升，在今后的一段时间里仍然会出现，甚至不排除较大幅度提升之后会有小幅反复的可能，而反复所引起的社会关注与社会矫正，同样是进步趋势中的积极力量，促使公共文明水平全面和健康地提升。

二、文明指数研究中的理论问题

这里的理论问题主要指项目研究中提出的“问题”需要我们给以理论回应。

1. 公共生活的公民社会理论问题

市民公共行为指标体系赖以建立的理论基础，是首先应决的理论问题。前面提到项目研究将调查主题的外延限定在市民“公共行动”上，被调查者是被赋予了“意义、价值”的“公共行动者”，于是，公共行动者则成为项目研究的论证单元，从行动者着手论证指标体系构成的立论原由。

从人的基本性质看，项目研究中的公共行动者是生物与生理的，同时是社会与制度、文化与价值的；在这些不同的生存、生命、衍生、承袭诸规定要素面前，行动者是被规定、被赋予的，但在同时，他们对“规定”、对“赋予”又反过来起回应与创生的作用；他们以某种时空为生命场景，与场景中其他行动者相互往来，相互推动，孤零零的行动者是没有的。

公共行动者的基本特点是公共生活成员之间存在着相互依存、相互牵制和相互推动的关系，这种关系起作用的结果就是公共行动的某种文明状态与某种文明水平的出现。就是说，公共行动的文明状态与文明水平是在公共生活成员的相互关系中得到的。公共行动者对公共空间不仅有着依存关系，而且还在客观上再造公共空间。因此，当问卷设计把“问题”限定在“公共”空间时，就必须把这个空间特点找到，这样，才能把行动者背后的本质剥离出来。

从帕森斯的社会行为理论到哈贝马斯的交往行动理论以及达伦多夫等人的公民理论，都勾勒过公共生活空间。美国托马斯·雅诺斯基公民理论中的公共空间构成理论以及对公民责任的诉诸，更有利于本研究的分析。雅氏1998年出版的《公民与文明社会》一书中综合了20世纪后期一些学者的研究，分析文明社会的4种空间及其相互间关系，如下图1。①

雅诺斯基的图式与哈贝马斯的生活世界构成②酷似，但在哈氏的交往行动理论那里四个领域是相互分离的，雅氏将公民社会的公众领域与家庭等私人领域、与劳动/消费等市场领域、与体制/法律等国家领域相互关联起来考察，他的意图，是为着论证公民身份，公民身份作为民族国家的成员身份，有对权利与义务的被动及主动的双重确定，有对“参与”的主动规定；雅氏在对公民身份的旁征博引之中揭示国家与公民的关系尤其权利与义务的关系，在公民的权利与义务的关系上，分析了被社会科学有所忽视的“义务”，提出重构义务的见解，以便将权利与义务予以“平衡”，并提出“负责的爱国主义”这一体现公民义务的总概念。③

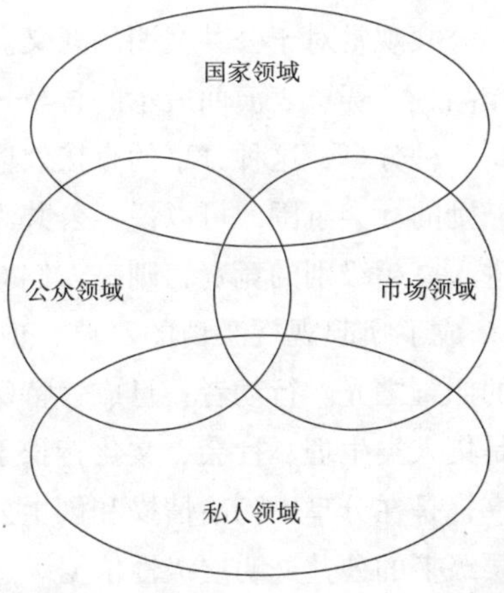

图1 雅诺斯基公民理论的四种空间（姜磊制图）

总之，本次问卷调查选择的领域是与市民公共行为素养直接相关的公众领域；在其现实性上，这个领域的问题已堆积成“疾”、成为“顽症”，被凸现在了公共生活

① 托马斯·雅诺斯基：《公民与文明社会》，辽宁教育出版社2002年版，第17、34、89、271页。
② 参见哈贝马斯：《交往行动理论》第二卷，重庆出版社1995年版，第415页。
③ 托马斯·雅诺斯基《公民与文明社会》，辽宁教育出版社2002年版，第17、34、89、271页。

当中；项目研究怀有期待，认为北京市民会在“北京奥运会”的鼓励下，认真而又负责地创造出北京市民公共行动的文明情景，而项目的跟踪调查则将绘出市民公共行动的提升曲线，展示公共行动的变化趋势。

2. 公共文明构成的社会心理学理论问题

指标体系所包含的五类公共行动在其内部关联上，是相互独立又相互要求，表明在五种公共行动背后存在着社会规定与社会本质。

五类公共行动既然为公众的公共生活整体所必须，不可相互取代，那么，它们之间就相互需要而不可缺少，这种相互需要表现在行为规则上则是相互要求，否则，将不可能产生公共生活的整体文明。如果换一种说法则是：对于公共文明行动者而言，每种上级公共文明行动对下级行动都有文明要求，在讲究公共秩序文明的同时，要求行动上的公共卫生文明，在讲究公共交往文明的同时，要求行动上的公共秩序文明，讲究公共观赏文明，同时要求公共交往文明，讲究公共参与，则要求文明的公共观赏；反过来，公共卫生、公共秩序、公共交往、公共观赏对上级公共行动也都有要求，公共卫生上的文明行动要求公共秩序文明给以支持，公共秩序文明要求公共交往文明的支持等。这种公共行动的相互要求，是文明社会里公共文明完整性和彻底性的要求。

这里希望突出地解释：公共观赏对于公共文明的意义。公共观赏是对所有通过科技、竞技、演技等产品、作品、竞赛、表演而展示的智慧、意志、勇气、高超和绝妙给以赞美、支持和鼓励，是一种分享；这种分享的直接效应是对创造性精神的营造，营造出对创造性精神给予鼓励的社会氛围。可以说，公共观赏是对人性美的一种审视和分享。即使体育，一旦进入高超级别的竞赛，则是人们对人类自身“力”与“美”与“魂”的一种高级发挥，成了唤起观赏激情的对象，值得高度观赏，正是这个特点，才有了奥林匹克精神的照耀之光。行动者一旦成为特殊技能和才华的高级表演者或竞赛者，则意味着，这是集人类生理、社会、文化特长于一身的超常行为表现，对这种特异对象的观赏是分享，是在分享中陶冶情操和创生公共精神。这就是为什么问卷设计将观赏置于那么高层级上的公共文明层级性依据。

还希望突出地解释：公共参与对公共文明的意义。参与是一种实践，但，参与比实践另有特点：参与带有卷入性，卷入到另一些行动者集体；卷入背后是维系群体一致性（或谓内聚力）的认同感；参与带有主意性，将期待、预设等主体意志贯穿于集体行为选择中，“参与”携带着集体责任。

公共参与意味着对公有生活的自觉实践，与其他成员共同担当某种责任。可见，就“参与”的领域而言，上述4个方面问题的推进都在参与之中，就“参与”的意义而言，它是行动者在自主意识和集体意识主导下的行动。

三、公共文明指数研究的主导观念

项目研究的理论支持是公民社会理论和社会心理学理论，在对这两个互有联系的理论进行解释和引申的过程中，贯彻了项目研究对中国人公共生活特点的理解和重视，形成研究者的主导观念。主导观念及其意义，主要在两个方面：公共空间的表层与底层预设，公共文明的层级性预设。

1. 公共空间的表层与底层预设

这个“表层”与“底层”的研究预设，首先是源自我国“双重”公众空间的特点，在我国的公众领域一方面迅速、大量地出现了现代城市环境和用现代手段进行的城市管理，另一方面同时又存在生活习惯甚至恶习有着“藏身之地”的“角落”，而这个城市角落常常在公共设施分布不合理和管理有漏洞的情况下隐藏了不文明，前者体现着城市的现代面貌和市民的公共文明状态，处于公众空间的表层，后者体现了城市现代面貌和市民公共生活习惯不易改造一面，处于公众空间的底层。

在问卷中公共空间表层与底层的预设，主要通过公共卫生和公共秩序两部分的设计来体现，在公共卫生方面设计出“随便什么地方都扔垃圾、吐痰”和“把痰吐在不易人见的地方、把垃圾扔在不易人见的地方”两种题，在公共秩序方面设计出“不论何时何地”和“有时有地视自己情况”不排队、横穿马路、闯红灯两种题。

在调查结果数据的因子分析中，出现了可区分的不同因子：“随便什么地方”和“不为人见地方”扔、吐，是两个因子，“不论何时何地”和“有时有地视自己情况”不排队、闯红灯、横穿马路，是两个因子，这表明，在一种被调查者的心目中，“随便什么地方”和“不易人见地方”扔、吐是两回事，而不是一回事，把“不论何时何地”和“有时有地方”不排队、闯红灯、横穿马路，也视为是两回事。项目研究把这种“不易人见地方”扔、吐的不文明称为“情景性”不文明，把“有时有地视自己情况”不排队、闯红灯、横穿马路这种不文明称为“理由化”不文明。

重视公共空间的表层与底层、明面与暗面之观念，对于纠正公共行为误区是重要的，对于增强公共文明行为的明朗性和纯洁性也是重要的，对于矫正一些公共文明观念和社会心态同样是重要的。

正如人类对文明长河中任何不文明行为的克服过程那样，只有当我们大多数人的公共文明是全面、彻底的时候，才会对不文明行动中的那种“可谅解性”不文明，自觉地给予纠正。

2. 公共文明层级性预设的必要性

公共文明的层级性预设主要通过五方面公共行为问卷来实现。

公共文明的层级性及其意义在上述公共文明构成的社会心理理论中逐步做了交代；上述关于公共空间表层与底层的区分，也属于研究中的层级性考察；关于问卷本身的科学性在问卷信度效度分析中得到了验证。

这里希望进一步说明这种层级性预设下出现的评分差异和所给予的暗示：分值差异凸现了公共管理和公共行为的进步空间。

在公共文明指数结果对比分析中，我们看到不同样本人群的指数数值出现了显著性差异，接近市中心的人群、文化教育、生活水平偏高的人群对于市民公共卫生、公共秩序的行为表现评分偏低，远离市中心的郊县、文化教育水平和收入水平偏低的人群对市民公共卫生、公共秩序的行为表现评分偏高，表明生活区域不同、受教育文化程度和生活富裕程度不同的样本人群对于公共文明行为表现尤其是对于不文明表现的心理要求是不同的。

在课题研究的理路中，这些较高水平的生活环境、受教育文化程度、生活收入，对于人们公共文明习惯的养成和提高，是一些有利的因素，我们暂且称之为强因素，而与之相对应的因素是些不太有利的因素，我们暂且称其为弱因素。

这提醒我们：在公共文明建设中哪些城域和人群的进步空间会更大、更值得照应和需要满足；也提醒我们市民公共行为不文明折射出的社会资源配置不那么均衡，不那么合理，就是说公共环境资源、文化教育资源、生活收入资源相对聚集于某些城区和人群，而社会管理功夫也相对聚集于某些城区和这些城区的人群，缺少社会均衡。

四、公共文明指数研究与民族性建设思考

这个话题实际上是对“层阶性”预设意义的一种引申，是对研究观念的申张。

1.“层阶性”预设的方法论上思考

从方法论上说，公共文明层级性预设是基于项目研究对中国文化与中国民族性的理论思考。这就是说，关于北京市民公共行为文明程度的调查研究，需要思考中国文化和民族性对现实生活中活生生人群的牵制作用；现实生活中的活生生人群比起由历史沉淀与累积而成的文化传统与民族性要丰富多彩、动荡易变，然而，“万变不离其宗”，“中国人”不论在什么时候、走到什么地方，其“骨子里”都是“中国人”。

中国文化和中国人历史绵延，其构成要素之间的关联性格外复杂；在漫长的历史变迁过程中，究竟是文化塑造了民族性，还是民族性改造着文化，几乎是不归属于“决定论”，而是“互动论”，这样说，又是在说中国人的复杂性涵有自致性和内生性的一面，不完全是被决定的，“中国人”具有能够自创也能对创造的某种毁坏、能够自给自足又能百般忍耐等“天性”，她刚柔兼容亦容易卑劣，从正面看，她能够自

我创生，从负面看，能够自我毁坏，但在历史延绵总体上，她的正面压制负面、胜于负面。中国文化和“中国人”的这种多重性，对于现实的人而言是不能选择的，但她却是可以改造、建设和重塑的。这个意思是想说，文化堕性和民族性多重性虽然是其他文化和民族都可能具有的特点，但，都不像中国文化和中国民族这样有深度、广度和厚度；在这个前提下，还想说，我们今天在认识自己的优劣长短的时候，在认识公共生活中那些文明与不文明的行为表明时，一旦深入到文化和民族性层面，就会意识到今天的行为表现是有根源、有“根性”的，但不能笼统说这就是中国文化与民族性之“劣根”；中国“根性”埋藏的文化根和民族根很深厚也很复杂，优与劣相克又相随，而总体上优胜于劣；基于这种认知判断，来认知今日不文明表现，就会意识到：有些老毛病是中国文化堕性和民族性之多重性的一种现代表现，即国人一方面在辛苦地建设国家、美化生活、净化环境，另一方面又在毁坏环境、干扰秩序、丢掉人格，并且，几多的场合、几多的人和事，重复着相似的毛病，人见不怪，无动于衷；这表明民族性建设是要做很多努力的，人人都应当在实际上有自己的文明行动。

2. “层阶性”预设隐伏的民族性变迁思考

从项目研究说，公共文明层级性预设是希望反映公共生活中的实际面貌：一方面存在着沉积深厚、难以矫正的公共行为习惯，同时存在有可以较好适应现代城市生活的公共素养和良好风貌。对此，项目研究对调查结果应当给以理论支持的，是对这两方面表现做出一种民族性变迁的思考与分析。

在上述表1中可以看出，表现在物理空间为主要特征的公共卫生和公共秩序两领域存在的“身边不文明”，表明传统的生活习惯、生活观念，是难以改变的；在调查结果中，出现的“随意”不卫生、不秩序和“情境性”“理由化”的不卫生、不秩序两种不文明方式，表明不文明行为的改进路径很可能要经历一种由“随意的”不文明到“有选择的”不文明，再到比较彻底的文明表现。这种对公共“弱点”、公共“毛病”的克服特点，大概反映了中国民族性与文化的“多重性”及“间接性”一面，表里有别的一面。

如果从另一方面看卫生和秩序的话，在传统的家庭生活中对身体的管理是有良好的训化和习惯培养的，有“家文化”及身体文化的教养传统，对衣食住行有讲究，但另一方面又缺少社会生活中的“公共文化”教养，缺少持久的素养培育和社会呼唤，这样才会有人错把吐痰、扔垃圾、不排队、横穿马路等当作个人性质的行为表现，因此，在对待以物理空间为主要特征的公共卫生、公共秩序生活，需要调动“家”文化下养成的好习惯，纠正错觉，以促进对公共精神的多数人共鸣和多数人认同。

此外，还可以说，公共场合“身边不文明”与对身体文化的观念偏颇有某种关系。中国身体文化有多重意义，不单单包涵“身体”本身及其物理、生理的效用，还包涵身体与精神之间、身体与伦理之间、身体与审美、身体与符号之间所涵有的关系及其社会、心理、传播之效用，身体作为载体，承载并体现着所有这些关系的人文价值；“形全者神全”（庄子·天地），“形具而神生”（荀子·天论）。可见，“身边不文明”是对身体文化的认知偏离和认知偏差导致的行为误区。

从表1还可以看出，表现在人文空间为主要特征的公共交往和公共观赏，要求人与人、人与创造物和创造精神、人与自身内在尺度之间的公共美德和公共认同。在这种公共生活中，“中国人”有人际热情和相助偏好，有对创造物、创造精神的“叫好”、有对美术、美味、美景、美育的接纳和珍藏习惯，有美感传统，但在空间开放与多样化的今天，不习惯、不熟悉、不适应的行为规则越来越多了起来；公共观赏中的“叫好”在有些场合则是不合时宜的。

同样，公共参与对于我们多数人说来是知之甚少、践之甚少的领域，虽然有“见义勇为”“路遇不平，拔刀相助”的民间信任，但在多元、开放和陌生的现代城市生活中，同样存在“多一事不如少一事”的民间劝告。而在另一方面，还应当看到，中国文化的人文精神对于公共参与在本质上是一种支持力量，因为，公共参与所体现的人文精神正在于：人们给“公共”以关照、保护和生命推动；给人与人、人与社会、人与万物以关照、保护和生命推动；公共参与的生命价值在于，除了个人尚有博大的人际间和天地间，“致中和”而“位育”。中国文化同样给了我们优秀的遗留。

以上是在分析，公共文明的层级性构成隐涵了民族性变迁的部分内容和有利于这种变迁的优秀文化素质与不利素质都存在。

可以说：中国民族性变迁在实际地发生着；这个变迁经常是从“身边”开始；“身边文明”与“身边不文明”同时存在着；“身边不文明”更值得重视；公共文明将随着公民社会之完善与成熟而占据重要位置。在一个人口众多、社会资源配置不太合理的大国里，要求人人事事都没有“身边不文明”表现，是不可能的，但是，有一条尊重自己、尊重他人、尊重不同国度生活规则的“尊严线”必须恪守住，不因“身边不文明”而丧失人格尊严和民族尊严；公共参与是公共文明水平提高的综合性要性，是应当着力倡导的人性呼唤。

对于国人的公共毛病，我们不可以说，这是中国人与生俱有、改不掉的“生性”①，但又可以说也应当说，这是中国人的社会生活长期不够全面、不够健康甚至

① “生性”是人的自然本性，表现了遗传（先天）因素对人性的作用，但从文化遗传（W.F.Ogburn在《社会变迁——关于文化和先天的本质》一书中使用“文化遗留”概念）看，“先天”因素也携带文化遗码先于人而起作用，与“天性”对应的概念是“习性”，是说后天的社会的因素对人性之训化作用，训化的不同，则社会本性亦不同，“习性”千差万别；孔子的“性相近也，习相远也”（论语·子罕），是关于“生性”与“习性”的人性规则。

有某种畸形影响着精神生活的不够全面、不够健康甚至有某种畸形；长期缺乏良好的价值导向和社会教育也影响人们的公共文明素养不足；而我国不到1/4世纪赢得的快速发展给人们带来的某种生活富有、职业流动领域迅速扩大、旅游观光机会迅速增多，从农村到城市、从国内流动到国外发展，这对于我们，是新颖的，又是缺乏应对知识和应对经验的，缺乏心理准备和行为准备。

从跟踪调查结果看，人们公共文明水平的提高直接依赖于市民与管理，市民文明与管理文明协同，是公共文明水平提高的内部力量，并且是可期待的力量。一方面，调查结果让我们相信公共文明“自觉群体”的存在和他们的身体力行效应，同时相信“自觉管理”的完善、负责及其感召力；“自觉群体”体现了公共文明所需要的“社会意志”，而“自觉管理”则体现公共文明所需要的“社会权威”。

不论理论上还是实践上，引发和推进中国民族性变迁的力量，归根结底，在其内部诸种构成要素间的相克相促。说“归根结底”，其意思是说不排除外部力量的冲击作用，但是，民族性变迁过程中即使受到外部文化力量的冲撞或影响，最关键和最深层的力量是来自民族内部。这种特点表明，对待民族性变迁和民族性建设，必须是寄托在我们自己的不懈努力上。

[作者单位]中国人民大学社会心理学研究所

[原　　刊]《中国农业大学学报（社会科学版）》，2007年01期

人性假设与解释性青少年研究

——一个以荣辱知行教育为例的阐析

孙抱弘

相当一个时期以来，笔者在自己的一系列著述中[1]，都坚持认为无论在青少年工作、教育还是研究方面，都应以青少年自身成长的特点为依据。其实，一般来说，青少年成长的特点也就是作为个体的人的成长的特点，这就是要以人为本，从人性、国民性的生成、发展以及与社会环境（包括自然环境）的互动中去具体把握、去实际体察。这里，最核心的问题之一就是“人性假设”。在此，笔者十分赞同湖南社科院的黄海先生对青少年研究“中层理论”的呼唤[2]，试图将“人性假设”作为解释性青少年研究的“中层理论”之一提出来，并结合当今荣辱知行教育问题略作展开与阐析，以期抛砖引玉，求教于大方之家。

笔者提出的“人性假设”包括：人的属性、人的理性行动的分类或层次性、人的理性行动形成的不同过程与类型，以及日常生活里人与社会互动的多种状态等一系列理论的分析与阐释。“人性假设”作为进行解释性研究的中层理论，对于研究对象的解读，对于相应工作、教育的政策制定，均能提供有效的支持。为此，笔者在本文中以“人性假设”的理论框架为依据，以荣辱知行教育问题为例，对这一教育的人性基础与实践的定位进行了分析，并力图提出能贴近实际、获取实效的对策和建议。

人性假设之一：人的属性——在物性与理性之间

（一）人的属性

人的属性大致可分为四个层次：物性、生物性、动物性与人的特性——最主要的是理性。我们往往将前三层次统称为“物性”，而第四层次则往往以“理性”代表之。[3]人的“物性”可以说是与生俱来，凡人总有“物性”，这种“物性”总是带有天生的扩张性、自利性。生物进化论的研究认为，没有这种“物性”的物种很可能就会灭绝。对于人的属性中的这种“物性”我们必须承认而不能否认，对于这种“物性”我们只能适当控制而不可能消灭。所以，可以说：文化传承中的“存天理灭人欲”是反人性的，时尚恶习中的“存人欲灭天理”也是反人性的，只不过是一种极端认识与行为的两个侧面。

人的“理性”，是由文化、文明作为载体而传承。人的理性才是人区别于其他“物”的特有属性，也是人能够调控“物性”，弃恶从善、公私兼顾乃至先人后己的依凭。当然人的教化有优劣，人的理性也有高低，于是对“物性”的调控也有强弱。不过，人类的历史一再证明，对于大多数人来说“物性”总是不可能完全被理性所自觉控制。图1中处于物性与理性之间的“生存理性”正是这种物性与理性犬牙交错状态的最恰切描述与定位。

（二）理性的层次性

尽管各学科可能因为分类依据的差异，在对理性的界定上也有差异，但一般都将理性分为工具理性与价值理性，工具理性主要是指知识技能和伦理规范的认知与行为，也包括生存、交往、契约等理性认知与行为，这些理性对于人类社会的运行与稳定都是必不可少的；价值理性主要包括道德品性与人文精神，这两种理性对于人类社会的演进与发展都是不可缺少的。工具理性的内核主要是求真，价值理性的内核是求善求美，但这并不是绝对的，往往是求真而趋善美，求善美以求真为基础。工具理性是基础，价值理性是导向，片面的工具理性离开了价值理性的导向，只求真不趋善尚美，那就可能给人类自身带来灾难，这已经为人类发展的历史所证实。

（三）人之属性的传承与特性

从现代生物学的视角看，生物性（物性）与文化性（理性）构成了人的属性的两翼。个人从其降生的那一刻起，就传承了这两个属性。生物性（物性）来自于母体的基因遗传，文化性（理性）来自于家庭、社会（包括学校）的传承。生物学家指出“自私的基因”是生物性机体内的“程序”，这一程序为每一个体设定了行为方式。而人类独有的文化性（理性）的作用就在于控制生物的自我扩张性，发挥这种作用的最佳选择就是改装每个人的行为程序。实现这种选择的主要途径就是通过文化、文明的传承与熏陶，提升人的理性，通过由低到高的发展积累，使物性得到有效的控制。本节论述的具体思路可见图1。

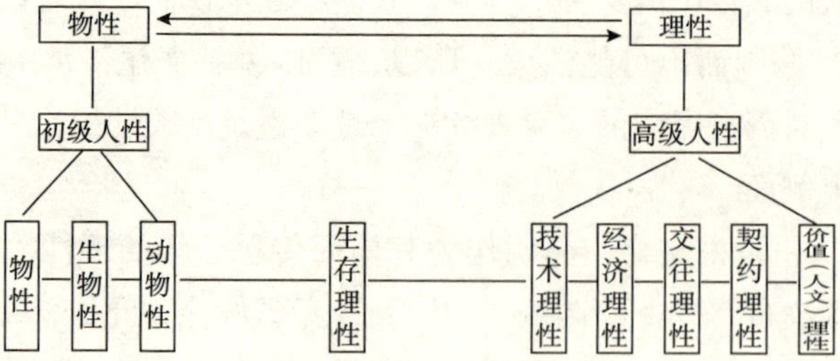

图1　人性的结构

人性假设之二：人的理性行动类型、形成过程及其呈现状态

（一）人的理性行动的具体类型

人的理性行动的具体类型相当复杂，众多学科都有较深入的研究，本文主要吸纳马克斯·韦伯、伯森斯和哈贝马斯以及国内苏国勋教授的相关观点[4]，并在此基础上，提出笔者的理论假设（见表1）。

表1　人类行动类型要素表

行动类型（依理性之程度由弱而强排列↑）	行动的主观意念各要素				行动的客观情境与责任取向				
	手段	目的	价值	后果	人类的	族群的	家庭的	权威的	非人的
价值理性行动	+	+	+	+	+				
工具（交往/契约）理性行动	+	+	+	+	+				
工具（技术/经济）理性行动	+	+	+	+					+
信念性行动	+	+	+			+			
情感性行动	+	+					+		
传统性行动	+							+	

这里，笔者把人的行动理性大致分为六个层次，依次为传统性、情感性、信念性、经济技术类工具理性、交往契约类工具理性和价值类人文理性。这六类行动理性的类型与特点可以从两个方面来把握，即行动的主观意念要素与行动的客观情境及责任取向。

从表1中可以看出，由于经济技术类工具理性、交往契约类工具理性和价值类人文理性的主观意念涵盖了手段、目的、价值、后果四项要素，所以属于较高层次的理性；而这以下的三类行动的理性程度依次递减——信念性行动往往凭一时的激情不计行动的后果，其极端者为某些利益集团或族群利益，可以不顾一切；情感性行动更不顾及价值与后果，为家族、朋友的一私之利，可以置社会的、人类的利益于不顾；传统性行动则目的、价值、后果皆不计，只是为习俗所左右，为行动而行动，执著手段，或无所为而为，或为金钱（物的权威）、为愚忠（人的权威）而为。

当然，属于较高层次的三类理性行动必定也要在客观情境中的责任取向上，在对价值的定义的理解上分出高下：经济技术类理性往往是纯工具性的理性，其行动的客观情境往往是非社会的，不考虑人的价值，过度追求和强调物的价值，从而使理性萎缩，以至最终否定了理性；交往契约类理性，属于工具理性，其实更是一种公民理性、社会理性，其关注的是人的平等交往和互相了解，通过契约与诚信的交往保证社会的良性运行，以此理性而行动自然就是一个合格的公民，一个富有理性者，一个真正的人，但不一定也不必是一个高尚的人；价值类人文理性行动无疑最为理性，因为其“客观情境与责任取向”是面向人类，面向全球以至宇宙，立足普世伦理，关注人类终级价值的逐步实现。

以上是对行动理性类型各层次的分析，落实到某个具体行动者身上，因时空、情境与心绪的变化不定，则将出现多种复杂的情况，尚有待于进一步的研究和更具体的分析。

（二）人的理性形成过程的不同类型

人的理性形成的过程大体上等同于社会学所提出的人的社会化过程。不过，这里不同于传统社会化理论的是：笔者根据人类理性行动的动态形成过程，提出人的个体的两类社会化的假设（见图2）。根据图示，我们将未成年人的社会化进程理解为主要是人类理想生活的教育，这个教育主要是在学校的课堂里完成，这是作为个体的人的第一类或初步的社会化进程。由于未成年人的不成熟特性，即生理发展、认知结构、思维方式的局限，他们中绝大多数人的理性水平主要停留在传统性、情感性与信念性的水平上。与此同时，在学校课堂之外，特别是当未成年人成年以后或进入社会以后，他们就进入了另一个与学校的理想生活大相径庭的日常生活世界，也就是跨入了第二类社会化进程，在这个进程中他们更多接受的是日常生活的教育，完成的是生存现实的社会化。面对生存问题，他们较自然地生成了生存、技术和经济的工具理性，并在一定的社会习俗与规范的引导、约束下逐步生成交往理性。他们中的一部分人则在探索与追求中，达到系统的价值理性的信仰与行为的层面，但有些就可能永远止步在较低层次的理性层面上。

这里要指出的：首先，第一类社会化进程中的信念性行动与第二类社会化进程中的系统性的价值理性行动是处在不同层次上的行动，前者是被组织的、灌输的、原子式的价值取向和行动，后者则是自组织的、内生的由系统的信仰生成的价值取向和行动。这两者的最主要区别在于：前者为一时的信念，后者为恒久的信仰，前者会受情绪、环境等内外因素的影响而变化，后者则几乎不受任何因素的影响。其次，这两类社会化，第一类是以未成年人为主的初级阶段的社会化，第二类是以成年人为主的较高阶段的社会化。两者尽管有一定的先后之分，但在一定的时空中有部分的交叉、重叠与过渡是完全可能的。有些未成年人因其成长环境与天资禀赋而较早进入第二类社会化进程，有的成年人出于同样原因终身未能进入或完成第二类社会化进程也是可能的。人的两类社会化的假设可能有助于我们更贴近实际地解释作为个体的人在成长与发展中出现的问题，更科学地分析与应对国民素质提升中出现的问题，当然也将更有效地支持青少年的研究。

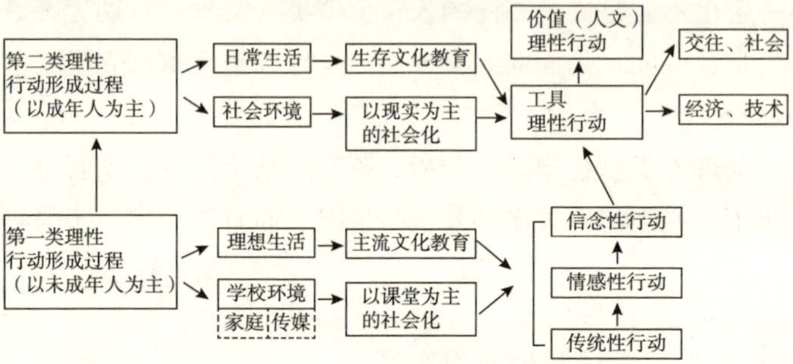

图 2　人的理性形成过程的不同类型

（三）日常生活中人与社会互动的不同人性基础与利益取向

日常生活中人与社会的互动，至少呈现三种状态或境界：一是遵奉社会规范；二是追求道德品性；三是无视社会规范，更不追求道德品性，而是自我膨胀，极端自私自利（见图3）。极端的自私自利是人性中物性、物欲的恶性显现，其负面性明明白白。这里要阐释的是，社会规范的遵奉①与人类德性的追求，因其理性基础与利益取向的不同，而显示出明确的区分，正是这一区分，使得我们走出了传统社会中将伦理与道德混为一谈的认识陷阱，并使我们有充分的认识与实践的张力，去解读当代社会的思想道德观念，去构建现代社会的伦理道德体系，去对荣辱知行等社会行为进行多维的立体的把握和设想多层次、分阶段的提升路径。

这一理论假设如下。

人类为了保证人与人、人与社会、人与自然的和谐相处与可持续发展，总是要在一定的理性指引下，实现人与社会、个人与群体（小到家庭与社区、大到人类和宇宙）的协调统一。这种协调统一因其前提（利益取向）不同，而分出层次性：从理想

① 遵守奉行。《史记 · 卷六 · 秦始皇本纪》：“遵奉遗诏，永承重戒。”

的角度出发，无疑是要统一于道德品性的追求层面，以实现人类的价值理性，营造无私助人利他的社会风尚；从现实的角度出发，限于大多数人的生存状态与素质水平，在现阶段这种统一只能依托于人的工具理性。具体到公共伦理规范层面就是要通过自律或他律的规范遵奉—即通过自我约束—先以利他再利己，来获取个人的合法利益。这里特别要指出的是，无论是在德性追求层面还是在伦理规范遵奉层面，实现个人与社会的协调统一，其主要的区别是在于利益指向的不同：前者是纯粹的助人利他，并无利己的诉求；后者是以遵奉规范—约束自我—利他最终实现利己，这里的顺序不可颠倒，即必须从约束自我—利他出发。这种利益的不同指向充分体现了理性追求的差异，即：一为消极之工具理性；一为积极之价值理性。在现阶段这种差异应予承认和肯定，因为能够具有消极理性，就已经是现代社会的一个合格的公民了。

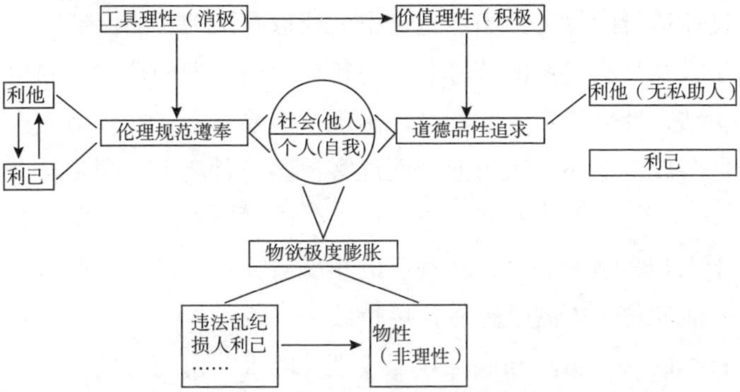

图 3　人与社会互动的不同人性基础与利益取向

向人性假设的解释性运用——荣辱知行：在理性与物性的天平上以上“人性假设”的整合性框架能深入地、整体而动态地解释人类理性行为的类型、要素及其层次，解释人的认知和行为的形成过程和发生机制；从而也能较为科学地揭示人的荣辱知行取向的形成缘由。

荣辱的知行状态总是与人的不同时期、不同类型的社会化过程联系在一起，也总是与人的理性的层次性与利益取向联系在一起。

日常生活里人与自我、人与人、人与社会（祖国、人民）、人与自然的关系体现的荣辱问题，大致可作以下归纳：①人与自我即人的自我修养：这包括辛勤劳动与艰苦奋斗；②人与人的关系处理：这包括遵纪守法、诚实守信与团结互助；③人与社会（国家、人民）的关系处理：这包括热爱祖国、服务人民；④人与自然关系的处理：这包括崇尚科学、学习知识。

由于个体处在不同的理性发展阶段上，因此对于这涉及人类四大关系的八个方面，每个个体可能也可以出于人性不同的层次和利益取向，从而对这遵奉与践行表现出明显的差异，而这种差异无论是积极还是消极，可能都有其存在的合理性。这就如同前述的理论假设中，伦理遵奉与道德追求的不同利益取向一样，对于遵奉践行可以也允许在不同的人性、理性基础和层次上，体现出不同的利益取向。

第一，对于自我修养的荣辱知行，如果从利己的利益取向出发，其底线就是两个“为耻”，因为从自我的角度而言，好逸恶劳，骄奢淫逸归根结底是使自己堕落，使自身的物性极度膨胀。而如果是利他、利社会的无私取向，其辛勤劳动、艰苦奋斗的理性诉求则是自觉的。

第二，对于人际关系的荣辱知行，即使从利己的利益取向出发，也不能逾越损人利己、见利忘义和违法乱纪的底线，要利己就要守法、守信、互助双赢，维护公共利益，这是社会良性运行的保证，当然也是个人获取合法利益的保证。

第三，对于人与社会关系的荣辱观念与行为取向，即使从利己的角度看，只有国家富强、人民团结、社会稳定，才能真正出现“国强民富”“我为人人，人人为我”的局面，每个社会成员才能安居乐业；而危害祖国、背离人民则是整个人类都不齿的恶行。

第四，对于人与自然的关系，从利己的角度看，也应遵循自然规律，才能不受大自然的惩罚，才能使每个人的子孙后代可持续的发展。

由此，再自私的人，再功利或死守工具理性的人，也应看到，践行维护八荣，反对远离八耻，是人类最基本的求真、求善之举，是与每个人的利益相通相连的；换句话说，这是每一个地球村的公民、真正的人都应该践行的。

从人的两类理性化的视角来看，我们不得不承认，大部分国民对荣辱问题的把握大致还停留在传统性、情感性与信念性的阶段，他们受生存与经济等工具理性的影响，对相关的荣辱问题较多从趋利避害的立场去认识、去行动，这是应当予以理解的，关键在于社会在他们的第二类理性化进程中，如何给予积极的引导和正面的示范。我们的责任在于劝诫人们：“知耻”就是要努力摆脱对物的过度而盲目的追求，因为这种追求将会使人失去人的特性；“知荣”就是要遵奉和渴求理性，因为这将使我们成为真正的人，一个自由而充分发展的人。

把握了人性基础、利益取向与荣辱知行的互动关系，把握了人的理性发展的演进特点以及这些特点与荣辱观形成的依存关系，无疑有助于我们更深入、更贴近实际地进行国民的荣辱观建设，特别是当代青少年的荣辱知行教育，并举一反三地进行相应的一系列现代公民道德建设。

注释

[1] 参阅孙抱弘："社会环境·接受图式·养成途径——青少年素质养成机制的跨学科思考"，载人大复印资料《青少年导刊》2002年第2期；"人的素质与可持续发展"载《学术季刊》1999年第4期；"人的理性提升与教育的责任——青少年养成教育的人本底蕴"，载《当代青年研究》2004年第5期；"思维与理性—青少年养成教育的人本追求"，载《当代青年研究》2005年第7期；《现代社会与青年伦理》，上海学林出版社2003年7月版

[2] 黄海："田野、叙事和结构：青少年研究的人类学路径"，载《当代青年研究》2007年第2期

[3] 王海明："人性是什么"，载《上海师范大学学报》（哲学版），2003年第5期；《人性论》，商务印书馆2005年6月版

[4] 苏国勋：《社会理论与当代现实》，北京大学出版社2005年8月版

[作者单位]上海社会科学院青少年研究所

[原　　刊]《当代青年研究》，2007年第3期

编者的话

20世纪初梁启超提出“新民说”，志在以“新民德”进行国民性改造，强健民族精神。一百多年来，“新民”之路的探索从未间断。在新的历史条件下，寻求“新人”的标准、要求与制度建设，是为与时俱进。只有通过文化自觉奠基现代化的人格，方能最终实现现代化的中国梦。本书即从多个层面和角度，结合民国晏阳初的乡村建设经验，深入论述和分析我国构建改善基层社会建设和重建国民性的措施。

中国百余年来对“新民”“新人”的理论探讨与实践，实质上是对国民性的反思，而对国民性的反思是与强国之梦交织在一起的。纵观中国的现代化发展道路，“新民”“新人”之论题，无疑具有思想史的价值。因为现代化首先是人的现代化。正是在此意义上，本书三位主编：陈亮，研究员，研究方向：国民与青少年素质研究；张建，讲师，研究方向：国民教育研究；钟轩宇，编辑，研究方向：编辑学与中国文字研究，他们花费了两年多的时间于最近30年（1986~2016年）的千余篇文论中初选了300余篇，在此基础上精选出52篇进行编辑、出版，作为文献资料以飨读者、同仁。

文论的遴选，原则上同一作者不超过两篇。文论的视角涉及政治学、历史学、伦理学、教育学、社会心理学等。考虑到早期文论并无摘要和关键词的要求，在此编辑过程中为统一体例，凡原稿中有摘要、关键词的部分一并删去，保留注释、参考文献和作者单位以及原发刊物名称。

由于篇幅和条件的限制，目前编选的仅限于中国大陆的文论，中国港澳台部分将另择机会编选。在本书的选编过程中，杨伟利、祖霞、陈昳茹诸老师分别做出了不同的贡献，在此一并表示感谢！

由于所选文论时间跨度比较大，我们无法一一联系原作者，故有关赠书等事宜请作者直接与丛书副主编张建博士联系（邮箱zhjbnu@163.com）。不到之处敬请见谅。

编者

2018年11月

精品书快讯

《道德战争——现代中国在价值观上的挑战》

作　　者：张东才
出版时间：2014 年 6 月
定　　价：38.00 元

这是一本从宏观上探索和思考价值观的书。作者曾被邓小平接见过（见 1979 年 5 月的《华侨日报》）。他写的《美籍华裔教授张（东）才对我国人事体制的建议》（1988 年 8 月 19 日）被《经济日报》作为内参报送中央领导并得到当时中央领导胡启立、温家宝和宋健等人的高度赞扬。这本书于凤凰卫视“开卷 8 分钟”栏目（2014 年 9 月 30 日）被隆重推介。

《国祚密码——16 张图演绎中国历史周期律》

作　　者：姬轩亦
出版时间：2014 年 12 月
定　　价：38.00 元

本书以详实的数据和严密的逻辑推理再现了公元前 841~1949 年的华夏民族兴亡史；从国际关系学和社会学的角度深入分析了我们民族历史上那些至关重要的命运转折点背后的强大动力；用现代语言诠释中国 4000 多年的政治伦理和政治实践；透彻地解剖了华夏民族的编年史“如何打破华夏民族分久必合、合久必分的历史宿命”...... 告诉你支配这种规律的竟然是一个周期率。

《民主不是万能的》

作　　者：王千马
出版时间：2011 年 12 月
定　　价：35.00 元

这是一本优秀的对话集，作者通过与 10 位意见领袖的对话激励我们找到属于自己的心声。本书上了宜兴教育局“关于印发《全市社会教育机构读书活动实施方案》的通知”中的红头文件，文件特别推荐本书并指定“各类教育（培训）机构教师必读其中（3 本）的任何一本；《小康》杂志特邀中央党校教授、经济学者等联合开出了“推荐官员阅读 50 本书”书单，本书位居其列。

《创造力——推开潜能世界的大门》

作　　者：[加拿大] Judan
出版时间：2012 年 6 月
定　　价：48.00 元

这是一位犹太人结合中西方读书和工作经验的理论研究和实战经验的总结，是关于学习系统建设和学习理念及其方法的实战手册。从平凡也能到卓越，这不仅仅是一本关于创造力的书，而是一本蕴藏无穷智慧的佳作。

精品书快讯

《华尔街局中局》

作　　者：宾　融

出版时间：2011 年 6 月

定　　价：35.00 元

全书以 37 个图表从专家角度把华尔街投机客手中精美包装的垃圾一一深入剖析，再现华尔街各大传奇公司上演的倒闭潮和跌宕剧，让人深思资本市场中的道德缺陷和金融体系的弊端；5 类针对信评机构的监管法则锁定海内外资本市场如何防范资本金风险，其对“变局、残局、对局”的深入剖析，贯穿了博弈论的思想，作者从资产证券化和金融产品创新的角度，挖掘出危机背后一系列深层次的、错综复杂的、美国的政治体制与经济政策方面的内生性根源和风险点。

《医院绩效变革》

主　　编：秦永方

出版时间：2016 年 5 月

定　　价：88.00 元

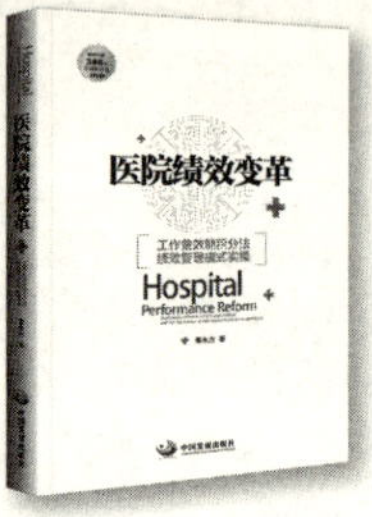

作者在医院和医院管理技术研究院第一线研究了 30 年，自 2009 年新医改以来，他深入各级各类医院调查访谈医院管理者及医务人员近 2 千人，从实践中汲取管理营养，认真研究医改新政，探索与社会和谐互动的医院绩效管理模式，本书稿更加侧重实操的研究成果。

《留学十问：圈内妈妈与教育参赞的对话》

作　　者：肖　堰

出版时间：2017 年 8 月

定　　价：48.00 元

本书采访者走访过世界 30 多个国家和地区的 200 多个各级各类教育行政管理部门和大、中、小学、幼儿园、培训企业。深度与中国 20 多个省、市的 40 多个各级各类教育机构开展过长期工作，这是一本与中国顶级专家进行过多年在留学教育领域的合作指南书稿。两位教育参赞长期在大学和高教管理部门工作，参与见证了世纪之交中国高等教育的改革发展，访问考察过国外近百所著名高校。负责组织实施中国高校领导海外培训项目。陈维嘉（分别担任中国传媒大学党委书记；教育部直属高校工作司司长；任驻芝加哥总领事馆教育参赞）；薛焕白（分别担任教育部人事司处长；中国人民大学副校长；中国驻温哥华总领馆教育领事［副司级］）。

《驾行中东 17 国（插图本）》

作　　者：刘　武

出版时间：2011 年 6 月

定　　价：35.00 元

本书记载了央视资深记者刘武驾车走过 17 个国家的的探险录，从中东地理涉及到人文和风俗人情等，配有大量图片及速写（为南开大学东方艺术系主任赵均教授画）……本书得到了伊朗和叙利亚等中东大使馆的大力赞许，张建伟和卢跃刚作序。

《纸牌大厦：卢瑟经济学之 21 世纪金融危机》

作　　者：安　生
出版时间：2015 年 4 月
定　　价：48.00 元

本书出版最大的贡献之一，不仅在于揭示问题的实质，更在于印证了一点：在当今条件下，即便是卢瑟，逆袭成功也是有可能的，可以让卢瑟们在复杂的市场经济中学会顺势而为。本书以精邃之洞见抽丝剥茧，将大国宏观经济博弈的张张底牌，清晰地展现于我们眼前。

《卢瑟经济学》

作　　者：安　生
出版时间：2014 年 4 月
定　　价：35.00 元

此书以马克思思想为基础，并参考了西方主流经济学等人的观点，提出资本主义运行方式存在固有的内在不稳定性。本书还探寻了权利与繁荣的秘密联系，并帮你构建与当前社会结构相适应的个人策略体系。

《授之以渔我收网——销售组织齐心协力之道》

作　　者：谷荣欣
出版时间：2014 年 6 月
定　　价：35.00 元

这是一本关于销售、管理和组织齐心协力之道的书，重在系统全面的协助组织提升销售生产力，建立组织内部信息对称。更难得的是作者运用心理学、营销管理学和人力资源学并结合自身一线在四川和重庆硬是打败了在国内其他地区无败绩的国外知名软件大品牌，首创国内品牌完胜国际品牌且在两地市场占有量豪取 70% 份额的傲人业绩，书中大量的案例来源于此。

《儒商管理学》

作　　者：周北辰
出版时间：2014 年 6 月
定　　价：35.00 元

本书展示了中国儒商文明与中国式管理的七大要素和现代企业文化与管理制度的八大要素。作者将儒家经典和管理案例奇妙结合在一起，以期帮助中国企业家建立有中国特色的企业文化与管理制度，建立儒家传统的管理之道，提升中国企业领导人的人文与哲学素养。本书还阐述了两个重大问题：儒商精神与儒商管理模式。儒商精神的培育与儒商管理模式的建立，标志着中华文明由传统“农耕文明”型态向现代“商业文明”型态正式转型的开启。

精品书快讯

《缶庐拾遗及其他——献给吴昌硕诞辰 170 周年（插图本）》

作　　者：吴民先

出版时间：2015 年 1 月

定　　价：48.00 元

吴昌硕是近代杰出书画家兼篆刻家，这本集子是其后人搜集吴各种轶闻和资料编撰而成，给热爱书法艺术的人以启示。

《湖南长乐古镇文化（插图本）》

作　　者：周明剑　余耀宗　刘泽龙

出版时间：2013 年 6 月

定　　价：32.00 元

长乐，乐其天乐其道乐其人也。这本书为长乐古镇的建制沿革、族源、宗教、建筑、语言、艺文、民俗、传说等做了近乎百科全书式的展示。既有"田野调查"式的大规模采风实录（如歌谣部分等），又有颇具知识含量的高精度治学解疑（如方言部分等）。此书真实生动地呈现了湘北农村历史人文画面，令人不忍释卷。

《7 天学会古琴（插图本）》

作　　者：杨　青

出版时间：2015 年 7 月

定　　价：48.00 元

杨青老师录制古琴专辑《琴·歌》获 2011 年度十大发烧唱片奖；曾受邀担任 2009 年度及 2012 年度 CCTV 民族器乐大赛古琴组决赛评委；这本古琴艺术教学作品（配光盘）一书已被今年的非遗大会会务组内定为会务指定阅读书。长年的教学经验使杨青先生总结出一套独特、高效的古琴教学方法，这本书是一本古琴艺术短平快的作品，可让大众很快吸收古典文化艺术的熏陶。

《大山·远方：张志君的山水世界和他的画家师友们》

作　　者：蹇　丰

出版时间：2016 年 11 月

定　　价：58.00 元

这是一位拥有过人洞察力的艺术家的作品集。张志君是一位在国画上取得一定成就的非职业画家，被许多艺术评论家称为当前艺术环境下的一种"现象"。作者试图从张志君的绘画和生活经历的讲述来解开这一谜题，为人们了解非职业画家的创作生态提供一个生动的参考。发现惟有一位真正热爱生活的渊博之士，才可游刃有余地画出这壮丽山水。

《久违的芬芳》

作　　者：李晞海

出版时间：2016 年 7 月

定　　价：35.00 元

我们通常喜欢悲剧的小说，觉得这样造成的遗憾难免会有一丝涟漪值得久久回味，但本书不认可只有悲剧结束的故事才算得上经典完美。本书讲述的是 18 世纪欧洲西部一个偏僻的部落庄园几十年间发生的三代人之间的爱情故事。

《白纸黑字》

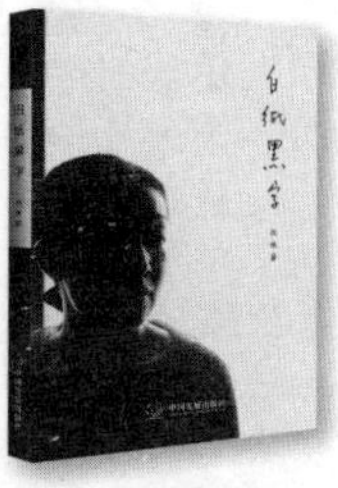

主　　编：悦殊

出版时间：2016 年 10 月

定　　价：38.00 元

这是一个历史系女生的纯私人写作，没有任何现实目的，只是出于对白纸黑字的热爱，一笔一划，一字一句，寸寸本心。更庆幸我们生命里有着许多至今仍将白纸黑字视为图腾的同道者。

《地河》

作　　者：韩　上

出版时间：2017 年 6 月

定　　价：38.00 元

本书是一篇以农村生活为背景的小说。作者以水源腐败为出发点把污染水源毒害村民的主角放在了一个敏感内向，且从小受到欺负的孩子身上来观察和反思。他从小受到村里人的嘲弄，内心积怨很深，逐渐产生仇恨，以至于在长大后对全村人进行隐蔽又恶毒的报复，致使全村灭亡的故事。小说情节表现自然，每一步细节设计都顺情合理无漏洞，对农村生活的方方面面作出了深刻的论述，不失为当下农村生活题材提供了很多值得继续探讨的命题。

《茶油的背后》

作　　者：黄铁鹰

出版时间：2018 年 6 月

定　　价：39.00 元

袁隆平推荐的山茶油，稻盛和夫点赞的企业家，被褚时健看好的项目，比橄榄油还要好的食用油。农民的管理、自然灾害、劳动力不足、激烈竞争的食用油市场……这不仅是创业，不仅是做茶油，更与农村、农业和农民有关，甚至关乎我们的命运。作者的目标是编写 100 个像海底捞、褚橙、茶油这样水平的案例，用来记录中国这个千载难逢的商业变革时代的一部分事实。

精品书快讯

《寂静的青春》

作　　者：吴　端
出版时间：2015 年 2 月
定　　价：38.00 元

这是一本试着以历史唯物主义的理论与方法，来研究青年在近、现代人类社会快速发展与变革过程中，起到的独特作用和重要意义，以及它所表现出来的带规律性的本质特征。这对建立起科学的经得起历史检验的青年观和建设青年学科理论的核心理论很有帮助。

《青春奥秘》

作　　者：谢昌逵
出版时间：2017 年 5 月
定　　价：48.00 元

作者已过九旬，可谓是我国最年长的作者。他晚年集中精力，花了 8 年多时间，阅读了大量有关文献与资料，写出了这本很有学术价值的新书。这是中国学者关于青年理论最系统全面且富有创见的一本力作，为创建科学的经得起历史检验的青年学作出了宝贵的贡献，也为青年研究走向学科化建构了新的舞台。

《奇幻通史：生死的格式与众神的审判》（全两册）

作　　者：王武侃
出版时间：2017 年 12 月
定　　价：68.00 元

这是一部以中国历史为主要素材所写成的文学作品，中国历史上许多传统故事在这里得到文学演绎。本书是采用文学叙事体的写作方式演绎历史故事，作者把东西方神话故事结合到一起，展现出了一个空灵奇幻的世界。本书将引领我们重新认识我们的过去，遐想我们的未来。分古代卷（上册）和近代卷（下册）。

古代卷：勾画出了一个有作为的帝王商纣王；阐述了为什么是秦统一了中国；本书还用文学的笔法，将不同的历史人物打入地狱或升入天堂。近代卷：两个文明在新陈代谢中对抗，传统农业文明没落，工业文明展露生机；地球上低级动物，高级动物，无机动物三体世界初步形成。

《旧邦维新——新民·新人研究 30 年文集》

作　　者：陈亮 张建
出版时间：2018 年 11 月
定　　价：48.00 元

文论选（1986–2016）主要集结了中国大陆近 30 年来对国民性改造的探讨和培养新民新人的理论探索以及部分大陆与境外、域外的教育实践文本。全书共分四个部分由 51 篇文章组成：第一部分总论，回顾与启示；第二部分专论，从梁启超的《新民说》谈起；第三部分讨论，新民新人思想的演进；第四部分附录，实践与文本。通过总论的回顾与启示，展开对梁启超《新民说》的专题讨论，由新民新人思想的演进过程，展现各个历史时期的问题与思考、诠释与实践。文论选为近 30 年来关于国民素质问题研究成果的一次总结，具有思想史的意义。文论选的编撰乃启发式的基础工作，对进一步的学术研究是一次推动。文论选的出版将为青少年教育工作者、思政工作者、伦理学研究者、思想史研究者提供一份学习和参考资料。

《观察》系列

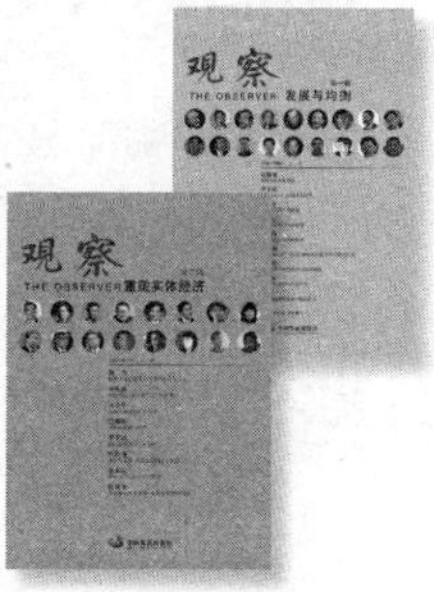

主　　编：杨其川　王　强

出版时间：2012 年 11 月

定　　价：30.00 元

《观察》每一辑有选择性地就中国经济社会变革与发展中遇到的某一个焦点或者难点问题作出探讨。《观察 1》以“发展与均衡”为主题,《观察 2》以“重塑实体经济”为主题,即将出版的《观察 3》以“生态城镇化”为主题。集子收入的作品和作者都是经济界知名人士,分别采用了张维迎、滕斌圣、谭云明、孟书强、石正方、徐枫、韦森、余永定、茅于轼、魏杰、张茉楠、张锋强、易宪容、黄茂兴、许小年、巴曙松等人的文章合集。

推理小说系列

作　　者：马　天　王稼骏

出版时间：2012 年 11 月

定　　价：25.00 元

《1/7 生还游戏》整个故事是由一笔巨额遗产引起，这种古典推理小说的模式大大增加了阅读乐趣，能吸引大量的本格推理迷阅读；《诡异房客》不仅描写了富含日系风格的离奇凶案侦破故事，也对社会上的一些阴暗现象（如对精神病人的歧视等）进行审视，富含哲理。作者有业界被称为“中国的东野圭吾”。

《公共幸福系列》5 本

作　　者：[日] 矢琦胜彦

出版时间：2012 年 6 月

定　　价：35.00 元

矢琦胜彦，现任日本芬理希梦集团名誉会长，京都论坛事务局长。他在四川凉山培植了越光稻谷成立“信赖农园项目”，认为这个地方或许可以成为未来不发达国家的人们摆脱困境的发展典范 ...... 以此为动力撰写出此系列图书：《幸福经营之道》、《良知物语》、《印度植树物语》、《信赖农园物语》、《和商实学》。

精品书快讯

《新京报十周年丛书》5本

作　　者：《新京报》
出版时间：2013年11月
定　　价：35.00元

“新京报十周年精品系列”共5册，新京报践行“品质源于责任”的价值观，以主流性、敏锐性、时代性洞察时局，引领舆论，推动社会的文明进步，成为一份具有全国影响力和世界影响力的新型时政类主流城市日报。这是该报社创刊近十年（2003~2013）来优秀获奖作品的精选集，此集子的出版给传媒行业提供了实践样本和动力。

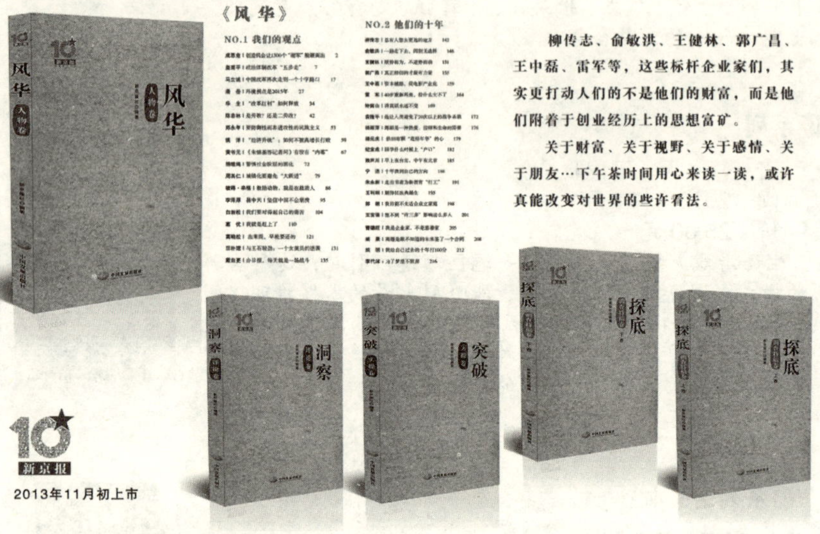

《改善社会建设　重建社会秩序》

作　　者：贡　森　包雅钧等
出版时间：2017年10月
定　　价：30.00元

本书是2017国务院发展研究中心丛书之一种。书稿从多个层面和角度深入论述和分析我国构建改善社会建设和重建社会秩序的政策措施。主要分三个专题，四个报告。对社会建设领域各方面的改革提出了具体建议。文末附加提供了美国政府的工资革命（1780~1940）以吸取他国创新之处。